ARMIN HEYMER
Die Pygmäen

ARMIN HEYMER

Die Pygmäen

Menschenforschung im afrikanischen Regenwald

Geschichte, Evolution, Soziologie,
Ökologie, Ethologie, Akkulturation, Zukunft

List Verlag
München · Leipzig

ISBN 3-471-79312-7

© 1995 Paul List Verlag
in der Südwest Verlag GmbH & Co. KG München
Alle Rechte vorbehalten. Printed in Germany
Satz: Franzis-Druck GmbH, München
Druck und Bindung: Mohndruck, Gütersloh

Inhalt

Es gibt wohl kaum organisierte Lebewesen,
bei denen die intraspezifische Verständigung
zu einem so schier unüberwindbaren Hindernis
geworden ist wie bei der Spezies Mensch.

Armin Heymer

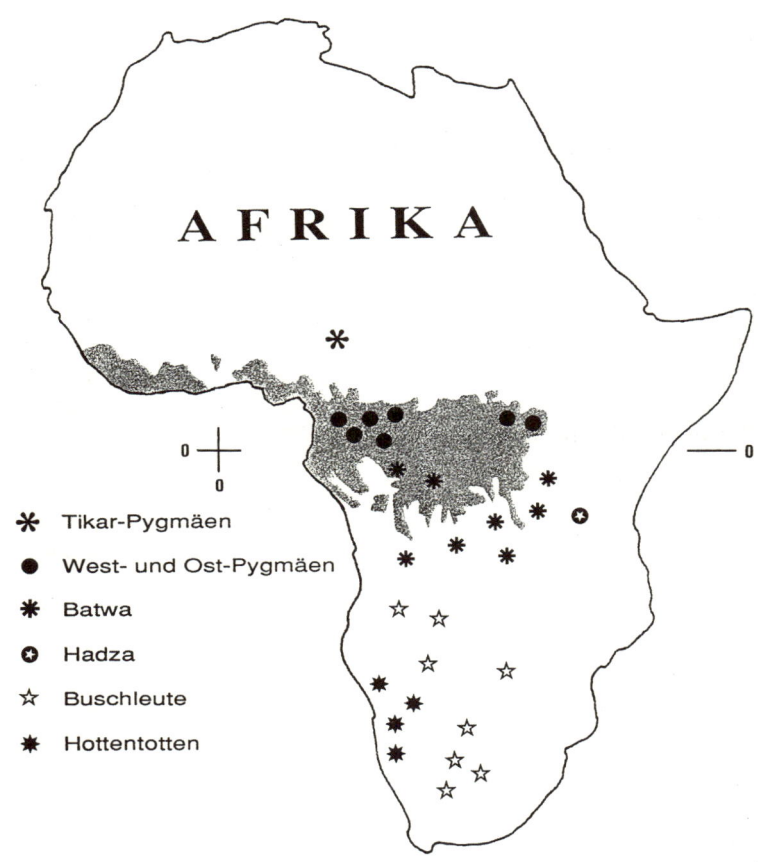

AFRIKA

✳	Tikar-Pygmäen
●	West- und Ost-Pygmäen
✱	Batwa
✪	Hadza
☆	Buschleute
✳	Hottentotten

1

ERSTE BEGEGNUNG

Nachdenklich saß ich auf der Bettkante in meinem Zimmer unserer Forschungsstation im Gabun, deren Gebäude auf einer Lichtung am Rande des Regenwaldes mit seinen gewaltigen Baumriesen errichtet waren. Durch die unverglasten Fensteröffnungen hielt mich, bei völliger Windstille, ein über Stunden niederprasselnder Tropenregen in Bann. Der Waldrand war keine hundert Meter entfernt, doch war er kaum zu sehen. Der grau verhangene Himmel schien bis auf die Erde niederzureichen und ließ den Regenwald als eine verschwommene, schwarzgrüne Masse zu mir herüberschimmern.

Ich dachte an Pygmäen, an jene kleinen Urwaldmenschen, die jetzt weit entfernt von hier, in Erwartung besserer Zeiten, irgendwo im Inneren der mächtigen *Hyläa* verkrampft in ihren kleinen Blätterhütten hocken mußten. Vielleicht hatte sie der Regen auch irgendwo im Walde, weit weg von ihren Behausungen, beim Sammeln oder bei der Jagd überrascht, und sie harrten nun unter breiten, schützenden Brettwurzeln dem Ende des Regens entgegen.

Menschenforschung hatte mich schon immer fasziniert. Insbesondere über Pygmäen, vor allem über jene aus dem Ituri, hatte ich bereits viel gelesen. So beschloß ich, sobald sich das Wetter bessern würde, auf Pygmäensuche zu gehen. Meine vorsichtigen Umfragen ergaben, daß ich ungefähr 260 km nordöstlich von Makokou, zwischen Mékambo und Mbomo, im kongolesischen Grenzraum, diese kleinen Menschen finden könnte. Mehr war vorerst nicht herauszubekommen. Die meisten Antworten waren eher ausweichend. Viele Leute kicherten verlegen hinter vorgehaltener Hand oder verdeckten dabei gar das ganze Gesicht. Eigentlich wollte keiner so richtig über Pygmäen reden. Oft rief das Thema sogar große Belustigung hervor. Sollten es doch gar keine richtigen Menschen sein! Mein Koch in Makokou, ein *Mukwelle*, ein älterer Herr mit grauen Haaren, der als Kind noch die deutsch-französischen Auseinandersetzungen von 1916 in dieser

Gegend erlebt hatte, meinte gar, die Pygmäen seien »...*la petite viande qui court dans la forêt* (das kleine durch den Wald rennende Fleisch)« oder »... *c'est la petite viande qui parle* (das ist das kleine sprechende Fleisch)«, wobei hier *viande*, Fleisch, für ein wildes, eßbares Urwaldtier steht. Pygmäen kann man also verspeisen! Nach all dem, was ich so hörte und herausbekommen konnte, standen mir garantiert aufregende Tage bevor.

Makokou, 0° 34′ N – 12° 52′ E, eine etwa 5000 Seelen zählende Provinz-Hauptstadt, liegt am Nordufer des Ivindo, des schwarzen Flusses (Farb-Abb. 1), im Reich der *Fang*, eines mächtigen und kriegerischen Volkes, dessen Einzugsbereich bis in die Wälder des südlichen Kamerun reicht. Südlich des Ivindo leben die etwas kleineren und auch etwas dunkelhäutigeren *Bakota*. Fang und Bakota sind vorwiegend Waldpflanzer und betreiben auf Brandrodungen die sogenannte *shifting cultivation*, den Wanderfeldbau. Sie pflanzen Maniok, *Manihot esculenta*; Kochbanane, *Musa paradisiaca*; sowie Taro, *Colocasia esculenta*, an. Außerdem stellen sie Fallen und jagen mit der *Sagaie*, dem Jagdspeer der Afrikaner, vereinzelt auch mit der Flinte. Eine dritte Volksgruppe, die *Bakwelle*, siedelt beiderseits entlang des Ivindo. Sie unterhalten ebenfalls Waldpflanzungen und betreiben dazu intensiven Fischfang. Der Hauptverkehrsweg dieser Leute ist der Fluß, den sie geschickt mit Einbäumen befahren.

Es war kleine Regenzeit, in der es normalerweise nicht so oft regnet und in der über längere Zeiträume mit sonnigem, warmem Wetter zu rechnen war. Eine günstige Zeit für eine Expedition ins Kongo-Grenzland, an der auch mein langjähriger Freund Yves Coineau vom Lehrstuhl für Arthropodologie (Gliederfüßlerkunde) in Paris interessiert war und mitkommen wollte. In Allarmintang traf ich meinen Helfer Ekwaka, einen dunkelhäutigen Fang mit ausgezeichneten Kota-Sprachkenntnissen, der sofort bereit war, an einer solchen Erkundungsreise teilzunehmen, zumal sein Bruder in Mékambo Kommandant der Gendarmerie war. Diese Tatsache sollte mir viele Erleichterungen bei meinem Vorhaben bringen, denn es wird von den zuständigen Behörden nicht so gern gesehen, wenn Europäer ins Kongo-Grenzland vorstoßen.

Die Vorbereitungen für unsere Expedition waren schnell getroffen. An einem herrlichen, sonnigen Morgen fuhren wir mit unserem schweren Landrover an den Ivindo. Dort setzten wir mit einer vorsintflutlichen, monumentalen und laut dröhnenden Fähre – noch aus Krupps Eisenschmiede – über den Fluß und kamen ins Bakotaland. Eigentlich hätte ich für diese Reise einen *Mukota* anheuern sollen, denn der Fang Ekwaka war hier genauso ein Fremder wie ich auch, und die zwischen-ethnischen Beziehungen waren nicht immer die besten. Doch einen so zuverlässigen Begleiter hätte ich hier nie finden können. Außerdem gab es für mich, wie eben erwähnt, in Anbetracht seiner guten Sprachkenntnisse und wegen seines Bruders, des Gendarmeriechefs von Mékambo, gar keine andere Wahl. Besser konnte ich für solch eine Expedition nicht abgesichert sein. Bis Mékambo sind es zwar nur 180 km, aber die Lateritpiste zieht sich als schmales, rotbraunes Band durch den Regenwald, kaum breiter als der Landrover selbst, und schneller als 40 km/h zu fahren ist lebensgefährlich. Überholt wird man kaum, auch ist der Verkehr nicht sonderlich dicht, aber auf den gelegentlichen Gegenverkehr muß man höllisch achten. Meist sind es riesige MAN-Lastwagen, die schwer beladen heranbrausen. Ein rechtzeitiges Ausweichen in den Busch ist die einzige Möglichkeit, einen Zusammenstoß zu vermeiden und lebend davonzukommen.

Zu Beginn war die Fahrt etwas monoton. Wir fuhren entlang zweier mächtiger dunkelgrüner Urwald-Mauern. Doch plötzlich wurde die Piste etwas breiter, der Wald etwas lichter. Es war ein Hinweis darauf, daß hier in der Nähe Menschen lebten. Bald sahen wir auch die ersten Parasoliers oder Sonnenschirm-Bäume, *Musanga cecropioides,* die vor allem auf Lichtungen und in der Nähe menschlicher Siedlungen wachsen. Es dauerte nicht mehr lange, und wir kamen ins erste Bakota-Dorf Mbengoué. Die niedrigen, rechteckigen Lehmhütten formierten eine Art Reihendorf und standen mit ihrer Breitseite zur Piste, aber doch weit genug von ihr entfernt, um einen weiträumigen Dorfplatz zu bilden, der in seiner Mitte von der Piste durchzogen wurde. Als wir in die Ortschaft hineinfuhren, rannten Schafe, Ziegen, Hühner und spielende Kinder vor uns weg. Wir hielten an, denn vor einer der Hütten hatten wir einen kleinen Garten mit Ananasstauden erspäht. Die Bewohner des Dorfes, aus allen Winkeln herbeiströmend, waren freundlich und zuvorkommend. Sie boten uns Ananas, Avocados und Bananen an. Wir kauften für zwei, drei Tage Proviant. Sich für längere Zeit zu versorgen ist sinnlos. Die reifen Früchte verderben leicht in Anbetracht der Wärme und der sehr hohen Luftfeuchtigkeit. Außerdem kann man praktisch in jeder Ansiedlung frische Früchte kaufen. Nahezu hinter jeder Hütte standen Bananenstauden für den täglichen Gebrauch. Das beständige, feuchtwarme Klima sorgt das ganze Jahr über für eine ausgezeichnete Ernährungsgrundlage für die hier ansässige Bevölkerung. Natürlich unterhalten die verschiedenen Siedlungsgemeinschaften noch weiter im Inneren des Waldes durch Brandrodungen angelegte, größere Pflanzungen, vor allem für den Anbau von Kochbananen und Maniok.

Die Piste führte uns weiter in Richtung Nordosten, doch plötzlich glaubten wir, unsere Reise würde vorerst zu Ende sein. Ein riesiger, fast 2 m Durchmesser mächtiger Baumstamm lag quer über dem Fahrweg; es mußte hier tüchtig gestürmt haben. Beim Heranfahren sahen wir eine kleine Gruppe von Arbeitern, die sich bereits mit dem umgestürzten Urwaldriesen beschäftigten. Uns kam die erzwungene Pause ganz gelegen, konnten wir uns doch in aller Ruhe restaurieren. Scharf gewürzte Ölsardinen, frische Ananas und Bananen standen auf dem Menü. Nach etwa anderthalb Stunden hatten die Leute den mächtigen Stamm zweimal durchgesägt. Das uns den Weg versperrende Mittelstück konnte nun mit vereinter Kraft weggerollt werden. Die Piste war wieder frei (Abb. 1.1)! Zum Dank verteilten wir an alle Ölsardinen und kleine Dosen Thunfisch. Unsere Fahrt in Richtung Nordosten konnte weitergehen.

Kurz vor Batouala kamen wir ins Bergland. Die Piste wurde enger und kurvenreicher, gelegentlich gesäumt von wunderschönen Ölpalmen-Plantagen. Die mächtigen Gewächse reichten beiderseits bis an die Piste heran und bildeten einen riesigen Tunnel. Wir hielten kurz an und bewunderten diese eindrucksvolle Landschaft. Nach einigen Kilometern wurde die Luft spürbar feuchter. Schon bald schien es, als führen wir gegen eine mächtige, dunkelgrüne Mauer, die sich beim Näherkommen als riesige, dicht an dicht stehende Bambusstauden entpuppte. Für unseren Landrover gab es nur eine unendlich lang erscheinende dunkle Röhre, durch die wir hindurchmußten. Ein eindrucksvoller Moment!

Auf einer immer schmaler und kurvenreicher werdenden, bergigen Piste arbeiteten wir uns durch den Regenwald. Da, in einer Kurve, nur 15 m vor uns, stand plötzlich leibhaftig ein Leopard, *Panthera pardus*, mitten auf dem Weg. Er starrte uns mit großen,

1.1 *Auf der Fahrt nach Mékambo*

funkelnden Augen an. Anstatt zu fliehen, setzte er sich auf die Hinterläufe und ging in Sprungstellung. Wir stoppten, kurbelten die Fensterscheiben hoch und bestaunten das stattliche Tier. Ganz langsam fuhren wir jetzt auf den Leoparden zu. Dieser, ebenso langsam, stand wieder auf und setzte sich in Bewegung, um rechts vor uns in der dichten, die Piste säumenden Vegetation zu verschwinden. Auf gleicher Höhe angekommen, waren wir dem Tier so nahe, daß wir nach seiner Schwanzspitze hätten greifen können, so langsam ließ es sich ins Gestrüpp gleiten. Ein bißchen aufgeregt waren wir schon, und bei Ekwaka erwachte sogleich wieder das alte Jägerherz. Erst jetzt bemerkte ich, daß ich einen meiner Fotoapparate griffbereit neben mir liegen hatte. Man sollte aber vielleicht nicht immer gleich fotografieren und gewisse Begebenheiten als ganz besondere optische Erinnerungen im Gedächtnis behalten. Kaum hatten wir uns von diesem Erlebnis erholt, ging mir auf, daß Leoparden doch eigentlich nachtaktiv sind. Ich begann zu überlegen, was dieses Tier am hellichten Tag wohl mitten auf einer Regenwaldpiste suchte. War es etwa krank? War es irgendwie aufgestört worden? Bald sollte die Erklärung kommen.

Nach ein paar hundert Metern kam uns eine recht heitere Gesellschaft entgegen, zwei der Männer mit vorgehaltenen Flinten. Wir mußten stoppen, denn die Gruppe von vielleicht zwölf Personen nahm die ohnehin schon schmale Piste völlig in Beschlag. Einige rochen stark nach Palmwein und hatten glasige Augen. Aufgeregt gestikulierend fragten sie uns: »...*vous avez vu la Panthère?* (Habt ihr den Leoparden gesehen?)« Wir verneinten natürlich. Sogleich wurde uns aber auch klar, welches Glück wir gehabt hatten. Man stelle sich nur vor... ein paar Minuten später, der Leopard zwischen uns und den heiteren Leuten mit ihren Flinten! Ich will gar nicht erst versuchen, die Szene weiter auszumalen.

In engen Serpentinen arbeiteten wir uns mit unserem Landrover weiter bergauf. Bald kamen wir nach Sassamongo, einer Siedlung an einem Berghang mit gepflegten Ananasgärten. Endlich auf einer Hochebene angelangt, bot sich uns ein überwältigender Blick nach Nordosten über eine weite, dicht bewaldete Ebene bis hin zu den Bergen von Bokaboka. Dazwischen aufsteigende weiße Rauchfahnen verrieten uns die Lage der Siedlung von Ingolandjondo. Hinter Bokaboka führte die kurvenreiche und steinige, von starken Regengüssen aufgeweichte, zerfurchte Piste wieder bergab. Nach langer, eintöniger Fahrt durch das die Piste einsäumende, über 40 m hohe Baumgemäuer war es geradezu wohltuend für unser Auge, ab und zu über einen Abhang ein Stück Regenwaldstruktur zu erblicken.

Plötzlich, in einer Kurve, unweit von Zanbabounomdouka – ich traute meinen Augen kaum –, sah ich vor uns einen herrlichen Baumfarnbestand (Farb-Abb. 3). Die Gewächse standen dicht bei dicht und waren 8 bis 15 m hoch. Der holzige, etwas mehr als armdicke Stamm ist unverzweigt und trägt an seinem Ende eine Rosette schraubig gestellter, bis über 3 m langer, mehrfach gefiederter Wedel. Der schöne Bestand hier gehörte zur Art *Cyathea camerooniana.* Diese rezenten afrikanischen Baumfarne gehören innerhalb der *Pteridophyten* zu den *Leptosporangiaten.* Sie sind *karbonischen* Ursprungs, das heißt, sie sind immerhin schon über 250 Millionen Jahre alt. Ihre größte Entfaltung hatten sie im *Mesozoikum.* Heute finden wir solche Baumfarne nur noch in den feuchten Tropen in vereinzelten, isolierten Beständen, wie hier im kongolesischen Regenwaldblock, wo offenbar ganz spezielle mikroklimatische Bedingungen ihnen ihre Entfaltung ermöglichen. So sind sie uns als lebende Zeugen längst ver-

14

gangener Zeiten erhalten geblieben. In solchen Momenten sieht man sich um Hunderte von Millionen Jahren zurückversetzt. Man kann sich gut vorstellen, wie der Ur-Regenwald auf vielen Teilen der Erde, auch bei uns in Europa, ja selbst in der Sahara, damals ausgesehen haben mag. Eine Epoche, in der die Evolution weder an Primaten, geschweige denn an Menschen gedacht hat. Man kommt in einer solchen Umwelt leicht ins Träumen. Doch zurück in die Gegenwart. Schließlich waren wir auf der Suche nach Pygmäen, die ja auch Zeugen der Vergangenheit sind, wenn auch einer weit jüngeren.

In Zanbabounomdouka entdeckten wir auf dem Dorfplatz mehrere in Pistennähe errichtete Holzgestelle. An einigen hingen von der hiesigen Bevölkerung meist in Fallen und Schlingen gefangene Ducker, kleine Waldgazellen aus der Gruppe der *Cephalophinae*. Wir hielten an und traten näher. Alle hier angebotenen Tiere gehörten zur Art *Cephalophus callipygus*. Es war schon später Nachmittag, und die meisten Tiere waren nicht mehr ganz frisch, denn sie hingen schon seit dem Morgen hier in der Sonne. Das Fell samt Epidermis ließ sich leicht abzupfen. Meine empfindliche Nase verriet mir außerdem, daß ein europäischer Magen wohl etwas gegen den Genuß dieses Fleisches haben würde. Schließlich fanden wir aber ein paar Meter weiter doch noch ein relativ frisches Tier. Nach längerem Hin und Her des Handelns zahlten wir 2500 CFA (13,50 DM), luden den Ducker auf und fuhren weiter, denn wir wollten gern noch nach Mékambo kommen.

Kurz vor Mbéla, dem letzten größeren Bakota-Reihendorf vor Mékambo, kam uns ein großer Lastwagen entgegen, der plötzlich stoppte. Ein kleiner, aber fein gekleideter Mann hüpfte vom Beifahrersitz aus der Kabine und eilte uns entgegen. Er stellte sich vor als der Distriktpräfekt von Mékambo, der von unserem Kommen wußte und uns in seinem Verwaltungsbezirk herzlichst willkommen hieß. Auch wußten wir unsererseits von des Präfekten Präferenzen und schenkten ihm eine Flasche Whisky, die wir ohnehin für diesen Zweck dabeihatten. Er nahm die Flasche mit strahlenden Augen und einem breiten Lächeln entgegen. Er bedauerte, uns nicht in Mékambo bewirten zu können, denn er mußte nach Makokou. Er warnte uns noch vor einer in einigen Kilometern auftretenden, etwa 150 m langen, gefährlichen *Potpot*-Strecke und nannte uns die genaue Durchfahrtsstelle. Wir bedankten uns und fuhren weiter.

15

In der Tat, nach etwa 3 Kilometern sahen wir plötzlich vor uns ein breites, längeres, schwarz glänzendes Schlamm- und Morastmeer. Wir hielten an, betrachteten und untersuchten die Stelle ganz genau. Bald fanden wir auf der rechten Seite einen weit ins Unterholz ausladenden Bogen, der mit einer riesigen Menge schon untergetauchter, beblätterter Zweige ausgelegt war, die der schwere Lastwagen des Präfekten mit seinen großen Rädern bereits tief in den Schlamm gegraben hatte. Ein bißchen bange war uns schon. Es gab eben keinen anderen Weg. So legte ich den Geländekriechgang ein und tuckerte los. Auf keinen Fall anhalten! Mein Fuß zitterte auf dem Gaspedal. Der Schweiß drang mir aus allen Poren. Aber wir kamen zügig hindurch. Ekwaka neben mir belobigte mit Kopfnicken und einem tiefen Brummen mein Können. Uff! Wir hatten es geschafft und wieder festen Boden unter uns. Ich hielt erst einmal an und wischte mir den Schweiß vom Gesicht. Mein Khakihemd hing völlig durchnäßt und verklebt an meinem Körper.

Langsam lichtete sich vor uns der Regenwald. Die Piste wurde etwas breiter, gesäumt von immer dichter werdenden, mehr als 4 m hohen Grasbeständen (Farb-Abb. 4). Eigentlich hat das Elefantengras, *Pennisetum purpureum*, hier gar nichts zu suchen. Offenbar wurden von den Überlandlastwagen aus den Savannengebieten, vermengt mit an den Rädern klebenden Schlamm- und Lateritresten, Samen eingeschleppt, die dann dort gedeihen, wo die erdrückenden Baumriesen des Regenwaldes von der Piste zurückweichen und das Sonnenlicht in ausreichender Menge einfallen lassen.

Plötzlich kam uns im Höllentempo ein eine riesige Staubfahne aufwirbelnder Jeep mit drei hinter dem Fahrer stehenden Gendarmen entgegen. Der Jeep stoppte abrupt und stand sogleich quer zur Fahrtrichtung. Die drei Gendarmen sprangen laut lachend aus ihrem Gefährt und eilten uns entgegen, während Ekwaka neben mir lächelnd versicherte: »C'est mon frère! (Das ist mein Bruder!)« Wir stoppten, stiegen aus, wurden freundlich begrüßt und herzlich willkommen geheißen. Natürlich mußten wir gleich von unserer Fahrt berichten und ob denn alles gutgegangen sei. Dann fuhren wir zusammen weiter und erreichten Mékambo, unser Tagesziel, noch vor Einbruch der Dunkelheit. Quartier machten wir in der Mission Catholique des Père Petter, eines hageren, forschen Elsässers, der hier schon seit 1945 seinen Dienst verrichtete. Als

Gastgeschenk überreichten wir ihm den kurz vorher gekauften Ducker, den er erfreut entgegennahm und sogleich ausnehmen ließ. Das Fleisch lagerte er dann erst einmal in seiner Tiefkühltruhe.

Die Gebäude der Katholischen Mission waren, wie auch sonst überall in Westafrika, aus rotem Backstein errichtet. Sie erinnerten an jene in Makokou. Es waren einfache, aber ihren Zweck völlig erfüllende Bauten. Jedes Zimmer hatte zwei Türen, eine führte in einen Gang zum Innenhof, die andere auf eine in ihrer Länge durchgezogene Veranda, ebenfalls aus rotem Backstein, mit Blick auf einen gepflegten Park. Die Einrichtungen waren spartanisch. Neben der Schlafstelle stand eine kleine Kommode mit der uns aus früheren Zeiten bekannten Waschschüssel und einem Wasserkrug, denn hier gab es natürlich kein fließendes Wasser. Im dem dem Monsignore reservierten Gästezimmer aber stand ein Doppelbett!

Die Nacht war klar und kühl. Unweit der Station hingen Hammerkopf-Flughunde in den Bäumen, deren schrille, metallisch durchdringende Stimmen zu uns herüberhallten. Der Hammerkopf, *Hypsignatus monstrosus*, gehört zu den Früchte fressenden Megachiropteren. Es ist eine recht interessante Art, deren Verhalten an unserer Forschungsstation in Makokou eingehend untersucht wurde [52]*. Die Männchen versammeln sich zur Fortpflanzungszeit an traditionellen Arena-Balzplätzen, sogenannten *Leks* [190], an denen sie in der Nacht laut rufend die paarungswilligen Weibchen anlocken. Es klingt, als würde man einen dicken, 8 Zoll langen Nagel mit einem schweren Hammer in einen Holzbalken einschlagen. Ich habe diese Stimmen auf Band aufgenommen. Wenn mir heute rein zufällig wieder einmal dieses Band in die Hände fällt und ich mir diese Aufnahme anhöre, fühle ich mich magisch in jene Nacht nach Mékambo zurückversetzt.

Ekwaka muß sich die Nacht über in Mékambo herumgetrieben haben, denn am Morgen, ohne daß wir etwas vereinbart hatten, stand er in aller Frühe mit einem Einheimischen im Hof der Mission Catholique. Mir war das natürlich ganz recht, schließlich brauchten wir jemanden, der sich in der Gegend gut auskannte.

---

* Ziffern in eckigen Klammern verweisen auf die in der Bibliographie vorangestellten Nummern.

Mahongwé, so heißt die Bevölkerung hier, die von Mékambo bis an die kongolesische Grenze und noch darüber hinaus entlang der Verkehrswege siedelt. Es sind seßhafte Waldpflanzer und Fallensteller. Ethnisch sind sie eine Untergruppe der Bakota. Ihre Sprache jedoch scheint sich vom Kota zu unterscheiden, denn Ekwaka versicherte mir, daß er kaum etwas verstehe, wohl ab und zu ein Wort, mehr aber nicht. Wer versteht schon all die deutschen Dialekte, wenn sie schnell gesprochen werden?

Von Mékambo führt eine Piste nach Norden bis Madjingo, wo Pygmäen in den umliegenden Waldgebieten zahlreich umherstreifen sollen, jedoch war die Brücke gleich hinter Mékambo über den Djadié schon seit einiger Zeit zusammengebrochen...! Die Piste nach Ekata, unserem Endziel, verläßt Mékambo in südöstlicher Richtung und wird nur mehr ganz selten befahren. Eine Tatsache, die wir bald zu spüren bekommen sollten. Kaum lag Mékambo hinter uns, verengte sich auch schon die Piste auf eine eingleisige Fahrspur, übrig blieb, was wir in Europa einen Feldweg nennen. Zu beiden Seiten streifte unser Landrover Sträucher und Elefantengras. In der Mitte des Weges zog sich ein 80 cm hoher Grasstreifen entlang. Die geschmeidigen Stengel der dichten Grasbüschel beugten sich der mächtigen Stoßstange für die Zeit des Überfahrens, um gleich hinter uns wieder hochzuschnellen. Nur dort, wo die Räder fuhren, konnten wir den gelbroten Pistenboden erkennen. So ging es kilometerweit! Der Regenwald wich hier merklich zurück und machte einem undurchdringlichen, sekundären Unterholz Platz. Nur noch vereinzelt stand einer der ursprünglichen Baumriesen wie verloren am Rande der Piste. Ab und zu mußten wir über tückische Brücken aus morschen Balken, die beim Überfahren krachend und knackend nachgaben. Mehrmals lagen überhaupt nur noch einige notdürftig zugehauene Baumstämme über dem *Marigot,* so daß Ekwaka und Yves Coineau jedesmal vorher aussteigen und von der anderen Seite her, in Hockstellung, ihre Augen auf das Fahrwerk fixiert, mich hinüberlotsen mußten. Auf einer besonders schwierigen Brücke rutschte Yves Coineau aus und klemmte sich ein Bein zwischen zwei Baumstämme, während er mit weit aufgerissenen Augen auf den auf ihn zurollenden Landrover starrte. Nur wenige Zentimeter vor ihm brachte ich das Gefährt gerade noch zum Stehen. Ein abruptes Bremsen hätte den Absturz in den Marigot bedeutet.

Bald kamen wir durch verlassene Dörfer mit halb eingestürzten Hütten, aus denen von innen heraus kräftiges, dichtes Buschwerk wuchs, um in naher Zukunft die Reste der verrotteten Wohnstätten völlig zu überdecken. Gelegentlich sahen wir dazwischen noch eine einzelne Bananenstaude oder einen wild wuchernden Kaffeestrauch, um die sich keine Seele mehr kümmerte. Etwas später kamen wir durch bis an die Piste reichende Kakao- und Kaffeeplantagen. Unser sachkundiger Muhongwé berichtete, daß diese Pflanzungen ursprünglich schön und sauber angelegt waren, heute jedoch befanden sie sich in einem jämmerlichen, verwahrlosten und verlassenen Zustand. Die Bearbeitung lohne sich nicht mehr, da niemand bereit sei, die von den Hauptverkehrswegen relativ abgelegene Gegend aufzusuchen, um die geernteten Früchte abzuholen. Tatsächlich entdeckten wir einige Kilometer weiter, in einer verlassenen, von der Vegetation bereits überwucherten Hütte, einige prall gefüllte Säcke mit vor sich hin modernden Kaffee- und Kakaobohnen.

Hinter Ilohouéné kamen wir in eine kleine Siedlung mit etwa einem Dutzend kleiner Lehmhütten. Durch die schwarzbraunen Strohdächer stieg ein heller, weißgrauer Rauch gen Himmel. Das Dorf machte einen verträumten Eindruck. Ich glaubte mich am Ende der Welt. Unser Begleiter bat anzuhalten, denn hier würde es Pygmäen geben. Neugierig und voller Erwartung stiegen wir aus. Zunächst war kein Mensch zu sehen oder zu hören. Bald aber waren wir von zahlreichen Kindern, Frauen mit Babys und Männern umringt, alles relativ dunkelhäutige Mahongwé. Ein kräftiger, junger Mann mit breiten Schultern und imposantem, nacktem Oberkörper kam auf uns zu und bahnte sich einen Weg durch die herumstehenden neugierigen Leute. Sich mit beiden Fäusten auf die gewölbte Brust klopfend, verkündete er: »C'est moi le chef! (Ich bin hier der Boß!)« Viel mehr Französisch war aber aus ihm nicht herauszuholen, so daß augenblicklich unser Muhongwé in Aktion treten mußte. Er entfachte eine längere Unterhaltung, aus der wir immer wieder »Radio Gabon« heraushörten. Da er längst unser Tonbandgerät entdeckt hatte, war das eine Erfindung von ihm, uns als Abgesandte des Rundfunks aus Libreville einzuführen. Wir hatten nichts dagegen, denn im Grenzgebiet zum Kongo sind die Leute schon etwas mißtrauisch.

Nach einer längeren Diskussion stellte sich aber heraus, daß es in der Umgebung dieses kleinen Dorfes keine Pygmäen gab. Doch

19

empfahl man uns, auf jeden Fall bis nach Ekata zu fahren, denn dort würden zahlreiche Pygmäen leben. Immer wieder, wenn die umstehenden Leute, einschließlich der aufgeregt umherhüpfenden Kinder, von Pygmäen hörten, brachen sie in ein lautes Gelächter aus, hielten sich die Hände vor den Mund und blickten verschämt zur Seite.

Einige Kilometer weiter rannten plötzlich rotbraune Gestalten durch den Busch und kreuzten den Fahrweg. Wir hielten sofort an. Zwei von ihnen traten vor uns aus dem die Piste säumenden hohen Gras. Es waren freundlich lächelnde Mahongwé-Burschen. Sie bestaunten uns und unser Gefährt. Gesicht und Oberkörper waren mit einer rotbraunen Farbe bemalt. Um die Hüften hatten sie eine Art Sackleinen gewickelt und trugen ein aus rotem Stoff geschnittenes Stirnband. Unser Begleiter sprach ein paar Worte mit den jungen Leuten, dann erklärte er uns, daß diese Jungs vor ein paar Tagen beschnitten worden waren. Jetzt seien sie auf Bewährungsprobe, würden für einige Wochen allein durch den Busch ziehen, sich ihre Nahrung selbst suchen und auch keine feste Hütte oder Schlafstelle haben. Sie trugen ein Bündel kleiner Bananen bei sich, von denen sie uns anboten. Wir nahmen sie dankend entgegen. Diese kleinen, stark gekrümmten Bananen mit hellgelber Schale hatten ein hellrosafarbenes Fruchtfleisch. Sie waren außerordentlich wohlschmeckend. Bislang hatte ich im Gabun noch nie solche Bananen finden können. Die üblicherweise, überall zahlreich angepflanzte Sorte ist die harte, grüne Kochbanane, *la Banane plantain*, die man unzubereitet gar nicht essen kann.

Ekata, ein verlorenes Nest in der hintersten Ecke des Gabun und am Ende der Welt! Die rechteckigen, niedrigen Lehmhütten glichen jenen der eben besuchten kleinen Siedlung. Auch hier stieg der weißgraue Rauch von den Feuerstellen in den Hütten durch die mit Stroh gedeckten Dächer. Ein zauberhafter Dunstschleier lag über dem Dorf. Die herbeieilenden Kinder waren scheu und neugierig zugleich, verhielten aber in 5 m Abstand von uns. *Le chef de village*, der Dorfälteste, eine gewichtige Amtsperson mit grauen Haaren, trug eine uralte, von den Strapazen der Zeit gezeichnete, schon mehrmals weitervererbte Schirmmütze mit *schwarz-weiß-roter* Kokarde! Es schien, als sei hier die Zeit stehengeblieben. Er begrüßte uns, indem er seine beiden Hände an unsere Oberarme legte. Wir schenkten ihm zwei große Ananas, die er an die neben ihm stehenden Kinder weiterreichte. Ananas schien hier, wie auch in den vorher schon besuchten Dörfern, nicht angepflanzt zu werden.

Der Dorfälteste bat uns in seine Hütte. Dort verursachte der dichte, von der Feuerstelle am Boden in der Mitte der Behausung zum Strohdach aufsteigende Rauch ein scharfes Brennen in meinen Augen und ließ die Tränendrüsen augenblicklich hochaktiv werden. Unsere empfindlichen europäischen Augen sind eine solche starke Rauchkonzentration nicht gewöhnt. Wir sollten jedoch für das Geschehen Verständnis haben. Der aufsteigende, durch das Strohdach langsam entweichende Rauch hinterläßt auf der Dachinnenseite eine schwarzbraune, *klebrige Substanz*, die es auf diese Weise gleichsam imprägniert, somit wasserundurchlässig macht und den niederprasselnden Tropenregen auf der Oberseite nach beiden Seiten abrinnen läßt. Bei dieser »klebrigen Substanz« handelt es sich um *Laubholzteer*, in dem neben verschiedenen Ölen und Säuren vor allem 65% *Holzpech* enthalten ist, das maßgebend zur Imprägnierung der Dachinnenseite beiträgt.

Schließlich setzten wir uns vor der Hütte auf niedrige, bequeme, runde Hocker mit ausgehöhlter Sitzfläche. Unser Begleiter aus Mékambo erzählte nun in allen Einzelheiten von unserer langen Reise. Es dauerte eine Weile, bis ich zum ersten Mal etwas von »Pygmäen« heraushören konnte. In diesem Zusammenhang fiel immer wieder auch der Ausdruck *Bong gom*. Bald sollte sich vor uns offenbaren, worum es dabei ging. *Le vieux chef*, der alte Häuptling, wollte nun seinen Reichtum vorführen. Er begleitete uns auf dem Weg zum Besitztum seiner Mahongwé-Mitbürger.

Wir verließen das eigentliche Ekata. Am Dorfausgang gab es nur einen gerade noch sichtbaren Trampelpfad, der sich wie eine Riesenschlange durch die Vegetation zog. Mit unserem Landrover holperten wir recht und schlecht durch den Wald, ohne zu wissen, wo es eigentlich langging. An tiefen Pfützen und vom Gras verdeckten Bodenlöchern mangelte es nicht. Nach etwa einem Kilometer Geisterfahrt tat sich der Wald wieder vor uns auf. Wir kamen in ein Dorf, das sich eigentlich zunächst in nichts vom eben verlassenen Ekata unterschied. Wir waren ja schließlich noch immer in Ekata!

Doch plötzlich mußte ich staunen. Die Gestalten, die da herumsaßen oder neugierig aus den Hütten herauskamen, sahen ganz anders aus als die uns bislang auf dem Weg vertraut gewor-

1.2 *Hellhäutiger Bong gom*
mit leicht geschwungener Nase

denen Gesichter. Der Dorfälteste aus Mahongwé-Ekata, wie ich
das eben verlassene Dorf nun nennen will, verkündete uns voller Stolz: »...*voilà nos Bong gom!* (Bitte sehr, hier sind unsere
Bong gom!)«

Das sollten die lang gesuchten Pygmäen sein?!

Meine Enttäuschung war groß.

Sicher, es waren kleine Leute. Ihre Hautfarbe war überwiegend
hell kupferfarben, wie ich das bereits erwartet hatte, aber es gab
auch dunklere Typen. Bei fast allen bemerkte ich die breite, plattgedrückte, manchmal leicht geschwungene Nase mit ausladenden
Nasenflügeln (Abb. 1.2). Diese Leute hatten schon gewisse *phänotypische* Ähnlichkeiten mit Pygmäen.

Aber wie lebten sie?

Wir sollten es bald herausbekommen.

Alle Einwohner dieses Dorfes befanden sich in einem totalen

22

1.3 *Bong-gom-Frau mit Mahongwé-Merkmalen
und hellhäutigem Säugling; bei beiden zeigt die Nasenmorphologie
deutlich pygmide Formen*

Abhängigkeitsverhältnis zu den benachbarten Mahongwé. Sie waren sozusagen ihr Eigentum. Die Bong gom waren, im wahrsten Sinne des Wortes, Leibeigene, Vasallen der Mahongwé. Sie waren permanent seßhaft. Sie verrichteten die Arbeit in den Plantagen *de leurs patrons*, ihrer Herren! Die Frauen pflanzten Maniok, Bananen und Taro auf den Brandrodungen, die Männer stellten Fallen in den umliegenden Waldgebieten. Den Hauptanteil der erbeuteten Tiere hatten sie bei den Mahongwé abzuliefern. Als Gegenleistung erhielten sie abgetragene Kleiderfetzen.

Hier hatte sich der Akkulturationsprozeß bereits vollständig vollzogen. Eine genetische Vermischung war ebenfalls deutlich zu erkennen (Abb. 1.3). Zahlreiche Bong-gom-Frauen dienten den Mahongwé als Nebenfrauen mit getrenntem Wohnsitz oder waren gar nur »*l'objet d'une aventure occasionnelle* (Gegenstand eines flüchtigen Abenteuers)«! Die aus solchen Verbindungen hervorgegangenen Kinder wuchsen ausschließlich als Bong gom auf. Dieses System schien aber bereits geraume Zeit so zu funktionieren, denn bei zahlreichen Erwachsenen und auch schon bei älteren Personen waren eindeutig phänotypische Mahongwé-Merkmale auszumachen.

Diese Leute hier wurden nicht nur von den Mahongwé als Bong gom bezeichnet, sondern nannten sich auch selbst so. Durch den unilateralen Genfluß kam es zu einer neuen ethnischen Einheit, und damit bildete sich auch eine neue, »eigene« soziologische Identität heraus, als ideologische Grundlage ihrer jetzigen Existenz. Ihre traditionelle Lebensweise als mobile Sammler und Jäger schienen sie schon vor Generationen aufgegeben zu haben.

Ich war nicht wenig erstaunt, als man mir plötzlich offenbarte, daß ich nun auch noch die *echten Pygmäen* kennenlernen sollte. Etwa 500 m weiter Richtung Kongo befand sich eine dritte Dorfgemeinschaft von Ekata, die sich äußerlich nicht wesentlich von den anderen Anwesen zu unterscheiden schien. Die hier wohnenden Leute waren ebenfalls hellhäutige, kleine Menschen mit plattgedrückten Nasen, sogenannte *Bakola*, wie diese Pygmäen von den Mahongwé genannt wurden. Sie lebten ihrerseits in einem völligen Abhängigkeitsverhältnis zu den Bong gom.

A tout un chacun ses Pygmées! (Einem jeden seine Pygmäen!) Auch diese Bakola waren permanent seßhaft. Sie hatten ihre ursprüngliche Lebensweise als umherstreifende Sammler und Jäger ebenfalls seit langem aufgegeben. Sie arbeiteten als wahrlich Leibeigene auf den Pflanzungen der Bong gom.

Hier erreichte das Niveau der Ausbeutung – des Menschen durch den Menschen – seinen höchsten Grad!

Während die Mahongwé als Herren und Besitzer ihre Arbeiten von den Bong gom verrichten ließen, hatten letztere die Bakola in ein Abhängigkeitsverhältnis gedrängt. Die eigentlichen und im wahrsten Sinne des Wortes Ausgebeuteten in diesem ineinander verschachtelten Vasallisationssystem waren letztlich die Bakola. Sie standen auf der Ausbeutungsleiter ganz eindeutig auf der untersten Stufe. Diese Bakola unterhielten aber zusätzlich, weiter im Inneren des Waldes, auf verstreuten Brandrodungen, auch noch Pflanzungen für ihren eigenen Bedarf.

Ihre ethnische Identität hatten sie vorerst noch einigermaßen bewahrt. Die Mahongwé vermieden den direkten Kontakt – *au grand jour* – zu den Bakola, obwohl man sehr wohl wußte, daß die Männer sich »*les aventures occasionnelles*«, die flüchtigen Abenteuer, mit den Bakola-Mädchen nicht entgehen ließen. Es kam jedoch häufig vor, daß Bong-gom-Männer ganz offiziell Bakola-Frauen nahmen, während es umgekehrt trotz der ethnischen Affinität für einen Mokola nahezu unmöglich war, mit einer Bong-gom-Frau eine Lebensverbindung einzugehen. Das verboten die sozialen Unterschiede!

Sicher waren die soziologischen Strukturationen der drei Ekata-Dorfgemeinschaften hochinteressant und wären Anlaß genug für eine grundlegende Untersuchung der hier funktionierenden intimen Abhängigkeitsverhältnisse und Ausbeutungsmechanismen. Ich aber war auf der Suche nach Pygmäen mit noch ursprünglicher Lebensweise als *mobile* Sammler und Jäger. Insofern, und nicht nur in diesem Sinne, war unsere aufwendige Expedition in diese entlegene Ecke Gabuns für mich, wenn auch in jeder Hinsicht außerordentlich aufschlußreich, dennoch eine Enttäuschung.

Auf dem Gelände unserer Forschungsstation in Makokou herrschte reges Treiben. Frauen und Kinder kamen schwer beladen aus den umliegenden Dörfern. Sie brachten vor allem Bananen, Erdnüsse und verschiedene Waldfrüchte, die wir einmal pro Woche für unsere zahlreichen Primaten, Schimpansen, Gorillas und Meerkatzen kauften. Einen solchen Mittwochvormittag ließ ich mir, soweit es möglich war, nie entgehen und beobachtete genüßlich diese bunte Gesellschaft.

Hartnäckig wurde um jede noch so kleine Summe gefeilscht. Ein altes, dürres Weiblein mit verschrumpeltem Gesicht war besonders ausdauernd und aufdringlich. Mit immer wieder vorgestreckter Hand verlangte sie laut kreischend 100 CFA (0,54 DM), mehr als unser Institutseinkäufer ihr zahlen wollte. Ohne Erfolg! Dann schritt sie, immer noch kreischend und gestikulierend, auf mich zu und erzählte mir, wie geizig dieser Bursche doch sei, obwohl er aus ihrem Dorf stamme und sie ihn schon als kleinen Buben kannte. Immer wieder wiederholte sie, wie viele Kinder und Enkel sie zu versorgen hätte. Obwohl ich längst wußte, wofür sie dieses Geld noch brauchte, ließ ich mich erweichen und gab es ihr als einmaliges Geschenk. Eine halbe Stunde später traf ich sie in Makokou wieder. Sie stand vor einem kleinen Budenladen, winkte freudig zu mir herüber und ließ dabei, ohne abzusetzen, einen Liter warmes Bier in sich hineinlaufen.

Unter den zahlreichen Frauen und Kindern entdeckte ich ein etwa 12jähriges Mädchen mit einem alten, bereits ziemlich verwitterten Elefanten-Molaren, den sie zum Verkauf anbot. Ich interessierte mich für dieses Ding und rief das Mädchen zu mir. Ich kaufte ihr diesen Backenzahn ab und fragte nach seiner Herkunft. Nach seinem Verwitterungszustand wurde er sicher schon einige Zeit herumgeschleppt. Er mußte schon durch viele Hände gewandert sein. Das Mädchen erzählte mir, in der Nähe ihres Dorfes Andok würden Pygmäen umherstreifen. Ihr Vater habe bei ihnen diesen Molaren gegen Salz eingetauscht. Das interessierte mich natürlich brennend, daher ließ ich mich zu ihrem Vater führen.

Wir gingen zum Fluß hinunter. An der Anlegestelle bestiegen wir eine Piroge, einen Einbaum. Nach einer anderthalbstündigen, lautlosen Gleitfahrt durch das einem ruhigen See gleichende, glatte Wasser des Ivindo lag Andok vor uns. Am Ufer, zwischen zwei Büschen, saß ein Mann mit völlig kahl geschorenem Schädel bis an die Brust im Wasser und plätscherte mit ausgestreckten Armen auf der Wasseroberfläche. Beim Näherkommen erhob ich meine Hand zum Gruß und winkte dem Alten zu. Er streckte daraufhin beide Arme über den Kopf und winkte zurück. Zu meiner großen Überraschung wiegte sich noch immer irgend etwas mit weichen Bewegungen auf der Wasseroberfläche: Die uns grüßende Person war eine schon nicht mehr junge Frau, die »schwimmenden Arme« waren ihre Brüste.

Wir stiegen ans Ufer, gingen ins Dorf, und das Mädchen führte mich zu ihrem Vater N'koo. Ein kräftiger Bursche mittleren Alters mit hoher, glatter Stirn, beginnender Glatze, umsäumt von einem lichten, gräulich schimmernden Haarkranz. Das Mädchen sprach in Fang mit ihm und erzählte, wer ich sei und weshalb ich gekommen bin.

Er stellte sich vor: »*Patron! Je suis le propriétaire des Pygmées!* (Chef! Ich bin der Eigentümer der Pygmäen!)«

Das ließ nichts Gutes ahnen. Ich war dennoch interessiert und bat um die Möglichkeit, die Pygmäen einmal besuchen zu dürfen. Er willigte ein, bat mich jedoch um *un petit cadeau!*, ein kleines Geschenk!

In Makokou kaufte ich bei den *Haussa*-Händlern ein Paket Rohtabak und einige kleine Beutel Salz für die Pygmäen, denn ich wußte, daß sie diese Dinge begehrten. Für N'koo kaufte ich Ölsardinen und Thunfisch. Als ich mit Ekwaka, der mir für diesen Ausflug unentbehrlich schien, zum vereinbarten Termin wieder in Andok eintraf, nahm N'koo zwar meine Gaben strahlend entgegen, gab jedoch vor, keine Zeit zu haben, uns zu begleiten. Unvorstellbar, ein Afrikaner, der keine Zeit hat! In Wirklichkeit wollte er wahrscheinlich nicht so weit laufen. N'koo gab uns aber einen jungen Mann namens Oké mit auf den Weg.

Es erwartete uns ein etwa 12 km langer Marsch. Auf einem schmalen Trampelpfad wanderten wir zunächst durch Sekundärwald mit zeitweise dichtem Gestrüpp als Unterholz, kamen an Maniokplantagen vorbei, und schließlich mußten wir durch einen Sumpfpalmenwald, wo wir teilweise knietief in den schwarzen, vermodert und verfault riechenden Schlamm einsanken, so daß das Vorwärtskommen sehr mühsam war. Verdreckt und völlig schweißverklebt, hatten wir schließlich auch diese Schwierigkeit überstanden. Bald kamen wir an einen etwa 5 m breiten Marigot mit klarem, von *Tannin* leicht hellbraun schimmerndem Wasser, so daß wir gerade noch den hellen Sandboden erkennen konnten. Diesen Urwaldbach wanderten wir etwa 500 m aufwärts. Das Wasser war meist knietief, gelegentlich reichte es uns aber bis an die Hüften. Mehrmals hatte ich Sorge um Fotoapparate und Tonbandgerät. Dieser Marsch durch den Marigot hatte immerhin den Vorteil, daß wir inzwischen wieder sauber gewaschen waren.

Die Nässe spielte keine Rolle mehr, schließlich war hier alles feucht und naß.

Oké deutete auf einen kleinen Pfad am rechten Ufer, der uns nun über unzählige Wurzeln und zahlreiche quer zur Laufrichtung liegende, morsche und vermoderte Baumstämme bergauf führte. Auf einer kleinen Anhöhe kamen wir auf eine Lichtung, die sich als eine Kakaopflanzung entpuppte. Sie war von zahlreichen Manioksträuchern und einigen Bananenstauden umrandet. Versteckt zwischen Waldrand und den Maniokbüschen entdeckten wir zwei traditionelle, mit großen ovalen Blättern bedeckte Rundhütten. Etwas weiter entfernt auf einem freien Platz stand eine rechteckige, mit Palmwedeln bedeckte Behausung, deren Seitenwände mit geschälter Baumrinde abgedichtet waren. Auf einer der Längsseiten war ein schmaler, türloser Eingang offengelassen.

Natürlich war mir sofort völlig klar, daß diese drei Hütten am Rande einer Waldpflanzer-Plantage kein authentisches Pygmäenlager repräsentierten. Schon allein die vorhandene rechteckige Behausung ließ dies erkennen. Dennoch war der Eindruck, im Vergleich zu unseren Erlebnissen in Ekata, ein völlig anderer und beileibe nicht so deprimierend. Hier spürte man noch einen Hauch von freier Natur. Das kleine Dorf Andok lag weit genug entfernt.

Nur eine kleine Familie lebte hier. Der einzige anwesende, etwa 1,50 m große Mann mittleren Alters namens Andu hatte eine satt kupferfarbene Haut, einen schönen Kopf mit hoher, gewölbter Stirn. Das Kopfhaar war gelichtet und ließ eine baldige Glatze vorausahnen. Es war gesäumt von einer etwas dichteren graumelierten Umrandung, die versprach, den Stürmen der Zeit noch ein wenig länger standzuhalten. Seine Ohren waren lang und groß mit frei hängenden Läppchen. Außerdem hatte er fein geschnittene, leicht geschwungene, typisch europide Lippen. Mitten im Gesicht trotzte eine mächtige, plattgedrückte Trichternase mit breiten, weit ausladenden Nasenflügeln (Abb. 1.4). Diese Nase wollte zu den sonst fein geschnittenen Zügen des Gesichtes gar nicht so recht passen. Später lernten wir noch Andus Bruder N'gélé kennen. Er sah Andu durchaus ähnlich (Abb. 1.5). Es war ein kleines, schmächtiges und feingliedriges Kerlchen mit ziemlich langem Kopf, einer gewölbten, sich hochziehenden Stirn, eingerahmt von dichtem, graumeliertem Büschelhaar. Seine Lippen

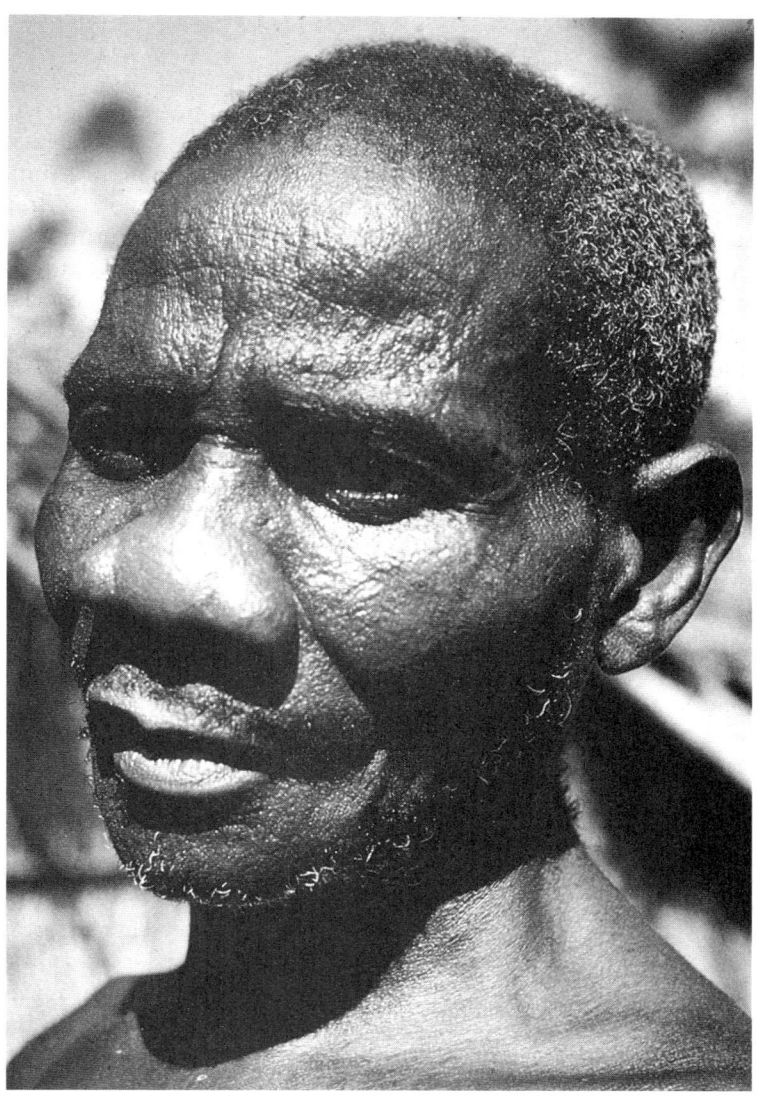

1.4 *Familienoberhaupt Andu bei Andok*

1.5 *Andus Bruder N'gélé*

waren europid schmal und elegant geschwungen. Mitten im Gesicht prangte eine mächtige, relativ weit vorspringende Trichternase mit breit ausladenden Nasenflügeln! Dennoch sind all diese eben beschriebenen Merkmale in ihrer Kombination, einschließlich ebendieser Trichternase, typisch für echte Pygmäen. Andu trug viel zu große, um Hüfte und Beine flatternde Khakishorts. Seine Frau Anjame war bedeutend kleiner, mit einer kecken Knopfnase im Gesicht. Ihre Hautfarbe war eher ein helles lehm-gelbliches Braun.

Dieses Paar hatte drei kleine Söhne zwischen 3 und 8 Jahren sowie eine größere, etwa 15jährige Tochter namens Mukongo. Weiter lebte hier noch Yéyé, eine schlanke, relativ dunkelhäutige Frau mit aufgeworfenen Lippen. Ihr deutlicher Bantu-Einschlag ließ sich nicht verleugnen. Sie hatte einen 5jährigen Sohn, eine etwa 3jährige Tochter, und an der Brust hielt sie ihr Jüngstes, den kleinen, wohl etwa 10 Monate alten Mongua. Er konnte gerade auf allen vieren krabbeln, doch vor mir hatte er ganz fürchterliche Angst. Der Vater dieser Kinder, so sagte man uns, würde schon seit einigen Tagen zusammen mit zwei weiteren, bereits älteren Söhnen Andus im Wald umherziehen. Vielleicht waren sie auf der Jagd nach Vögeln und kleinen Säugern?

Andu freute sich riesig über das Päckchen Blättertabak, das ich für ihn mitgebracht hatte. Den beiden Frauen und dem Mädchen Mukongo gab ich je ein Säckchen Salz, das sie sogleich an die Nase hielten und neugierig beschnupperten. Mukongo öffnete ihren Beutel und kostete eine kleine Prise. Lächelnd, zu den beiden anderen Frauen gewandt, bestätigte sie, daß es gutes Salz sei. Sie sagte es in einer uns nicht verständlichen Sprache, und Andu übersetzte es in Fang. Es schien, als sei er der einzige, der Fang gut genug beherrschte, um sachgerecht übersetzen zu können. Später erfuhren wir noch, daß auch Mukongo recht gut Fang sprechen konnte.

Es war natürlich nicht im Traum daran zu denken, anhand einer einzigen Familie soziologische und öko-ethologische Mechanismen untersuchen zu wollen. So war ich auch hier auf eine aussichtslose Situation gestoßen, doch interessierte mich der gewaltige Unterschied im Vergleich zu dem Erlebnis in Ekata. Andu und seine Familie machten auf mich einen durchaus positiven Eindruck. Da ich sowieso noch einige Zeit in Makokou zu tun hatte, wollte ich die mir zur Verfügung stehenden freien Stunden

31

nützen, die kleine Pygmäengruppe bei Andok näher kennenzulernen. Aufgrund der bereits seit langem bestehenden, engen Beziehungen zu den Waldpflanzern störte es mich nicht, daß Andu um eine Machete und eine Petroleumlampe bat – Produkte unserer Zivilisation, die natürlich zur weiteren Akkulturation dieser Pygmäenfamilie beitrugen. Ich versprach, wiederzukommen.

Dank der guten Zusammenarbeit mit Ekwaka gelang es mir, den Einfluß aus Andok, insbesondere jenen der Leute um N'koo, soweit als möglich zu umgehen. Langsam entwickelte sich ein nützliches Vertrauensverhältnis zu den Pygmäen. Ohne Aufforderung übergaben sie uns bei fast jedem Besuch die verschiedensten Früchte, die sie auf ihren Wanderungen durch den Regenwald gesammelt hatten. Auf diese Weise lernte ich recht bald einen beträchtlichen Anteil ihres vegetarischen Speisezettels kennen. Es war aber auch ein Beweis dafür, daß diese kleine Gruppe – trotz ihrer Abhängigkeit von den Leuten aus Andok – noch stark mit ihrer ursprünglichen Lebensweise verwurzelt war, offenbar nicht gewillt, diese ohne weiteres aufzugeben.

Im Verlaufe zahlreicher ungezwungener Unterhaltungen konnte ich auch in Erfahrung bringen, daß Andus Gruppe weit verzweigte Verbindungen hatte – bis nach Sangmélima in Kamerun und bis Souanké im Kongo. Aus dieser Gegend stamme er selbst, jedoch ließe es sich im Gabun besser leben. Dies sei auch der Grund, weshalb sie hierhergezogen sind. Seine Familie jedoch lebe heute weit verstreut, und bei M'Vadi, über 120 km weiter nördlich an der Grenze zum Kongo, wohne eine weitere Tochter von ihm. Diese noch bestehenden, weit verzweigten Verbindungen sind in Wirklichkeit nichts anderes als Zeugen ihres heutigen Versprengtseins, klägliche Überreste einer ehemals bestehenden Gruppenverbindung. Überreste aus einer Zeit, als die Baka-Pygmäen – zu denen diese Gruppe gehörte – noch als *mobile* Sammler und Jäger die endlosen Regenwälder durchstreiften.

Bei dieser Gelegenheit erfuhr ich auch den Grund, warum die Andu-Gruppe sich gerade hier am Rande dieser entlegenen Plantage niedergelassen hatte. Immer wieder wurde diese Pflanzung von umherstreifenden Elefanten heimgesucht, denen offenbar die Kakaofrüchte besonders gut schmeckten. Wer Elefanten kennt, weiß, daß sie nicht nur die Früchte pflücken, was an sich schon Schaden genug wäre, sondern dabei erhebliche Zerstörungen an den zierlichen Kakaobäumchen selbst verursachen. N'koo aus Andok, ein weit herumgekommener Mann und Besitzer einer Motorpiroge, hatte diese Pygmäen eine Tagesreise weiter nördlich am Ivindo ausgemacht und dann nach hier beordert, damit diese Leute am Rande seiner Waldpflanzung siedeln sollten. Er hatte sie beauftragt, die Elefanten von hier fernzuhalten. Als Gegenleistung bekamen sie Maniok und abgetragene Kleider! Eines Tages fehlte das Mädchen Mukongo. Nur zögernd erzählte uns Andu, daß sie vor einigen Tagen nach Andok gegangen, bislang aber nicht zurückgekommen sei. Wahrscheinlich wußte er genau Bescheid. Über Leute aus Andok konnte ich bald erfahren, daß N'koo für mehrere Wochen in den Wald auf Jagd gezogen war und Mukongo mitgenommen hatte, damit sie ihm das Essen koche. Daß sich N'koo von Mukongo nicht nur das Essen kochen ließ ... war noch nicht einmal ein afrikanisches Geheimnis! Eines Tages war auch Yéyé mit all ihren Kindern verschwunden. Wochen später trafen wir sie, eine halbe Tagesreise weiter nördlich, in einem Dorf am Ivindo. Mit dem Vater ihrer Kinder hauste sie jämmerlich in einer kleinen, rechteckigen Lehmhütte, direkt neben ihrem jetzigen Besitzer. Von N'koo ausgeliehen oder weiterverkauft?!

Ihr Leben als freie, umherstreifende Gruppe mögen diese Pygmäen, ähnlich wie die Bakola von Ekata, schon lange aufgegeben haben. Schlimmer noch, fehlt ihnen doch jegliche soziologische Identität. Als kleine Gruppe oder Familie – Eigentum eines kommerztüchtigen *Muntu* – leben sie häufig direkt in oder in der Nähe von Waldpflanzer-Dörfern und haben zu tun, was man ihnen befiehlt. Auch die Pygmäen der Andu-Gruppe waren schließlich nichts anderes als Leibeigene im Dienste der Großwüchsigen. Ihre relative Freiheit am Rande einer Waldpflanzung – vielleicht nur eine Illusion!?

Bei meinen unerläßlichen Recherchen nach Pygmäen mit noch ursprünglicher Lebensweise stieß ich eines Tages auf Emile Finkernagel, einen Forstingenieur aus Yaoundé, der die Regenwaldgebiete Südkameruns gut kannte und sich außerdem für Pygmäen interessierte. Seinen Mitteilungen zufolge gab es jedoch von vornherein Schwierigkeiten, in Kamerun die Pygmäen überhaupt aufzusuchen. Sollten es die Behörden doch als *unzuträglich* empfinden, daß Leute diese *primitiven und rückständigen Menschen* zu fotografieren wünschten. Außerdem ist man in Kamerun bemüht, die Pygmäen soweit wie möglich zu gruppieren und zu *sedentarisieren*. Finkernagels Mustersiedlung bei Bonanda, die an sich nur wenig Kontakt mit den Großwüchsigen haben sollte, bestand immerhin aus 20 (!) Rundhütten. Über 60 Personen lebten hier ständig beisammen. Auf dem Platz stand auch eine rechteckige, für Pygmäen völlig untypische Palaverhütte – wie sie jedoch in allen Dörfern der Fang anzutreffen ist – sowie eine große, ebenfalls rechteckige sogenannte Korbflechterhütte. Die von den Pygmäen hergestellten Körbe wurden an die Waldpflanzer für 50 bis 100 CFA (0,27 bis 0,54 DM) das Stück verkauft. Es gab sogar – als Errungenschaft der Zivilisation – etwas abseits im Wald einen fest eingerichteten Toilettenplatz!

In dieser Siedlung lebte außerdem und permanent in einer der Rundhütten ein *Maka*, als *Direktor des Ausbildungszentrums und der Volksbildung* von Bonanda. Etwa 50 m hinter seiner Behausung, unter freiem Himmel, hatte er eine Schule eingerichtet, in welcher die kleinen Pygmäenkinder, aber auch die Kinder aus den umliegenden Waldpflanzer-Dörfern, unterrichtet wurden. Aus Finkernagels Bericht geht leider nicht hervor, ob die in Bonanda angesiedelten Baka-Pygmäen auch eigene Pflanzungen unterhielten, was aber in bezug auf ihre Siedlungsweise durchaus anzunehmen war. Hier vollzog sich eine gezielt angesetzte Sedentarisierung und ein bereits mit Gewerbeaktivität verknüpfter, nicht mehr aufzuhaltender Akkulturationsprozeß.

In Bangui, der Hauptstadt Zentralafrikas, traf ich auf Claude Frances, Bankdirektor und passionierter Großwildjäger mit guten Beziehungen. Bei einem der zahlreichen von ihm organisierten Empfänge mit einem von seiner charmanten Frau hervorgezauberten erlesenen Abendessen lernte ich Moussaba IV. kennen, einen *Ngbaka* aus der Gegend von Mbaiki. Er war ehemaliger Präfekt dieser Region, jetzt aber im Holzgeschäft, da er bei Kaiser Bokassa in Ungnade gefallen war. Er kannte sich in den Regenwäldern der *Lobaye* recht gut aus. Ich war angenehm überrascht von der Offenheit, mit der man in Bangui über Pygmäen sprach. Sie seien, so bekam ich immer wieder zu hören, die eigentlichen Ureinwohner der Regenwaldgebiete dieses Landes. Erst die verschiedenen Migrationszüge der viel später eingewanderten Hackbauern hätten ihren Lebensraum erheblich verringert und damit ihre Existenz beträchtlich bedroht. Aber im äußersten Süden des Landes, südlich der Lobaye, gebe es noch zahlreiche, völlig frei umherstreifende Verbände. Das waren aussichtsreiche Prognosen. Ich war richtig gespannt, und in mir stieg eine nicht mehr zu bändigende Neugierde auf.

Eines Tages bot mir Moussaba an, mit ihm in die Wälder der Lobaye zu kommen. Er fuhr einen dunkelgrünen, hochbeinigen VW K 70 mit deutscher Diplomatennummer, auf die er besonders stolz war. Bald sollte ich auch den Grund hierfür erfahren. Nur wenige Kilometer südlich von Bangui, bei Bimbo an der Brücke über den Pama, stießen wir bereits auf eine der damals im Lande zahlreichen Polizeisperren. Wir fuhren an der wartenden Autoschlange vorbei. Mit breitem Lächeln öffnete man uns den Schlagbaum. Je weiter wir nach Süden kamen, desto bekannter war Moussaba, so daß die verschiedenen Kontrollposten für uns kein Hindernis darstellten.

Gleich auf der anderen Seite der Brücke über den Pama, einen Nebenfluß des Ubangui, begann auch schon der Regenwald, bekannt vor allem durch das Waldschutzgebiet von Bimbo. Außerhalb dieses Forstreservats zeigte sich die Landschaft jedoch teilweise ziemlich aufgelockert. Zwischen vereinzelt noch stehenden Baumriesen waren zahlreiche gepflegte Kaffeeplantagen angelegt. Kaffeeanbau gehört zwischen Bangui und Mbaiki zu den lukrativsten Erwerbszweigen. Wir kamen gut voran, denn die 107 km der Route Nationale 6 waren asphaltiert, führte sie doch an Kaiser Bokassas Landsitz Berengo vorbei. Zwischen Yaka und Bossabo führte die Straße durch eine weite, offene Gras-Savannen-Landschaft mit schönen Beständen der Rônierpalme, *Borassus aethiopum*.

Südlich von Mboro – wir waren inzwischen wieder in einer Regenwaldzone – kamen wir in ein kleines Dorf namens Babombé. Wir hielten auf einem kleinen, mit Blumen geschmückten Platz vor einem auf Pfählen erbauten Holzhaus mit vorspringender Veranda. Es war Moussabas Geburtshaus. Schon kam seine Mutter herbeigeeilt, um uns zu begrüßen. Sie legte dabei ihre beiden Hände an meine Oberarme, worauf ich bei ihr das gleiche tat. Sie sprach nur Ngbaka, zunächst nur mit ihrem Sohn, dann aber auch zu mir gewandt. Wir gingen die kleine Holztreppe hinauf und ließen uns auf der Veranda nieder. Schon brachte Moussabas Mutter eine Flasche frischen Palmwein. Sie stellte drei Gläser in einer Reihe vor sich auf, füllte zwei Fingerbreit Palmwein in nur eines davon, schwenkte es tüchtig und goß darauf den Inhalt in das daneben stehende Glas. Das gleiche wiederholte sie, bis der Inhalt schließlich wieder im ersten Glas landete. Dann goß sie den restlichen Wein über die Veranda in den Busch. Jetzt erst füllte sie aus der Flasche alle drei Gläser und stellte sie vor uns hin. Irgendwie muß sie mein verdutztes und zugleich fragendes Gesicht wahrgenommen haben. Auf jeden Fall lächelte sie verschmitzt zu mir herüber und redete intensiv mit beschwichtigenden Gesten auf mich ein. Moussaba übersetzte und erklärte mir, daß mit dieser Art des Einschenkens hierzulande dem Gast gegenüber bezeigt werden soll, daß er herzlich willkommen ist und daß man ihn nicht mit einem präparierten Glas vergiften will! – Also bitte nicht trinken, falls vorher nicht alle Trinkgefäße mit dem vorgesehenen Getränk durchgespült worden sind!

Nach einem kurzen Höflichkeitsbesuch beim Präfekten von Mbaiki, dem direkten Nachfolger Moussabas, und der Darlegung meiner Projekte verließen wir den Ort in südwestlicher Richtung. Auf einer schmalen, rotbraunen Lateritpiste mit unzähligen Schlaglöchern, ausgewaschenen Regenrinnen und hervorstehenden Steinbrocken arbeiteten wir uns langsam vorwärts. Der hochbeinige K 70 erwies sich, den Verhältnissen entsprechend, als ein durchaus taugliches Gefährt, doch viel mehr als Schrittempo war nicht herauszuholen, mußten wir doch höllisch aufpassen, nicht irgendwo aufzuschlagen. Immer tiefer stießen wir in den Regenwald vor. Die weit ausladenden Kronen der den Weg säumenden Baumriesen schlossen sich über uns zu einem dunkelgrünen Blätterdach und verwandelten die Piste in einen finsteren Urwaldtunnel. Die hin und wieder fast senkrecht einfallenden Sonnenstrahlen verzauberten Wald und Tunnelpiste zu einem schabrackenhaften Licht- und Schattenspiel.

Gleich hinter dem Dorf Moundoukalaka erreichten wir die Lobaye. Der Fluß ist hier, einem romantischen Bergsee gleich, spiegelglatt, die dennoch bestehende Strömung kaum wahrnehmbar. Dichte Regenwaldvegetation säumte die Flußufer. Das überhängende Blattwerk reichte bis dicht auf die Wasseroberfläche herab. *Le Bac*, eine schwere Eisenfähre mit einer gerade für ein Auto ausreichenden Plattform, mußte von Hand betrieben werden. Zwischen zwei mächtigen, an den Ufern erbauten, eisernen Haltevorrichtungen mit Aufrolltrommeln war ein dickes, mit schwarzem Fett geschmiertes Führungsseil aus Stahl über den Fluß gespannt. Ein kräftiger Bursche mit einem glänzenden, muskulösen Oberkörper bediente schwungvoll die Handkurbel. Der Schweiß schoß ihm aus allen Poren. Zeitlupenhaft langsam setzte sich das Ungetüm in Bewegung. Fast lautlos, am Führungsseil entlang, glitten wir über den Fluß. Auf der anderen Seite ging es auf einem steinigen Weg steil bergauf, bis wir in die mehrere Siedlungen umfassende Agglomeration von Bagandou kamen. Von hier führte eine Piste Richtung Westen nach Kinga, Kélémanbe und Ibata. Wir aber fuhren auf einem immer akrobatischeren Waldweg in südöstliche Richtung über Bokoma, Lotémo bis Bonbongo. Über 50 km schlechteste Piste hatten wir seit Mbaiki bereits hinter uns. Wir gelangten an eine rechtwinklige, große Kreuzung, in deren Mitte ein riesiger Baum mit mächtigem Stamm und einer weit ausladenden Krone stand. Es war ein Sipo, *Entandrophragma utile*, ein Wahrzeichen urwüchsiger Natur. In seiner Einsamkeit, hier mitten auf der Kreuzung, zugleich ein Signal forstwirtschaftlicher Betriebsamkeit; dem fortschreitenden Holzgeschäft Einhalt zu gebieten, vielleicht auch ein Mahnmal.

Wir bogen dort rechts nach Süden ab. Der Lateritweg war glatt und leicht befahrbar. Plötzlich, nach ein paar Kilometern, huschten vor uns drei kleine kupferfarbene Gestalten über den Weg. Wir hielten an dieser Stelle, entdeckten einen Trampelpfad und gingen einige Meter schnellen Schrittes in den Wald. Aber bald lag ein mächtiger, halbmorscher Baumstamm quer über dem Pfad. Moussaba rief irgend etwas in den Wald, aber niemand gab Antwort. Wir hörten auch niemanden gehen. Wahrscheinlich waren die kleinen Gestalten auf leichten Füßen lautlos davongeeilt. Vielleicht auch hockten sie irgendwo in der Nähe, im Schutze dichten Blätterwerkes, uns im Auge behaltend.

Wir hörten Motorengeräusch und gingen wieder zurück auf die Piste. Ein Landrover kam aus entgegengesetzter Richtung. Er hielt auf unserer Höhe, heraus sprang ein von Kopf bis Fuß vom Pistenstaub rotbraun eingefärbter Europäer. Es war Edouard Talice, Forstingenieur der SCAD – Société CentrAfricaine de Déroulage –, einem Sägewerk bei Petit Loko. Er kannte Moussaba, und ohne danach zu fragen, was wir hier eigentlich wollten, lud er uns ein zu einem Drink, stieg in seinen Landrover und brauste davon, eine dicke Staubfahne hinter sich aufwirbelnd. So war es unmöglich, ihm zu folgen. Nur langsam verzog sich der Staub, der sich zu beiden Seiten der Piste auf die Blätter der Vegetation absetzte und auf diese Weise Büsche und Sträucher genauso rotbraun einfärbte wie den Forstingenieur. Nun konnten wir uns auch auf den Weg machen. Wieder an der Sipo-Kreuzung, fuhren wir jetzt geradeaus und kamen nach einigen Kilometern an eine schmale, von den SCAD-Leuten erbaute Holzbrücke über die Lobaye, die sich hier als brausende und reißende Stromschnelle, als Katarakt, präsentierte. Diese Brücke war eine abenteuerliche Konstruktion. Die meisten der Stützpfeiler standen mehr oder weniger schief. Es war zu erwarten, daß der eine oder andere dem ständigen Druck des Wassers bald nachgeben würde. Die Fahrbahn selbst zog sich in seitlichen Windungen schlängelnd und wellenförmig über den Fluß. Dort, wo die Stützpfeiler bereits etwas mehr nachgegeben hatten, formten sich beträchtliche Bodensenken. Der Bretterbelag knirschte und krachte verdächtig. Doch wir schafften es. Nach weiteren 5 Kilometern staubiger Piste kamen wir auf ein großes, offenes Gelände des Sägewerkes wieder an die Lobaye, die hier weite Schleifen zieht und sich wie eine dunkelbraune Schlange durch den Regenwald windet. Talices gegen Ungeziefer und Bodenfeuchtigkeit auf Pfählen erbautes Holzhaus mit blumengeschmückter Veranda stand versteckt in einem weitläufigen Garten mit schöner, großer Rasenfläche, *Ficus*-Bäumchen und verstreut eingepflanzten Bananenstauden. Die Toreinfahrt säumten zwei mächtige und üppige, über 10 m hohe Bambussträucher. Noch ahnte ich nicht, daß dies einmal mein Hauptquartier für die Pygmäenforschung werden sollte.

Auf der Veranda nahmen wir an einem aus dem Stamm des Rotholzes Padouk, *Pterocarpus soyauxi*, geschnittenen, ovalen Tisch Platz und schlürften genüßlich die uns servierten erfrischenden Getränke. Über längere Zeit führten Moussaba und Talice ein angeregtes Gespräch über Holzwirtschaft, wobei ich ganz zum Zuhören verurteilt war. Doch dann lenkte Moussaba, auf mich verweisend, das Gespräch auf jene drei kupferfarbenen Gestalten, die vorhin im Wald über die Piste gehuscht waren. Ich traute meinen Ohren nicht, als Talice ohne Umschweife erzählte, daß es hier auf der anderen Seite des Flusses, also südlich der Lobaye, unweit der Grenze zum Kongo, mehrere umherstreifende Pygmäengruppen gäbe, die jeweils nur ein paar Wochen an ein und derselben Stelle anzutreffen wären. Die Leute seien außerordentlich scheu und würden den Kontakt soweit wie möglich meiden. Bei der Prospektion von auswertungswürdigen Edelhölzern sei er, Talice, schon öfter mit Pygmäen zusammengetroffen, und im Moment gebe es sogar ein kleines Lager in der Gegend.

Am nächsten Morgen – Moussaba war noch am Abend vorher nach Bangui zurückgefahren – fuhr ich mit Edouard Talice in aller Frühe vom Sägewerk aus wieder über die abenteuerliche Holzbrücke zur Sipo-Kreuzung und dann geradeaus noch weitere 15 km nach Süden. Die letzte Wegstrecke war arg beschwerlich. Eine schmale und schlammige, von größeren Wasserlöchern unterbrochene Piste schlängelte sich durch den dunklen Wald. Ohne Landrover gäbe es hier kein Durchkommen. Der Regenwald um uns präsentierte sich als eine finstere dunkelgrüne Masse. Bald mußten wir anhalten. Nach einer weiteren halben Stunde Fußmarsch auf einem schmalen Trampelpfad, vorbei an mächtigen Luft- und Brettwurzelbäumen, umgeben von Lianengewirr und Kletterpflanzen, waren wir plötzlich in dem besagten Pygmäenlager. Vor uns standen 5 kleine, mit Blättern bedeckte Rundhütten, zwei davon direkt an Brettwurzeln angelehnt. Nur wenige junge, armdicke Bäumchen waren abgeschlagen, ansonsten schien die Umgebung unverändert. Vor den Hütteneingängen rauchten die vor sich hin glimmenden Feuerstellen. Nur eine ältere Frau mit sehr heller, gelblichbrauner Haut saß vor einer der Hütten, damit beschäftigt, einen Tragekorb zu flechten (Farb-Abb. 5). Jetzt erst wurde mir klar, daß ich noch nicht einmal ein Geschenk dabeihatte. Zum Glück zauberte Talice einen kleinen Beutel Pfeifentabak aus der Tasche, über den sich die Alte riesig freute. Wir redeten miteinander, jeder in seiner Sprache. Die mit den Händen und Armen ausgeführten Gesten der Alten verrieten mir aber, daß die anderen Leute im Wald umherstreiften. So weit es ging, vermied diese Frau den direkten Blickkontakt mit uns und konzentrierte sich auf ihre Arbeit. Wir wollten sie nicht länger belästigen, erhoben die Hand zum Gruß und gingen wieder zu unserem Landrover zurück.

Unweit des verschlammten Waldweges begegneten wir noch einem jungen Pygmäen, der gerade dabei war, aufgefundene Engerlinge in einen kleinen Beutel aus dunkelgrünen *Phrynium*-Blättern zu wickeln. Er war nur mit einem Lendenschurz bekleidet. Über der Schulter trug er eine Axt, die Klinge nach vorn, den Stiel nach hinten unten. Auf diese Weise eingeklemmt, kann die Axt, ohne festgehalten zu werden, im Gleichgewicht getragen werden. Dieser Junge wollte offenbar nicht mit uns reden, denn er ging seines Weges. Tabak hatten wir auch keinen mehr. Ich war aber sicher, daß er bald erfahren würde, daß wir bei der korbflechtenden Alten im Lager einen kleinen Beutel hinterlassen hatten. Für einen nächsten Besuch in der Gegend war das auf alle Fälle gut.

2

GOTTESTÄNZER UND FABELWESEN

Auf den zahlreichen ägyptischen Grabbildern des Alten Reiches, vornehmlich auf denen von Gizeh und Sakkarah, begegnen uns seit der 1. Dynastie in Stelen eingeritzte einfache Zwergendarstellungen, bei denen die chondrodystrophen und brachymelen Züge bereits deutlich zu erkennen sind (Abb. 2.1). Besonders aber sind sie in verfeinerter Form auf die Zeit von der 4. bis zur 6. Dynastie konzentriert und lassen sich in mehrere Gruppen scheiden. Es handelte sich dabei einmal um kleine Leute, die in den Goldschmieden die Feinarbeit, die Bearbeitung und Vollendung von Schmucksachen verrichteten. Es hieß, daß man diese pathologischen Zwerge deshalb für die Goldschmiedearbeiten verwendete (Abb. 2.2), weil sie mit ihren kurzen krummen Beinen und ihrem watschelnden Gang nicht so schnell weglaufen konnten [341]. So war man vor etwaigen Diebstählen sicherer. Auf den Reliefs der Gräber sind auch oft Zwerge dargestellt, die den Grabherrn auf seinen Spaziergängen begleiten. Sie führen Hunde, gewöhnlich Windhunde, und Affen an der Leine, bisweilen trägt ein Zwerg in der Begleitung des Herrn auch einen Affen auf den Schultern oder auf dem Kopf (Abb. 2.3). Manchmal hält der Zwerg zusätzlich einen Stab, eine Art Zepter, das seine Macht andeutet, wie wir es von Seneb kennen, wenn er an normalwüchsige Ägypter Aufträge erteilt [488]. Die Tanzzwerge tragen manchmal auch ein Zepter, das in Form einer Hand endet, ein Attribut, das unserer westeuropäischen »Hand der Gerechtigkeit« ähnlich ist [341, 440]. In diesem Sinne dienten die Tänze der Zwerge häufig auch der Abweisung von Dämonen. Dabei sollten die bösen Geister wohl auch durch die Häßlichkeit der Zwerge abgeschreckt und vertrieben werden [89, 488]. Sie hatten somit also eindeutig *apotropäische* Funktionen, die offensichtlich noch durch die Verwendung von Tiermasken verstärkt wurden, wie es eine solche Zwergenfigur mit Doppelgesicht Mensch-Horus (Abb. 2.4) aus der Ptolemäerzeit zu zeigen scheint [89]. Auch mußten sie im Religionsbereich

41

2.1 *Einfache, in Stelen eingeritzte, altägyptische Darstellungen chondrodystropher Zwerge in den Königsgräbern von Abydos aus der 1. Dynastie (nach Dawson 1927)*

Dienste verrichten und beim Begräbnisritual Springtänze vor dem Grabeingang vorführen [89, 506]. Die Tanzzwerge und Spaßmacher sind bei besonderen Veranstaltungen häufig herausgeputzt und haben einen Kranz Lotosblumen um den Kopf geschlungen (Abb. 2.5). Dabei tragen sie in der Hand eine Art Rassel, wobei es sich um das altägyptische Musikinstrument *Systrum* zu handeln scheint [242, 488]. Auch die Könige der ersten Dynastien hatten schon ihre Leibzwerge, von denen sie sich so ungern trennten, daß sie sie zusammen mit den ihnen anvertrauten Hunden und Affen in ihrer nächsten Umgebung bestatten ließen.

Außerdem sind sogenannte Kammerdiener oder Kleiderzwer-

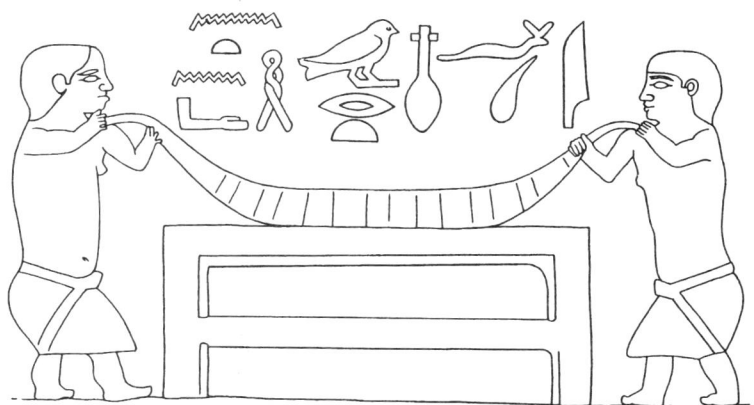

2.2 *Chondrodystrophe Zwerge als Goldschmiede bei der Arbeit auf einem Relief der Seneb-Grabstätte aus der 4. Dynastie (nach Junker 1941)*

ge bekannt, die im Haushalt als Leibdiener mit der Obhut der Garderobe betraut waren (Abb. 2.6). Es gab zwei Kasten von Kleiderzwergen, die *jwḥw*, sprich *iuhu*, und die *isww*, sprich *isuu*, die sich allerdings nach den archäologischen Befunden nicht auseinanderhalten lassen [506]. Der berühmteste dieser Kleiderzwerge war *ḥnmw-ḥtp*, sprich *Khnumhotep*, Kleidermeister der Totenpriester [341]. Auch der Sinnes- und Zeitgenosse *snb*, sprich *Seneb*, übte das Amt eines Totenpriesters an den Pyramiden des Cheops und des Djédef-Rê zur Zeit der 4. Dynastie aus [242]. Die in der Folge oftmals angezweifelte Information, daß Seneb ein Zeitgenosse der 4. Dynastie war, konnte durch neuere Untersuchungen als richtig bestätigt werden [70]. Seneb war außerdem noch , das heißt Leiter der Kleiderzwerge und Oberster der *jwḥw*-Zwerge. Die weiteren kultischen Rollen des Seneb decken wohl eine ganze Skala von Beziehungen zu einem tief verwurzelten Zwergenmythos ab.

Eine ganz besondere Kaste waren offenbar die Tanzzwerge für den Kultus am königlichen Hof [57]. Sie, oder zumindest einige von ihnen, wurden aus dem Inneren Afrikas hergebracht und waren Angehörige einer genetisch kleinwüchsigen Population, deren Ankunft und Erscheinung in Ägypten eine Besonderheit darstellte. Man geht heute allgemein davon aus, daß es sich dabei um

43

2.3 Chondrodystrophe
Hofzwerge mit Hund und
Meerkatzen auf einem Relief
der Seneb-Grabstätte aus der
4. Dynastie (nach Junker 1941)

2.4 *Chondrodystrophe Zwergen-figur mit Doppelgesicht »Mensch-Horus« aus der Ptolemäerzeit (nach Dawson 1927)*

Pygmäen aus dem Regenwald des äquatorialen Afrika gehandelt haben mag [371]. Doch ganz abgesichert ist diese Hypothese nicht.

Eine besondere Bezeichnung für »Pygmäe« läßt sich zunächst mit Sicherheit nicht nachweisen, obwohl einige Autoren dabei recht kategorisch eine solche mit Bestimmtheit bejahen [57, 89, 480]. Dies fällt auf, weil Pygmäen bereits nach den Zeugnissen des Alten Reiches ganz offenbar eine bedeutende Rolle gespielt haben und sich durch ihre Wertschätzung deutlich von den pathologischen Zwergen unterscheiden. Allerdings wird im Alten Reich die Bezeichnung $\overset{\frown}{}$ = *dng*, sprich *deneg*, für offenbar echte Pygmäen und pathologische Zwerge ebenso gebraucht, wie für die Leinwand-Zwerge, die man als *dngw-śšrw*, sprich *denegu-sescheru*, bezeichnete [387]. Es sei hier sogleich ergänzend erwähnt, daß noch andere Schreibweisen geläufig für *dng* Verwendung fanden, »... ...«, wobei ihm durch die Mutilation eines stilisierten Rumpfes, *nur mit Beinen* oder *nur mit Armen*, die Möglichkeit zu schädlichen Aktionen genommen werden

45

2.5 *Chondrodystropher Tanzzwerg in Begleitung einer normalwüchsigen Ägypterin auf einem Relief der Seneb-Grabstätte aus der 4. Dynastie (nach Junker 1941)*

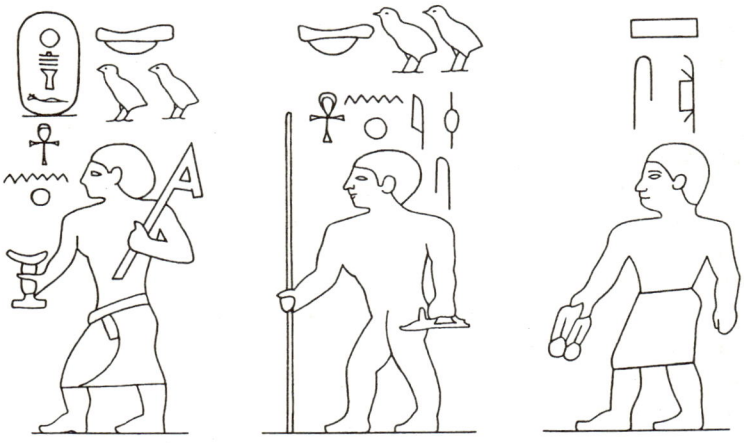

2.6 *Chondrodystrophe Kleiderzwerge bei ihrer Tätigkeit auf einem Relief der Seneb-Grabstätte aus der 4. Dynastie (nach Junker 1941)*

sollte, da er als gefährlich galt [480]. Die mit Macht verbundene Gefährlichkeit gab denn auch Anlaß dafür, sich diese eher zu eigen zu machen, anstatt unter ihr zu leiden. In einem Fährmannsspruch der Pyramidentexte wählte sogar der König selbst die *dng*-Zwergengestalt und ihre Eigenschaft als »Gottestänzer«, um sich den Weg ins Jenseits zu bahnen, wie wir dem folgenden Ausspruch entnehmen können:

»Dies ist ein *dng*-Zwerg, ein Tänzer Gottes,

1189 a *Pepi I. Meryrê*

Merenrê

Neferkarê

der das Herz des Gottes erfreut, vor seinem großen Thron.«

1189 b *Pepi I. Meryrê*

Merenrê

Neferkarê

Wie der *dng* vor dem König, so will hier der König vor dem Gotte tanzen und übernimmt dabei selbst die Rolle des *dng*. Es ist zu vermuten, daß der *dng* in diesem Beispiel den pathologischen Zwerg bezeichnet, weil andere Urkunden dagegen sprechen, daß im Alten Reich so viele Pygmäen im Lande waren, daß sie ganze Gruppen von Tanzzwergen hätten bilden können. Es gibt aber auch Stimmen, die anderer Meinung sind und bereits zahlreiche Pygmäen im damaligen Ägypten vermuteten [90, 480]. Die zivilen und geistlichen Behörden des Alten Ägyptens sowie ein Großteil der Bevölkerung sollen seit alters her stets zwischen Pygmäen im Süden des Sudan und pathologischen, chondrodystrophen Zwergen ihres eigenen Landes gut zu unterscheiden gewußt haben [165, 488]. Es wird auch darauf hingewiesen, daß der *dng* (Pygmäe) schon etwas Besonderes war: »Und der Große des Landes, der sich keinen *dng* leisten konnte, begnügte sich für sein *šḥmḥ ib*, sprich *se-*

chemech-ib, seine *Herzensfreude,* mit einem Ersatz-*dng,* dem *nmw*-Zwerg, einer pathologischen, brachymelen Gestalt des eigenen Landes« [57]. Es wird hier also erstmals terminologisch zwischen Pygmäen (*dng*) und pathologischen Zwergen (*nmw*) unterschieden.

Daß es die Ägypter im Alten Reich mit wirklichen Pygmäen oder kleinwüchsigen negriden Menschen aus Innerafrika zu tun hatten, und daß diese ganz besonders hoch im Kurs standen, geht aus einem außergewöhnlichen Dokument aus der 6. Dynastie hervor. Es handelt sich dabei um einen Brief des noch jungen Pharao Neferkarê (2269–2184), den dieser an seinen sich auf der Rückreise aus dem Süden befindlichen Expeditionsleiter Imakhu (Prinz) *Hr-ḫw-f,* sprich *Herkhuf,* sandte. Dieser Brief stellt ein einmaliges Beweisstück für die Wertschätzung der Kult- und Gottestänzer im Alten Reich dar und ist an den Stelen des Herkhuf-Grabes in Assuan erhalten geblieben [408]. Für unsere Erhebungen ist dieses literarisch beachtliche Dokument von besonderer Bedeutung, und ich möchte es deshalb nachstehend wiedergeben, zumal es als Spezialliteratur dem Leser sonst nur schwer zugänglich ist.

Siegel des Königs selbst; Jahr zwei, dritter Monat der Überschwemmungsjahreszeit, Tag fünfzehn. Überweisung des Königs an den Regierungsrat, Priester und Vorsteher, der Dolmetscher Herkhuf.

Man hat von diesem deinem Schreiben Kenntnis genommen, das du an den König zum Palast gerichtet hast, um wissen zu lassen, daß du aus Yam mit deiner Begleitmannschaft glücklich auf der Heimreise bist. Du erwähntest in diesem deinem Briefe, daß du allerhand große und schöne Geschenke mitbringst, die Hathor, der Herrin von Amamu (dem *Ka,* Schutzgeist des Königs von Ober- und Unterägypten, Neferkarê), dem in alle Ewigkeit Lebenden, spendete. Du erwähntest (weiter) in diesem deinem Briefe, daß du *einen Zwerg (dng)* der Gottestänze aus dem Geisterlande gebracht hast, ähnlich dem Zwerge (*dng*), den der Gottessiegelbewahrer *b3-wr-ḏḏ,* sprich *Ba-wer-Djed,* zur Zeit des Königs Asosi, Djedkarê-Izezi aus Punt gebracht hatte.

48

Du sagtest meiner Majestät, seinesgleichen sei noch von niemand gebracht worden, der vordem die Reise nach Yam unternahm. Wenn du geehrt werden willst, so soll geschehen, was dein Herrscher wünscht und gutheißt. Im Wachen und im Schlafen sollst du dafür Sorge tragen, das auszuführen, was dein Herrscher wünscht, gutheißt und befiehlt. Meine Majestät wird dann viele vortreffliche Vorkehrungen zugunsten deines Sohnessohnes treffen in Ewigkeit, so daß alle Menschen, wenn sie hören, was meine Majestät für dich getan hat, sagen werden: Ward ihm nicht eine Behandlung zuteil wie dem Regierungsrat Imakhu Herkhuf, als er aus Yam heimkehrte und wachsam bestrebt war, das auszuführen, was sein Herrscher wünschte, guthieß und befahl?

Komme, nordwärts fahrend, unverzüglich und eilends zur Residenz, wobei du diesen Zwerg (*dng*) mitbringen mögest, den du aus dem Geisterlande holtest!

Heil und Gruß dem Gottestänzer, dem Herzerfreuer, ihm, nach dem der König von Ober- und Unterägypten, Neferkarê, der ewig lebt, verlangt!

Wenn er mit dir an Bord geht, laß zuverlässige Leute hinter ihm und an beiden Bootsrändern sein, die ihn davor bewahren, daß er ins Wasser fällt! Wenn er nachts schläft, sollen zuverlässige Leute hinter ihm in der Kajüte schlafen. Revidiere zehnmal des Nachts! Meine Majestät wünscht diesen Zwerg (*dng*) dringender zu sehen als ein Geschenk aus dem Erzlande und aus Punt.

Wenn du zum Palast gelangst, soll dieser Zwerg (*dng*) – lebend, heil und gesund – bei dir sein. Meine Majestät wird dich dann reichlicher beschenken, als einst der Gottessiegelbewahrer Ba-wer-Djed zur Zeit des Asosi bedacht wurde, da meine Majestät Wert darauf legt, diesen Zwerg (*dng*) zu sehen. Es sind Befehle an die betreffenden Ortsbehörden (sowie an den Vertreter der Priesterschaft bei Hofe) ergangen, Verpflegung für ihn an jedem Depot-Orte und in jedem Tempel bereitzustellen, ohne zu sparen.

Die Periode der Existenz von Pygmäen in Ägypten wird durch ihr Vorkommen in den Gräbern von Memphis und Gizeh ziemlich genau durch die Zeitspanne zwischen der Regierung von Djedkarê-Izezi (2414–2375) und der des Neferkarê begrenzt. Die vorhandene, einheimische, chondrodystrophe Zwergenschicht spielt in den Erwähnungen des Neferkarê keine Rolle. Der *dng*, wohl ein versprengtes Mitglied einer echten Pygmäenfamilie, den der sprachgewandte Herkhuf nach einer sieben- bis achtmonatigen Reise aus dem Baumlande offensichtlich von einem befreundeten nubischen Stammesfürsten einhandelte, erweckt in dem noch sehr jungen König das herrische Verlangen, Herkhuf mit seiner geschätzten Lieferung bald in seinen Diensten zu wissen. Daß es sich um einen echten *dng* (Pygmäen) handelte, der in die Geheimnisse des Kulttanzes (Gottestanzes) eingeweiht war, hatte zweifellos in Herkhufs Bericht gestanden, der aber, im Gegensatz zu anderen früheren Reiseberichten Herkhufs [102], nicht erhalten geblieben ist. Der Begriff »echter« *dng*, also Pygmäe, war hier gewiß, wie in dem Kanzleibrief von Neferkarê, durch den Ausdruck ⟨ ⟩ = »aus Yam« oder auch ⟨ ⟩ = »aus dem Geisterlande« wiedergegeben.

Der *dng* des Herkhuf, soweit aus der einschlägigen Literatur [506] ersichtlich, der offenbar weit westlich des Nils angetroffen oder eingehandelt worden war, dürfte aus einer Gegend stammen, die dem heutigen Pygmäengebiet nicht allzu entlegen war. In einem Grab des *Nswt-Nfr*, sprich *Neswet-Nefer*, aus der 5. Dynastie sind neben zwei *nḥs*, sprich *Nehesyu*-Leuten aus den südlichen Barbarenländern, also neben zwei schwarzen Menschen, zwei *dng* als Gabenbringer dargestellt. Daraus kann man schließen, daß es zu jener Zeit ein größeres Vorkommen von *dng*-Leuten in Ägypten gab. Noch in der *Nomen*-Liste von Karnak zur Zeit des Ptolemaios IV. Philopator (244–203) findet sich ein interessanter Passus: »Die *dng* (Pygmäen?) der südlichen Länder kommen zu ihm mit der Abgabe für sein Schatzhaus.« Weiter heißt es im Amon-Hymnos von dem Sonnengotte: »Wenn er dem duftreichen Punt (Yam) enteilt, durchwandert er das Land der Matoi, der Schöngesichtige, der aus dem Geisterlande kommt.« Ein häufiges Beiwort von Punt ist auch *t3-ntr*, sprich *ta-netjer*, »Gottesland«, ohne daß deshalb die Doppelbeziehung zur irdischen und zur Geisterwelt in Frage gestellt würde. Dem gebildeten Zeitgenossen wird dabei höchstens die Vorstellung von einer fabelhaften Heimat von *dng*-Menschen fern im Süden lebendig gewesen sein, das heißt von einer Gegend, wo es noch wild hausende *dng*-Leute, also

50

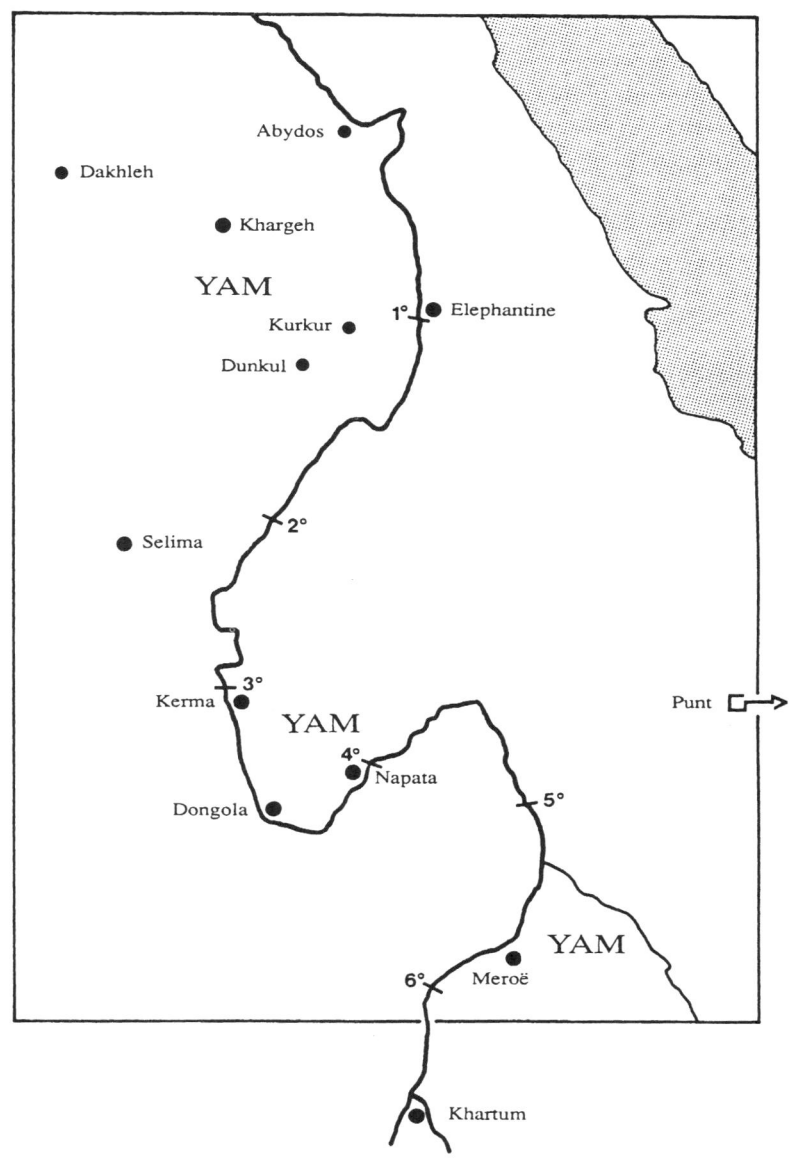

2.7 Die unterschiedliche geographische Lokalisierung von Yam (nach verschiedenen Autoren zusammengestellt; cf. Text)

Pygmäen gab [506]. Wenn hier der Pygmäe aus dem realen »Geisterlande« gebracht wird, so braucht deshalb dieser Ausdruck noch nicht geographisch näher bestimmbar zu sein, wie etwa Punt oder Yam, sondern er mag lediglich als Umschreibung für ein geheimnisvolles, unbekanntes Land im Süden gelten, was für beide Bezeichnungen der Fall war. Nach neueren Untersuchungen vermutet man Punt im Küstenbereich des Roten Meeres in der Nähe des heutigen Port Sudan [368]. In der Frage, wo *j3m* (Yam) wohl gelegen haben mag, ist man sich heute immer noch nicht einig. So vermutet man dieses Land zunächst unweit westlich von Elephantine zwischen den Oasen von Kurkur, Khargeh und Dunkul [151, 511]. Wenn man jedoch die Reiseberichte von Herkhuf in Betracht zieht, kann Yam unmöglich so nahe bei Elephantine gelegen haben. Folgerichtig vermutete man Yam nun auch viel weiter im Süden, etwa im Nilbogen des 3. und 4. Kataraktes, zwischen Kerma und Napata [102]. Diese These wird von der großen Mehrheit der Ägyptologen akzeptiert. Wie wir wissen, waren die Ägypter des Alten Reiches und insbesondere Herkhuf auf seinen Expeditionen zumindest einmal bis Kerma und Dongola vorgedrungen [102], wo sich höchstwahrscheinlich wichtige Waren-Umschlagplätze befanden. Eine noch neuere Arbeit [345] vermutet das Land Yam sogar noch viel weiter südlich, nämlich im Dreieck zwischen Nil und seinem Zufluß Atbara, also praktisch dort, wo sehr viel später Meroë entstand (Abb. 2.7). Doch auch von hier ist der Weg noch weit bis zum äquatorialen Regenwald. Demzufolge müßte der Herkhuf-*dng*, bevor er in dessen Hände gelangte, weit weg von seinem wirklichen Herkunftsort verschleppt worden sein, offenbar von den Nubiern oder den sogenannten *nḥs*-Leuten, den schwarzen Menschen, die diesen *dng* an die Ägypter verkauft haben mögen.

Die Angaben, nach welchen der Regenwald in der Zeit des Alten Reiches bis nach Khartum gereicht haben soll [397], sind nach heutigen Kenntnissen der geschichtlichen Phytogeographie wahrscheinlich unzutreffend, wenn auch der Regenwald vor etwa 4000 Jahren mit Sicherheit eine größere, jedoch nicht wesentlich größere Ausdehnung hatte. Vor etwa 8000 Jahren dagegen, während der letzten großen Pluvialzeit (Regenzeit), sah es in dieser Gegend wesentlich anders aus, und der Regenwald hatte damals offensichtlich seine maximale Ausdehnung [169, 273]. Das Klima war wohl in ganz Afrika insgesamt feuchter. Das wissen wir unter anderem aus der Region des *Tassili* in der algerischen Sahara mit seinen Rinderherden. Doch sei auch darauf hingewiesen, daß es vor etwa 20 000 Jahren kaum Regenwälder in Afrika gab, nur im Gebiet des heutigen Ituri war ein winziges Regenwald-Refugium erhalten geblieben [169]. Daß die Pygmäen vor über 4000 Jahren, als der Regenwald wieder eine bedeutendere Fläche bedeckte, ein weit größeres Gebiet besiedelten als heute, beweisen isolierte Vorkommen weit nördlich der heutigen Regenwaldgrenze, wie z. B. in den Tikarbergen in Zentralkamerun. Doch damit ist ihr Erscheinen in Yam noch längst nicht geklärt. Es ist aber auch möglich, daß die *dng*-Gottestänzer nicht unbedingt Angehörige heutiger »echter« Regenwald-Pygmäen darstellten, sondern daß sie eventuell Verwandte der *Hadza*, kleinwüchsige Sammler und Jäger des heutigen Tansania waren. Deren Verbreitungsgebiet lag in der Baumsavanne, also durchaus auch in einem »Baumland«, und war mit Sicherheit größer als heutzutage, denn die Bergregenwälder in Äthiopien, in denen möglicherweise Kleinwüchsige lebten, reichten bis weit nach Asmara und Massaua hinauf. Damit würde sich der (Transport-)Weg für diese Leute bis zu den Umschlagplätzen nach Yam wesentlich verkürzen.

Wollen wir jeden Zweifel ausschließen, so gibt es nach den erhalten gebliebenen Dokumenten nur zwei ganz sichere Belege für die Präsenz von echten Pygmäen in Ägypten, nämlich neben dem Herkhuf-*dng* nur noch jenen zur Zeit des Djedkarê-Izezi, den Neferkarê in seinem Brief erwähnt. Dabei weist aber die Bezeichnung *dng* zunächst nicht zwingend auf einen Pygmäen hin, da ursprünglich auch brachymele Zwerge so bezeichnet wurden. Lediglich durch den Ausdruck »Aus dem Baumlande« (Geisterlande) wird der *dng* zum echten Pygmäen. In diesem Sinne ist es vielleicht nicht ohne Interesse, danach zu fragen, was *dng* eigentlich bedeutet. Das amharische Lehnwort *denk* bedeutet »Zwerg«. Das berberische *dengil* weist allerdings auf ein anderes Ursprungsgebiet für diesen Begriff hin, nämlich auf den *Tibesti*, wo der Babuin, *Papio cynocephalus, dunku* genannt wurde [338], als verzauberter Mensch galt und entsprechend tabu war. Das Doppelbild Zwerg-Affe finden wir denn auch häufig im Alten Ägypten wieder, wo auf den Reliefs im Alten Reich der Platz des Zwerges auf dem Stuhl des Hausherrn zugleich der Platz des Affen war. Zwerg und Affe waren letzten Endes austauschbar.

Neben den beiden gesicherten Hinweisen auf lebende Pygmäen aus Äquatorialafrika gibt es noch etliche andere Darstellungen, die auf die Existenz von Pygmäen in Ägypten hinweisen [387], deren Authentizität aber nicht immer sicher belegt ist. Auch die Darstellungen feingliedriger Kleinwüchsiger (Pygmäen) hören – bis auf wenige Ausnahmen – mit dem Alten Reich auf. Nur drei Beispiele möchte ich noch herausgreifen. Auf dem Friedhof von Sesostris I. aus der 12. Dynastie bei Lischt (1970–1930) wurden vier fein gearbeitete Elfenbein-Figürchen nackter, alt und erwachsen aussehender, männlicher Zwergengestalten mit auffällig großen Ohren gefunden. Drei dieser Figuren waren auf einem Spielbrett so angebracht, daß man sie durch Ziehen an einem Faden zum Hin- und Hertanzen bringen konnte. Sie haben die Arme erhoben, während die von ihnen isolierte vierte Gestalt die Hände zum Klatschen ineinanderschlägt. Diese Figuren werden im allgemeinen als afrikanische Pygmäen, »Zwerge des Gotteslandes«, vorgestellt [57, 341, 387, 480]. Die Existenz dieser Figuren muß aber nicht implizieren, daß es zu jener Zeit noch wirkliche Pygmäen im Lande gab, sondern sie gibt lediglich Auskunft über eine lebendige Erinnerung an Kulttänze mit Pygmäen aus längst vergangenen Zeiten. Diese Figuren waren offensichtlich ein Spielzeug der jungen Prinzessin Hepi, das ihr ins Jenseits mitgegeben wurde, damit sie durch ihre Tanzbewegungen den Totengöttern dienen konnten. Aus der 22. Dynastie zur Zeit Osorkons II. (–860) existiert eine Reliefdarstellung aus dem großen Tempel von Bubastis mit 3 Figuren, die den am Fest teilnehmenden Ägyptern gerade bis an die Schulter reichen (Abb. 2.8) und für Pygmäen gehalten werden. »*They are clearly not achondroplastic dwarfs, and although of short stature, they have well proportioned bodies without pathological deformity, and a slight tendency to steatopygia is indicated*« [89]. Darüber hinaus gibt es aus der Zeit der Perserherrschaft der 29. oder 30. Dynastie eine kleine, nur 10 cm hohe, ziemlich groteske Bronzefigur [85]. Die Kopfform, die flache Nase, die großen Ohren, das Pfefferkornhaar, der vorgewölbte Bauch sowie die Steatopygie lassen auf eine Pygmäendarstellung schließen [89, 488]. Doch diese Figur stammt offensichtlich nicht von bekannten Ausgrabungen, wurde aber dennoch vom Ägyptischen Museum Kairo angekauft. Die Hieroglypheninschriften auf der rechten und der linken Schulter – *Djedher, Sohn des Djedthotiufankh* – gestatten leider keine ge-

2.8 *Darstellung von 3 Pygmäen bei der Teilnahme an den Sed-Festlichkeiten im Bubastis-Tempel aus der 22. Dynastie (nach Dawson 1927)*

rechte Zuordnung. Seit dem Mittleren Reich tritt die Bezeichnung *dng* zurück, und die pathologischen Zwerge werden nunmehr ausschließlich mit *nmw*, sprich *nemu* bezeichnet. Warum jedoch *dng* in Vergessenheit geriet und welche Gründe für den ausschließlichen Gebrauch von *nmw* maßgeblich waren, ist nicht ersichtlich. Es wurde ja nur gelegentlich zwischen *dng* für »Pygmäe« und *nmw* für den »pathologischen Zwerg« als Ersatz-*dng* unterschieden [57].

Nachdem es in Ägypten keine Pygmäen mehr gab und nachdem vielleicht auch die Tradition der brachymelen Zwerge als tatsächliche Lebewesen zeitweise verlorenging, wurden die zwergenhaften Patäken und Bêse in Form von Figuren und Reliefdarstellungen so außerordentlich beliebt, daß Bês als böser Dämon, selbst noch in christlicher Zeit, in den verlassenen Tempelruinen herumspukte [215]. Bês war aber nicht nur ein *böser Dämon*, sondern auch eine Art *guter Schutzgeist*, dessen Bild man über der Tür anbrachte und dessen Schutzes man sich für die Zeit des Schlafens durch Darstellungen auf der Kopfstütze vergewissern wollte. So finden wir den bêsgestaltigen Dämon auch in Form von ikonographischen Darstellungen auf Zauberstäben und Apotropaia aus Holz und Elfenbein [10].

Parallele Phänomene hierzu finden wir in den – höchstwahrscheinlich von der altägyptischen und nubischen Kultur beeinflußten – sakralen Königstümern Ruanda und Burundi in Ostafrika, wo die dort lebenden Pygmäen als Hofnarren, Sänger, Tänzer, Spaßmacher und Possenreißer auftraten, aber auch die Funktion als Schutzgeister und Apotropaia übernahmen. Man denke dabei nur an die Batwa-Pygmäen im Kivu, die ungestört unter dem Ehebett des Mututsi-Königs schlafen durften. Es handelte sich dabei um eine Art Fruchtbarkeitszauber bei den *Watussi* (Batutsi), deren Frauen gegenüber die Batwa absolut zuverlässig waren [423]. In Ruanda und Burundi hielt sich lange die Vorstellung von den »übernatürlichen Kräften« der Kleinwüchsigen. Man nannte die Batwa unter anderem »Zauberer«, weil sie Amulette für andere herstellten, nicht aber für sich selbst. Unter einer Vielzahl von magischen Mitteln, die bei den Banyaruanda und Barundi in Gebrauch waren, befanden sich auch Körperteile der Batwa, die als Abwehr- und Fruchtbarkeitszauber angewandt wurden. So warf man noch in unserem Jahrhundert Fleischstücke und Blut einer alten Mutwa-Frau, die man erwürgt hatte, ins Wasser, um damit die Belgier zu vergiften [421]. Bei bestimmten Haut- und Geschlechtskrankheiten benützte man Knochen von einem Mutwa-Skelett als apotropäisches Mittel, indem sich der Kranke den Knochen um den Hals oder Bauch hängte [354]. Eine fruchtbarkeitsfördernde Wirkung erhoffte man sich, wenn man den Finger eines Mutwa auf das Feld warf oder das einem toten Mutwa abgeschnittene Ohr im Boden vergrub [422]. In Ruanda, wo die Abgrenzung der sozialen Schichten besonders scharf ausgebildet war, gehörten, wie im Alten Ägypten, Hund und Pygmäe als ständige Begleiter zum Herrscher und dienten im weitesten Sinne als »Prügelknaben« der Gesellschaft. So schimpfte man die Batwa etwa »Hunde« oder »Hundskalb«. Auch überließen die Watussi die Beute ihrer Treibjagden – da sie selbst Wildbret tunlichst mieden – den Hunden und den Batwa, die so als »reinste Allesfresser« oder als »Elefantenfleischfresser« (Bayovu) galten [433]. Als Hofnarren und Possenreißer durften sie »Hoch und Niedrig« mit den gemeinsten Schimpfreden überschütten. So schluckte der Mwami etwa den Vorwurf seiner Batwa, er sei ein »raffinierter Hund« [353]. Hätte ein Muhutu oder Mututsi dies gesagt, wäre sein Leben sofort verwirkt gewesen.

Andererseits aber konnten die Batwa auch in die herrschende

Gruppe aufsteigen. Soziale Mobilität trat ein, wenn ein Mutwa in Anerkennung besonderer Verdienste durch den *Umwami* geadelt wurde. Damit war der Mutwa zum Mututsi geworden. Die Ehelichung eines Mututsi-Mädchens und der Besitz von Großvieh vermochten den neugewonnenen sozialen Status zu unterstreichen [434]. Man kommt nicht umhin, dies als ein nahezu exemplarisches Gleichnis zu dem zum hohen ägyptischen Beamten aufgestiegenen Seneb und seiner Gemahlin, der normalwüchsigen Prinzessin Senetis aus der 4. Dynastie, anzusehen.

Auch weit im Westen Afrikas – im heutigen Sierra Leone – gab es zu Anfang des Jahrhunderts bei den *Mende* im Dienste der *big chiefs* männliche und weibliche Pygmäen mit *fetish signification*. Einer dieser Pygmäenmänner berichtete voller Stolz, daß er zwei Frauen habe – ein an sich bereits gehobener Status –, und eine davon war »...*a fine young woman, more than a head taller than himself* [also wahrscheinlich eine Mende], *and apparently very proud of her husband, notwithstanding his diminutive stature*«. Von einer Pygmäenfrau wird berichtet: »*A certain amount of fetish was attached to this woman, and she accompanied the chief when he went about the country, was treated with every mark of respect and was looked upon as something more than an ordinary mortal*« [8].

Pygmäen an Herrscherhöfen im Kivu gibt es aber auch heute noch. Als ich im November 1993 vom Bashi-Mwami von Kabare empfangen wurde, dessen Residenz sich auf der höchsten Erhebung seines Einzugsbereiches auf 2000 Meter Höhe befand, spielte bei meiner Ankunft an Stelle der Pygmäenmusiker ein Kinderorchester in traditioneller Bashi-Aufmachung, der Türen öffnende und servierende Hausdiener aber war ein *Murhwa*.

Wann und wie die erste verläßliche Kunde von der Existenz eines kleinwüchsigen, »zwergenhaften« Volkes im fernen Süden »im Baumlande« nach Griechenland gelangte, wird sich heute kaum noch klären lassen, zumal der Brief des Pharao Neferkarê, eingraviert am Herkhuf-Grab, erst Ende des letzten Jahrhunderts von europäischen Forschern entdeckt wurde [408]. Aber noch bevor wissenschaftliche Beziehungen zwischen Ägyptern und Griechen entstanden, haben höchstwahrscheinlich Handelsleute und Bootsfahrer solche Erzählungen ins damalige Hellas gebracht, die von kleinen Menschen im Süden berichteten.

57

Darüber geben uns eine ganze Reihe alter Pyramidentexte Auskunft, denen zufolge Zwerge spezielle Handlungen ausführten und besondere Rollen innehatten. So gibt es Berichte, aus denen sich entnehmen läßt, daß über das Anschwellen des oberen Nils ein Erkundungs- bzw. Signaldienst mit dem Zwergenlande unterhalten wurde. In ebenjenen Gefilden waren auch die als Speisenverteiler bekannten *knm* (sprich *Kenemu*)-Wesen, beheimatet. Nach den Eingangsworten in Pyr. 120 a handelte es sich um ein Völkchen, das am Oberlauf des Nils ansässig gewesen sein muß.»O Verwalter der Speisenbereitung, Zugehörige zur Flut.« Der Kenemut-Vogel ist die Gestalt eines Reihers, der sich in Gesellschaft anderer Reiher in die Lüfte erhoben und am Seegestade niedergelassen hatte. Daher in Pyr. 1226 a:»Wir bringen dem Pepi hier sein Brot.«

Hier hat also die Beobachtung des alljährlichen Vogelzuges das Niltal aufwärts in das Zwergenland den Glauben an einen Geisterzug ins Leben gerufen, dem sich der mit magischen Mitteln versehene Tote anschließen konnte. Die Regelmäßigkeit der Wiederkehr, das Zusammenwirken vieler und die Ausplünderung alles Eßbaren unterwegs wurden offenbar als planmäßige Handlungen gedeutet, an denen teilzuhaben dem Eingeweihten dienlich sein konnte. Die Fabel des Griechen Homer von dem Feldzuge der Kraniche (Reiher?) gegen die Pygmäen findet so vielleicht eine einleuchtende und völlig hinreichende Erklärung im uralten, prähistorischen Totenglauben. So war es auch zunächst die Phantasiewelt von verzerrten Mythosgestalten und zwergenhaften Fabelwesen, die die Griechen der homerischen Zeit in ihren Bann gezogen hatte. Sie blieb noch lange bestehen, und zwar genau so, wie einst Homer das Bild vom besagten Kampf der Kraniche mit den Pygmäen geprägt hatte.

So wie Geschrei hertönt von Kranichen unter dem
Himmel,
Welche, nachdem sie dem Winter entflohen und
unendlichem Regen,
Dort mit Geschrei hinziehn an Okeanos' strömende
Fluten,
Kleiner Pygmäen Geschlecht mit Mord und Verderben
bedrohen

Und aus dämmernder Luft zum schrecklichen Kampfe
herannahn.

(Ilias, Gesang III, Verse 3–7)

Dem göttlichen Sänger hatte wohl allein das Bild vorgeschwebt, daß plötzlich hereinbrechende Kranichschwärme alle Früchte verwüsteten und vernichteten, auf welche die allein mit Pfeil und Bogen oder mit Schild und Speer bewaffneten kleinen Menschen bei ihrer Nahrungssuche angewiesen waren.

Hekataios von Milet (560–480) erzählt uns ebenfalls von Pygmäen, die am äußersten Südrand Ägyptens, an den Ufern des Ozeans wohnen. Sie seien aber ein »ackerbautreibendes« Völkchen, das sich gegen die Kraniche wehren müßte, da sie von den Vögeln wegen ihres geringen Körperwuchses verachtet würden. Von Megasthenes wissen wir nur, daß er zwischen 400 und 300 lebte und bei seinen Erzählungen gar allzu sehr in Fabeleien verfällt, wenn er von »fünf oder drei Spannen langen Menschen« spricht. Unter ihnen seien nasenlose, welche nur zwei Löcher über dem Munde zum Atmen hätten. Die Dreispannigen würden mit den Kranichen Krieg führen [362].

Herodot (484–425) war offensichtlich von fabelhaften Darstellungen weniger belastet, zumal er Ägypten selbst besuchen konnte und dort bis nach Elephantine gekommen war. Vermutlich hatte er dabei erfahren, welche Ansichten im Pharaonenlande über menschliche Zwerge umliefen. Nach einem Bericht des Königs Etearchos geht auf ihn die Kunde zurück, wonach jenseits der Wüste Libyens »kleine Männer, noch unter mittlerer Größe« angetroffen worden seien. Dabei hatte Herodot die erstmals von Homer benutzte Bezeichnung »Pygmäen« nicht verwendet. Aristoteles (384 Stagira – 322 Chalkis auf Euböa) wiederholt die Kranich-Pygmäen-Erzählung, doch stellt der uns überlieferte Text [15] dies als Sage hin, während die Existenz der Pygmäen nach seinen Berichten wahr sein soll. »Die Kraniche ziehen von den skythischen Gefilden zu den oberhalb Ägyptens gelegenen Sümpfen, denen der Nil entströmt. Diese Gegend bewohnen Pygmäen. Dies ist kein Mythos, sondern es gibt tatsächlich ein kleines Geschlecht von Menschen...« [165].

Es sei hier angemerkt, daß die Geschichte der mit den Kranichen kämpfenden Pygmäen lange lebendig geblieben war. Pomponius-Mela, der römische Geograph aus dem 1. Jahrhundert u. Z., erwähnt in seiner Völkerbeschreibung noch einmal, daß der kleine Stamm der Pygmäen im Streit gegen die Kraniche den kürzeren ziehen würde. Doch hat sich die Sage noch weit über das Mittelalter hinweg erhalten, denn Sebastian Münster zeigt noch 1544 sehr ausdrucksvoll, wie überdimensional große Vögel (Kraniche) den kleinwüchsigen Jägern bedrohlich und kämpfend gegenüberstehen [336, 362]. Ja, diese antike Erzählung von der Feindschaft zwischen den Kranichen und kleinen Menschen, die ihren Ursprung ganz eindeutig in der ägyptischen Mythologie hat, soll als Wandermärchen bis nach Japan gelangt sein [333].

Der Altmeister der Erdkunde, der Geograph Strabon (63–28), der auch selbst Ägypten bereist hatte, erklärte alles von Homer bis Aristoteles über Pygmäen Geschriebene als dem Bereich der Fabeln zugehörig. Er überliefert unter anderem einen Gesang des Hesiod (ca. 800–700), wo er nüchtern darlegt:»Dem Dichter Hesiod wird wohl niemand Unwissenheit vorwerfen, wenn er von Halbhunden, Langköpfen und Pygmäen spricht; auch selbst dem Homer nicht, wenn er solches fabelt, wozu jene Pygmäen auch gehören... oder dem Aischylos, wenn er von Hundsköpfigen, Brustäugigen und Einäugigen erzählt...! Was die Dichter vom Proteus, von den Pygmäen, von der Wirkung der Zaubermittel oder was sonst etwa derartiges fabeln, das wird nicht aus Unkunde der Orte, sondern des Vergnügens und der Ergötzung wegen erzählt. Vielleicht hat man auch in Betracht der kleinen Statur dieser Menschen die Pygmäen ersonnen und gefabelt, denn keiner der glaubwürdigen Männer erklärt, diese gesehen zu haben« [157, 164, 165].

Trotz des Einflusses, den Aristoteles auf seine Zeitgenossen ausgeübt hatte, blieb das Wissen um »echte« Pygmäen aus der afrikanischen Tropenzone auf enge Kreise in Griechenland beschränkt. Es verflüchtigte sich im Laufe der Zeit, und nur wenig davon gelangte um die Zeitenwende in den geistigen Bereich der Römer. Wahrscheinlich ist die Kenntnis der Pygmäen nur durch die dichterische Einkleidung Homers ins frühe Römerreich gedrungen. Durch die Jahrhunderte fortschreitend, ist die Erzählung mehr oder weniger Gemeingut breiter Volksmassen geworden, obgleich nie so lebendig wie bei den Griechen. Auch haben die Römer nicht zu einer tatsächlichen Erweiterung des Wissens schlechthin beigetragen, sondern sich mit Nachahmungen grie-

2.9 *Mit Kranichen kämpfende Pygmäen in römischer Kriegstracht
(nach einer Freske aus Pompeji)*

chischer Importe begnügt, obwohl die Römer unter Nero auf der
Suche nach den Quellen des Nils bis Napata ins Reich Meroë vorgedrungen waren und durchaus – wie auch der Ägypter Herkhuf
lange vorher – mit versprengten Pygmäen hätten in Berührung
kommen können. So finden wir Pygmäendarstellungen der Römer nur in den Fresken, mit denen die Häuser von Pompeji und
Herculanum verziert worden sind (Abb. 2.9), wo man eine Fülle
von Darstellungen zwergenhafter Figuren bewundern kann. Generell aber waren die Römer um die Bereicherung der Wissenschaft, wie Geschichte und Geographie, nicht sonderlich bemüht.

Ans Ende der Antike gehört noch der Bericht des heiligen Au-
gustinus (354–430), der die Pygmäen ganz einfach zu den *monstrosa hominum genera*, zu einer »Gattung menschlicher Ungeheuer« zählte, sowie jener des Nonnosus, syrischer Grieche oder
byzantinischer Jude, der im Jahre 533 im Auftrage von Kaiser
Justinian an den Hof des Äthiopierfürsten Elesboa nach Axiomis
reiste. Dort fand er Menschengruppen »...äußerst kurz an Lei-
beslänge. Ihre Hautfarbe war schwarz, und sie waren am ganzen
Körper behaart. Sie zeigten in ihrem Wesen nichts Wildes oder
Ungeschlachtes, sondern hatten sogar menschliche Stimmen...!«

In den folgenden Jahrhunderten des beginnenden Mittelalters haben europäische Reisende die Neugier weckenden Schilderungen
über sogenannte *Portenta*, das heißt Ungeheuer und Fabelwesen
einschließlich zwergenhafter Typen, in ihrer Heimat verbreitet.

61

Wohl wurde Gruseln und Abscheu, auch Furcht und Aberglaube damit erregt, das Interesse der breiten Masse aber blieb aus. Nur einige wenige, ernsthaft überlegende »Kreise« wurden zum Nachdenken angeregt. Wie bekannt, hatten schon die frühe und auch die mittelalterliche Christenwelt alle Erdengeschöpfe aus dem Blickwinkel biblischer Darstellungen beurteilt und bewertet. In diesem Sinne haben Philosophen und Theologen bezweifelt, daß mißgebildete Individuen, abscheuliche Krüppelgestalten und die ungeheuerlichen Portenta, kurzum, die unglaubhaft verunstalteten *monstrosa hominum genera*, denn auch von Adam und Noah abstammten; sie seien vielmehr als verzerrte, vom Teufel hervorgebrachte Un-Wesen anzusehen. Nach langen, müßigen Debatten einigten sich Philosophen und Theologen meist auf die Formel, der Christengott könne unmöglich solche mißratenen Wesen geschaffen haben; diese seien demzufolge als des Teufels Werk anzusehen.

Mit der Erhebung des Dualismus Christengott und Teufel zur geltenden Dogmatik im mittelalterlichen Europa wurde jeglichem freien Denken im Dienste der Wissenschaft und Er-Forschung unserer lebenden Umwelt ein erst heute wirklich deutlich erkennbarer Hemmschuh auferlegt. Gleichzeitig schob der sich in Nordafrika ausbreitende Islam – mit ähnlichem Gedankengut – einen Riegel zwischen Europa und das tropische Afrika, so daß die Berichte über die dort lebenden Menschen nicht mehr zu uns gelangten. Das ohnehin schon lückenhafte Wissen über die Existenz eines echten Pygmäenvolkes im Bereich der Nilquellen mußte so nur noch verschwommener werden. *Summa summarum* stand das Abendland im Mittelalter den Fremdvölkern in wissenschaftlicher wie auch in allgemein menschlicher Hinsicht verständnisloser gegenüber als das Altertum. Die Fremdvölker waren ja schließlich dem Teufel verfallene Heiden. Demzufolge ging im frühen Mittelalter, in der Zeit der Patristik, der größte Teil der wissenschaftlichen Errungenschaften aus der Antike verloren.

In diesem Zusammenhang ist es vielleicht nicht uninteressant zu erwähnen, wie die Fabelwesen als wirklich existierende, lebende Kreaturen der Erdenwelt von manchen Christen-Baumeistern gesehen wurden. Sozusagen als ein Weiterleben und als Verlängerung der Fresken von Pompeji und Herculanum finden wir am Zentralportal des Narthex der Basilika von Vézelay, die ihre Blütezeit um 1146 erlebte, im Giebelfeld der Oberhalle mythologisch-antike Weltvorstellungen von Völkern aus weiter Ferne, wo zwischen vollbrüstigen Phanesiern, den sagenhaften Großohrmenschen, noch unter mittlerer Mannesgröße bleibende kleinwüchsige, Pferde besteigende Fabelwesen (Pygmäen) erkennbar sind [237]. Doch bahnte sich damals im Hochmittelalter mit rasch ansteigendem, heftigem Sturm ein verheißungsvoller Ausweg aus dem Wirrwarr der herrschenden Ideen an. Zurückzuführen war diese neue Welle auf die Wiederentdeckung der Schriften des Aristoteles, die zwischen 1200 und 1225 aufgefunden und ins Lateinische übersetzt worden waren. Nach altägyptischen Zeitmaßstäben gemessen, sind das durchaus akzeptierbare Perioden im Auf und Ab der Evolution menschlichen Geistesgutes und in der Entwicklung neuer, bahnbrechender Ideen.

Der umfassendste Kenner des damals erreichbaren Wissens über die Tier- und Pflanzenwelt und aller lebenden Kreaturen schlechthin war der Dominikaner Albertus Magnus aus Köln (1206–1280), Deutschlands letzter *Doctor universalis*. So war es nicht verwunderlich, daß auch er bei seinem weitschweifenden Betätigungsfeld auf die Problematik der rätselhaften Pygmäen stieß. Sein Urteil über ihre Stellung in bezug auf Menschen und Affen verdient insofern Beachtung, als es auf die Naturkundigen und Theologen seiner Zeit, und noch weit darüber hinaus, einen entscheidenden Einfluß ausgeübt hatte. Einer ganzen Anzahl oberflächlicher Kommentatoren ist es zur Schuld anzurechnen, Albertus Magnus zuzuschreiben, er hätte die afrikanischen Pygmäen als Schimpansen betrachtet und folglich als zu den Affen gehörig angesehen – eine Auffassung, die sich sehr lange gehalten hat [330]. Überwältigt von der Autorität des Albertus Magnus, ist sogar der französische Naturforscher Buffon (1707–1788) dieser verfälschten Interpretation zum Opfer gefallen, um sie weiterzuverbreiten, ja sogar noch zu entwickeln. Das ist leider ein Beweis dafür, daß der sonst so umsichtige Buffon die entsprechenden Schriften des Albertus Magnus nicht selbst eingesehen hatte.

In Wirklichkeit beurteilt Albertus Magnus die Pygmäen durchaus nicht so eindeutig, wie es nach zahlreichen Zitaten scheinen mag. Vielmehr erschienen sie ihm offensichtlich problematisch, und es gibt einige unklare Ausdrucksweisen, aus denen sich eben eine »Gleichstellung« der Pygmäen mit den »Affen« herauslesen ließe. Dort aber, wo er sich mit der »geistigen

Befähigung« der Pygmäen befaßt, stellt er diese über die »gewöhnlichen« Tiere. So ergibt sich für ihn die Stufenreihe Affe-Pygmäe-Mensch. An insgesamt 15 Stellen ist in seinem Werk von Pygmäen die Rede, die natürlich hier nicht alle zitiert werden sollen. Doch möchte ich einige Kernsätze herausgreifen, die zum Verstehen der mittelalterlichen Denkweisen beitragen können, zumal all die Überlegungen immer wieder nur auf Hörensagen basieren. Hatte man doch damals – seit Neferkarê – niemals mehr einen lebenden Pygmäen gesehen. Es handelt sich also nur um rein theoretische Denkprozesse, die uns aber über die geistige Entwicklung dieser Zeit durchaus Auskunft geben können. Sie sollen nicht verschwiegen werden, da sie lange Zeit für die Stagnation biologischen Denkens und die Verneinung der biologischen Evolution zugunsten einer Dogmatik der »vollendeten Schöpfung« allen Lebens durch die christliche Geistes- und Gedankenwelt mitverantwortlich waren.

Schauen wir uns einmal die wichtigsten Aussagen von Albertus Magnus näher an, wobei ich mir erlaubt habe, bestimmte Sätze kursiv hervorzuheben. Auf den lateinischen Urtext möchte ich zugunsten der flüssigen Lesbarkeit verzichten, da dieser in neueren, durchaus zugänglichen Arbeiten wiedergegeben und eingehend bearbeitet wurde [35, 256, 446].

Albertus Magnus schreibt: »*Wenn aber die Menschen wild sind, wie der Pygmäe, dann sind das nicht Menschen in demselben Sinn wie wir,* sondern sie haben etwas vom Menschen in einer gewissen Fähigkeit, etwas zu erwägen und zu sprechen …

Ferner gibt es unter den Tieren, die aus nachdenklicher Vernunft heraus ihre Stimme bilden, solche, die »abfallen«, und solche, die nicht »abfallen«. Ich nenne aber »abfallende« solche, die von der Vorstellung der Seele abfallen und zum Instinkt der Natur gedrängt werden, *wie der Pygmäe, der nicht der Vernunft der Sprache folgt, sondern dem Instinkt der Natur.* Der Mensch aber »fällt nicht ab«, sondern folgt der Vernunft …

Es wird erzählt, daß sie dort *wilden Tieren begegnen, die gewisse Gattungen von Affen sind und Pygmäen genannt werden,* die auch ellenhohe Menschen genannt werden, weil sie den Menschen in der Gestalt ähnlich sind und aufrecht einherschreiten und in der Länge eine Elle nicht überschreiten. *Diese Tiere, die Pygmäen genannt werden,* haben viele gesehen. Aber in vielem sind sie den Menschen ähnlich, so daß sie sogar Sprachvermögen und Gespräch haben, wenn auch unvollkommen. Gewisse Tiere lernen so leicht durch das, was sie hören, daß sie sogar stumm ihre Absichten sich kundtun, *sowie der Pygmäe, der spricht, wenn er auch ein vernunftloses Tier ist. So erscheint der Pygmäe in bezug auf geistige Kräfte das vollkommenere Tier zu sein* nach dem Menschen ...

Nach dem Gesagten ist also der Pygmäe gewissermaßen ein Mittelding zwischen dem Menschen und dem Tier. Dennoch steht er [der Pygmäe] nach seiner Natur dem stumpfen Tier näher als dem Menschen. Also ist offensichtlich, daß diese drei Tiere [Mensch, Pygmäe, Affe] auf drei aufeinanderfolgenden Stufen herabschreiten.«

Wie man aus diesen Zitaten ersehen kann, werden Pygmäen zu den Tieren gerechnet und gelten als eine gewisse Gattung von Affen. In diesem Sinne besteht die Meinung durchaus zu Recht, Albertus Magnus habe die Pygmäen für Affen gehalten. Doch wird auch deutlich ein Vergleich zwischen Mensch und Affe angestellt und der Pygmäe ausdrücklich *neben* dem Affen genannt: »... *sicut est symia et pygmaeus*«, so als stünde er selbständig neben dem Affen.

Die systematische Ordnung wurde zu jener Zeit nicht durch morphologische Eigenschaften bestimmt, sondern durch den unterschiedlichen Grad der Vollkommenheit an Seelenkräften, die die verschiedenen Tierarten aufweisen. In diesem Sinne ist das vollkommenste Tier also der Mensch, das nächstvollkommene der Pygmäe. Dies wird durch die Ausführungen, in denen Mensch, Pygmäe und Affe drei verschiedenen, aufeinanderfolgenden Vollkommenheitsstufen zugeordnet werden, unterstrichen: »*Pygmaeus ... quasi medius est inter hominem ... et alia muta animalia.*« Hier wird also der Pygmäe *ausdrücklich* als selbständige Stufe zwischen Mensch und Affe gestellt. Entsprechend einer solchen Beschreibung fielen dann auch die ikonographischen Darstellungen von Pygmäen aus, auf denen noch deutlich primatenhafte Züge wie starke Körperbehaarung, der Greiffuß und die Knöchel-Stütz-Weise der Hand zu erkennen sind [230].

Den angenommenen Vollkommenheitsstufen zufolge hätte sich die nachstehende Ordnung ergeben müssen: *Mensch*, das Tier mit Vernunft; *Pygmäe*, das Tier mit einem Schatten von Vernunft; dann alle übrigen stummen Tiere ohne jede Vernunft und unter ihnen, als die vollkommensten, die *Affen* [35]. Das hat er jedoch nicht getan, und man fragt sich, weshalb. Wenn Albertus Magnus heute richtig verstanden werden soll, so müßte man sagen, er habe die Pygmäen nicht zu den Menschen gerechnet. Er nannte sie unter dem Zwang seiner Vorstellung vom Menschen eine »gewisse Gattung von Affen«, weist ihnen aber ausdrücklich eine Mittelstellung zwischen Mensch und Tier zu. Zur Erklärung sei vermerkt, daß das Wort Affe schlechthin nichts aussagt und der Gebrauch sich streng an die Ausdrucksweise von Albertus Magnus hält. Heutzutage ist die Differenzierung innerhalb der Primaten von Prosimiern, Simiern, Anthropoiden und Hominiden hinlänglich bekannt. Also, auch die Menschen sind schließlich nur Primaten!

Im Hochmittelalter waren Diskussionen über das »Sosein« und das »Dasein« des Menschen äußerst beliebt. Es ging dabei um Vorstellungen und Deutungen, die man heute der philosophischen und theoretischen Anthropologie zuordnen würde. Dabei kam natürlich auch Aristoteles ausgiebig zu Wort, dessen Schriften den damaligen Theologen eine breite Grundlage für ihre eigenen Systeme lieferten. Diese Scholastiker lebten in einer eigenartigen Ideen- und Glaubenswelt, in welcher alles Befremdliche und Sonderbare, insofern es von der Erfahrung und dem Alltag der damaligen christlichen Mitteleuropäer abwich, als ungeheuerlich und unwirklich, ja sogar als Teufelswerk hingestellt wurde. So ist es wohl auch zu erklären, daß Pierre d'Auvergne († 1304), um 1275 Rektor der Sorbonne in Paris und später Bischof zu Clermont, sich mit der Frage beschäftigt hatte: »*Utrum pygmaei sint homines?* (Sind die Pygmäen Menschen?)« Er hat in seiner ausführlichen Dissertation die Frage keinesfalls positiv beantwortet, denn er schreibt: »*Sic igitur dicendum, quod pygmaei homines non sunt* ... (So muß man also sagen, daß die Pygmäen keine Menschen sind ...!)« Er vermeidet jedoch jeglichen Hinweis, welcher Gruppe von Sinneswesen sie zuzurechnen seien. Er wertete die Einzelheiten mit den Maßstäben der Philosophie seiner Zeit. Die angeblichen Pygmäen seien keine richtigen Menschen, sondern bloß »aufgeputzte« Tiere [165].

Die Söhne des Gihanga,
des ersten Königs von Ruanda,
fanden auf der Jagd unter einem Busch
ein seltsames zottiges Tier,
und das Tier lachte.
Sie nahmen es mit nach Hause...
Man traute ihm ein Schimpansenfräulein an [423].

In jener Zeit beherrschten die Großen der scholastischen Philosophie unumschränkt das Feld der Wissenschaften. Der auf experimentelle Methoden und direkte Naturbeobachtungen übergehende Roger Bacon (1214–1294), ein englischer Franziskaner, auch mit dem Ehrentitel *Doctor mirabilis*, der wunderbare Doktor, benannt, der die wissenschaftliche Forschung von der scholastischen Methode unabhängig machen wollte, wurde in Frankreich eingekerkert. Roger Bacon war in den Augen der politischen Kirche der erste einer ganzen Reihe von Ketzern, die für die wissenschaftliche Aufklärung eintraten [276]. Die Quellen für geographische und naturkundliche Erkenntnisse aus der Welt versiegten nahezu gänzlich in der Finsternis der mittelalterlichen Welt des Christentums.

Ein paar hundert Jahre später kommen noch einmal zwei Autoren, Johannes Talentinus und Edward Tyson, auf Albertus Magnus zurück [456, 471]. Besonders Talentinus stellt sich die Frage:»Was aber gibt es Ungereimteres, als mit Albertus Magnus zu fragen, sie [die Pygmäen] seien zum Teil Menschen, zum Teil stumpfe Tiere? Gibt es etwa ein Zwischending zwischen Mensch und Nicht-Mensch?« Doch Talentinus läßt schließlich die Frage auf sich beruhen. Während Tyson im Jahre 1699 noch immer nichts mit der Fragestellung von Albertus Magnus anzufangen wußte, hatte Andrew Battel bereits über 100 Jahre früher kleinwüchsige Menschen in Westafrika entdeckt [33]. Tyson hatte guten Grund zu glauben, daß Pygmäen nichts anderes als Affen seien, denn das von ihm untersuchte Skelett, das auch heute noch im Britischen Museum erhalten ist, war das eines Schimpansen. Damit war die Verwirrung auf ihrem Höhepunkt, denn auf Tysons Anatomie stützte sich Carl von Linné, als er in seinem *System der Natur* Menschenaffen und Naturvölker kunterbunt durcheinanderwarf [491]. Dieser Irrtum aber konnte erst über 200 Jahre später aufgeklärt werden [502].

Doch auch zu dieser Zeit geisterten noch immer phantastische Erzählungen durch die Reiseberichte aus Afrika. Nachdem der Engländer Petherick im Jahre 1854 von der Meschera-el-Rek, dem Hafen des Bahr-el-Ghasal, nach einigen Tagesreisen südwärts zu den *Wadj Koing* gekommen war, bemühten sich diese, ihn durch Schreckensmeldungen und verlogene Bedrohungen von der Weiterreise abzuhalten. Dabei wies ein alter Afrikaner, der sich für einen weitgereisten Ortskundigen ausgab, eben auf jene Völker hin, die in den südlichen Gebieten ansässig waren:»Die ersten, einige Monate von hier entfernt, waren Leute wie wir selber, aber außerordentlich wild [...]. Außerdem besaßen sie vier Augen, zwei vorn und zwei hinten, und folglich konnten sie ebenso gut rückwärts wie vorwärts sehen. Über deren Nachbarn entsetzte er sich noch mehr, denn ihre Augen waren nicht im Kopfe, sondern in den Achselhöhlen, so daß sie den Arm heben mußten, wenn sie etwas sehen wollten. Da er sich ungemütlich unter ihnen fühlte, ging er noch weiter südlich. Dort fand er Leute mit affenähnlichen Gesichtern und ellenlangen Schwänzen« [230, 491].»Der letzte Stamm, den er nach jahrelangen Reisen besuchte, waren Zwerge, deren Ohren bis auf den Boden reichten und eine solche Breite hatten, daß beim Liegen das eine als Matratze, das andere als Decke diente« [359]. Hier finden wir die sagenhaften Großohrmenschen der Basilika von Vézelay wieder, deren Darstellungen dort allerdings auf die Blütezeit um 1164 zurückgehen [237]. All die wundersamen, phantasievollen Gestalten finden wir in einem interessanten kleinen Büchlein aufgeführt [362]. Für die geschwänzten Menschen, deren Legende sich lange erhalten hat, bietet sich durchaus eine einleuchtende Erklärung an, wenn man in Betracht zieht, daß die Pygmäen auch heute noch, anläßlich ihrer Tanzspiele, aus Lianen und Gräsern gefertigte, weit herabhängende»Gesäß-Schürzen« tragen, die oftmals wie ein Schweif wirken (Abb. 2.10).

Die mittelalterlichen Fabelwesen eines Albertus Magnus und die phantastischen Erzählungen alter Afrikaner gegenüber europäischen Forschungsreisenden des letzten Jahrhunderts gehören aber bei weitem nicht allein ins Kuriositätenkabinett der Vergangenheit, sondern sind in Afrika selbst noch immer lebendige Gegenwart. Die Vorstellungen, die man sich von in der *Exosphäre* lebenden Menschen macht, sind dabei keineswegs schmeichelhaft. Da man die eigene Volksgruppe und damit sich selbst

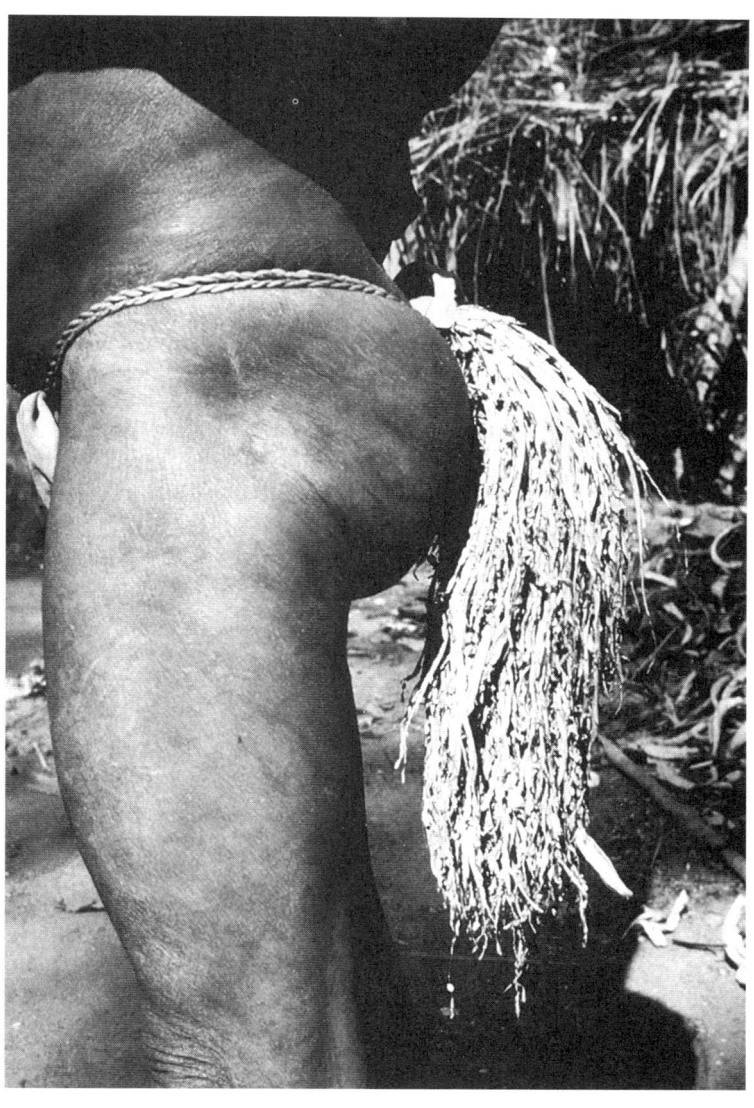

2.10 *Eine Mò.Aka-Frau von der Lobaye mit Tanzschweif*
(Homo caudatus)

für die eigentlichen und wahren Repräsentanten der Menschheit hält, kann man seine *fremd-ethnischen* Nachbarn und noch weit ferner lebende Völker nur als Kreaturen niederer, minderwertiger Beschaffenheit oder gar als halbe Tiere ansehen. Demzufolge vermutet oder sieht man jenseits der Grenzen des eigenen Gesichtskreises nur mehr *monströse* Gestalten, eine »verkehrte Welt« mit mißgestalteten Ungeheuern und dergleichen mehr [335]. Man denke dabei nur an die im Kapitel 1 bereits erwähnten Äußerungen meines alten Mukwelle-Kochs im Gabun über die – seiner Meinung nach durchaus »verspeisbaren« – Pygmäen wie: »*La petite viande qui parle*« und »*la petite viande qui court dans la forêt*«. So bezeichneten auch die Isanzu-Hackbauern in Tansania ihre benachbarten wildbeuterischen Hadza etwa als »Busch-Tiere« [259]. Verschiedene Bantu-Völker im nordwestlichen Kongoraum sahen die Lebewesen generell in vier verschiedene Stufen gegliedert: 1. die eigentlichen Menschen, womit sie sich selbst bezeichneten; 2. Pygmäen; 3. Schimpansen und 4. die Masse der restlichen Lebewesen [379]. Welch verblüffende Parallele zum Gedankengut von Albertus Magnus und Pierre d'Auvergne: »*Utrum pygmaei sint homines? Sic igitur dicendum, quod pygmaei homines non sunt!*« Doch ein solches Urteil und Äußerungen dieser Art beschränken sich nicht allein auf die Pygmäen, sondern man verachtet auch sonst weidlich seine fremdethnischen Nachbarn, indem man den Forschungsreisenden auf die ihnen unterstellte Inferiorität aufmerksam macht, ihn vor den zu erwartenden Gefahren warnt und auch sonst nichts Gutes zu erzählen hat. So behaupten die Balele im Zaire von den Bakutu, mit denen sie immerhin Handel treiben, diese würden sich nicht waschen, ihre Frauen seien schlecht gekleidet und ihre Speisen seien zum Erbrechen [96]. Ich bin in den gleichen Gegenden Ost-Zaires und im Zwischenseengebiet umhergezogen und habe mir bei den verschiedenen ethnischen Grenzübertritten von den Bashi, Bahunde, Barega, Batembo, Wanyanga, Bakano und Bakumu immer wieder anhören müssen – obwohl manche untereinander ethnisch sogar verwandt sind –, wie böse und schlecht die anderen doch seien. Um Gottes willen, von dort kommst du her, dort willst du hin?!

Die »*monstrosa hominum genera*« bestehen also weiter.

3

WIEDERENTDECKUNG

Vor des Koeniges Prunektuche sitzen etliche Zwaerge / mit
dem Ruecken nach ihm zu. Diese seynd sehr kurtz von Leibe /
doch grosz von Kopfe; darauf sie / zwischen einem Strueecklein
/ ueber die gewohnheit der anderen Einwohner / ein Tierfellichen
tragen muessen. Die Schwartzen berichten / dasz in einer
Landschaft oder Wildnues lauter solche Zwaerge wohneten /
welche daselbst die meisten Elefanten zu schiessen pflegten.
Man nennet sie alda gemeiniglich Bakkebakke, und sonsten
auch Mimos.

Als geographischer Schriftsteller und Kompilator fügte Oliver
Dapper vor über 320 Jahren alles damals aus Afrika Bekannte in
einem stattlichen Werk zusammen [84]. Wenn bei ihm auch keine Quellenangaben auszumachen sind, geht doch aus verschiedenen Ausführungen hervor, daß er sich überwiegend auf »Por-
tugallier«, portugiesische Gewährsleute, stützte. So sind seine
Darstellungen doch recht konkret und lassen deutlich erkennen,
daß es sich um Erlebnisberichte handelt. Sie unterscheiden sich
eindeutig von jenen verschwommenen mythischen Erzählungen
aus dem griechischen Altertum. Dies ist auch aus dem noch nachfolgenden Auszug ersichtlich.

Von hier kommen die meisten Elefantenzaehne / welche die
Moviriser / das seynd die Lovanger / alda hohlen / und von
den Jagern kauffen; die sie noch weiter landwaertsein von einer
ahrt kleiner Menschen / Mimos oder Bakkebakke genennet /
welche unter dem Gebiete des groszen Makoko stehen / wie
wir droben weitleufig gemeldt / ein zu handeln pflegen. Diese
kleine Menschen sollen sich / wie die Jager erzehlen / durch
eine gewisse Teufelskunst Unsichtbar zu machen / und also
mit geringer muehe die Elefanten zu schiessen wissen: derer
fleisch sie als dan essen / aber ihre Zaehne den Jagern ver-

kauffen / welche sie den Movirisern wieder vor Saltz / das
von Lovango in Matten durch die Leibeignen nach Bokke-
male getragen wird / zu vertauschen pflegen.

Schon zu Beginn des 17. Jahrhunderts gelangte die erste verläßliche Kunde von einem in Afrika gesichteten Pygmäenvolk
nach Europa. Der häufig als Abenteurer verspottete Engländer
Andrew Battel bereiste in den Jahren 1589 bis 1607 Westafrika und stieß dabei im Gebiet der heutigen Loangoküste, etwa
8 Tagesreisen von der Kongomündung landeinwärts, auf kleinwüchsige Menschen: »...*a kind of little people, which are no
bigger than Boyes of twelve yeares old, but are very thick, and
live only upon flesh, which they kill in the Woods with bowes
and dearts*« [33]. Auch noch andere Angaben über die Lebensgewohnheiten dieses Volkes verraten so viel nüchterne Wirklichkeit, daß sie vollen Glauben verdienen. Wenn es zunächst
auch kaum jemand wahrhaben wollte, sollten diese Berichte
später durchaus ihre Bestätigung erhalten, da im gleichen Gebiet tatsächlich Pygmäen aufgefunden werden konnten [66].
Die Erzählungen von Battel und Dapper mögen dazu beigetragen haben, das damals schon wachsende wissenschaftliche Interesse der Europäer an der Exploration Afrikas noch mehr an-
zuspornen. Doch dauerte es weitere 200 Jahre, bis ein
europäischer Forscher eine belegbare leibliche Begegnung mit
Pygmäen hatte und dadurch ihre tatsächliche Wiederentdeckung zustande kam.

Im Jahre 1826 bereiste der Engländer Th. Boteler Ostafrika und
schildert: »...*a pygmy race of people who scarcely attain the hight
of three feet*...«, deren Lebensraum er zwischen den Kiliman-
djaro und das Ostufer des Victoria Nanza legte [48]. Captain
W. C. Harris erhielt 1842 Informationen über Kleinwüchsige
östlich der Großen Seen, die unter dem Namen »Doko« bekannt
waren: »...*a pygmy and perfectly wild race, not exceeding four
feet hight, of a dark olive complexion, and in habits closely ap-
proximated to the beasts that perish*«. Ihr Wohngebiet beschreibt
er als »...*clothed with a dense forest of Bamboo, in the depths
whereof the people construct their rude wigwams of bent canes
and grass. They have no king, no laws, no arts, no arms; possess
neither flocks nor herds; are not hunters, and do not cultivate the
soil; but subsist entirely upon fruit, roots, mice, serpents, reptiles,*

ants, and honey. Both sexes go perfectly naked, and have thick pouting lips, small eyes. The hair is not woolly, and in the females reaches to the shoulders« [154]. Am Djuba-Fluß und südlich der Landschaft Kaffa wurde der deutsche Missionar Ludwig Krapf im Jahre 1840 von großwüchsigen Afrikanern ebenfalls auf das Volk der Doko hingewiesen, die so klein seien wie 10jährige Knaben, also etwa 4 Fuß maßen [262]. Diese »Pygmäenvölker« könnten durchaus mit jenen kleinen Restgruppen der Hadza identisch sein, die heute noch im Gebiet des Lake Eyasi anzutreffen sind [507, 508, 509].

Bald kamen auch Meldungen über ein kleinwüchsiges Jägervolk aus Sierra Leone in Westafrika, sowie über die Existenz zweier Jägervölker von »zwergenhaftem Wuchse« aus Kamerun [258]. Diese anfangs ebenfalls fabelhaft anmutende, vielfach bezweifelte Nachricht wurde bald durch die Entdeckungsreisen des Hauptmanns Kund bestätigt [266], der von der Mündung des Kribi-Flusses 25 deutsche Meilen landeinwärts in den Regenwäldern auf ein »auffallend kleines« Jägervolk stieß [355]. Dort, zwischen Kribi und Ebolowa, leben auch heute noch zahlreiche – wenn auch bereits stark akkulturierte – Pygmäengruppen.

Als im Jahre 1860 der Franzose Paul du Chaillu im Süden des heutigen Gabun von der Atlantikküste ostwärts ins Innere des Landes der *Ashango* vordrang, hörte er bald von kleinen sagenhaften Wesen [66]. *»J'avais entendu parler de cette race de nègres pendant mon premier voyage…* (Schon bei meiner ersten Reise hatte ich von diesen Leuten [dieser Negerrasse] reden gehört…)« Nach den einerseits vagen, andererseits übertriebenen Beschreibungen, die man ihm gab, hatte er starke Zweifel und hielt es zunächst nicht für notwendig, diesen Gerüchten besonderen Glauben zu schenken. Doch bald kam es zu einer Entdeckung, die bei ihm Interesse und Neugier zugleich erweckte. Eines Tages nämlich, bei seinen Erkundungen in den tropischen Bergwäldern, stieß er ganz zufällig auf einen Lagerplatz mit kleinen, ovalen Bienenkorbhütten von nur 4 Fuß Höhe. *»…c'était réellement un village de nains. J'y courus dans l'espoir de rencontrer au moins quelques habitants, mais ils s'étaient enfuis à notre approche…* (…es war in der Tat ein Wohnort der Zwerge. Ich rannte hin, in der Hoffnung, zumindest einige der Bewohner anzutreffen, aber bei unserer Annäherung waren sie längst entflohen…)« Du Chaillu beschrieb sehr genau die Konstruktion der Hütten, in denen er auch die Reste glimmender Feuer fand. Es bestand kein Zweifel, daß es sich um ein Pygmäenlager handelte. Trotz ausgiebiger Suche in der näheren und weiteren Umgebung des Lagers konnten er und seine Begleiter diese »kleinen Ausreißer« nicht auffinden. Einige Tage später, in der Umgebung von Niembouai, 2°S – 12°E, dem heutigen M'bigou, hatte der französische Forscher jedoch mehr Glück. Wie er sagen hörte, sollten in der Nähe dieser Ortschaft *nains sauvages*, wilde Zwerge, wohnen, die man in dieser Gegend auch Obongo nannte. So war es natürlich sein Anliegen, sich darüber zu informieren, wo *ces êtres singuliers*, diese sonderbaren Wesen, zu finden seien. Wie es schien, würden sie häufig in Niembouai erscheinen. Du Chaillus Warten aber war vergeblich. Doch eines Tages erklärten sich die Ashango bereit, den neugierigen Forscher zu den Obongo zu führen. Es dürften aber nur wenige Begleiter dabeisein, damit die kleinen Menschen nicht verschreckt würden. Mit zwei Ashango und drei seiner persönlichen Begleiter zog er dann eines Morgens los. Schon nach 20 Minuten gelangte er zu einer Waldlichtung, auf der 12 der oben schon erwähnten Bienenkorbhütten standen. Beim Näherkommen war jedoch auch hier keine Seele auszumachen. Diese Wohnstelle erschien ihm entsetzlich verdreckt. Als er sich mit seinen Leuten anschickte, die Hütten eingehender zu untersuchen, wurden sie alsbald von einer solchen Armee Flöhe überfallen, daß ihnen nichts anderes übrigblieb, als den sofortigen Rückzug anzutreten. »Waren in diesem Lager keine Bewohner anzutreffen, so waren sie ganz sicher von diesen aufsässigen Insekten verjagt worden.«

Du Chaillu zog mit seinen Begleitern weiter. Schon nach einer Viertelmeile Fußmarsch kamen sie erneut auf eine kleine Lichtung mit einem Dutzend unordentlich errichteter, verstreut umherstehender kleiner Hütten. Diese waren offensichtlich erst vor kurzer Zeit erbaut worden, denn die verwendeten Zweige und Blätter waren noch ganz frisch. Der Forscher näherte sich mit größter Vorsicht, um die sicher sehr schüchternen Bewohner nicht zu erschrecken. Seine Ashango-Begleiter hielten Perlenschnüre sichtbar in den Händen, um ihre freundschaftlichen Absichten deutlich anzuzeigen. Doch alle Mühe war vergeblich. Dieses Lager war genauso verlassen wie das erste. Der französische Forscher begab sich mit seinen Leuten zu den Hütten. Sie entdeckten drei alte Weiber, die aus irgendwelchen

Gründen nicht hatten entfliehen können. Auch war noch ein Jüngling anwesend, und in den Hütten hielten sich einige Kinder versteckt.

Die Ashango taten, was sie konnten, um die vor Angst zitternden Kreaturen zu beschwichtigen. Sie erzählten ihnen, daß niemand etwas Böses wollte und daß sie schöne Perlen für sie dabeihätten. Es gelang du Chaillu schließlich, sich den kleinen Leutchen zu nähern. Aber das war ihm wohl nur deshalb möglich, da der Schreck einfach alle ihre Bewegungen gelähmt hatte. Sie waren ganz offensichtlich zu keinem Schritt mehr fähig. Er beschenkte sie mit Perlen und ließ ihnen sagen, daß er am nächsten Tag wiederkommen wolle, um ihnen noch viel schönere Sachen zu bringen. Auch alle anderen sollten davon bekommen können.

Nach einer gewissen Zeit hatte eine der Alten ihre ganze ungezähmte Wildheit aufgegeben und begann sogar, sich über die Männer der Gruppe zu mokieren, die »feige wie das Waldhörnchen *N'chendé*« davongelaufen seien, indem sie dessen Rufe »*qué! qué!*« nachahmte. Es war zum Totlachen, wie sie dabei ihren kleinen Körper bog und krümmte. Doch als du Chaillu sein Maßband aus der Tasche zog, überkam sie wieder großer Schrecken. Sie glaubte wohl, daß er sie mit einer Schlange umwickeln wollte. Um sie zu beruhigen, war ein weiteres Geschenk notwendig. Schließlich gelang es ihm, sowohl die Alte als auch den Jüngling zu vermessen, der ganz offenbar *un bel échantillon*, ein schönes Beispiel, seiner ethnischen Zugehörigkeit war. Es gehörte schon allerhand Unverfrorenheit dazu, einen fremden, scheuen Menschen, der höchstwahrscheinlich das allererste Mal eines Weißen ansichtig wurde, sogleich in allen Einzelheiten zu vermessen, zumal die erhaltenen Daten von zweifelhaftem wissenschaftlichem Wert waren und nichts als ein reines Kuriosum darstellten. Nun war es aber seinerzeit üblich, alles Exotische, auch Menschen, sogleich zu messen und zu sammeln – in der Regel ohne jegliche Skrupel.

Am darauffolgenden Tag eilte du Chaillu voller Hoffnung erneut zu jenem Lagerplatz. Doch traf er nur auf eine der Frauen vom Vortage sowie auf zwei kleine Kinder. Er war zu spät gekommen, und »*les oiseaux étaient dénichés*«, die Vögel waren ausgeflogen, wie er selbst treffend in sein Tagebuch geschrieben hatte. Beim Anblick der beiden an einer Hütte lehnenden Kinder überkam ihn plötzlich das Gefühl, ihre Mutter könnte sich dort versteckt halten. So ging er geradewegs auf diese Hütte zu, deren kleine Eingangsöffnung mit Zweigen verhängt war, so wie man es tut, wenn man abwesend ist. Als er seinen Körper zur Hälfte in diese armselige Behausung – du Chaillu schrieb *taudis* (Hundeloch) – gezwängt hatte, glaubte er in der Dunkelheit bald so etwas wie eine menschliche Gestalt erkannt zu haben. Es war in der Tat die Mutter der Kinder. Der verängstigten Frau riefen die Ashango zu, sie möge nicht erschrecken. Es sollte sich alsbald herausstellen, daß diese Frau erst vor kurzer Zeit ihren Mann verloren hatte. Zu diesem Zeitpunkt wohnte sie noch im zuerst besuchten Lager, das des Todesfalles wegen aufgegeben worden war. Als Zeichen der Trauer trug sie auf der Stirn einen breiten, ockerfarbenen Streifen. Als nun der neugierige Forscher fragen wollte, wo denn der Tote beerdigt sei, rieten die Ashango ab. Eine solche Frage könnte große Furcht hervorrufen, und die Witwe würde dann ganz schreckliche Schreie von sich geben. Die andere Alte, namens Misunda, vertraute dem Weißen an, sie würde alles tun, damit er auch die anderen Bewohner, einschließlich der Männer, kennenlerne. Er sollte nur am Nachmittag noch einmal vorbeikommen. Natürlich kam er vergeblich zurück! Keine Seele war im Lager, nicht einmal die alte Misunda.

Bei einem weiteren Besuch machte das Lager wieder einen verlassenen Eindruck, doch erkannte er von weitem die alte Misunda und andere Frauen, die eilig davonrannten, um sich zu verstecken. Das war für ihn eine doppelte Enttäuschung, glaubte er doch, sie halbwegs *apprivoisées*, gezähmt zu haben. Als er nun das Lager betrat, herrschte Totenstille. Alle Hütteneingänge waren mit Zweigen verschlossen, um glauben zu machen, die Bewohner seien im Walde unterwegs. Ein Ashango rief nun laut hörbar: »…wo habt ihr euch versteckt? Wir haben wieder Perlen mitgebracht!« Keine Antwort! Du Chaillu, sicher, daß Gruppenmitglieder anwesend waren, ging nun auf die Behausung von Misunda zu, bog die Zweige des Eingangs auseinander und rief ihren Namen. Wieder keine Antwort! Im Inneren der Hütte war es so dunkel, daß er beileibe nichts sehen konnte. So zwängte er sich hinein und stolperte dabei prompt über die Alte! Da sie sich nun entdeckt sah, beeilte sie sich herauszukommen, um zu erklären, sie hätte ganz tief geschlafen und wirklich nichts vernommen. Dann beeilte sie sich, auch die anderen Frauen zu rufen, »…sie sollten nur herauskommen, es sei nicht der Leopard gewesen, der sie fressen wollte«.

Während mehrerer aufeinanderfolgender Besuche in diesem Obongo-Lager bei Niembouai war es du Chaillu möglich, sechs Frauen und einen Jüngling zu vermessen. Die Leute waren alle zwischen 4 Fuß 4 ½ Zoll bis 5 Fuß 3 ¼ Zoll (1,33 bis 1,65 m) groß, wobei das letztere Maß einer Frau von ihm als *taille extraordinaire*, außergewöhnliche Größe, bezeichnet wurde. Dabei nahm der französische Forscher auch recht skurrile Messungen vor, wie die des Augenabstands oder der Entfernung vom Auge zum Ohr. Kein Wunder, daß die armen Leute mehr als verschreckt waren.

Die Hautfarbe der Obongo beschrieb er als ein schmutziges Gelb, viel heller als jene der Ashango. Ihre Augen hatten einen nahezu wildlebendigen Ausdruck. Obwohl ihre Körperproportionen durchaus normal waren, erschienen die Beine etwas zu kurz geraten. Handflächen und Fußsohlen waren praktisch weiß. Das krause Kopfhaar wuchs in kleinen, deutlich voneinander getrennten Büscheln, ein Charakteristikum, das wir heute als *Pfefferkorn-Haarwuchs* bezeichnen. Der Jüngling hatte außerdem auf der Brust und auf den Beinen eine recht imposante Pilosität (Behaarung), die ebenfalls, genauso wie auf dem Kopf, in Form kleiner krauser Büschel wuchs.

Ihre *phänotypische* Erscheinungsform unterschied sich ganz eindeutig von jener der Ashango. Letztere ließen übrigens keine Gelegenheit aus, darauf hinzuweisen, daß sie mit den Obongo nichts zu tun hätten, daß keinerlei Verwandtschaft zu diesen »am ganzen Körper behaarten Wesen« bestünde und daß mit ihnen auch keine Heirat zustande käme. Daraus schloß der französische Forscher nun, daß in einer solch kleinen Gruppe nichts anderes als üble Inzucht herrschen könne und daß es zu Verbindungen selbst zwischen Brüdern und Schwestern kommen müsse, damit ihr Verband so lange wie möglich erhalten bliebe. Die geringe Anzahl der Leute und die Isoliertheit, in der zu leben diese armen Kreaturen verurteilt seien, würden ihre *konsanguinen* (blutsverwandten) oder *inzestuösen* Vereinigungen durchaus rechtfertigen. Gleichzeitig aber, als fatale Schlußfolgerung, führe dies selbstverständlich zu einer physischen Dekadenz. Das war für ihn Grund genug, eine flache Stirn und vorstehende Backenknochen als das Ergebnis der geschilderten Situation anzusehen.

Daß es in der Umgebung noch andere Gruppen geben mußte,

allein schon um die Jagd erfolgreich durchzuführen, mußte du Chaillu bei seinen ersten flüchtigen Kontakten zu immer den gleichen Leuten entgangen sein. So konnte er natürlich das Sozialsystem nicht begreifen, und demzufolge hatte er auch von *Exogamie* nichts bemerken können. Er war besonders von der Sanftheit und der Leutseligkeit überrascht, mit welcher die Ashango mit den Obongo umzugehen pflegten. Andererseits bemerkte er aber auch, daß es sich bei dem einzigen Kleidungsstück der Obongo, dem Lendenschurz, um *vieux denguis*, alte, abgetragene Fetzen, der Ashango handelte, die diese nicht mehr mochten und an die armen Obongo weitergaben.

Es war im Interesse der großwüchsigen Ashango, die kleinen flinken Obongo in ihrer Nähe zu wissen, hatten diese doch eine großartige Kenntnis des Regenwaldes, in welchem sich die ersteren eher fürchteten. Zudem waren die Obongo von besonderer Gewandtheit bei der Jagd auf Wild. Sie brachten ihre Beute den Ashango und handelten dafür Gebrauchsgegenstände, vor allem Eisenklingen und Speersitzen, aber auch Kochbananen ein, da sie selbst keine Pflanzungen unterhielten. Sie fanden jedoch eine Menge pflanzlicher Nahrung bei ihren Wanderungen im Wald, wo sie wilde Früchte, Beeren, Nüsse und Wurzelknollen sammelten, eine Arbeit, die vor allem von den Frauen und Kindern verrichtet wurde. Daß sie gelegentlich auf den Pflanzungen ihrer »zivilisierten« seßhaften Nachbarn stahlen, dann für längere Zeit von der Bildfläche verschwanden, erkannte du Chaillu auch schon. Die Männer mit ihrem viel wilderen Benehmen schienen wohl den Großteil ihrer Existenz auf Jagdzügen zu verbringen, denn außer mit dem schon erwähnten Jüngling kam er mit ihnen nicht in Berührung.

»Leur appétit pour la nourriture animale est plutôt d'une bête carnassière que d'une créature humaine! (Ihr Appetit auf tierische Nahrung ist eher der eines fleischfressenden Tieres als jener einer menschlichen Kreatur!)« Du Chaillu hatte das Herz des alten Weibes Misunda gewonnen, da er sie stets besonders mit Perlen überschüttete. Diese war bereit, den Weg nach Niembouai zu gehen, allein auf das Versprechen hin, daß er ihr einen Ziegenknochen geben wollte. Als sie dann erschien und er versuchte, sie mit einem Bündel Kochbananen wieder wegzuschicken, verblieb sie beharrlich in seiner Hütte und wiederholte hartnäckig: »*Etava! étava!*« (von der Ziege, von der Ziege), bis er ihr

endlich ein Stück Fleisch abgegeben hatte. – Als du Chaillu sich eines Tages anschickte weiterzuziehen, erklärten die Ashango, falls er einen Obongo haben wolle, seien sie bereit, einen einzufangen und ihn ihm als Geschenk zu überreichen!

Die Schilderungen des französischen Forschers lassen keinen Zweifel daran, daß es sich bei den kleinwüchsigen Obongo im Süden des heutigen Gabun um Pygmäen gehandelt hat. Um so erstaunlicher muß es anmuten, daß er als der wirkliche, tatsächliche Wieder-Entdecker der Pygmäen keine Beachtung fand und mehr oder weniger übergangen wurde. Man liest gelegentlich, daß sein Bericht angezweifelt blieb, man ihm also nicht glaubte [142, 157, 434]. Nun ist es schwerlich vorstellbar, du Chaillus lebendigen Erlebnisbericht sowie seine ausführlichen, teilweise recht genauen Beschreibungen als bloße Erfindungen abtun zu wollen, zumal sie sich inzwischen durchaus als zutreffend erwiesen haben und somit von besonderem historischen Wert sind. Dies ist einer der Gründe, weshalb ich so eingehend auf seine Schilderungen eingegangen bin, nicht zuletzt auch, um eine ihm widerfahrene Ungerechtigkeit gutzumachen, seine Verdienste ins rechte Licht zu rücken und ihm den gebührenden Platz in der frühen Afrika- und Pygmäenforschung zuteil werden zu lassen. Im Gabun hat man Paul du Chaillu nicht vergessen, denn der Gebirgszug nördlich von M'bigou, dem damaligen Niembouai, trägt die stolze Bezeichnung »*Massif du Chaillu*«.

Im Jahre 1870 reiste der 1836 in Riga geborene, deutschstämmige Botaniker Georg Schweinfurth den Nil hinauf. Auf der dahingleitenden Barke lauschte er den geheimnisvollen Erzählungen der ihn begleitenden Nubier. »In einem südlich vom Gebiete der *Niamniam (Azande)* gelegenen Lande habe man Männchen gesehen, die nie über 3 Fuß Höhe erreichten, einen langen weißen Bart bis an die Knie trügen und mit guten Lanzen bewaffnet den Elefanten unter den Leib schlüpften und ihn so leicht zu erlegen vermöchten, da er mit seinem Rüssel ihrer nicht habhaft werden könne. Sie verkauften den Händlern viel Elfenbein und wurden *Schebrdhegintu* genannt, ein Name, der eigentlich Leute mit spannenlangem Bart bedeutet, denn merkwürdigerweise knüpfen die Sudaner, wie wir, an das Bild, das sich ihre Phantasie von Zwergen gestaltet, stets die Vorstellung von Männlein, die mit langen Bärten versehen sind« [426].

Bereits Escayrac de Lauture erfuhr von einem See, wo nach den Angaben der *Mangbetu* der Uelle-Fluß sich zu einer unbegrenzten Wasserfläche ausbreiten soll. Etwas westlich von diesem See sollten die Wohnsitze der *Mala-Gilageh,* der »Schwanzträger«, liegen, die »klein von Statur, von rötlicher Hautfarbe und mit langem Haarwuchs« bekleidet seien [272]. Die hinzugedichteten Schwänze muß man freilich als eine *licentia poetica* oder als ein Zugeständnis an die im ganzen Sudan verbreitete Fabel bei diesem Bericht mit in Kauf nehmen. Es kann sich dabei für die Erzähler nur um ein Volk gehandelt haben, das aus nächtlichen Begattungen zwischen Hexen und Waldkobolden, die sich im sagenhaften Dunkel der Hyläa verloren hätten, hervorgegangen sein soll, wäre ihm nicht in Alexandre Dumas' *L'Homme à queue* ein Denkmal gesetzt worden [357].

Je häufiger Schweinfurth diesen Geschichten zuhörte und je mehr er diese einer schweigsamen und verborgenen Kritik unterzog, zu welcher ihn seine Eigenschaft als Fremdling zwang, da man diesem so gern »Bären« aufbindet, desto häufiger stieß er auf die »Zwergenmythen«. Sein Erstaunen über solche Erfindungsgabe mehrte sich mit jedem Tage. So gestaltete sich seine erste Bekanntschaft mit den afrikanischen Pygmäensagen. Solange er sich in den *Seriben* des *Bongo*-Gebietes aufhielt und sooft er Berichte über die südlichen Äquatorialländer vernahm, begleitete ihn ständig der romantische Zauber der Pygmäenerzählungen. Die Azande berichteten ihm Wunderdinge von der Pracht des kannibalischen Hofhalts der wilden Könige, von Zwergen, die bei ihnen das Amt von Hofnarren bekleideten. Anfänglich war er davon überzeugt, daß es sich hier nur um pathologische Erscheinungen handeln könne, die von den Königen als Kuriositäten gehalten wurden. Daß es aber in der Tat eine ganze Reihe von Völkern gab, deren durchschnittliche Körpergröße sich weit unter dem mittleren Maß der damals bekannten Afrikaner hielt, sollte er dann selbst bald am Hofe des Mangbetu-Königs Munsa erleben können.

Schweinfurth weilte bereits mehrere Tage in Munsas Residenz, doch noch immer hatte er nicht die versprochenen Pygmäen zu Gesicht bekommen. Eines Vormittags gab es lauten Jubel im Lager! Sein Begleiter Mohammed hatte einige Pygmäen beim König überrascht und schleppte nun trotz seines Sträubens und wilden Gebarens ein seltsames Männlein vor Schweinfurths Zelt, das auf seiner rechten Schulter hockte, ängstlich Mohammeds Kopf umklammert hielt und scheue Blicke nach allen Seiten warf. Als es nun vor ihm saß, konnte Schweinfurth seine Augen an der handgreiflichen Verkörperung tausendjähriger Mythen weiden und den »Zwerg« zeichnen und ausfragen. Beides war leichter gesagt als getan. Ihn vorläufig zum Sitzen zu bringen war nur dem Erfolg zu verdanken, den die von ihm mit großer Eilfertigkeit hervorgekramten Geschenke erzwangen. In seiner Angst, es würde sich keine zweite Gelegenheit bieten, griff der Forscher zu jedem Mittel der Überredungskunst. Er beschenkte auch den Dolmetscher und bat ihn, dem Verängstigten Mut zuzusprechen und ihm Zutrauen einzuflößen. Der Pygmäe wurde gemessen, porträtiert, gefüttert, beschenkt und bis zur Erschöpfung ausgefragt.

Sein Name war Adimokuh. Er war das Haupt einer Familie, einer kleinen Pygmäenkolonie, die eine halbe Stunde von der Residenz entfernt lebte. Aus seinem Munde kam nun die Bestätigung, daß ihr Volksname *Akkah* sei. Trotz seines großen Hängebauches, trotz seiner kurzen, dürren Säbelbeine besaß Adimokuh, der bereits bejahrt zu sein schien, eine wahrhaft unglaubliche Sprungkraft und Gewandtheit. Mit solchen Männern wollten die Kraniche kämpfen? Seine Sprünge und Stellungen waren dabei von einer Lebhaftigkeit des Gesichtsausdrucks unterstützt, daß sich alle Anwesenden den Bauch vor Lachen halten mußten. Dazu riefen die Dolmetscher der Azande: »Wie Heuschrecken hüpfen die Akkah im Grase herum; die Elefanten sehen schlecht, und die Akkah sind flink, sie schießen ihnen ihre Pfeile in die Augen und jagen ihnen ihre Lanzen in den Bauch.«

Die Akkah bewohnten ausgedehnte Gebiete im Süden des Mangbetu-Reiches. Ein Teil von ihnen war dem König unterworfen, und dieser hatte, um die Pracht seines Hofes durch eine Sammlung aller ihm zugänglichen Merkwürdigkeiten der Natur zu erhöhen, auch einige Pygmäenfamilien in seiner Nähe angesiedelt. Bereits am folgenden Tage erhielt Schweinfurth Besuch von zwei anderen jungen Pygmäen, von denen er einen zeichnete. Später, als diese Akkah keine Furcht mehr hatten, besuchten sie ihn fast täglich.

Doch eines Tages war Schweinfurth wirklich überrascht! »Unvergeßlich ist mir eine Begegnung, bei der ich Gelegenheit finden sollte, mehrere Hunderte von Akkah-Kriegern zu sehen. Muhmmeri, der Bruder des Königs Munsa, der über den südlichen Teil des Landes herrschte und dem die Akkah zunächst zinsbar sind, war von einem siegreichen Feldzug gegen die schwarzen *Momfuh* an das Hoflager gekommen. Von einer großen Kriegerschar begleitet, brachte er einen Teil der Beute seinem königlichen Herrn, und ein ganzes Korps von Pygmäen befand sich in seinem Gefolge. Ich hatte an jenem Tage einen weiten Ausflug gemacht, auf dem mich meine Niamniam (Azande) begleiteten. Die Sonne war bereits ihrem Untergang nahe, als mich der Rückweg durch das große Residenzdorf führte. Ich wußte nichts von Muhmmeris Ankunft. Da sah ich mich auf dem weiten Freiplatz vor den königlichen Hallen plötzlich von einem Haufen übermütiger Knaben umringt, die ein Scheingefecht zu meinem Empfange improvisierten, ihre Pfeile auf mich richteten und in einer Weise mich umschwärmten, daß ich diese Zudringlichkeit meiner Person gegenüber zumindestens für unziemlich betrachten mußte: Das sind ja Tikitiki, riefen meine Niamniam (Azande) aus – so heißen die Akkah bei ihnen –, du glaubst wohl, es seien Kinder, das sind Männer, die zu fechten wissen! Ich nahm mir vor, am folgenden Morgen das Lager der Ankömmlinge zu besichtigen, aber ich hatte mich verrechnet: Muhmmeri hatte beim frühesten Morgengrauen mit den Pygmäen bereits den Ort verlassen. Einem phantastischen Traumgebilde gleich waren sie wieder zurückgesunken in die Nacht, die das innerste Afrika umfangen hält, so nah und doch so unerreichbar!«

Man darf heute annehmen, daß Schweinfurth gar nicht ins wirkliche Wohngebiet der Ituri-Pygmäen – den Regenwald – vorgedrungen war. Alle seine schönen Skizzen zeigen offene Landschaften der Baumsavanne. Vergleicht man seine Expeditionskarte, so kommt man zu dem Schluß, daß er ein Gebiet südöstlich der Koordinaten 4°N – 28°E durchstreifte, welches einige Kilometer südlich des Kibali etwa mit den heutigen Orten Dungu–Watsa–Gombari umrissen werden kann. Munsas Residenz muß dabei in der Gegend von Gombari gelegen haben, da dieser Punkt seinem südlichsten Vordringen entspricht, wo er zur Umkehr gezwungen wurde. Sein Aufbruch war unerwartet und plötzlich, noch bevor er Gelegenheit hatte, die Pygmäen näher zu studieren. »Ich bedaure namentlich, keines einzigen Weibes dieser Rasse ansichtig geworden zu sein, auch den Besuch ihrer Wohnungen von Tag zu Tag hinausgeschoben zu haben, bis es zu spät war.«

Diese Pygmäen standen zweifelsohne in engsten Diensten am Königshof von Munsa, wie wir es schon aus Dappers Berichten erfahren haben und wie es später auch von den *Watussi*-Königen bekannt wurde. Es ist heute fraglich, ob überhaupt Frauen und Kinder in der Gegend weilten. Seine Schilderung über die Begegnung mit der Kriegerschar Muhmmeris spricht viel eher für eine Anheuerung ausschließlich männlicher Pygmäen, nicht nur als Hofnarren und Tänzer, sondern auch als Söldner für die Kriegszüge der Mangbetu. Munsa muß einen zwingenden Grund gehabt haben, dem neugierigen Europäer die Weiterreise in den Süden zu verweigern.

Ganz leer ging Schweinfurth nicht aus, denn bei Munsa konnte er einen seiner Bongoköter gegen einen jungen Pygmäen namens *Nsewuë* eintauschen, den er als Beweis für die Wahrheit tausendjähriger Mythen mit nach Europa nehmen wollte. Bereits in Khartum erkrankte der Pygmäe an Dysenterie, die dann immer schlimmer wurde.»Vergeblich war alle aufgewandte Mühe und Sorgfalt bei seiner Pflege, wirkungslos blieben alle Heilmittel, die aufgetrieben werden konnten, es ging mit ihm unaufhaltsam bergab, und er starb in Berber nach dreiwöchentlichem Leiden an völliger Entkräftung. Noch nie war mir ein Tod so zu Herzen gegangen wie dieser. Zwei Jahre sind inzwischen verstrichen, aber immer noch erweckt der bloße Gedanke an die Trübsal jener Tage in mir das Gefühl einer frisch aufgerissenen Wunde« [426].

Besonderheiten der Natur aus aller Welt – auch Menschen – nach Europa zu bringen war seinerzeit durchaus üblich. Dabei war auch viel Betrügerei mit im Spiel. So befand sich eine Zeitlang am Wiener Hofe ein sogenannter Akka bei der Erzherzogin Valerie als Spielgenosse, der sich dann aber bald als ein pathologischer, rachitischer Kümmerzwerg erwies. Dasselbe galt auch für ein Individuum, das 1889 in Berlin mit sehr viel Unverfrorenheit in Gesellschaft einer Gruppe *Dinka* als Pygmäe gezeigt wurde. Es war ein stark rachitisch verkrüppelter, aber auch nur ganz gewöhnlicher ägyptischer Fellache. Im Jahre 1883 hat man erstmals echte Pygmäen nach Europa gebracht. Später wurden dann noch sechs weitere Ituri-Pygmäen auf einer außerordentlichen Sitzung der Ethnologischen Gesellschaft in Berlin vorgeführt, die man sonst im Panoptikum zur Schau stellte [306].

So verwerflich es ist, Menschen als Schaustücke gewaltsam herumzutransportieren, und derartige Praktiken natürlich zu verurteilen sind, so gibt es in unseren Tagen durchaus noch Tendenzen zu solchem Tun. Noch vor nicht allzu langer Zeit wurde, unter dem Deckmantel der Freiwilligkeit oder einer zwischenethnisch intimen Beziehung, eine Buschfrau nach New York und ein Yanomami nach Paris geschleppt [185, 250]. Es ist zwar im Prinzip gegen zwischen-ethnischen kulturellen Kontakt nichts einzuwenden, da hierbei durchaus positive Aspekte in Betracht kommen können, wie das im Verlaufe der kulturellen Evolution der Menschheit ja auch immer wieder geschehen ist. Ein Einzelindividuum aber seinem Lebensraum und seinem Sozialgefüge zu entreißen, um es über eine mehr als zehntausendjährige Kulturbarriere zu verfrachten, und sei es auch nur für kurze, begrenzte Zeit, ist wohl nicht der richtige Weg, die zwischenethnische Kulturdiskrepanz für die Beteiligten verständlich zu machen oder erklären zu wollen.

Der Österreicher Ernst Marno war der erste Europäer, der über ein Pygmäenmädchen aus der Ituri-Gegend berichtete. Jenes Mädchen, welches 13 bis 15 Jahre alt gewesen sein dürfte, wurde ihm in der Seribah Ghaba Schambi am Bahr-el-Gebel vorgeführt. »Nicht allein die Körpergröße, sondern auch die ganze Körperhaltung zeigt auf den ersten Blick, daß man es hier mit einem Volke zu tun hat, welches so wesentlich von den übrigen Völkern abweicht, daß ihm eine Sonderstellung mit vollem Rechte gebührt« [310]. Wenig später fand er auf einer Reise ins Land der Makraka, ebenfalls auf einer Seribah, ein zweites weibliches, vollkommen entwickeltes und ausgewachsenes Individuum von 136 cm Körperhöhe. Dieses Weib glich in seiner äußeren Erscheinung ganz dem früher gesehenen Mädchen [311].

Wenige Jahre später hörte auch Hermann Wissmann im Gebiet der *Baluba* die erstaunlichsten Geschichten über ein dort ansässiges Zwergenvolk. Diese kleinen Leute»... seien behaart, bellten wie Hunde, wohnten in Bäumen, führten kleine Bogen mit vergifteten Pfeilen, ihr Haustier sei der Elephant...« [503]. Nun, die »kleinen Bogen mit den vergifteten Pfeilen« waren schon richtig. Bald stieß dieser Forscher am Lubi und am Tanganyika selbst auf die kleinen Menschen, die *Batwa* – er selbst schrieb *Batùa* –, die von den Großwüchsigen auf das übelste verachtet wurden.

Nie gingen diese in die Wohnung eines *Mutwa*, der sich seinerseits dem Großwüchsigen nicht nähern durfte. »Die Batwa sind große Jäger und ein Teil von ihnen wohnt in kleinen Dörfern verteilt, ein anderer zieht herum, jagend, und folgt, wie ich glaube, dem Elephanten. Es kultivieren diese Batwa nichts, weder Kartoffeln noch Mais, Hirse oder Tomaten; sie leben nur von Wurzeln und Früchten... hauptsächlich von der Jagd. Da diese selbstverständlich oft nicht sehr ergiebig ist... so verzehren sie auch Heuschrecken, Ratten und ähnliches. Die Batwa haben ihre eigene Sprache und ich glaube, daß sie die älteste Bevölkerung sind, die überhaupt noch übrig ist in der Gegend zwischen dem Lubi und dem Tanganyika, und daß die anderen Völker sie erst unterdrückt und zum Teil verjagt haben« [503]. Zu dieser Annahme berechtigte vielfach die Überlieferung der Großwüchsigen.

Am Hofe des mit einem sagenhaften Nimbus umgebenen *Bakuba*-Häuptlings Lukengo hatten die Pygmäen die Aufgabe, für den täglichen Bedarf an Palmwein und auch Wildbret Sorge zu tragen, da sie im Rufe standen, vortreffliche Jäger zu sein. Bei den Bakuba erfuhr Wissmann auch, daß man mit diesen Batwa nur an bestimmten Tagen auf den mitten im Urwald gelegenen Marktplätzen zusammenzutreffen pflege, die als neutrales Gebiet betrachtet würden. Die Batwa kämen dorthin, um das frische oder getrocknete Fleisch der erlegten Jagdtiere gegen Mais, Erdnüsse usw. umzutauschen, da sie selbst keine Ackerbauern, sondern nur Jäger seien. Ein weiterer Verkehr finde mit ihnen nicht statt [504]. Der Begleiter dieses Forschers, der Stabsarzt Ludwig Wolf, wollte natürlich mehr wissen und drängte auf den Weitermarsch durch den ihm endlos erscheinenden Regenwald. »Plötzlich, auf einer größeren Lichtung, befand sich eine kleine, 15 bis 29 Hütten zählende Ansiedlung. Staunend und in scheuer Zurückhaltung betrachteten mich die Batwa, Männer und Frauen und Kinder, als ich mich auf meinem Reittier in ihrer Mitte befand. Nach meiner Schätzung hatte keiner von ihnen über 1,50 m Körperlänge. Sie machten durchaus den Eindruck normal und kräftig gebauter Menschen. Ihre eigene Sprache war sowohl von der Bakuba- als auch von der Baluba-Sprache verschieden« [505].

Etwa zur gleichen Zeit kam auch Curt von François mit Pygmäen in Berührung. »Die Männer waren 1,40 m groß, proportioniert gebaut, einige mit leichtem Kinnbart, trugen Felle und waren mit Speeren, kleinen gekrümmten, ganz eigenartigen Bogen und vergifteten Pfeilen bewaffnet. Ihre aus leichtem Holz des Woll- oder Kapokbaumes, *Ceiba pentandra*, aus der Familie der Bombacaceae, schön angefertigten Schilde waren um Kopfhöhe größer als die Krieger. Das erste Zusammentreffen mit diesen kleinen Menschen war feindlicher Art, am folgenden Tage aber entwickelte sich ein friedliches, sehr ausgedehntes Tauschgeschäft. In dem Gewimmel von Eingeborenen unterschieden sich ziemlich deutlich die zu gleichen Teilen vertretenen schwächlichen Imballa und die reinen Batwa. Letztere interessierten mich am meisten. Die Weiber höchstens 1,20 m groß, gut gewachsen, hatten aber wegen ihrer aufgestülpten Nasen häßliche Gesichter. Die Männer waren etwa um 20 cm größer als die Frauen und hatten etwas mehr Bartanlage, als dies sonst bei Negern der Fall ist« [134].

Der italienische Major Gaetano Casati erreichte bei seinen Streifzügen um das Jahr 1880 durch Ostafrika auch das Gebiet der Mangbetu, wo es »...am Hofe des Königs Jangara einige Männer von kleiner Figur gab, welche selbst bei den Eingeborenen Neugierde erregten«. Es waren Efe, »...kleine flinke Zwerge von rötlich-brauner, reich behaarter Haut, Bewohner des Waldes«. Einer dieser Männer, von 132 cm Körperhöhe, »...hatte regelmäßige und proportionierte Formen, hellbraune Hautfarbe und reichen Haarwuchs an den Armen und Beinen«. Dieser folgte ihm eine Zeitlang als Gehilfe, lief aber schließlich eines Tages wieder weg. Das Skelett einer Frau, welches er Emin Pascha schenkte, befindet sich noch heute im Britischen Museum [61]. In der Zeit von 1880 bis 1885 hatte auch Wilhelm Junker Kontakt mit den Ituri-Pygmäen und berichtet von zwei Akka-Knaben, die jahrelang mit ihm unter seinem Dienstpersonal herumreisten [243].

Keiner dieser Forscher hatte jedoch jemals die Wohnstätten der Pygmäen zu Gesicht bekommen, mit Ausnahme der Batwa-Siedlung, welche Wolf einmal betrat [505]. Stets waren es nur Einzelpersonen im Dienste und Gefolge der Großwüchsigen. Henry Morton Stanley war diesbezüglich weitaus erfolgreicher, als er im April 1888 den äquatorialen Regenwald am Ituri durchzog. Er stieß dabei wiederholt auf echte, im Wald angelegte Pygmäenlager, was er durch eine eindrucksvolle Zeichnung belegte [450]. Auch seine Beschreibungen geben ein anschauliches Bild vom Aussehen der Pygmäen: »...die Haut (der Männer) war von kupferiger Farbe und fühlte sich auf dem Körper beinahe pelzartig an ...«. Er beschrieb auch einige Jagdgeräte und die Lebensweise der Ituri-Pygmäen, die er als Wambutti bezeichnete, ein Ausdruck, der sich bis in die heutige Zeit als »Ba.Mbuti« erhalten hat.

Franz Stuhlmann, der mit Emin Pascha durch die Wälder am Ituri und Semliki zog, kam zwar nicht mit Pygmäen in ihren wirklichen Lebensarealen zusammen, doch konnte er in Dörfern der Hackbauern gelegentlich einige Individuen zu Gesicht bekommen. »Die Leute genau zu untersuchen und abzuzeichnen, war bei ihrer großen Furchtsamkeit und Zurückhaltung sehr schwierig. So scheu sind sie, und so unbehaglich fühlen sie sich, wenn sie beobachtet werden, daß die geringste Berührung mit Fremden sie vertreibt« [454]. Etwas später konnte er drei Efe-Pygmäen – zwei Mädchen und einen Mann – von Sklavenhändlern freikaufen, die ihn bis an die Küste begleiteten. Dort starb der Mann an Fieber, und sein Skelett wurde durch das Auswärtige Amt dem Geheimrat Prof. Dr. Rudolf Virchow in Berlin zur Verfügung gestellt. Die beiden Mädchen hatte man im Jahre 1893 im Auftrage der deutschen Kolonialgesellschaft zu wissenschaftlichen Untersuchungen nach Europa gebracht. Am 16. August 1893 wurden diese beiden Pygmäenmädchen, welche wohl zwischen 16 und 18 Jahre alt waren, wieder nach Ostafrika zurückgesandt. Sie sollen dort in einem Hospital des deutschen Frauenvereins als Gehilfinnen für die Krankenpflege in Bagamoyo freundlichst aufgenommen worden sein. Stuhlmann bringt aber auch einige interessante Angaben, die mir für die Gesamtbetrachtung der Pygmäen-Problematik durchaus wichtig erscheinen. »Alle Aussagen stimmen darin überein, daß die Zwergvölker früher weit größere Gebiete bewohnten. Dieses Zurückweichen der Pygmäen scheint hauptsächlich durch die Einwanderungen von fremden Völkerschaften bedingt gewesen zu sein [...] – Fragt man nach ihrer Herkunft, so heißt es: Die Wambutti sind schon immer dagewesen, und früher waren es sehr viele« [454]. Auch David kam mit den Wambutti in Kontakt, als er über fünf Monate lang durch den Ituri-Wald zog. Er benutzte sie als Führer, Küchenlieferanten und Leibwächter. Er begegnete ihnen auch in den Walddörfern der *Babira* und *Balese*, doch hatte er keine Pygmäen in ihren eigenen Ansiedlungen gesehen [86, 87].

Die letzte großangelegte Expedition durch Äquatorialafrika organisierte und führte Adolf Friedrich Herzog zu Mecklenburg. Sein umfangreiches Expeditionsmaterial brachte er zunächst mit der Uganda-Bahn von Mombasa nach Port Florence und von dort mit einem englischen Yachtfrachter bis nach Bukoba am Westufer des Victoria-Sees in das damals deutsche Ostafrika. Von hier trat er am 17. Juni 1907 mit einer 700 Mann umfassenden Karawane den Marsch ins Innere Äquatorialafrikas an. Seine erste Begegnung mit Kleinwüchsigen ereignete sich am Kivu-See mit den Batwa von Kwidschwi, die sich zunächst zurückhaltend verhielten, sich schließlich aber doch bereit erklärten, für den deutschen Forscher Meerkatzen zu jagen. Von diesen Kivu-Batwa sah er nur eine Gruppe von Männern. Nordöstlich des Kivu-Sees in den Bugoie-Waldgebieten stieß er auf weitere Batwa, deren auf einer Lichtung stehende, grasbedeckte Rundhütten er fotografieren konnte [4]. Später, viel weiter im Norden, in den Bergwäldern des Ruwenzori, traf er erneut auf zahlreiche Batwa.

Im Januar 1908 stieß die Expedition von Irumu westwärts in den Ituri-Wald vor. Alsbald kam Adolf Friedrich mit zahlreichen *Wambutti* in Kontakt, von denen einige Männer Leibgürtel aus schwarz-weiß gestreiftem Okapifell trugen. Nur einige Jahre vorher hatten die Afrikaforscher Stanley und Johnston bereits allerlei Berichte über ein pferdeartiges Tier, das die Pygmäen »o'api« nannten, gehört, wobei der Apostroph wie der Kehllaut des hebräischen *khof* ausgesprochen werden muß. Sie beschrieben das Tier als eine Art Zebra, bei dem das Oberteil des Rumpfes einfarbig dunkelbraun sei. Die Füße hätten aber nach den Berichten der Pygmäen mehr als einen Huf [147]. Trotzdem wurde das Tier zunächst nur anhand der Fellstreifen als *Equus johnstoni*, Sclater, 1901 – als zu den Pferdeartigen gehörig – beschrieben [431]. Erst als eine ganze Haut und zwei Schädel der Wissenschaft zur Verfügung standen, konnte das Rätsel gelöst werden und die neue Art endgültig als zu den Giraffidae gehörig erkannt werden. Diese Begebenheit sei hier nur kurz erwähnt, um zu zeigen, wie die Fellgürtel der Pygmäen zur Entdeckung des Okapi führten.

Die Bewaffnung dieser Wambutti bestand aus Pfeil und Bogen. Es ist daher anzunehmen, daß es sich bei ihnen um jene Pygmäen handelte, die wir heute als Efe kennen, da deren Verbreitungsgebiet im Nordosten des Ituri liegt, das man von Irumu aus zuerst erreicht. Nach Adolf Friedrich waren die Weiber von »abschreckender Häßlichkeit«. Doch beschrieb er bereits richtig – und belegte dies durch Fotos –, wie die Pygmäenmütter mit Hilfe eines Schulter-Tragegurtes aus Bast oder aus Lianenschnur ihre

Kleinkinder auf der linken Hüfte trugen. Er war damit der erste Europäer, der Pygmäenfrauen mit Kleinkindern zu Gesicht bekam und ihre alltägliche Lebensweise näher kennenlernte. Er besuchte auch deren Lagerstätten im Walde und konnte die typischen, mit *Phrynium*-Blättern bedeckten Rundhütten und das Lagerleben fotografisch festhalten [4]. Die streng wissenschaftlich-anthropologischen Untersuchungen wurden von dem Expeditionsteilnehmer Jan Czekanowski vorgenommen und nach der Rückkehr in mehreren Abhandlungen veröffentlicht [83].

Nachdem nun durch zahlreiche Berichte über die Kleinwüchsigen Ostafrikas keine Zweifel mehr bestanden, wurden auch bald die frühen Berichte des Franzosen Paul du Chaillu über die Existenz der westafrikanischen Pygmäen bestätigt. So berichtete bereits Oskar Lenz aus dem Okande-Land am Ogowe – im heutigen Gabun – von den Abongo, in denen er die von du Chaillu geschilderten Obongo wiedererkannte. Er betrachtete diese »pygmäenartigen« Gruppen als Teile eines Volkes, welches vielleicht die »ursprünglichsten« Bewohner, die wahren Autochthonen des äquatorialen Afrika bildete [285]. Wenig später begegnete Crampel im Nordosten des Gabun den »*petits Hommes de la grande forêt*«, den kleinen Menschen aus dem Regenwald, von denen wir heute wissen, daß es sich um die im Kontakt mit den Fang lebenden Baka-Pygmäen gehandelt hat [79]. Von 1891 an durchstreifte auch Bruel das Gebiet der Sangha nördlich von Ouesso, in der heutigen Zentralafrikanischen Republik. Er berichtete ausführlich über die dort von den Großwüchsigen als *Babinga* bezeichneten Pygmäen, die zu den von mir selbst studierten *Bayaka* in den Wäldern südlich der Lobaye gehören. Herausgreifen möchte ich aus diesem Bericht hier nur die Beschreibung des Fallspeeres für die Elefantenjagd, welche sich verblüffend mit den Darstellungen ebensolcher Geräte aus dem Ituri-Wald deckt [56]. Vielleicht sind dies doch Hinweise auf ursprüngliche geographische und kulturelle Gemeinsamkeiten der Pygmäen des gesamten äquatorialen Afrikas. Weitere, besonders wertvolle Berichte aus Westäquatorialafrika lieferten vor allem Ouzilleau [352], Regnault [380] und Poutrin, wobei letzterer deutlich darauf hinwies, die Pygmäen seien von den Großwüchsigen »...*nettement différenciées, dont l'origine est extrêmement ancienne*«, eindeutig differenziert, deren Ursprung außerordentlich alt ist [369].

Der deutsche Missionar Johann Seiwert gründete im Jahre 1909 in Südkamerun im Gebiet der *Bagumba*, südlich des heutigen Ebolowa, eine Missionsstation. Bei seinen Wanderungen durch die ausgedehnten Regenwaldgebiete stieß er bald auf kleine Menschen, die von den großwüchsigen Hackbauern *Bagielli* genannt wurden, sich aber selbst als *Bakola* bezeichneten. Er hielt sich 6 Jahre lang in seinem Missionsbezirk auf, wo er häufig Gelegenheit hatte, mit diesem »unsteten Jägervolk« zusammenzutreffen und interessante Beobachtungen anzustellen. Im Jahre 1915 wurde er von den anrückenden Franzosen gefangengenommen.

Die Männer waren zwischen 1,40 und 1,48 m groß, die Frauen sogar nur zwischen 1,25 bis 1,40 m. Die Körperfarbe dieser Menschen war meist heller als jene der umwohnenden Großwüchsigen, manchmal eher gelb als braun, besonders bei den Frauen. Auch auf die »vom Nacken bis tief in den Rücken hinunterreichende flaumartige Behaarung (Lanugo) von hellrötlicher Färbung« machte er aufmerksam. Nicht zuletzt sei betont, daß er völlig unabhängig von anderen Autoren auf den »moschusartigen« Körpergeruch dieser Pygmäen hingewiesen hatte. Seiwert beschrieb auch den auffallenden, relativ breiten Mund mit »feinen, im Gegensatz zu den Negern, nicht wulstigen Lippen«, sowie die deutliche Brachykephalie. »Durch die starke Prognathie bekommt die Mundpartie bei manchen [Pygmäen] ein gewissermaßen schnauzenartiges Aussehen, was nicht wenig dazu beiträgt, das Gesicht, zumal bei älteren Männern, recht häßlich, ja manchmal fast affenartig erscheinen zu lassen, besonders wenn es noch von einem kurzen und spärlichen, wirren und verfransten Bart eingerahmt ist.« Besonders bei den Frauen beobachtete er eine »ungemein starke Entwicklung der Gesäßpartie (Steatopygie), die zuweilen förmlich steißartig nach hinten vorsteht«. Seine Beschreibungen beschränken sich aber nicht nur auf das Aussehen dieser Pygmäen. Er machte auch Beobachtungen zu Ergologie, Wirtschaft und Jagd und bezeichnete die zwischen-ethnischen Beziehungen zu den Hackbauern als »ein ganz eigenartiges Nützlichkeits- und Abhängigkeitsverhältnis, welches sich durch ein jahrhundertelanges Mit- und Nebeneinander« herausgebildet hat [435]. Damit hatte er die Problematik der *Symbiose* bereits erkannt.

Die sehr wertvollen Beobachtungen dieses Missionars geben

uns aber auch Auskunft zur Soziologie der Pygmäen, hat er doch als erster den Mechanismus der *Exogamie* richtig beschrieben. Doch möchte ich an anderen Stellen auf diese oder jene seiner Beobachtungen jeweils näher eingehen. Wohl eine der interessantesten Entdeckungen machte der Kolonialbeamte Franz Thorbecke, der, über 200 km weiter nördlich der Regenwaldgrenze, in den Njanti-Bergen nördlich von Bafia in einem isolierten Waldgebiet eine Gruppe von »Bedjang-Zwergen« mit allen »charakteristischen Merkmalen« der Pygmäen auffinden konnte [460, 461]. Diese Angaben wurden später noch einmal bestätigt [290]. Es handelt sich hier um das am weitesten nach Norden ausgedehnte Vorkommen von Pygmäen und ist von besonderem geographisch-geschichtlichem Interesse, wenn sie heute auch stark akkulturiert und längst unter den *Tikar* seßhaft geworden sind. In diesem Zusammenhang soll nicht unerwähnt bleiben, daß zu Anfang des Jahrhunderts auf gleicher nördlicher Breite, aber rund 3000 km weiter westlich – im heutigen Sierra Leone – bei den *Mende* in Diensten der *big chiefs* einzelne männliche wie weibliche Pygmäen mit *fetish signification* (cf. Kapitel 2) angetroffen wurden [8]. Doch geht aus diesen Mitteilungen nicht hervor, ob im dortigen Gebiet auch Pygmäen als autochthone und autonome Wohngemeinschaften lebten. Die am weitesten im Süden lebenden Kleinwüchsigen fand der Graf Eric von Rosen im Jahre 1911 östlich von Lubumbashi in den Sumpfgebieten von Bangweulu und westlich von Kabwa im Lukanga Swamp im heutigen Sambia, die er als Batwa bezeichnete und für ein Urvolk hielt [385].

Nach den nunmehr erfolgten *rationalen* Wiederentdeckungen ist viel neues Licht auf die alten Angaben über die afrikanischen »Zwerge« gefallen. So wissen wir heute, daß wenigstens ein Teil davon nicht rein mythologischer Art war. Zu Anfang des Jahrhunderts setzte dann eine neue Epoche ein. Der entscheidende Aufruf kam von dem weitblickenden Wilhelm Schmidt. »Wenn es richtig ist, daß die Pygmäen-Völker die ältesten nur erreichbaren Zeugnisse der körperlichen und geistigen Entwicklung des Menschengeschlechts darbieten, daß sie dem Ursprung desselben am nächsten stehen, so ist es klar, daß Anthropologie wie Ethnologie ihnen eine viel umfassendere und intensivere Aufmerksamkeit zuwenden müssen, als sie es bisher getan haben. Aber selbst, wenn mein Beweis für die höchste Primitivität dieser Völker nicht geglückt wäre, so wäre jedenfalls doch das deutlich zu ersehen, daß sie mit den ältesten Vertretern der menschlichen Entwicklung nahe zusammenstehen, und auch dann müßte die Forschung sich mit ihnen angelegentlicher beschäftigen« [414]. Diesem Aufruf schloß sich auch Eugen Fischer an [126]. Diese Denkanstöße hatten nicht unbeträchtlich zur Erforschung der kleinwüchsigen negriden Wildbeutervölker beigetragen.

Der deutsche Medizinalreferent Kuhn erbrachte die ersten brauchbaren anthropologischen und anthropometrischen Ergebnisse, wenn sie auch vorerst isoliert und durch die damals beginnenden politischen Wirren ohne direkte Folgen blieben. Er bereiste im Jahre 1913 den Sangha zwischen Nola, Bomassa und Ouesso, wo er etliche Pygmäenlager aufsuchen konnte. Kuhns Arbeitsweise war dabei nicht gerade zimperlich. Sie entsprach aber durchaus dem Verhalten der Europäer jener Zeit. Ein Auszug sei deshalb nachstehend kurz wiedergegeben.

»Unser Weg führte in die Nähe eines Pygmäen-Lagers, das sich genau wie die Buschmannwerfte durch ein lebhaftes, lautes Durcheinanderschwatzen der Bewohner und durch leichten Brandgeruch kundtat. Ich ging so vor, daß zunächst der Dolmetsch mit den Ortsansässigen auf dem ausgetretenen Pfade in das Dorf eindrang, wobei er die Pygmäen aufforderte, zu bleiben und keine Furcht zu haben. Seine Leute verteilten sich sofort um die Hütten herum. Ich folgte ihnen auf dem Fuße und stellte die Schwarzen aus meiner Begleitung ebenfalls rings um die Hütten auf. So gelang es, das Entweichen der Zwerge zu verhindern. Diese Art des Vorgehens hat sich mir in Südwestafrika am besten bewährt, um Buschmänner in ihrer Werft zu überraschen. Bei einem Vorgehen durch die Büsche ohne Pfad oder beim konzentrischen Vorgehen, oder gar wenn der Weiße sofort mit auftaucht, wird der Erfolg durch fabelhaft schnelles Entweichen der Lagerinsassen in die Büsche vereitelt. – Es fiel mir jedesmal im Lager sofort noch etwas auf, was mich lebhaft an die Buschmannwerfte in Südwestafrika erinnerte: Der eigenartige Geruch. Ich muß es dahingestellt sein lassen, ob es von den Menschen selbst oder von Riechstoffen ausging [...].

Da ich keine Meßinstrumente bei mir trug, beschloß ich, so viele Pygmäen wie möglich nach Bomassa mitzunehmen, um sie dort zu vermessen. Das war keine leichte Arbeit; trotz aller Aufsicht verschwand immer wieder ein Mann oder eine Frau in den Busch. Sie gingen gewöhnlich in eine Hütte, als wollten sie noch etwas holen, brachen aber nach hinten durch. Schließlich brachte ich 11 Männer und 11 Frauen nebst Kindern unter sorgfältiger Bewachung, immer 2 oder 3 Pygmäen vor einem schwarzen Aufpasser, nach Bomassa. Noch kurz vor der Faktorei versuchten sie zu entwischen, indem sie harmlos den Häusern des Ortes zueilten, deren hinteren Ausgang sie zur Flucht benutzen wollten.« [265].

Die maßgebende Epoche des wirklichen methodischen Studiums der Pygmäenvölker setzte aber erst ein, nachdem sich, durch die Erschütterung der Alten Welt, die politischen Verhältnisse wieder beruhigt und normalisiert hatten. Wieder war es Wilhelm Schmidt, der sich als Initiator und in folgerichtiger Handlung seines Aufrufes aus dem Jahre 1910 um Mittel und Hilfe bemühte, die seinerzeit geplante und stimulierte Erforschung der kleinwüchsigen Sammler und Jäger ernsthaft in Angriff zu nehmen. Aus seinen persönlichen Anstrengungen heraus entstand daraufhin die sogenannte »Wiener Schule«.

Als erster brach der deutsche Missionar Peter Schumacher zu Anfang dieses Jahrhunderts nach Ruanda auf und begann seine umfangreichen Untersuchungen bei den Batwa. Sie nahmen insgesamt über 15 Jahre in Anspruch und fanden in zahlreichen Veröffentlichungen ihren Niederschlag, insbesondere in zwei umfassenden Werken [423, 424]. Vom sagenhaften Kivu-See aus unternahm Schumacher seine Forschungsreisen in die angrenzenden Bergwälder, und sein besonderes Interesse galt dabei »dem Pithecanthropus, der hier hordenweise als zwerghafter ›Däumling‹ [Pygmäe] die Urwälder behaust«. Von den Großwüchsigen erfuhr er viel Sagenhaftes über deren äußere Erscheinung: »Es sind kleine Männlein, gleich 8- bis 10jährigen Burschen, mit Körperhaar dicht überwuchert. Wie Katzentiere huschen sie gleich unfaßbaren Schemen durch den dichten Urwald, überfallen die armen Reisenden und rauben ihnen Hab und Gut. Käme man auf den aberweisen Einfall, sich mannhaft zu widersetzen, so brächten ihre unausweichlichen, spitzigen Bambuspfeile sofort den tödlichen Ausgang.« Er konnte auch schon in Erfahrung bringen, daß diese sonderbaren Wesen keine Engel sind, denn: »Alle Batwa ergehen sich gern in übler Nachrede, sie machen auch andere Batwa schlecht und selbst ihre eigenen Angehörigen. Derartige Afterreden gewinnen bei den Batwa einen eigenen Beigeschmack: sie legen mit ihrem Schnickschnack gegen jeden los, der ihren Bettel abschüttelte. Weit und breit brandmarken sie ihn als einen Filzhund. Da sie überall im Lande umherspinnen, wird ihre Zungenrache sehr gefürchtet. Menschenfurcht wandelt sie nicht an: mit derselben Unbefangenheit fallen sie her über den gewöhnlichen, aber reichen Mann, einen Häuptling, den Sultan. Die Kunst der ungebundenen Rede wird denn eifrig bei ihnen gepflegt.« Als ich fast 70 Jahre später selbst über diese den noch immer sagenhaften Kivu-See umliegenden Anhöhen wanderte und auf 2000 m Meereshöhe isolierte Batwa-Weiler besuchte [214, 217], mußte ich unweigerlich an Schumachers lebendige Erzählungen denken, doch wie hatte sich die Umwelt inzwischen verändert!

Einige Jahre nach Schumacher brach auch Pater Paul Schebesta auf, der ab 1929 zunächst ebenfalls die Batwa besuchte, sich dann aber über viele Jahre hindurch ausschließlich und intensiv den Ituri-Pygmäen widmete, die er generell als *Bambuti* – vom alten »Wambutti« abgeleitet – bezeichnete. Hierzu sei bemerkt, daß nicht nur der damalige Medizinalrat Kuhn, zwecks seiner anthropometrischen Erhebungen, wenig zimperlich mit den Pygmäen umging. Auch Pater Schebesta nahm Zwangsumsiedlungen vor, indem er mehrere Wohngemeinschaften zusammenzog und so oft weit über 100 Pygmäen auf engstem Raum um sich herum ansiedelte [399]. Es unterliegt wohl keinem Zweifel, daß ein solches Vorgehen keinen rechten Einblick in die wirkliche Lebensweise dieser Leute erlaubte. Doch mußte der Forscher-Missionar selbst zugeben, daß er trotz reichlicher Bananenzufuhr und vieler Salzgaben eine solche Siedlungsweise nicht lange aufrechterhalten konnte und die verschiedenen Familiengruppen schon bald unter diesem oder jenem Vorwand verschwanden. Auch war Schebesta ein recht streitbarer Forscher, was sich in zahlreichen seiner polemikgeladenen Veröffentlichungen niederschlug. Die Ergebnisse und Erkenntnisse seiner langjährigen Forschungsarbeiten bei den Ituri-Pygmäen legte er global in vier stattlichen Bänden vor [397, 399, 400, 401].

Durch die wohlwollende Unterstützung des Gründers der »Wiener Schule«, Wilhelm Schmidt, erschien Ende 1932 in Paris und Münster das Werk des Paters Henri Trilles, das sich *ex professo* mit den bis dahin wenig bekannten und kaum erforschten

Pygmäen des Gabun befaßte [465]. Doch schon bald nach seinem Erscheinen stieß dieses Buch mit seinen zahlreichen fabelhaften und unglaublichen Schilderungen auf starken Widerspruch, sowohl innerhalb der Missionskongregation des Heiligen Geistes, welcher Trilles angehörte, als auch bei anderen Pygmäenforschern. Sein Vorgesetzter, Monsignore Le Roy, bezeichnete Trilles als *mythomane*, als Phantasten, der nur wenig mit Pygmäen in Berührung gekommen sei und gar von einer *tare pathologique*, einer krankhaften Geistesschwäche, behaftet gewesen sei. Trotz aller Widersprüche konnte sich Wilhelm Schmidt, der Trilles ja seinerzeit ganz besonders gefördert hatte, bis zu seinem Tode im Jahre 1954 nicht dazu entschließen, die Zuverlässigkeit der Berichte Trilles' in Zweifel zu ziehen [361].

Aber nicht nur die eigentlichen Pygmäen interessierten, denn in den Zeiträumen zwischen 1926 und 1929 reiste Victor Lebzelter zu den südwestafrikanischen Buschleuten [278]. Dieser neue Elan blieb nicht auf Afrika beschränkt, sondern auch andere negride Kleinwüchsige begannen Interesse auszulösen. So begab sich der Missionar Martin Vanoverbergh zu den philippinischen *Aëta* [479], und Egon von Eickstedt begann seine Untersuchungen bei den Andamanern [122, 123, 124]. Nicht zu vergessen sei dabei Hans Plischke mit seinen »Pygmäen des Stillen Ozeans« [363].

Ein weiteres Produkt der »Wiener Schule« war der Pater Martin Gusinde, der seine Forscherlaufbahn bei den afrikanischen Wildbeutern im Jahre 1934 begann. Er wandte sich zunächst den Batwa Ruandas zu [159], widmete sich sodann aber mit großer Emsigkeit ebenfalls den Ituri-Pygmäen [157, 158]. Unter zahlreichen anderen Forschern, von denen ich nur Beyer [39], Cipriani [70, 71] und Wastl [487] herausgreifen möchte, waren es vor allem wiederum Schebesta [393], der sehr eingehend die *Semang* Malakkas untersuchte, und Gusinde [162], der ebenfalls außerhalb Afrikas seine Arbeiten bei den *Ayom* Neuguineas aufnahm und sich später mit der Problematik der Kleinwuchsvölker generell auseinandersetzte [164]. Damit verschaffte sich die »Wiener Schule« eine Forschungsdomäne, die die gesamten negriden Kleinwüchsigen umspannte.

Zum Kreis der Pygmäenforscher stieß dann später noch der amerikanische Sozialanthropologe Colin M. Turnbull, der in den fünfziger Jahren die damals allerdings schon stark akkulturierten

Efe-Pygmäen im Epulu-Distrikt aufsuchte [467, 468]. Hierzu sei denn auch auf die Stellungnahme von Schebesta selbst verwiesen [405]. Von den lange Zeit nur wenig beachteten Restgruppen der – den Buschleuten offensichtlich verwandten – *Hadza* am Lake Eyasi in Tansania brachten Kohl-Larsen und Woodburn interessante Erhebungen [259, 507, 508]. Merkwürdigerweise blieben bei diesem Forschungsansturm auf die kleinwüchsigen Sammler und Jäger die Pygmäen des westlichen äquatorialen Afrikas scheinbar völlig unberücksichtigt. Teilweise zu erklären ist dies jedoch dadurch, daß die von Vallois in den Jahren 1947/48 durchgeführten Forschungsarbeiten bei den *Baka* Kameruns erst 1976 veröffentlicht wurden [477].

4

DIE WOHNGEMEINSCHAFT

An einem wunderschönen sonnigen Dezembertag fuhr ich mit einem in Bangui gecharterten VW-Bus – mit einer lustigen Farbkombination von Bordeauxrot und Schmutziggrün – in Richtung Süden. Die Innenausstattung bestand lediglich aus zwei Sitzen in der Fahrerkabine, ansonsten war es ein leerer, großräumiger Metallkasten ohne Seitenfenster und ohne jegliche Verkleidung. Der Motor machte einen fürchterlichen Lärm. Ein solches Fahrzeug hatte für mich aber den Vorteil, daß ich mein umfangreiches Gepäck leicht darin verstauen konnte. Ich hatte für einen Monat Verpflegung bei mir, 12 Kanister Benzin, eine komplette, schwere Film- und Foto-Ausrüstung, 4000 Meter 16-mm-Film und auch sonst noch eine Menge Dinge, die man auf einer Regenwald-Expedition halt so braucht, nicht zu vergessen eine Unmenge verschiedenster Medikamente. Es war trotz alledem noch genügend Platz im Kleinbus für eine »häusliche« Einrichtung und auch zum Übernachten.

Als nach einer Stunde Fahrt der Wald immer lichter wurde und ich eine kurze Strecke durch eine Grassavanne kam, hatte ich das Gefühl, die Landschaft würde sich nebelhaft verhüllen. Doch bald bemerkte ich, wie sich feinster Staub auf der Windschutzscheibe absetzte. Irgendwo im Norden, im Sahel, mußte der Khamsin toben. Ein gefürchteter Sandsturm, der gewaltige Staubmassen in Bewegung setzte, von denen die südlichsten Ausläufer, hier am Rande des Regenwaldes, bei völliger Windstille in der Luft hingen und die Sonne verdunkelten, bevor sie langsam zu Boden sanken. Die nur wenige hundert Meter von der Straße entfernten Rônierpalmen-Bestände mit ihren runden Kronen und gestielten Blattwedeln – an eine offene Hand mit gespreizten Fingern erinnernd – wirkten als graue Silhouetten wahrlich geisterhaft im trüben Licht. Schon einige Kilometer weiter südlich war die Sicht wieder klar und rein. Die satte, feuchte Luft und das dunkle Grün des Regenwaldes hatten mich erneut gefangen. Als ich durch das kleine Dorf Babombé kam, mußte ich an den Besuch bei Moussabas Mutter vor ein paar Monaten denken. Ich fuhr besonders langsam und fand auch das rechts der Straße auf einem kleinen Platz stehende Holzhaus wieder. Doch allein wollte ich nicht anhalten.

Kurz vor Mbaiki, bei der kleinen Ortschaft Ndéa, bog ich nach links ab und folgte der breiten Lateritpiste in südöstlicher Richtung. Die Landschaft war für kurze Zeit offen, eine Art Baumsavanne, die Piste von über 4 m hohem Elefantengras gesäumt. Plötzlich erkannte ich, halb vom *Pennisetum* verdeckt, ein weißes Schild mit der Aufschrift SCAD, darunter einen nach rechts weisenden Pfeil. Also bog ich ab und fuhr auf einer schmalen, aber guten Piste durch stark gelichteten Sekundärwald nach Süden. Hier und da standen einsam auf einem freien Platz unweit der Piste ein bis drei kleine rechteckige, strohgedeckte Hütten, sonst aber schien dort kaum jemand zu wohnen. Nach etwa 30 Kilometern kam ich nach Petit Loko, einer größeren Ansiedlung. Viele aus Sperrholzplatten errichtete, geräumige Hütten standen wohlgeordnet zu beiden Seiten der Piste, von der auf der Südseite mehrere kleine Seitenwege abbogen und ins Dorfinnere führten. Vor fast jeder Hütte saßen die Frauen und überwachten auf der Feuerstelle einen großen, dampfenden, vom Ruß geschwärzten gußeisernen Kessel, in dem das Mahl für den Abend zubereitet wurde. In einer Rechtskurve verbreiterte sich die Piste zu einem kleinen Platz, gesäumt von zahlreichen, ebenfalls aus Sperrholzplatten gezimmerten kleinen Budenläden, die in voller Breite nach vorn zum Platz hin geöffnet waren. Sie demonstrierten eindeutig die Präsenz eines Sägewerkes. Die hinter dem Ladentisch stehenden Männer waren Haussa, gewiefte Händler aus Kamerun und Nigeria, die mir schon aus Makokou bekannt waren und die man in Afrika überall und immer wieder trifft. Bei ihnen kann man alles kaufen: kunstvoll bestickte Kleider, Hemden, Blusen, bunt bedruckte Stoffe, Nähgarn in allen Farben, große und kleine Knöpfe, Sicherheitsnadeln in allen Größen, Nägel aller Längen, Konserven vom Corned beef bis zu Ölsardinen, Bonbons in den unmöglichsten Farben, Dosenmilch, Zucker, Salz, Bohnen, Reis, Zwiebeln, Knoblauch, getrockneten Pilipili, geräucherten Fisch, Blättertabak aus Malawi, Zigaretten – *disque bleu* –, Streichhölzer aus Kamerun, Kernseife aus Marseille, Öllampen aus der Tschechei. Sicher habe ich noch eine Menge vergessen! Natürlich gab's auch eine Bar mit Bierausschank, Marke 33-Export aus Douala, bei Lufttemperatur mindestens 30°C warm!

Bald kam ich zu dem mir schon bekannten Sägewerk der SCAD, wo mich Edouard Talice bereits erwartete. Es war später Nachmittag. Wir setzten uns auf die luftige Terrasse seines Wohnhauses. Bei einem erfrischenden Drink diskutierten und berieten wir meine Pläne. Ich war mehr als überrascht, als Talice mir in seinem geräumigen Haus ein Zimmer anbot. Wer sagt da schon nein? Dieses schmucke Holzhaus lag versteckt in einem Garten mit üppiger Vegetation und wurde mit der Zeit zu meinem unerläßlichen Forschungs-Hauptquartier. Schon nicht zuletzt deshalb, weil ich die hochempfindlichen Nickel-Kadmium-Batterien für die Filmkamera ständig aufladen mußte, da sie im Waschküchenklima des Regenwaldes den Strom nicht hielten und beileibe nicht hergaben, was die Herstellerfirma versprochen hatte.

Am nächsten Morgen, um 5 Uhr in der Früh, zog ich mit Talice los. Wir fuhren wieder über die berühmte, bereits beschriebene Holzbrücke bis zur Kreuzung mit dem riesigen, einsamen Sipo-Baum. Von hier ging es immer weiter nach Süden bis zu jener Stelle, wo wir im März das kleine Lager mit den 5 Hütten im Walde entdeckt hatten. Wir benützten wieder den gleichen Trampelpfad, jedoch war es diesmal viel schwieriger, vorwärtszukommen. Häufig versperrte uns hochgewachsenes Unterholz und verfilztes Lianengewirr den Weg. Des öfteren mußten wir zur Machete greifen. Es schien ganz so, als sei dieser Pfad in letzter Zeit nicht mehr begangen worden. Diese Vermutung sollte sich bald bestätigen. Als wir bei dem das letzte Mal besuchten Lager ankamen, bot sich uns zunächst ein trostloser Anblick. Die Hütten waren kaum wiederzuerkennen. Die aus Lianen gebauten Gerüste waren teilweise zerstört, und ein Teil des Geästes lag verstreut am Boden umher. Einige noch in der Erde steckende Stangen hatten inzwischen Wurzeln geschlagen und bildeten neue kleine Bäumchen. Auch ringsum sprossen überall Pflanzenbüschel aus dem Boden (Farb-Abb. 6). In ein paar Monaten würde hier alles zugewachsen sein.

Wir gingen zurück zu unserem Auto und fuhren noch einige Kilometer weiter nach Süden. Die Schlammpiste vom Frühjahr war von den SCAD-Leuten inzwischen etwas besser ausgebaut worden, so daß wir zwar langsam, aber doch recht gut vorwärts kamen. Nach einer guten halben Stunde Fahrt – wir mußten nach meiner Berechnung, falls die Karte stimmte, längst im Kongo sein – stand plötzlich ein Pygmäe mit geschulterter Axt und einem langen Speer in der Hand am Pistenrand. Sofort hielten wir an, der Pygmäe jedoch verschwand augenblicklich im Wald. Talice sprang aus dem Auto, rannte ihm nach und rief auf französisch, daß er Tabak und Zigaretten dabei habe. Das war jedoch ein erfolgloses Unterfangen, denn der Bursche hatte sich irgendwo versteckt und rührte sich nicht. Uns blieb nichts anderes übrig, als weiterzufahren. Nach etwa einem Kilometer bogen wir links ab, fuhren eine kurze Strecke nach Osten und dann nach Nordosten in Richtung Lobaye, die wir nach einer guten Stunde bei Ibengé erreichten. Von hier aus waren es dann nur mehr 3 km in nordwestlicher Richtung, bis wir wieder an die Kreuzung mit dem einsamen, großen Sipo gelangten. Dieser majestätische Baum sollte im Laufe der Zeit für mich eine wertvolle Orientierungshilfe werden, zumal die Pisten und sonstige befahrbare Waldwege auf meiner Karte 1:50 000 gar nicht verzeichnet waren. Als Privateigentum der SCAD sind sie erst in der letzten Zeit für die Bedürfnisse der Holzwirtschaft angelegt worden. Der Pygmäe aber, dem wir begegneten, machte mich zuversichtlich. Ich erklärte Talice, daß wir wohl ohne Hilfe eines Ortskundigen nicht viel würden ausrichten können. Auf der Rückfahrt hielten wir deshalb unweit nördlich der Lobaye-Brücke in einer kleinen Ansiedlung von nur 3 Hütten und erkundigten uns nach Hilfe. Die anwesenden Frauen und Kinder sagten, daß die Männer vom Kontrollieren der Fallen noch nicht zurück seien, wir sollten doch am Nachmittag wieder vorbeikommen. So fuhren wir zunächst einmal zurück und ließen uns das Mittagessen gut schmecken.

Am späten Nachmittag fuhr ich schnell noch einmal hinaus zur kleinen Ansiedlung nahe der Brücke und verhandelte mit den inzwischen zurückgekehrten Männern. Mit einem von ihnen, einem hellhäutigen, relativ hochgewachsenen, vertrauenerweckenden Burschen, einem *Mò.Ngando* namens Gumbe, kam ich überein, daß er ab sofort und für die gesamte Dauer meiner Forschungsarbeiten mein Helfer würde. Er signierte sein Einverständnis mit einem kräftigen Handschlag und einem überzeugenden »*oui mon Docteur!*«, gefolgt von einem breiten, strahlenden Lächeln. Im Verlaufe unserer langen, alltäglichen Zusammenarbeit sollte sich zeigen, daß ich mich bei der Wahl dieses

Mannes nicht getäuscht hatte. Er wurde und war mir stets eine wertvolle und zuverlässige Hilfe. Nicht zuletzt deshalb, weil er neben seiner Muttersprache Ngando auch noch Isongo, Französisch sowie Di.Aka, die Sprache der Pygmäen, beherrschte. Er war ein Einzelgänger. Seine Hütte stand etwas abseits der anderen Behausungen, direkt am Ufer der Lobaye. Außerdem hatte er keine wirtschaftlichen Interessenbeziehungen zu den Pygmäen. Somit war es mir möglich, jemanden mit größtmöglicher Integrität im Verhalten den Pygmäen gegenüber zu gewinnen. Gleich am nächsten Morgen in aller Frühe zogen wir los. Eine halbe Stunde südlich des Sipo – wir fuhren etwa 40 km/h – zeigte mir mein Helfer Gumbe links der Piste einen kleinen, von Gräsern und Kräutern überwachsenen, kaum wahrnehmbaren Waldweg. Hier müßten wir hinein, sagte er. Ich zögerte ein wenig, Gumbe überzeugte mich jedoch, daß der nun leere und deshalb relativ hochbeinige VW-Bus diesen Weg durchaus schaffen würde. Im Schrittempo tuckerten wir also los. Zu beiden Seiten des Weges streifte der Bus die Büsche und Sträucher. Weit ausladende, überhängende Blattstände vom Gorillakraut *Aframomum*, aus der Familie der Zingiberaceae, schienen uns als grüne Wand den Weg zu versperren, ließen sich aber leicht beiseite schieben. Der Weg wurde immer enger, die Vegetation immer dichter (Abb. 4.1). Zu beiden Seiten, über und unter uns, knirschten und kratzten die Äste und Zweige an der Karosserie, während Gumbe breit lächelnd bestätigte: »*Ça passe très bien, Patron!* (Es geht ja sehr gut hindurch, Chef!)« Doch plötzlich versperrten uns gleich zwei größere Wasserlöcher den Weg. Da tönte Gumbe: »*Patron! Il faut passer en force!* (Chef, da muß man mit Gewalt hindurch!)« Ich überprüfte kurz die Situation und mußte bei näherer Betrachtung feststellen, daß die schlammigen Pfützen zu tief und für den VW-Bus nicht passierbar waren. Außerdem erhob sich in der Mitte der Fahrspur ein größerer langgestreckter Erdhügel, der zum Aufsetzen des VW-Unterbodens gerade die richtige Höhe hatte. Diese Piste zeigte eindeutig Spuren von den bei der Holzabfuhr benützten Raupenfahrzeugen. So mitten im Regenwald festsitzen wollte ich auf keinen Fall! Ich beschloß, unser Gefährt hier stehenzulassen. Außerdem verspürte ich große Lust, jetzt zu Fuß weiterzugehen, auch wenn Gumbe mir zu erklären versuchte: »*Patron! Les Pygmées, c'est encore loin!* (Chef! Zu den Pygmäen ist es noch weit!)« Das sagte er aber wohl nur, weil er so gern Auto

4.1 *Ein weiteres Vordringen war mit dem VW-Bus nicht mehr möglich*

fuhr, aber keineswegs beurteilen konnte, ob das Gefährt den Anforderungen auch gewachsen war.

Entfernung sollte für mich jetzt keine Rolle mehr spielen. Schon seit meinem allerersten Aufenthalt im äquatorialen Regenwald, damals im Gabun, empfand ich stets ein Hochgefühl des Wohlbefindens, wenn ich die Wärme genoß und bei nahezu gesättigter, feuchter Luft zu Fuß den urwüchsigen, dunklen, von Strahlen einfallenden Sonnenlichtes verzauberten Regenwald durchstreifen konnte. Auf unserem Marsch begleiteten uns unzählige Insektengesänge und Vogelstimmen. Ganz besonders wohlklingend empfand ich immer wieder die weithin hörbaren Rufe der Kalaos und Turakos. Bald war der Waldweg völlig überwachsen und nicht mehr zu erkennen. Nur ein schmaler Trampelpfad führte uns sicher in die gewünschte Richtung. Je tiefer wir in den Wald eindrangen, um so lichter wurde das Unterholz und um so leichter unser Vorwärtskommen. Fast lautlos schritten wir auf dem elastischen Waldboden dahin. Nach einer guten Stunde Fußmarsch kamen wir endlich an eine Stelle mit deutlich mehr Lichteinfall. Ich erkannte vor uns, von einem Bündel Sonnenstrahlen verzaubert, einige kleine runde Hütten. Im selben Moment stieß mich Gumbe an und zeigte in diese Richtung. Gleichzeitig flüsterte er:»*Voilà le campement des Pygmées!* (Da ist das Lager der Pygmäen!)« Langsam gingen wir näher. Bald befanden wir uns auf einem vom Unterholz frei geschlagenen Platz, auf dem aber noch die kleinen, gerade armdicken Bäumchen – offenbar als Schattenspender – standen. Wir zählten rings um uns herum 7 Bienenkorbhütten ganz unterschiedlicher Größe und Bauweise sowie zwei einfache Windschirme, sahen aber keinen einzigen Pygmäen. Die vor sich hin rauchenden Feuerstellen (Farb-Abb. 7) ließen aber vermuten, daß die Leute nicht weit weg sein konnten.

Da wir nur zu zweit waren und uns außerdem mit großer Vorsicht dem Lager genähert hatten, konnte ich mir kaum vorstellen, daß die Pygmäen vor uns geflüchtet sein sollten. Offenbar war es aber doch so. Abseits im Unterholz schlugen wir einige grüne Zweige ab, legten sie auf den Boden des freien Lagerplatzes und hinterließen einige Beutel Salz sowie ein paar Bündel Blättertabak, dann begaben wir uns auf den Rückweg. Irgendwann mußten wir doch einmal auf Pygmäen in ihrem Lager treffen, so jedenfalls ging es mir durch den Kopf. Aber eigentlich gab es gar keinen Grund zum Verzagen, schließlich rauchten ja die Feuerstellen. Es war nur noch zu hoffen, daß die zurückgelassenen Geschenke – Salz und Blättertabak – ihre Wirkung nicht verfehlten. Da ich mir ziemlich sicher war, daß uns irgend jemand beobachtet hatte, beschloß ich, zunächst einmal zwei Tage lang keinen neuen Besuch zu versuchen. Auf keinen Fall wollte ich aufdringlich wirken. Außerdem sollten die Pygmäen Gelegenheit dazu haben, sich selbst zu entscheiden, ob sie gewillt waren oder nicht, mit uns Kontakt aufzunehmen.

Mit meinem Helfer fuhr ich in der Gegend umher und versuchte, mir eine gute Orientierung zu verschaffen, um mich anhand der zahlreichen, von der SCAD angelegten Pisten und Waldwege zurechtzufinden. Bereits am nächsten Vormittag trafen wir einen jungen Pygmäen, bewaffnet mit Speer und geschulterter Axt, der beim Näherkommen unseres Gefährts zwar zur Seite sprang, aber diesmal nicht flüchtete. Bei der über Gumbe geführten Unterhaltung erfuhr ich, daß er bereits gestern abend von dem von uns spendierten Salz und Tabak gehört hatte. Dann bat er ohne Umschweife ebenfalls um Tabak. Er habe von unseren Geschenken nichts bekommen, denn er wohne in einem anderen Campement, würde aber die Leute in dem von uns besuchten Lager gut kennen. Wir gaben vor, heute nichts dabeizuhaben, denn mir lag daran, zunächst die Kontaktbereitschaft der Pygmäen zu testen. Gumbe erklärte ihm, daß wir am übernächsten Morgen das uns bekannte Lager besuchen wollten und natürlich auch die Leute dort treffen möchten. Dann würden wir auch sein Wohnlager gern kennenlernen; natürlich hätten wir Salz und Tabak dabei. Die Diskussion zwischen Gumbe und dem Pygmäen dauerte noch ziemlich lange, wobei der Jäger immer wieder bittend die Hand vorstreckte. Aber wir blieben hart, schließlich wollte ich nicht, daß mir der Bursche einfach davonlief. Die Tatsache, daß dieser junge Mann wußte, daß Salz und Tabak von uns stammten, beweist nur zu gut, daß die Pygmäen uns beim Lagerbesuch beobachtet hatten.

Als wir am übernächsten Tag in aller Frühe wieder den kleinen Waldweg entlangtuckerten, kamen zwei junge Pygmäenmänner aus dem Unterholz auf uns zu. Wir hielten an. Nach einer kurzen Unterhaltung mit Gumbe verschwanden sie wieder im Wald. Wir fuhren weiter bis zur verschlammten Stelle und gingen dann zu Fuß bis zu jenem Lager, das wir vor drei Tagen besucht hatten. Etwa 100 m davor sahen wir die beiden Jünglinge wieder. Die letzte kurze Strecke gingen sie mit uns gemeinsam. Als wir aus geringer Entfernung bereits die Umrisse der Hütten erkennen konnten, riefen die beiden jungen Leute etwas in diese Richtung. Gumbe sagte mir: »*Ils nous annoncent!* (Sie melden unser Kommen!)« Als Antwort von dort hörten wir helle, hohe Jodelschreie, die die Frauen und Kinder sogleich angestimmt hatten.

· Bald traten wir in den Kreis der Hütten. Ein älterer, kräftiger, relativ dunkelhäutiger Mann mit schon weißgrauen Haaren und tiefliegenden Augen begrüßte uns. Er hieß Musanki. Wie schon seinerzeit beim Pygmäenmann Andu im Gabun wollten auch bei ihm die fein geschnittenen Lippen und die kräftige, trichterförmige Plattnase mit den ausladenden Nasenflügeln so gar nicht zueinander passen (Abb. 4.2 a). Neben den beiden mit uns gekommenen Jünglingen war er am heutigen Tag der einzige Mann in diesem Lager. Diesmal loderten die Feuer richtig, und in den Kochtöpfen darüber brodelte irgendeine Suppe. Rein optisch sah es nicht sehr eßbar aus, aber der Duft war einladend. Dichter, heller Rauch stieg senkrecht gen Himmel und trübte den Blick gegen die hohen Baumkronen. Es roch nach brennendem Holz. Ein Geruch, den ich nicht nur im Regenwald, sondern auch in Europa gern wahrnehme. Wenn im herbstlichen Wald ein Feuerchen brennt, erweckt das in mir ein angenehmes Gefühl, Erinnerungen an die Jugend, wenn wir auf den Feldern Feuer anzündeten und darin Kartoffeln direkt vom Feld rösteten.

Vor einer Hütte saßen drei Frauen mit Kleinkindern auf dem Schoß und plauderten lachend miteinander. Eine vierte, recht magere Frau mit spitzen, ziemlich abgeflachten, schlaff herabhängenden Brüsten kam herbei und reichte uns spontan die Hand. Sie war nicht gerade hübsch und außerdem auf einem Auge erblindet. Ihre Oberlippe war in der Mitte durchbohrt (Abb. 4.3 b). Es war Malaki, Musankis Frau. Ich kannte noch nicht ihr freundliches Wesen und wußte auch noch nicht, welche zentrale Rolle sie bei sozialen Interaktionen in dieser Wohngemeinschaft spielte. Einige Kinder hatten sich bei unserem Erscheinen gleich hinter den Hütten im Unterholz versteckt. Jetzt kamen sie zögernd, aber doch neugierig zugleich, wieder hervor, um uns aus respektvoller Entfernung mit großen, runden Augen zu betrachten. Wir setzten uns gerade zum Plaudern vor Musankis Hütte auf am Boden liegende Holzbalken, als der Jäger, der uns vor zwei Ta-

a   b

4.2 *Der mir zum Freund gewordene alte Musanki*

gen begegnet war, im Lager erschien. Spontan und wortlos setzte er sich zu uns. Er schwieg eine ganze Weile. In einer kurzen
Sprechpause während unserer Unterhaltung mit Musanki fragte
er plötzlich und unvermittelt, ob ich denn den versprochenen Tabak dabeihätte. So konnte ich das Verteilen von Salz und Tabak
nicht länger hinausschieben. Die anwesenden Frauen, denen ich
das Salz zeigte, ließen sich bei ihrer Beschäftigung nicht weiter
stören und schickten die Kinder zu uns herüber. Es bedurfte schon
mehrfachen Zuredens seitens Musanki, bis sie schließlich ganz
langsam immer näher traten. Kaum hatte ich ihnen ein kleines
Päckchen Salz in die vorgehaltenen Hände gedrückt, stoben sie
damit in Windeseile davon, zurück zu ihren Müttern. Dabei hörte ich sie mehrmals *mònkúá, mònkúá* rufen. Ich erkundigte mich
über Gumbe, was *mònkúá* bedeutet. Ohne die Weiterübersetzung
abzuwarten, zeigte Musanki spontan auf das Salz in meinen Händen und wiederholte langsam sprechend und kopfnickend
mò.nkúá! Damit hatte ich neben *mò.lángò* (Schlaf- oder Wohnplatz) bereits das zweite Wort *Di.Aka* gelernt. Als ich dann an
Musanki und die anderen Männer meinen Blättertabak verteilte,
sagte Musanki von sich aus langsam und deutlich *m.bangà*, wo-

106

a

b

4.3 *Musankis Frau Malaki*

bei er auf die Tabakblätter zeigte. Diese spontane Reaktion war für mich das schönste Erlebnis, denn mir wurde sofort klar, daß ich nunmehr nicht wegen jeder Kleinigkeit aufdringlich fragen mußte. Abgesehen davon, daß das Fragen mir schon immer ein Greuel war, ist die *Be-Fragungs-Methode* in der Menschenforschung eh ein fragwürdiges Unterfangen, da in den meisten Fällen sowieso nicht die Wahrheit gesagt wird. Davon liefert die einschlägige Literatur reichlich Zeugnis. Man erfährt doch zweifelsohne viel mehr, wenn man geduldig abwartet, bis die Leute vertrauensvoll beginnen, von sich aus Dinge und Geschehen aus ihrem Leben zu erzählen. Das tun sie spätestens dann, wenn sie wissen möchten, wo der Fremde wohl herkommt, wie er lebt, ob es dort auch Wälder und Tiere gibt.

Die freundliche und ungezwungene Atmosphäre machte mich zuversichtlich, recht bald einen Eindruck in die Sozialstruktur und Lebensweise der Pygmäen zu bekommen. Zunächst aber galt es, mit so vielen Leuten wie möglich bekannt zu werden, um mir auf diese Weise eine weit gefächerte Vertrauensbasis zu schaffen. So war es mir ganz recht, daß der des Tabaks wegen zu Besuch weilende Jäger Dibué (Feuerstein), so hieß er, Anstalten machte, aufzubrechen. Schließlich hatte ich eingeplant, auch seinen Wohnplatz zu besuchen. Die beiden Jünglinge wollten mit uns kommen und legten den von mir erhaltenen Tabak unter den Windschirmen in einer Ecke ab. Sie hießen Mongatschu und Bole. Wir machten uns nun auf den Weg zu Dibués Wohnlager. Resolut forschen Schrittes und leichtfüßig zugleich eilte der Jäger vorweg. Ich wollte unbedingt wissen – ach diese verfluchte Neugier, wo ich mir doch eben geschworen hatte, nicht zu fragen –, warum die beiden jungen Männer denn keine viel besser schützenden Hütten besäßen. Das machte sie verlegen. Sie kicherten und lachten, hielten sich dabei die Hand vor den Mund, schüttelten mit dem Kopf und gaben eigenartige, einsilbige hohe I-Töne von sich. Aus ihren Reaktionen zu schließen, war ich ganz offenbar zu weit gegangen und dabei auf ein intimes Geheimnis gestoßen, das sie nicht preisgeben wollten. Für kurze Zeit verschwanden sie im Wald, während wir auf dem schmalen, teilweise kaum sichtbaren Trampelpfad versuchten, Dibué zu folgen. Nach einer guten Viertelstunde Marsch tauchten die beiden Jünglinge wieder auf und begleiteten uns die letzten Meter bis ins Lager von Dibué.

Dieses Campement war sehr verborgen angelegt. Nur wenige Sonnenstrahlen erreichten den Waldboden. Die Hütten lagen versteckt, direkt ans dichte Unterholz angelehnt. Ich zählte 9 Bienenkorbhütten und einen Windschirm. Die Eingänge waren alle zum Lagerplatz hin orientiert, der Lagerboden war von Pflanzenwuchs und Kräutern freigelegt. Es roch nach frischer Walderde. Viele kleine, gerade armdicke Bäumchen standen noch. Zwei junge Mädchen und ein bärtiger Mann saßen in deren Schatten (Farb-Abb. 8). Dieses Lager hatte einen ovalen Grundriß. Zwei kleine Bienenkorbhütten, unweit des Windschirmes, befanden sich etwas abseits. Vor einer dieser Hütten werkelte ein altes Weiblein vor sich hin. Auf der Feuerstelle röstete es nußartige schwarze Kerne (Farb-Abb. 10), uns aber würdigte es keines Blickes. Dibués Frau Guma saß mit ihrem etwa 6 Monate alten Säugling Babanda am Eingang ihrer Hütte. Sonst war niemand mehr im Lager anwesend. Ab und zu wendete sie eine im Feuer liegende Wurzelknolle, die sie etwas später mit Dibué teilte und verspeiste. Ich setzte mich in der Nähe auf ein am Boden liegendes Stück Holz und reichte Guma einen Beutel Salz. Da näherte sich der bärtige Mann und fragte, ob er für seine alte Mutter Ambije dort am Feuer auch etwas bekommen könnte. Jetzt schaute die Alte auf und zu uns herüber. Als sie das Salz sah, flog ein flüchtiges Lächeln über ihr Gesicht. Den von ihrem Sohn Bumbe überbrachten Beutel Salz wickelte sie in ein großes, festes Blatt und versteckte das Päckchen in der hintersten Ecke ihrer Hütte.

Es war inzwischen später Nachmittag und Zeit zum Aufbruch, wollten wir noch vor Hereinbrechen der Dunkelheit unseren VW-Bus erreichen. Die beiden Jünglinge machten auf eine Abkürzung aufmerksam und wollten uns begleiten. Über ihr Wohnlager sei der Weg viel zu weit. Schon nach einer Stunde schnellen Schrittes erreichten wir die Schlammstelle. Manchmal hatte ich das vage Gefühl, wir würden einem Trampelpfad folgen, dann aber auch wieder nicht, und es schien, als stapften wir quer durch den Wald. Ich mußte mir eingestehen, daß ich völlig die Orientierung verloren hatte. Inzwischen war es aber auch bereits stockdunkel, denn in den Tropen – insbesondere so dicht am Äquator – bricht schon gegen 18.30 Uhr, und ziemlich plötzlich, die Nacht herein. Eine allmähliche Dämmerung wie in Europa gibt es nicht.

Auf der Rückfahrt erzählte mir Gumbe, die Jünglinge Mongatschu und Bole seien nette, hilfsbereite Burschen, »*aussi, ils sont encore célibataires!* (übrigens, die sind noch ledig!)«. Er wies mich auch darauf hin, daß bei den Pygmäen ausschließlich die Frauen die Wohnhütten errichten. Da erst ging mir ein Licht auf. Mir wurde nun die Reaktion der beiden Burschen verständlich, als ich in etwas naiver Weise nach dem Warum ihrer Windschirme gefragt hatte. Ganz sicher waren sie hier in der Gegend auf Brautschau, und das wollten sie mir so schnell natürlich nicht erzählen. Wichtig war für mich aber, daß der Kontakt mit den beiden Wohngemeinschaften geknüpft war und nunmehr meine geplante Forschungsarbeit beginnen konnte. Mit den jungen Männern sprach ich im folgenden das Thema mit den Windschirmen überhaupt nicht mehr an, aber ich behielt die beiden aufmerksam im Auge. Gumbes Information erwies sich natürlich als richtig. Es sollten sich bald hochinteressante soziale Interaktionen mit den Mädchen aus der Gruppe ergeben. Auf diese Beobachtungen möchte ich aber erst später näher eingehen (cf. Kapitel 7).

Im Laufe der Zeit bekam ich einen Einblick in das Leben und Treiben der Pygmäen. Mit Hilfe der beiden Jünglinge lernte ich noch zwei weitere Wohngemeinschaften in der Nähe kennen, eine mit 8 und eine andere mit nur 5 kleinen Bienenkorbhütten. Alle

4 Wohnlager waren miteinander durch schmale Trampelpfade verbunden. Die beiden zuerst entdeckten lagen nur eine halbe Stunde Fußweg voneinander entfernt. Von dort aus mußte man schon eine gute Stunde stramm gehen, um die beiden letzteren zu erreichen, die untereinander wiederum nur etwa eine halbe Stunde auseinander lagen. Bald sollte ich auch alle jeweils zusammen wohnenden Leute kennenlernen. Auf diese Weise wurde mir das Funktionieren der Gemeinschaften und das Interagieren ihrer Mitglieder immer verständlicher. Ich konnte mir schon denken, daß die Leute einer jeweiligen Wohngemeinschaft nicht irgendwie zufällig zusammengewürfelt waren, sondern daß sich das Gemeinschaftsleben nach einem noch zu ergründenden System regelte. Mein ständiges Kommen und Gehen schien mir dafür natürlich nicht die geeignete Lösung. So bleibt man nämlich ein Besucher, und ob man's will oder nicht, verändern sich die Verhaltensweisen der Leute immer aufs neue. Sie stellen sich irgendwie auf eine solche Situation ein, obwohl ich mit der Zeit das Gefühl hatte, daß vor allem die Frauen scheinbar ungestört ihren alltäglichen Aktivitäten nachgingen. Doch mag dies ein subjektives Empfinden gewesen sein. Es gab wohl nur die eine Lösung, nämlich *mit* den Pygmäen zu leben. Nur so konnte ich wirklich einen gründlichen, reellen Einblick in die Geschehnisse ihres Sozialverhaltens bekommen.

Die von Anfang an spontane Freundlichkeit Musankis und meine inzwischen wirklich guten Beziehungen zu seiner Gruppe veranlaßten mich, ihm eines Tages mein Anliegen vorzubringen. Ich sagte ihm, es sei mein Wunsch, den Regenwald und seine Lebensgemeinschaft so gut wie möglich kennenzulernen. Deshalb möchte ich auch gern an den jeweiligen Sammelausflügen und Jagdzügen teilnehmen. Da sei es doch wohl praktischer, wenn ich in seiner Gemeinschaft wohnen würde. Musanki schmunzelte und lächelte, aber er hatte nichts dagegen. Bei den Frauen und Mädchen, die er sogleich von meinem Vorhaben unterrichtete, löste diese Nachricht große Heiterkeit aus. Sie gaben eine Reihe hoher schriller Schreie des Erstaunens von sich, die sich wie langgezogene »iiiii«s anhörten. Bei einigen Frauen waren diese Lautäußerungen von einem »verlegenen« Wegsehen begleitet. Malaki und eine andere Frau krümmten sich vor Lachen. Die Heiterkeit überkam schließlich auch mich. Im Lager herrschte eine freudige Stimmung. Als Mitbewohner war ich somit akzeptiert.

Für mich war das ein wichtiger Schritt vorwärts, einen Blick in das Leben der Pygmäen werfen zu können. Musanki sagte mir, daß in zwei Tagen meine Wohnhütte fertig sei und daß ich in seiner Nachbarschaft wohnen dürfe. Es waren Malaki und Ebunga, die die Behausung für mich errichteten, und es war kein Windschirm, sondern eine richtige Bienenkorbhütte.

Langsam begann ich die Zusammensetzung dieser kleinen Gruppe zu verstehen. Musanki, die älteste Person von allen, war mit seinen grauen Haaren und seinen Gesichtszügen nach wohl bereits um die Fünfzig, vielleicht auch etwas darüber. Er fungierte als *mò.mbài*, das heißt, er war die Respektsperson dieser Wohngemeinschaft und hatte als solche eine wichtige soziale Rolle inne. Er griff bei Streitigkeiten schlichtend ein, hörte sich die verschiedenen Seiten an, versuchte die Gemüter zu beruhigen und trug so zu einer friedlichen Lösung der eventuell auftretenden Differenzen bei. Eine solche von den Mitgliedern einer Wohngemeinschaft respektierte Person hat aber nur beschränkte Autorität. Auch ist diese Funktion keineswegs erblich oder von Dauer. Genügt der Mann nicht mehr den von der Gemeinschaft an ihn gestellten Anforderungen, zum Beispiel wenn sein Wort nicht mehr erhört wird oder wenn er im Gegenteil versucht, eine ihm nicht zustehende Macht auszuüben, dann wird er ausgewechselt, und ein anderer Mann der Wohngemeinschaft übernimmt diese Funktion. Man könnte ihn wohl am besten als eine Art *Alpha-Mann* auf Zeit oder als *primus inter pares* bezeichnen, wie wir in der Schule zum »Klassenältesten« sagten, der aber deshalb keineswegs älter war als seine Kameraden und ja auch zu jeder Zeit ausgewechselt werden konnte.

Die Existenz einer solchen Respektsperson wurde schon frühzeitig erkannt. Bei den Semliki-Pygmäen handelte es sich dabei um einen »*able hunter or cunning fighter as law-giver for time*« [241]. Andere Autoren sprachen bei den Ituri-Pygmäen auch von einem bejahrten Mann mit mehr oder weniger überragender Autorität [158] oder von einem Sippenältesten [400], wobei mit Sippe eigentlich die Wohngemeinschaft gemeint war, obwohl dies doch nicht ganz dasselbe ist. In der englischsprachigen Literatur spricht man von *elder* (Ältester) [168, 468], doch wie wir noch sehen werden, ist der *mò.mbài* bei den Pygmäen keineswegs immer der Älteste *sensu stricto*, wenn es auch im Falle Musanki zufällig zutraf und wie es bei den Buschleuten offensichtlich generell der Fall zu sein scheint: »*The aged hold a respected position in Bushman society and are the effective leaders of the camps*« [279]. Ähnliche Rangordnungsverhältnisse wie bei den Pygmäen finden wir aber auch bei anderen Sammler- und Jäger-Gesellschaften wie etwa bei den ebenfalls kleinwüchsigen ostafrikanischen Hadza. »*They have no institutionalized leadership*« [508], wenn auch andernorts von einem »Hordenführer« gesprochen wurde und dessen ältester Sohn die Nachfolge antrete [259], ohne daß dies jedoch näher definiert worden wäre.

Bei den hochspezialisierten Polarjägern der Eskimo, denen jegliche Form von Zwang verhaßt ist und in deren Augen ein jeder Mann die gleichen Rechte und Pflichten in der Gesellschaft hat, gibt es ebenfalls den klassischen *primus inter pares* [238]. Die zentralkanadischen Eskimo nennen einen solchen Mann *Isumatag* (der für alle denkt). Bei den Stämmen am unteren Yukon gibt es einen *Naskuk* (Anführer), und die Unalit-Eskimo kennen einen *Anaiyuhok* (auf den alle hören). Die Polar-Eskimo des Thule-Distriktes leben ebenfalls in einer egalitären Gesellschaft, in deren Siedlungen ein in seiner Persönlichkeit hervorragender Mann allgemeine Autorität genießt und stillschweigend als *primus inter pares* anerkannt wird [3]. Auch bei den Tungusen, Rentier-Nomaden des nordostasiatischen Großraums, haben die exogamen Klane keinen festen Häuptling, und die Entscheidungen werden von den »Haushaltsvorständen« der erweiterten Familiengruppen in gemeinsamen Beratungen getroffen [31].

Während in Afrika, soweit bekannt, mit dem Seßhaftwerden, dem dadurch bedingten Übergang zum Feldbau und der Anhäufung von Reichtum ein erbliches Häuptlingstum in Erscheinung trat, scheint dies bei den negriden Kleinwüchsigen Neuguineas noch nicht zu existieren. So gibt es bei den im Hochland von West-Irian als neolithische Pflanzer in entlegenen Weilern lebenden Eipo kein ausgeprägtes Führungssystem. Es handelt sich bei ihnen eher um eine *akephale* (führungslose) Gesellschaft. Häuptlinge sind unbekannt. Es gibt nur führende Männer mittleren Alters, die auf die jeweilige Männerhaus- und Dorfgemeinschaft gewissen Einfluß haben, jedoch eher *empfehlen* als befehlen. Sie zeichnen sich durch besondere geistige und/oder körperliche Fähigkeiten aus und wirken als Initiatoren und Organisatoren. Derartige Positionen werden nicht vererbt, und die führenden Personen können auch nicht sicher sein, solchen Einfluß über einen langen Zeitraum hin zu behalten [119]. Es ist bei den neolithischen Pflanzern der Eipo also noch ganz so wie bei den »paläolithisch« lebenden Sammlern und Jägern.

Doch zurück zu unserer Pygmäengruppe an der Lobaye. Zusammen mit Malaki hatte Musanki vier lebende Töchter (Abb. 4.4). Die jüngste, Mombuka, vielleicht etwa 11 Jahre alt, bewohnte bereits eine eigene kleine Rundhütte, ganz in der Nähe ihrer Eltern. Wie wir später noch sehen werden, spielte Mombuka als kleiner Teenager eine nicht unbedeutende Rolle in verschiedenen Funktionskreisen sozialer Interaktionen. Die junge Frau Tschamba bewohnte ebenfalls allein eine Hütte. Sie trug eine Lianenschnur um die Brust, wie es Pygmäenmütter normalerweise nach dem Abstillen ihrer Säuglinge tun. Sie verhielt sich etwas sonderbar, saß häufig allein an ihrer Feuerstelle, wirkte etwas unglücklich und sprach wenig. Bald erfuhr ich, daß sie früh ihr Kind verloren hatte. Jetzt verstand ich, warum sie so oft schweigend und allein dasaß. Von einem Mann, dem Vater des verstorbenen Kindes, gab es aber keine Spur. Doch war Tschamba mit der Zeit durchaus an freundlichen Kontakten interessiert. So kam es gelegentlich zu Interaktionen mit jungen Männern, mit denen sie auch die in ihrem Feuer zubereitete Nahrung teilte, worauf ich noch ausführlich eingehen möchte (cf. Kapitel 9). Die älteste Tochter Ebunga lebte mit Timbo ebenfalls noch in dieser Wohngemeinschaft und hatte ihrerseits drei Töchter, die aber schon nicht mehr bei den Eltern schliefen, sondern sich gleich nebenan eigene kleine Hütten errichtet hatten. Dann war da noch Musankis Tochter Guma. Sie mag Anfang Zwanzig gewesen sein, lebte allerdings mit ihrem Mann Dibué im Nachbarlager. Er war es, der bei der ersten Begegnung im Wald unbedingt Tabak von mir haben wollte und vielleicht zum Gelingen meiner Kontaktbestrebungen beigetragen hatte, ohne daß ich ihn je um Hilfe bat.

Neben Musanki war Timbo ein wichtiger und einflußreicher Mann in dieser Gruppe. Er war der *mò.ngàngà, le devin-guérisseur*. Das ist nicht etwa ein Zauberer im üblichen Sinne, von denen es sonst in Afrika noch viele gibt, sondern ein Therapeut, ein Heilkundiger im wahrsten Sinne des Wortes. Dieser *mò.ngàngà* heilte nicht nur Wunden, sondern behandelte auch alle inneren Krankheiten unter Verwendung verschiedenster Kräuter. Er wußte sehr genau, mit welchen Blättern, Blüten, Früchten, Kernen,

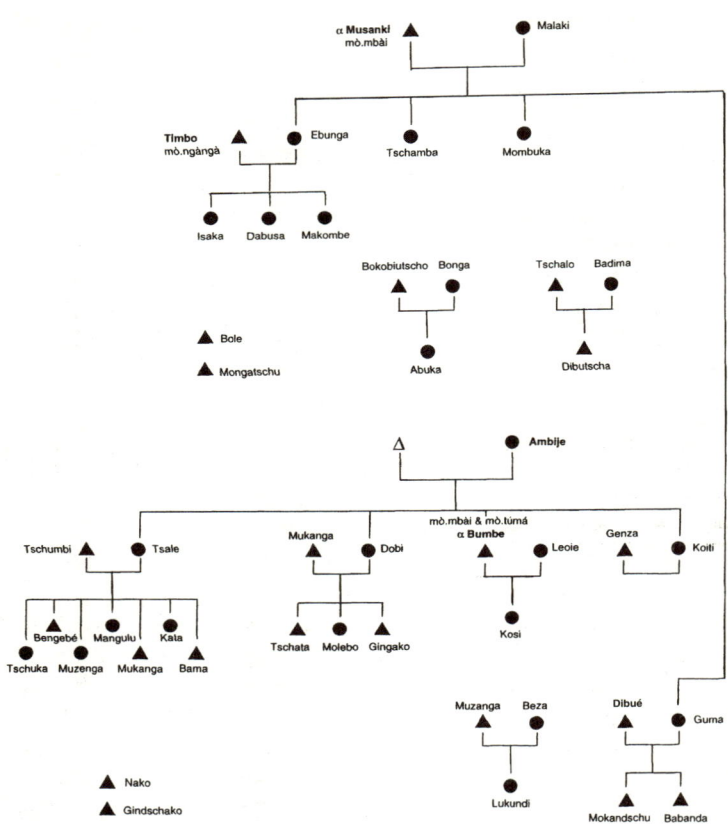

4.4 *Die Wohngemeinschaften von Musanki und Bumbe*

Rinden oder Wurzeln ein bestimmtes Leiden behandelt werden mußte. Er war ein recht vernünftiger Empiriker, ein Realist des Regenwaldes, von dem auch wir – trotz unserer modernen Medizin – noch eine ganze Menge lernen können. Seine phytomedizinischen Kenntnisse waren bedeutend und weithin bekannt. Ich lernte Leute kennen, die aus Isongo- und Bagandu-Dörfern oft über 30 km weit zu Fuß herbeikamen, um sich von diesem Therapeuten kurieren zu lassen. Es gibt aber auch im Regenwald böse Krankheiten, die wirklich gründlich nur mit unseren Medikamenten ausgeheilt werden können. Dessen war

114

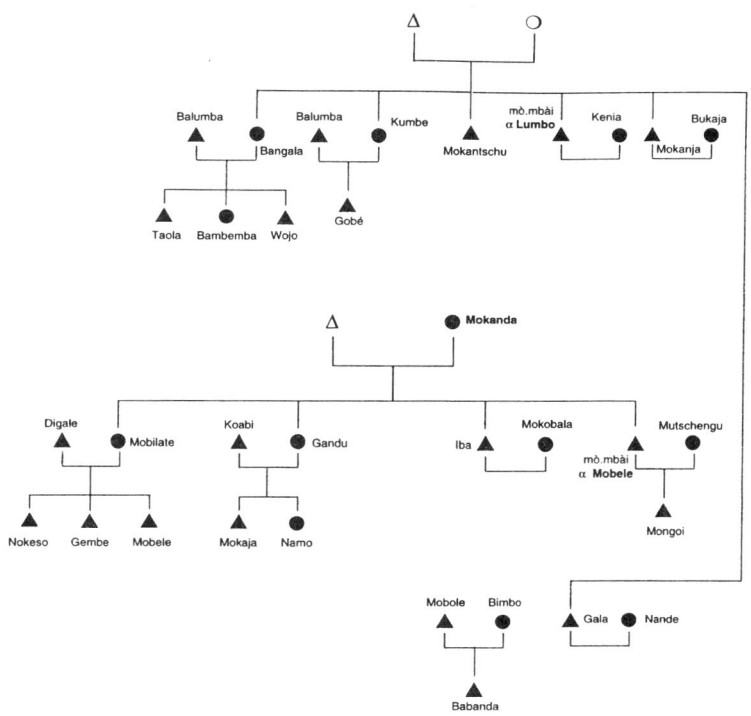

4.5 *Die Wohngemeinschaften von Lumbo und der alten Mokanda*

sich der *mò.ngàngà* Timbo durchaus bewußt, und er wandte sich
dann hilfesuchend an seinen weißen Freund. So habe ich häufig
sehr üble Wunden behandeln müssen, bei denen die Pygmäen-
rezepte versagt hatten [199, 204]. Timbo beschäftigte sich aber
außerdem noch mit den sozialen Problemen seiner Gemeinschaft
und versuchte, ökonomische Schwierigkeiten mit überwinden zu
helfen. Schließlich war er noch eine Art Medium. Als solches
nahm er Kontakt auf mit der Welt der *Manen,* der Welt der
abgeschiedenen Seelen. Übrigens, bei den heute *Gbenzili-Séré*
sprechenden Baka-Pygmäen Kameruns heißt der Therapeut
ebenfalls *mò.ngàngà* [95]. Das scheint durchaus auf ein gemeinsames kulturelles Erbe des »Waldvokabulars« hinzuweisen
(cf. Kapitel 6).

115

Wie wir sehen können, bildeten die Leute um Malaki und Musanki, in der Mehrzahl als direkte Nachkommen dieses Paares, eine erweiterte Familiengruppe oder Großfamilie mit besonderen Beziehungen zur benachbarten Wohngemeinschaft. In Musankis Gruppe wohnte allerdings auch ein nichtverwandtes Paar mit einem kleinen Sohn. Eines Tages erschien dann noch ein weiteres junges Paar mit einer kleinen Tochter, das sich unweit meiner eigenen Behausung eine Hütte errichtete und ebenfalls keine verwandtschaftlichen Beziehungen zu Musanki hatte. Sie kamen, wie man mir sagte, von »weit her«. Beide Familien siedelten somit *neolokal*. Nun bestand diese Wohngemeinschaft aus insgesamt 9 Bienenkorbhütten für Paare und deren Kinder sowie 2 Windschirmen, unter denen die mir schon gut bekannten, netten Jünglinge Mongatschu und Bole schliefen.

Die guten Beziehungen von Musanki zum Nachbarlager führten auch mich öfter dorthin. Hier scharten sich die Leute um das alte Weib Ambije, das mich bei meinem ersten Besuch kaum eines Blickes würdigte und erst lächelte, als sie von mir einen Beutel Salz bekommen hatte. Ihr Mann war schon vor langer Zeit verstorben. Sie selbst, nach ihrem allgemeinen Zustand zu schätzen, mußte weit über 60 Jahre alt sein. Sie wohnte allein und saß die meiste Zeit an der Feuerstelle vor ihrer kleinen Hütte, werkelte vor sich hin oder röstete Palmfruchtkerne. Sie war schon zu alt und hatte wohl nicht mehr die Kraft, an den weiten Sammel-Streifzügen durch den Wald teilzunehmen. Häufig saß sie plaudernd mit anderen Frauen zusammen und betätigte sich – mit einem Baby auf dem Schoß – bei der Betreuung des kleinen Nachwuchses. Sie hatte eine starke Persönlichkeit. Zwischen uns entwickelte sich bald eine enge freundschaftliche Beziehung. Auch sie spielte – ähnlich wie Malaki in der Wohngemeinschaft nebenan – eine zentrale Rolle in der Gruppe, wenn auch auf andere Weise. So bekam ich mit der Zeit einen immer besseren Einblick in die Sozialstruktur dieser Pygmäengemeinschaften.

Um Ambije geschart, lebten drei Töchter mit ihren Männern und Kindern sowie ein Sohn namens Bumbe. Seine Frau Leoie teilte regelmäßig ihre gesammelten Früchte und Knollen mit Ambije. Bumbe fungierte als *mò.mbài*, als *primus inter pares*, war aber gleichzeitig auch der *mò.túmá*, der sogenannte Meisterjäger, der Verantwortliche bei der großen Verfolgungsjagd mit der Sagaie. Bumbe koordinierte und organisierte die Jagdstrategien nicht nur mit den Männern seiner eigenen Gruppe, sondern übte die Funktion des *mò.túmá* auch aus, wenn man mit den Musanki-Leuten – und gelegentlich auch mit Mitgliedern anderer Wohngemeinschaften – auf gemeinsame Netzjagd ging. Daraus erklärte sich seine wichtige Funktion. Als *mò.túmá* allein hatte er im Prinzip keine politische Rolle inne und kaum Einfluß auf das alltägliche Geschehen dieser Wohngemeinschaft. Die Vereinigung beider Funktionen aber, die des *mò.túmá* und des *mò.mbài*, gaben ihm eine beachtliche Machtstellung und erheblichen Einfluß auf die unmittelbar mit ihm lebenden Leute.

Die tatsächliche Existenz der unterschiedlichen Funktionen führte jedoch bei den Pygmäen keineswegs zu einer Art sozialen Schichtung innerhalb der Gruppe, in der jeder eifersüchtig seinen Einflußbereich bewachte oder gar nach noch mehr Macht strebte. Ganz im Gegenteil, die Pygmäen praktizierten viel eher eine *egalitäre* Gesellschaft, in der das alltägliche Leben friedlich verlief, ohne daß der eine versuchte, dem anderen irgendwelche Vorschriften zu machen oder gar jemanden herumzukommandieren. Jeder verrichtete alltäglich das, was er glaubte, zu tun zu haben. Einige Männer schnitzten Pfeile oder präparierten das Gift dazu. Andere rieben Rotholz zur Herstellung von Farbe für die Tanzröckchen, flickten die Jagdnetze oder stellten eine neue Axt her (Farb-Abb. 14), während Frauen die Deckblätter einer undicht gewordenen Hütte auswechselten, einen neuen Tragekorb flochten (Farb-Abb. 5) oder das herbeigetragene Gemüse schnitten. Einige bereiteten an der Feuerstelle Mahlzeiten zu, stellten frisches Palmöl her (Farb-Abb. 9) oder beschäftigten sich sonst irgendwie. Wieder andere werkelten vor ihrer Hütte (Farb-Abb. 36), lausten einander oder scherten sich gegenseitig die Haare. Kooperationen entstanden durch Verständigungen *ad hoc*, wie sie sich gerade ergaben, wie sie jeweils gebraucht wurden. Abgesehen von den schon im vorhinein abgesprochenen, von mindestens zwei Wohngemeinschaften gemeinsam durchgeführten Netzjagden, gab es keinen Plan, wer wann und mit wem zum Sammeln von Früchten, Wurzelknollen, Feuerholz oder zur gemeinsamen Jagd mit der Armbrust auszog. Die durch ihr *savoir-faire* aus der Gruppe herausragenden Personen intervenierten nur dann, wenn man sie auch tatsächlich brauchte.

Viel Arbeit ergab sich stets, wenn eine Wohngemeinschaft umzog. Nachdem die Männer den neuen Wohnplatz vorbereitet hatten, waren vor allem die Frauen gefordert, die dann mit großer Geschicktheit die Bienenkorbhütten errichteten. Die herbeigeschafften biegsamen Äste und Lianen werden halbkreisförmig in die Erde gerammt und miteinander verwoben (Abb. 4.6). So ergeben sie ein kuppelförmiges Gerüst mit kreisförmigem oder länglich-ovalem Grundriß verschiedenen Durchmessers und unterschiedlicher Höhe. Zum Decken des Gerüstes dienen die harten und glatten, sehr festen Blätter von verschiedenen *Phrynium*-Gewächsen aus der Familie der Marantaceae. Deren Stiele werden mit den angespitzten Schneidezähnen längs gespalten und die Blätter von unten her dachziegelartig aneinander und übereinander am Gerüst befestigt, so daß sie auf wunderbare Weise den oft recht heftigen Tropenregen ableiten. Solche einfachen Hütten können innerhalb weniger Stunden fertiggestellt werden. Sie halten Sturm und Regen etwa vier Wochen lang stand, etwas länger in der Trockenzeit.

Unter den Töchtern von Ambije spielte noch Tsale eine wichtige soziale Rolle in der Gemeinschaft. Sie hatte zusammen mit ihrem Mann Tschumbi insgesamt sieben Kinder, von denen immer wieder irgendwelche Interaktionen ausgingen und die dadurch die Gruppe auf verschiedenste Art und Weise belebten. Die Töchter Muzenga (10) und Mangulu (5) bewohnten bereits eine eigene Hütte genau gegenüber der elterlichen Wohnung. Nebenan, aber etwas abgerückt, stand eine große, runde Hütte, in der die Söhne Mukanga (12), Bama (6) und die Tochter Kata (8) schliefen. In der elterlichen Hütte selbst lebten noch die etwa 3jährige Tschuka und ein kleiner Sohn namens Bengebé von etwa 6 Monaten. Die soziale Stellung dieser Familie war auch insofern beachtlich, als die Kinder, vor allem die Mädchen, fleißig bei der Sammeltätigkeit mitwirkten und so recht erfolgreich zur alltäglichen Versorgung der Wohngemeinschaft beitrugen. Auch in diesem Lager wohnte ein Paar mit einem Kind *neolokal*, welches von »weit her« zugezogen war (Abb. 4.4). Unter einem Windschirm hausten Nako und Gindschako gemeinsam, zwei Jünglinge, die wir im Rahmen sozialer Interaktion mit jungen Mädchen noch näher kennenlernen werden.

Die Zugehörigkeit von Musankis Tochter Guma mit ihrer Familie zu dieser Gruppe war von besonderer Bedeutung. Warum Guma bei der alten Ambije lebte, mag auf den ersten Blick zunächst schwer zu erklären sein, denn weder sie noch ihr Mann

4.6 *Ebunga bei der Herstellung des Gerüstes*
für eine neue Bienenkorbhütte

Dibué waren mit irgend jemandem aus diesem Lager verwandt. Es gab wohl *a priori* keinen triftigen Grund für diese *neolokale* Wohnweise in einer so besonders nah residierenden Gruppe. Bei Musanki lebten nur 17 Personen zusammen, und 4 Leute mehr wären kein Problem gewesen. Böse war man sich auch nicht, denn die beiden nicht weit voneinander entfernt liegenden Wohngemeinschaften unterhielten enge freundschaftliche Beziehungen; man besuchte sich oft, fast täglich, und man veranstaltete wöchentlich gemeinsame Netzjagden. Vielleicht waren die Beziehungen der beiden Gruppen gerade deshalb so freundschaftlich eng, weil Guma aus dem Nachbarlager als bindendes Element fungierte. Auch die Kinder beider Wohngemeinschaften bildeten häufig zusammen Spielgruppen und trugen damit ihrerseits zur Aufrechterhaltung und Verstärkung der Gemeinsamkeit bei. Eine interessante Strategie im Sinne der Zwischen-Gruppen-Kohäsion.

Die anderen beiden Wohngemeinschaften, über eine gute Stunde Fußmarsch entfernt, hatten im Alltag nur ganz sporadische Beziehungen zu den Gruppen von Musanki und Bumbe. Trotz des weiten Weges kam ein altes, dürres Weib, Mokanda, die Stammutter einer dieser entfernt lebenden Gruppen, in Begleitung von zwei oder drei Kindern öfter zu Besuch (Abb. 8.3). Sie stützte sich auf einen Stock und ging etwas gekrümmt, hatte eine sehr helle, gelbbraune, faltige Haut und einen *exophthalmischen* Kropf. In ihrem Lager fungierte Sohn Mobele als *mò.mbài*, der jedoch bei – wenn auch seltenen – gemeinsamen Jagden die Führungsrolle des »Meisterjägers« Bumbe akzeptierte. Es lebten noch ein weiterer Sohn und zwei Töchter von Mokanda mit ihren Familien und ein mit niemandem verwandtes Paar unbestimmter Herkunft mit einem Sohn in dieser Gemeinschaft (Abb. 4.5). Das Lager Lumbo repräsentierte allein eine echte Großfamilie, ausschließlich aus Brüdern und Schwestern mit ihren Familien bestehend, deren beide Eltern bereits verstorben waren. Einer der Brüder, der junge Mann Gala, lebte mit seiner Frau Nande im Lager des *mò.mbài* Mobele und trug damit zur Aufrechterhaltung der freundschaftlichen Allianz mit dieser Wohngemeinschaft bei. Insgesamt lebten jeweils 6 Familien *neolokal*, ohne jegliche verwandtschaftliche Beziehungen mit den übrigen Mitgliedern der Gruppe. Vier davon waren völlig fremd, während bei den beiden übrigen Familien einmal die Frau, Guma, und das andere Mal ein

Mann, Gala, genealogisch zum Nachbarlager gehörte. Von den anderen verheirateten Personen dieser 4 Wohngemeinschaften lebten 8 Paare *uxorilokal* und 5 *virilokal*.

Die Erhebung der Genealogie dieser Wohngemeinschaften führt uns deutlich vor Augen, daß die meisten Mitglieder untereinander verwandt waren. Die meisten Kinder bildeten zusammen mit ihren Lebensgefährten eine sogenannte *erweiterte Familiengruppe*. War der Vater verstorben, dann verblieb natürlich die alte Mutter im Lager und spielte als Groß- oder Urgroßmutter eine wichtige zentrale Rolle, vor allem bei der Betreuung von Kleinkindern und den sich dabei ergebenden sozialen Interaktionen. Meist übernimmt dann einer ihrer Söhne die Funktion des *mò.mbài*. Das muß jedoch nicht so sein, denn die Rolle des *primus inter pares* ist ja keineswegs erblich und auch nicht auf Lebenszeit errungen, sondern unterliegt ständiger Konkurrenz und damit einem ständigen Wechsel.

Mit unseren starren akademischen Ordnungen – und nicht nur mit ihnen – hätten wir eine Menge von den Pygmäen zu lernen, anstatt sie in der einschlägigen Literatur als »parasitierend« oder »primitiv« hinzustellen, nur weil sie angeblich nicht »werteschaffend« sind. Nun, parasitierend sind sie bestimmt nicht, und auch von einer »aggressiven« Wildbeuterkultur [334] kann nicht die Rede sein, da sie einem fremden Organismus keinen Schaden zufügen, sondern ihrer ökologischen Umwelt quantitativ nur jeweils das entnehmen, was sie für ihre Existenz täglich benötigen (cf. Kapitel 6).

Aber was ist ein Wert? Soweit wir es definieren können, ist im soziokulturellen Entwicklungsprozeß einer Gesellschaft ein *Wert* eine sich herausbildende, von der Mehrheit der Gesellschaftsmitglieder akzeptierte Vorstellung über das Wünschenswerte. Auch sind Werte allgemeine und grundlegende Orientierungsmaßstäbe bei Handlungsalternativen. Sie geben den Menschen Verhaltenssicherheit, und aus Werten leiten sich schließlich (soziale) Normen und Rollen ab, die das Alltagshandeln bestimmen. Die Gesamtheit der gesellschaftlichen Werte bildet somit das für die Integration und Stabilität einer Gesellschaft bedeutsame *Wertesystem*, das wir in der Pygmäengesellschaft durchaus vorfinden (cf. Kapitel 9).

Die typische, traditionelle Pygmäenunterkunft ist die Bienenkorbhütte – mò.bókò oder mò.pikò genannt –, und sie bildet das

Grundelement eines Lagers. Sie beherbergt die Kernfamilie, bestehend aus Mann, Frau und ihren Kindern. Ab dem 6. Lebensjahr, meist aber erst ab 8 bis 10 Jahren unterliegen die Kinder der Extrusion. Sie werden somit veranlaßt, von den Eltern getrennt in eigenen, oft kleineren Hütten zu schlafen. Diese Hütten errichten die Mädchen vor allem selbst, jedoch greifen die Mütter dabei häufig helfend ein. Auf diese Weise lernen sie fast wie im Spiel die Grundelemente ihrer späteren Lebensaufgabe als Frau in der Gemeinschaft. Die Effektivität der Extrusion ist weitgehend abhängig von der Anzahl der Kinder. In einer kinderreichen Familie kann ein erst 5jähriges Kind durchaus schon veranlaßt werden, die elterliche Hütte zu verlassen, während in einem anderen Fall ein Elternpaar mit weniger Nachwuchs die Kinder noch längere Zeit bei sich behalten kann. So lebte im Lager Lumbo (Abb. 4.5) das Paar Balumba und Bangala in einer großen, geräumigen Rundhütte und hatte neben seiner Tochter Bambemba (7) und dem kleinen Wojo (4) auch den 12jährigen Sohn Taola noch immer bei sich. Auch schliefen die ausquartierten Kinder nicht unbedingt nach Geschlechtern getrennt. So teilten sich drei Kinder von Tschumbi, die beiden Söhne Mukanga (12) und Bama (6) sowie die Tochter Kata (8), eine geräumige Hütte, die von Mutter und Tochter in gemeinsamer Arbeit errichtet worden war.

Die Wohngemeinschaften repräsentieren in der Regel Familiengruppen, sind aber dennoch relativ »offen« und damit ständigen Fluktuationen unterworfen. Daß Angehörige von benachbarten Gruppen in der jeweils eigentlich »fremden« Gemeinschaft wohnen, erscheint ganz offensichtlich als eine Strategie im Dienste der Aufrechterhaltung und Festigung der *Zwischen-Gruppen-Bindung*. Schließlich sind diese Wohngemeinschaften aufeinander angewiesen, insbesondere in bezug auf eine erfolgreiche Netzjagd zur tierischen Proteinversorgung, bei der die Kooperation mehrerer Lagergruppen notwendig ist, denn eine einzelne Wohngemeinschaft könnte keine erfolgreiche Netzjagd durchführen. Dafür bildeten jeweils zwei der untersuchten Lager eine enge Verbindung, die die Bayaka-Pygmäen *mò.sàmbà* nennen. Zu diesen Jagden gesellten sich gelegentlich auch die Leute der anderen Wohngemeinschaften hinzu. Man kann die Organisation, die Bildung eines solchen *mò.sàmbà* als eine Art Verband bezeichnen, der einen bestimmten *Aktionsraum* (Lebensareal) oder ein *Schweifgebiet* durchstreift. Doch möchte ich später darauf näher eingehen (cf. Kapitel 6).

Nachdem ich in den Wohngemeinschaften der Pygmäen als Gast akzeptiert war, konnte ich vor dem Hintergrund des Vertrauens ungestört meine Beobachtungen und Forschungsarbeiten durchführen und das Verhalten der Bayaka-Pygmäen auch ungestellt kinematographisch dokumentieren. Nach mehreren Monaten Feldforschung riefen mich meine weiteren Verpflichtungen wieder zurück nach Europa. Dort begann ich auch die vertiefte Analyse der bei meinen zu Freunden gewordenen Gastgebern erhobenen Daten.

Nach einer langen Fahrt mit dem VW-Bus quer durch die Sahara, ja quer durch Afrika, kam ich einige Zeit später wieder in die Regenwälder an der Lobaye. Es war Januar, überall standen die Kaffeesträucher in voller Blüte und verbreiteten einen wohlriechenden, betäubenden Duft, der mich unwiderstehlich anzog und regelrecht gefangenhielt. Ich schlenderte von Strauch zu Strauch und erfreute mich des Anblicks der gefüllten, dicht bei dicht gedrängten, strahlend weißen Blütenstände, die wie lockerer Neuschnee auf den dunkelgrün beblätterten Ästen wirkten. Ich zog den intensiven, vielleicht an Jasmin und Maiglöckchen zugleich erinnernden Duft tief in mich ein. Es war ein Duft, der mich trunken machte. Jeder Versuch, eine solche in Blüte stehende Kaffeeplantage zu verlassen, zwang mich mindestens zu einer nochmaligen Umkehr. Ich konnte des Genusses nicht genug bekommen, mich sozusagen nicht »satt« riechen.

Die sich inzwischen nach allen Richtungen neigende, hölzerne Brücke über die Lobaye stand noch. Welch ein Wunder! Sie hielt den Belastungen der mit dicken Baumstämmen beladenen, schweren Holztransporter noch immer stand. Langsam und verträumt fuhr ich in Richtung des berühmten, einsamen Sipo-Baumes. An der Kreuzung bog ich rechts ab, besuchte alte Bekannte in Bonbongo und fragte nach *viande boucanée* (geräuchertem Fleisch), das Freunde aus Bangui bei mir bestellt hatten. Die Leute erzählten mir, daß die Pygmäen jetzt ganz in der Nähe seien. Nur wenige Kilometer von hier Richtung Osten sollten sich zur Zeit einige Gruppen aufhalten. Davon war ich natürlich nicht gerade erbaut, denn das würde bedeuten, daß sie sich den Siedlungen der Waldpflanzer-Bevölkerung beträchtlich genähert hätten. So fuhr ich gleich einmal dorthin.

Nur ein paar hundert Meter von der Piste entfernt führte mich ein schmaler Pfad durch gelichteten Sekundärwald. Als sich die Vegetation vor mir auftat und ich auf den freien Platz des Lagers trat, wußte ich noch nicht, daß ich meinen alten Bekannten, Musanki, wiedergefunden hatte. Es war anscheinend niemand anwesend, doch rauchten drei Feuerstellen schwach vor sich hin. Neben den üblichen niedrigen Bienenkorbhütten standen hier noch drei größere, rechteckige Hütten, ähnlich jener der großwüchsigen Bevölkerung. Die Seitenwände und das flache Dach waren mit geschälter, breitgeklopfter Baumrinde und riesigen Palmwedeln verkleidet. Ich wollte gerade wieder gehen, als aus einer der Rechteckhütten Musanki, halb verschlafen mit zusammengekniffenen, rot entzündeten Augen – die dringend eine Behandlung benötigten –, hervorgekrochen kam. Musanki erkannte mich sofort. Er war sichtlich erfreut, daß ich nun wieder in der Gegend weilte. Er berichtete, daß all die anderen Leute im Walde unterwegs seien und erst später am Nachmittag zurückkehren würden. So blieb ich eine Weile mit meinem getreuen Helfer Gumbe und plauderte mit Musanki über Alltägliches. Es sollte für mich eine große Überraschung werden, als Malaki unverhofft ins Lager hereinstolzierte. Sie strahlte übers ganze Gesicht, kam geradewegs auf mich zu, streckte die Hände nach mir aus und sagte laut meinen Namen *A(r)miiin*, wobei sie das *r* verschluckte – da es diesen Buchstaben in ihrer Sprache gar nicht gibt – und das *i* stark betont in die Länge zog. Spontan und nach so langer Zeit hatte sie mich wiedererkannt und wußte sogar meinen Namen noch.

Die Wohngemeinschaft hatte sich verändert (Abb. 4.7). Zwei ältere Frauen, Ndomu, die Mutter von Musanki, und Jamu, die Mutter von Malaki, deren früherer Aufenthaltsort mir seinerzeit verborgen geblieben war, waren herbeigezogen. Tschalo und Badima gehörten noch zur Gruppe und hatten einen kleinen 3jährigen Sohn namens Wojo. Der inzwischen 6jährige Dibutscha schlief jetzt neben den Eltern in einer eigenen Hütte. Besonders interessant war für mich, daß Mongatschu und Mombuka jetzt als Paar zusammen in einer Hütte lebten. Dann war da noch der uns bereits bekannte Jüngling Gindschako aus dem Lager Bumbe, mit seiner jungen Frau Jambi und dem etwa 6 Monate alten

Gumbe. Gindschako war früher mit Mongatschu eng befreundet, teilte mit Nako einen Windschirm und gehörte zur Gruppe der nach jungen Mädchen Ausschau haltenden Jünglinge. Seine Frau muß er aber von irgendwo anders hergeholt haben. Vielleicht hatte ihn die Freundschaft zu Mongatschu bewogen, jetzt in dieser Wohngemeinschaft zu leben, denn verwandt waren weder er noch seine Frau mit irgend jemandem. Tschamba, die vor Jahren schon als Einzelgängerin galt, war verschwunden. Sie hatte also in der Gruppe selbst keinen männlichen Anschluß gefunden, denn die seinerzeit mit ihr freundschaftliche Beziehungen unterhaltenden Jünglinge lebten noch im Schweifgebiet, aber mit anderen Frauen. Einen beachtlichen Platz nahm die Familie Timbo ein. Er wohnte jetzt mit seiner Frau Ebunga und der reizenden, etwa 8 Monate alten Tochter Voté in einer Rechteckhütte. Die inzwischen 15jährige Tochter Isaka lebte mit Nako, dem Windschirmkompagnon von Gindschako, in einer eigenen Hütte neben ihren Eltern. Tochter Dabusa wohnte mit einem neu zugezogenen Jüngling namens Dumbo auf der anderen Seite der elterlichen Hütte, Makombe schlief allein. Aber auch noch etwas anderes hatte sich verändert. Der alte Musanki fungierte nicht mehr als *mò.mbài*. War er der Verantwortung eines *primus inter pares* nicht mehr gewachsen? Diese Rolle hatte jetzt der Therapeut Timbo mit übernommen und genoß sichtliches Ansehen. Manchmal schien es mir so, als ob er sich dessen durchaus bewußt sei. Sein Verhalten gab öfters Anlaß zu glauben, daß er diese Situation auch reichlich nutzte.

Die eng befreundete Nachbargruppe wohnte diesmal eine gute dreiviertel Stunde Fußmarsch entfernt. Das Lager war tief versteckt im Wald angelegt. Alle Unterkünfte waren noch traditionelle Bienenkorbhütten. Ambije lebte! Auch mit ihr gab es ein herzliches Wiedersehen. An ihrer Physiognomie und allgemeinen somatischen (körperlichen) Verfassung war zu erkennen, daß sie nun doch gut über siebzig war. Von ihrer starken Persönlichkeit hatte sie nichts eingebüßt, und ihre markanten, ausdrucksstarken Gesichtszüge waren erhalten geblieben (Farb-Abb. 11). Doch wie bei so alten Leuten üblich, ermüdete sie oft und mußte auch tagsüber gelegentlich ein Schläfchen halten (Farb-Abb. 12). Meine freundschaftlichen Beziehungen zu ihr lebten sogleich wieder auf. Das war für mich und meine Arbeit ein gutes Omen, zumal ich beschlossen hatte, diesmal bei dieser Gruppe im

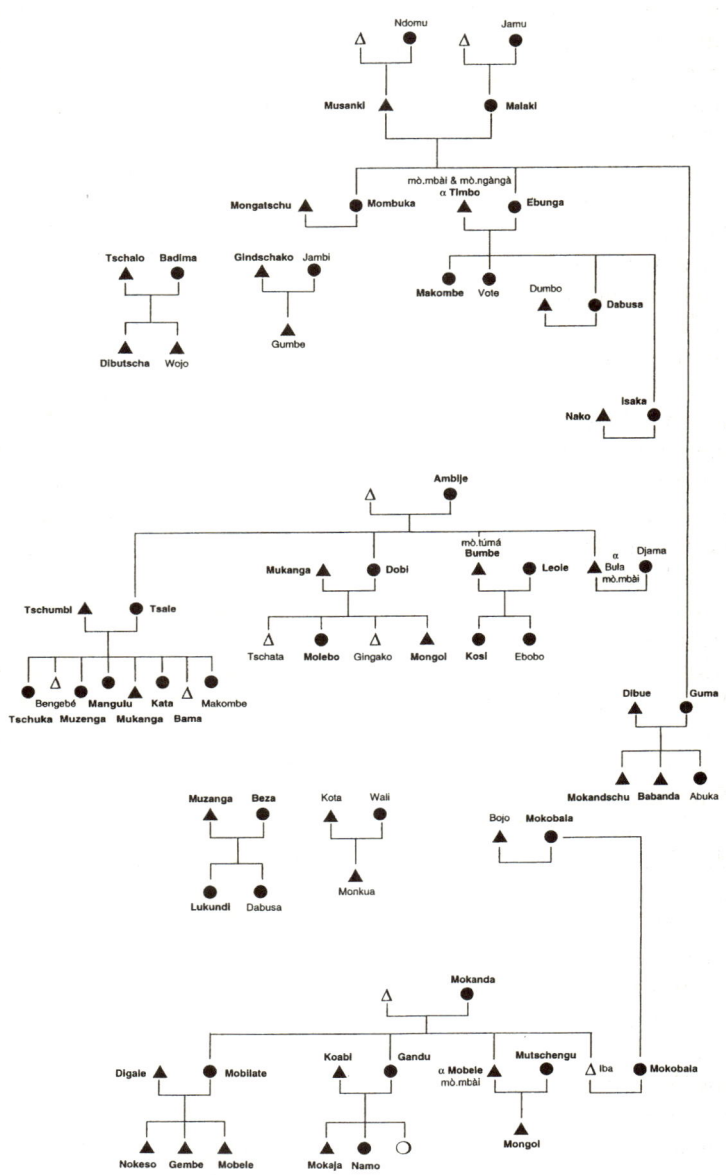

4.7 *Die miteinander verbundenen Wohngemeinschaften von
Musanki–Timbo, Ambije–Bumbe und Mokanda–Mobele*

ursprünglichen Regenwald zu wohnen, da die Musanki-Leute nunmehr in der Sekundärstruktur des Waldes und viel zu nahe an der Piste lebten. Bumbe mit Frau Leoie wohnte jetzt zwei Hütten weiter weg von Ambije. Sie hatten eine kleine Tochter namens Ebobo. Recht lustig, dieses kleine Mädchen so zu nennen, denn Ebobo heißt in der Pygmäensprache »Gorilla«. Die inzwischen 8jährige Kosi schlief, von den Eltern getrennt, in einer kleinen Hütte nebenan. Bald konnte ich herausbekommen, daß Bumbe auch nicht mehr als *primus inter pares* fungierte; doch seine Aufgabe als *mò.túmá*, als Meisterjäger, erfüllte er noch immer. Die Rolle des *mò.mbài* hatte der neue Mann Bula übernommen, ein Sohn Ambijes, der seinerzeit mit seiner Frau Djama nicht in dieser Gegend weilte. Wahrscheinlich lebte er früher in einem anderen Schweifgebiet in beträchtlicher Entfernung, vermutlich in der Familiengruppe seiner Frau, also *uxorilokal*, wie dies bei den Bayaka-Pygmäen eine Zeitlang üblich ist. Kinder hatten die beiden nicht bei sich. Das mit niemandem verwandte Paar Muzanga und Beza wohnte mit ihrer inzwischen 14jährigen Lukundi und der etwa einjährigen Dabusa noch in der Gruppe. Neu im Lager war Bojo mit Frau Mokobala, die seinerzeit mit dem inzwischen verstorbenen Iba, dem Sohn der alten exophthalmischen Mokanda, in der Gruppe um Mobele lebte. Das Paar Kota und Wali weilte mit dem etwa 3jährigen Monkua ganz neu in der Wohngemeinschaft. Musankis Tochter Guma war der Gruppe treu geblieben. Neben den beiden Söhnen Mokandschu (9) und Babanda (5) hatte sie nun noch eine etwa 6 Monate alte reizende Tochter namens Abuka (Abb. 8.10). Die alte, hellhäutige Mokanda lebte auch noch und hauste mit ihrem Sohn Mobele und zwei anderen Töchtern direkt an der staubigen Piste Richtung Ibengé.

Vergleichen wir die sozialen Strukturen über die Jahre, so kann man feststellen, daß die Situation der Kernfamilien und der erweiterten Familiengruppen im großen und ganzen gleichgeblieben ist. Es spiegelt sich also eine gewisse Stabilität und Beständigkeit wider. Jedoch sind neue Allianzen gebildet worden, und die Wohngemeinschaften hatten sich weiter nach außen geöffnet. Die uns gut bekannten jungen Mädchen Isaka, Dabusa und Mombuka, inzwischen mit jungen Männern eigene Hütten bewohnend, waren vorerst *uxorilokal* in der Wohngemeinschaft ihrer Eltern geblieben. In den Gruppen um Musanki und Ambije wohnten insgesamt 6 Paare oder Familien *neolokal*, die mit nieman-

127

dem verwandt waren, von denen aber immerhin zwei aus den nicht weit entfernten Nachbarlagern stammten und so zumindest genealogisch zum »Allianz-Verband« gehörten (Abb. 4.7). Insgesamt lebten in den verschiedenen Lagern 8 Paare *uxorilokal* und nur 3 *virilokal*.

Normalerweise verbleiben die jungen Paare bis zur Geburt des ersten Kindes – der Bestätigung der Effektivität der Verbindung – in der Wohngemeinschaft der Mutter der jungen Frau, siedeln also *uxorilokal*. Dann ziehen sie im Prinzip in die Gruppe der Eltern des jungen Mannes um, oder sollten es zumindest tun. Über die Jahre hinweg zeigte sich aber ganz eindeutig, daß die Lebensweise eines Paares doch *uxorilokal* war, denn die meisten Männer verblieben mit ihrer Familie in der Wohngemeinschaft der Schwiegereltern. Die vielerorts als »überwiegend« *virilokal* beschriebene Siedlungsweise kommt nach meinen Beobachtungen bei den Bayaka-Pygmäen deutlich weniger häufig vor. Jedoch unterliegen die Wohngemeinschaften ständigen, nicht zu unterschätzenden Fluktuationen, und eine »alternierende« *flexible bilokale Tendenz* ist durchaus zu erkennen. In jeder Gruppe gibt es ein »Stammpersonal«, das aus der Kernfamilie und ihrer Erweiterung besteht. Diese Leute halten in der Regel eng zusammen und können als Grundeinheit der Wohngemeinschaft angesehen werden. Im Grunde aber hat selbst eine solche Gruppe keine numerische Beständigkeit, keine feste Ordnung, und unterliegt einem ständigen Kommen und Gehen. Manchmal verschwindet eine Familie für längere Zeit und zieht weite Strecken allein durch die Gegend, eine andere wiederum kann unvermittelt ankommen, um sich der Wohngemeinschaft anzuschließen und um eine Zeitlang mit ihr zu leben. So sind denn auch diese Wohngemeinschaftserhebungen (Abb. 4.4, 5, 7) nichts anderes als repräsentative Momentaufnahmen für die Zeit, in der sie erstellt wurden.

Über die wirklichen, intimen Gründe solcher Fluktuationen wissen wir leider noch viel zuwenig. Vielleicht hat es irgendwo irgendwann Streit gegeben, und man will sich für einige Zeit einfach aus dem Weg gehen. Nun muß es aber nicht unbedingt immer gleich soweit kommen, denn haben wir nicht auch hin und wieder das Verlangen nach unermeßlicher Freiheit? Verspüren wir nicht auch oft den Drang, alles einmal zu verlassen und abzustreifen? Was in unserer Zivilisation nur mehr wenigen vergönnt ist, können die Pygmäen noch weidlich verwirklichen. So kam es, daß eines Tages auch Guma ihre wenigen Habseligkeiten packte und mit ihren Kindern wegging (Farb-Abb. 13). Doch mir blieb verborgen, *weshalb* und *wohin*. Auf jeden Fall mußte sie einige Tagesmärsche weit weggezogen sein, denn ich fand sie in keiner der Wohngemeinschaften der näheren Umgebung. Entsprechend ihren augenblicklichen Bedürfnissen haben die Pygmäen (noch) die Freiheit der Entscheidung, denn der Regenwald ist ihr Heim *sensu lato* und ihre Nahrungsquelle. Er verkörpert ein ökologisches System, das sich die Pygmäen nicht untertan machten, sondern in dem sie seit Jahrtausenden völlig integriert leben; so stellen sie folgerichtig einen Teil von ihm dar. Diese Lebensform scheint ein generelles Charakteristikum der frühen Menschheit gewesen zu sein, denn bei anderen Sammler- und Jägergesellschaften finden wir eine ähnliche Flexibilität der Wohngemeinschaften: *»Hadza residential groupings are open, flexible, and highly variable in composition«* [508]. Aber auch bei den !kung-Buschleuten, den Netsilik-Eskimos und den australischen Ureinwohnern sind solche Veränderungen von Größe und Zusammensetzung der Lokalgruppen bekanntgeworden [280].

Nicht sicher belegte Äußerungen, die Frauen würden nach der Bildung des *Konubiums* vorwiegend in die *Sippe* des Mannes ziehen [399, 424], haben zur These geführt, insbesondere die Ituri-Pygmäen seien eine heute *androkratisch* (männerherrschend) verwaltete Gesellschaft, der aber eine frühere *gynäkokratische* (frauenherrschende) Sippenführung vorausgegangen sei [281]. Dies wurde jedoch bereits energisch zurückgewiesen, denn »das zu beobachtende Gleichgewicht der Geschlechter gab kaum Anlaß, nach *Androkratie* oder *Gynäkokratie* zu fragen« [406]. Der sich daraus entzündende Streit [282, 407] erbrachte keine erhellenden Erklärungen. Es gibt deshalb auch keinen Anlaß, nach einer »Rechtfertigung des Mannes aus der Frau« [490] zu fragen, zumal einige der betreffenden Autoren von rein theoretischen Überlegungen ausgingen und sich nicht auf eigene Feldforschung stützen können. Die Pygmäengesellschaft repräsentiert deutlich genug ein wahrlich *egalitäres* System synergetischen Funktionierens ohne jegliche »Kratie«, ganz gleich welcher Couleur. Die zentrale Rolle mancher älterer oder alter Frauen innerhalb der Wohngemeinschaft im Kontext sozialer Interaktionen resultiert allein aus der Ausstrahlungskraft ihrer Persönlichkeit im Sinne

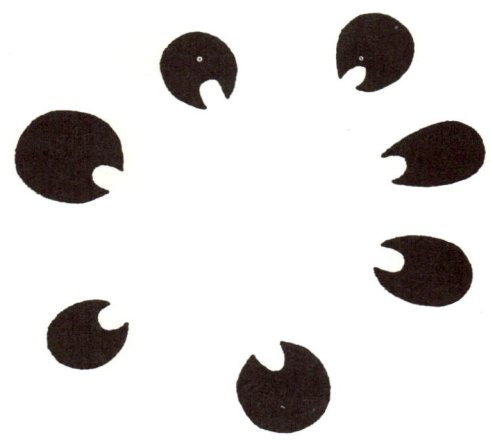

4.8 *Klassisches, kreisförmig angelegtes Wohnlager mit zueinander gerichteten Eingängen*

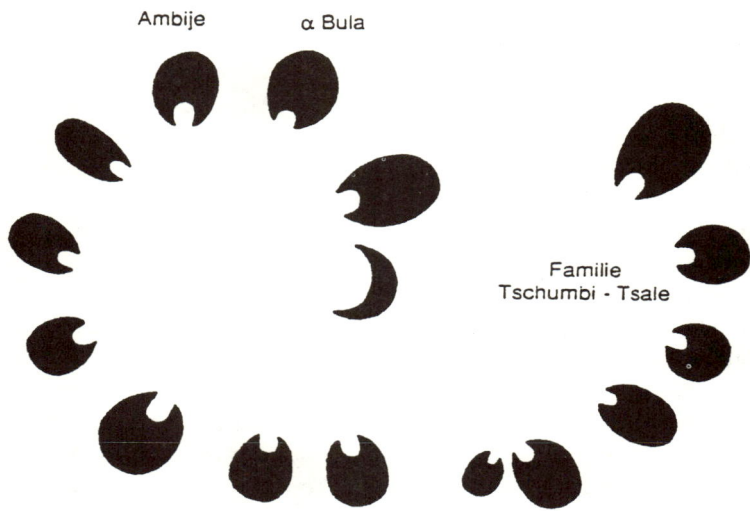

4.9 *Spiralförmig angelegtes Wohnlager mit Abspaltungstendenz der kinderreichen Familie Tschumbi-Tsale*

der *Aufmerksamkeitsstruktur* und ist obendrein das Ergebnis einer gewissen sozialen Disponibilität. Solche *charismatischen* Großmütter gibt es aber auch in unseren Gesellschaften, ohne daß deshalb gleich nach Gynäkokratie gefragt werden muß.

Doch zurück zu unseren Pygmäen an der Lobaye. Ambijes Tochter Tsale und ihr Mann Tschumbi waren ebenfalls noch in der Gruppe, doch der schon immer sehr kranke kleine Sohn Bengebé war längst verstorben. Sie lebten nunmehr mit ihrer inzwischen 3jährigen Tochter Makombe zusammen in einer Hütte. Sie waren die kinderreichste Familie mit insgesamt 2 Söhnen und 5 Töchtern. Diese Wohngemeinschaft bildete diesmal nicht die übliche Lagerstruktur mit normalerweise kreisförmig stehenden Hütten, bei der alle Eingänge stets auf einen zentralen Platz hin gerichtet sind, so daß die vor ihren Hütten sitzenden Leute einander zugewandt sein konnten (Abb. 4.8). Tschumbis Familie siedelte etwas seitwärts. Die Anordnung der Hütten verlieh dem Lagerplatz das Aussehen einer sich aufrollenden Spirale (Abb. 4.9). Das verwunderte mich zwar ein wenig, doch vermied ich nachzufragen, denn das hätte durchaus unpassend sein können, und wie bereits erwähnt, bekommt man dabei meist die Wahrheit doch nicht heraus. Also beschränkte ich mich auf diskretes Beobachten. Dabei konnte ich bald bemerken, daß die durch Sammeltätigkeit eingebrachte vegetarische Nahrung – entgegen den üblichen Gebräuchen – nur selten mit anderen Gruppenmitgliedern geteilt wurde, lediglich die alte Ambije bekam regelmäßig von den heimgebrachten Früchten und Wurzelknollen. Das schien mir aber wohl ganz normal, schließlich war sie die Mutter Tsales und damit natürlich auch die Großmutter von Tsales Töchtern, die bei der Versorgung der Familie, vor allem mit pflanzlicher Nahrung, eine wichtige Rolle spielten.

Eines Tages aber, offensichtlich ohne erkennbaren Grund, packte Tsale mit ihren Töchtern die wenigen tragbaren Sachen, wie Kochkessel und Mörser, in ihre Tragekörbe. Sie verschwanden zunächst im Wald, und ihnen so einfach nachlaufen wollte ich natürlich nicht. Bald erfuhr ich aber, daß sie etwa 25 Min. Fußmarsch entfernt ein neues Lager für sich ganz allein errichtet hatten. Als nunmehr *echte Kernfamilie* mit ihren heranwachsenden Töchtern hatten diese Leute gute Chancen, bald zu einer *erweiterten Familiengruppe* zu werden, und das würde ihnen die Möglichkeit geben, neue, eigene strategische Verbindungen einzugehen. Dies eröffnete sich einerseits durch die Präsenz von heranwachsenden Töchtern, vor allem der 12jährigen Kata und der 14jährigen Muzenga, die durchaus der Grund sein könnten, daß sich auf Brautschau umherstreifende Jünglinge in dieser Wohngemeinschaft niederlassen, sie vergrößern und damit auch auf ökonomischer Basis, insbesondere bei der Fleischbeschaffung, nützlich sein werden. Andererseits würde es dann dem inzwischen 16jährigen Mukanga erlauben, seine Familie zu verlassen, um sich in einer Gruppe eines weiter entfernten Schweifgebietes nach einem jungen Mädchen umzusehen, womit wiederum neue Allianzmöglichkeiten geschaffen werden. Solcherart entstehen *weitverzweigte Verbindungen* zwischen den einzelnen Wohngemeinschaften, die selbst die verschiedenen Schweifgebiete *netzartig* überziehen.

Im Zusammenhang mit den Abspaltungsstrategien wirft sich nun die Frage auf, ob es denn bei den Pygmäenmännern so etwas wie ein Bestreben gibt, irgendwann einmal *primus inter pares* zu werden. Nachdem sich in der eben beschriebenen Wohngemeinschaft gerade ein Wechsel des *mò.mbài* von Bumbe zu Bula vollzogen hatte, mußten für Tschumbi, falls er in Anbetracht seiner kompakten Familie je mit solchen Gedanken spielte, die Aussichten vorerst nicht gut stehen. Betrachtet man andererseits die geringe, ja in der Realität kaum effektive Verfügungsgewalt eines *mò.mbài*, der ja, wie wir aus den bislang erhobenen Daten erfahren haben, nur dann in Aktion tritt, wenn seine Fähigkeiten auch tatsächlich gebraucht werden, erscheint es nahezu unwahrscheinlich, diesen Männern ein solches Gedankenspiel unterstellen zu wollen. Die Stellung des *primus inter pares* bringt – der diese Funktion ausübenden Person – keinen eigentlichen Vorteil. Sie bringt vielleicht noch nicht einmal Prestige, und wenn doch, dann eben nur auf begrenzte Zeit. Wozu sollte ein Mann dann unbedingt *mò.mbài* werden wollen? Wir wissen es ja noch nicht, aber vielleicht ist diese Funktion nichts anderes als eine Pflichtaufgabe gegenüber der Gemeinschaft, die ein jeder Pygmäenmann zumindest einmal in seinem Leben zu erfüllen hat. Das Wegziehen der kinderreichen Familie Tschumbi aber scheint eher in Richtung auf ein soziales Gleichgewicht hin zu tendieren. Daß Tschumbi dabei automatisch, als einzigem erwachsenen Mann und Oberhaupt der Kernfamilie, gleichzeitig die Verantwortung eines *mò.mbài* zufiel, mag dabei eine nebensächliche Rolle gespielt haben.

Die Gefahr einer Isolierung, bedingt durch den plötzlichen Umzug, bestand für diese Kernfamilie eigentlich nie, denn Tsale als Tochter Ambijes war sich der Allianz und des Fortbestandes der guten Beziehungen zu ihrer ehemaligen Gruppe mit Tsales Brüdern Bula und Bumbe durchaus sicher. Ja, über die dortige, wenn auch zeitlich begrenzte Präsenz von Musankis Tochter Guma waren auch zu dieser Wohngemeinschaft Verbindungen erhalten geblieben. Schließlich hatte die Kernfamilie Tschumbi den Einzugsbereich des sogenannten *Schweifgebietes* ja gar nicht verlassen. Wenn auch der plötzliche Wegzug nicht so ohne weiteres vorauszusehen war, so gibt es hierfür doch mehrere theoretische Erklärungsmöglichkeiten. Die bei einer Gruppengröße von 30 und mehr Personen obligatorische Abspaltung von kinderreichen Familien auf ökologisch-ökonomischer wie auf sozialer Basis betrachte ich als eine Strategie im Sinne exogamer Praktiken zur Erhaltung des biologischen und gesellschaftlichen Gleichgewichts. Da es den der Wohngemeinschaft übergeordneten *territorialen* oder »Regional-Verband« *sensu stricto* gar nicht gibt und ein *mò.sàmbà* nur ein *temporaler Zusammenschluß* zur Wahrnehmung gemeinsamer Interessen – zur Durchführung gemeinsamer Netzjagden – ist, stehen die *Strategie exogamer Praktiken* und die durch fortwährende *Flexibilität* möglichen Fluktuationen der Wohngemeinschaften als einzig geltende Grundeinheit, ganz offensichtlich und folgerichtig auch im Dienste der Untermauerung weitverzweigter *gruppenbindender Mechanismen*. Die wie eine Spirale aufgerollte Konfiguration der alten Wohngemeinschaft ließ deutlich erkennen, daß diese Familie schon eine Art Absonderungstendenz demonstrierte, zumal die gesamte Gruppe bereits 34 Personen zählte. Irgendwann mußte es sowieso zu einer solchen *Szission* (Abspaltung) kommen, denn im gesamten Einzugsbereich der Lobaye gab es unter insgesamt 20 untersuchten Wohngemeinschaften nur noch eine mit genau 30 Personen, Babys und Kleinkinder eingerechnet. Alle anderen Wohngemeinschaften hatten weniger Mitglieder, und der Durchschnittswert lag bei 22,5 Personen pro Lokalgruppe (Abb. 4.10). Nach der Abspaltung der Familie Tschumbi zur selbständigen 21. Wohngemeinschaft sank der Durchschnitt auf 21,5 Personen. Wenn die »kritische« Anzahl von 30 Gruppenmitgliedern erreicht oder überschritten wurde, kam es stets zur Abwanderung von Paaren, einer Familie oder einzelner Personen, die entweder in die Nachbarlager – vorausgesetzt, daß diese aufnahmefähig waren – oder gar in andere, weiter entfernt lebende Wohngemeinschaften auswichen. Vielleicht ist dies auch ein Erklärungsansatz für die plötzlich auftauchenden, nicht verwandten Paare oder Kernfamilien, die sich für kürzere oder längere Zeit einer aufnahmefähigen Wohngemeinschaft anschlossen. Es kam aber auch vor, daß jemand einfach nach einem wilden Streit überstürzt das Lager verließ. Allerdings konnte ich solch bösartige Zänkereien, die zum unverzüglichen Auseinandergehen führten, nur sehr selten beobachten. Sonst aber wurde jede aufkommende Unstimmigkeit durch augenblickliches Eingreifen des *mò.mbài* so schnell wie möglich im Keim erstickt und beigelegt, eine durchaus im Sinne der Gruppenkohäsion funktionierende Strategie. Doch wenn es gar nicht anders geht, können Konflikte auch durch Wegziehen von Personen und Familien oder durch Teilung der Gruppe gelöst werden, wie dies ebenfalls bei den !kung-Buschleuten beobachtet werden konnte [261].

Die im Süden Kameruns lebenden Baka-Pygmäen neigen schon seit längerer Zeit zur Sedentarisierung und wurden vor allem in den Verwaltungsbezirken von Messaména, Lomié, Yokadouma und Moloundou von den Behörden nicht nur dazu angehalten, sondern auch mehr oder weniger gezwungen, so daß dort gewisse Pygmäen-Ballungsräume entstanden. In der Umgebung von Messaména und Moloundou macht sich das ganz besonders bemerkbar (Abb. 4.11), wo es bereits in den Jahren 1947/48 Pygmäenlager mit 48 bis sogar 90 Mitgliedern gab [477]. Recht interessant wird es, wenn man die verschiedenen Wohngemeinschaften nach der Geschlechterverteilung vergleichend aufschlüsselt. In meinem Arbeitsgebiet der Lobaye in Zentralafrika gab es – übereinstimmend mit der generellen menschlichen Sex-Ratio – mehr Frauen als Männer. Es gab logischerweise auch mehr Kinder als Frauen, wobei in insgesamt 8 von 21 Lagern die Kinder besonders zahlreich waren (Abb. 4.12). Bei den Baka-Pygmäen Südkameruns aber lebten in deutlich mehr Wohngemeinschaften (9 von 24) weniger Frauen als Männer und in 10 von 24 Lagern vor allem zahlreiche Kinder (Abb. 4.13). Schlüsselt man nun die Geschlechterverteilung dieser beiden Gesamtpopulationen in Prozente auf, so findet man bei den schon länger seßhaf-

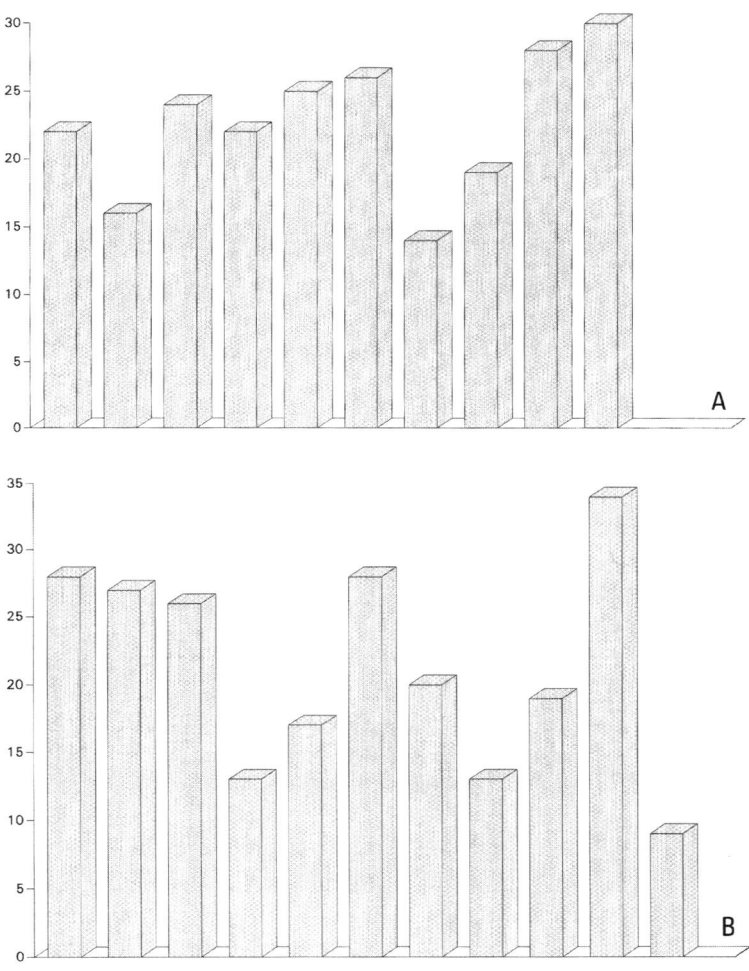

4.10 *Einwohnerzahlen der Bayaka-Wohngemeinschaften im Gebiet der Lobaye*

ten Baka trotz weniger Männer und Frauen immerhin 10% mehr Kinder als bei den noch relativ mobilen Bayaka (Abb. 4.14). Es mag im nachhinein wohl müßig erscheinen, weit ausschweifende Überlegungen darüber anstellen zu wollen, doch scheint die offensichtlich geringere Kindersterblichkeit bei den Baka-Pyg-

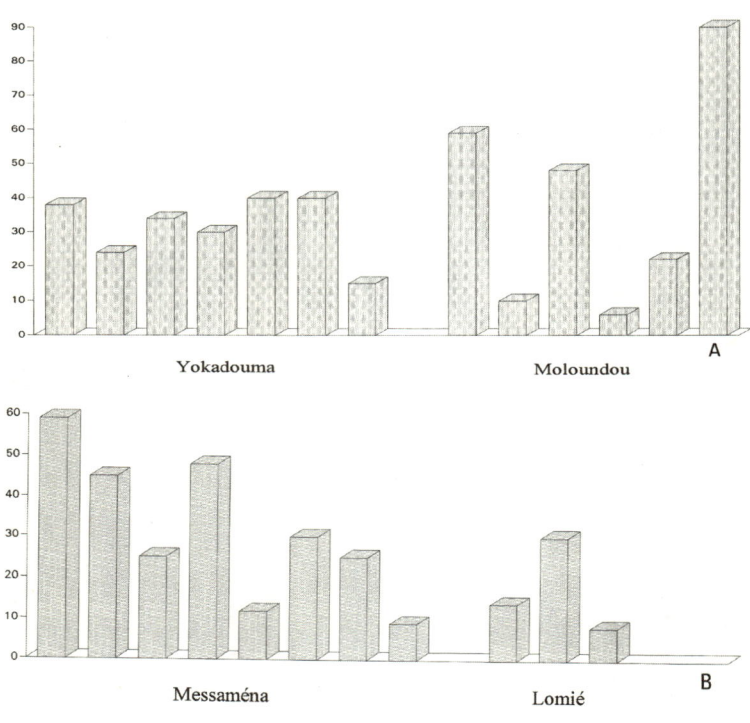

4.11 *Einwohnerzahlen der Baka-Wohngemeinschaften im Süden Kameruns*

mäen schon auf die bessere medizinische Betreuung durch die dort wirkenden Religionsgemeinschaften zurückzuführen zu sein. Ein kleiner Trost für die durch das Erwirken der Seßhaftwerdung verlorengegangene genuine mobile Lebensweise. Die eingebüßte Freiheit durch mehr Kinder wettzumachen ist auf lange Sicht jedoch kein Gewinn und kann auf das ökologische und soziale Gleichgewicht nur negative Auswirkungen haben.

Vergleiche der Siedlungsgröße bei den Ituri-Pygmäen sind leider nicht möglich, da Schebesta [399] nichts über genuine Wohngemeinschaften aussagt, für seine Untersuchungen die Pygmäen aber in übergroßen Lagern zwangsangesiedelt hatte, sich gleichzeitig jedoch wunderte, daß er – trotz reichlicher Nahrungsliefe-

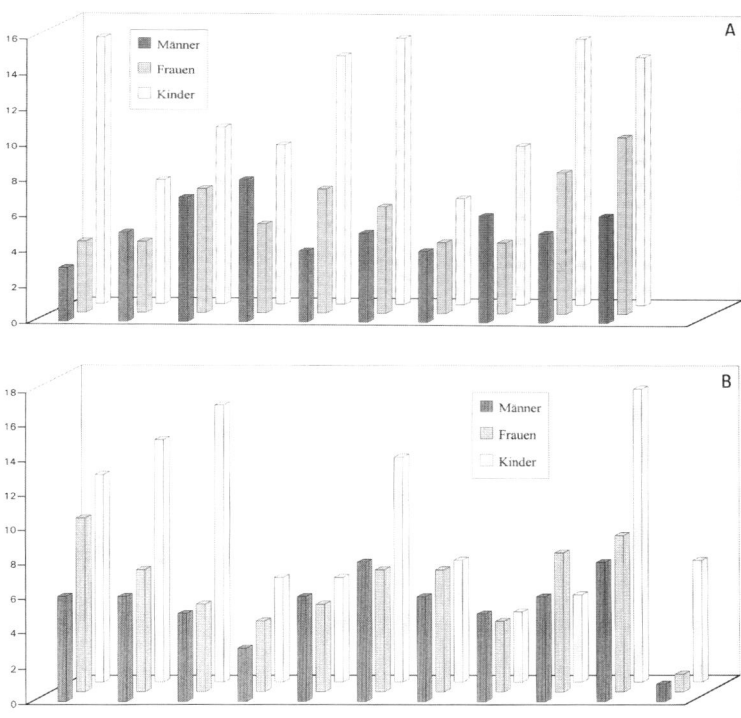

4.12 *Nach Geschlechtern und Kindern aufgeschlüsselte Wohngemeinschaften im Gebiet der Lobaye*

rungen seinerseits – diese Leute nicht am Ort halten konnte! Damit hatte man bereits damals und in der Folge die Möglichkeit für einen objektiven Einblick in die Gesellschaftsstruktur der Ituri-Pygmäen verpaßt. Man muß sich auch fragen, in welchem Maße – im Vergleich zu den Hackbauern im Einzugsbereich der West-Pygmäen – die schon immer streng organisierten Balese und Mangbetu auf die Ituri-Pygmäen ihrerseits einen dauerhaft modifizierenden Einfluß ausgeübt hatten. Schon im letzten Jahrhundert unterhielt der mächtige Mangbetu-König Munsa für seine weitschweifenden Eroberungszüge Söldnerheere von mit Pfeil und Bogen bewaffneten Pygmäenmännern [426]. Außerdem trug die langjährige Ansiedlung eines amerikanischen Forscherehepaares in der näheren und weiteren Umgebung ihres Wirkungs-

137

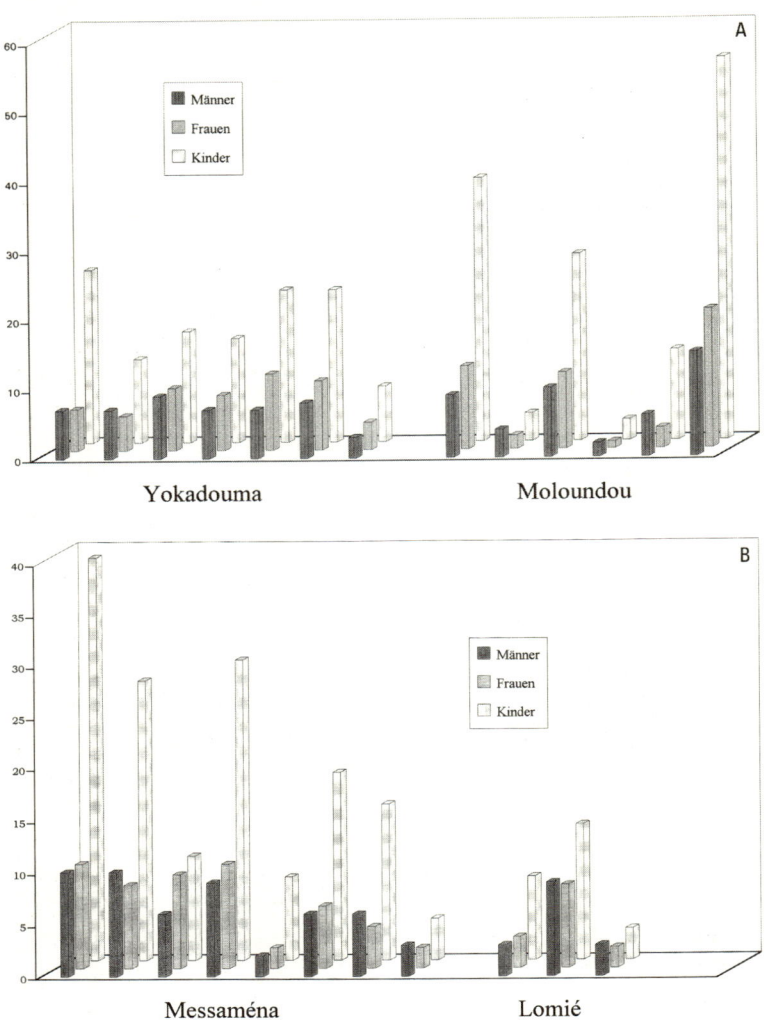

4.13 *Nach Geschlechtern und Kindern aufgeschlüsselte Wohngemeinschaften im Süden Kameruns*

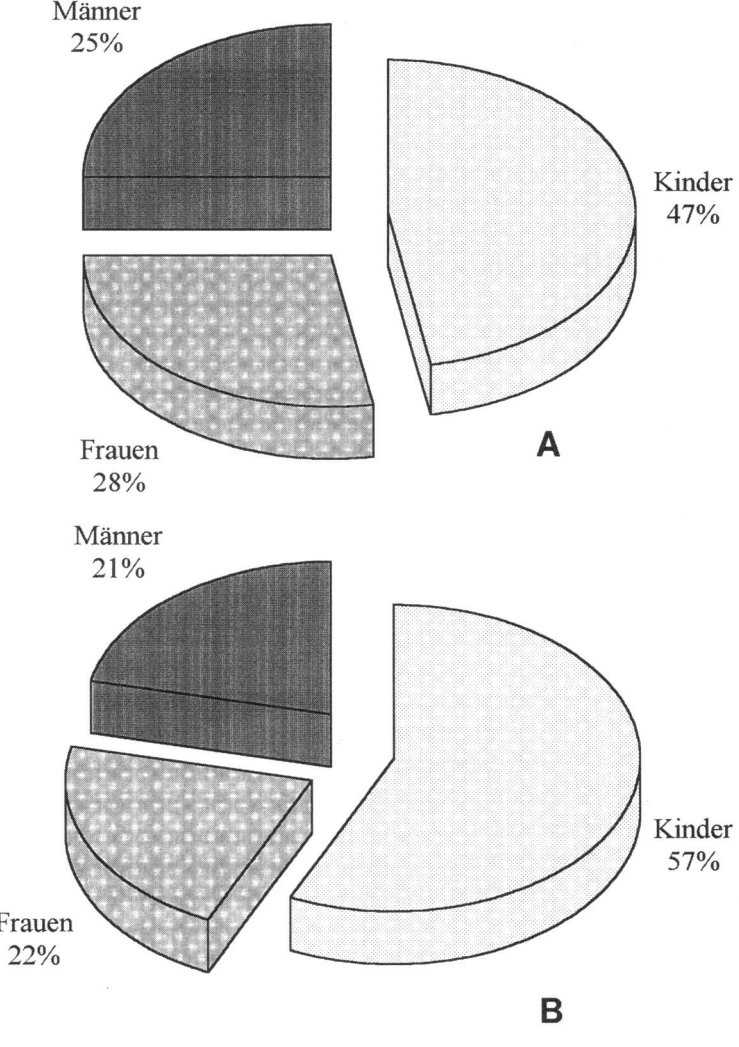

A

B

4.14 *Prozentualer Anteil von Männern, Frauen und Kindern der Gesamtpopulationen im Gebiet der Lobaye (A) und im Süden Kameruns (B)*

bereiches durch ständiges Eingreifen in die Lebensweise dieser Pygmäen stark zu deren Akkulturation bei [375]. Auf jeden Fall konnten in den fünfziger Jahren bei den Efe offensichtlich keine klassischen Wohngemeinschaften mehr vorgefunden werden. »*Mbuti hunting bands fluctuate in size from seven to thirty (!) nuclear families ...*« [468, 470]. Das wären im Extremfall mehr als hundert Leute, wobei die Bezeichnung *band* (Horde) als für die Pygmäen typische soziale Einheit durchaus umstritten bleiben muß, da bislang kein überzeugender Beweis hierfür erbracht werden konnte. Die außerdem verwendete »anspruchsvolle« Bantu-Bezeichnung »Mbuti« – richtiger wäre der Plural Ba.Mbuti – wird dem Tatbestand ebenfalls nicht gerecht, weil damit auf die Ituri-Pygmäen in ihrer Gesamtheit Bezug genommen wird und dies zu nicht haltbaren Generalisationen geführt hat, wie es denn auch aus späteren Zitaten in der – sich auf diese Arbeiten stützenden – Sekundärliteratur entsprechend hervorgeht [149, 150, 153]. Untersucht wurden jedoch nur die Efe, also nur eine von insgesamt drei im Ituri-Waldgebiet lebenden Pygmäenpopulationen mit durchaus unterschiedlichen Wirtschaftsformen und demzufolge vielleicht auch verschiedenen Lebensstrategien.

Bei den ostafrikanischen Hadza konnten ebenfalls sehr unterschiedliche Gruppierungsverhältnisse vorgefunden werden, denn die Leute »*are living in camps containing very varied numbers of people, from a single person to almost a hundred people. The average camp contains about eighteen adults*«, was schon eher in eine interessante Richtung weist. »*But members of a camp do not constitute a stable unit ...*« [508]. Bei den !kung-Buschleuten findet man ebenfalls Lokalgruppen von 25 bis maximal 30 Personen [261, 279]. Gesetzmäßigkeiten, die mit den Wohnstrategien der Bayaka-Pygmäen durchaus vergleichbar sind. Die numerische Zusammensetzung solcher »Nahrungsbeschaffungstrupps« [277] von etwa 30 Personen ist eine der »magischen« Zahlen der Lebensweise bei Wildbeuter-Gesellschaften. Dies scheint eine optimale Kombination von Erwachsenen und Kindern zu sein. Wenn auch über die Größe einer zusammenlebenden Ur-Menschengruppe keine bindenden Aussagen möglich sind, so ist es aber in diesem Zusammenhang wohl nicht uninteressant, daß auch bei den meisten pleistozänen Wohnplätzen in Ostafrika diese Größenordnung gefunden werden konnte [236]. Die häufig verwendeten Ordnungsbegriffe wie *Sippe* [399],

Horde [158] und *band* [468] entsprechen keineswegs den tatsächlichen Gegebenheiten. So wurde für »kleinste zusammengehörige Bevölkerungsgruppen«, bestehend aus mehreren Männern, Frauen und Kindern, bereits vorgeschlagen, den unverbindlichen Oberbegriff der *Lokalgruppe* zu verwenden [36], deren Wohnbezirke temporal durchaus veränderlich sein konnten. Somit wäre diese Lokalgruppe als *sozialökonomische Grundeinheit* der von mir beschriebenen *Wohngemeinschaft* im Stellenwert altsteinzeitlicher menschlicher Gesellung durchaus ebenbürtig, doch scheint mir der Begriff »Wohngemeinschaft« für die Bayaka-Pygmäen weit treffender, da eine Lokalgruppe *sensu lato* unter gewissen Umständen mehrere befreundete und in einem Schweifgebiet kooperierende Wohngemeinschaften umfassen könnte, denn für die beschriebenen »sozialökonomischen Grundeinheiten der Steinzeit« wurden zwischen 40 und 100 Personen genannt [36]. Die Wohngemeinschaft der Pygmäen entspricht dabei viel eher der für die bei Frühmenschen vermuteten *primary group* [68]. Darunter versteht man eine Gruppe, deren Mitglieder sich im Verlaufe ihres Routinelebens alltäglich persönlich begegnen und einander vertraute Sozialpartner sind. Bei zahlreichen rezenten Gesellschaften von Sammlern und Jägern finden wir eine solche fließende, soziale Organisation, die sie durchaus mit den Schimpansen gemein haben [239]. Es bilden sich bei ihnen im Rahmen einer größeren Gemeinschaft kleine, unbeständige Gruppen, deren Mitgliederzahlen sich, je nach der Verfügbarkeit der Ressourcen, ständig verändern. Auch die Pygmäenfamilie ist, wie wir sehen können, in eine solche umgreifende Sozietät eingebettet.

Das Zustandekommen einer Lebensgemeinschaft zwischen Mann und Frau, das *Konubium*, unterliegt bei den Bayaka-Pygmäen keiner besonderen Vorschrift. Die Erwachsenen greifen in keiner Weise in das Geschehen der Paarbildung ein. Bei den Sammlern und Jägern der Kalahari, den !kung-Buschleuten dagegen wird die Ehe arrangiert [261]. Die jungen Pygmäen sind im Grunde frei bei ihrer Partnerwahl, jedoch bestehen gewisse Verbote. Diese betreffen insbesondere die näheren Verwandtschaftsgrade und sind an die Gesellschaftsstruktur gebunden. In diesem Sinne ist es unmöglich, seinen eigenen Vater (*mò.táé*), seine eigene Mutter (*mò.ngóé*), seine eigenen Brüder und Schwestern (*mò.kádi*)

141

oder sonstige *konsanguinen*, also blutsverwandten Personen, einschließlich seiner eigenen Kinder, zu heiraten. Bei dem Verwandtschaftsbegriff *mò.kádi* gibt es dabei ein Differenzierungsproblem [74]. Tatsächlich geht es bei den Nachkommen ein wenig durcheinander! So kann man die Geschlechter auf seinem eigenen Stammbaum-Niveau unterscheiden, indem man eine Determinante anfügt, wie *mò.kádi-wa-pàé* (Bruder, männliches, leibliches Geschwisterteil) oder *mò.kádi-wa-mò.étò* (Schwester, weibliches, leibliches Geschwisterteil). Weiter erstreckt sich das Verbot auf die direkte Nachkommenschaft der Eltern des Vaters und der Mutter, und zwar bis auf die vierte zurückreichende Generation, einschließlich der Kreuzvettern [181].

Daraus können wir ersehen, daß bei den Bayaka-Pygmäen ein strenges *Inzesttabu* besteht, wie dies auch für die Kivu-Pygmäen klar herausgestellt wurde [424]. Es ist also praktisch ausgeschlossen, innerhalb der Familiengruppe, ja noch nicht einmal innerhalb von kooperierenden Wohngemeinschaften mit ihren verzweigten und ineinander verschachtelten Verwandtschaftsbeziehungen, einen Lebensgefährten zu finden, obwohl dies theoretisch durchaus möglich wäre, da in fast jeder Wohngemeinschaft zumindest eine nicht verwandte Familie siedelt. Doch die in Frage kommenden Jungen und Mädchen sind nicht unbedingt in der jeweils gesuchten Alterskategorie. In Wirklichkeit beschließt der junge Mann etwa ab dem 16. Lebensjahr, den Einzugsbereich der eng beisammen liegenden Wohngemeinschaften zu verlassen. Die Tatsache, daß er dieses Schweifgebiet auf jeden Fall verläßt, selbst wenn ein junges Mädchen seiner Altersklasse einer nichtverwandten Familie existieren würde, und daß er mit ihr keine über normale freundschaftliche Beziehungen hinausgehenden, intimen Relationen eingeht, ist vielleicht mit dem *Kibbuz-Effekt* zu erklären. Leben doch die Kinder aller Altersklassen wie Geschwister zusammen, wachsen gemeinsam auf, spielen ständig miteinander, wobei sich die Älteren liebevoll um die Jüngeren kümmern. Das Leben in der Wohngemeinschaft vollzieht sich wie das Leben in einer großen Familie. Auch mit den Nachbarlagern sind durch die häufigen gegenseitigen Besuche die Beziehungen so eng, daß gemeinsames Aufwachsen, ständiges Zusammenleben und alltägliches Miteinanderspielen auch gegenüber Nicht-Blutsverwandten als »Inzestbarriere« funktionieren, so wie es bei den ähnlich aufgewachsenen Kibbuz-Kindern beobachtet wurde [41, 436].

Der abwandernde Jüngling streift allein oder zusammen mit einem etwa gleichaltrigen guten Freund durch den Wald, auf der Suche nach mehrere Tagesmärsche entfernt liegenden Wohngemeinschaften mit ledigen jungen Mädchen seiner Alterskategorie, von denen eines als künftige Lebensgefährtin in Frage kommen könnte. Mit dem Einverständnis aller Gruppenmitglieder errichtet sich dann der junge Mann im fremden Lager an einer dafür geeigneten Stelle einen Windschirm, der ihm für die Nacht ein Minimum an Schutz bietet. Solange er, ohne feste Bindung zu einem Mädchen, in der Gruppe weilt, ist der Jüngling dazu verurteilt, sich mit dem Windschirm zu begnügen. Keine der bereits gebundenen Frauen wäre je bereit, ihm eine – besseren Schutz bietende – Rundhütte zu erstellen. Auch bei den ostafrikanischen Hadza werden die Wohnhütten ausschließlich von den Frauen erbaut, während die Junggesellen es selbst tun müssen [259].

Diese bemerkenswerte Partner-Such-Strategie ist schon früh von den Bagielli-Pygmäen in Kamerun richtig beschrieben worden, doch lange Zeit unbeachtet geblieben. Der Mogielli-Jüngling Mukuong ging dabei »viele Wochen weit« bis ins Land der Bayaka-Pygmäen, in den Kongo, und kam erst nach über einem Jahr mit seinem dort aufgetriebenen Weib in die Waldberge des Bagumba-Landes zurück [435]. Das zeigt aber auch, daß zwischen den durch Eigennamen und verschiedene Sprachen unterschiedenen Pygmäen-Populationen Interpenetrationen vorkommen. Ähnliches konnte ich im zentralafrikanischen »Zipfel« von Bayanga feststellen, wo die dortigen Bayaka nicht nur nach Osten bis an den Ubangui Kontakte unterhielten, sondern auch nach Westen zu den Baka-Leuten in Kamerun.

Ist ein junges Mädchen nach einer oftmals recht langen Freundschaftsperiode nun wirklich geneigt, mit einem Jüngling eine Lebensgemeinschaft einzugehen, beginnt sie im Lager ihrer Eltern mit dem Bau einer neuen Hütte, in welche der junge Mann dann eingeladen ist. Meist dauert es aber noch einige Zeit, bis er dieser Einladung auch wirklich nachkommt. Er ziert sich noch ein wenig. Eines Abends jedoch, wenn er meint, die anderen Gruppenmitglieder würden es nicht wahrnehmen, schlüpft er auf leisen Sohlen in die Hütte des Mädchens. Doch irgendeiner bemerkt das immer. Schließlich wartete man bereits gespannt auf diesen Augenblick. Mit hellen, schrillen Schreien wird von den Frauen im

Lager nun ein melodischer Jodelgesang angestimmt, in den dann alle Leute freudig einfallen. Sie lassen die beiden jungen Leute so schnell nicht zur Ruhe kommen. Vielleicht hat der bis lang in die Nacht hinein anhaltende Gesang auch die Funktion, die Vorgänge in der kleinen Bienenkorbhütte geräuschvoll zu überlagern. Mehr Zeremoniell gibt es nicht. Schon am nächsten Morgen spricht keiner mehr darüber. Jeder geht wieder seiner Beschäftigung nach.

Bei den Pygmäen der von mir untersuchten Wohngemeinschaften waren alle Männer *monogyn*. Es schien hier, wie auch bei anderen Pygmäen, die Regel zu sein. Es gab jedoch im Einzugsbereich der Lobaye, vor allem nördlich dieses Flusses bei den schon länger sedentarisierten Gruppen, vereinzelte *bigyne* Männer. Nach dem Tod des Mannes nimmt der ältere Bruder des Verstorbenen gelegentlich die Witwe zu sich. So führt das auf diese Weise praktizierte *Levirat* zur permanenten oder temporellen *Bigynie*. Andererseits kann es bei weiblicher Sterilität zu einer Art *Sororat* kommen, indem die Familie dem Mann eine jüngere Schwester der Frau – soweit überhaupt vorhanden – zur Verfügung stellt, ohne daß er sich von der »Erstfrau« trennen muß, wobei die Geschwister-Frauen friedlich nebeneinander koexistieren, wie dies auch bei den Ituri-Pygmäen beobachtet wurde, bei denen von 228 Männern 14 (= 6 %) polygyn lebten [400]. Ein solches latentes Polygamie-Bestreben wird aber von der Gemeinschaft keineswegs hingenommen, und es kommt um jeden einzelnen Fall immer wieder zu heißen Diskussionen über die Ethik einer solchen Handlung. Daran zeigt sich, wie tief die *monogame* Lebensweise im Kultur- und Gedankengut der Pygmäen verankert ist. In diesem Zusammenhang ist durchaus die Frage berechtigt, inwieweit denn Levirat und Sororat als ureigenes Pygmäen-Kulturgut anzusehen sind oder vielmehr von den Großwüchsigen »abgeguckte« Praktiken sind. Die bei Menschen nur ganz selten praktizierte *Polyandrie* ist von den afrikanischen Pygmäen nicht bekannt. Ganz selten soll es vorkommen, daß ein Mann zwei Schwestern gleichzeitig als potentielle Lebensgefährtinnen nimmt. In einem solchen Falle wird das Konubium aber nicht als bigam angesehen [18]. Doch scheint mir auch dieses Verhalten ganz offensichtlich stark durch die seßhaften Bagandu-Hackbauern beeinflußt, mit denen speziell diese Pygmäen in einem engen Abhängigkeitsverhältnis stehen.

Die bei allen Sammler- und Jägergesellschaften vorzufinden-de *Monogamie* hat schon sehr früh die Gemüter erregt. Daher haben – vor allem durch die »Wiener Schule« beeinflußt – bei der Beurteilung der Monogamie ganz offensichtlich religiös-morali-sche Überlegungen eine Rolle gespielt und zur Definition einer von Sittlichkeit geprägten Sexualethik geführt, da von den Wild-beutern auch sonst keine »unnatürlichen Laster« [414] bekannt waren. Nun wissen wir aber nicht, was »natürlich« oder ein »un-natürliches Laster« ist. Es wurde auch vermutet, daß Polygynie durch die Leistungsfähigkeit des Jägers limitiert sei, da er nur ei-ne Frau zu versorgen vermag. Deshalb hat man vermutet, Mo-nogamie – besser *Monogynie* – sei primär durch die Wirt-schaftsweise, nicht aber aus der moralischen Wertung heraus zu erklären [434]. Eine solche Überlegung scheint aber von einem falschen Denkansatz auszugehen, da bei den meisten Sammlern und Jägern, insbesondere aber bei den Pygmäen, *vor allem die Frau* den Mann und die Familie ernährt. Sie bringt immerhin den größten Anteil der Nahrung ein, denn über 70% sind vegetabi-lischen Ursprungs, und außerdem sind nicht alle tierischen Pro-teine ein Ergebnis der Jagd. Insofern ist denn auch die Aussage: »Wie bei den Rotschulterstärlingen, *Agelaius phoeneceus*, haben Männer mit den besten Ressourcen Aussicht, zusätzliche Frauen zu bekommen« [261], für egalitäre Wildbeuter-Gesellschaften *sensu lato* und für die Pygmäen *sensu stricto* ein unmöglicher Vergleich.

Der Mythos vom »hervorragenden Jäger« mit mehreren Frauen [399] ist eine Mär, da der Jäger bei den Pygmäen, ob her-vorragend oder nicht, sein Können stets in den Dienst der Ge-meinschaft stellt und die eingebrachte Beute dem Wohl aller Gruppenmitglieder dient. Nicht vergessen werden darf in diesem Zusammenhang, daß auch die Frauen und Mädchen zur Jagdschar gehören, an den durch mehrere Wohngemeinschaften gemein-sam organisierten Netzjagden aktiv teilnehmen und so zu deren erfolgreichem Ausgang beitragen. Wo bleibt da der Mann mit den »besten Ressourcen«? Dieser wichtige Aspekt des Funktionierens der Pygmäengemeinschaft wurde bei den früheren Forschungs-arbeiten weitgehend übersehen, worüber uns die einschlägige Literatur zur Genüge Auskunft gibt, obwohl dies – zumindest für die Bayaka-Pygmäen – bereits erkannt worden ist [100]. Außer-dem tritt der Mann bei den Pygmäen nicht nur als Jäger, sondern durchaus auch als Sammler auf (cf. Kapitel 6). Um mich deutlich von anderen Autoren zu demarkieren, schreibe ich deshalb auch ganz bewußt stets von Sammlern und Jägern. Der Buchtitel *Man the Hunter* [280] zeigt ja deutlich genug, wie bei Wildbeuter-Gesellschaften die Jagd ungerechtfertigterweise viel zu stark hervorgehoben wurde, außerdem findet man dort auch bevorzugt und aufschlußreich einseitige Literatur. Es versteht sich von selbst, daß ich dabei keinesfalls die Existenz hochspezialisierter Jägergesellschaften zu leugnen versuche und auch nicht übersehe, daß die Jagd hochgradig »emotional« geladen ist, ganz im Gegenteil; doch lege ich Wert auf Differenzierung.

Polygynie ist also keineswegs das Merkmal des »hervorragenden« Jägers, sondern tritt vielmehr bei jenen Gesellschaften in Erscheinung, wo »Reichtümer« *sensu lato* durch Produktionsmittel angehäuft werden können, wie es im Verlaufe der menschlichen Kultur-Evolution bei den »einfachen« Pflanzern und Hackbauern erstmals allgemein üblich war. Auch bei ihnen werden zwei oder mehrere Frauen nicht vom Mann ernährt, sondern dieser setzt die Frauen als »Produktionsmittel« auf seinen Pflanzungen ein. Somit dient ihre Arbeitsleistung auch ihrer eigenen Ernährung. Meist handelt es sich dabei um *Sukzessiv-Polygynie*, also durchaus *sexuelle Monogynie*, in welcher jeweils nur die jüngste Frau als Sexualpartnerin dient und als »Kinderproduzentin« zur Anhäufung weiteren »Reichtums« (Kinder) fungiert. Danach geht sie eine Zeitlang aufs Feld und später im Leben in den Küchendienst. So schließt sich üblicherweise der Kreis mit 3 Sukzessivfrauen. Die Beispiele dafür sind – zumindest bei den Waldpflanzern in Afrika – so zahlreich, daß sie nicht im einzelnen aufgeführt werden müssen. Doch soll nicht verschwiegen werden, daß es auch in Afrika echte Simultan-Polygynie gibt. Sie tritt aber nur dort auf, wo Männer durch Macht politischer und/oder religiöser Natur – gekoppelt mit finanziellem Reichtum – sich mehrere Frauen gleichzeitig leisten können. Stark beeinflußt sind solche Praktiken allerdings durch das islamisch-arabische Modell. Ob dabei anderen Männern der Fortpflanzungserfolg »bewußt« verwehrt wird, muß zunächst dahingestellt bleiben. Dazu müßte die Entstehungsgeschichte dieser Simultan-Polygynie einmal näher beleuchtet werden, ob sie überhaupt einem kulturevolutiven Gesellungstyp der Menschheit entspricht oder ob es ursprünglich doch nur vereinzelte »Artefakt«-

Erscheinungen selbsternannter, machtsüchtiger und paranoischer Herrscher sind.

Bei nicht-islamischen afrikanischen Hackbauern der Regenwaldgebiete ist die gelegentlich vorkommende Simultan-Polygynie, die sich aber meist auf Bigynie beschränkt, in der Regel mit geographisch getrennter Wohnweise der Frauen verbunden, wenn diese auch von ihrer jeweiligen Existenz wissen. Daher auch der recht lustige Ausspruch einer mir gut bekannten Frau aus der Ethnie der Fang: »*Aujord'hui, mes enfants sont chez la femme de mon mari!* (Meine Kinder sind heute bei der Frau meines Mannes!)« So wäre denn nicht die Monogamie, sondern viel eher die Sukzessiv-Polygynie wie auch die Simultan-Bigynie, dort wo sie bei den Regenwald-Hackbauern vorkommen, aus der Wirtschaftsform zu erklären. Nicht gesagt werden kann, ob es diese beiden Eheformen schon gab, bevor der Islam überhaupt entstand, oder ob sie unterschwellig doch von den islamischen Praktiken – die seit langer Zeit schon in Afrika weite Verbreitung gefunden haben – beeinflußt worden sind. Mein Koch im Gabun, ein Fang, wollte, da er sich für etwas Besseres hielt, unbedingt eine zweite Frau, um sich den dort lebenden Haussa gleichgestellt zu fühlen. Dieses Unterfangen hatte zur Folge, daß seine erste »legitime«, katholisch angetraute Frau mit ihrem Jüngsten, einem Tragling, demonstrativ weglief. Dann wurden zur »Warnung« zunächst seine Hühner und schließlich auch seine zweite, »nicht legitime« Frau vergiftet.

Bei der Frage nach der Entstehung der Monogamie beim Menschen muß nicht unbedingt innerhalb der Primaten-Verwandtschaft nach Modellen gesucht werden. Es erscheint auch fraglich, ob es überhaupt einen einheitlichen Organisationstypus, einen *Urtypus* bei den frühen Hominiden gegeben hat [482]. Es muß ihn nicht gegeben haben, denn ein Blick auf die Vielfalt organisierten Lebens zeigt uns, daß – abgesehen von der saisonalen *Nur-Fortpflanzungs-Monogamie* vieler Vögel – Monogamie *sensu stricto*, das heißt *Dauermonogamie* mit lebenslanger Partnerbindung, in den verschiedensten Klassen spontan sporadisch auftritt, also keine phylogenetische Filiation benötigt und sogar von den Krebstieren (Crustaceen) wie der Wüstenassel, *Hemilepistus reaumuri* [295], und der Garnele, *Hymenocera picta* [497], bekanntgeworden ist. Es gibt auch in der Tierwelt zwei – der Wildbeuter-Gesellschaft ähnliche – Beispiele, nämlich den Mara, *Do-*

lichotis patagonum [143], einen Neuweltnager, und die Graugans, *Anser anser* [300], bei denen die Individuen in einem *egalitären* sozialen Verband leben und dennoch Dauermonogamie praktizieren. Beim Mara wird *post partum* kopuliert und Fremdbefruchtung somit praktisch ausgeschlossen, während bei der Graugans – unter Inkaufnahme einiger untreuer Ganter – der monogame Gesellungstyp dennoch die Szene beherrscht.

Bei nicht-menschlichen Primaten gibt es 6 verschiedene, gut definierte Organisationstypen vom geschlossenen Haremsverband bis hin zur Dauermonogamie mit vollständiger räumlicher Abkapselung – strenger Territorialität – und starker Aggressivität gegen die Nachbarn [482]. Nach dieser Überlegung soll der Typ V, die *open community* [383], wie sie uns der Schimpanse, *Pan troglodytes*, vorführt, als flexibler Individuenverband – wenn auch ohne Monogamie – mit Kontaktaufnahme und Beziehungen zu benachbarten Gruppen dem menschlichen Wildbeuter-Modell am nächsten kommen [80]. Dabei können Intergruppen-Partnerbeziehungen und Verwandtschaftsbindungen eine erhebliche Rolle bei der Kooperation spielen. Auch ist die Mobilität im Gelände bei diesem Modell weniger eingeschränkt als bei den streng territorialen Arten. Nun finden wir bei monogamen Wildbeutern, wie den Pygmäen, eine nicht unähnliche Struktur, so daß der Schluß naheliegt, ein solches Modell als günstige Vorbedingung für den in der Hominiden-Evolution eingetretenen Wechsel in der Ernährungsweise und den Übergang zum Auch-Jägerleben anzusehen. Doch das muß nicht unbedingt so gewesen sein.

Die immer wieder geforderte Bildung dauerhafter *Männerbünde* [462], angeblich Voraussetzung für ein erfolgreiches Jagen, scheint bei den meisten Wildbeutern zu fehlen, zumindest ist dies bei egalitären Gesellschaften wie den Pygmäen so. Daß die gemeinschaftlich betriebene Fleischbeschaffung durch die Jagdschar der Männer, der ja stets auch Frauen und Mädchen angehören, nichts mit »Männerbünden« zu tun hat, muß hier besonders betont werden. Darauf ist übrigens an anderer Stelle bereits hingewiesen worden [340]. Der bei den Ituri-Pygmäen beschriebene »Molimo-Männerbund« [466, 467] hielt einer gestrengen Prüfung nicht stand. Er erwies sich als eine ausschließlich durch die bereits stark akkulturierten Efe bei Epulu von den Balese-Hackbauern übernommene Lebensart [405], mit denen sie (die Efe) die dazugehörigen Feierlichkeiten häufig gemeinsam zelebrierten. In Anbetracht der von Hackbauern den Pygmäen gegenüber generell vorgebrachten Verachtung erscheint der umgekehrte Fall auch eher unwahrscheinlich. Das Wildbeuter-Modell muß sich also keineswegs aus solchen oder ähnlichen Konfigurationen entwickelt haben, da das Auftreten von Monogamie *sensu stricto* eben keine phylogenetische Filiation benötigt. Insofern sind auch die Ausschweifungen marxistischer Couleur zu einer möglichen »ökonomischen Anthropologie« [149, 150] bereits in ihren Ansätzen verwerfbar, wenn man etwa das auf einer biologischen Basis beruhende Exogamie-Gebot der Wildbeuter-Gesellschaften aus der Wirtschaftsweise heraus zu artikulieren versucht, zumal die zugrunde gelegten Erhebungen [466, 467] die genuine Wildbeuter-Realität gar nicht widerspiegeln.

Es gibt für das Erscheinen des Phänomens der Monogamie in der Evolution organisierten Lebens bislang keine hinreichende Erklärung, doch lohnt es sich, darüber nachzudenken. Wenn es auch keine Argumente gibt, die es christlichen Theologen und Moralisten erlauben, sich auf einen »Urtyp« der menschlichen Familie zu berufen und daraus ethische Folgerungen abzuleiten [482], so wissen wir aber, daß es Monogamie in frühen Wildbeuter-Gesellschaften gegeben hat und noch immer gibt. Somit kann man die *monogame Kernfamilie* durchaus als ursächliche strukturelle gesellschaftliche Einheit betrachten. Sie ist sicher nicht allein mit der Ökologie der Lebens- und Ernährungsweise zu erklären. Die Tatsache, daß von 849 menschlichen Gesellschaften bei 708 (= 83%) als Ehe- und Lebensform Polygynie vorgefunden werden konnte – nur 4 Ethnien zeigten Polyandrie (< 1%) – und nur für 137 (= 16%) Monogamie als charakteristische Lebensform belegt werden konnte [261, 337], ist noch kein Beweis dafür, daß der Monogamie keine biologische Basis zugrunde liegt, sondern zeigt höchstens, daß die anderen Formen des Konubiums durch Bereicherung oder durch den Besitz von Produktionsmitteln möglich geworden sind. Als mit dem *Neolithikum* die Nahrungsgewinnung mittels Feldbau und/oder Viehhaltung zur entscheidenden wirtschaftlichen Grundlage für die Existenz vieler Menschen wurde, erfuhr nicht nur die Lokalgruppe oder Wohngemeinschaft, sondern auch die Kern- und Großfamilie in ihrer sozialökonomischen Funktion eine erhebliche quantitative und qualitative Veränderung. Viel später erst konnten die möglichen polygamen Praktiken in religiöse Normen – wie jene des weit verbreiteten Islams – eingebettet werden. Vom Himmel gefallen ist Monogamie als Lebensform sicher nicht. So gibt es vielleicht doch eine biologische Erklärung, ähnlich jener, mit der wir die »Biologie der Eifersucht« – die *Spermakonkurrenz* – zu erklären versuchen. Demzufolge müßte sich auch das »christliche Modell« auf biologischer Grundlage entwickelt haben. Schließlich entstand dieses Modell als Moral-Kodex bereits vor mehr als 3000 Jahren mit dem Dekalog, als Moses – für die damaligen hebräischen Stämme – zur zentralen mythologischen Figur der Amphiktyonie von Kadesch wurde, es also noch gar keine Christen gab und man zu jener Zeit genausowenig wußte, daß bereits die ursprünglichen Wildbeuter-Gesellschaften Monogamie praktizierten. Erst im nachhinein wurde dieses Modell wohl in den Mantel christlicher Ethik gehüllt, welche ihrerseits durchaus auf den Fundamenten einer genetischen Disposition entstanden sein könnte.

5

PHÄNOTYPUS
UND
GEDANKEN ZUR EVOLUTION

Das Phänomen der Kleinwüchsigkeit, die ungewöhnlich niedrige Körperhöhe bei Menschen, hat schon sehr früh besonderes Interesse erweckt und zu dem bereits viel zitierten Ausspruch geführt: »... *a kind of little people, no bigger than Boyes of twelve years old*« [33]. Nun wurden kleine Menschen und Zwerge sowie Kleinwuchs und Zwergwuchs in der einschlägigen Literatur lange Zeit völlig durcheinandergebracht, manchmal sogar in ein und derselben Abhandlung [58, 430]. Klare Definitionen für Kleinwuchs und Zwergwuchs suchte man bisher vergebens. In Europa sind »Zwerge« meist als mythologische Gestalten in unsere Gedankenwelt eingegangen [215].

Nach der lexikalischen Definition und in der Humanmedizin meint man mit *Zwergwuchs* (Nanosomie) ein anormal geringes Wachstum des Körpers, einen auf Wachstumsstörungen beruhenden Minderwuchs mit Körpergrößen von weniger als 136 cm beim erwachsenen Mann und von weniger als 124 cm bei der erwachsenen Frau [329]. Der Zwergwuchs wird in der Regel durch eine nicht zeitgerechte oder anormale Hormonproduktion, vor allem durch Mangel am *Somatotropin* oder *Tyreotropin* hervorgerufen. Es gibt aber auch Minderwuchs durch eine Überproduktion von *Kortikosteroiden* oder durch *Pubertas praecox*. Zwergwuchs kann außerdem durch angeborene Wachstumsstörungen als Folge einer abnorm niedrigen Wachstumstendenz der Gewebe oder als Folge schwerer Stoffwechsel-Anomalien auftreten. Die zum Zwergwuchs führenden Störungen setzen meist schon in der Embryonalzeit oder in der frühen Kindheit ein, wie es bei *Chondrodystrophie* ganz eindeutig der Fall ist.

Für alle Formen verminderten Längenwachstums mit Körpergrößen beim erwachsenen Mann von 136 bis 150 cm und bei der erwachsenen Frau von 124 bis 136 cm glaubt man einen *Kümmerwuchs* (Hyposomie) unterscheiden zu müssen [329]. Nach dieser Definition würde Hyposomie somit direkt an den Zwergwuchs anschließen. Das ist allerdings eine rein willkürliche Festlegung von Körperhöhenmaßen ohne jegliche Begründung. Störend ist dabei auch die Formel »für alle Formen verminderten Längenwachstums«, denn nach der allzu vorschnellen Definition der maximalen Körperhöhe für Pygmäen: »Als Pygmäen bezeichnet man jede Population, deren mittlere Körpergröße im männlichen Geschlecht 150 cm nicht erreicht!« [412] müßten die afrikanischen Pygmäen kümmerwüchsige, hyposome Menschen sein! Es wurde jedoch mit Nachdruck und mit Recht bereits darauf hingewiesen, daß es sich bei diesen Populationen keineswegs um »Kümmerformen« handelt [158, 397].

Diese kategorische Definition, die seinerzeit sogleich Aufnahme ins klassische *Lehrbuch für Anthropologie* fand [315], hat denn auch dazu geführt, daß der Terminus »Pygmäe«, der zunächst nur für die Kleinwüchsigen des äquatorial-afrikanischen Regenwaldes Gültigkeit hatte, später auch auf andere Populationen mit ähnlich geringer Körperhöhe in anderen Teilen der Erde übertragen wurde [161]. Lange Zeit galt denn auch die Bezeichnung »Pygmäe« im Sinne einer »Größenkategorie« [246]. Auch bei neueren Untersuchungen an kleinwüchsigen Ethnien in Neuguinea wurde dieser Terminus noch als Arbeitshypothese zugrunde gelegt [58, 249, 303], obwohl der schon früh gemachte Vorschlag »Kleinwüchsige« viel adäquater war [235]. Um Unklarheiten und Irrtümer zu vermeiden, wäre es sehr wünschenswert, Benennungen wie »Zwerge, Zwergvölker, Zwergrasse, Rassenzwerge, Rassetyp« und viele andere mehr künftig aufzugeben und für die Kleinwüchsigen des äquatorial-afrikanischen Regenwaldes die bereits von Homer benützte, uralte Herodotsche Bezeichnung »Pygmäen« zu verwenden, worauf übrigens schon sehr früh hingewiesen worden ist [305, 355, 412]. Es gab aber nur wenige Forscher, die zwar auch erst spät, doch konsequent und folgerichtig nur bei diesen Populationen von Pygmäen sprechen wollten [164, 402].

Der Ausdruck »Pygmäe« geht höchstwahrscheinlich auf das griechische Wort πυγμή (Pygmä) zurück. Es heißt soviel wie Faust, auch Fäustling oder Däumling. Bei Homer, Herodot, Philistratos und schließlich Aristoteles finden wir dann das Substantiv Πυγμαῖοι (Name eines »Zwergenvolkes« [Pygmäen]), womit kleine Menschen an den Nilquellen oder am Nilufer gemeint waren, die mit den Kranichen kämpften (cf. Kapitel 2).

Auf das Adjektiv πυγμαῖος (eine Elle hoch) geht offenbar die Bezeichnung »Ellenmännchen« zurück. Eine andere mögliche Erklärung wäre die Ableitung des Wortes vom altägyptischen p3-mh, sprich pi-mahi (diese Elle). Es handelt sich dabei um die ägyptische Elle von 52,4 cm, ein Wasserstandsmaß, das beim Niloskop Verwendung fand. Doch ist es ungewiß, um nicht zu sagen unwahrscheinlich, ob pi-mahi gleichzeitig für »Ellenmännchen« benutzt wurde [314]. So sind auch die Bezeichnungen für Pygmäen von »6 oder 16 Ellen hoch« völlig irrig, denn 16 pi-mahi war das Optimum des Hochwasserstandes des Nils, mit dem er sich zu gewissen Jahreszeiten über das flache Land ergoß. Dieses Ereignis versprach eine mehr als ausreichende Ernährungsgrundlage und wurde deshalb entsprechend gefeiert. Während dieser Festlichkeiten kam es zu Tänzen am – als Riese personifizierten – Nil, die von 16 pi-mahi-Kindern ausgeführt wurden [45]. So erklärt sich wohl die Verwechslung. Die Zahl 16 besaß bei den Ägyptern einen hohen symbolischen Wert. Sie verdeutlichte nicht nur Freude, sondern auch Wohlstand und Fruchtbarkeit (auch der Felder), Hochgenuß, Sinneslust, Wollust und Begattung (Kopulation). Bei der Darstellung der Begattung schrieb man die Zahl 16 zweimal nebeneinander, denn man unterstellte, daß zur Kopulation zweimal Wollust gehört, nämlich jene des Mannes und jene der Frau. Abgeleitet wurde diese Zahl vom Alter von 16 Jahren, ab welchem Männer den Umgang mit Frauen pflegten und Kinder zeugen konnten [44, 478].

Der Kleinwuchs bestimmter Menschenpopulationen, besonders aber jener der afrikanischen Pygmäen, hat seit ihrer Wiederentdeckung zu vielen Diskussionen geführt. So manche Gedanken und Hypothesen wurden um das Rätsel ihrer Entstehung und Herkunft formuliert und von ihren jeweiligen geistigen Vätern entsprechend vehement verteidigt. Schon früh erhoben sich Stimmen zur Degenerationstheorie, aufgrund deren man die Pygmäen als lokale Größenvarietäten und als Verkümmerungserscheinungen in Anpassung an eine ungünstige Umwelt erklären wollte [425]. Sollten doch die Pygmäen in ausgesprochenen Mangelräumen leben, denn der Urwald biete den dort hausenden Wildbeutervölkern eine nur kümmerliche Lebensgrundlage [221]. Nun ist aber der äquatoriale Regenwald ganz gewiß kein

Mangelgebiet! Einer anderen Hypothese zufolge sollte es sich bei den Pygmäen schlicht und einfach um eine Bantu-Gruppe handeln, die durch eine das Leben im Regenwald favorisierende Mutation zu kleinen Menschen geworden seien [294, 459]. Die unter feuchtwarmen, nicht ventilierten Bedingungen des äquatorialen Regenwaldes stattfindende *Thermolyse* soll dem Organismus – ohne relativen Gewichtsverlust – ein hohes Oberflächen/Masse-Verhältnis erbringen und demzufolge der verantwortliche Faktor der vollzogenen »Pygmäisation« sein [220]. In diesem Sinne seien denn auch die heutigen Ost- und West-Pygmäen das Ergebnis einer unabhängigen Entwicklung aus getrennten Vorfahren. In der Ähnlichkeit der verschiedenen Gruppen sieht man dementsprechend das Resultat eines »genetischen Konvergenz-Prozesses« oder zumindest eines *parallélisme évolutif* unter der Mitwirkung eines Selektionsdruckes [153, 219]. Es sei jedoch gleich darauf hingewiesen, daß beide Prozesse nur bei verschiedenen – nichtverwandten – Organismengruppen in Erscheinung treten können und nicht innerhalb ein und derselben biologischen Art stattfinden [381], beim Menschen somit ausgeschlossen sind.

Andere haben die Pygmäen als halb-pathologische Kümmerformen betrachtet [443] oder sie gar als »pathologische Zwerge« bezeichnet, bei denen Chondrodystrophie zu einer »rassebildenden, mutativen Veränderung« geführt haben soll [141, 447]. Wieder andere sprachen von »gedrungenen, achondroplastischen« Pygmäen [166]. Auch hypophysärer Zwergwuchs wurde vermutet, hervorgerufen durch eine mit Unterernährung, vor allem mit chronischem Proteinmangel, und beträchtlichen Stoffwechselstörungen gekoppelte *endokrine Dysregulation* [1, 2]. Eine Identifizierung von Pygmäen mit pathologischen Zwergen ist aber verfehlt, da bei Pygmäen alle bekannten krankhaften Korrelate der Wachstumsstörungen nicht vorhanden sind und auch die morphologischen Bilder vielfach nur vereinzelte, oberflächliche Gemeinsamkeiten haben [128, 429]. Die klassische Pygmäenforschung stellte denn auch überzeugend und unzweideutig klar: »... die Pygmäengruppen sind weder pathologische Gebilde noch Degenerationsprodukte« [127, 160]. Man wandte sich auch ganz entschieden gegen die »Unterernährungs-Zwergwuchstheorie« [404]; denn der zufolge müßten seit langem zahlreiche hochgewachsene Sahel-Völker zu Kleinwüchsigen geworden sein.

Außerdem ist man sich heute weitgehend darüber einig, daß die Pygmäen im äquatorialen Regenwald eine durchaus ausreichende Ernährungsbasis haben und ihre Proteinversorgung keineswegs hinter jener der Hackbauern im gleichen Lebensraum zurückbleibt (cf. Kapitel 6).

Da sich Pygmäen-Neugeborene hinsichtlich ihrer Größe in nichts von anderen Menschenkindern im gleichen Stadium unterscheiden und da der Kleinwuchs der Erwachsenen hauptsächlich nur Rumpf und Extremitäten, weit weniger Gesichts- und Hirnschädel betrifft, mußte zwangsläufig angenommen werden, daß diese eigentümliche Verteilung des Kleinwuchses »formalgenetisch« durch eine Wachstumsstörung zu erklären sei [222], deren Determinationspunkt frühestens am Ende des 2. Lebensjahres anzusetzen wäre. In der Tat haben inzwischen physiologische Untersuchungen bei den West-Pygmäen, insbesondere bei den Bayaka, das Fehlen eines Wachstumsschubes während der Pubertät ergeben. Die Ursache ist der extrem niedrige Wert des *Insulin-Like Growth Factor*, IGF I oder *Somatomedin C*, vor allem zur Zeit der Geschlechtsreife, wohingegen bei anderen afrikanischen und nordamerikanischen Kontrollpersonen durchaus normale IGF-I-Werte festgestellt werden konnten. Demzufolge haben die Bayaka-Kinder im Alter von 6 bis 8 Jahren rund 89 Nanogramm IGF I pro Milliliter Blut, amerikanische Kontrollkinder dagegen etwa 108 ng/ml, im Alter von 13 bis 15 Jahren beträgt die Differenz allerdings das Dreifache. Die Pygmäenbuben haben dann 154 (± 22,4) ng/ml, bei den Amerikanern hingegen liegt der Wert bei 435 (± 37) ng/ml. Die Werte der Mädchen sind allgemein etwas höher: 278 (± 18) ng/ml bei den Bayaka und 570 (± 25) ng/ml bei den Nordamerikanerinnen [326]. Die Ergebnisse dieser Untersuchungen haben auch gezeigt, daß, im Gegensatz zum niedrigen IGF-I-Wert, der IGF-II-Wert bei den Pygmäen durchaus normal war. Bei den afrikanischen Kontrollpersonen, den Isongo-Hackbauern, dagegen waren IGF I und IGF II stets in normalen Werten vorhanden. Daraus resultiert, daß die Bayaka im Alter von 10 bis 16 Jahren im Mittel nur etwa um 20 cm wachsen, während die Isongo-Jugendlichen im selben Alter um 32 cm größer werden. Untersuchungen bei den Ituri-Pygmäen konnten diese Ergebnisse aber nicht in gleicher Weise bestätigen. So wurde herausgefunden, daß die Efe-Neonaten bereits zum Zeitpunkt der Geburt kleiner sind als jene der benachbarten Balese. Sie bleiben auch im Verlaufe der ersten 5 Lebensjahre kleiner [23]. Über längere Zeiträume sich erstreckende Untersuchungen stehen vorerst noch aus.

Das IGF-I-Defizit bei den Bayaka-Pygmäen ist mit hoher Wahrscheinlichkeit auf genetischer Basis zu suchen und kann nicht mit Umweltfaktoren in Beziehung gebracht werden [327]. Auch die Kleinheit der Efe wird auf genetischer Basis zu erklären versucht [23]. Die Bedeutung des Wachstumsfaktors IGF I oder Somatomedin C während der Pubertät ist allerdings unter Physiologen und Genetikern keineswegs unumstritten, wie auch die Ergebnisse der Untersuchungen bei den Efe zeigen. Hier herrscht teilweise noch immer beachtliche Verwirrung, so daß in Zukunft noch weitere Forschungsarbeiten auf diesem Gebiet notwendig sein werden, will man das Phänomen der Kleinwüchsigkeit wirklich in allen Einzelheiten aufklären. Es ist erstaunlich, wie lange sich die Idee der Mutation im Zusammenhang mit den Pygmäen gehalten hat, wenn man bedenkt, daß die meisten Mutationen einen negativen Selektionswert besitzen und demzufolge dem Mutationsdruck ein Selektionsdruck entgegenwirkt. Außerdem verlaufen grundsätzlich alle Mutationen richtungslos, und deshalb weist nur ein kleiner Teil der erzeugten Mutanten einen positiven Selektionswert auf. Es liegt auf der Hand, daß das Pygmäenproblem Anlaß zu zahlreichen Stellungnahmen gegeben hat. Bisher haben aber nur wenige versucht, die Entstehung der Pygmäen mit der Evolutionsgeschichte des Menschen in Verbindung zu bringen. Wir sollten endlich bereit sein, auch den Menschen als ein Wesen zu begreifen, das, wie das gesamte organisierte Leben, ebenfalls den Gesetzmäßigkeiten der biologischen Evolution unterliegt.

Nicht nur in der Körpergröße, sondern auch in ihrer allgemeinen phänotypischen Erscheinung unterscheiden sich die afrikanischen Pygmäen ganz eindeutig von den Großwüchsigen. Pygmäen sind kleine, zierliche, feingliedrige Gestalten. Die Ituri-Pygmäen mit einem Körpergewicht von nur 35,5 kg für Frauen (n = 202) und 39,8 kg für Männer (n = 226) sind die kleinsten unter ihnen. Die Mittelwerte der Körperhöhe liegen bei den Frauen bei 137 cm und bei den Männern bei 145 cm. Unter diesen Ituri-Pygmäen wiederum sind die Efe die allerkleinsten (Abb. 5.1). Bei ihnen sind die Frauen (n = 60) im Mittel nur 135 cm und die Män-

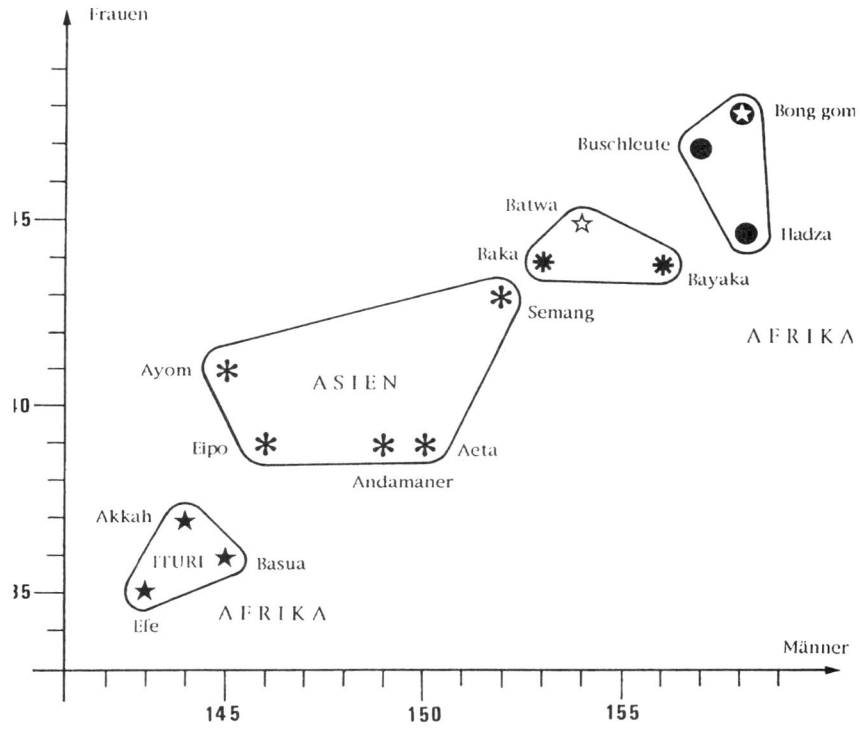

5.1 *Körperhöhen diverser negrider Kleinwüchsiger in Afrika und Asien*

ner (n = 98) nur 143 cm groß [158]. Die spärlichen Zahlenangaben aus dem letzten Jahrhundert gaben seinerzeit Anlaß, den maximalen Wert ihrer Körpergröße mit unter 150 cm festzulegen [412]. Daraus resultierte recht bald eine Konzentration der Forschung auf die Ituri-Pygmäen, die in der Folge als die »reinsten« und »ursprünglichsten« Pygmäen überhaupt angesehen wurden. Gleichzeitig galten nun alle auch nur geringfügig größerwüchsigen Gruppen nicht mehr als Pygmäen. Für sie wurde die Bezeichnung »Pygmoide« geprägt [331], worunter man mit Großwüchsigen vermischte Populationen verstehen wollte. Völlig übersehen wurde dabei, daß es noch andere phänotypische Merkmale gibt, anhand deren man Pygmäen ganz eindeutig, aber

157

völlig unabhängig von ihrer Größe, als solche erkennen kann. Doch wurde schon früh belegt, daß auch die West-Pygmäen »*un vrai groupe racial* (eine echte Rassengruppe)« sind [369]. Der dabei häufig verwendete Ausdruck *Négrilles* war dabei genauso unglücklich wie *groupe racial* [475]. Die Tatsache, daß die West-Pygmäen mit einem Durchschnittsgewicht von 36,9 kg für Frauen und 41,5 kg für Männer und einer Größe von 144 cm bei den Frauen (Baka und Bayaka) und bei den Männern 153 cm (Baka) bis 156 cm (Bayaka) größer als die Ost-Pygmäen sind, ist keineswegs das Ergebnis zwischen-ethnischer Vermischung.

Ganz besonders auffallend ist bei Pygmäen die relativ helle Hautfarbe, auf die schon bei den Obongo im Gabun aufmerksam gemacht wurde und bei der man recht pejorativ von einem »schmutzigen Gelb« sprach [66]. Die Hautfarbe der Pygmäen ist im allgemeinen gelblichbraun bis kupferfarben und scheint sich mit zunehmendem Alter zu verdunkeln. Es gibt aber auch sehr helle alte Personen, doch sind diese relativ selten. Auf die beiden *physiognomischen* Typen, die sich überall nachweisen ließen, wurde schon früh hingewiesen [397, 450]. Gusinde schreibt über die Ituri-Pygmäen: »Ein einziger Farbton als bestimmtes Kennzeichen läßt sich nicht festlegen [...]. Sie [die Hautfarbe] ist grundsätzlich ein helles und mit wenig Braun leicht getöntes Lehmgelb, das individuell mancherlei Mischungen mit Braun sogar mittlerer Stärke aufweist. Für den bloßen Augenschein ist entscheidend, daß unsere [Ituri-] Pygmäen um ein Vielfaches heller sind als die sie umgebenden Waldneger« [158]. Für die West-Pygmäen aber, die Baka und Bayaka, ist der kupferfarbene Ton dominierend und erscheint relativ einheitlich. Die sehr hellen, gelblichbraunen Individuen kommen bei beiden Geschlechtern und in allen Altersklassen vor (Farb-Abb. 14 und 15), sind aber auch bei ihnen eher seltene Ausnahmen. Auch in Kamerun, im Gabun, im Kongo und in den Wäldern der Lobaye sind die Pygmäen um ein Vielfaches heller als die in denselben Gebieten lebenden großwüchsigen Waldpflanzer-Populationen. In diesem Zusammenhang ist es vielleicht nicht uninteressant zu erwähnen, daß bei den *Bakumu* in Nordost-Zaire die Pygmäen als *Basungu* (Weiße) bezeichnet werden, so wie man dort auch die Europäer nennt. Neugeborene Pygmäenkinder haben unmittelbar nach der Geburt eine rötliche Hautfarbe, die sich in nichts von der europäischer Neonaten unterscheidet. Diese rötliche Tönung verschwindet allerdings nach wenigen Stunden. Die Haut verfärbt sich bald in ein sehr helles, gräulich-braunes Weiß (Farb-Abb. 16). Diese Körperfärbung hält einige Wochen an. Nach dem 1. Lebensmonat tritt dann allmählich die lehmgelbe oder kupferfarbene Tönung in Erscheinung (Farb-Abb. 17 a und b).

Morphologisch-physiologisch zeichnet sich die Haut der Pygmäen durch eine pralle *Turgeszenz* aus, die nach Abschluß des mittleren Lebensalters dem Geschlecht gemäß unterschiedlich schnell abklingt, weswegen Faltenbildung und Runzelung der Haut weit weniger bei Frauen als bei Männern auftritt. Sie bleibt im ganzen beträchtlich hinter den gleichen Erscheinungen bei großwüchsigen Negriden zurück. Ein mehr oder weniger reichlicher *Panniculus adiposus* hält die Oberhaut während der längsten Zeit des Lebens gespannt [158], viel länger, als es bei den Buschleuten der Fall ist, deren subkutanes, elastisches Bindegewebe schnell zerreißt [184]. Auf keinen Fall aber haben die Pygmäen eine »rauhe, knotige Lederhaut«, wie dies irrtümlich zu lesen ist [166]. Die Pygmäen zeichnen sich auch durch einen ganz spezifischen Körpergeruch aus. Am ausgiebigsten entströmen diese Hautausdünstungen den Achselhöhlen und dem Genitalbereich, wo ja Duftorgane wie Schweiß- und Talgdrüsen stark konzentriert sind und infolge erhöhter Erregung bei Zorn, Streit oder Angst besonders aktiv werden. Diesen spezifischen Körpergeruch konnte ich auch bei den nunmehr seßhaften Barhwa in den Bergen westlich des Kivu-Sees wahrnehmen. Dieser Körpergeruch der Pygmäen unterscheidet sich ganz eindeutig vom beißenden Schweißgeruch der großwüchsigen Negriden.

Auf dieses Phänomen hatte schon der deutsche Medizinalreferent Kuhn hingewiesen, der bei den Bayaka-Pygmäen im Gebiet des Sangha den ihm von den Buschleuten aus Südwestafrika bereits wohlbekannten »eigenartigen Geruch« wiederzuerkennen glaubte [265]. Bei den Bagielli in Kamerun fand Seiwert einen »ungemein starken, widerlich süßen, moschusartigen Rassegeruch« [435], der sich von dem den Großwüchsigen eigenen Geruch deutlich unterschied und tagelang an Dingen haftete, mit denen ein Mogielli in Berührung gekommen war. Nach Schebesta verbreiten die Körperausdünstungen der Ituri-Pygmäen einen »moschusartigen, beklemmenden« Geruch [397]. Gusinde sprach bei den gleichen Ituri-Pygmäen von »widerlichen, ekelhaften Dünsten, in welchen die Gerüche von Ammoniak, zersetztem Urin und faulem Fett [Buttersäuregeruch?] überwiegen. Daran beteiligt sich auch das ranzige Öl aus den Früchten der Ölpalme, das unsere Pygmäen sich auf den Körper schmieren« [158]. Dieser Forscher muß geruchlich besonders empfindlich gewesen sein. Es sei jedoch darauf hingewiesen, daß der Schweißgeruch der Europäer die Afrikaner genauso widerlich anmutet. Noch schlimmer finden sie allerdings unsere »künstlichen« Kosmetik-Duftstoffe. Die Übereinstimmung der Informationen von ganz verschiedenen Pygmäen-Populationen weist aber deutlich darauf hin, daß diese Leute – abgesehen von äußerlich aufgetragenen Substanzen – einen eigenen spezifischen Körpergeruch haben, dessen chemische Komposition es noch zu ergründen gilt, da bislang keine einzige Analyse dieser Substanzen vorliegt. Seine offensichtliche Ähnlichkeit in der Perzeption mit den Körperausdünstungen der Buschleute läßt vermuten, daß uns eine vergleichende Untersuchung der Duftsubstanzen dieser *apokrinen* Drüsen vielleicht Hinweise auf evolutionsbiologische Zusammenhänge geben könnte.

Das Kopfhaar der Pygmäen ist braunschwarz bis schwarz gefärbt und wächst pfefferkornartig in kleinen Inseln und Büscheln (Farb.-Abb. 17 d). Die Spiralen aus etwa 10 bis 20 eng benachbarten Einzelhaaren legen sich zu kleinen Kugeln zusammen, dazwischen liegen freie, haarlose Flächen [307]. Man sieht so, besonders bei kurz geschnittenem Haar, deutlich die Kopfhaut. Das Einzelhaar der Pygmäen hat einen ovalen Querschnitt, der Schaft steht schräg in der Kopfhaut, und die Wurzel weist eine starke Krümmung auf. Dadurch entsteht der dem gesamten negriden Formenkreis eigene *ulotriche* (kraushaarige) Wuchs [137]. Ausgeprägten Pfefferkorn-Haarwuchs finden wir auch bei anderen negriden Kleinwüchsigen wie den ostafrikanischen Hadza [259] sowie bei den Onge und Jarawa auf den Andamanen [173]. Bei den Buschleuten ist die Pfefferkorn-Haarstruktur besonders markant und häufig streifenartig angelegt [106], eine Musterung, die ich auch bei einigen Efe-Pygmäen im Ituri beobachten konnte (Farb-Abb. 19) und die ganz offensichtlich auf eine ehemalige genetische Verbindung hinzuweisen scheint. Es handelt sich hierbei sicher um ein dominantes, außerordentlich umweltstabiles Merkmal. Insofern erscheint es äußerst unwahrscheinlich, das Kraushaar bei den Andamanen und der Bevölkerung Neugui-

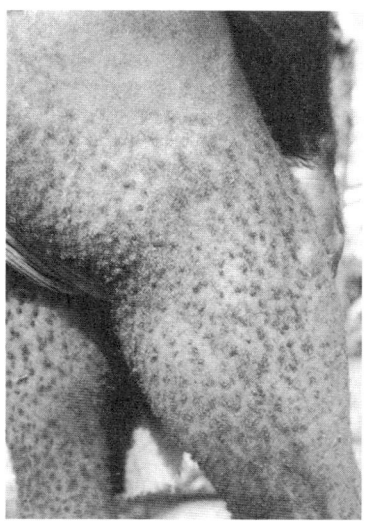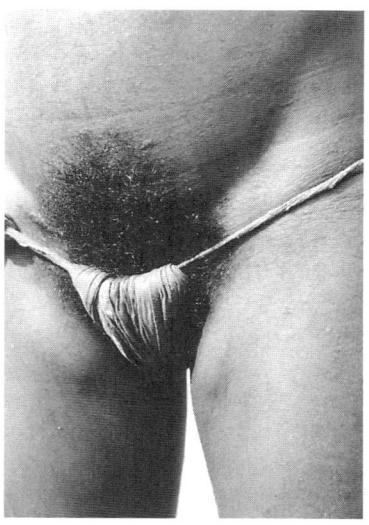

5.2 *Starke männliche Körperbe-*
haarung in Pfefferkorn-Struktur
durchmischt mit Lanugo

5.3 *Bei vielen Pygmäen typische*
Schambehaarung einer jungen
Frau

neas als unabhängig entstanden zu betrachten [185]. Es wäre auch
gar nicht einzusehen, warum gerade an jenen verstreuten Orten
Kraushaar entstanden sein sollte, während die sie umgebenden
Völker glattes Kopfhaar aufweisen. Außerdem ist eine *Konver-*
genz – denn um eine solche müßte es sich dann handeln – allein
von evolutionsbiologischen Gesichtspunkten aus bei nah verwandten Populationen innerhalb einer Art gar nicht möglich.

Viele Pygmäenmänner haben eine auffallend starke Körperbehaarung, vor allem an Bauch, Brust, Beinen und Unterarmen
(Abb. 5.2). Dort stehen die Spirallöckchen weiter auseinander, so
daß der Haarwuchs aufgelockerter erscheint. Bartwuchs, besonders bei älteren Männern, ist nicht selten, obwohl schöne Voll-
bärte nur bei den West-Pygmäen, den Baka und Bayaka, beobachtet werden konnten. Bei den Ituri-Pygmäen ist der Bartwuchs
ebenfalls recht verbreitet, doch erscheint er bei ihnen mehr in der
Form eines lockeren, oftmals zweiendigen Zottelbartes. Bei beiden Geschlechtern ist das Schamhaar stark ausgebildet, mit einer
Besonderheit bei Frauen, bei denen oft die Schamhaare gegen den

Bauch nicht horizontal abgegrenzt sind, sondern pyramidal zum Nabel hin wachsen (Abb. 5.3). Es handelt sich dabei um ein sogenanntes *andromorphes* Merkmal, das in seltenen Fällen auch bei europäischen Frauen, meist gekoppelt mit Ansätzen zum Bartwuchs, auftritt und als *Hirsutismus* bezeichnet wird.

Neben der im allgemeinen starken Pilosität (Behaarung) und der ausgiebigen Entfaltung der Terminalbehaarung finden wir bei allen afrikanischen Pygmäen nahezu ausnahmslos eine am ganzen Körper vorhandene weiche Flaumbehaarung oder *Lanugo* von hellrötlicher Färbung. Sie bildet eine Schicht feinster, weicher Härchen von nur 1 bis 3 mm Länge, die der Haut eng anliegen, wodurch diese sich samtartig anfühlt. Diese Flaumbehaarung wurde schon sehr früh von genau beobachtenden Forschern bemerkt und als ein »hochgradig charakteristisches« Merkmal der Pygmäen dargestellt [66, 435, 453]. Die gleiche Flaumbehaarung findet man übrigens bei allen menschlichen Föten, wo sie normalerweise vor der Geburt verschwindet. Das geschieht aber bei den Pygmäen nicht, und demzufolge kann diese Lanugo als ein ursprüngliches Merkmal angesehen werden. Es handelt sich ganz offensichtlich um ein im Erwachsenenalter erhalten gebliebenes *ontogenetisches* Merkmal. Bei anderen negriden Kleinwüchsigen scheint eine solche Flaumbehaarung zu fehlen, nur bei einigen wenigen Hadza-Frauen fand sich Lanugo angedeutet [259]. Man könnte daraus schließen, daß dieses ostafrikanische Sammler- und Jägervolk irgendwann einmal genetischen Kontakt mit den Pygmäen, den Batwa und Barhwa der Zwischenseengebiete, gehabt haben könnte. Alle diese eben aufgeführten Merkmale fehlen den meisten Großwüchsigen im gleichen Lebensraum, die sich in der Mehrzahl durch eine dunkle, ziemlich glatte, haarlose Haut auszeichnen und bei denen auch die Schambehaarung bei beiden Geschlechtern meist ausgesprochen spärlich ist oder gar völlig fehlt.

Neugeborene Pygmäenbabys haben in der Regel üppiges, langes und glattes, dunkelbraun bis schwarz gefärbtes Kopfhaar (Farb-Abb. 16). Zwischen dem 3. und 5. Lebensmonat fallen diese Haare aus, und der kahle Kopf überzieht sich mit einem feinen, blonden bis hellbraunen Flaumhaar. Etwa ab dem 8. Monat beginnt dann das definitive Kraushaar in Form der typischen Pfefferkorn-Haarinseln zu wachsen. Natürlich gibt es große individuelle und zeitliche Unterschiede in der ontogenetischen Entwicklung. Auch bei allen anderen afrikanischen Negriden haben die Neugeborenen langes, glattes Kopfhaar, das erst später – im Verlaufe des 1. Lebensjahres – allmählich durch das definitive Kraushaar ersetzt wird. Von den Andamanern gibt es hierzu leider keine Beobachtungen. Bei den Negriden Neuguineas haben die Neugeborenen ebenfalls langes, glattes Kopfhaar, wie es zumindest von dem kleinwüchsigen Bergvolk der Eipo belegt werden konnte [119]. Die Tatsache, daß Negride – im Gegensatz zu Europiden – mit einer nicht sehr alten Ausnahme bislang fossil nicht nachgewiesen werden konnten (cf. S. 180), scheint darauf hinzudeuten, daß auch das Kraushaar ein *phylogenetisch* erst später entstandenes Merkmal ist und die Negriden somit als die *rezenteste* Unterart des *Homo sapiens* ausweist. Die temporell begrenzte Persistenz des stammesgeschichtlich älteren glatten Kopfhaares bei negriden Neugeborenen wäre in diesem Sinne dann als ontogenetischer Ablauf der phylogenetischen Entwicklung anzusehen.

Untersuchungen des Hautleistensystems haben ergeben, daß die Ituri-Pygmäen eine gewisse Selbständigkeit sowohl gegenüber den großwüchsigen Negriden als auch gegenüber den Khoisaniden erkennen lassen. Bei aller somatischen Ähnlichkeit können die Ituri-Pygmäen jedoch nicht als einheitlich angesehen werden, da sich anhand dieses Hautleistensystems die Efe, Akkah und Basua auch untereinander als Populationen unterscheiden [142]. Die Bemusterungsintensität der Fingerbeeren ist, insbesondere bei den Ituri-Pygmäen und Khoisaniden, wesentlich niedriger als bei anderen Völkern. Die Vierfingerfurche dagegen trifft in diesen Populationen bei 10 bis 30% der Individuen auf, während der Durchschnitt bei anderen Völkern nur etwa 5% beträgt [255]. Leider gibt es von den West-Pygmäen keine entsprechenden Untersuchungen.

Ein besonderes Merkmal der Pygmäen ist die Morphologie der Nase. Es scheint, als wolle diese so gar nicht recht in die ansonsten feinen Gesichtszüge passen. Bei vielen Individuen ist sie trichterförmig, außerordentlich breit und flach mit häufig stark gewölbten, weit ausladenden, geblähten Nasenflügeln (Abb. 1.4, 1.5, 4.2a), so daß man durchaus von einer gewissen *Chamaerrhinie* (Flachnasigkeit) sprechen kann. Ihresgleichen findet man kaum noch bei anderen Ethnien. Bei den Ituri-Pygmäen scheint die gnomhafte Knopfnase (Abb. 5.4a–d) zu dominieren [158, 397]. Bei zahlreichen Individuen kann die Nasenflügelbreite die Mundbreite um 2 bis 4 mm übertreffen [164]. Bei den West-Pygmäen tritt dies seltener in Erscheinung, und es scheint die plattgedrückte Trichternase mit deutlich abgesetzten Nasenflügeln vorzuherrschen. Die Knopfnase dagegen ist bei ihnen selten. Bei einigen sehr hellen, gelblichbraun gefärbten Bayaka-Männern findet man gelegentlich eine relativ vorstehende Nase mit »schön« konvex geschwungenem, europidem Nasenrückenprofil, wobei diese aber aufgrund der großen Nasenflügel noch immer als »Pygmäen-Nase« zu erkennen ist [216]. Ein solches »konvexes« Nasenrückenprofil kommt auch bei einigen Bayaka-Frauen vor (Farb-Abb. 18b) und konnte ebenso bei den Efe-Pygmäen des Ituri nachgewiesen werden (Abb. 5.5). Nach der Thompson-Buxtonschen Regel sollen die Nasen um so breiter sein, je heißer und vor allem je trockener das Klima [430]. Die Pygmäen mit den breitesten und flachsten Nasen aller Menschen sind aber *par excellence* ein Beispiel dagegen, denn im Regenwald herrscht das feuchteste Klima überhaupt, und außerdem ist es dort auch gar nicht heiß. Im ausgesprochen heißen und trockenen Nordkamerun sind mir dagegen sehr dunkel- bis schwarzhäutige Europide mit glattem bis leicht gewelltem Haar, schmaler, feingeschnittener und prominenter Nase begegnet, die ihrerseits natürlich auch gegen diese Regel sprechen.

Die West-Pygmäen haben meist einen breiten Mund mit sehr schmalen, zum Teil schön geformten, europiden Lippen (Abb. 1.4, 1.5 und Farb-Abb. 17 und 18). Auch die Ohrform ist überwiegend europid mit großer, weit geöffneter Muschel und einem gelegentlich gut ausgebildeten *Lobulus* (Ohrläppchen; Abb. 1.4 und Farb-Abb. 17 und 18). Die Großwüchsigen der gleichen Einzugsgebiete haben in der Regel eher kleine, runde Ohren mit einem winzigen, festgewachsenen oder gar fehlenden Lobulus. Bei den Ituri-Pygmäen dagegen hat das Ohr eine mehr rundliche Form, und der Lobulus ist weniger ausgebildet [158, 397].

Der morphologisch-physiognomische Gesichtsindex der Ituri-Pygmäen ist bei beiden Geschlechtern *hyper-euryprosop* mit einer hohen, ansehnlich gewölbten *Integumental*-Oberlippe. Mit diesen Gesichtsbildungs-Merkmalen unterscheiden sie sich augenscheinlich von allen großwüchsigen Waldpflanzern der gleichen Gegend [158]. Für die West-Pygmäen handelt es sich vorwiegend um den sogenannten *Karbon*-Typ. Die drei vertikalen Kopfpartien sind oft von gleicher Ausdehnung, so ergibt sich ein

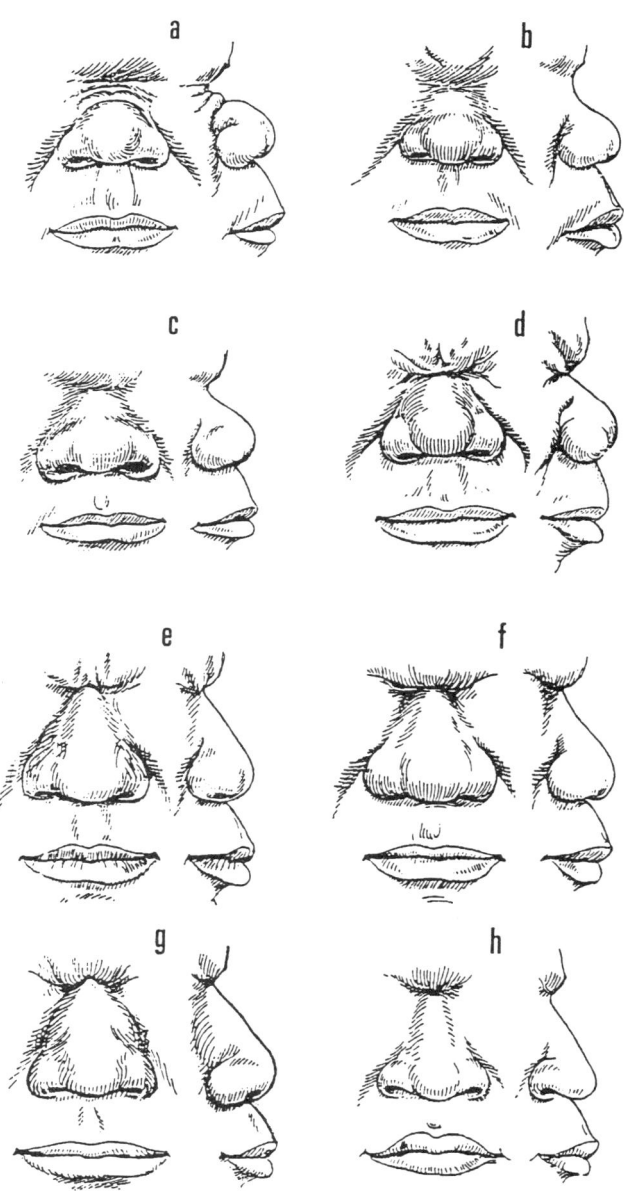

5.4 *Nasen- und Lippenformen der Efe aus dem Ituri*
(aus Schebesta 1938)

165

5.5 *Nasenrückenprofile zweier Efe-Männer aus dem Ituri*
Fotos: J. P. Hallet

viereckiges oder rechteckig geformtes Gesicht. Insgesamt findet man bei den Pygmäen Beziehungen zum *karbon-muskulären* und zum *euryprosopen* Typ (Farb-Abb. 18 a) oder bei einer verkleinerten unteren Gesichtspartie zum *respiratorisch-euryprosopen* (Farb-Abb. 18 d) oder *nasoprosopen* (nasengesichtigen) Typ (Farb-Abb. 18 b und c), in beiden Fällen mit relativ hoher Stirn, wie dies von mir bereits ausführlich beschrieben worden ist [206].

Bei allen afrikanischen Pygmäen ist die *Iris* tief dunkelbraun gefärbt. Die Farbe kommt einem glänzend polierten Kastanienbraun am nächsten. Die Iris ist umrahmt von einer leuchtend weißen *Sklera* [158, 196], während bei den meisten Großwüchsigen im gesamten äquatorial-afrikanischen Raum die Sklera einen gelblichen Anflug zeigt. Bei einem sehr hellen Mò.aka-Säugling in Zentralafrika fand ich gar eine dunkelblaue Irisfärbung. Auch bei den Efe-Pygmäen im Ituri-Wald konnten einzelne blauäugige Individuen angetroffen werden [168].

Nicht unerwähnt soll bleiben, daß es bei den Pygmäen vereinzelte Individuen gibt, bei denen die Füße einen deutlich abgespreizten großen Zeh zeigen [216]. Das stets symmetrische Auftreten dieser Besonderheit spricht eigentlich gegen eine bloße Fußdeformation, und es scheint sich dabei ganz offensichtlich um einen *Atavismus* zu handeln. Auch andere Atavismen, wie das gelegentliche Auftreten von mehr als 2 Brustwarzen, bei allen rezenten Menschen beiderlei Geschlechts sind ja durchaus bekannt. Die Pygmäen haben eine schöne Muskulatur mit bei den Männern besonders ausgeprägten Brustmuskeln. Die Frauen stehen ihnen mit ihrer ebenfalls kräftigen Muskulatur in keiner Weise nach. Ihre tägliche schwere Arbeit, das Sammeln, der Transport von Nahrung und Feuerholz, trägt offensichtlich zur starken Entwicklung ihrer *Dorsolumbalmuskeln* bei, die bei ihnen deutlich hervortreten (Abb. 5.6). Die Bayaka- und Baka-Pygmäen haben außerdem eine betonte *Lendenlordose*, verbunden mit leichter *Steatopygie* [196]. Auch bei den Ituri-Pygmäen finden wir mäßige Steatopygie, gekoppelt mit Lendenlordose [397]. Bei den ostafrikanischen Hadza konnte lediglich bei einigen Frauen ein »khoisanider« Einschlag des Körperbaus festgestellt werden [259]. Doch muß man berücksichtigen, daß diese Kleinwüchsigen zur Zeit der durchgeführten Untersuchungen, in den dreißiger Jahren nämlich, bereits eine genetisch stark mit den *Isanzu*-Hackbauern vermischte Population waren und nur einzelne Individuen noch dieses oder jenes ursprüngliche Merkmal zeigten. Lendenlordose und stark ausgeprägte Steatopygie finden wir vor allem bei Hottentotten- und Buschfrauen, auf die schon der alte Georg Küfer aus Mömpelgard – später Georges Cuvier – aufmerksam gemacht hatte [82].

Wenn auch die verschiedensten Erklärungsversuche für Steatopygie sehr unbefriedigend sind, so erscheint es doch sehr zweifelhaft, diesen Fettsteiß als eine »Art Vorratskammer oder Kalorienspeicher mit ähnlicher Funktion wie die des Fetthöckers beim Zeburind und beim Kamel« [240, 246, 247] aufzufassen oder ihn als eine Art »Fettdepot« [492] anzusehen. Es sei in diesem Zusammenhang auch vermerkt, daß Hottentotten und Buschleute nicht als Völker gelten können, die sich durch natürliche Auslese ans Wüstenleben angepaßt haben, zumal es in früheren Zeiten in der Kalahari neben der gesammelten pflanzlichen Nahrung auch noch genügend Wild gab. Die Tatsache, daß eine solche Steatopygie nur bei Frauen anzutreffen ist, macht überdies derartige

5.6 *Lendenlordose und deutliches Hervortreten der gut entwickelten Dorsolumbalmuskeln bei Frauen*

Überlegungen mehr als hinfällig. Dagegen spricht ebenfalls, daß wir eine nahezu gleich stark ausgeprägte Steatopygie auch bei den Onge-Frauen auf den Andamanen mit feucht-warmem Klima vorfinden, wo immerfort Nahrung in reichlicher Menge vorhanden ist. Den Fettsteiß gar als eine »Mißbildung« [173] zu bezeichnen ist natürlich Unsinn. Ob die Steatopygie der Buschfrauen überhaupt als ein Beispiel für »ein von der Selektion bevorzugtes Merkmal« [247] angesehen werden kann, wissen wir nicht, denn es stellt sich ja sogleich die Frage: »Selektion« im Hinblick auf was? Viel interessanter dagegen ist, daß wir ausgeprägte Steatopygie auch in Europa bei Frauen aus dem Jungpaläolithikum finden, wie es durch die Venus von Willendorf, die wunderschöne elfenbeinerne Venus von Lespugue aus dem französischen Aurignacium und die Frauenfiguren aus Jeliseewskij am Don belegt werden konnte. Es bietet sich also eher eine Interpretation der Steatopygie als ein ursprüngliches Merkmal der Menschenfrauen an. Eine solche Auslegung wird auch dadurch unterstützt, daß Steatopygie stets mit ausgeprägter Lendenlordose einhergeht, deren Ansätze bereits ab dem 3. Lebensjahr beobachtet werden können [464].

Bei den Pygmäenfrauen sind die Brüste in der Regel achselständig, dazu konisch geformt, mit nicht vom Warzenhof abgesetzten Mamillen. Diese Brustform wird morphologisch als Kegelbrust bezeichnet, deren Größe beträchtlichen Variationen unterliegt, und bei Frauen, die schon mehrfach schwanger waren, können diese Kegelbrüste beachtliche Ausmaße erreichen (Abb. 5.7). Nur ganz selten, insbesondere bei hellhäutigen Typen, findet man bei einigen wenigen jungen Bayaka-Mädchen eine rundliche, »europide« Halbkugelform der weiblichen Brust mit leicht abgesetzter Mamille (Abb. 5.8); die Brüste bleiben aber achselständig. Diese achselständigen (Kegel-)Brüste werden generell als ein ursprüngliches Merkmal angesehen [269]. Folgerichtig finden wir sie auch bei den Hottentotten- und Buschfrauen, bei den Onge und Jarawa der Andamanen sowie bei den Kleinwüchsigen Neuguineas.

Besonders die kleinen Ituri-Pygmäen erscheinen in ihrem Gesamtbild nicht wohlproportioniert, sondern haben einen scheinbar langen Rumpf, recht lange Arme und relativ kurze Beine und somit ein ausgesprochen *brachyskeles* (kurzbeiniges) Erscheinungsbild. Nicht ganz so ausgeprägte, aber ähnliche Körperpro-

5.7 *Besonders entwickelte ehemalige Kegelbrüste nach bereits mehreren Schwangerschaften*

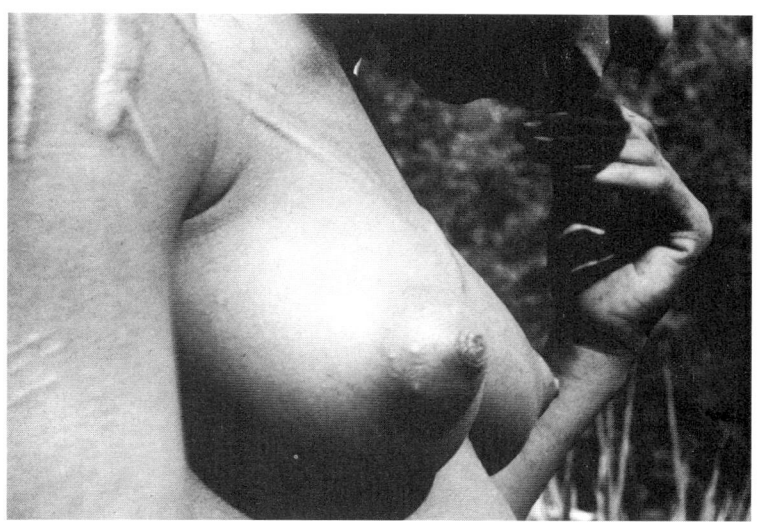

5.8 *Europide Halbkugelbrust mit leicht abgesetzter Mamille bei einem hellhäutigen Mädchen*

portionen findet man auch bei den West-Pygmäen. Sie können sich mit durchgedrückten Knien leicht bücken und auf diese Weise ohne große Anstrengung mit den Händen am Boden werkeln (Abb. 5.9). Diese Merkmale der »verschobenen« Körperproportionen haben verschiedene Autoren dazu veranlaßt, besonders die Ituri-Pygmäen als *Pädomorphe* zu betrachten [255, 428]. Auch eine vor allem bei den Ituri-Pygmäen häufig auftretende Form der Weichteilnase, die »Wallnase« [494], womit wohl die Knopfnase gemeint ist, die fälschlich auch Knollennase genannt wurde und sogar an »embryonale Zustände« [494] erinnern soll, sowie die wenig reduzierte Sekundärbehaarung werden eher als einer ontogenetisch frühen Stufe entsprechend aufgefaßt. In diesem Sinne sollen die bioklimatischen Verhältnisse des »Urwaldes« in Richtung einer *mutationsauslösenden Retardation* gewirkt haben, so daß die individuelle Entwicklung auf einer »ontogenetisch frühen Stufe« ihren Abschluß erreicht hätte [494]. Betrachten wir eine Reihe phänotypischer Merkmale wie Knopfnase, stark gewölbter Hirnschädel und relativ kurze, gekrümmte Beine, dann kann man sich des Eindrucks nicht erwehren, daß die Ituri-Pyg-

171

5.9 *Müheloses Bücken und Hantieren am Boden mit eingeknickten Armen und durchgedrückten Knien*

mäen ganz offensichtlich die Tendenz zu einer *Nanifikation* zeigen, während die West-Pygmäen in ihrem Gesamtbild, der Summe aller ihrer Merkmale, eher an den Prozeß einer *Grazilisation* denken lassen.

Eingehende Skelettstudien ergaben, daß bei den Pygmäen eine ganze Anzahl von sehr ursprünglichen Merkmalen vorhanden ist, welche bei den heutigen übrigen Menschen-Populationen nur ganz ausnahmsweise zu finden sind [312]. Betrachten wir nun die spezifisch *plesiomorphen* Skelettmerkmale der Pygmäen einmal näher.

Die Schädelform der Ituri-Pygmäen ist eindeutig *mesokephal* [158]. Eine angebliche Tendenz zur *Dolichokephalie* (Langköpfigkeit) ließ sich bei ihnen nicht bestätigen. Ausschließlich bei den Basua findet man eine nennenswerte Zunahme der dolichokephalen Individuen (25,4%). Die West-Pygmäen sind ebenso mesokephal (70,7%), mit einer Tendenz zur *Brachykephalie* (Kurzköpfigkeit); (19,6%). Nur 9,7% sind dolichokephal [477]. Die Neigung zur Brachykephalie unterscheidet die Pygmäen insgesamt deutlich von den Buschleuten und Hottentotten, doch in dieser Hinsicht weichen sie außerdem noch weiter von den übrigen Großwüchsigen Afrikas ab [316].

Im Vergleich zur übrigen Menschheit ist das Schädelvolumen der Pygmäen eher gering. So wären die Ituri-Pygmäen mit einem Mittelwert von 1332 cm^3 in die Kategorie der *Euenkephalen* (Normalschädeligen) einzureihen, während die West-Pygmäen mit durchschnittlich 1289 cm^3 gar zu den *Oligenkephalen* (Kleinschädeligen) gehören. Der Unterschied von 43 cm^3, ausreichend für eine Klassifizierung in zwei unterschiedliche Populationen, die heute geographisch weit voneinander getrennt leben –, ist allerdings nicht groß genug, um von einer reellen Differenzierung sprechen zu können [312]. Es ist vielleicht dennoch interessant, einmal das Schädelvolumen in Korrelation zum Körpergewicht und zur Körpergröße zu setzen, haben doch die West-Pygmäen mit einem größeren Körpergewicht und einer größeren Körperhöhe ein geringeres Schädelvolumen! Setzt man das Gehirnvolumen generell zur Körpergröße ins Verhältnis, dann schneiden die Pygmäen im Gesamtbild der Menschheit wieder recht gut ab.

Am Schädelskelett findet man eine mehr oder weniger akzentuierte Entwicklung des *Postglenoidhöckers*, der gelegentlich zu

173

einer echten *Apophyse,* einem Knochenfortsatz, auswachsen kann. Die *Okzipitalöffnung* ist im allgemeinen weiter nach hinten verschoben. Felsenbein und Paukenteil zeigen eine leichte Winkelung. Der Kinnvorsprung ist deutlich verkleinert. Im Vergleich zur Größe der Backenzähne M 1 und M 2 ist das Volumen des Weisheitszahnes (M 3) weit weniger verringert. Ein stark verkleinerter 3. Molar dagegen, der bei einigen wenigen Europäern bereits ganz fehlt, wäre auch eher ein ausgesprochen rezentes Merkmal. Zu diesen verschiedenen Elementen kommen noch die Verringerung des Schädelvolumens, eine Abflachung des Schädeldaches und ein verbreiterter, in seiner Höhe reduzierter *Ramus.* Alle diese verschiedenen, relativ seltenen, *archaischen* Merkmale der Schädelmorphologie treten fast niemals bei ein und demselben Individuum zusammen in Erscheinung, sondern man findet, je nach Schädel, einmal dieses, einmal jenes Merkmal. So gibt es außerdem keinerlei Möglichkeit zur Bestätigung der Annahme, daß nur die Ituri-Pygmäen die charakteristischen Elemente eines anzestralen Menschentypus erhalten hätten und in ihrer Schädelmorphologie ursprünglicher wären als die West-Pygmäen, auch wenn dies im allgemeinen häufig angenommen wurde [164, 397].

Am Körperskelett ein und desselben Individuums finden sich *plesiomorphe* Merkmale zahlreicher und prägnanter. Die Wirbelsäule der Pygmäen zeigt als besonders ursprüngliches Merkmal vor allem eine verhältnismäßig kleinere Höhe des Halssegments und umgekehrt eine bedeutendere Höhe des Lendenteils sowie eine geringere konvexe Krümmung des Hals- und Lendenteils nach vorn und des Brustteils nach hinten. Das *hypobasale* Kreuzbein ist verlängert und wenig konkav. Der Brustbeinkörper hat in seiner ganzen Länge von oben nach unten eine fast identische Breite. Das Schulterblatt zeigt eine extreme *Brachymorphie,* gekoppelt mit betonter Schrägstellung der *Spina scapulae* (Abb. 5.10) und einer ebenfalls schräg stehenden Schulter-Gelenkpfanne sowie einem geradlinigen, horizontalen oberen Rand. Diese starke Schrägstellung der Schulterblattgräte, die bei den Ost-Pygmäen noch viel akzentuierter ist [392], kann als ein ausgesprochen *plesiomorphes* Merkmal angesehen werden und läßt die Pygmäen von der gesamten übrigen rezenten Menschheit – die auch hinsichtlich dieses Merkmals durchaus in Europide, Mongolide und Negride unterschieden werden kann – deut-

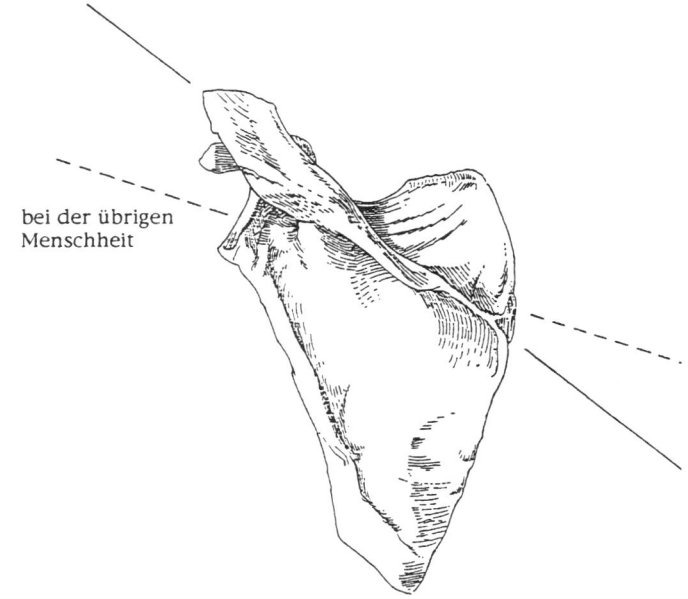

bei der übrigen
Menschheit

5.10 *Schrägstellung der Spina scapulae bei den West-Pygmäen
(aus Marquer 1972; die Linien wurden vom Autor eingezeichnet)*

lich abgesondert erscheinen [312, 473, 474]. Zu den Proportionen
der Extremitäten wäre zu sagen, daß die Arme im Verhältnis zu
den Beinen länger sind. So sind auch die Unterschenkel relativ
länger als die Oberschenkel und besonders die Unterarme länger
als die Oberarme. Im Gegensatz zu dem, was am Schädel beobachtet wurde, erscheinen diese ursprünglichen Merkmale des
Körperskelettes bei weitem konstanter, und zwar ebenso beim Individuum wie innerhalb der Gesamtpopulation [312, 316, 317].
Ganz allgemein handelt es sich um ein sehr graziles Skelett mit
einem nur geringen Robustizitätsindex [223]. In ihrer anthropologischen Erscheinung sind die West-Pygmäen den Ituri-Pygmäen durchaus ebenbürtig, worauf bereits mit Nachdruck hingewiesen wurde [476].
Die Tatsache, daß man in jeder kleinen, phänotypisch unter-

scheidbaren Menschengruppe, einer Population oder Ethnie, eine *eigenständige Rasse* (!) sehen wollte, führte zwangsläufig zur Entwicklung von entgegengesetzten Denkrichtungen. Dies wurde dann meist mit viel Vehemenz vorgetragen: »... *there are excellent arguments for abandoning the concept of race with reference to the living population of Homo sapiens...*« [296].

Nun, der Mensch in seiner Gesamtheit ist eine biologische (zoologische), polytypische Art, allerdings mit interkommunizierbaren Genpools [319]. All die verschiedenen Populationen, Ethnien und Formen gehören zu einer einzigen Art, da sich theoretisch alle rezenten Menschen miteinander fortpflanzen können. Da sich aber unter anderem verschiedene Großkatzen in Menschenobhut beliebig kreuzen lassen und dabei sogar fruchtbare Junge zur Welt bringen, ist das Argument der unbegrenzten Kreuzbarkeit als kennzeichnendes Artmerkmal nur bedingt verwendbar. Für derartige polytypische Arten hatte man schon früh den durchaus treffenden Ausdruck *Formenkreis* geprägt [254]. Damit wurde konkretisiert, was Immanuel Kant bereits 120 Jahre früher mit seiner »Realgattung« definierte [244]. Der später für polytypische Arten eingeführte Begriff »Rassenkreis« [382] hat aus gutem Grund nur wenig Anhänger gefunden. Da aber der Begriff »Rasse« nie richtig definiert worden ist und die bislang wenigen biologisch-morphologischen Erklärungsversuche [246, 255] viel zu anthropozentrisch ausgefallen sind und weil man aus diesen Definitionen nicht ersehen kann, ob denn nun Ethnien oder Populationen gemeint sind [185, 430], sollte unter natürlichen Bedingungen der Bezeichnung Unterart der Vorzug gegeben werden.

Da wir den Menschen als ein Wesen betrachten, das der Ganzheit biologischer Evolutionsmechanismen unterliegt, kommen wir nicht umhin, Definitionen zu fordern, die im holistischen Sinne *auch für* oder *nicht nur für* die Art Mensch Gültigkeit haben. Folgerichtig sollte der Begriff Rasse ausschließlich der Haustierkunde und der Züchtungsforschung vorbehalten werden. Hier wenigstens wurde »Rasse« recht gut definiert [188], nämlich für eindeutig vom Menschen – durch ständiges selektives Eingreifen in die Fortpflanzung bei zu Haustieren gewordenen Arten – wissentlich herausgezüchtete »sympatrische« Formen mit besonderen Eigenschaften wie größere Milch-, Fleisch-, Eier- oder Wollproduktion, erhöhte Aggressivität (Bluthunde), besondere

Schnelligkeit (Windhunde, Rennpferde), besondere Stärke (Zugpferde) und letztendlich eine ganze Reihe von »Spielformen«, ausschließlich für den Zweck der Liebhaberei und als Kumpane des Menschen. Zudem hat die Bezeichnung »Rasse«, insbesondere für Menschen, in den dreißiger Jahren eine recht »subjektive« Bedeutungsumwandlung erfahren, indem sie vor allem im negativen, abwertenden Sinne auf Kulturen und Religionsgemeinschaften Anwendung fand. Auch heute noch findet diese Bezeichnung in weiten Kreisen – vor allem in den Medien – alltäglich eine völlig irrige Anwendung. Doch findet man auch in der einschlägigen wissenschaftlichen Literatur noch immer Darstellungen, in denen Religionsgemeinschaften und Nationalitäten als »Rassen« aufgeführt werden [28, 166].

Eine *polytypische Art* wird definiert als eine Art, die mindestens zwei oder mehrere geographische Unterarten enthält, wie das beim rezenten Menschen im ursprünglichen Sinne der Fall war. Für diese drei Unterarten des Menschen, den Europiden, den Mongoliden und den Negriden, die in der einschlägigen Literatur geläufig – aber nicht glücklich – auch als »Großrassen« [246] bezeichnet werden, nimmt man drei verschiedene geographische Entstehungszentren an [135], wie es für *allopatrische* Unterarten gefordert wird. Obwohl in Fachkreisen die biologische Evolution des Menschen längst als Tatsache akzeptiert ist, hegen einige Kollegen noch immer Bedenken gegen die Verwendung der Termini »Unterart bzw. Subspezies«. Das zeigt deutlich, daß selbst gewisse Biologen sich nicht ganz von der Idee des »Schöpfungsgedankens« und der damit falsch interpretierten Sonderstellung des Menschen innerhalb der organisierten Lebewesen befreien können. Insofern erscheint es mir geradezu als eine Pflicht, daß Zoologen den Menschen als *biologische Art* in ihre wissenschaftlichen Betrachtungen miteinbeziehen, um damit ein neues, erhellendes Licht auf die Spezies Mensch zu werfen. Wenn nun aber sich berufen fühlende Gremien dies verhindern möchten, so tangiert ein solches Ansinnen die Freiheit der Wissenschaft. Wer aus tiefer, persönlicher Überzeugung und durchaus respektablem ethischem Empfinden die Begriffe »Unterart bzw. Subspezies« wegen der nur phänotypisch-geographische Indikationen beinhaltenden Präfixe nicht verwenden will, sollte statt dessen entweder den von Kleinschmidt für polytypische Arten geprägten Ausdruck »Formenkreis« [254] oder die wertneutrale Bezeichnung »Formenmosaik« benützen. Dabei kommt man aber trotz alledem nicht umhin, die Adjektive *europid, mongolid, negrid* voranzusetzen.

Die *europide Unterart* dürfte, nach ihren Körpermerkmalen und gegenwärtigen Verbreitungsgebieten zu urteilen, einst unter gemäßigten Klimaverhältnissen im südlichen Rußland am Übergang zum südlichen Asien entstanden sein. Man spricht deshalb auch heute noch in der angelsächsischen Literatur von der »kaukasischen Unterart« [255]. Diese These erscheint unter Berücksichtigung der späteren Ausbreitung der Europiden in das jetzige Europa sowie in den nordafrikanischen und indischen Raum durchaus glaubhaft. Soweit dies durch Schädelfunde belegt werden kann, stellen die Europiden die älteste der drei Unterarten dar. Desgleichen weisen Schädelfunde aus Afrika in Richtung einer *vor-negriden Sapiens-Altschicht* mit eindeutig *europiden* Merkmalen [53, 268]. Sie können als direkte Weiterentwicklung des frühen *Homo sapiens* angesehen werden. Ein Hinweis in diese Richtung wären zahlreiche vorwiegend europide Merkmale aufweisende Äthiopier. Insofern erscheint die Arbeitshypothese, nach welcher frühe Angehörige einer europiden Menschenform von einem nicht-afrikanischen Verbreitungsgebiet nach Ostafrika vorgestoßen seien und dort denselben Selektionsbedingungen ausgesetzt waren wie die übrigen afrikanischen Völker, so daß bei ihnen im Laufe der Klimaveränderungen die Hautfarbe zunehmend dunkler wurde [430], eher unwahrscheinlich, denn das Vorhandensein der vor-negriden Sapiens-Altschicht mit eindeutig europiden Zügen spricht dagegen. Vielmehr waren wohl die Europiden ursprünglich alle dunkelhäutig und wurden erst im Verlaufe ihrer Wanderungen nordwärts immer heller. Betrachtet man die – je nördlicher – immer blonderen und helleren bis nahezu rosahäutigen Europiden mit vorwiegend blauen Augen, eine Merkmalskombination mit deutlich negativem Auslesewert in den Tropen [319], so scheint mir – von der durch die Evolution bedingten Logik her – letztere Hypothese wahrscheinlicher. Auch sonst weit verstreute, ursprüngliche Restgruppen, wie die Ainu auf Sachalin und – stark mongolid vermischt – auf Hokkaido, die Polynesier sowie die *proto-europiden* Australier, werden allgemein als *Alt-Europide* angesehen. Vor allem von den Ur-Australiern weiß man, daß sie schon vor 50 000–60 000 Jahren über die während der Würm-Eiszeit bestehende Landbrücke den australischen Kontinent besiedelt haben [384]. Ein Skelettfund, der auf 25 000 Jahre datiert wird, zeigt anatomisch nur sehr wenige Unterschiede zu den heute noch dort lebenden Menschen, den sogenannten »Aborigines« oder Ureinwohnern. In diesem Zusammenhang erscheint es interessant, das bei diesem Skelett zu beobachtende vertikale Kinn, die stark fliehende Stirn, die starke Vorwölbung der Überaugenwülste und die allgemeine Robustheit der Schädelkapsel zu erwähnen. Die sie zusammensetzenden Knochenteile erreichen häufig eine Dicke von 10 mm und mehr und gleichen in dieser Hinsicht dem *Pithecanthropus*, während bei den meisten anderen Neuzeitmenschen diese Schädelkapselteile in der Regel nur 5 mm dick sind. Neben vielen weiteren ursprünglichen Skelettmerkmalen der australischen Ureinwohner erscheint mir noch bedeutungsvoll, auf den bei ihnen gut entwickelten *Sulcus lunatus* hinzuweisen, der ein ganz besonders plesiomorphes Merkmal darzustellen scheint. Doch bedarf es wohl noch weiterer gründlicher Nachforschungen, um zu eruieren, ob dieses Merkmal auch wirklich als konstant gewertet werden kann. Hinsichtlich der Mannigfaltigkeit ihrer ursprünglichen Merkmale und ihres jeweiligen Ausprägungsgrades stellen die australischen Ureinwohner einen Sonderfall unter den Neuzeitmenschen dar. Sie zeigen viele Übereinstimmungen mit dem heute zum *Homo erectus* gestellten *Pithecanthropus* und auch mit noch älteren Formen [28].

Die *Mongoliden* sind im Gegensatz zu den Europiden offenbar erst später und weiter im Osten als besondere Anpassungsform entstanden [135]. Dieser Prozeß läßt sich an den in verschiedenen Schüben nach Amerika eingewanderten Indianern und Eskimo recht gut verfolgen. So zeigen die Indianer, daß zur Zeit ihrer Auswanderung aus Ostasien vor etwa 40 000 Jahren die mongolische Unterart erst im Begriff war, sich zu entwickeln. Folgerichtig haben sie im Verlaufe ihrer Besiedlung des gesamten Kontinents ein breites Spektrum von Formen hervorgebracht, wie dies vor allem die phänotypischen Differenzierungen aller Neuwelt-Mongoliden von Nordamerika bis zum tropischen Regenwald des Amazonas deutlich belegen. So gehören die *Yanomami* etwa einer alten Einwanderungsschicht an, da ihnen ein Blutgen, der sogenannte Diego-Faktor, fehlt, während er bei mongolischen und anderen indianischen Völkern vorhanden ist. Die Yanomami teilen dieses Merkmal mit den Europäern, ein Hinweis, daß sie

179

von einer vor-mongolischen Menschengruppe abstammen [112]. Zur späteren Auswanderungszeit der Eskimo vor wohl nur 12 000 Jahren war dieser Formungsprozeß dagegen schon weitgehend abgeschlossen.

Die *Negriden*, über deren Entwicklung wir weit weniger gut informiert sind, dürften – soweit ihr Erscheinungsbild darauf schließen läßt – unter trockenheißen Klimabedingungen im offenen Busch- und Grasland entstanden sein. Eine solche Landschaft bestand gegen Ende der Eiszeit in den südlichen Gebieten der heutigen Sahara und existiert noch immer in den Savannengürteln Afrikas. In diesem Sinne ließe sich auch die Entstehung des Kraushaares der Negriden als Klima-Adaptation ziemlich befriedigend erklären. Es wird als elastisches Luftpolster gedeutet, das das Gehirn vor Überhitzung schützt, da Luft ein schlechter Wärmeleiter und somit ein guter Isolator ist [378]. Leider konnten für die Negriden bislang *keine* fossilen oder subfossilen Reste gefunden werden, ein Indiz ihres relativ späten Auftretens. Es wird allgemein angenommen, daß ihre Entwicklung im späten Jung-Paläolithikum begann. Als einziger eindeutiger »Ur-Negride« gilt ein Skelett aus einer Höhle bei Iwo Eleru in West-Nigeria, das nach den gewonnenen Radiokarbon-Daten noch in den Grenzbereich zwischen Pleistozän und Holozän oder – wahrscheinlicher – ins frühe Holozän gehört [417]. Mit diesem Fund sind wir in einem geographischen Bereich, in dem man ganz allgemein den Differenzierungsbereich der Negriden vermutet. Betrachtet man ihre »natürliche« Ausbreitung in Richtung Ostasien, so kommt man nicht umhin anzunehmen, daß auch die Negriden im Verlaufe ihrer Differenzierung Afrika in mehreren Schüben verlassen haben.

Die Kleinwüchsigen Neuguineas, von denen hier nur die gut bekannten *Ayom, Dani, Eipo, Tapiro* und *Yale* als Beispiele genannt werden sollen, zeigen eindeutig ursprüngliche phänotypische Merkmale [158]. Durch Radiokarbon-Datierungen weiß man heute, daß diese Leute vor etwa 25 000–30 000 Jahren erstmals die Insel besiedelt haben. Die weitaus differenzierteren Großwüchsigen wie die *Asmat* an der Küste und die *Medlpa* in den Bergen, die hier stellvertretend auch für andere Ethnien genannt sein sollen, sind erst vor etwa 10 000–12 000 Jahren in Neuguinea eingetroffen, das für sie zunächst gleichzeitig die Endstation ihrer Wanderzüge war. In dieser Zeit dürften die Kleinwüchsigen als zuerst eingewanderte Menschen ins Hochland abgedrängt worden sein. Nachdem sich mit dem Ende der letzten Eiszeit der Meeresspiegel um rund 200 m gehoben hatte, verschwanden auch die Landbrücken. Der restliche melanesische Inselraum wurde von den negriden Völkergruppen erst viel später mit Hilfe von Booten besiedelt [37].

Dort, wo die Negriden freie Räume vorfanden, konnten sie sich erhalten oder auch weiter differenzieren. Dies geschah insbesondere im – vor der negriden Besiedlung menschenleeren – Neuguinea mit seiner besonderen geographischen Beschaffenheit von zahlreichen Schluchten, Tälern und mächtigen isolierenden Gebirgszügen. Dabei unterscheiden sich die verschiedenen Ethnien nicht nur in der Körperhöhe, sondern auch in einer ganzen Reihe anderer morphologischer Merkmale. Insofern erscheint mir die These gewagt, die annimmt, daß sich die dortigen Kleinwüchsigen allein aus spezifisch ökologischen Bedingungen [249, 303] oder aufgrund von Klima-Anpassungen [248] entwickelt haben sollen und somit nichts anderes als eine Variante der Großwüchsigen darstellen würden [303], wie dies ja auch für die afrikanischen Pygmäen irrtümlicherweise vermutet wurde. Allein die unterschiedlichen Einwanderungswellen und die Existenz der Medlpa im Hochland mit einer Körpergröße von über 1,80 m sprechen gegen diese Annahme. Die Kleinwüchsigen Neuguineas aufgrund der oben genannten Vermutungen als Papua-Pygmäen zu bezeichnen [249] ist natürlich keineswegs gerechtfertigt, da Papua, aus dem Malaiischen *papwah* oder *papuwah*, nichts anderes bedeutet als Kraushaar! Dieses Merkmal ist dem gesamten negriden Formenkreis eigen. Die in Neuguinea im Tiefland vorherrschenden feuchtwarmen und im Gebirge existierenden feuchtkalten Klimabedingungen können schwerlich als Entstehungsorte des Kraushaares in Betracht kommen [378]. In diesem Sinne sind die hervorgehobenen *frizzy hair*-Unterschiede zwischen Melanesien und Afrika [227] denn auch nur »*a slight modification of common trait rather than a totally independent parallelism*« [137]. Die Präsenz von Pfefferkorn-Haar bei Pygmäen, den kleinwüchsigen asiatischen Negriden und den fossil nachweisbaren Khoisaniden deutet darauf hin, daß der *ulotriche* Wuchs wohl schon lange Zeit vor dem Erscheinen der echten Negriden entstanden ist.

In anderen Gebieten mit Bevölkerungskonkurrenz wurden

die Negriden weitgehend aufgerieben und genetisch aufgesogen. Die *Semang* auf Malakka und die *Aeta* auf den Philippinen sind dafür sehr gute Beispiele. Auf den kleinen Sundainseln kann man gar nur noch sehr geringe negride Merkmalsbildungen beobachten [284]. Nach den ikonographischen Dokumenten des französischen Navigators La Pérouse (1741–1788) zu schließen, waren die gegen Ende des letzten Jahrhunderts ausgerotteten und ausgestorbenen Tasmanier ebenfalls eindeutig Negride [362, 483]. Der letzte Tasmanier starb 1865 und 12 Jahre später die letzte Frau [267]. Bei den Kleinwüchsigen der Andamanen, die seit Jahrtausenden völlig isoliert auf diesen Inseln leben, haben sich insbesondere bei den gut bekannten *Onge* und *Jarawa* deutlich ursprüngliche, alt-negride Merkmale wie Pfefferkorn-Haarwuchs, achselständige Brüste und ausgeprägte Steatopygie erhalten [173]. Es bestehen heute wohl kaum noch Zweifel daran, daß die negriden Völker Asiens ursprünglich in verschiedenen Auswanderungswellen aus Afrika gekommen sind (Abb. 5.11) und demzufolge ein und derselben Unterart angehören, wie dies übrigens schon sehr früh – teilweise vor mehr als 100 Jahren – weit voraussehend vermutet wurde [260, 376, 454, 503]. Wenn auch seinerzeit die handfesten Belege fehlten, hätten zumindest die – inzwischen durchaus als richtig erkannten – Denkansätze zur weiteren Forschung in diese Richtung anregen sollen. Um so erstaunlicher ist es festzustellen, wie lange sich die – biologisch unmögliche – Konvergenz-Hypothese hat halten können. Doch rezente genetische Untersuchungen weisen ganz eindeutig in Richtung einer homologen, somit verwandtschaftsbezogenen Merkmalsbildung [42].

Betrachtet man die Komplexität des gesamten negriden Formenkreises bei Licht und von einem holistischen Gesichtspunkt aus, so kommt man nicht umhin, anzunehmen, daß die *protonegride Altschicht* offensichtlich ausschließlich aus *Kleinwüchsigen* bestanden hat. So scheinen die Großwüchsigen erst später – im Zuge einer Weiter-Evolution – entstanden zu sein. Die geschichtlich relativ rezente – aber mächtige – Bantu-Expansion [167, 346] mit ihren gewaltigen Migrationsschüben und zahlreichen ethnischen Differenzierungen wäre ein weiterer Hinweis in Richtung dieser Überlegung.

Die archaischen morphologischen Merkmale am Skelett der

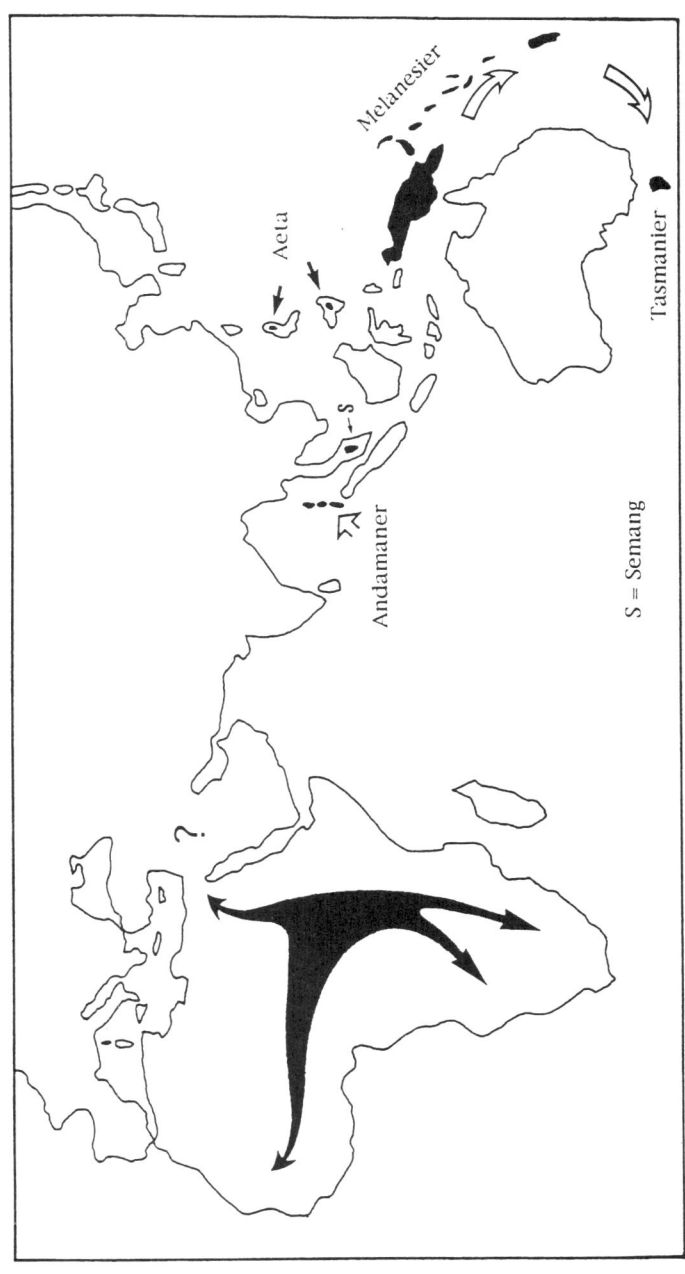

5.11 *Entwicklungsraum Afrika und die natürliche Ausbreitung der Negriden nach Asien (nach einer Vorlage von Franzen 1973, stark verändert)*

183

Pygmäen haben verständlicherweise ganz besonderes Interesse hervorgerufen, so daß man glaubte, mit ihnen die Überlebenden eines genuinen Urstockes der gesamten Menschheit vor sich zu haben: »*African Pygmies are actually the surviving roots of man's origin*« [168]. Es konnte herausgefunden werden, daß diese morphologischen Skelettmerkmale, wenn auch nur ganz entfernt, so aber doch »*à des dispositions morphologiques particulières des grands Singes* (an die besonderen morphologischen Anlagen der Menschenaffen)« erinnern, »*dont certaines se trouvent également chez les premiers Hominidés* (von denen einige auch bei den ersten Hominiden [Sapiens-Altschicht] zu finden sind)«, ohne daß dabei jedoch »*le qualificatif de pithécoide* (die Bezeichnung *pithecoid)*« gebraucht werden darf [312].

Schädelfunde aus dem Jung-Paläolithikum Afrikas geben Hinweise auf eine *vor-negride Sapiens-Altschicht* [53]. Darunter faßt man Gruppen des jetzt lebenden Menschen zusammen, die sich nicht direkt in die drei modernen Unterarten eingliedern lassen, sondern durch Bewahrung eines höheren Anteils von Formzügen des fossilen *Homo sapiens* auffallen. Hierher gehören die besonderen Merkmale, die man auch bei den »ersten Hominiden« findet. Das besagt allerdings nicht, daß sie weniger differenziert wären. Ihre Abdrängung in immer ungünstigere Rückzugsgebiete scheint die Erhaltung älteren Formengutes durch Isolierung begünstigt zu haben, wie dies auch bei den proto-europiden Australiern recht offensichtlich der Fall ist.

Die heute in Afrika lebenden Völker, die der Sapiens-Altschicht entsprechen, sind insbesondere die Khoisaniden, zu denen vor allem Hottentotten und Buschleute gehören [269]. Daß sie im Bautyp noch alte Merkmale des fossilen *Homo sapiens* bewahrt haben, wird unter anderem auch aus dem Vergleich mit den Frauenfiguren aus dem europäischen Jung-Paläolithikum deutlich. Sie weisen alle einen Fettsteiß und den hohen, achselständigen Brustansatz als deutliche Sapiens-Altschicht-Merkmale auf. Für die rezenten Vertreter dieser Schicht ist außerdem eine große Wangenbreite in Verbindung mit geringer Kieferwinkelbreite zu beobachten. Besonders interessant dabei ist, daß die khoisanide Altschicht fossil belegt werden kann. Wenn diese Populationen heute auch nur noch auf begrenztem Raum in Süd- und Südwestafrika anzutreffen sind, haben sie früher ganz sicher wesentlich größere Teile Afrikas besiedelt [464], wie es die Restgruppen der kleinwüchsigen Hadza-Wildbeuter am Lake Eyasi in Tansania zu belegen scheinen [259]. Die Palänegriden ihrerseits stellen ebenfalls eine Altschicht dar; sie wurden in weniger bewegte Außenzonen abgedrängt und sind – wie die *Kirdi* in den unzugänglichen Mandarabergen Kameruns – in Rückzugsgebieten zu finden. Sie gehören aber eindeutig zur nacheiszeitlichen Unterart der Negriden und lassen sich nicht, wie die khoisanide Altschicht, direkt in die fossilen Sapiens-Funde einordnen.

Die Pygmäen müßten ebenfalls der Sapiens-Altschicht, nicht aber den Palänegriden zugeordnet werden [269]. In diese Richtung deutet auch die von der Umgebung stark abweichende Blutallel-Verteilung mit sehr viel p+q, eine Abweichung, die deutlich auf einen nicht-negriden, oder richtiger, *vor-europiden* Bestandteil hinweist [304]. Zusätzlich haben die Pygmäen vermutlich im Regenwaldbereich eine lange und selbständige Differenzierung durchlaufen. Die Meinung, die Pygmäen hätten zuerst am Regenwaldrand, in der ihm vorgelagerten Buschsteppe gelebt und seien von da aus, unter Anpassung an ihre neue Umgebung, in den Regenwald eingedrungen – von den Großwüchsigen gezwungen und verdrängt [158] –, kann jedoch nicht belegt werden. Bedauerlich ist, daß weder von ihnen noch von den anderen Negriden – ausgenommen der eben erwähnte Nachweis aus West-Nigeria – fossile oder subfossile Funde vorliegen. Die Pygmäen betrachtete man schon sehr frühzeitig »als Reste eines einst viel weiter über diesen Erdteil [Afrika] verbreiteten Volkes« [377], womit man wahrscheinlich gar nicht so unrecht hatte. Man denke dabei insbesondere an die verstreuten, heute nur noch inselhaften Verbreitungsrelikte der Batwa und Barhwa [434] sowie an das isolierte Vorkommen von Pygmäen in Westafrika [8] und in den Tikarbergen Mittel-Kameruns [290, 460, 461], weit nördlich der heutigen Regenwaldgrenze.

Schon zu Beginn der aktiven Pygmäenforschung, zu Anfang des Jahrhunderts, stellte man diese Menschen intuitiv »unzweifelhaft unter die ältesten Völker der Erde« [414], womit man vielleicht etwas zu weit gegriffen hatte, doch es gibt genügend Argumente, daß die Pygmäen nicht nur eine Größenvariante der sie umgebenden Volksgruppen sind. Wenn inzwischen auch eindeutig belegt werden konnte, daß die Pygmäen nicht »*the surviving roots of man's origin*« sind, so muß dennoch gesagt werden, »*que l'étude du squelette révèle, à côté de caractères nettement évo-*

lués, un complexe qui trahit un certain degré de primitivité. Ceci entraine à penser que, du point de vue anthropologique ...les *Pygmées constituent, avec les Boschimans, un des substats humains les plus anciens de l'Afrique et, qu'à ce titre, ils ont dû jouer un rôle assez important dans le peuplement de ce continent* (daß die Untersuchungen des Skeletts ergeben haben, daß, neben deutlich fortschrittlichen Merkmalen, ein Komplex besteht, der einen gewissen Primitivitätsgrad erkennen läßt. Das führt natürlich dazu, daß man glaubt, daß die Pygmäen, zusammen mit den Buschleuten, aus anthropologischer Sicht eines der ältesten menschlichen Substrate Afrikas darstellen und deshalb wahrscheinlich eine wichtige Rolle bei der Besiedlung dieses Kontinents gespielt haben mögen)« [312].

Wie man sieht, weisen die Ergebnisse der Skelettuntersuchungen eindeutig in Richtung der schon früh geäußerten Ideen, daß es sich bei den afrikanischen Pygmäen um eine recht ursprüngliche Menschengruppe handelt. Auch andere Forschungen führen zu einem ähnlichen Ergebnis. So hat man bei blutgenetischen Untersuchungen Indikatoren gefunden, wie das *Rhesus-* und das *Duffy-System* sowie die *saure Phosphatase,* die die Pygmäen wiederum eindeutig als alte und ursprüngliche Vertreter des afrikanischen Kontinents ausweisen. Man kann sie aufgrund dieser Resultate durchaus als eine *proto-afrikanische* Menschengruppe ansehen [62, 63]. Dabei ergibt sich zwischen Ituri- und West-Pygmäen eine genetische Distanz, wobei es von besonderem Interesse ist, darauf hinzuweisen, daß die Ituri-Pygmäen, vor allem in der Frequenz des Phosphorsäure-Allels 'p^r', »*une assez forte ressemblance* (eine ziemlich starke Ähnlichkeit)« mit den Buschleuten zeigen [62]. Dies erscheint durchaus nicht verwunderlich, da die Khoisaniden-Populationen früher sicherlich viel weiter nach Norden, insbesondere nach Nordosten verbreitet waren, wie es die Hadza-Restgruppen in Tansania zu belegen scheinen, und demzufolge mit der Pygmäen-Restpopulation in Äthiopien, den Batwa und Barhwa der Zwischenseegebiete sowie den Ituri-Pygmäen in Kontakt standen.

Daneben hat man aber auch noch einen ganz speziellen *Pygmy-Marker,* ein typisches Pygmäen-Gen – die *Phospho-Gluco-Mutase* PGM $\frac{0}{2}$ Pyg – gefunden, welches bei den West-Pygmäen häufiger auftritt (7%) als bei den Ituri-Pygmäen [481]. Dieses

Pygmäen-Gen wurde bislang weder bei den proto-afrikanischen Khoisaniden noch sonst bei irgendeiner anderen Menschenpopulation nachgewiesen. Das mag darauf hindeuten, daß die Pygmäen sich bereits vor sehr langer Zeit differenziert haben. Es gibt aber noch einen weiteren, nicht zu unterschätzenden Hinweis, daß die afrikanischen Pygmäen zu den ältesten Neuzeitmenschen gehören oder diese zumindest in Afrika repräsentieren. Untersuchungen am Y-Chromosom haben ergeben, daß der als außerordentlich plesiomorph betrachtete *Haplotyp XIII* – der auch beim Schimpansen nahezu unverändert vorgefunden werden konnte – bei den Pygmäen, insbesondere bei den zentralafrikanischen Bayaka, mehrheitlich vorhanden ist und somit auf das hohe phylogenetische Alter dieser Menschen hinzuweisen scheint:» ... *selon nos données, ce sont les Pygmées de la RCA, qui présentent de façon majoritaire l'Haplotype Y primitif*« [302]. Bei den meisten anderen untersuchten Menschenpopulationen, einschließlich der benachbarten Bantu, ist dieser Y-Haplotyp XIII nur »*de façon minoritaire* (minderheitlich)« präsent.

Aufgrund dieser Befunde den »Garten Eden« [302] in dieser entlegenen zentralafrikanischen Gegend zu vermuten scheint mir dennoch etwas gewagt, zumal wir bezüglich dieses *Y-Haplotyps XIII* bislang nicht wissen, wie es sich mit seiner Präsenz bei den Ituri-Pygmäen verhält. In diesem Kontext wäre es natürlich auch hochinteressant zu wissen, ob und in welcher Relation dieser Haplotyp bei den Kleinwüchsigen Neuguineas und den proto-europiden Australiern vorhanden ist, da vor allem letztere ja ebenfalls, wenn auch andere, ursprüngliche (*Homo erectus-*)Merkmale erhalten haben und phylogenetisch weitaus älter sein müssen als die Pygmäen.

Bei der Aufzählung der zahlreichen Besonderheiten der afrikanischen Pygmäen sollte nicht unerwähnt bleiben, daß bei den Bayaka eine hohe Frequenz der *Immunglobuline* – IgG 2mal, IgM 3–4mal und IgA sogar 400mal über normal – festgestellt werden konnte [77]. Dies läßt sich wohl nicht allein daraus erklären, daß es sich bei den Bayaka-Pygmäen generell um intestinal-polyparasitierte Populationen handelt. Auch die Infestation durch die Malaria erregenden *Plasmodien* war zur Untersuchungszeit in den Jahren 1975 bis 1978 bei den damals noch vorwiegend *mobil* lebenden Gruppen mit etwa 10% ziemlich gering, und somit könnten für die hohen Immunglobulin-Raten durchaus genetische Dispositionen in Betracht kommen.

Ein anderes interessantes Ergebnis ist der Nachweis eines besonders seltenen PGM $_2^9$-Gens bei den Pygmäen, da eine solche PGM 2-Variante auch bei Eingeborenen Neuguineas in besonders hohen Frequenzen (13–15%) gefunden wurde. Damit wäre ein weiterer Beleg für die »genetische Verbindung« der Melanesier mit den Negriden Afrikas erbracht. Dieses spezielle PGM $_2^9$ soll sich zwar bislang in Neuguinea streng auf die *Dani* beschränken [252] und könnte somit auch ein Argument für eine erst kürzlich erfolgte Mutation sein. Doch wurden *nur* die Dani daraufhin geprüft und diesbezüglich kaum systematische Untersuchungen bei den zahlreichen anderen Kleinwüchsigen Neuguineas durchgeführt. Auch von den Onge und Jarawa der Andamanen fehlen Forschungsarbeiten dieser Art. Insofern erscheint mir eine definitive Stellungnahme zu diesem Problem als durchaus verfrüht.

Ursprung und Herkunft der afrikanischen Pygmäen gaben – seit Anbeginn ihrer Wiederentdeckung – Anlaß zu so manchen Spekulationen. Die zahlreichen Forschungsergebnisse der letzten 30 Jahre und die daraus gewonnenen Erkenntnisse geben jedoch eindeutige Hinweise auf ihre Ursprünglichkeit, wobei vorerst dahingestellt bleiben soll, inwieweit ihre proto-afrikanische Herkunft als höchstwahrscheinlich *vor-negride* oder auch *proto-europide* Sapiens-Altschicht gewertet werden darf.

6

Nahrungserwerb

Noch etwas verschlafen und mit trüben Augen erkannte ich durch die nur unvollständig verschlossene Hüttenöffnung, wie es draußen langsam hell wurde. Es mußte so gegen halb sechs sein. Von den anderen Hütten herüber hörte ich Räuspern und Husten. Ich verspürte nur wenig Lust, aus meinem Schlafsack herauszukriechen. Die vergangene Nacht war wieder einmal saukalt! Kaum zu glauben, wie man in den Tropen, insbesondere in Äquatornähe, bei 18 °C doch frieren kann. Um mich herum war alles klamm und feucht. Ab und zu löste sich von den *Phrynium*-Blättern des Hüttendaches ein großer Wassertropfen, der dann geräuschvoll auf meine Sachen fiel. Auch in der Trockenzeit herrscht im Regenwald selbst außerordentlich hohe Luftfeuchtigkeit. Ich erinnere mich, wie ich das allererste Mal nachts bei sternenklarem Himmel im äquatorialen Regenwald weilte und nicht wenig überrascht war, als von den hohen Baumkronen riesige Kondenstropfen auf mich herniederklatschten. Ich konnte froh sein, in einer Rundhütte wohnen und schlafen zu können. Meine beiden jungen Freunde, die noch ledigen Männer Mongatschu und Bole, mußten sich mit einem einfachen Windschirm begnügen. Natürlich hatten sie weder Schlafsack noch Decke, sondern schliefen – nur mit ihrem Schamschurz bekleidet – auf einer auf ebener Erde ausgebreiteten Bastmatte. Das am Abend noch Wärme spendende Feuer war längst erloschen.

Bald bemerkte ich, wie der alte Musanki von Hütte zu Hütte ging und alle Leute aufweckte. Als Alpha-Mann war er für den rechtzeitigen morgendlichen Aufbruch unserer Wohngemeinschaft verantwortlich, denn wir hatten uns mit den Leuten der Nachbargruppe für eine gemeinsame Netzjagd verabredet. Da blieb mir gar nichts weiter übrig, als aufzustehen, wenn's auch schwerfiel. Ich raffte mich hoch und kroch ins Freie. Die beiden Jünglinge unter ihrem Windschirm schliefen noch tief, und Musanki hatte seine liebe Mühe, sie wachzurütteln. Schnell braute

189

ich mir einen starken Tee mit einem Schuß achtzigprozentigem Rum, der meinen Körper schnell erwärmte. Inzwischen wurde es im Lager lebendig. Die Männer, Frauen und Kinder kamen aus ihren Hütten gekrochen und begannen sofort mit den Vorbereitungen für die Tagesarbeit. Die Pygmäen essen in der Früh nichts. An meine komischen Sitten hatten sie sich aber längst gewöhnt, wenn sie auch zu Beginn meines Aufenthaltes etwas erstaunt darüber waren. Gelegentlich näherten sich einige kleine Kinder und bestaunten mein morgendliches Tun. Besonders das Funktionieren des Camping-Gas-Kochers faszinierte sie immer wieder sehr. Mit einem Stück von mir ergattertem Kokos-Zwieback eilten sie dann wieder zu ihren Müttern zurück.

Die Männer waren als erste bereit zum Aufbruch. Während Musanki lediglich mit seiner Lanze *(di-kòngó)* loszog, waren die jüngeren Männer schwer beladen. Jeder trug zwei Netze *(bò.kià)*, das ständig mitgeführte Eisenbeil *(mò.tschumbi)* mit der Klinge nach vorn im Gleichgewicht über der Schulter, und manchmal noch zusätzlich eine Lanze. Im Gänsemarsch, Musanki allen voraus, verließen wir auf einem Trampelpfad das Lager. Kaum waren wir fünf Minuten gelaufen, begannen die jungen Jäger mit einem melodischen Jodelkonzert, wobei sie sich untereinander ablösten, so daß meist nur ein Jüngling einige kurze Strophen intonierte, gelegentlich jodelten zwei gleichzeitig in unterschiedlichen Tonlagen. Der vorausschreitende Musanki, dem ich dicht folgte, führte die Jagdschar an, nahm aber am Jodeln selbst nicht teil. Der Trampelpfad war für mich längst keine Selbstverständlichkeit mehr, dennoch bewegte sich Musanki leichtfüßig und ohne Zögern sicher vorwärts. Er achtete dabei gespannt auf den Weg, während er ungefähr in 50-m-Abständen an den Büschen des lichten Unterholzes kleine Zweigenden abknickte. Dies tat er besonders deutlich, wenn wir plötzlich die Richtung änderten. Er bog dann den abgeknickten Zweig in die neue Laufrichtung. Ungefragt erklärte er mir, daß dies Wegzeichen für die Frauen und Kinder seien, die mit ihren Sammelkörben später nachkommen würden. Nach etwa einer Stunde Weg – wobei ich gelegentlich meine Mühe hatte mitzukommen – machten wir halt. Die Pygmäen legten ihre Netze ab und begannen, einigermaßen trockenes Holz zusammenzutragen. Ein noch nicht Netze tragender, etwa 14jähriger Bub, der uns begleitete, hatte aus dem Lager ein Glimmscheit mitgenommen, mit dem die jungen Männer nunmehr ein kleines Feuer anzündeten (Farb-Abb. 20), damit wir uns etwas aufwärmen konnten, denn trotz des zügigen Marschierens war es am frühen Morgen noch empfindlich feucht und kalt. Wir empfanden es alle als recht wohltuend, uns in die Nähe des wärmenden Feuers setzen zu können oder die Hände darüberzuhalten.

Das Glimmscheit ist bei den Pygmäen der Lobaye die üblichste Art, Feuer zu transportieren, besonders dann, wenn sie in kleinen Gruppen umherziehen. Das Feuer geht bei ihnen sozusagen nie aus. Aber auch ein einzelner Pygmäe, vor allem der Mann, ist jederzeit und an jedem Ort in der Lage, auf die schnellste Weise ein Feuer zu entfachen. In einem kleinen um den Hals getragenen Lederköcher (Farb-Abb. 21) hat er kleine, rosafarbene Quarzit-Porphyr-Steine, gelegentlich auch ein Stück aufgefundenes Metall und vom Kapokbaum oder der Ölpalme gewonnene Pflanzenwolle *(mò.tschuku)* bei sich. Diese immer trocken gehaltene Wolle wird so um einen der Steine gewickelt, daß bei ihrem Aneinanderschlagen oder beim Schlagen gegen das Metallstück die Funken auf die Wolle überspringen. Ein leichtes Blasen bringt diese dann bald zum Glimmen, und schon kann ein Feuer entfacht oder eine Pfeife angezündet werden. Auf diese Weise kommt ein Pygmäe in Sekundenschnelle zu Feuer, ähnlich, wenn auch nicht ganz so schnell, wie mit einem Streichholz oder mit dem Feuerzeug. Früher benützten die Pygmäen aber auch das Hartholz-Weichholz-System zum Feuerentfachen, wie es in den vierziger Jahren noch im Kongo beobachtet werden konnte [29, 91]. Dabei legte man ein Stück trockenes Weichholz von etwa 10 cm Breite und 30 cm Länge flach auf den Boden und hielt es mit den Füßen fest. Dann wurde mit einem angespitzten Hartholzstab zwischen den beiden Handflächen so lange gequirlt, bis sich durch Reibungshitze die abspringenden Weichholzspäne entzündeten und die um den Stab gelegte Wolle zum Glimmen brachten.

Feuer war und ist auch in unserer Gesellschaft von magischen Kräften umgeben und tief in der Mythologie der Menschen verwurzelt. Bereits vor etwa 1,5 bis 1,7 Millionen Jahren wurde die Technik des Feuermachens von den *Archanthropinen* beherrscht [187, 358]. In allen Menschengruppen spielen Erzählungen und Geschichten zum Feuer eine nicht unbedeutende Rolle. So kennen wir auch eine überlieferte Sage der Efe-Pygmäen aus dem Ituri, die berichtet, wie sie zu Feuer kamen. – Auf seinen vielen Streifzügen gelangte einst ein Efe in ein Schimpansendorf, wo ihn die Bewohner freundlich empfingen und ihm Bananen auftischten. Am Abend hockte er sich zu ihnen ans Feuer, das ihn durch seine Wärme und die flackernde Flamme entzückte. Sofort kam ihm der Gedanke, das Feuer in sein Lager zu bringen, damit auch die Seinigen der Wohltat des Feuers teilhaftig würden. Er sann auf eine List, einen Brand zu stehlen. Von nun an war der Efe ein oft gesehener Gast im Schimpansendorf. Eines Tages kam er ins Dorf mit einem sonderbaren Schurz angetan. Die alten Schimpansen waren in der Pflanzung beschäftigt, und nur die Jugend war anwesend, die sich nicht wenig über den kleinen Menschen belustigte. An seinem Lendenschurz hatte er eine lange am Boden schleifende Schleppe aus geklopfter Baumrinde angeheftet. Als man ihm die gewohnten Bananen vorsetzte, hockte er sich so nahe ans Feuer, daß die Bastschleppe Gefahr lief, jeden Augenblick Feuer zu fangen. »Hab acht, Mombuti«, riefen ihm die Schimpansenkinder zu, »deine Morumba fängt Feuer!« »Was liegt daran, sie ist ja lang genug«, erwiderte er scheinbar gleichgültig und kaute weiter an seinen Bananen. Er schielte aber doch verstohlen nach seiner Schleppe, die allmählich zu glimmen begann. In einem geeigneten Augenblick sprang er auf und rannte davon. Die verblüfften Schimpansenkinder fingen an zu schreien, worauf die Alten herbeigeeilt kamen. Sie hörten, was vorgefallen war, und errieten sogleich, daß der Efe durch eine List das Feuer entwendet hatte. Rasch nahmen sie die Verfolgung auf, doch der Pygmäe war flinker. Als die Schimpansen im Pygmäenlager eintrafen, brannten schon überall lustig die Feuer. »Warum habt ihr das Feuer gestohlen, statt es auf ehrliche Weise zu kaufen?« riefen sie den Leuten zu. Doch diese ließen sich durch Schmähungen nicht einschüchtern. So kehrten die Schimpansen unverrichteter Dinge in ihr Dorf zurück. Sie waren über den groben Undank der Pygmäen so erbost, daß sie alles im Stich ließen und sich in den Wald zurückzogen, wo sie nunmehr ohne Feuer und ohne Bananen leben und sich nur von wilden Früchten nähren [397].

Aber zurück zu unserer Jagdgesellschaft. Wir rasteten, weil wir mit den Bumbe-Leuten verabredet hatten, uns an einem bestimmten Ort im Wald zu treffen. Bald hörten wir aus der Ferne weittragende hohe Jodelgesänge, die unsere Jünglinge erwiderten. Sogleich entstand ein wohlklingender Wechselgesang zwischen beiden Gruppen.

Das Jodeln ist eine Form des Singens, deren Hauptmerkmal im steten Wechsel von Brust- und Kopfstimme liegt. So entstehen Silbenketten ohne erkennbare Wortbedeutung, die bei den Pygmäen nach einem Pentaton-(Fünfton)-System ausgeführt werden [390]. Alle Vokale werden außerhalb des linguistischen Kontextes produziert. Der akustische Eindruck, den man beim Anhören des Jodelns der Pygmäen erhält, entspricht dem eines Klanggewebes, das aus mehreren, voneinander verschiedenen Klangfarben gewoben ist [139]. Das Jodeln, das uns insbesondere aus dem Alpenland [93] und dem Harz [498] bekannt ist und ursprünglich wohl als Verständigungsmittel der Hirten von Alm zu Alm oder von Waldarbeitern untereinander diente, verwandelte sich in Europa im Laufe der Zeit zu einer volkstümlichen Musikform mit unterhaltendem Charakter. Jodler treten dabei oft als Kehrreime zu alpenländischen Volksliedern hinzu. In Form von Wechselgesängen ritualisiert, dient es wohl auch, insbesondere im Alpenland, der Liebeswerbung. Musikalisch ist der Jodler in der Dur-Tonordnung verankert und in der Regel von einer eng geführten Mehrstimmigkeit geprägt. Die Tatsache, daß Jodeln bei den Pygmäen (Abb. 6.1) selbstverständlich unabhängig,

6.1 *Das Jodeln der Bayaka-Pygmäen (nach Fürniss 1993)*

also *kulturanalog*, entstehen konnte, ist höchstwahrscheinlich mit seiner Funktion im Leben des Regenwaldes in Verbindung zu bringen, wo bestimmte im Jodeln enthaltene Tonlagen ähnlich weittragend sind wie von Alm zu Alm. In diesem Sinne hat sich das Jodeln als Mittel zur Verständigung über große Distanzen entwickelt.

Zehn Minuten später trafen die Leute von der Bumbe-Wohngemeinschaft ein. Sie legten ebenfalls ihre Netze ab, drängten sich ums Feuer und wärmten sich auf. Nach einer guten Stunde zügigen Marsches tat mir eine solche Verschnaufpause recht gut. Aber auch die Pygmäen wollten sich vor Beginn der eigentlichen Jagd ein wenig ausruhen. Es war höchst bemerkenswert und erstaunte mich immer wieder, welch leichten und flinken Schrittes sie sich im Regenwald fortbewegten und wie agil sie durch das Unterholz eilten. Die beiden Netze, die jeder zu tragen hatte (Farb-Abb. 22), waren jeweils einen Meter breit, um die 20 m lang und wogen zusammen immerhin 20 bis 25 kg. Das bewog eine europäische Forschergruppe, die körperlichen Fähigkeiten der Pygmäen nach den Normen des internationalen Biologie-Programms zu testen [271]. Die Wissenschaftler erdreisteten sich dabei, einen Pygmäen auf ein »ergometrisches« Fahrrad zu setzen, mit dem Ziel, die Leistungsfähigkeit seiner Beinmuskelkräfte zu messen. Aufgrund ihrer Lebensweise ist die Beinmuskelkraft der Pygmäen selbstverständlich recht beachtlich. Aber die Leistungsergebnisse auf dem Fahrrad waren weit schlechter als mittelmäßig. Kein Wunder! Ist das Fahrrad an sich für einen Pygmäen bereits ein mehr als »exotisches« Gerät, so erst recht ein »immobiles« Fahrrad, das einen beträchtlichen Kräfteaufwand zum Treten der Pedale erfordert, soll sich auf einer Anzeigescheibe nur ein Zeiger bewegen – das kann für einen Pygmäen nur die »Verrücktheit« der Weißen widerspiegeln! Warum sollte man sich dafür sonderlich anstrengen?

Es dauerte nicht lange, bis die ganze Gesellschaft munter ins Plaudern kam und einen Jagdplan schmiedete. Obwohl alle Männer mit wichtigtuerischen Gesten und mehr oder minder lautstarken Interventionen an der Diskussion teilnahmen, begann sich langsam, aber bestimmt ein sachliches Gespräch zwischen dem alten Musanki und Bumbe herauszukristallisieren. Bumbe, obwohl noch jung, war der *mò.túmá*, der Meisterjäger, und somit in Sachen Jagdstrategien eine geachtete und anerkannte Persönlichkeit. Die von ihm erteilten Ratschläge und vorgetragenen Aktionsmöglichkeiten setzten sich meist durch, doch wurde nie autoritär, sondern stets gemeinschaftlich entschieden.

In einer Pygmäengesellschaft, die sich aus mehreren Lagergruppen zusammensetzt, gibt es im allgemeinen nur eine Person mit den Qualitäten eines *mò.túmá*, der dann auf der gemeinsamen Netzjagd die Verantwortung übernimmt. Es waren nur zwei der von mir untersuchten Wohngemeinschaften am heutigen Jagdvorhaben beteiligt. Wenn die Leute sich für eine solche Netzjagd länger als einen Tag zusammentun und dafür im Wald ein provisorisches Lager errichten, legen sie dies zwar nach den Wohngemeinschaften *(mò.lángò)* getrennt an, doch rücken sie dabei etwas enger zusammen, als es sonst üblich ist. Eine solche Anlage bezeichnet man als *mò.sàmbà.* Bis spät in die Nacht werden dann die Ereignisse des miteinander verbrachten Tages kommentiert.

Musanki und Bumbe hatten sich inzwischen über ihr geplantes Vorgehen geeinigt und gaben den Netzträgern Anweisungen. Mit leiser Stimme und mit Handzeichen verständigten sich die Jäger, wie sie ihre Netze ausspannen wollten, und verschwanden nunmehr, einer nach dem anderen, lautlos und vorsichtigen Schrittes in verschiedene Richtungen im Unterholz. Lange konnte ich ihnen mit dem Auge nicht folgen. Ein leises Rascheln verriet mir aber hin und wieder, wo sie sich gerade befanden. Mit Musanki folgte ich einem der Burschen. Nach ein paar hundert Metern fanden wir die Anschlußstelle eines bereits aufgespannten Netzes. Mit dem am Netzende angebrachten, oft formschön geschnitzten Holzhaken *(mò.ngèbé)* verankerte der Jäger am gleichen Busch sein eigenes Netz und rollte dies nun rückwärtsgehend auf (Farb-Abb. 23), während ihm Musanki folgte und nachschaute, ob es auf seiner ganzen Länge den Boden berührte. Alle paar Meter prüfte er auch die Spannung des Netzes, verankerte es mit kleinen Astgabeln im Waldboden und befestigte es auf einem Meter Höhe, indem er die Maschen sorgfältig im Geäst der Büsche und Sträucher einhängte. Normalerweise braucht ein Netze aufspannender Jäger keinen Gehilfen. Der alte Musanki, der nur mehr als Lanzenträger agierte, bezeugte mit seinem Tun wohl so etwas wie Nostalgie vergangener Zeiten, als er selbst noch zu den kräftigen Netzträgern gehörte. Vielleicht war er innerlich noch nicht ganz bereit, sein Los als bloßer Lanzenträger hinzunehmen.

Wir bewegten uns auf leisen Sohlen, sprachen kein Wort miteinander und verständigten uns, wenn notwendig, mit kurzen Handzeichen. Ich war erstaunt, wie zielsicher der Jäger rückwärts gehend sein Netz durch das Buschwerk spannte und daß wir plötzlich metergenau auf einen am Boden sitzenden Burschen stießen, der uns sichtlich erwartete. Lautlos erhob er sich, verankerte im Anschluß an unser Netzende sein eigenes im gleichen Astwerk und verschwand zusammen mit dem anderen Jüngling das Netz aufrollend im Unterholz, während ich mit Musanki einige Schritte zurückging. Dann setzten wir uns auf den Waldboden.

Aus den beiden Wohngemeinschaften waren insgesamt 5 Netzträger beteiligt, die ihre Netze auf die eben beschriebene Weise in Ästen und Büschen aneinanderhängten und strafften. Die ganze Anlage hatte etwa 200 m Länge und verlief halbkreisförmig. Diese Netze der Pygmäen sind ein Produkt aus Materialien des Waldes. Zur Herstellung dient insbesondere eine im Sekundärwald häufige Liane *mò.kòsá, Manniophytum africanum*, aus der Familie der Euphorbiaceae, deren Fasern primär zur Fertigung von Schnüren Verwendung finden, aus welchen dann die Netze geknüpft werden [29, 332]. Das Jagdnetz kann als echtes Kulturgut der Pygmäen angesehen werden. In Verbindung mit Pfeil und Bogen sowie der Lanze entsprechen diese Geräte der materiellen Entwicklung der Menschheitsgeschichte des späten Paläolithikums von vor etwa 35 000 Jahren [468].

Die sonst immer so ruhigen, scheinbar herrenlosen, im und ums Lager herumstreunenden kleinen gelben Hunde mit ihren Fledermausohren waren ganz nervös und rannten aufgeregt umher. Sie schienen sichtlich zu ahnen, daß in ihrem sonst so eintönigen Hundealltag ein besonderes Ereignis bevorstand. Noch vor dem Abmarsch wurden sie von ihren tatsächlich existierenden Besitzern zu sich gerufen, dann legten sie den Hunden eine an einem aus Leder gefertigten Halsband hängende Glocke um (Farb-Abb. 26). Diese Glocke *(mò.élébo)* wird aus den großen, festen Kernen der Früchte der Savannenpalme, *Borassus aethiopum,* hergestellt, welche auf dem Tauschwege zu den Pygmäen gelangen, da diese Palmenart, wie ihr Name schon sagt, nicht im Regenwald wächst. Aber auf den inselhaft eingestreuten Savannenflächen zwischen Mbaiki und Bangui gedeiht sie recht zahlreich, und der Transport hin zur Lobaye ist für die Hackbauern aus der Savanne kein Problem.

Als Schwengel für die Glocken verwenden die Pygmäen die Knochen der Mittelhand *(Metacarpus)* und des Mittelfußes *(Metatarsus)* des kleinen Blauduckers, *Cephalophus monticola,* ihrer häufigsten Jagdbeute in den Wäldern der Lobaye. Noch bevor wir aus dem Lager loszogen, stopften die Männer Farnkräuter in die Glocke, um den Schwengel zu blockieren, damit sie keinen unnötigen Lärm verursachten. Auf diese Weise folgten die ohnehin nie bellenden Hunde den Jägern lautlos auf dem Weg. Beim Aufspannen der Netze blieben sie erstaunlich gut bei Fuß ihrer Besitzer. Natürlich schnüffelten sie zwischen Sträuchern und im Laub am Boden herum, sie entfernten sich aber kaum mehr als einige Meter, als wüßten sie genau, worum es ging.

Die Hunde der Pygmäen sind kurzhaarige, kleine, doch recht hochbeinige, schlanke und zierlich gebaute Wesen mit kurzen, schräg abstehenden Ohren, deren Spitzen manchmal schlapp nach unten hängen können. Die Rute ist aufsteigend und zur Seite umgerollt und kringelt sich häufig über der Kruppe wie ein Korkenzieher. Die überwiegende Mehrzahl dieser Hunde zeigt eine fahle gelblichbraune Färbung, die gelegentlich auch als Wildfärbung bezeichnet wird. Brust, Pfoten und Schwanzspitze sind sehr hell bis weißlich. Es gibt aber auch einzelne Hunde, die mit etwas Gelb und Weiß vorwiegend schwarz gefärbt sind. Das sind Zeichen von Domestikationserscheinungen, wie sie bei allen anderen Haustieren, einschließlich der Kamele, vorkommen. Über das Auftreten dieser Dreifarbkombinationen im Verlaufe des Domestikationsprozesses wissen wir jedoch noch immer recht wenig.

Diese primitiven Haushunde des tropischen Hackbaugürtels sind unter der ostafrikanischen Kisuaheli-Bezeichnung *Schensi* bekannt [495]. In der neueren einschlägigen Literatur aber heißen sie *Basenji* [188]. Sie werden von den Pygmäen nicht speziell gefüttert und müssen sehen, wie sie auf ihre Kosten kommen. Auch sonst in Afrika sind Haushunde nicht gerade gut genährt, und man sieht sie allzu oft als gräßlich abgemagerte und gespenstisch anmutende Gestalten in der Gegend umherstreunen. Dennoch werden sie bei den Pygmäen von ihren Besitzern liebevoll behandelt und wissen sehr wohl, zu wem sie gehören, wenn das auch dem Außenstehenden nicht immer gleich klar wird. Deshalb wurde oft von »herrenlosen« Hunden gesprochen. Die Bezeichnung *Pariahunde* [512] ist für sie aber keineswegs gerechtfertigt, denn das ist eine Sammelbezeichnung für verwilderte Nachkommen von Haushunden vom Balkan über Nordafrika bis nach Südostasien [325]. Der Basenji dagegen, der ähnlich dem australischen Dingo oder dem von Neuguinea beschriebenen Hallström-Hund, *Canis hallstroemi*, nicht bellt, könnte eine selbständige Domestikation eines Caniden sein, die unabhängig von jener des Wolfes, *Canis lupus*, erfolgte [101, 419]. Auch wurde vermutet, der Basenji sei ein Bastard mit dem Goldschakal, *Canis aureus* [432]. Verhaltensanalysen und eingehende anatomische Untersuchungen ergaben jedoch keine Hinweise auf gemeinsame Eigenarten mit Schakalen [188]. Die nahezu einheitliche gelblichbraune Wildfärbung und die Kleinheit des Basenji zeigt uns aber, daß die Problematik der Abstammung aller Haushunde auf der Erde – allein vom Wolf – wohl doch nicht völlig geklärt ist.

Es war ein ergreifendes Erlebnis, als kleines, unbedeutendes menschliches Wesen still und andächtig inmitten des gewaltigen äquatorialen Regenwaldes am Boden zu sitzen und den tausendfachen Geräuschen der dort lebenden Kreaturen zu lauschen, wobei die weittragenden Rufreihen der Turakos wie ferne Stimmen aus einer mächtigen Kathedrale von den hohen Baumkronen herniederhallten. Es war wie in einem Traum. Ich glaubte mich in einer ganz anderen Welt.

Doch plötzlich wurde ich aufgeschreckt von tiefen *hô-hô-hô*- und *uah-uah*-Rufen der Jäger, die mit kräftigen Axtschlägen auf das Blätterwerk der Büsche und Sträucher eben die Treibjagd begonnen hatten. Durchmischt waren diese dumpfen Geräusche von einem hellen, unkoordinierten Glockengebimmel, verursacht von den leichten Anschlägen der Knochenschwengel gegen die Wände der Palmfruchtglocken der kreuz und quer umherrennenden Basenji-Hunde. Kein einziges Bellen war zu vernehmen. Musanki sprang plötzlich auf wie ein junger Bursche. Er umklammerte fest seinen über zwei Meter langen Speer und lauschte gespannt ins Dunkel des Waldes (Farb-Abb. 24). Soweit ich durchs Blattwerk sehen konnte, hielt ich das aufgespannte Netz im Auge. Dann, plötzlich, ein sich mit großer Geschwindigkeit durchs Unterholz fortbewegendes Rauschen, das bald leiser wurde und sich immer weiter von uns entfernte. Es war ganz sicher eine kleine Waldgazelle, die durch eine Netzlücke hatte entkommen können. Musanki schaute mich verzweifelt an, schüttelte mit zusammengepreßten Lippen den Kopf und kratzte sich das Haupt. Langsam kamen die rufenden und auf Büsche schlagenden Jäger mit ihren in alle Richtungen flitzenden Hunden näher. Das gemeinsame Treiben hatte etwa eine Viertelstunde gedauert. Wir berichteten ihnen von dem einzigen Tier, welches entweichen konnte. Als erstes ergriffen die erfolglosen Jäger nun ihre kleinen Hunde und stopften Blätter in die Glocken, um den Schwengel wieder zu blockieren. Dann begannen sie, ihre Netze zusammenzuraffen.

Dabei stimmten sie – jeder scheinbar auf seine Weise, aber dennoch in eindeutigem Wechselgesang – ihr melodisches Jodeln an. Zusammen mit Musanki hielt ich mich wieder an denselben Burschen wie beim ersten Ausspannen der Netze. Kaum hatte er seine Last über die Schulter geworfen, liefen wir los, ohne auf die anderen Jäger zu warten. Während wir in Abständen aus verschiedenen Richtungen und unterschiedlichen Entfernungen das melodische Jodeln der anderen Jäger vernahmen, stimmte auch unser Begleiter hin und wieder mit ein. Bald bemerkte ich, wie sich die einzelnen jodelnden Jäger näher kamen, doch sehen konnte ich noch niemanden. Es dauerte aber nicht mehr lange, und die Netzträger waren wieder alle beisammen. Sie legten ihre Last gar nicht erst ab. Die Gazelle, die entkommen konnte, wurde nur kurz und mit Bedauern erwähnt. Sogleich erörterten die jungen Männer einen neuen Plan und verschwanden wieder im Unterholz, um ihre Netze von neuem in einer halbkreisförmigen Anlage aufzustellen. Aber auch diesmal blieb der Erfolg aus. Es konnte noch nicht einmal ein Tier aufgescheucht werden. War etwa gar keine Gazelle in dem abgesteckten Bezirk? Oder blieben eventuell vorhandene Tiere einfach in ihrem Unterschlupf und spielten passiven Widerstand? Diese kleinen Ducker tun das ja häufig, wenn man nicht gerade auf sie tritt oder wenn sie nicht von einem der Hunde direkt aufgestöbert werden. Die Verstecke dieser Tiere sind oft so gut getarnt, daß man nur einen Meter davor absolut nichts erkennen kann. Sieht man das im dichten Gestrüpp liegende Tier dann doch, wie ich das oft erlebt habe, und verhält man sich dabei ganz ruhig, dann bleibt die Gazelle einfach liegen. Sie scheint sich nicht erkannt zu glauben. Besonders die sehr heimlich lebenden, nachtaktiven Arten dürften nur sehr schwer aufzustöbern sein, da sie sich ja gerade für die Tagruhe niedergelassen haben. Man muß ein solches Tier schon anstoßen, damit es dann allerdings wie ein Pfeil davonstürzt.

Mit den üblichen Jodelrufen rafften die Jäger ihre Netze wieder zusammen. Nach einer guten halben Stunde Marsch trafen wir uns alle, wie vereinbart, an einer bestimmten Stelle, die sich in meinen Augen zunächst in nichts von irgendeinem anderen Platz im Regenwald unterschied. Die Jäger legten ihre Netze ab, machten sich's gemütlich und begannen eine muntere Unterhaltung über die bislang nicht gerade zufriedenstellenden Ereignisse des Tages. Einige saßen oder lagen auf ihren Netzen und spähten scharfen Auges in das Blätterdach der mächtigen Baumriesen. Plötzlich hörte ich aus der Ferne helle menschliche Stimmen und gelegentliches Gelächter. Ich mußte noch eine Weile warten, bis ich persönliche Stimmen erkennen konnte. Es waren fast alle Frauen und Kinder aus den beiden Wohngemeinschaften, die sich nun mit ihren Männern wieder trafen. Dieser Treffpunkt mußte schon etwas Besonderes sein, wenn er in der unendlichen Weite des Regenwaldes als Landmarke dienen konnte. Bald aber sollte ich um diese Besonderheit wissen!

Nach einem kurzen Wortwechsel mit den herumhockenden Männern setzten sich die Frauen mit ihren Säuglingen ein paar Meter abseits auf den Waldboden, während die größeren Kinder mit Stöcken das Laub in der näheren Umgebung durchstocherten. Es dauerte nicht lange, und sie kamen zurück, die Hände voller erdbrauner Kugeln, die sie den Männern überbrachten. Es handelte sich um die etwa walnußgroßen Früchte des getrenntgeschlechtlichen, kaulifloren, mittelgroßen *mò.kánà*-Baumes, *Panda oleosa*, aus der Familie der Pandaceae. Diese Nüsse von 5 bis 6 cm Länge und einem Durchmesser von 4 bis 5 cm, sind von hellbrauner Färbung und machen durch eine tausendfach durchlöcherte äußere Schutzhülle auf den ersten Blick einen porösen Eindruck. Dieses 5 bis 6 mm dicke, auf seiner Innenseite glatte, schokoladenbraune *Endokarp* ist in Wirklichkeit aber steinhart. Die Früchte sind mit den Zähnen nicht zu knacken. Die Pygmäen wissen sich aber zu helfen. Am Boden sitzend, drehen sie ihre Axt einfach um, so daß die Klinge nach oben zeigt. Indem sie den Schaft mit den Zehen festhalten, legen sie die Pandanüsse an die Klingenschneide und schlagen mit einem Holzstock so lange fest auf die Frucht (Farb-Abb. 25), bis die Deckel der Fruchtkapseln abspringen. Jede Frucht enthält meist 3, gelegentlich auch 4 Fruchtkammern mit jeweils einer Mandel. Diese ist herzförmig, leicht gekrümmt und ziemlich dünn. Viel ist an einer solchen Mandel nicht dran, aber sie schmeckt recht gut. Fast immer richten die Pygmäen es so ein, daß sie sich nach der zweiten Treibjagd in der Nähe eines *mò.kánà*-Baumes zusammenfinden, wo sie sich auch mit ihren Frauen und Kindern treffen. Während ihrer Rast klopften sie mit großer Emsigkeit unzählige Pandanüsse auf und verspeisten sie. Seit dem Morgen war es das erste Mal, daß die Pygmäen etwas zu sich nahmen. Übrigens werden Pandanüsse nie eingesammelt und ins Wohnlager getragen, sondern

200

nur im Wald während der Rast verzehrt. Sie spielen für die Energiezufuhr der Pygmäen eine große Rolle, doch beim Essen ist eine beträchtliche Mastikation (Aktion des Kauens) erforderlich, die vielleicht für die bei den Pygmäen festzustellenden starken Zahnabrasionen eine bedeutende Rolle spielt [205, 206], auf die ich etwas später noch eingehen werde.

Nach einer guten Stunde eifrigen Sammelns und Verzehrens der schmackhaften Pandanüsse begaben sich die meisten der Frauen mit ihren Säuglingen und Kindern auf Sammeltour und verschwanden bald im sichtversperrenden Blattwerk des Unterholzes. Nur die Stimmen ihrer heiteren Unterhaltung waren noch eine Zeitlang zu vernehmen. Eine der Frauen jedoch, Guma mit ihrem Säugling Babanda, blieb bei den Jägern. Sie wollte persönlich eine Gazelle nach Hause tragen, wie sie laut lachend verkündete. Das war natürlich eine Herausforderung an ihren Lebensgefährten Dibué (Feuerstein), obwohl sie ihm dies nicht direkt sagte, sondern ganz allgemein zur Jagdschar gewandt, es aber doch laut genug von sich gab, so daß es alle Anwesenden vernehmen konnten. Dibué hörte aufmerksam zu, wie ich seiner Mimik entnehmen konnte, doch blieb er still und ging nicht darauf ein.

Einige der Männer, die in der Zwischenzeit kurz im Unterholz verschwunden waren, kamen mit großen Blätterbüscheln in den Händen zurück, um damit die Netze einzureiben (Farb-Abb. 27). Plötzlich sprangen die Jäger wild umher und führten einen tollen rhythmischen Hüpftanz auf. Mit großer Wucht schlugen sie mit den Blätterbüscheln auf ihre Netze ein, bis die einzelnen Blätter zerbarsten, Fetzen davon an den Maschen hängenblieben und grüner Saft auf diese tropfte. Während der wilden Tänze stießen die Jäger urige Rülpslaute aus, die dem ganzen Geschehen eine mehr als unheimliche Atmosphäre verliehen, die mich völlig gefangennahm. Die Männer waren während dieses Tanzes stark erregt und zeitweise wie in Trance, so daß sie ihre Umwelt völlig ignorierten. Einige knieten vor den Netzen und rieben diese fest mit den Blätterbüscheln. Jeder war nur auf sein eigenes Netz konzentriert, scheinbar ohne direkte Kommunikation zu den anderen. Dennoch erlebte ich hier ein wichtiges soziales Ereignis. Diese Prozedur diente vor allem der Desodorisation der Netze vom Geruch des Menschenschweißes. Sie diente aber auch dem Austreiben der bösen Geister, die ganz offensichtlich die Schuld am bislang negativen Ausgang der Netzjagd trugen. Neben den Blättern, die der Jäger sorgfältig und stets ohne Zeugen pflückt und deren Herkunft das persönliche Geheimnis eines jeden einzelnen ist, wird, wenn es die Möglichkeit erlaubt, auch die fein geschabte Rinde des *mò.kàmá*-Baumes, *Drypetes capillipes*, einer Euphorbiacee, mit Gazellenkot vermischt, auf die Netze geschmiert. Auch die Jäger selbst können sich damit einreiben und ihren besonders starken Körper- und Schweißgeruch überdecken. So passen sie sich den Düften der Natur an und erscheinen nicht als »Geruchs-Fremdkörper«.

Nur langsam kamen die Burschen zur Ruhe. Sie schienen sichtlich erschöpft, der Schweiß perlte auf ihrer Haut und rann in großen Tropfen über ihre Körper. Mit finsteren, ernsthaften Gesichtern luden sie ihre Netze über die Schulter und verschwanden, einer nach dem anderen, im Unterholz, um eine neue Treibjagd vorzubereiten. Musanki und seine Tochter Guma, mit ihrem Säugling Babanda im Tragegurt, folgten wie vorhin schon demselben Netzträger. Lautlos gingen wir im Gänsemarsch unseren Weg, ich als letzter in der Reihe. Wir liefen eine gute halbe Stunde lang durchaus nicht langsam, denn es galt, möglichst weit vom Rastplatz – wo die Pygmäen eine Menge Lärm veranstaltet hatten – ihre Netze von neuem aufzustellen. Unterwegs trafen wir auf Bula, einen älteren Lanzenträger. Ich war überrascht, ihn hier zu sehen, glaubte ich doch, er wäre im Lager zurückgeblieben. Er muß das Lager viel später, wohl allein, verlassen haben, da er ja nicht mit den Frauen am Rastplatz eingetroffen war. Mit seinem kleinen, ihm treu und lautlos folgenden Hund schloß er sich unserer Gruppe an.

Während die Jäger ihre Netze durchs Unterholz zogen, verschwand Guma mit ihrem Säugling in entgegengesetzter Richtung, um verschiedene Lianenblätter zu pflücken. Mit Musanki und Bula setzte ich mich auf den Waldboden und lauschte andächtig den im Regenwald weittragenden, melodischen Vogelstimmen. Wie schon am Vormittag wurde ich wieder urplötzlich von den tiefen *hô-hô-hô-* und *uah-uah*-Rufen der Jäger, die eben ihre Treibjagd begonnen hatten, aus meiner Träumerei aufgeschreckt. Auch das helle Glockengebimmel der umherflitzenden Hunde war zu vernehmen. Ganz unvermittelt begann der in meiner Nähe sitzende Bula mit offenem Mund eine Reihe langgezogener, nasaler Blöklaute auszustoßen (Farb-Abb. 28), die sich wie

Klagelaute anhörten und die er, von kurzen Pausen unterbrochen, mehrmals wiederholte. Wenn man sich dabei ganz ruhig verhält, kann es vorkommen, daß sich die in der Nähe befindlichen Ducker vorsichtig, aber neugierig der Lautquelle nähern. Man kann die Tiere dann aus geringster Entfernung beobachten. Der Jäger benutzt diese in den Regenwäldern Afrikas weit verbreitete Technik vor allem dann, wenn er allein unterwegs ist. Tatsächlich sind diese Lautäußerungen dem Ruf des Verlassenseins der Ducker-Jungtiere verblüffend ähnlich und lösen somit die Aufmerksamkeit und Neugier der Eltern aus. In diesem Zusammenhang ist es vielleicht nicht uninteressant zu erwähnen, daß auch ein großer Greifvogel, nämlich der Kronenadler *Stephanoaetus coronatus*, auf diese Lautimitationen reagiert. Er läßt sich meist in der Nähe nieder und äugt – vielleicht in Erwartung einer möglichen Beute – nach der Lautquelle, was ihm bei der Präsenz eines Flintenjägers dann allerdings selbst zum Verhängnis werden kann.

Bei der heutigen Jagd sollten Bulas Rufreihen die Ducker wohl nur aus ihren Verstecken locken, denn bald kamen die Treiber immer näher und vollführten ein recht eindrucksvolles Spektakel mit einem bunten Durcheinander von Rufen und Schreien, kräftigem Einschlagen auf Büsche und Sträucher, untermalt vom unkoordinierten Glockengebimmel der kleinen Hunde. Dann plötzlich – wie schon bei der vorigen Treibjagd – ein sich mit großer Geschwindigkeit durchs Unterholz fortbewegendes Rauschen. Völlig unbewußt waren wir aufgesprungen und fixierten das aufgespannte Netz, das plötzlich heftig erschüttert wurde. Im gleichen Augenblick hörte ich ein durchdringendes, wehklagendes Blöken. Eine Gazelle hatte sich im Netz gefangen! Bulas kleiner Hund stürzte erregt in Richtung Gazelle davon und gab hohe, kreischende Laute von sich. Seine Stimme überschlug sich dabei, aber mit Bellen hatte das wirklich nichts zu tun, sondern erinnerte eher an ein erbärmliches Jaulen. Musanki war nicht mehr zu halten. Wie ein wilder Geist sprang er durchs Gebüsch und versetzte dem im Netz strampelnden kleinen Tier einen kräftigen Stoß mit seinem Speer. Während wir das getötete Tier aus dem Netz nahmen, hörte ich aus der Ferne erneutes Blöken. Ein zweites Tier hatte sich gefangen.

Es dauerte nicht lange, bis Guma mit Babanda herbeikam und sich für die von ihrem Vater Musanki getötete Gazelle interessierte. Ein Stück Liane wurde durch die Beingelenke gezogen, so daß das Tier mit dem Stirnband getragen werden konnte (Farb-Abb. 29). Guma hatte Glück, denn eine der Gazellen hatte sich tatsächlich im Netz von Dibué gefangen. Es waren Blauducker, *Cephalophus monticola*, die erwachsen etwa 5 kg wiegen. Sie leben in Dauereinehe, und wirklich waren die beiden Tiere Männchen und Weibchen. Sie nehmen ein Revier von 2,5 bis 4 ha in Anspruch, und in optimalen Biotopen kann die Populationsdichte bis zu 70 Individuen pro km^2 erreichen [98]. Während sich die Männer mit den am Treiben teilnehmenden Frauen und Kindern den aufgespannten Netzen näherten, konnte gar nicht weit von uns noch ein dritter Blauducker gefangen werden, den das Mädchen Mombuka in ihrem Tragekorb verstaute. Ein Blick auf das Gebiß ließ erkennen, daß es sich um ein etwa einjähriges Jungtier handelte, das normalerweise erst im Verlaufe des 2. Lebensjahres das Revier seiner Eltern verläßt. Diesmal hatten die Pygmäen fast eine komplette Familie eingefangen. Zu diesem Zeitpunkt – mit einem einjährigen Jungtier – hätte noch ein ganz kleines Kitz vorhanden sein müssen, das aber offensichtlich sein Versteck nicht verlassen hatte.

Nachdem die Netze zusammengerafft waren, trafen sich alle Beteiligten wieder unter einem großen *mò.kánà*-Baum. Die Männer und die Frauen mit ihren Säuglingen setzten sich verstreut auf den Waldboden, während die größeren Kinder begannen, eifrig nach den geliebten Pandanüssen zu suchen. Während Guma und Mombuka jeweils ihren Blauducker mit nach Hause nehmen durften, was einer Gazelle pro Wohngemeinschaft entspricht, sollte das dritte Tier gleich im Wald aufgeteilt werden. Zwei Männer machten sich daran, die Gazelle zu zerteilen, wobei plötzlich eine hitzige Diskussion entbrannte (Farb-Abb. 30). Ich konnte bald herausbekommen, daß es darum ging, wer welches Körperteil und wieviel Fleisch bekommen sollte. Doch bald beruhigten sich die Leute wieder, und sogar ich bekam einen Schenkel (Farb-Abb. 31).

Bei den Bayaka-Pygmäen gehört ein bei der Treibjagd erbeutetes Tier auf jeden Fall dem Besitzer des Netzes, in dem es sich gefangen hat. Der Töter bekommt Kopf und Hals *(mò.sókò)*. Das sind meist die älteren Männer, die mit ihren Speeren hinter den Netzen in Wartestellung hocken. Wer sonst beim Töten mitgeholfen hat, bekommt ein Stück Brust. Der Netzbesitzer, dem nach Traditionsrecht der ganze restliche Körper *(è.bèkè)* gehört, behält im allgemeinen eine Keule und alle Innereien einschließlich der Gedärme, bei den Pygmäen eine echte Delikatesse. Den Rest des Körpers teilt er dann nach eigenem Ermessen unter den an der Jagd beteiligten Leuten auf. Bei den Efe-Pygmäen im Ituri hat der Schütze auch Anrecht auf den Hauptteil der Beute, nämlich auf das Lendenstück mit den Hinterläufen. Der Organisator der Jagd erhält den Rücken, der Eigentümer des Hundes, der das Wild aufgestöbert hat, bekommt Kopf und Hals. Der Rest wird an die übrigen Jagdteilnehmer verteilt [399]. Man sollte annehmen, daß es sich in den verschiedenen Gemeinschaften um festgelegte Regeln handelt, doch ganz ohne Streit geht eine solche Verteilung der Beute nie aus. Auch bei den Bayaka-Pygmäen war ich häufig Zeuge, wie es beim Verteilen zu wilden und lautstarken Streitereien kam. Man beschimpfte sich mit den übelsten Verbalinjurien, zumal es den Pygmäen an einem lockeren Mundwerk nicht fehlt. Man bedrohte sich auf Distanz mit den Fäusten und ging auch einmal aufeinander los, ohne daß es dabei aber zu wirklichen Handgreiflichkeiten kam. Man blieb meist in etwa 2 m Abstand voneinander stehen und drohte und schimpfte mit einer ausdrucksstarken Gesichtsmimik. Dabei wurde laut und für alle hörbar hoch und heilig verkündet, daß man nie mehr mit dem da auf die Jagd gehen werde. Doch am gleichen Abend noch, ins Wohnlager zurückgekehrt, saßen alle wieder friedlich am Feuer vor ihren Hütten, verspeisten den Gemüse-Eintopf mit dem wohlschmeckenden Fleisch und stopften sich genüßlich schmatzend die Bäuche voll. Wer beim Verteilen der Gazelle im Wald zu kurz gekommen war oder gar nichts abbekommen hatte, konnte dann spätestens beim Abendessen seinen Anteil verzehren. Es war in jedem Fall ein Festessen, denn nicht jeden Tag gab es Fleisch, und schon gar nicht Gazelle.

Die Organisation einer Netzjagd zur Beschaffung tierischer Nahrung wäre für die Mitglieder einer einzigen Wohngemeinschaft unmöglich. Sie würden kaum etwas nach Hause bringen. Nur die Assoziation mit mindestens einer weiteren Wohngemeinschaft kann den gewünschten Erfolg bringen. So ist es unerläßlich, daß die voneinander getrennt wohnenden Gruppen ständig in freundlichem Kontakt miteinander bleiben und bei Bedarf eng zusammenarbeiten. In diesem Sinne kann die Netzjagd der Bayaka als ein primär gruppenbindender Mechanismus verstanden werden.

Aber ihr Leben in verschiedenen, voneinander getrennten Wohngemeinschaften von höchstens 30 Personen jeglichen Alters (cf. Kapitel 4) dürfte eine bedeutende Funktion im Sinne der Vermeidung von sozialem Streß und inter-individuellen Aggressionen haben, Erscheinungen, die unweigerlich auftreten, wenn eine zu große Anzahl von Menschen auf kleinem Raum zusammenlebt. Wir haben ja eben gesehen, wie schnell es allein beim Verteilen der Beute zu wilden Streitereien kommen kann, wenn diese auch nur von flüchtiger Natur sind.

Die gemeinsame Netzjagd spielt auch ganz allgemein im sozialen Kontext eine wichtige Rolle und repräsentiert ein stark emotional geladenes Ereignis. Dennoch tritt diese Jagdweise in der quantitativen Ernährungsversorgung beträchtlich hinter anderen Formen der Nahrungsbeschaffung zurück. Man geht oft nur einmal, gelegentlich auch zwei- oder dreimal in der Woche auf Netzjagd. Dabei sind die Pygmäen nicht jedesmal so erfolgreich, und nicht selten gehen sie ganz leer aus. Das geschieht vor allem dann, wenn die nähere und weitere Umgebung ihres Wohnplatzes bereits mehrmals abgegangen wurde, so daß ein Teil der potentiellen Beutetiere durch die wiederholten Störungen empfindlich geworden und in andere Waldzonen ausgewichen ist. Das veranlaßt die Pygmäen, nach 4 bis 6 Wochen mindestens einen Tagesmarsch weiter wegzuziehen.

Drei Blauducker an einem Tag lassen das Jagdergebnis als einen zufriedenstellenden Erfolg erscheinen. Die Pygmäen empfinden es auch durchaus so, denn sie haben in der Tat selten mehr Glück. Man sollte aber beachten, daß in diesem eben geschilderten Fall 2 Wohngemeinschaften mit insgesamt 46 Personen beteiligt und zu ernähren waren. Schließt man die nur Muttermilch trinkenden, bis zu 2jährigen Säuglinge aus, so bleiben immer noch 41 Personen übrig. Da 3 Blauducker wie im geschilderten Fall, ein Weibchen mit 5,5 kg, ein Männchen mit 4,5 kg und das einjährige Jungtier mit etwa 3 kg, insgesamt einem Lebendgewicht von 13 kg entsprechen und etwa die Hälfte für Skelett, Haut, Magen- und Darminhalt abgezogen werden muß, so bleiben nur mehr 6,5 kg eßbare Menge übrig. Als Ergebnis dieses eintägigen Jagdausflugs kommen dann auf jede Person knapp 160 g Gazellenfleisch.

Neben dem am häufigsten erbeuteten Blauducker werden gelegentlich auch die weit größeren Arten wie Schönsteißducker,

Cephalophus callipygus, und der Schwarzrückenducker, *Cephalophus dorsalis,* die beide 15 bis 20 kg wiegen können, mit den Netzen gefangen, während der seltene, große Gelbrückenducker, *Cephalophus sylvicultor,* wenn er mit seinen 50 bis 80 kg im schnellen Lauf gegen das aufgespannte Netz rennt, dieses ohne weiteres zu durchbrechen vermag. Auch die Pinselohrschweine, *Potamochoerus porcus,* lassen von den Netzen nur noch Fetzen übrig, doch versuchen die Pygmäen meist gar nicht erst, diese Tiere so zu fangen. Die mit Lanzen bewaffneten Jäger umstellen die kleinen Gruppen oder Einzeltiere und rücken ihnen dann auf leisen Sohlen ganz langsam näher, um sie aus geringster Entfernung mit der Lanze zu töten. Auf diese Weise konnten die Pygmäen bei Bayanga sogar das seltene, bis 250 kg schwere Riesenwaldschwein, *Hylochoerus meinertzhageni,* erlegen [451].

Die Bayaka-Pygmäen Zentralafrikas sind Netz- und Lanzenjäger. Im Gebiet der Lobaye bin ich im Verlauf der Jahre keinem Bogenschützen begegnet. Aber die Ituri-Pygmäen, zumindest einige Gruppen unter ihnen, und insbesondere die Efe, jagen mit Pfeil und Bogen, wobei sie neben den einfachen Palmholzpfeilen auch solche mit scharfen Metallspitzen verwenden, die sie offensichtlich von den Großwüchsigen eingehandelt haben. Ebenfalls vergiftet, erlauben diese bedeutend schwereren Pfeile eine größere Schußentfernung und ein tieferes Eindringen ins Beutetier. Die Einzeljagd kann so weit gefächert werden und recht erfolgreich sein. Durch diese verschiedenen Jagdweisen konnten für die Ituri-Pygmäen insgesamt 59 Säugerarten als Beute nachgewiesen werden [60]. Bei den Jagdausflügen mit Pfeil und Bogen geht nicht unbedingt jeder für sich allein, und es gibt bei den Efe-Männern durchaus Assoziationen, die bevorzugt mit Verwandten gebildet werden. Sie gehen dabei häufiger mit Nah-Verwandten als mit weiter entfernt Verwandten auf Jagd. Der Zusammenschluß mit Nicht-Verwandten ist keineswegs ausgeschlossen, aber doch die am wenigsten gebildete Form der Kooperation [25].

Bei den von mir untersuchten Wohngemeinschaften in der Zentralafrikanischen Republik gab es keine Flintenjäger, jedoch wurden solche bei den Pygmäengruppen im Einzugsbereich der weitläufigen Agglomeration von Bagandou beobachtet [16]. Das sind aber deutliche Akkulturationserscheinungen, denn die Flinten, oftmals recht abenteuerliche Modelle, die bei jedem Schuß auseinanderzufallen drohen, sind in jedem Fall von den

Großwüchsigen gegen einen entsprechenden Tribut von Fleisch ausgeliehen. Bei den ebenfalls stark akkulturiert und recht zersplittert lebenden Baka-Pygmäen sah ich eine Methode des Fischfangs, die auch die Großwüchsigen betreiben. Die Fische werden dabei durch Ausschöpfen von extra für diesen Zweck im vorhinein mit Erddämmen abgesperrten Sektionen kleiner Urwaldbäche gefangen. Das konnte auch im Gebiet des Sangha bei Bayanga beobachtet und gefilmt werden [451]. Bei den Ituri-Pygmäen fehlte das Fallenstellen noch vor etwa 60 Jahren [399], obwohl die benachbarte Dorfbevölkerung es bereits praktizierte. Inzwischen hat auch das Jagdgewehr bei ihnen Einzug gehalten. Doch die West-Pygmäen benützen für die Jagd die vor einigen hundert Jahren von den Portugiesen nach Westafrika gebrachte Armbrust, die sie schon seit langer Zeit geschickt selbst herzustellen wissen. Mit diesem den Ituri-Pygmäen unbekannt gebliebenen Schießgerät streifen die Jäger als Einzelgänger durch die Wälder. Sie versuchen mit Hilfe vergifteter Pfeile verschiedene Vögel wie Turakos, Kalaos, Waldtauben und kleinere Säuger wie Meerkatzen, Baumhörnchen und Hamsterratten zu erlegen, um auf diese Weise ihren Speisezettel tierischer Proteine zu bereichern. Die Pfeile *(mò.mbànzà)* werden aus den zentralen Blattrippen der *Raphia-* und *Elaeis*-Palmwedel geschnitzt. Sie sind etwa 30 cm lang, nur 3−4 mm dick und sehr leicht, aber dennoch recht stabil. Von der Spitze aus wird über 5 bis 8 cm ein *helikoidaler* (spiral- bzw. schraubenförmiger) Einschnitt vorgenommen, damit das aufgetragene Gift besser haftenbleibt (Farb-Abb. 33). Zur Flugstabilisierung wird der Pfeil 4 bis 5 cm vom hinteren Ende mit Blattdreiecken von etwa 20 mm Seitenlänge»befiedert«, die aus den festen Blättern des *è.pépé*-Strauches *Penianthus longifolius* aus der Familie der Melispermaceae geschnitten werden.

Das Pfeilgift wird vorwiegend aus der Wurzel der *mò.mbàngó*-Liane, *Parquetina (Periploca) nigrescens,* einer Asclepiadacee, gewonnen, die im Gebiet der Lobaye weit verbreitet vorkommt. Es sollte hier vielleicht erwähnt werden, daß die systematische Einordnung dieser Lianenart noch umstritten ist, und einige Botaniker stellen sie zu den Periplocaceae [332]. Die Wurzeln werden gepreßt oder zerstampft. Der so gewonnene schwarze Brei wird zur besseren Haftfähigkeit oft mit klebrigem Euphorbien-Latex vermischt, dann auf die Pfeilspitzen gestrichen und über dem Feuer getrocknet (Farb-Abb. 34). Dieser Wurzelextrakt enthält verschiedene Steroidgifte, herzwirksame Glykoside wie *Periplocymarin* und *Nigrescigenin*. Es sind *Tachykardie* und/oder *Bradykardie* hervorrufende Stoffe, die durch akutes Herzversagen den Tod herbeiführen [342, 343]. Diese Gifte sind auch für den Menschen tödlich. Als ich einmal mit derart vergifteten Pfeilen hantierte und dabei spielerisch so tat, als wollte ich mir damit in den Schenkel stoßen, gaben die mir zuschauenden Pygmäen wilde Schreckensschreie von sich. Ein nur unweit sitzender Jüngling war blitzartig aufgesprungen, um meine Hand zurückzuhalten. Mein Lachen darüber beruhigte die Leute etwas, und sie begriffen, daß ich nur simulierte, doch sprachen sie einige warnende Worte und erklärten mir eindringlich, wie gefährlich dieses Gift sei. Die Toxizität liegt zwischen 20 und 40 mg/kg Tier, und das Gift eines mit nach Europa gebrachten Pfeiles zeigte noch nach über 5 Jahren seine fatale Wirksamkeit. Die Bayaka verwenden auch Rinde und Wurzeln von *Strychnos camptoneura*, und die sehr harte Fruchtschale dieser *è.nòngè* genannten Pflanze wird als Behälter für die Giftzubereitung benutzt. Dieses vor allem *Strychnin* enthaltende Gift ist ebenfalls ein Herzglykosid. Die beiden beschriebenen Arten können gemischt wie getrennt in Anwendung kommen [332].

Bei den Efe-Pygmäen im Ituri werden zur Pfeilgiftherstellung die Wurzeln der Sambali-Liane [398] verwendet, die aber mit *Parquetina nigrescens* identisch ist [343]. Diese Wurzeln werden zunächst geklopft, damit sich die Rinde besser ablösen läßt, und diese dann in einem speziellen Mörser zu Brei zerstampft. Dabei werden oft Blätter von Pflanzen, die Meerkatzen als Nahrung bevorzugen, hinzugegeben. Das hat wohl eher eine magische Bedeutung, um die vergifteten Pfeile für die Affenjagd besonders geeignet zu machen. Gelegentlich werden auch noch Pfefferschoten von *Capsicum frutescens* mit eingestampft, oder die Pfeile werden nach dem Auftragen des Giftes zusätzlich mit Pfeffersaft bestrichen. Das darin enthaltene *Capsaicin* bewirkt an den von den Pfeilen aufgerissenen Wunden ein schmerzhaftes Brennen. Bei den Pygmäen westlich des Kongo werden auch Verwesungsgifte als Zusatz beigemischt [293], doch auch das mag wohl eher eine magische Praxis sein, da die Herzglykoside wesentlich schneller wirken. Ein weiteres Pfeilgift der Efe wird aus den Bohnen des Rotwasserbaumes, *Erythrophleum guineense*, einer Caesalpinacee, gewonnen [398], aber auch dessen Rinde enthält ein

6.2 *Beim Anzapfen einer Wasserliane*

6.3 *Angeschnittene Stelzwurzeln eines Sonnenschirmbaumes*
zum Auffangen von Kochwasser

Alkaloidgemisch von herzglykosidähnlicher Wirkung. Die West- und Ituri-Pygmäen – vor allem die Baka in Kamerun – verwenden auch noch andere Pflanzengifte, die vorwiegend aus den Samen verschiedener *Strophanthus*-Lianen gewonnen werden. Das darin enthaltene *Strophanthidin* gehört ebenfalls zu den Herzglykosiden. Sie führen in der Regel zu Bradykardie, zu verstärkter Kontraktion der Herzmuskelfasern, und schließlich zu einem systolischen Herzstillstand [386].

Für die alltägliche Ernährung der Pygmäen ist die Sammeltätigkeit quantitativ weitaus bedeutender als die Jagd. Da sie weder Felder noch Gärten haben, »ernten« sie nur, was die Natur ihnen bietet. Sie legen auch keine Reserven an, denn eine Vorratswirtschaft würde nur zur Folge haben, daß die irgendwo gelagerten Nahrungsmittel im warmen, feuchten Waschküchenklima des Regenwaldes schnell verderben. So gehen sie halt fast alltäglich auf Nahrungssuche, wobei das Sammeln *sensu lato* keineswegs nur die Aufgabe der Frauen und Mädchen ist. Es gibt in diesem Sinne *keine strikte geschlechtsbezogene Arbeitsteilung* zwischen Sammeltätigkeit und Jagen, denn Männer und Buben beteiligen sich beim Sammeln ebenfalls, besonders bei der Beschaffung von Wirbellosen. Bevorzugt werden dabei zahlreiche Insekten wie Termiten, Heuschrecken, Grillen und verschiedene große *Koleopteren*-Arten, wie Goliath- und Palmbohrkäfer, eingesammelt. Letzteren werden die stacheligen Beine und die harten Elytren (Deckflügel) ausgerissen, und gelegentlich werden sie gleich lebend verzehrt. In den Tikarbergen Mittelkameruns war ich Zeuge, wie ein Schwarm Wanderheuschrecken, der sich niedergelassen hatte, bei den dortigen bereits seßhaften Pygmäen wie Großwüchsigen gleichermaßen beträchtliche Aufregung auslöste. Die Leute machten sich daran, diese Insekten mengenweise einzusammeln. In Körben verstaut, wurden sie in die Ansiedlung gebracht. Man riß ihnen Beine sowie Flügel aus und röstete sie in flachen Blechbehältern über dem Feuer. Eine besondere Delikatesse sind die Engerlinge der großen Käferarten des Regenwaldes, die die Männer mit Hilfe der Axt aus umgestürzten und morschen Baumstämmen buddeln. Sie werden sorgfältig in *Phrynium*-Blätter gewickelt (Farb-Abb. 32) und nach Hause getragen. Diese Engerlinge können in Wasser gekocht oder in einem Blätterpaket direkt über dem Feuer geschmort werden.

Quantitativ besonders ertragreich sind – natürlich nur zu gewissen Jahreszeiten – die kurz vor der Verpuppung befindlichen, stets in großen Mengen auftretenden Raupen der Augen- und Prozessionsspinner aus den Familien der Saturnidae und Thaumetopoeidae, wenn vor allem letztere in unendlich erscheinenden Migrationszügen aus dem Blattwerk der Baumkronen – ihren Nahrungsgründen – die Stämme herunterwandern, um am Boden nach geeigneten Verwandlungsplätzen zu suchen. Diese Raupen werden dann mit großem Eifer eingesammelt und körbeweise ins Wohnlager geschleppt. Über dem Feuer geröstet sind sie außerordentlich schmackhaft und erinnern entfernt an kleine Krustazeenarten, die in Frankreich gern zum Aperitif oder als Vorspeise gegessen werden. Man sucht auch nach den in Astgabeln angelegten Gespinstkokons, aus denen die bereits verpuppten Individuen herausgeholt und lebend oder geröstet verspeist werden. Bei den Ituri-Pygmäen stellt die Insektenkost ebenfalls einen beträchtlichen Anteil der »animalischen« Nahrung. Insbesondere die Raupen werden in vollen Körben nach Hause geschleppt [399]. Den Termiten werden die Flügel ausgerissen, wenn man sie lebend verzehrt. Beliebter jedoch sind sie geröstet mitsamt den Flügeln, »dann stopft man sich den Mund damit voll, bis das Fett die Mundwinkel herabläuft« [395].

Nicht entgehen lassen sich die Pygmäen den leckeren Bienenhonig, der vorwiegend während der Trockenzeit eingetragen wird. Finden sie ein Nest, wird es mit einer Rauchfackel gründlich eingenebelt, um die ihre Brut verteidigenden, stechwütigen Bienen zu betäuben. Dann heben sie die honiggefüllten Waben heraus und wickeln sie für den Transport in *Phrynium*-Blätter. Nicht nur der süße Honig, sondern auch die in den Zellen steckenden Bienenlarven sind für die Pygmäen eine Delikatesse und werden schmatzend verschlungen. Die am Nestausnehmen beteiligten Männer und Knaben tragen aber nicht alles ins Lager nach Hause, sondern essen einen Teil davon gleich an Ort und Stelle, wobei sie von den Wabenstücken abbeißen, so wie wir ein Stück Brot aus der Hand essen. Am ertragreichsten sind die Nester der auch bei uns in Europa heimischen Honigbiene *Apis mellifera*, deren etwas größere, im Regenwald wildlebende, afrikanische Unterart *adansoni* sich vorwiegend in hohlen Baumstämmen einnistet. Man findet sie aber auch in den im Geäst hängenden, kugelförmigen, steinharten Termitennestern von *Nasutitermes arborum*, die vorher von zwei Spechtarten, *Campethera nivosa* und *permista*, sowie einem Wald-Eisvogel, *Alcyon badia*, als Brutstätten ausgehöhlt wurden [95] und in die sich die Bienen nach dem Ausfliegen der Jungvögel einquartieren. Es gibt im Regenwald neben der Honigbiene noch mehrere, von den Pygmäen sehr wohl unterschiedene Arten kleiner stachelloser Bienen der Familie Trigonidae, die nicht selten diese ausgehöhlten Termitennester beziehen und deren Honig und Larven ebenfalls gerne gegessen werden. Auch bei den Ituri-Pygmäen ist die Honig-Sammelzeit ein wichtiges Ereignis im Jahreszyklus, und nicht nur hinsichtlich ihrer Ernährung [469]. Kein anderes Volk im Ituri-Wald sammelt Honig auf so systematische Weise wie die Pygmäen, die eigens dafür in den Monaten Mai bis Juli spezielle Honiglager organisieren. Der eingesammelte Honig wird nach bestimmten sozialen Regeln unter den Mitgliedern einer Wohngemeinschaft aufgeteilt und beträgt in dieser Jahreszeit etwa 70% des Gesamtgewichtes der eingebrachten Nahrung; das entspricht sogar 80% der von den Pygmäen aufgenommenen Kalorien [232].

Eine bedeutende ernährungsbiologische Rolle in der Sammelwirtschaft der Pygmäen spielen auch die mit großem Eifer eingesammelten Riesenschnecken der afrikanischen Regenwaldgebiete aus der Familie der Achatinidae, die auch einfach Achatschnecken genannt werden. Ihr Vorkommen schwankt stark nach Lokalität und Jahreszeit. In der Regenperiode können an manchen Stellen bis zu 2 Tiere pro Quadratmeter gefunden werden. In der Trockenzeit erklettern diese Schnecken junge Bäumchen des Unterholzes und halten in 3 bis 5 m Höhe festgeheftet einen Trockenschlaf. Finden die Pygmäen einige dieser Tiere, dann werden sie ganz aufgeregt und inspizieren – aufmerksam um sich blickend – den Ort, durchwühlen hektisch das am Boden liegende Laub und schlagen mit der Axt so lange gegen die dünnen Baumstämmchen, bis die Schnecken durch die wiederholten Erschütterungen herunterfallen. Sie werden in Wasser gekocht oder über dem Feuer geröstet und mit besonderem Genuß verzehrt.

Diese Achatschnecken spielen auch in der Ökonomie einiger westafrikanischer Länder, wo sie in großen Mengen gegessen werden, eine nicht unbedeutende Rolle für die Ernährungsgrundlage. Viele der an der Elfenbeinküste in die Hauptstadt Abidjan abgewanderten Waldvölker haben auch als »Großstädter«

ihre ländlichen Nahrungsgewohnheiten beibehalten. Dort werden deshalb jährlich etwa eine Million Kilo dieser Riesenschnecken verspeist [486], die man aus den 140 km entfernten Waldgebieten, in Säcken abgefüllt, per LKW in die Metropole transportiert [315]. In den Regenwäldern Ost-Zaires dem Okapi nachspürend, sammelte der mich begleitende Pygmäe unterwegs etwa 20 Achatschnecken ein, während sich zwei ebenfalls mitgehende Bakumu überhaupt nicht dafür interessierten. Achatschnecken haben einen hohen Eiweißgehalt und sind insofern mit Säugerfleisch durchaus vergleichbar. Sie sind sogar an einigen wichtigen Aminosäuren wie *Arginin* und *Lysin* reicher als Eier [347], und 6 Riesenschnecken (= 300 g) enthalten ungefähr 200 Kalorien. Nur vom Nährwert der Raupenkost werden diese Schnecken weit übertroffen, denn 30 Raupen (= 130 g) entsprechen etwa 1200 Kalorien [129]. Auch 100 g Bienenhonig haben einen Nährwert von 280–330 Kalorien [43]. Dabei ist aber anzumerken, daß die ausgehobenen Waben stets auch beachtliche Mengen an fettreichen Bienenlarven enthalten, die gleich mitverzehrt werden, so daß die Kalorienwerte somit in Wirklichkeit viel höher anzusetzen sind. Überhaupt ist Insektenkost für den Menschen zur Deckung seines Energiebedarfs von besonderer Bedeutung, denn nur 100 g Fett aus verschiedenen Insekten haben immerhin einen Wert von 930 Kalorien [129]. Insofern sind auch Angaben, nach welchen Frischfleisch von gejagten Säugern die »meisten Proteine und Fette enthält« [279, 501], deswegen am stärksten begehrt wird und demzufolge dem »Besitzer in der Regel das größte Prestige« verleiht, mehr als irreführend. Sie fußen sicherlich auf dem Mythos des »hervorragenden Jägers« [399], der zumindest bei den gemeinschaftlich mit dem Netz jagenden Pygmäen – wo sich das Wild obendrein eher zufällig in diesem oder jenem Netz verfängt – nicht nachgewiesen werden konnte. Wie schon zur Problematik »Monogamie – Polygamie« diskutiert, ist der Mythos vom »hervorragenden Jäger mit mehreren Frauen« [399] eine Mär, da der Jäger bei den Pygmäen sein Können stets in den Dienst der Gemeinschaft stellt und so dem Wohl aller Gruppenmitglieder dient (cf. Kapitel 4).

Die Insektenfette sind aus »normalen unverzweigten, mit verhältnismäßig stark ungesättigten Fettsäuren« aufgebaut, den sogenannten »essentiellen« wie Linolsäure und Linolensäure, die Menschen nicht selbst aus Kohlehydraten aufbauen können. Insektenfette zeichnen sich auch durch gute Assimilierbarkeit und Bekömmlichkeit aus. Nach ihrem Kaloriengehalt liefern sie eine durchaus ausreichende Ernährung für die Pygmäen. In diesem Sinne wurde schon früh auf den »guten Ernährungszustand« [397] der Ituri-Pygmäen hingewiesen, so daß das vermutete »*déficit chronique en protéines*« [1, 2] als völlig ungerechtfertigt erscheinen mußte. Insektenkost – insbesondere aus Termiten – enthält sogar einen sogenannten wachstumsfördernden *Vitamin-T-Komplex*, der auch die Aktivierung des Stoffwechsels bewirkt [152]. Doch sei darauf hingewiesen, daß Schebesta seinen früheren Ausführungen [397, 403] gegenüber widersprüchlich schreibt, daß die »Ernährung aus dem Kleintierbereich besonders kümmerlich und eine Mangelkost« sei, bei der die »Qualität keine Rolle spielt« [399]. Auch Gusinde spricht vom »quälenden Stachel des Hungers, der täglich zur Jagd unwiderstehlich anspornen muß«, und meint, daß die Pygmäen mit einer »absolut sehr geringen Nahrungsmenge« auskommen, obwohl in der gleichen Arbeit zu lesen ist, daß »hauptsächlich Raupen und Larven« einen beträchtlichen Teil des Nahrungsbedarfs decken. Offensichtlich hielt er die Insektenkost für ein »gehaltloses Essen« und deren »Nährgehalt für recht bescheiden«, so daß »ein leichtes Hungern ein Dauerzustand« sei [157]. Die beiden Forscher, die den wirklichen Nährwert von Insektenkost und auch der Weichtiernahrung ungeheuer unterschätzten [129], hatten es den Verfechtern der »Unterernährungstheorie« damit relativ leicht gemacht. So ist es denn nicht verwunderlich, daß man in der Sekundärliteratur immer wieder Hinweise findet, wie »hart und entbehrungsreich« [81] das Leben von Wildbeutern sei und welch enormes Laufpensum sie zurücklegen müßten, um sich die notwendigen Nahrungsmittel zusammenzusuchen, obwohl wir doch ohne große Schwierigkeiten feststellen können, daß der Ernährungszustand – und dies nicht nur im Verhältnis zur vorab geleisteten Investition – der Pygmäen und der Wildbeuter im allgemeinen meist besser ist als jener der seßhaften Hackbauern oder auch sonst Landwirtschaft betreibender Völker Afrikas.

Als Nichtlinguisten war mir früh aufgefallen, daß eine Anzahl der ins Beutespektrum gehörenden Insekten, Reptilien, Vögel und Säuger sowie Früchte und Wurzelknollen, Gegenstände und Dinge des täglichen Gebrauchs, im Haushalt wie auf der Jagd, bei den

Bayaka und Baka die gleichen oder ähnliche Bezeichnungen hatten und nicht mit jenen übereinstimmten, die die Großwüchsigen gebrauchten. So heißt eine Prozessionsspinnerraupe bei den Bayaka *mò.tàkú*, bei den Baka *dàkú* und eine Augenspinnerraupe bei den Bayaka *mò.sùsú*, bei den Baka *fùssú*. Solche offensichtlich geringen dialektalen Unterschiede können vielleicht doch als Hinweise auf eine vor langer Zeit bestehende gemeinsame Sprache gedeutet werden, zumal auch bei anderen Tier- und Pflanzenbezeichnungen Ähnlichkeiten oder Übereinstimmungen festgestellt werden konnten. Durch systematische Untersuchungen der bei den West-Pygmäen benutzten Namen für Bäume, Sträucher und Büsche [288, 289, 291, 292] konnte ebenfalls herausgefunden werden, daß Bayaka und Baka die gleichen, absolut pygmäeneigenen Bezeichnungen verwenden, die nichts mit irgendwelchen Sprachen der Großwüchsigen zu tun haben und eindeutig auf einen »*état antérieur de leurs langues* (früheren Zustand ihrer Sprachen)« hinweisen [20]. Es handelt sich dabei um auf Umwelt und das Überleben bezogene Bezeichnungen, die zwei heute völlig verschieden sprechende Pygmäen-Populationen gewissermaßen vereinigen. Die Bayaka reden heute *Bantu C 10*, das aber von allen anderen, von den Großwüchsigen gesprochenen Bantu-Sprachen verschieden ist, während die Baka *Gbenzili-Séré*, eine ubangische Sprache, benutzen. Der Vergleich einer Liste von 201 Ausdrücken eines »*vocabulaire fondamental*« (Grundvokabulars) bestätigte dies eindeutig. Das beiden Populationen gemeinsame Vokabular beträgt lediglich 10%. Verengt man den Vergleich aber auf das »*vocabulaire forestier*« (Waldvokabular), auf Bezeichnungen für Pflanzen, Tiere und Jagdtechnik, so steigt der ihnen gemeinsame Wortschatz auf 44% an [73]. Daraus wäre zu folgern, daß Bayaka und Baka früher einmal die gleiche Sprache gesprochen haben, von der heutzutage lediglich das »*vocabulaire spécialisé*« erhalten geblieben ist [20].

Leider wissen wir zu dieser Problematik so gut wie nichts über die Ituri-Pygmäen, doch wurde angedeutet, daß eine sprachmorphologische Verwandtschaft des Efe mit den Khoisan-Sprachen zu bestehen scheint [394]. Wie beim Khoisan steht auch im Efe der Genitiv vor und kann mit und ohne Genitivpartikel ausgedrückt werden, während die Pluralbildung durch ein Suffix erfolgen kann. Gegenüber dem an Schnalzlauten reichen Khoisan kennt das Efe nur zwei bilabiale Schnalzlaute. Eine viel zu gerin-

217

ge Gegenüberstellung von nur 20 Wörtern des Fundamentalvokabulars aus beiden Sprachen zeigt verblüffende Parallelen. So gibt es im Ituri einen »Pygmäen«-Wortschatz, der den dort lebenden Großwüchsigen fremd ist [403].

Das Problem der Pygmäensprache hat im Rahmen der Pygmäenforschung seit fast einem Jahrhundert immer wieder die Gemüter erhitzt, ohne daß dabei wesentliche Fortschritte verzeichnet worden wären. Die wenigen Forscher, die dabei für die Existenz einer unter Umständen ehemaligen Pygmäensprache plädierten, waren bedauerlicherweise keine Linguisten. Doch bemerkten sie sehr wohl, daß die Pygmäen, wenn sie sich vor »verdächtigen Horchern« schützen wollten, in ihre »ureigensten Ausdrucksweisen« zurückfielen und ihren Sprachschatz den Großwüchsigen nicht preisgaben [158]. Die Linguisten ihrerseits aber gingen recht oberflächlich vor, indem sie sich damit begnügten, festzustellen, daß die Pygmäen jeweils die Sprache jener Großwüchsigen sprechen, mit denen sie in Kontakt leben [485]. Das hat sich auch in die einschlägigen Lehrbücher eingeschlichen [255] und ungestraft bis heute erhalten. Es ist wirklich schade, daß dieses Phänomen von den Linguisten vernachlässigt wurde, da sie sich durch die Gegebenheiten der symbiotischen Beziehungen zwischen Pygmäen und Hackbauern und das daraus resultierende zeitweilig praktizierte Sprachverhalten haben täuschen lassen und so am Problem vorbeigegangen sind. Allenfalls gestand man den Pygmäen gewisse »phonetische Eigenheiten« oder eine »pygmäische Eigenart« zu [484]. So zeigen sich etwa auf grammatikalischem Gebiet regelmäßig Unterschiede in der Behandlung der Affixe. Wenn etwa im Bereich der Mangbetu-Sprachen die Großwüchsigen das Nomen durch Präfixe determinieren, so tun es die ebenfalls dort lebenden Ituri-Pygmäen durch Suffixe. Dieser für die Pygmäen typische Eigendialekt würde sich aber stets als mit einer Sprache der Großwüchsigen eng verwandt erweisen. So wurde denn postuliert, »daß sich die Pygmäen auch in sprachlicher Hinsicht als Sammler und Wildbeuter bewähren, indem sie leicht fremde Sprachelemente in ihr Idiom aufnehmen« [484].

Das Sammeln und Eintragen von Vegetabilien wie Wurzelknollen, Blätter, Früchte und Pilze ist mehrheitlich eine Aktivität der Frauen und Mädchen, die dafür mit ihren Tragekörben in die nähere Umgebung ihrer Wohnplätze ausziehen, obwohl auch hierbei die Männer gelegentlich mithelfen. Bei den Bayaka-Pygmäen im Gebiet der Lobaye konnten über 80 verschiedene Nahrungspflanzenarten ausgemacht werden [18, 332]. Die Grundnahrung wird von den stärkehaltigen Wurzelknollen der Yamswurzelgewächse, den Dioscoreaceae, gestellt, die mit Grabstöcken aus dem lockeren Waldboden gebuddelt werden. Die verschiedenen, lokal häufigen Arten werden dabei von den Pygmäen sehr wohl durch besondere Eigennamen unterschieden. Manche Arten, wie etwa *Dioscorea librechtsiana,* sind recht ertragreich. Von ihr konnte eine 3,5 kg schwere Wurzelknolle ausgegraben werden. Doch die Pygmäen haben in ihren Nahrungsgründen Konkurrenten, denn Yamswurzeln sind auch eine begehrte Nahrung des Pinselohrschweins, *Potamochoerus porcus,* das den Waldboden abschnüffelt und durchwühlt, um die Knollen aufzufinden. Die verschiedenen *Dioscorea*-Arten sind auch pharmazeutisch aufgrund ihres Gehaltes an *Steroidsapogeninen* sehr bedeutungsvoll, unter welchen vor allem das *Diosgenin* als Vorstufe der *Progesteron*–Synthese zur Herstellung von Ovulationshemmern (Anti-Baby-Pille) weltweite Bedeutung erlangt hat.

Fehlt es zu gewissen Jahreszeiten an den wohlschmeckenden Yamswurzeln, so können als Ersatz auch die weit weniger begehrten Rhizome der Kletterpflanzen *Gnetum africanum* und *buchholzianum* ausgegraben werden. Insbesondere aber die Blätter dieser *kòkò* genannten Lianen sind als Zugabe im Gemüseeintopf außerordentlich begehrt (Abb. 6.4) und werden auch von den Großwüchsigen gern gegessen. Diese haben hierfür ein weit verzweigtes Handelssystem aufgebaut und verfrachten die von den Pygmäen gepflückten Blätter in großen Mengen bis nach Bangui (cf. Kapitel 12). Aber auch in anderen Gegenden Afrikas sind sie begehrt. So sah ich im Zaire auf dem Flugplatz von Kisangani, wie *kòkò*-Blätter säckeweise in die Maschine nach Kinshasa verladen wurden. Für den Gemüseeintopf werden aber auch die Blätter zahlreicher anderer Lianen und Sträucher eingesammelt [206], doch will ich – um den Leser nicht allzusehr zu strapazieren – die verschiedenen Arten, die neben den Pygmäen-Eigennamen sonst nur mit den wissenschaftlichen Bezeichnungen bekannt sind, hier nicht einzeln aufführen.

Befinden sich die Pygmäen zu bestimmten Jahreszeiten in der Nähe der Hackbauern-Dörfer, geht die Sammeltätigkeit im

6.4 *Mombuka beim Zubereiten von kòkò-Blättern*

6.5 *Ebunga beim Schälen von Maniokknollen*

primären Regenwald merklich zurück, und die wildwachsenden
Vegetabilien werden in recht beträchtlichen Mengen von Maniok
(Abb. 6.5), Taro und Kochbananen ersetzt. Quantitative Untersuchungen bei den Ituri-Pygmäen haben ergeben, daß zu
bestimmten Zeiten die Produkte aus den Pflanzungen der
Großwüchsigen bis zu 63 % der Gesamtnahrungsmenge betragen können [233]. Von den Großwüchsigen erhalten sie diese
Nahrungsmittel vorwiegend im Tausch gegen Wild oder als »Be-
zahlung« für ihre Arbeit in den Kaffeepflanzungen. Doch gehen
die Pygmäen auch recht eigenmächtig vor und entnehmen heimlich, was sie gerade brauchen. Die Hackbauern empfinden das als
Diebstahl, und es kommt nicht selten zu aufgeregten Palavern,
die im Ernstfall dazu führen, daß die Pygmäen einfach verschwinden.

Einer Erzählung aus dem Ituri zufolge aber soll die Entdeckung
der Bananen eigentlich auf die Pygmäen zurückgehen. – Bei seinen Jagdausflügen kam ein Pygmäe in ein Schimpansendorf und
staunte dort über die vielen neuen Dinge. Er berichtete den
Großwüchsigen davon und ging mit einem von ihnen noch einmal dorthin, um in einer Pflanzung mit vielen großblättrigen grünen Stauden die prächtigen goldgelben Fruchttrauben zu bestau-

221

6.6 *Tschamba mit geschälten Maniokknollen*

nen. Keiner traute sich jedoch, davon zu essen. Der furchtsame, aber schlaue Großwüchsige schob immer wieder den Pygmäen vor und drängte ihn, doch von den Früchten zu kosten, denn er verzehre ja sonst auch die verschiedensten Waldfrüchte, die ihm alle stets gut bekämen. Der Pygmäe blinzelte immer wieder die goldgelbe Traube an und faßte sich endlich ein Herz. Zaghaft begann er von einer Frucht zu essen und fand den Geschmack köstlich. Der Großwüchsige sah mit neidvollen Blicken zu, traute sich aber nicht, es ebenfalls zu versuchen. Am Abend blieben sie im Schimpansendorf. Der Großwüchsige, der immer noch nicht an die völlige Unschädlichkeit der Bananen glaubte, verbrachte eine unruhige Nacht und machte sich Sorgen um seinen kleinen Freund. Am nächsten Morgen trat er in aller Frühe an das Schlaflager des Pygmäen und fragte nach seinem Befinden. Dieser rieb sich die Augen und erzählte vom würzigen Geschmack der goldgelben Früchte, worauf beide zu den Stauden gingen und sich zu einem ausgiebigen Bananenfrühstück niederließen. Dann beschlossen sie, sich zu Hause auch eine solche Pflanzung anzulegen. Während der Pygmäe die schönste Traube brach, sammelte sein großer Freund die Stecklinge, trug sie heim und pflanzte sie hinter seiner Hütte; der Pygmäe aber vergrub Banane für Banane in der Erde. Schon am nächsten Tag neigten sich die Blätter der Schößlinge und wurden welk. Der Pygmäe hielt nun dem Großwüchsigen seine Dummheit vor, doch dieser ließ den Wicht lachen, der vergebens auf das Wachsen seiner Bananen wartete. Der Pygmäe tröstete sich darüber hinweg, schließlich waren die Stecklinge auch verwelkt. Er nahm Pfeil und Bogen und zog wieder in den Wald auf die Jagd. Als er aber nach Monaten zurückkam, traute er seinen Augen nicht. Rings um die Hütte des Großwüchsigen, der nun seinerseits lachte, war ein üppiges Bananenfeld entstanden. Der Pygmäe aber konterte, daß er eben als Pflanzer nicht tauge, doch würde er weiterhin diese Bananen essen, da man sie ja erst durch ihn kennengelernt habe! Von dieser Sage leiten die Pygmäen im Ituri ihr Recht ab, zu gewissen Zeiten aus den Pflanzungen der Hackbauern zu holen, was sie gerade benötigen [297].

Daraus abgeleitet wurde denn wohl auch der in der anthropologischen Literatur generell benutzte Begriff *Wirtsvölker* [157, 399] als Bezeichnung für die den Pygmäen benachbarten Hackbauern. Die tatsächlichen zwischen-ethnischen Verhältnisse sind aber so vielfältiger Art, daß der weitaus wertneutralere Begriff *Kontaktvölker* der Realität viel eher gerecht wird, worauf ich anderenorts bereits hingewiesen habe [189]. Es unterliegt heute keinem Zweifel mehr, daß die Pygmäen die ursprünglichen Bewohner des afrikanischen Regenwaldes waren. Erst viel später – während der durch die Bantu-Expansionen ausgelösten Volksbewegungen und Migrationszüge – sind die Pygmäen mit diesen Völkern in Kontakt gekommen. Daß es im Laufe der Geschichte bei den zwischen-ethnischen Kontakten nicht nur positive Aspekte gab, will ich später diskutieren. Leider wissen wir nichts über die Zeit vor dem Kontakt. Erstaunlich ist nur, daß es bislang keinen Nachweis über die wirklichen, ursprünglichen Jagdgeräte der Pygmäen gibt, wenn auch schon frühzeitig eine »Holzkultur« vermutet wurde [377]. Diese Meinung wurde auch von Afrikaforschern mit langjähriger Erfahrung vertreten: »*I have reason to believe that some of the Dwarf tribes* [Pygmäen] *in the very interior of the forest do not even use iron, but entirely confine themselves to weapons and implements made of sharpened wood, reeds, or palm shreds*« [241]. Solche Werkzeuge werden schwer zu finden sein, da das feuchtwarme Klima des Regenwaldes ihrer Erhaltung entgegenwirkt. Während einer Netzjagd mit den Bayaka bei Bayanga war ich Zeuge, wie sich diese Leute in nur wenigen Minuten Holzspeere herstellten, diese aber gleich nach dem Gebrauch wieder wegwarfen. In Europa aber konnte inzwischen neben den üblichen Steinwerkzeugen aus der Eiszeit tatsächlich eine *Holzkultur* nachgewiesen werden, so etwa bei Torralba in Spanien und im englischen Seebad Clacton on Sea. Der jüngste, etwa 100000 Jahre alte Fund stammt aus Lehringen in Niedersachsen, wo man in einer alten Seeablagerung des letzten Interglazials zwischen den Rippen eines Altelefanten eine etwa 2,50 m lange Lanze aus Eibenholz mit im Feuer gehärteter Spitze fand [340].

Die heute von den Pygmäen verwendeten Eisengeräte wie Axtklingen, Pfeil- und Speerspitzen stammen ausschließlich von den eisenbearbeitenden Großwüchsigen und werden im Warentausch erworben, der mindestens so alt ist wie ihre Wiederentdeckung. Für die heute von Mann zu Mann ausgeführte Tauschhandlung gab es früher im Wald gewisse feste Plätze für den sogenannten *stummen Handel*, an denen die Pygmäen ihre Jagdbeute auslegten. Erst am nächsten Tag kehrten sie dorthin zurück, um die

Tauschwaren der Hackbauern wie Eisengeräte und Salz abzuholen. An der Lobaye zwischen Kenga und Ibata gibt es ein Isongo-Dorf mit Namen Kélémanbé. Das ist eine Verballhornung der Bayaka-Bezeichnung *gala-mambe*, wobei *gala* die Handlung des Tauschens bedeutet und *mambe* der Name der Kronenmeerkatze *Cercopithecus pogonias* ist, welche in diesem Gebiet häufig vorkommt und oft gejagt wird. Es handelt sich ganz offenbar um einen inzwischen zum Hackbauerndorf gewordenen ehemaligen Tauschplatz. Eine Legende erzählt allerdings, daß man sich gegenseitig nicht sonderlich vertraute und daß die Pygmäen stets einen mit Giftpfeilen bewaffneten Mann zurückließen. Das wiederum wußten die Hackbauern, und sie hüteten sich, zu betrügen. Noch heute haben sie eine höllische Furcht und viel Respekt vor den Pygmäen. Fühlten die Kleinwüchsigen sich dennoch übervorteilt, dann entwendeten sie zusätzliche Vegetabilien aus den Pflanzungen der Hackbauern. Daraus mag sich bei den Pygmäen eine Art »nicht erlaubten« Gewohnheitsrechts entwickelt haben.

Es gibt im Regenwald eine ganze Reihe von Früchten, die je nach Art und spezifischer Reifezeit das ganze Jahr über in ausreichenden Mengen vorhanden sind. Sie werden im reifen Zustand roh gegessen, wie wir das ja auch tun. Meist verzehrt man sie gleich an der Fundstelle, einige werden aber auch für die alten Leute nach Hause getragen. Da von den meisten Arten neben den Pygmäen-Eigennamen nur die wissenschaftlichen Bezeichnungen bekannt sind [332], möchte ich es dem Leser auch hier ersparen, eine nur langweilig wirkende Liste aufzuführen. Die meisten dieser Früchte wachsen auf hohen Bäumen und werden den Pygmäen erst zugänglich, wenn sie im überreifen Zustand auf den Boden gefallen sind. Ihnen kommt aber nur ein kleiner Anteil zugute, denn die gleichen Früchte werden von den verschiedenen baumlebenden Meerkatzenarten genauso gern verzehrt, die bei ihren Streifzügen durch die Baumkronen den Reifezustand meist schon frühzeitig ausgemacht haben. Oft werden die Pygmäen erst durch die auf den Waldboden fallenden Früchte auf die Nahrungsquelle aufmerksam. Auch diese Früchte gehören dann den Pygmäen nicht allein, denn Pinselohrschweine, Hundsaffen (Paviane), Stachelschweine, Hamsterratten, verschiedene Gazellenarten wie die Ducker und natürlich auch Waldelefanten gehören als »Früchte-Aufleser« zu den direkten Nahrungskonkurrenten.

Einige der auffallendsten Regenwaldprodukte möchte ich dennoch herausgreifen. Es handelt sich dabei zunächst um die Annonacee *Annonidium manni*, einen nicht allzu hoch werdenden Baum, dessen konisch-ovale Früchte bis über 40 cm lang und 20 cm dick werden und bis zu 5 kg wiegen können. Im reifen Zustand ist die krokodillederartige Fruchthaut braun gefärbt. Das orangegelbe Fruchtfleisch ist außerordentlich saftig und wohlschmeckend. Diese Frucht steht aber auch auf dem »Speisezettel« der Waldelefanten, die sehr wohl die verschiedenen Standorte dieser Bäume kennen. Die flachen, braunen Kerne passieren dabei unbeschädigt den Verdauungstrakt, werden mit dem Kot wieder ausgeschieden und so ganz besonders keimfähig und zufallsbedingt im Regenwald weitverstreut verbreitet. Unter den verschiedenen Kolanüssen werden besonders gern die violett gefärbten Kerne von *Cola acuminata* gegessen, die in Äquatorialafrika auch außerhalb des Regenwaldes weit verbreitet als Handelsgut zu finden sind. Die für einen europäischen Gaumen überhaupt nicht gut, sondern ziemlich bitter schmeckenden rohen Kerne werden von den Leuten lange und ausdauernd gekaut und sind ein wirksames Aufputschmittel bei Ermüdungserscheinungen. Diese Kerne sollen aber auch eine aphrodisiakische Wirkung haben, und außerdem werden sie zur Akzeleration des Geburtsvorganges angewendet [332]. Von den Pygmäen im Gabun und an der Lobaye werden die kleinen, runden Früchte von 1,5 cm Größe der häufigen Art *Dacryoides kleineana*, aus der Familie der Burseraceae, gern gegessen. Auch diese Frucht ist für den Europäer nicht sonderlich attraktiv, denn sie hat einen stark herb-sauren Geschmack, der im Mund unangenehm und lange nachhaltend wirkt. An der Elfenbeinküste findet diese Frucht als Heilmittel gegen Husten und Tachykardie Anwendung [50]. Wer sich näher für die Bedeutung und Verwendung von Blättern, Früchten, Rinden und Wurzeln, insbesondere im medizinischen Anwendungsbereich, bei den Bayaka-Pygmäen Zentralafrikas interessiert, dem sei die umfangreiche Untersuchung von Elisabeth Motte wärmstens empfohlen [332].

Wenn die Pygmäen während der Trockenzeit in der Nähe der Großwüchsigen siedeln, spielt auch die Ölpalme *Elaeis guineensis* eine beachtliche Rolle für ihre Ernährungsbasis. Die großen und schweren Fruchttrauben werden ins Wohnlager geschleppt, die Früchte selbst in Töpfen leicht angekocht und dann in einem

Mörser zerstampft. Den auf diese Weise gewonnenen Brei preßt man mit den Händen, um das wertvolle Öl herauszudrücken (Farb-Abb. 9). Es findet in der Pygmäenküche alltägliche Verwendung. Die steinharten Kerne dieser Früchte werden von den nicht mehr auf Sammeltour ausziehenden alten Frauen zunächst getrocknet und dann in Blechtöpfen geröstet (Farb-Abb. 10). Von diesen Palmkernen sind stets genügend im Lager. Ein jeder bedient sich, wenn er gerade Lust hat, welche zu essen. Das sehr harte, 3–5 mm dicke Mesokarp wird auf ganz einfache Weise mit Steinen aufgeklopft (Abb. 9.2). Auch andere steinharte, nußartige Früchte des Waldes finden wir auf dem Speisezettel der Pygmäen, wobei bevorzugt die Pandanüsse *mò.káná* vor allem während der Netzjagden aufgesammelt und gleich an Ort und Stelle verzehrt werden. Auf diese Weise ernähren sich die Pygmäen außerhalb des abendlichen Eintopfes fast den ganzen Tag über in unregelmäßigen Abständen durch individuelles Pflücken von Beeren und Auflesen von Früchten und Nüssen. Irgend etwas wird immer gekaut, und die Zähne werden dabei mehr oder weniger beansprucht.

Aber nicht nur beim Essen wird gekaut. Die kleinen länglichen Bohnen von etwa 1×2 cm des großen *mò.ningó*-Baumes *Monodora myristica*, einer Annonacee, werden häufig eingesammelt und vor allem von den Männern in kleinen um den Hals getragenen Lederköchern aufbewahrt und bei größeren Wanderungen mitgeführt. Befinden sich die Pygmäen in einem Gebiet mit zu bestimmten Jahreszeiten besonders zahlreichen und lästigen Insekten wie Kriebelmücken, Malaria übertragenden *Anopheles*-Mücken und Filariose-Fliegen, dann zerkauen sie die *mò.ningó*-Bohnen zu einem feinen Brei, spucken das Produkt in die hohle Hand und reiben sich den Körper damit ein. Dieser Brei hat einen sehr unangenehmen, penetranten Terpentingeschmack, der noch lange im Mund nachhält, auf dem Körper verrieben aber verbreitet er einen – zumindest für meine europäische Nase – durchaus wohlriechenden, eher angenehmen Geruch und schützt recht effizient gegen Insektenstiche, aber auch gegen Ameisen und anderes recht aufsässiges Kleingetier. Diese Bohnen enthalten verschiedene Alkaloide wie *Xylopinsäure* und *Diterpentin-Säure* [50]. Dieser Geruch soll beim Schlafen auf dem Waldboden auch Schlangen vertreiben, aber ich habe das selbst nicht ausprobiert und auch nicht beobachten können. Als Medizin eingenommen, wirkt der *mò.ningó*-Brei gegen einen unregelmäßigen Herzschlag und Tachykardie [332].

Wo immer sich ein Pygmäe befindet, er ist fast ständig dabei, etwas zu essen oder zu kauen. Seine Zähne werden durch eine solche fortdauernde Mastikation mit gleichzeitig hoher Speichelproduktion praktisch permanent beansprucht. Die stark herbsauren, häufig adstringierenden Früchte und die verschiedene Alkaloide enthaltenden Nüsse mögen die Zähne zusätzlichen Aggressionen aussetzen. So fielen mir bei zahlreichen, noch recht jungen Bayaka-Pygmäen neben rituellen Mutilationen der Schneidezähne recht beachtliche Abnutzungserscheinungen des restlichen Gebisses auf. Die Avulsion (das Entfernen oder Herausbrechen) der Incisivi (Schneidezähne; Abb. 6.7), eine in ganz Afrika ehemals weit verbreitete Schönheitsoperation, findet man heute nur noch bei älteren Pygmäen [131, 477]. Aber das spitze Zufeilen der gleichen Zahngruppe kommt bei ihnen noch immer häufig vor und wird etwa ab dem 12. Lebensjahr ausgeführt. Daß durch beide Mutilationsformen der »Droheffekt« eine Verstärkung erfahren soll [161], scheint mir unglaubwürdig, zumindest werden diese Mutilationen nicht zu diesem Zweck vorgenommen. Bei den Nuer wurden den Kindern im Alter von 6 bis 7 Jahren die unteren Schneidezähne ausgebrochen. Sie taten es, wie man berichtet, »damit sich der Mensch vom Raubtier unterscheide« [38]. Das Anfeilen der Incisivi ist auch bei zahlreichen anderen Völkern Schwarzafrikas anzutreffen. Es scheint eine lange Tradition zu haben, denn aus der Nekropole beim heutigen Dorf Minshat Abu Omar im östlichen Nildelta konnte ein Schädel geborgen werden, bei welchem das Erscheinungsbild der Schneidezähne im Ober- und Unterkiefer deutlich eine konische, in Richtung Kauflächen zulaufende Anfeilform der Zahnkronen erkennen läßt. Dieser Fund wird in die Periode zwischen 700 vor und 400 nach u. Z. datiert, und die anthropometrische Datenaufnahme ergab eine zweifelsfreie Zuordnung dieses Schädels zu den Negriden [9], die übrigens seinerzeit bereits zahlreich im ansonsten europiden Ägypten vorhanden waren [480].

Besonders auffallend war bei vielen erwachsenen Pygmäen eine mehr oder weniger starke Abrasion aller Zähne mit einer zum Teil völligen Abnutzung des Kuspidenreliefs. Durch dieses Abschleifen verlieren die sich sonst in den Okklusionsfissuren festsetzenden Bakterien ihre Angriffsflächen, weshalb bei hochgra-

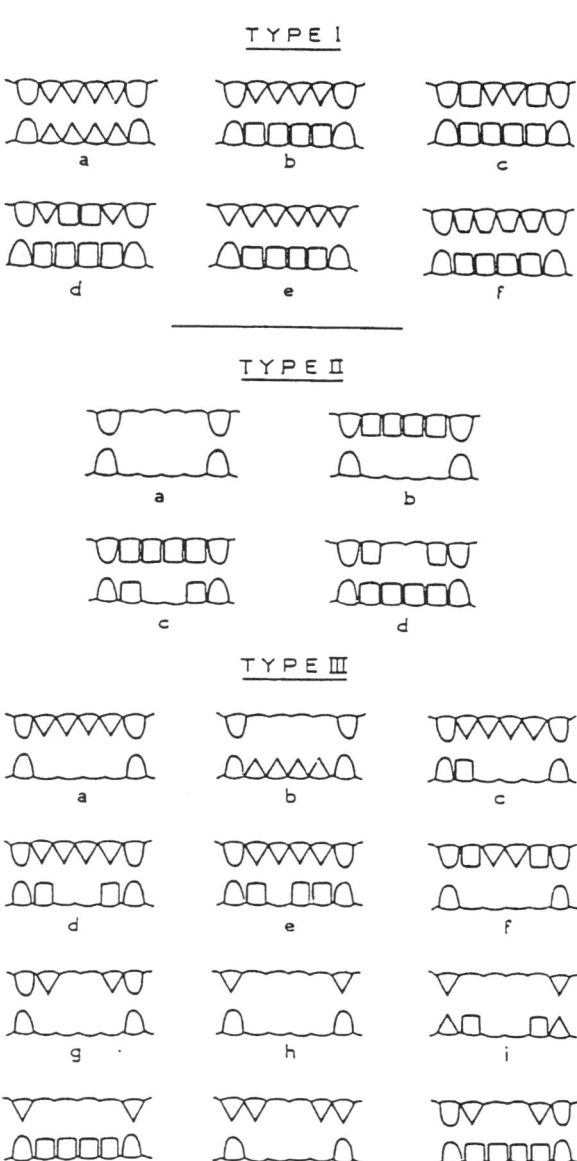

6.7 *Avulsions- und Anfeilschemata von Schneide- und Eckzähnen bei den Baka-Pygmäen Kameruns (nach Vallois und Marquer 1976)*

digen Abrasionserscheinungen, insbesondere bei vollständigen Gebissen, keine Karies zu finden war. Die wenigen Kariesfälle bei den Bayaka, die noch unter relativ natürlichen ökologischen Bedingungen lebten, waren Ausnahmen und beschränkten sich auf durch Unfälle ausgebrochene Zähne, deren unregelmäßige Bruchflächen den zerstörenden Mikroorganismen freie Angriffsflächen boten. Von den 80 untersuchten Personen, die alle Abrasionserscheinungen verschiedenen Grades zeigten [205, 206], möchte ich nachfolgend nur ein repräsentatives Beispiel herausgreifen. Es handelt sich um den etwa 35jährigen Mann Tschumbi mit dem für die Pygmäen typischen europiden Labialvolumen (Abb. 6.8). Die drei Gesichtsetagen sind bei ihm von etwa gleichem Niveau, und er gehört somit zum *karbon-muskulären* bis *eury-prosopen* (breitgesichtigen) Typus, eine bei den Bayaka häufige Erscheinungsform. Seine Zähne waren hell und breit, kräftig verankert und zeigten kaum Malpositionen. Der Oberkiefer hatte ein vollständiges Gebiß mit einem großen, auch bei anderen Afrikanern unterschiedlicher Ethnien häufig vorkommenden *Diastema* zwischen 11 + 21, den beiden mittleren Schneidezähnen. Der Kieferbogen war gleichmäßig hemisphär *euryov* (breitbogig). Prämolaren und Molaren wiesen eine totale Kuspidenabrasion auf (Abb. 6.9). Das freigelegte Dentin war bei allen Zähnen ocker- bis bernsteinfarben. Die Kauflächen der Zähne 14 + 24, 15 + 25 sowie 16 + 26 waren deutlich *ad palatum* (zum Gaumen hin) abgeschrägt. Der Unterkiefer war ebenfalls gleichmäßig hemisphär, und der Prämolaren-Molaren-Komplex zeigte eine völlige Kuspidenabrasion. Besonders hochgradige Abnutzung bis zum 5. Grad *sensu* Topinard [47] ließen sich bei den Zähnen 34, 35, 36 sowie 44, 45, 46 feststellen. Die Okklusionsflächen der PM 1 + 2 waren stark *ad vestibulum* (zur äußeren Mundhöhle hin) orientiert abgeschrägt (Abb. 6.8) und bildeten somit eine Inversion der Monson-Kurve. Das Dentin war bernsteinfarben bis dunkelbraun gefärbt, insbesondere bei Zahn 36. Außerdem hatten die Zähne 35 + 36 einen schmalen schwarzen Saum, der an eine Tabakborte erinnerte. Das Vorhandensein von Zahnstein scheint charakteristisch für das völlige Fehlen einer entsprechenden Mundhygiene zu sein.

Die Existenz der Schneidezahn-Mutilation in Form des spitzen Zufeilens, oder aber das Fehlen der Incisivi durch Avulsion, führt durch den Verlust einer Schneidezahnführung zu Störun-

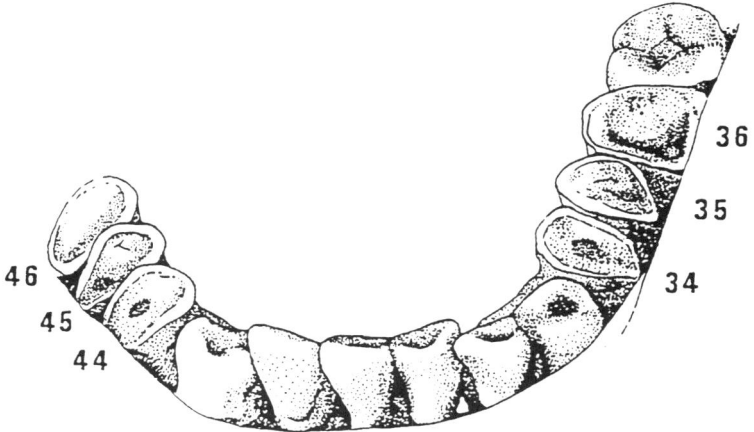

6.8 *Tschumbi und Abrasionsgrade seiner Unterkieferzähne*
(Erläuterungen im Text)

	Abrasionsgrad					
	1	2	3	4	5	spitz angefeilt
Oberkiefer rechts			13 14	15 16		11 12
links		23	24	25 26		21 22
Unterkiefer rechts	41	42	43		44 45 46	
links	31		32	33 37 38	34 35 36	

6.9 *Abrasionsschema der Zähne von Tschumbi*

gen im Raum der temporo-mandibulären Artikulation und könnte somit gewisse pathologische Abrasionen zur Folge haben. Doch bei Tschumbi war das nicht der Fall. Dagegen spricht auch eine schon weit fortgeschrittene Abrasion bei der jungen, etwa 23- bis 24jährigen Frau Guma mit nur sehr gering angefeilten oberen Schneidezähnen (Abb. 6.10). Die Einteilung der unterschiedlichen Abnutzungsstufen wurde nach der von Topinard aufgestellten Klassifizierung vorgenommen, der 5 verschiedene Abrasionsgrade unterscheidet [47].

1. Kuspidenspitzen eben abgeschliffen
2. Kuspiden abgeschliffen, aber ohne Dentinfreilegung
3. Dentin freigelegt in Form von isolierten Inselchen
4. Beginn der Vereinigung der verschiedenen Dentininseln
5. Die völlig abgeschliffene Kaufläche wird nur mehr von einer einzigen muldenförmigen Dentinfläche gebildet. Man erkennt deutlich den dünnen umgebenden Zahnschmelzrand.

Das Fehlen einzelner Zähne könnte ebenfalls Abschleifungen des Kuspidenreliefs zur Folge haben. Bei den untersuchten Pygmäen mit Zahnlücken unterschiedlicher Natur konnte im allgemeinen

	Abrasionsgrad					
	1	2	3	4	5	wenig angefeilt
Oberkiefer rechts	11 12	13 14 15				11 12
Oberkiefer links	21 22	23 24 25	27 28	26		21 22
Unterkiefer rechts		41 42	43 44	45 46		
Unterkiefer links		31 32	33 34	35 36		

6.10 *Abrasionsschema der Zähne von Guma*

eine beträchtliche Abrasion festgestellt werden, denn der Zahn-
verlust bringt selbstverständlich eine Überbelastung der verblei-
benden Zähne mit sich. Bei einer Menschengruppe, deren Mitglieder ihr Gebiß aber häufig auch als »Werkzeug« in Anspruch
nehmen, wäre es folgerichtig, eine in Korrelation zu den fehlenden Zähnen zunehmende Abnutzungserscheinung vorzufinden.
Eine solche Hypothese sollte aber mit Vorbehalt betrachtet werden, da die für die Bayaka repräsentativen Fälle von Tschumbi
und Guma mit vollständigen und gleichmäßigen Gebissen eine
hochgradige Abrasion aufweisen. Mir scheint die Ernährungsweise der Pygmäen mit vorwiegend vegetarischer Kost in Form
von faserreichen Blättern, zahlreichen aziden, adstringierenden
Früchten und harten Nüssen, die eine erhöhte Kauaktivität er-
fordern, für die Abrasion eine bedeutsame Rolle zu spielen. Auch
sollte der *sedative Effekt* gewisser Pflanzen mit verschiedenen Al-
kaloiden in Form von Kaumedizin nicht vernachlässigt werden.
Die Ätiologie dieser Zahnabrasion kann natürlich vielfältiger
Natur sein, doch betrachte ich die spezielle Ernährungsweise der
Pygmäen als ein fundamentales Element hierfür, und in diesem
Sinne gebührt der quasi permanenten Mastikation eine besondere Beachtung. So handelt es sich wohl ganz offensichtlich um eine durch *öko-physiologische Ursachen* bedingte Abrasion [205,

233

206]. Es sind jedoch bislang wenig Feldstudien an Sammlern und Jägern zu diesem Thema durchgeführt worden. Nur von den ostafrikanischen Hadza wissen wir, daß auch bei ihnen eine starke Abrasion der Molaren mit völlig abgeschliffenen Kuspiden festgestellt wurde und Karies nicht vorgefunden werden konnte [259].

Bei den hochspezialisierten Grönland-Eskimo, die ihre Zähne unter anderem zum Bearbeiten von Fellen gebrauchen, wurde ebenfalls eine starke Abrasion beobachtet. Jedoch fand man bei ihnen auch eine korrelierte Abnahme der Abrasionserscheinungen mit zunehmender *Urbanisation* (Verstädterung). Bei den Eskimo scheint die Abrasion aber eher das Ergebnis einer energischen und lang anhaltenden Mastikation zu sein und ist wohl nicht so sehr von der Nahrungskomposition abhängig. Bei ihnen fand man ebenfalls nur wenig Karies. Von 13 308 untersuchten Zähnen zeigten nur 68 Kariesherde. In den meisten Fällen handelte es sich dabei um Weisheitszähne (M 3) ohne entsprechende Antagonisten [88, 356]. Häufigeres Auftreten von Karies mit zunehmender Urbanisation scheint dennoch mit der Nahrungskomposition in Verbindung zu stehen und mit einer eher geringen Kauanforderung einherzugehen, bedingt wahrscheinlich durch vorgeweichte und vorgekochte Konserven und einen damit verbundenen größeren Verbleib von Nahrungsresten bei gleichzeitigem Fehlen einer adäquaten Mundhygiene. Um die Zunahme der Kariesfrequenz beim Menschen mit fortschreitender Urbanisation besser zu verstehen, wurden die Zähne von freilebenden mit in Menschenobhut gehaltenen Wildtieren und mit echten Haustieren verglichen, wobei herausgefunden werden konnte: » ...*in captive animals, caries of the enamel is frequent, and it occurs in those animals that obtain supply of fermentable carbohydrate in form of buns, bread and biscuits, a food unknown to them in the wild state*« [76].

Zahnabrasionen sind bereits von prähistorischen Menschen bekannt. Man fand bei ihnen eine durchaus physiologisch bedingte Abnutzung der Reibflächen [370]. Je weiter die untersuchten Gebisse geologisch zurückreichen, desto größer war die Abnutzung. Auch beim etwa 3,5 Millionen Jahre alten *Australopithecus boisei* fand man eine außerordentlich starke Abrasion, selbst unter Berücksichtigung der durch die Fossilisierung bedingten *Alteration* [283]. Der aufgefundene Unterkiefer vom *Ho-*

mo heidelbergensis mit einem Alter von etwa 450000 – 630000 Jahren hat eine fast vollständige Bezahnung mit hochgradiger Abrasion. Die Prämolaren 34 + 35 waren abgebrochen und nur noch als Wurzelreste vorhanden [374, 416]. Beim etwa gleichaltrigen Unterkiefer des Arago-Menschen fehlen die meisten Zähne oder waren abgebrochen, die noch vollständig erhaltenen M 1 + M 2 aber zeigen ebenfalls starke Abrasion. Besonders bei den beiden rechten Molaren sind die Kuspiden völlig abgeschliffen. Das Dentin zeigt eine deutlich konkave Aushöhlung der Kauflächen mit gut sichtbarer Abgrenzung des Zahnschmelzrandes [288]. Extrem hochgradige Abrasionsformen fand man auch in alemannischen Populationen aus dem 5. bis 10. Jahrhundert. Es wird aber vermutet, daß das offenbar regelmäßige, wenn auch unabsichtliche Beimengen mineralischer Bestandteile zur Nahrung, wie dies bei der Benutzung weicher Mahlsteine erfolgte, als Ursache für die bereits stark abgeschliffenen Gebisse jugendlicher Individuen anzusehen ist [427]. Ähnliche hochgradige Abrasionen – ohne jegliche Karies – finden wir auch beim Gorilla, der im gleichen Ökotop des Regenwaldes lebt wie die Pygmäen und sich ausschließlich vegetarisch von Früchten, Blättern und faserreichen Rinden ernährt. Die dadurch bedingte ausgiebige Mastikation mag eine bedeutende Rolle beim Abschleifen des Prämolaren- und Molarenkomplexes spielen, aber bei ihm sind auch alle Schneidezähne stark abgeschliffen [205, 206].

Das Leben in kleinen Wohngemeinschaften mit in der Regel weniger als 30 Personen, das Nichtanlegen von Reserven und die damit verbundene tägliche Suche nach vorwiegend pflanzlicher Nahrung können für die Pygmäen als Anpassung seit frühesten Zeiten an die ökologischen Bedingungen des äquatorialen Regenwaldes angesehen werden. Sie haben weder Felder noch Gärten, sie »ernten« lediglich, was die Natur ihnen bietet, wobei sie jeweils nur das entnehmen, was sie gerade benötigen, und dadurch die Regeneration des Bestandes ermöglichen. Auf diese Weise befinden sie sich in ständiger Nahrungskonkurrenz mit zahlreichen anderen organisierten Lebewesen, insbesondere aber mit den Frugivoren, wie Waldantilopen, den großen Nagern und vor allem den Primaten, die in den Baumkronen als erste an die reifen Früchte gelangen. Insofern ergab sich folgerichtig ihre Mobilität, induziert vom Rhythmus des durch die Regen- und

Trockenzeit bedingten, saisonalen Nahrungsangebotes, wie Fruktifikation und Wurzelknollen-Wachstum, sowie die durch wiederholtes Abjagen gleicher Gebiete zeitweise nur begrenzte Verfügbarkeit von Beutetieren. Die Strategie der Subsistenzwirtschaft erlaubt eine dauerhafte Erhaltung der natürlichen Ressourcen, die dagegen durch die Wirtschaftsweise seßhafter Hackbauern stark gefährdet sind [214]. Der Anteil der Vegetabilien beträgt 65 bis 75% der Gesamtnahrungsmenge, die die Pygmäenfrauen in relativ kurzer Zeit herbeischaffen. Dafür brauchen sie im Durchschnitt kaum mehr als 3 bis 4 Stunden täglich. Die Efe im Ituri benötigen fürs Sammeln und Jagen im Wald nur etwa 33% ihrer Zeit [21, 26]. Bei der Kalorienbeschaffung durch die Frauen konnten dabei Unterschiede zwischen Netzjäger- und Bogenschützen-Gesellschaften eruiert werden. So erzielen Frauen der Netzjäger durch ihre Teilnahme an den Jagdausflügen mehr Kalorien per Zeiteinheit als durch Arbeiten auf den Feldern der benachbarten Hackbauern, während es sich bei den Frauen der Bogenschützen-Jäger-Gesellschaften gerade umgekehrt verhält [24]. Bei den !kung-Buschleuten arbeiten die Frauen nur 3 Tage in der Woche und liefern damit 75% der Nahrungsmenge [261]. Diese Zahlen stimmen generell mit Erhebungen bei Sammlern und Jägern überein [280], denn an anderer Stelle heißt es: »Die Frauen, die Früchte und Nüsse sammeln, sind verantwortlich für die Gewinnung von 80% des Lebensunterhaltes der Buschleute« [94]. So sind sie mit Hilfe der Zwanzig-Stunden-Woche also in der Lage, sich mit rund 135% des von der UNESCO anerkannten Minimums an Fetten, Kohlehydraten und Proteinen zu versorgen, was sie einem beträchtlichen Teil der Nordamerikaner vorausstellt [94]. Somit haben sie trotz ihrer Subsistenzwirtschaft beachtlich viel Zeit füreinander und führen weitgehend ein *muße-intensives* Leben [106]. Die Aussage, daß den Sammlern und Jägern ihr Lebensraum »ein als gerade ausreichend zu bewertendes Nahrungsangebot« bietet [434], wird damit allerdings widerlegt. Die muße-intensive Lebensweise hat auch für die von mir eingehend untersuchten Bayaka-Pygmäen Gültigkeit, wie die folgenden Kapitel über das soziale Verhalten deutlich zeigen.

Bei den afrikanischen Hackbauern sind vor allem Frauen und Mädchen durch die immerfort notwendigen Feldarbeiten deutlich mehr belastet als die Männer. Doch scheint es mir interessant, einen Vergleich mit den im Amazonas lebenden Yanomami anzuführen. Sie sind bereits beginnende neolithische Waldpflanzer, aber auch *noch* Jäger [112]. Sie haben als Wohnstätten kreisförmig angelegte Gemeinschafts-Schabunu, in denen etwa 120 bis 150 Personen in völliger Offenheit leben, wobei jeder jeden immer sehen kann, womit sie noch recht bezugsnah an die Lebensgewohnheiten der »paläolithischen« Wildbeuter-Wohngemeinschaften erinnern. Zur Nahrungsbeschaffung wie Jagen, Fischen, Sammeln, Arbeiten in Gärten und Pflanzungen, einschließlich der zurückzulegenden Wegstrecken, für die notwendigen Hausarbeiten und die Werkzeugherstellung brauchen diese Leute – nach 5 Tagesbeispielen errechnet – im Durchschnitt täglich nur 4 Stunden. Etwa eine Stunde verbringen sie mit ihren Mahlzeiten. Dabei nehmen sie im Mittel 1912 Kalorien und 65 g Proteine auf. So bleiben ihnen vom äquatorialen 12-Stunden-Tag noch 7 Stunden für soziale Interaktionen wie Spielen, Groomingtalk, gegenseitige Körperpflege und fürs Nichtstun [297]. Diese ansonsten recht bellikösen Yanomami [65] haben somit trotz alledem doch noch ein recht muße-intensives Leben bewahrt, dem sie sich genußvoll hinzugeben wissen.

Wie schon erwähnt, gibt es bei den alltäglichen Aktivitäten der Pygmäen keine strikte geschlechtsbezogene Arbeitsteilung. Jeder hilft, wo er kann und wo er gerade gebraucht wird. Auch Frauen und Mädchen beteiligen sich bei jeder Netzjagd sehr aktiv als Treiber(innen), und auch von den Ituri-Pygmäen wurde schon früh berichtet, daß die Frauen bei den großen Gemeinschaftsjagden die »Hauptbeteiligten« sind [399], während Männer und Buben durchaus beim Einsammeln von Wirbellosen wie Termiten, Käfern, Raupen und Engerlingen mitwirken oder auch einmal eine Yamswurzel ausgraben und nach Hause tragen. Bei den Netzjägern im Ituri ist die Sammeltätigkeit mehr eine individuelle Aktivität, an der beide Geschlechter teilhaben, während bei den Bogenjägern im gleichen Gebiet die Frauen getrennt in kleinen Gruppen der Nahrungssuche nachgehen [40]. Es kann nur gesagt werden, daß Frauen *niemals* Netz oder Axt tragen und *nicht* mit Waffen wie Speer, Armbrust oder Pfeil und Bogen umgehen, während die Männer *keine* Körbe schultern, wohl aber – nach Frauenart – erlegte Beutetiere mit dem Stirnband nach Hause transportieren. Bei Buschleuten und Hadza jagen ausschließlich die Männer und Buben mit Pfeil und Bogen [279, 507], sie sind aber ebenfalls am Sammeln von Wirbellosen beteiligt. Auch bei den australischen Urbewohnern konnte immer wieder beobachtet werden, daß Frauen Großwild aus dem Busch herbeischaffen, während die Männer jede Gelegenheit wahrnehmen, Kleintiere, eßbare Larven, ausgegrabene Knollenfrüchte und andere Vegetabilien für den Lebensunterhalt beizusteuern [360]. Von einer immer wieder hervorgehobenen »ausgeprägten Arbeitsteilung zwischen den Geschlechtern« [348, 501] kann also nirgendwo die Rede sein. Zumindest für die Wildbeuter kann wohl gesagt werden, daß es offensichtlich kein gesichertes Beispiel für eine arbeitsteilige menschliche Gesellschaft ohne hierarchische Strukturen gibt. Insofern ist es auch nicht zu verantworten, bei Wildbeutern von der Existenz einer »Art darwinistischer Auswahl« [339] zu sprechen, nach welcher der bessere Jäger die tüchtigere Frau bekommen soll. Das trifft für die Netzjäger ganz bestimmt nicht zu, da, ob im Ituri oder an der Lobaye, der einzelne sein Können stets in den Dienst der Gemeinschaft stellt. Daß eine Gazelle sich bei der Treibjagd in der Eile ihrer Flucht rein zufällig in diesem oder jenem Netz fängt, wissen auch die Pygmäen, und die bei der gemeinsamen Jagd mit leeren Händen ausgehenden Personen werden durch ein ausgleichendes Verteilen berücksichtigt. Dieses Verteilungsprinzip, das alle Nahrungsarten betrifft, ist zweifelsohne eines der wichtigsten Merkmale egalitärer Wildbeuter-Gesellschaften.

Die Ansichten über eine »ausgeprägte geschlechtsbezogene Arbeitsteilung« bei Sammlern und Jägern stützen sich wahrscheinlich auf Erhebungen über !kung-Buschleute, deren Männer als geübte Bogenschützen in einem vorwiegend offenen Gelände geräuschlos und mit Behutsamkeit eine hochspezialisierte »Anschleich-Jagd« praktizieren. Der Grund, daß keine Frauen daran teilnehmen, ist bei diesen Leuten offensichtlich die »Unvereinbarkeit vom Mitschleppen lauter und lästiger Kleinkinder« [277], die – wenn auch in der Obhut ihrer Mütter – den Anforderungen der Jagd mit den großen, zurückzulegenden Entfernungen beim Aufspüren des Wildes in der weiten Buschsavanne der Kalahari nicht gewachsen sind. Die Efe-Bogenjäger im Ituri gehen ebenfalls von den Frauen getrennt auf die Jagd, wohl aber achten sie auf ihren Streifzügen durch den Regenwald aufmerksam auf die begehrten Wirbellosen, die sie selbstverständlich einsammeln und ins Lager tragen. Wer bei Sammlern und Jägern auf welche Weise zur Lebensfürsorge der Gesellschaft beiträgt, hängt weitgehend von den jeweiligen ökologischen Bedingungen der Lebensräume und wohl auch von den Jahreszeiten ab. Ohne niemals ernsthaft *in situ* geprüft zu haben, scheint die Kultur- und Sozialanthropologie ungerechtfertigterweise noch immer an einem für sie gültigen Klischee einer strengen geschlechterbezogenen Arbeitsteilung unter Sammlern und Jägern festzuhalten.

Als mobile Sammler und Jäger durchwandern die Pygmäen in Gruppen von durchschnittlich 60 bis 80 Personen ein Schweifgebiet von etwa 280 bis 400 km^2. Diese Gruppen in den Wäldern südlich der Lobaye, bei denen ich meine öko-ethologischen Untersuchungen durchführte, bestanden aus enger befreundeten und verbündeten Wohngemeinschaften von jeweils 13, 17, 20, 29 (= 79) und 13, 21, 34 (= 68) Mitgliedern. Die aus 34 Leuten bestehende Wohngemeinschaft teilte sich später in 25 und 9 Personen auf (cf. Kapitel 4). Diese Pygmäen nutzen jeweils Gebiete von 280 km^2 für 68 und 340 km^2 für 79 Personen. Das ergibt eine Populationsdichte von einem Pygmäen auf 4,2 km^2 oder 0,24 Pygmäe pro Quadratkilometer. In einer anderen Region der Lobaye westlich Bagandou konnte für 111 Personen, die sich in 4 Wohngemeinschaften mit jeweils 26, 27, 28 und 30 Mitgliedern aufteilten, ein Schweifgebiet von etwa 400 km^2 nachgewiesen werden [17], und das entspricht 3,6 km^2 für einen Pygmäen. Bei den Ituri-Pygmäen wurde ebenfalls herausgefunden, daß die durchschnittliche Populationsdichte 2,2 bis 3,2 km^2 pro Person beträgt [231, 457]. Auch bei anderen Wildbeutern wie den Hadza, Buschleuten und Australiern konnten vergleichbare Daten erhoben werden [280]. In der Regel kommt ein Individuum auf 2 bis 10 km^2. Ganz selten war das Verhältnis umgekehrt mit 1 bis 3 Personen auf einen Quadratkilometer. Angaben, nach welchen bei Sammlern und Jägern eine Gruppe von 25 Individuen ein Gebiet von 1000 bis 3000 km^2 besetzen soll, was dem Aktionsraum eines gleich starken Wolfsrudels entsprechen würde [501], sind wohl eher Spekulationen und beziehen sich sicher nicht auf ernsthafte Erhebungen.

Vergleichen wir diese für Sammler und Jäger typischen Zahlen mit der Populationsdichte der BRD – vor dem Beitritt der östlichen Bundesländer – mit ihren etwa 60 Millionen Einwohnern auf einem Raum von 250 000 km^2, so finden wir auf 4167 km^2 rund eine Million Einwohner. Das wären immerhin 240 Menschen pro km², also fast tausendmal mehr als Pygmäen im Regenwald. Eine solche Menschenmenge kann sich natürlich nur ernähren, weil gleichzeitig eine hohe Produktionsleistung erbracht wird. Sie verkörpert im Vergleich zur Wildbeuter-Gesellschaft ein extrem gegensätzliches Modell menschlicher Sozialisation.

Obwohl mancherorts für die Ituri-Pygmäen von einem Revier mit festen Grenzen gesprochen wurde [40, 399], hat sich durch eingehendere Untersuchungen inzwischen herausgestellt, daß das im Jahreszyklus durchzogene Sammel- und Jagdgebiet im engeren Sinne kein streng abgegrenztes Revier darstellt.

Aber was ist ein Revier oder Territorium?

Nach der ethologischen Definition handelt es sich dabei um einen Abschnitt innerhalb des für eine Art typischen Biotops oder Lebensraums, der gegen Artgenossen verteidigt und in bestimmter Weise gekennzeichnet (markiert) und abgegrenzt wird, um einem eventuellen Übertreten der Grenzen entgegenzuwirken. Der Revierbesitzer sollte also *kontinuierlich* über diesen Raumabschnitt orientiert sein, um jeden Eindringling innerhalb kürzester Zeit stellen und vertreiben zu können [190]. Der Begriff des Reviers wurde erstmals am Beispiel des Fortpflanzungsverhaltens der Vögel beschrieben [11]. Dabei wurde die Bedeutung des Gesanges für die Signalisierung (Markierung) und Verteidigung richtig interpretiert. Das Revier kann der Besitz eines einzelnen Individuums sein, das keinen anderen Artgenossen oder keine gleichgeschlechtlichen Artgenossen duldet. Es kann aber auch Besitz einer Familie oder einer Gruppe sein, die nur Familienfremde oder Gruppenfremde abweist. Die Revierbindung ist je nach Art in der Zeit variabel und häufig von der Fortpflanzung abhängig.

Bei vielen Primaten ist Gruppenterritorialität ein verbreitetes Merkmal und in manchen Zügen dem Verhalten menschlicher Gesellschaften recht ähnlich. Die Mehrzahl der heutigen Menschheit demonstriert ein stark ausgeprägtes Revierverhalten, und auch die modernen *elaborierten* Nationalstaaten mit durch Arbeitsteilung und Spezialisierung geschaffenen »Grenzüberwachungsorganen« unterschiedlicher Art entsprechen im ethologischen Sinne der Definition eines Gruppenreviers. Es gibt aber in der menschlichen Gesellschaft auch die streng abgegrenzte und markierte Großfamilien-Siedlungsweise, wie sie etwa die Kirdi in den Mandarabergen Kameruns mit ihrem *Saré* demonstrieren, die dabei aber kein erkennbares, übergeordnetes, geographisches

Volks- oder Gruppengebiet verteidigen. In elaborierten Gesellschaften ist wohl das Einfamilienhaus mit Grundstück und Gartenzaun am markantesten. Dabei beobachtet man praktisch permanent vorkommende Grenzverletzungen, und sei es nur wegen geringer Mengen herabgefallenen Laubes. Der so latent schwelende Nachbarschaftsstreitkrieg wird besonders in Deutschland gern vor den Gerichten ausgetragen [308], als hätten diese nichts anderes zu tun.

Dazu dennoch eine kleine Anekdote aus meiner Kindheit – als mein ethologischer Spürsinn gerade zu erwachen begann – über eine Begebenheit mit viel »biologischeren« Akteuren. Zwei körperlich ungleiche Nachbarn, der eine groß und kräftig, der andere eher klein und schwächlich, die in den ökonomisch schwierigen fünfziger Jahren mit großem Eifer ihren jeweils 1000 Quadratmeter großen Garten bearbeiteten, kamen häufig wegen irgendwelcher Kleinigkeiten, meist wegen der entlang der Grenze stehenden Obstbäume, in Streit und beschimpften sich dann ausdauernd mit hochkarätigen Verbalinjurien. Auch spuckten sie symbolisch aus und bewarfen sich mit Erdbrocken, nicht aber mit Steinen, obwohl genügend vorhanden waren. An Tagen mit besonders hitzigen Auseinandersetzungen blieb der Kleinere regelmäßig länger, bis spät am Abend, im Garten. War der andere außer Sichtweite, dann stieg er über den Gartenzaun und schritt breitbeinig über die Beete, um auf seines Nachbarn Kopfsalat zu urinieren!

Bei den Pygmäen ist die kleinste Raumeinheit nicht das Einfamilienhaus mit Grundstück und Gartenzaun, sondern die die Kernfamilie beherbergende Bienenkorbhütte, die im Reigen anderer gleichartiger Behausungen mit Verwandten und/oder gut bekannten Leuten steht. Gemeinsam bilden sie eine Wohngemeinschaft, in der sich alle Mitglieder einander alltäglich begegnen und bei Bedarf kooperieren. Weder um die Hütte noch um das Wohnlager gibt es eine Abgrenzung. Alle zusammenlebenden Leute formieren eine egalitäre Gemeinschaft, deren Kohäsion durch ständiges Teilen und gegenseitiges Helfen tagtäglich verstärkt wird, aber dennoch flexibel genug bleibt, um die Fluktuationen des ständigen Kommens und Gehens von Kernfamilien, Paaren und Einzelpersonen zu verkraften (cf. Kapitel 4). Man grenzt sich also nicht gegenseitig ab, sondern lebt und wirkt auf recht flexible Weise zusammen.

Das Schweifgebiet, das die Pygmäen der untereinander befreundeten und miteinander verbundenen Wohngemeinschaften im Jahreszyklus des Nahrungsangebotes durchziehen und in dem sie sich für jeweils 4 bis 6 Wochen an verschiedenen Orten aufhalten, um ihren Sammel- und Jagdaktivitäten nachzugehen, kann im ethologischen Sinne nicht als Revier bezeichnet werden. Es entspricht viel eher einem *Aktionsraum* [190]. Allein seine Ausdehnung erlaubt in keiner Weise, daß eine so kleine Menschengruppe in der Lage wäre, dieses Gebiet zu verteidigen, zumal sie durch ihre Mobilität und die unterschiedlichen Residenzorte auch gar nicht wahrnehmen kann, ob die »Grenzen« gerade irgendwo verletzt werden. Die im Regenwald völlig fehlende Fernsicht macht es obendrein gänzlich unmöglich, den dafür noch so kleinen Überblick zu erlangen. Wenn dieses Schweifgebiet auch gelegentlich von Urwaldbächen limitiert wird, die als natürliche Grenzen in Betracht kommen, so konnte doch herausgefunden werden, daß sich benachbarte Schweifgebiete der Efe im Ituri teilweise beträchtlich überlappen [22], ohne daß es deshalb zu bösartigen Auseinandersetzungen kommt. Das widerspricht den Angaben, wonach das Überschreiten der Reviergrenzen zu »Zwistigkeiten und Kriegen« führe [399]. Gerade diese Ausführungen, die in späteren Arbeiten entsprechend hervorgehoben wurden [111, 114], halten einer gestrengen Prüfung nicht stand, da Schebesta zur leichteren Erhebung seiner Daten zahlreiche Pygmäen – zeitweise bis über 100 Leute – »um sich herum« *zwangsangesiedelt* hatte [399]. Kein Wunder, daß er feststellen mußte, daß sie »auf fremdem Gebiet doppelt scheu und furchtsam« [399] waren und trotz reichlicher Bananenzufuhr seinerseits bald wieder verschwanden. Wahrscheinlich kamen durch ein solches Vorgehen auch Leute zusammen, die aus rein persönlichen Gründen nicht beieinander wohnen wollten und deshalb den Ort wieder verließen. Hierher gehören auch jene verschwommenen Ausführungen über den sogenannten »Hordenbesitz« [157], aus denen nicht recht hervorgeht, was nun eigentlich gemeint ist. Man liest zwar immer wieder, daß das Eindringen in fremden Besitz »Anlaß zu Entzweiungen und Kämpfen« sei [157], doch beobachtet wurden solche Aktionen offensichtlich niemals. Diese Angaben beruhen wohl eher auf Erzählungen, wie sie von den Großwüchsigen gern verbreitet werden und in denen sie die Pygmäen so bösartig wie nur möglich hinstellen. Ein recht universelles Verhalten, wie man es ja generell gegenüber fremd-ethnischen Nachbarn vorfindet. Insofern unterscheiden sich die Pygmäengemeinschaften in Verhalten und Lebensweise fundamental von anderen afrikanischen Völkern der Regenwaldgebiete mit oft recht expansionistischem Gehabe wie etwa den Fang im Westen oder den Mangbetu im Osten, um nur diese beiden großen Ethnien zu nennen, die in Einzugsgebieten der Pygmäen verbreitet sind und mit diesen seit langer Zeit schon enge Beziehungen unterhalten. Vor allem von den in einem mächtigen Königreich strukturierten Mangbetu wissen wir, daß sie bereits vor mehr als 120 Jahren für ihre Beutezüge Kriegerscharen von mit Pfeil und Bogen bewaffneten Pygmäen in ihren Diensten hatten [426]. Die Tatsache, daß die einzelnen Pygmäengruppen im Ituri nach ihren»Wohn«-Revieren benannt werden [40], zeigt ganz offensichtlich den großen Einfluß der Hackbauern, zumal sich die Ituri-Pygmäen gerade in dieser Raumorganisation von den West-Pygmäen beträchtlich unterscheiden, da letztere keine begrenzten Jagdterritorien kennen. In einem Fall konnte im Kongo eine bestimmte Gruppe von Bayaka aus Ikelemba am Sangha im Norden des Kabonga ausgemacht werden, die dann durch die Ilobi-Sümpfe nach Bangui am Motaba weiterzog. Sie hatten damit eine Wegstrecke von über 800 km zurückgelegt [270]. Von einem festen»Revierbesitz« kann bei diesen Pygmäen also wohl keine Rede sein.

Die geringe Abhängigkeit der Kleinwüchsigen am Sangha und Ubangui [100] sowie das Fehlen eines begrenzten Reviers und die damit verbundene Möglichkeit, jederzeit neue Waldgebiete aufzusuchen, gaben den West-Pygmäen eine gewisse Freiheit im Umgang mit ihren großwüchsigen Kontaktvölkern, wie ich es selbst noch in den siebziger Jahren erleben konnte. Sehr aufschlußreich sind in diesem Zusammenhang auch die Erhebungen von den Barhwa des Zwischenseengebietes. Der bei ihnen praktizierte Zusammenschluß mehrerer Lokalgruppen und zahlreicher einzelner Familien zu einem »Verband« hat vor allem zum Ziel, eine entsprechende Netzlänge zu erhalten und gleichzeitig eine möglichst große Zahl von Treibern zu verpflichten, um die Jagd erfolgreich gestalten zu können. Diese Art von Kooperation war möglich, weil man keine abgegrenzten Jagdareale kannte. Einer Gruppe, bei der das Jagdglück ausgeblieben war, wurde dann stets ein Teil der Beute abgegeben [434].

Die meisten Barhwa haben also keine feste oder nur eine schwache Bindung an Grund und Boden und überdies auch keinen Territorialitätsanspruch auf einen abgegrenzten Wirtschaftsraum. Seit ihrer Ausweisung aus dem Bergwaldgebiet des Kahuzi-Biega und ihrer Ansiedlung auf den kahlen Hügeln östlich der Waldgrenze auf etwa 2000 m Meereshöhe [217, 245] bleiben sie trotz ihrer nunmehr relativ hohen Konstanz in der Seßhaftigkeit immer noch sehr beweglich. Als weitere Form ihrer Mobilität kommen im Vergleich zu benachbarten Ethnien wie etwa den Bashi und Batembo auffallend häufige Kontakte zwischen den Barhwa-Gemeinschaften vor, die durch kürzere oder längere Besuche einzelner Leute gepflegt werden. Wesentlich ist hierbei, daß ihr Aktionsraum und ihre weitläufigen Beziehungsnetze völlig unabhängig von denen der Bashi und Batembo bleiben. Die Abwanderungsmöglichkeit ist ein wesentlicher Faktor, eines der dynamischen Elemente der Barhwa [434]. Die Parallele zu den von mir beschriebenen Gepflogenheiten der Bayaka-Wohngemeinschaften untereinander wäre hier besonders hervorzuheben (cf. Kapitel 4). Insofern ist es auf jeden Fall falsch, generalisieren zu wollen. Wenn dann aber zu lesen ist, »Aggressionen, die bis zu begrenzter Kriegführung eskalieren, sind so weit verbreitet, daß man sie als ein allgemeines Merkmal des Sozialverhaltens von Jägern und Sammlern auffassen kann« [501], so sind das entweder leichtfertige Verallgemeinerungen oder aber selektiv gewählte Betrachtungsweisen zur Untermauerung des Wunschtraums einer »Aggressions-Territorialitäts-Hypothese« von Wildbeuter-Gesellschaften, die sich nicht auf nachprüfbare Untersuchungen stützen können. Doch möchte ich nochmals mit Nachdruck darauf hinweisen, daß eine Verallgemeinerung in keiner Weise erlaubt ist, denn dazu fehlt es vorerst an den dafür erforderlichen Kautelen.

Die Hypothesen von der strengen Territorialität müssen heute für die Ituri-Pygmäen mit ihren weiträumigen Überlappungen der Schweifgebiete in Zweifel gezogen werden, insbesondere aber für die West-Pygmäen halten sie einer Prüfung nicht stand. Diese Pygmäen mit ihren Freundschafts- und Verwandtenbeziehungen und den sich daraus ergebenden weit verzweigten Allianzverbindungen von Wohngemeinschaft zu Wohngemeinschaft haben sich somit ein weit gespanntes Netz sozialer Beziehungen über die von ihnen bewohnten Waldgebiete geschaffen. Dabei kommt es zwischen 3 bis 4 solcher Wohngemeinschaften mit in der Regel weniger als 30 Mitgliedern häufig zu einem engen, aber zeitlich begrenzten Zusammenschluß, einem »Verband« zur Verfolgung gemeinsamer Interessen wie der Netzjagd, die, von einer einzigen Wohngemeinschaft durchgeführt, erfolglos sein würde. Hier finden wir durchaus Parallelen zu den Barhwa im Zwischenseengebiet.

Es wäre im Rahmen dieser Darstellung zu weitführend, auf die für weltweite Wildbeuter-Völker schon viel diskutierte »Territorialitäts-Aggressivitäts-Polemik« [114, 309, 411] noch tiefgreifender einzugehen. Wir sollten uns an die wirklich beobachtbaren Realitäten halten, die uns zeigen, daß je nach der Ökologie des Lebensareals die Dinge doch recht verschieden liegen. So bin ich eher dazu geneigt, dem Moralphilosophen Jean-Jacques Rousseau (1712–1778) recht zu geben, nach welchem der Erbauer des ersten Zaunes der Begründer der Zivilisation war und seit dieser Zeit ganz offensichtlich damit begonnen wurde, Besitztum *sensu lato* anzuhäufen und zu verteidigen. Auf diese Weise scheint sich im Verlaufe der Kulturevolution der Menschheit die mit der fortschreitenden Territorialität korrelierte Aggressivität entsprechend herausgeformt zu haben. So erbrachten denn auch quantitative Untersuchungen bei 46 Kulturen – relativ einfachen bis hin zu höher entwickelten Gesellschaften – über die Variablen, die aggressives (kriegerisches) Verhalten beeinflussen, keine sonderliche Überraschung. Mit verstärkter Zentralisierung und zunehmender Hierarchisierung der Gesellschaften entstanden immer mächtigere Militärorganisationen mit komplizierten Kampftechniken. Mit wachsendem militärischem Raffinement neigen sie dazu, ihre Territorien auszudehnen und konkurrierende Kulturen zu verdrängen [350, 351].

7

Soziale Körperpflege

Malaki, meine gute alte Bekannte, war auf dem rechten Auge erblindet, wahrscheinlich durch *Onchozerkose*, eine von bestimmten Filarien hervorgerufene Erkrankung. Wie viele ältere Pygmäenfrauen hatte auch sie die Oberlippe in ihrer Mitte durchbohrt (Abb. 4.3 b). In diese Öffnung stecken sie zur Verschönerung häufig kleine Holzstöckchen oder Blätterbüschel, jedoch sieht man es bei den jüngeren Mädchen seltener. Es scheint, als würde sich diese Tradition langsam verlieren. Bei Malaki war diese Durchbohrung beträchtlich erweitert und auf das gesamte *Philtrum* (Nasen-Lippen-Furche) ausgedehnt, so daß man es bei ihr kaum noch als Körperschmuck betrachten konnte. Zu allem Übel hatte Malaki die unschöne Angewohnheit, bei gelegentlichen Plänkeleien oder Zwistigkeiten durch dieses Loch ihre Zunge herauszustrecken, was dann ziemlich grotesk und wirklich häßlich wirkte. Sie war wahrlich keine Schönheit, aber sie hatte trotz alledem ein keckes Wesen. Ihr stets ziemlich kurz geschorenes Haupt schmückte sie mit einem Stirnband. Um den Hals trug sie meist mehrere geflochtene Lianen-Schnur-Gebinde. In der kleinen Wohngemeinschaft um Musanki spielte Malaki bei sozialen Interaktionen im Sinne der »*attention structure*« [67] eine recht bedeutende und zentrale Rolle. Sie war eine charismatische Persönlichkeit und strahlte eine Art Attraktion aus. Man sah sie oft mit anderen Frauen und Mädchen beim Plaudern zusammensitzen. Häufig bildeten sich dann auch spontan Lausgruppen.

Von einer kleinen Sammeltour am Morgen schon früh wieder ins Lager zurückgekehrt, werkelten die Frauen und Mädchen vor sich hin. Sie beschäftigten sich mit der Zubereitung ihres heimgebrachten Gemüses und verschiedener Wurzelknollen. Auch die Männer saßen, jeder für sich, im Lager herum, flickten ihre Netze oder schnitzten neue Pfeile. Timbo saß etwas abseits und reparierte seine Axt. Ich selbst hockte vor meiner Hütte und war damit beschäftigt, meine Beobachtungen im Regenwald vom Vormittag zu Papier zu bringen. Ab und zu ließ ich meinen Blick in die Runde schweifen, um das Treiben im Lager so unauffällig wie möglich im Auge zu behalten. Der alte Musanki war mit großer Konzentration dabei, eine Eisenspitze sachgerecht an einem Holzschaft zu befestigen. Er war tief in seine Arbeit versunken. Seine Frau Malaki saß etwas abseits, zusammen mit dem Mädchen Isaka und der kahlköpfigen Bonga, die sich erst vor wenigen Tagen mit ihrer Familie, obwohl mit niemandem verwandt, dieser Wohngemeinschaft angeschlossen hatte. Die drei waren sichtlich freundlich gestimmt, plauderten miteinander, lächelten und lachten vergnügt. Bonga schaute gelegentlich zu mir herüber. Vielleicht machten sie sich über mich und meine Schreibereien lustig, war ich doch fast sicher, daß sie so etwas noch nie gesehen hatten.

Bonga legte plötzlich eine Hand auf Isakas Kopf. Ohne hinzuschauen, tastete sie mit den Fingern in deren verbliebenem Kopfhaar. Isaka beantwortete diese Geste mit einem breiten Lächeln und zu Bonga hin gerichteten Augen. Sie hatte die Kopfseiten völlig kahl geschoren, nur ein »Punk«-artiger schmaler Mittelstreifen war erhalten geblieben. Es dauerte nicht lange, bis Bonga sich etwas mehr auf Isaka konzentrierte und dieses Mädchen nun mit beiden Händen aufmerksam lauste. Malaki saß schmunzelnd daneben. Sie machte es sich bequem, indem sie ihre Hand um das angewinkelte Bein legte. Bald näherten sich langsamen Schrittes zwei weitere Mädchen dieser Kerngruppe. Es waren dies die kleine Dabusa sowie Mombuka mit einer schönen Bemalung auf Gesicht und Brust, eine Bemalung, die unter den Mädchen häufig ganz unvermittelt und ohne ersichtlichen Anlaß spielerisch ausgeführt wurde. Malaki schaute zu den Mädchen hin und machte mit der Hand zwei einladende Bewegungen wie »Kommt doch her und setzt euch zu uns!« Dann rückte sie ein wenig zu Isaka und Bonga hin, als wollte sie Platz machen.

Die immer in meiner Nähe auf einem soliden Stativ stehende Filmkamera, eine geblimpte, völlig lautlos laufende ARRIFLEX 16 BL, hatte ich längst in Betrieb gesetzt (Abb. 7.1 a). Außerdem erlaubte mir ein dem 200-mm-Teleobjektiv vorgesetztes Prisma (Abb. 7.1 b), wie mit einem Spiegel nach der Seite – nach rechts oder links – zu filmen, ohne daß die betreffenden Leute etwas be-

a

b

7.1 *Die völlig geräuschlos laufende, geblimpte* ARRIFLEX *16 BL mit einem 200-mm-Teleobjektiv und Prismenaufsatz zur ungestellten Dokumentation menschlichen Verhaltens*

merkten. Diese Filmkamera hatte auch den Vorteil, daß ich sie für die Dauer einer 120-m-Rolle »allein« laufen lassen konnte, also nicht ständig – mit dem Auge am Sucher – dabeihocken mußte. Auf diese Weise konnte ich völlig ungestelltes, natürliches, ungezwungenes Sozialverhalten der Pygmäen dokumentieren. Ich benutzte diese bei der Erforschung menschlichen Verhaltens bereits mehrfach erfolgreich erprobte Methode [115, 116, 117], da ein direkt auf Menschen gerichtetes Kameraauge – wie ein starrer Blick – eine Bedrohung darstellt und immer irgendwie beängstigend wirkt, so daß die Leute, ganz gleich welcher Kultur, schnell ihre Natürlichkeit aufgeben, auch wenn sie noch nie vorher mit solch technischen Geräten konfrontiert waren. Das konnte schon in den zwanziger Jahren von dem Völkerkundler Hugo Bernatzik festgestellt werden, der seinerzeit bereits bemerkte, daß Prismenobjektive bei der Menschenbeobachtung gute Dienste leisten, da sie gestatten, »um die Ecke« zu fotografieren, wie er sich ausdrückte [38].

Die beiden Mädchen gesellten sich, der Einladung Malakis folgend, nun tatsächlich zur Gruppe. Die kleine Dabusa setzte sich dicht neben Malaki und machte beim Hinsetzen ein gelöstes, freundliches Gesicht. Mombuka setzte sich hinter Dabusa. Mit beiden Händen griff sie dabei an ihren Kopf und kratzte sich. Das sah fast wie eine Intentionsbewegung aus. Tatsächlich, kaum hatte sie sich richtig hingesetzt, begann sie ganz spontan und ohne jegliche Einleitung die vor ihr sitzende Dabusa zu lausen. Malaki saß derzeit immer noch untätig und unbeteiligt dabei, während Isaka und Bonga gelegentlich kurz zu mir herüberäugten, sich aber sonst in ihrer Tätigkeit nicht stören ließen.

Ein solches gelegentliches, in mehr oder weniger regelmäßigen Abständen ohne ersichtlichen Grund erfolgendes »Auf-und-in-die-Runde-Schauen« kann man sehr wohl als »Sichern« interpretieren. Dieses Verhalten ist eine Schutzanpassung als vorbeugende Maßnahme gegenüber eventuellen Freßfeinden und Feinden schlechthin, da die meisten Lebewesen bei der Nahrungsaufnahme besonders verwundbar sind, wie auch der Mensch es in seiner natürlichen Umwelt war. In unserer Gesellschaft ist dieses Verhalten besonders häufig vor allem bei in der Wirtschaft allein am Tisch essenden Personen zu beobachten. Aufgrund seiner beim Menschen pankulturellen Präsenz wird dieses Aufschauverhalten als eindeutig genetisch programmiert angesehen.

Es ist aber sicherlich auch ein altes Vertebraten-Erbe und stammt aus Zeiten, als man sich ständig vergewissern mußte, daß sich niemand mit »bösen Absichten« näherte, denn bis hin zu Vögeln und Reptilien ist es weit verbreitet und hat somit tiefgreifende stammesgeschichtliche Wurzeln [489].

Mombuka beschäftigte sich sehr intensiv mit Dabusa. Mit weit gespreizten Fingern beider Hände umfaßte sie den kleinen Kopf, und mit den in Opposition stehenden Daumen durchsuchte sie Zentimeter um Zentimeter das dichte Kopfhaar des kleinen Mädchens (Abb. 7.2 a), und gleich darauf führte sie kräftiges Drücken mit den Handrücken aus (Abb. 7.2 b). Sie schien Erfolg gehabt zu haben. Schon beim Drücken schaute Malaki neugierig herüber und zeigte sich interessiert. Mit einer Hand prüfte sie nun ihrerseits den Kopf der kleinen Dabusa. Sie hatte offenbar etwas bemerkt, schaute ganz aufmerksam hin (Abb. 7.2 c), nahm auch die zweite Hand zu Hilfe und begann mit großer Konzentration das kleine Mädchen zu lausen (Abb. 7.2 d und e). Nun hatte Malaki voll ins Geschehen eingegriffen. Auch Mombuka und Bonga, die dabei von Isaka abließ, interessierten sich jetzt dafür und betrachteten mit scharfen Blicken Malakis Hände, während Dabusa gelangweilt mit ihren eigenen Händen spielte. Sie machte es sich bequem und schmiegte ihren Kopf an das angewinkelte Bein der hinter ihr sitzenden Mombuka, das sie gleichzeitig mit einem Arm umschlang (Abb. 7.2 e). Allein Malaki lauste eifrig weiter. Die anderen schauten neugierig zu, besonders Mombuka hatte sich weit nach vorn gebeugt. Während Mombuka sich wieder aufrichtete und sich dabei mit gespreizten Fingern am eigenen Kopf kratzte, begann Bonga, nur für kurze Zeit Malaki zu lausen (Abb. 7.2 f). Es sei jedoch hier kurz darauf hingewiesen, daß Malaki, obwohl sie in der Gruppe sehr oft – um nicht zu sagen fast immer – auch im Rahmen des sozialen Lausens und anderer sozialer Interaktionen im Mittelpunkt stand, wo sie meist sogar die Gruppenbildung induzierte und sich selbst oft aktiv am Lausen beteiligte, dabei jedoch nur sehr selten gelaust wurde. Dabusa hatte es sich inzwischen noch bequemer gemacht und spielte scheinbar gelangweilt mit einem Stück Lianenschnur. Isaka war inzwischen weggegangen, während Mombuka verspielt den Rücken von Dabusa untersuchte. Bonga hatte ihrerseits längst damit aufgehört, Malaki zu lausen, und schaute wieder zu, was die anderen trieben.

Bonga hielt wieder einmal nach allen Seiten Ausschau. Mombuka, die sich noch immer intensiv mit Dabusas Rücken beschäftigte, begann plötzlich, Dabusa, die von Malaki weiterhin mit großem Eifer gelaust wurde, an der Seite zu kitzeln. Mombuka lächelte verschmitzt. Auch Dabusa lächelte amüsiert und zeigte ein deutliches Spielgesicht (Abb. 7.3 a). Sie versuchte, das Kitzeln mit den Ellenbogen abzuwehren. Doch das Spielchen wiederholte sich. Mombuka kniff jetzt etwas fester zu, wobei Dabusa schreckhaft zusammenzuckte. Ihr Kopf entglitt dabei automatisch den Händen Malakis (Abb. 7.3 b). Kaum hatte sich Dabusa etwas aufgerichtet, da begann Mombuka auch schon damit, die kleine Dabusa zu lausen, während Malaki nichts unternahm und nur gelassen zuschaute (Abb. 7.3 c). Vielleicht war das Kitzeln und Kneifen nur ein Manöver, die Möglichkeit zu haben, Dabusa erneut zu lausen? Betrachtet man Malakis Gesicht in dem Moment, als Dabusa hochschnellte und sich so ihren Händen entriß, dann erscheint es durchaus verständlich, daß sie nicht gerade erbaut darüber war, Dabusa sozusagen als »Lausobjekt« zu verlieren, doch sie ließ es geschehen. Ich glaube aber, auf ihrem Gesicht so etwas wie leichte Frustration lesen zu können. Sie zeigte eine etwas betrübte Miene mit deutlichem Stirnrunzeln. Die inneren Ränder der Augenbrauen und die oberen Augenlider waren dabei angehoben, wodurch sich auf der Stirn lange Querfalten bildeten. Sie schaute passiv zu und kratzte sich verlegen. Das könnte durchaus eine Art *Übersprunghandlung* gewesen sein!? Plötzlich drehte sich Bonga erneut um, denn es kamen nochmals einige Leute vom Früchtesammeln ins Lager zurück. Auch Malaki schaute in diese Richtung. Mombuka ließ schließlich das Lausen sein, stand auf und eilte davon. Bonga ging ebenfalls weg. Malaki strich sich mit der Hand über ihren Oberschenkel, während Dabusa noch immer mit ihrer Lianenschnur spielte. Beide saßen jetzt eine Zeitlang allein. Malaki beobachtete scharfen Blickes das Aussortieren und Verteilen der Früchte.

Nach einiger Zeit hatte sich um Malaki und Dabusa, die beide an ihrem Platz verweilten, die Gruppe neu gebildet. Mombuka war zurückgekehrt und hatte sich neben Dabusa niedergelassen. Die kleine Dabusa, ihren Kopf an Malakis Knie gelehnt, wurde nun von ihr intensiv gelaust. Bonga schaute passiv zu. Sie hatte ihre Tochter Abuka, die vorhin von einer »Tante« betreut worden war, auf dem Schoß sitzen. Abuka schmiegte sich eng an die Mut-

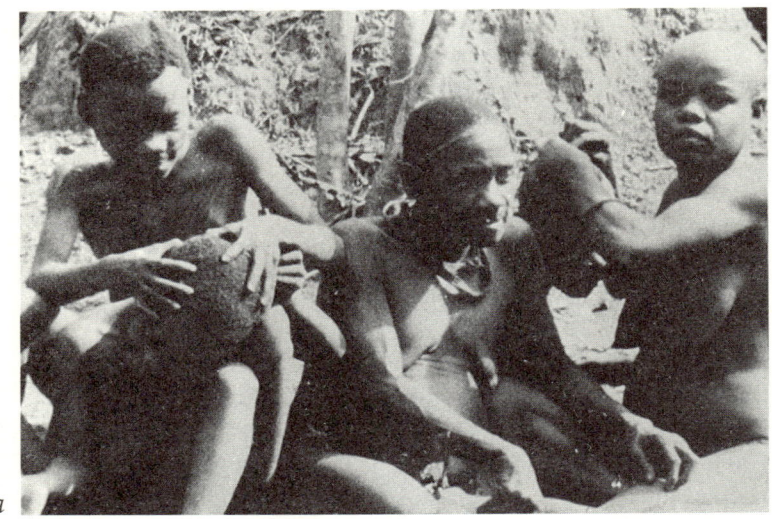

a

b

7.2 *Lausgruppe um Malaki als zentrale Person im Sinne der Aufmerksamkeitsstruktur, mit welcher sich Frauen und Mädchen der Wohngemeinschaft zusammenfinden (Erläuterungen im Text)*

c

d

*Bild 1, 57, 70 (a–c) und 1, 22, 63 (d–f) bei einer Aufnahme-
geschwindigkeit von 25 B/s*

e

f

ter und äugte mit einem Auge schüchtern zu mir herüber. Nach einiger Zeit hatte Malaki bei ihrer Laustätigkeit Erfolg. Während sie vorsichtig mit zwei Fingern ihren Fund aus Dabusas Haaren zupfte, hielt Bonga die Hand auf. Malaki schaute sich das Etwas interessiert und neugierig an. Auch Dabusa warf einen flüchtigen Blick darauf. Ein wenig später zerdrückte Bonga das Gefundene. Wahrscheinlich war es eine Nisse, die sie nicht aß, sondern beiseite warf. Mombuka saß teilnahmslos und gelangweilt dabei, kratzte sich kurz am Kopf, schaute mit etwas schräg gehaltenem Kopf zu mir herüber, tat aber sonst nichts. Sie nahm am Lausen nicht mehr teil. Nach einiger Zeit streckte und dehnte sich Dabusa ausgiebig, richtete sich dabei auf, während Malaki mit einer Hand noch Kontakt zu Dabusas Kopf hielt. Sie versuchte noch einmal, das Mädchen zu sich herüberzuziehen, doch weigerte sich Dabusa und entzog sich weiterem Lausen. Darauf versuchte Malaki, Dabusa den Stock, mit dem diese im Sand stocherte, wegzunehmen. Auch das gelang ihr nicht, denn die im Vordergrund sitzende Mombuka mischte sich ein, entriß Dabusa den Stock und stocherte nun ihrerseits damit im Boden herum. Malaki erfaßte noch einmal prüfend Mombukas Kopf, es kam aber nicht mehr zum Lausen. Alle saßen eine Zeitlang untätig und lethargisch beieinander, die Gruppe löste sich jedoch nicht auf.

Die Situation änderte sich schnell, als plötzlich das Mädchen Makombe zur Gruppe kam. Auch sie hatte, ähnlich wie Mombuka, eine schöne Bemalung auf Gesicht und Brust. Sie ist zwar Dabusas jüngere Schwester, doch war sie im Sinne der *attention structure* [67] ein durchaus ranghohes Mädchen. Makombe setzte sich unmittelbar neben Malaki, die im selben Moment dem kleinen Mädchen ihre Aufmerksamkeit widmete und damit begann, es zu lausen (Abb. 7.4 a). Aber auch Dabusa drehte sich augenblicklich zu Makombe hin, um sie gleichzeitig mit Malaki zu lausen. Dabusa begann zunächst direkt von vorn (Abb. 7.4 b), man hatte aber den Eindruck, als ob Makombe leicht abwehrte, worauf Dabusa sich etwas zur Seite drehte und kniend eifrig weiterlauste (Abb. 7.4 c).

Bonga, die Arme schützend um ihre kleine Tochter Abuka gelegt, blieb an diesem Geschehen unbeteiligt. Sie schaute mal zu den Lausenden hin, auch wieder einmal zu mir herüber, verließ dann aber bald die Gruppe und setzte sich neben die Feuerstelle vor ihrer Hütte. Auch Mombuka, von einem flüchtigen Kontakt-

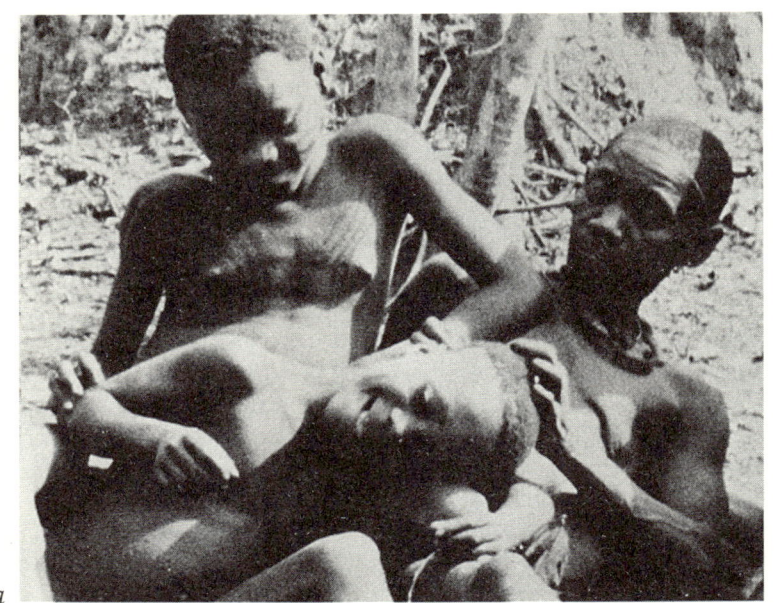

a

b

c

7.3 *Das Mädchen Mombuka interveniert um die Gunst, die kleine*
Dabusa lausen zu dürfen (Erläuterungen im Text)
Bild 1, 32, 70 bei 25 B/s

versuch seitens Malaki abgesehen, nahm nicht mehr am Lausen
teil. Sie saß schon eine Zeitlang unbeteiligt dabei, spielte allein
vor sich hin und verließ bald die Gruppe. Nur noch Malaki und
Dabusa saßen bei Makombe. Malaki war fündig geworden, zupfte etwas aus dem wolligen Haar, legte es sich auf ihren Oberschenkel, um es interessiert zu betrachten. Auch Makombe schaute flüchtig hin. Dabusa schien ebenfalls erfolgreich, hatte ihre
Beute aber offenbar verloren, denn sie suchte aufmerksam, zuerst auf dem Rücken von Makombe, dann auf dem Boden,
während Malaki schon wieder etwas auf ihren Schenkel legte.
Makombes Kopf schien ergiebig, denn die beiden waren eifrig und
einträchtig bei der Sache.

Doch plötzlich kam es zu einer kleinen Plänkelei. Dabusa, die
bislang Malaki gegenübergesessen hatte, drehte sich nunmehr zu
ihr hin und stieß energisch eine ihrer Hände weg (Abb. 7.5 a und
b). Dabusa schien es ernst zu meinen. Sie hatte die Augenlider ge-

a

b

7.4 Das ranghohe Mädchen Makombe setzt sich zur Gruppe und löst
bei Malaki und Dabusa sogleich größte Aufmerksamkeit aus.
Bild 1, 40, 50 bei 25 B/s

c

senkt und würdigte Malaki keines Blickes. Ihr Mund war dabei halb geöffnet (Abb. 7.5 b), die Unterlippe weit nach vorn gezogen; ein determiniertes Ausdrucksverhalten! Malaki reagierte sofort. Sie schlug kurz auf Dabusas Hand und versuchte gleich darauf, diese von Makombes Kopf wegzunehmen (Abb. 7.5 c). Dabusa wehrte sich natürlich, und es kam zwischen den beiden zu einem heftigen Hin und Her, ohne daß sie sich dabei ansahen. Der Händewirbel beruhigte sich bald. Sie lausten wieder einige Zeit gemeinsam, ohne sich zu stören (Abb. 7.5 d). Doch bald stieß Dabusa erneut die Hand Malakis weg; sie griff noch einmal kurz an Makombes Kopf, gab es dann aber auf und widmete sich den noch immer auf ihrem Oberschenkel liegenden Dingen. Wahrscheinlich waren es Nissen, denn richtige erwachsene Läuse wären längst weggelaufen. Malaki, die etwas völlig Unverständliches vor sich hin maulte, machte einen ziemlich »frustrierten« Eindruck. Unterdessen lauste Dabusa in aller Ruhe weiter und durchforstete intensiv Makombes Kopfhaar. Nach einiger Zeit lächelte Malaki etwas verlegen zu mir herüber, versuchte noch einmal an Makombes Kopf heranzukommen. Es gelang ihr auch, das kleine Mädchen noch eine Weile gemeinsam mit Dabusa zu lausen, doch gab sie bald wieder auf, blieb aber bei den beiden Mädchen sitzen.

a

b

7.5 *Rivalität beim Lausen zwischen Malaki und Dabusa um die Gunst des ranghohen Mädchens Makombe (Erläuterungen im Text)*

260

c

d

Bild 1, 9, 32, 65 bei 25 B/s

Solche Plänkeleien können auf die betreffende Person, die bei dem Gerangel unterlegen ist, schon frustrierend wirken. Ernsthaft böse ist man sich aber deshalb keineswegs. Die Tatsache, daß es zu Rivalitäten kommt, um eine Person allein lausen zu können, zeigt, daß nicht nur der Wunsch vorliegt, gelaust zu werden, sondern auch die *Appetenz* existiert, jemanden zu lausen.

Durch vergleichende interkulturelle Untersuchungen an Bewegungsweisen des Alltagsverhaltens wie Hand-Körper-Kontakt, bei stereotypen Arbeitsvorgängen sowie zielgerichtetem, größtenteils bewußtem Handeln konnte herausgefunden werden, daß es sich in der Regel um kurzfristig wiederholte, rhythmische Verhaltenselemente handelt. Diese entsprechen einer zeitlichen Struktur von im Mittel 3 Sekunden [409], so daß von einem »Drei-Sekunden-Phänomen« gesprochen werden kann [364, 365]. Solche rhythmisch wiederholten Bewegungen, die mindestens dreimal hintereinander ausgeführt werden, fand ich auch bei den Pygmäen vor, so etwa beim Winken, beim bestätigenden, bejahenden Kopfnicken, beim verneinenden Kopfschütteln, wenn ein Kind mit einem Stock spielerisch im Boden herumstochert oder zornig mit dem Fuß auf den Boden stampft, beim Aufklopfen von Nüssen und Palmkernen mit einem Stein, beim Beruhigen eines greinenden Kleinkindes, indem man ihm mit der flachen Hand sacht auf Rücken oder Po klopft, beim verlegenen Kopfkratzen und vor allem auch beim Sich-gegenseitig-Lausen mit den von Hand und Fingern, wie hier vor allem mit Zeigefinger und Daumen, ausgeführten, prüfenden, rhythmischen Hin- und Her-Suchbewegungen im Kopfhaar (Abb. 7.6 a und b). Diese rhythmischen Kurz-Zeit-Verhaltens-Wiederholungen entsprechen auch bei den Bayaka-Pygmäen einem Mittelwert von 3 Sekunden und reihen sich so völlig ins Grundmuster menschlichen Handelns ein (Abb. 7.7). Ursprung und Bedeutung dieser universellen Zeitkonstante [364, 365], die Perzeption und Handeln des Menschen bestimmt, sind noch nicht geklärt, doch scheint es, als nehme der Mensch seine unmittelbare Umwelt, die *Merkwelt*, durch ein »Fenster der Gegenwart« [410] wahr, das jeweils ungefähr 3 Sekunden lang offensteht. Entsprechende vergleichende Untersuchungen am nächsten Verwandten des Menschen, dem Schimpansen, haben gezeigt, daß bei ihm die zeitliche Segmentierung von Handbewegungen im Mittelwert (n = 268) bei 2,45

Sekunden liegt [251], also entsprechend kürzer ist. Beim Pavian, einem Simier, liegt der Mittelwert (n = 212) von repetitiven Handbewegungen bei 2,3 Sekunden [349].

Meine Schreibarbeiten hatte ich längst beiseite gelegt, um mich dem interessanten Geschehen widmen zu können, war doch das Studium des sozialen Verhaltens der Hauptgrund meiner Präsenz bei den Pygmäen. Mir lag daran, als Beobachter möglichst nicht aufzufallen. Ich bediente mich deshalb, so oft es ging, der völlig geräuschlos laufenden Filmkamera, die jedoch einer ständigen Überwachung bedurfte. Eine 120-Meter-Filmrolle ist geschwind abgedreht. Das schnelle Wechseln der Magazine war deshalb die Garantie für eine möglichst lückenlose Dokumentation ungestellten Verhaltens. So rann die Zeit wie im Nu dahin. Schon war es später Nachmittag, und bald drohte die Nacht hereinzubrechen.

Fast täglich konnte ich beobachten, wie Frauen und Mädchen sich wie zufällig irgendwo im Lager zum Plaudern zusammensetzten. Irgend jemand fing dann damit an, das Kopfhaar der Nachbarin zu untersuchen, was häufig in Lausen überging. Schon hatte sich eine Lausgruppe gebildet, zu der oft noch weitere Personen hinzustießen und daran teilnahmen. Solche sozialen Interaktionen entstanden auch ganz spontan mitten im Wald während einer Sammel- oder Jagdpause, wenn sich Mädchen und Frauen mit ihren Kindern getrennt von den Männern irgendwo niederließen.

Die häufigsten sozialen Körperpflege-Handlungen spielten sich unter Frauen und Mädchen ab, sind also streng gleichgeschlechtlich. Auch die eng an ihre Mütter gebundenen Säuglinge sind natürlich dabei, werden aber selten gelaust, haben sie doch meist nur sehr geringen Haarwuchs. Ihr Haupt wird in den ersten Lebensmonaten von einem weichen, hellen Flaum bedeckt. Wenn sich dann das Kraushaar einstellt, werden sie bevorzugt von der Mutter oder einer guten Bekannten gelaust, häufig aber sind die Köpfe der Kleinen ziemlich kahl geschoren, so daß sich Parasiten gar nicht erst einnisten können. Die Bayaka-Pygmäen verbringen aber viele Stunden am Tage damit, sich gegenseitig zu lausen, und bezeugen somit eine durchaus *muße-intensive* Existenz.

Kleine Buben, die bereits abgestillt waren, wurden in solche Lausgruppen nicht mit einbezogen oder gesellten sich schon von

a

b

7.6 *Rhythmische Hin- und Her-Suchbewegungen mit in Opposition gehaltenen Daumen und Zeigefinger im »3-Sekunden-Rhythmus« beim Prüfen des Kopfhaares nach Parasiten*

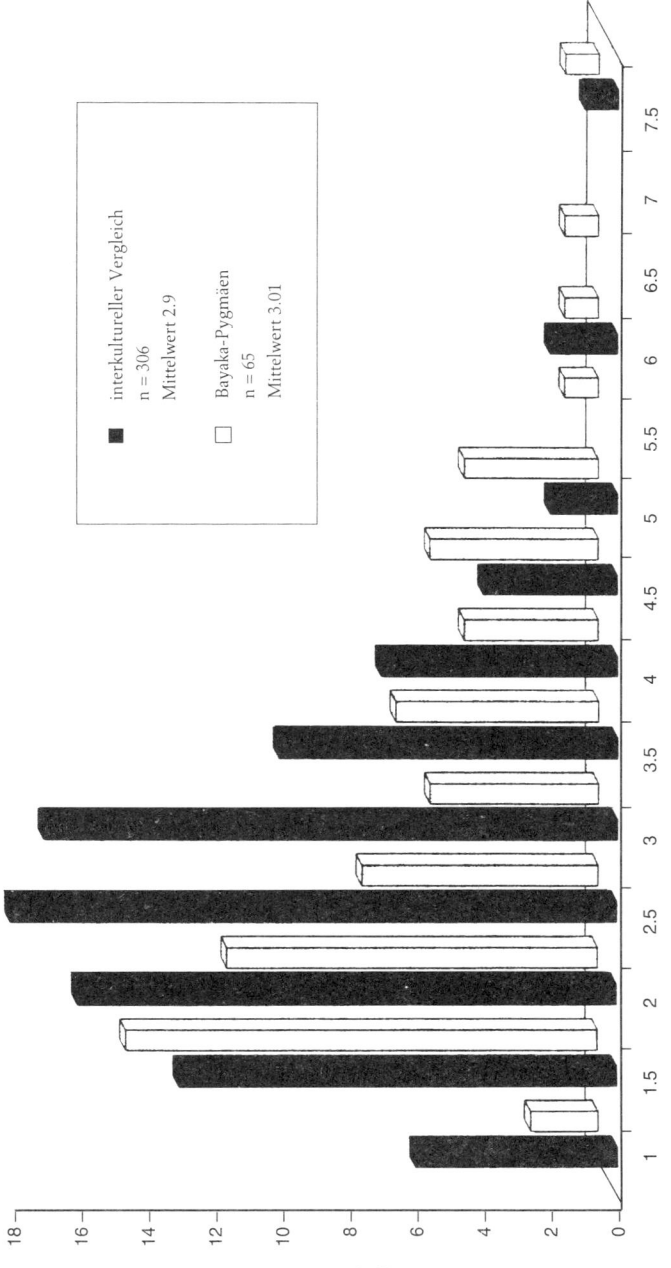

7.7 Vergleich der Kurz-Zeit-Verhaltens-Wiederholungen zwischen Bayaka-Pygmäen und der übrigen Menschheit

sich aus gar nicht erst dazu. Solange sie an der Brust trinken, werden sie natürlich von ihren Müttern gelaust, auch eine »Tante« kann sich daran beteiligen (cf. Kapitel 8). Ich konnte allerdings nicht beobachten, daß Männer einander lausten, wie dies bei den Eipo West-Neuguineas ganz allgemein üblich ist, bei denen es nur Gleichgeschlechtliche untereinander tun. Bei ihnen wurde oft beobachtet, wie mehrere Männer zusammensaßen und einander sorgfältig lausten [112]. Bei den Pygmäen lausen auch Ehepartner sich nicht gegenseitig, wie es bei Buschleuten der Kalahari und den Yanomami in den Regenwäldern Venezuelas beobachtet wurde. Obwohl gerade die Yanomami ansonsten sehr rüde im Umgang mit ihresgleichen sind, können sie einander mit großer Hingabe lausen. Es ist bei ihnen Ausdruck freundlicher Bindung [112]. Das gegenseitige Entfernen unerwünschter Parasiten zwischen den Kopfhaaren ist auch bei den Maku-Indianern in den Urwäldern zwischen Río Negro und Río Japurá eine nicht selten zu beobachtende zwischengeschlechtliche Freundschaftsgeste. »Sieht man einen Jüngling, der seinen Kopf vertrauensvoll in den Schoß eines jungen Mädchens legt, so kann man sie ziemlich sicher als Brautpaar ansprechen. Aus der Unterlegenheit der Menschen gegen diese Tierchen hat sich die Tugend der gegenseitigen Hilfeleistung bis zur Liebkosung entwickelt. Die nach erfolgreicher Suche gefangenen Tierchen werden häufig verzehrt« [418]. Wenn bei den Buschleuten der Kalahari ein Mann und eine Frau einander lausen, dann bedeutet das immer, daß die beiden auch sexuell verbunden sind. Verheiratete Frauen würden nie einen anderen Mann lausen: »*Cross-sexual delousing is equivalent in our society to fondling the other person's hair and produces equal feeling of intimacy and well-being*« [183]. Mädchen tun dies auch bei ihren Verlobten.

Von den Pygmäen des afrikanischen Regenwaldes wußten wir bislang herzlich wenig über ihr soziales Verhalten. Durchforstet man diesbezüglich die einschlägige anthropologische und ethnologische Literatur, erlebt man oft Überraschungen. Bei Schebesta, der mehrere Jahre bei den Pygmäen am Ituri verbrachte und neben zahlreichen Einzelarbeiten auch einige dicke Bücher darüber veröffentlicht hat, kann man da Erstaunliches lesen: »Die Liebeständeleien der Burschen und Mädchen, von denen man aber meistens sehr wenig bemerkt, übergehe ich hier ganz...« [399]. Vielleicht hatte dieser ansonsten recht aufmerksame Freilandforscher als Jesuit seinerzeit nicht genügend Sensibilität für die zwischenmenschlichen Beziehungen dieser jungen Leute.

Wie ich an anderer Stelle bereits erörtert habe (cf. Kapitel 4), praktizieren die Pygmäen eine exogame Paarbildung. Innerhalb ihrer eigenen Lokalgruppe und in den benachbarten Lagern haben sie deshalb keine Möglichkeit, einen andersgeschlechtlichen Lebenspartner zu finden. Auf diese Weise werden blutsverwandte Verbindungen verhindert und das *Inzesttabu* respektiert. Der aktiv auf Partnersuche Gehende ist stets der Jüngling. Er verläßt seinen Verwandtenkreis und versucht mit »weiter weg« lebenden Gruppen eines anderen Schweifgebietes in Kontakt zu kommen. Er beteiligt sich am alltäglichen Leben in der neuen Wohngemeinschaft, was ihm ermöglicht, mit den dort lebenden jungen Mädchen freundschaftliche Beziehungen anzuknüpfen.

In den von mir besuchten Gruppen lebten vier solcher Jünglinge. Mongatschu und Bole, jeder unter einem eigenen Windschirm, hatten sich in der Wohngemeinschaft von Musanki niedergelassen. Die beiden anderen, Nako und Gindschako, teilten sich einen Windschirm im Lager des *mò.mbài* Bumbe. Doch begegneten sich die jungen Männer oft bei den gemeinsamen Netzjagden der beiden Wohngemeinschaften. Dabei kam es zu einer engeren Freundschaft zwischen Mongatschu und Nako. Die beiden trafen sich häufig in Musankis Lager, denn hier lebten junge Mädchen, für die sich diese Burschen interessierten. Ich beobachtete oft, wie sie Kontakt suchten. Vor allem Nako setzte sich öfters einfach zu dieser oder jener Mädchengruppe. Wenn die Mädchen sich untereinander lausten, dann drängte er sich oft ganz eng zu ihnen hin und suchte Körperkontakt. Mongatschu dagegen war bereits mit Mombuka näher befreundet. Auch ihn sah ich oft mit Mädchengruppen zusammensitzen, vorausgesetzt, daß Mombuka dabei war, auch wenn man sich nicht lauste. Die jungen Leute unterhielten sich, neckten oder hänselten einander auf freundliche Weise. Ein Verhalten, das auf eine bereits bestehende engere *Scherzpartnerbeziehung* hinwies. Sicher war es aber doch etwas mehr!

Eines Tages wurde ich Zeuge von hochinteressanten Interaktionen. Zwei junge Mädchen, Isaka – mit einer Lianenschnur als Stirnband – und Mombuka, saßen in der Nähe des Jünglings Mongatschu. Mombuka wurde von Isaka gelaust. Zwischendurch kratzte sich Isaka gelegentlich am Kopf. Auch Mombuka prüfte einmal bei sich selbst, offenbar um es Isaka anzuzeigen, wo sich etwas Störendes befand, denn bald darauf untersuchte sie gründlich diese Stelle. Der in der Nähe sitzende Mongatschu beobachtete aufmerksam die beiden Mädchen und rückte ein wenig näher an sie heran. Der hier zu Besuch weilende, bislang weiter im Hintergrund sitzende Nako näherte sich nun ebenfalls und setzte sich ganz eng neben die Mädchen. Zunächst ließen diese sich nicht stören. Isaka lauste noch eine Zeitlang eifrig weiter, bis sie etwas gefunden hatte, von Mombuka abließ und die Beute zerdrückte. Da drehte sich Mombuka augenblicklich zu Nako hin, streckte ihre Hände nach ihm aus und begann, ihn eifrigst zu lausen. Isaka blieb daran unbeteiligt. Sie suchte ihren eigenen Kopf ab. Es dauerte nicht lange, bis Mombuka bei Nako fündig wurde. Neugierig und interessiert zugleich betrachtete sie die Beute und zeigte sie den anderen. Isaka beugte sich vor. Auch Nako schaute gespannt hin, doch wie die Mimik seines Gesichtes erkennen ließ, schien er von der Sache nicht gerade »erbaut« zu sein. Mombuka zerdrückte die Beute, dann drehte sie ihren Kopf spielerisch zur Seite und legte ihn auf Mongatschus Schulter. Ein interessantes Verhalten seitens Mombuka, in Anbetracht dessen, daß sie eben, wenn auch nur kurz, einen anderen Jungen gelaust hatte. Man könnte dieses Verhalten vielleicht als »Beschwichtigung« interpretieren. Doch nachdem sie Nako im Beisein ihres Freundes lauste, war dies wohl nicht weiter ernst zu nehmen. Isaka begann im gleichen Moment wieder damit, Mombuka zu lausen.

Mongatschu reagierte auf Mombukas Geste, indem er seinen Kopf an den des Mädchens legte, damit begann, ihn hin und her zu reiben und dabei lächelte (Abb. 7.8 a). Dieses »Kopfreiben« war wohl eine Art Aufforderungsverhalten, denn bald darauf begann Mombuka tatsächlich damit, dem Jüngling das Haar zu kraulen. Mongatschu hatte nach »Punk«-Art die Kopfseiten kurz geschoren. In der Mitte des Kopfes war sein Haar etwas länger und stark verfilzt. Darin wühlte und kraulte Mombuka zärtlich, ohne dabei hinzuschauen oder gezielt zu suchen (Abb. 7.8 b). Sie spielte mit seinen Haaren und hatte weiterhin ihren Kopf auf seiner Schulter liegen. Sie zeigte einen gelösten, freundlichen Gesichtsausdruck, während sie von Isaka weiterhin intensiv gelaust wurde.

Nach einiger Zeit legten die jungen Leute eine Pause ein. Isaka hörte auf zu lausen, Mombuka nahm ihre Hände von Mongatschu, und auch ihre Köpfe gingen auseinander. Fast im gleichen Augenblick, als Isaka wieder mit dem Lausen beginnen wollte, ergriff der Jüngling Mombukas Hand und zog sie zu seinem Kopf hin (Abb. 7.8 c). Sie nahm ihre Hand noch einmal zurück, kam dann aber der Aufforderung nach und begann, auch diesmal ohne hinzuschauen, Mongatschu mit beiden Händen zu lausen, während sie ihrerseits wieder von Isaka gelaust wurde. Zwischendurch ließ sie mit einer Hand von dem Jüngling ab, um sich selbst etwas aus ihrem Haar zu zupfen. Bald nahm Mombuka beide Hände von Mongatschu weg. Doch schien dieser zu erwarten, daß es bald weitergehe, denn er saß geduldig da, mit schräggehaltenem Kopf. Er schaute einmal kurz sichernd zu mir herüber. Das konnte man auch bei den Mädchen gelegentlich beobachten, doch ich beschäftigte mich mit meinen eigenen Dingen und tat so, als würden mich die jungen Leute überhaupt nicht interessieren. So fühlten sie sich auch völlig unbeobachtet, die Kamera lief ja eh lautlos und alleine.

Mombuka machte es sich jetzt gemütlich, aalte sich genüßlich und legte ihren Kopf wieder auf Mongatschus Schulter. Nach einiger Zeit begann sie erneut damit, das Haar des Jünglings zu kraulen. Bald darauf begann auch Isaka, sich mit Mombuka zu beschäftigen. Zwischendurch ergriff Mombuka ein kleines Hölzchen und versuchte, eine der lästigen, sie umschwirrenden Filariosefliegen zu verjagen, behielt aber weiterhin Körperkontakt mit dem jungen Burschen und ließ ihren Kopf auf dessen Schulter liegen. Diese Fliegen gehören zur Gattung *Chrysops* aus der Familie der Tabanidae. Es sind mit unseren europäischen Bremsen verwandte, blutsaugende Wesen. Sie übertragen die nicht ungefährlichen, zu den Nematoden gehörenden Mikrofilarien, die zur Entstehung der bekannten *Kalabarbeule* führen können. Um diese Fliegen zu vertreiben oder zu töten, hörten schließlich alle drei eine Weile mit dem Lausen auf.

Nach dieser kurzen Unterbrechung begann Isaka sich als erste wieder mit Mombuka zu beschäftigen. Mongatschu beugte voller Erwartung seinen Kopf wieder hinüber. Als schließlich Mombuka mit einer Hand nach seinem Kopf griff, schlug Isaka ihr ziemlich heftig die Hand weg (Abb. 7.8 d). Was störte es sie, daß Mombuka den Jüngling wieder lausen wollte? Dieser jedenfalls reagierte nicht gerade glücklich und schaute voller Entrüstung mit gerunzelter Stirn zu Isaka hinüber (Abb. 7.8 e). Er sagte kein

7.8 Zwischengeschlechtliche Interaktionen im Kontext der
Paarbildung zwischen dem Jüngling Mongatschu und den beiden
Mädchen Mombuka und Isaka mit Lianen-Stirnband
(Erläuterungen im Text)

c

d

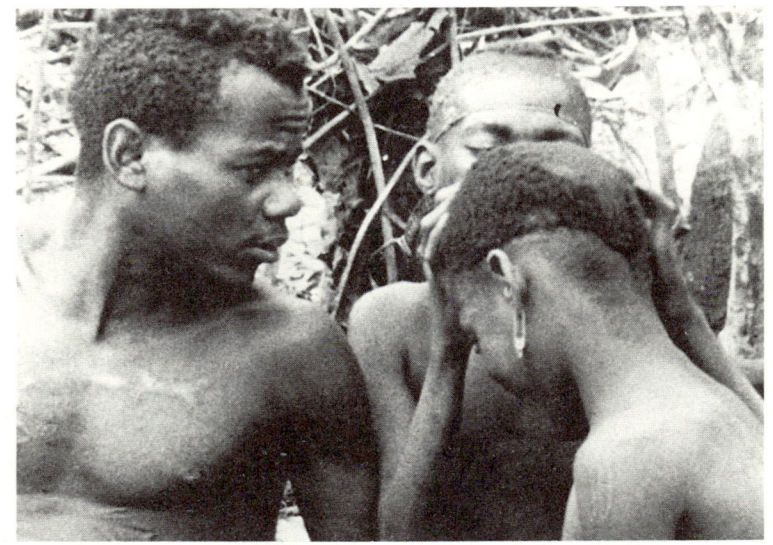

e

f

272

1. *Regenwald am Ivindo*

2. *Luftaufnahme des Regenwaldes*

3. *Baumfarnbestand der Art* Cyathea camerooniana

4. *Elefantengras* Pennisetum purpureum *entlang der Regenwaldpisten*
Foto: Yves Coineau

5. *Hellhäutige Mò.Aka beim Flechten eines Tragekorbes*

6. *Verlassener Wohnplatz und langsamer Zerfall der Hütten, die bald völlig überwachsen sein werden*

7. *Bienenkorbhütten mit glimmenden Feuerstellen; die Bewohner hatten sich bei unserem Kommen im Unterholz versteckt*

8. *Das versteckt angelegte Lager bei unserer Ankunft mit Dibué*

9. *Die schwangere Gandu und das Mädchen Isaka beim Herstellen von Palmöl*

10. *Die alte Ambije beim Rösten von Palmfruchtkernen*

11. *Das ausdrucksstarke Gesicht der alten Ambije*

12. *Die alte Ambije bei ihrem Nachmittagsschläfchen*

13. Omnia mea mecum porto – *all meinen Besitz trage ich bei mir!*
Guma beim Umzug mit ihren Kindern und den wenigen im Tragekorb
platzfindenden Habseligkeiten

14. *Hellhäutiger, gelblich-brauner Typus*

15. *Sehr hellhäutige, gelblich-braune junge Mutter mit Säugling*

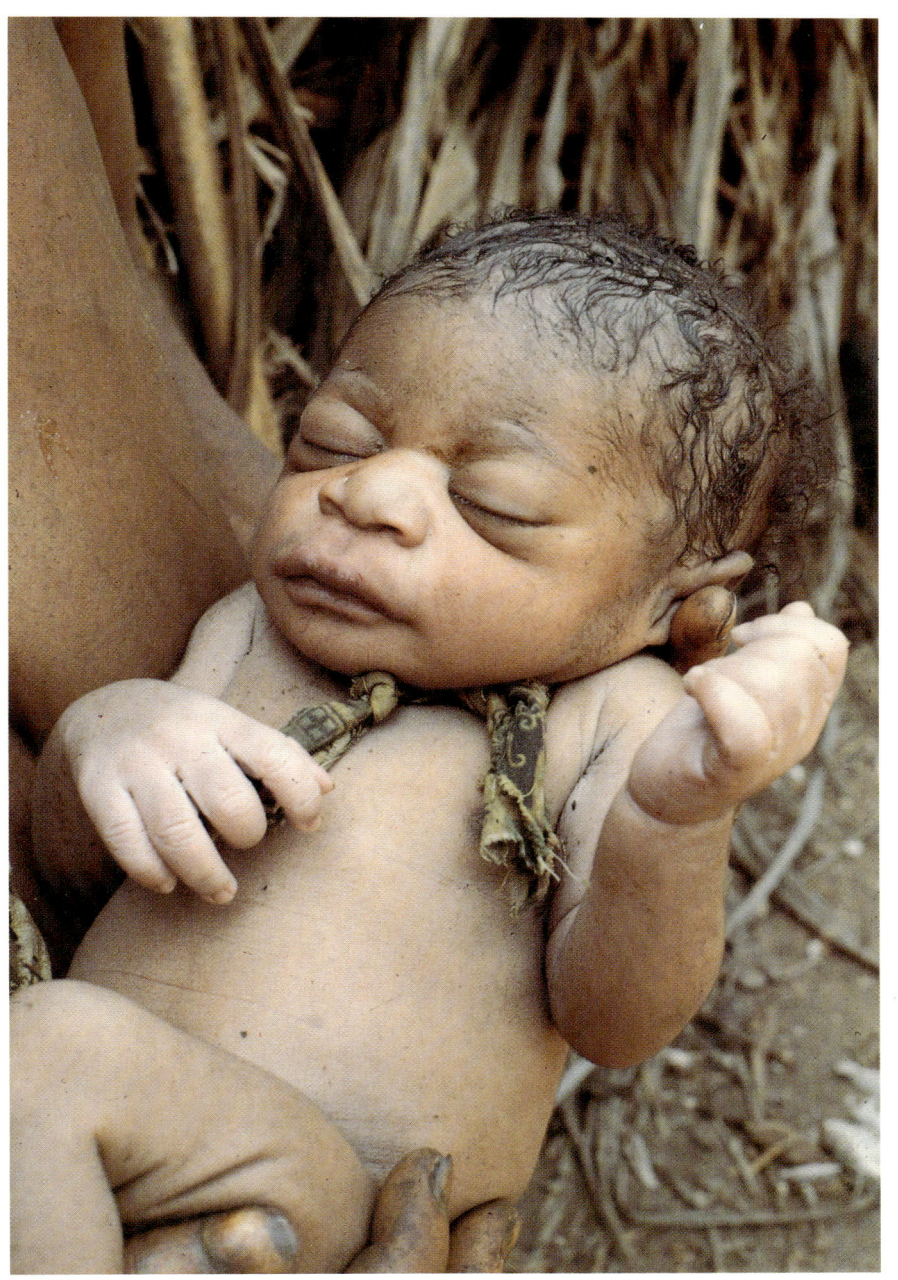

16. *Nur wenige Stunden altes Neugeborenes mit langem, glattem Kopfhaar und bereits gut erkennbarer Plattnase mit den breiten, gewölbten Nasenflügeln*

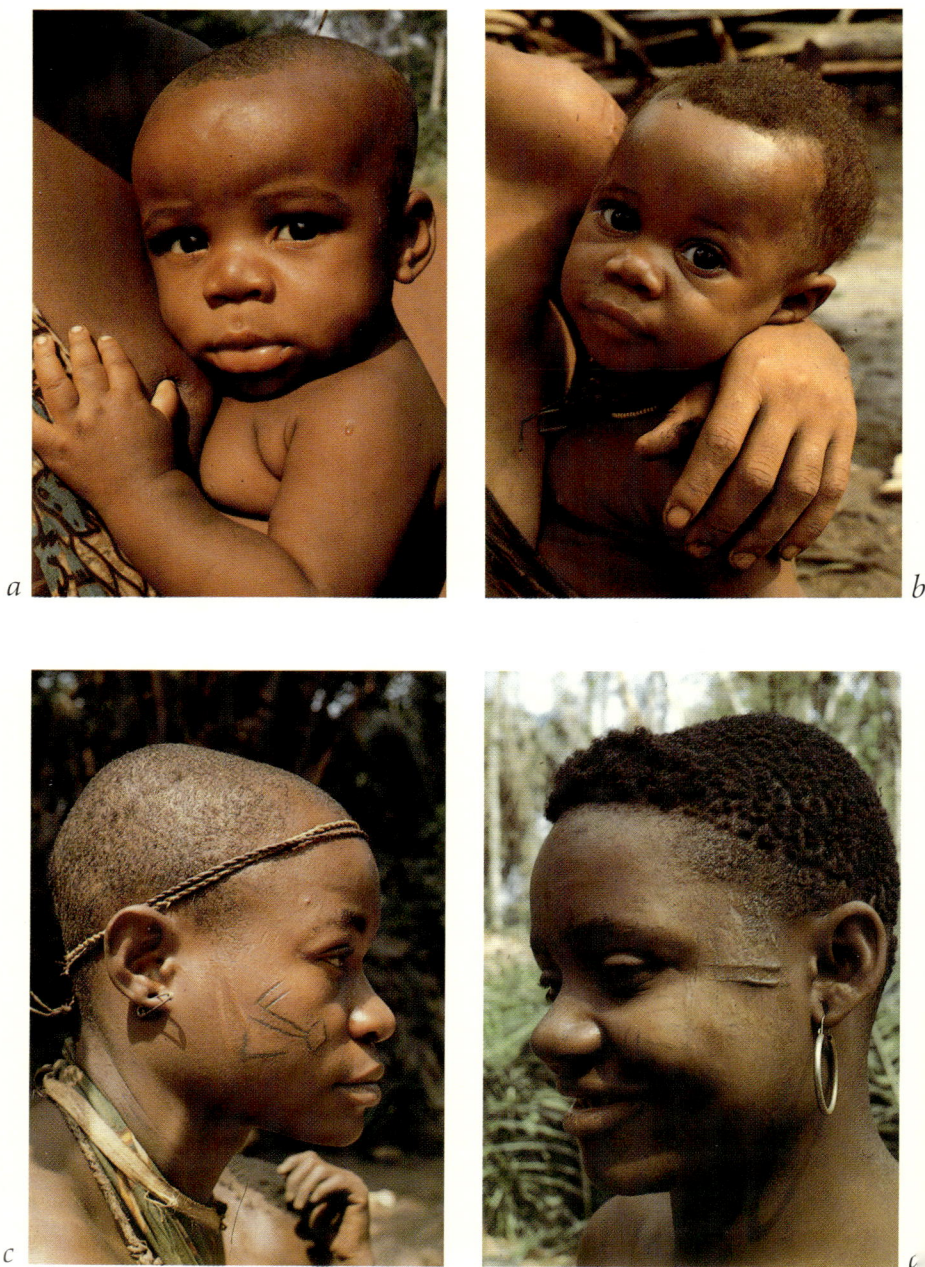

17. Porträts nur wenige Monate alter Kinder, (a) Mädchen, (b) Bub;
(c und d) junge Frauen; Tätowierung wie in (c) ist bei Pygmäen selten

18. *Porträts älterer Frauen (a und b) und erwachsener Männer (c und d)*

19. *Efe-Frau aus dem Ituri mit Pfefferkorn-Haarstruktur, wie man sie vor allem bei den Buschleuten besonders findet*

20. *Anzünden eines Feuers zum Aufwärmen im morgendlichen, noch feuchtkühlen Regenwald*

21. *Jäger mit Machete und traditionellem Lederköcher für den Transport von Feuersteinen und Glimmwolle*

22. *Netze tragender Bursche*

23. *Aufrollen eines Jagdnetzes durch das Unterholz*

24. *Der alte Musanki beim Lauschen und Warten auf sich im Netz fangende Gazellen*

25. *Beim Aufschlagen von Pandanüssen*

26. *Basenji-Jagdhund mit Halsglocke*

27. *Einreiben der Netze mit frischen Blättern*

28. *Der alte Bula gibt zur Anlockung der Gazellen Blöklaute von sich*

29. *Guma mit Babanda im Tragegurt beim Heimtragen eines Blauduckers*

30. *Hitzige Diskussion beim Aufteilen einer Gazelle*

31. *Beim Aufteilen eines Blauduckers bekam auch ich einen Schenkel*

32. *Eingesammelte Engerlinge in Phrynium-Blättern*

33. *Vergiften der Pfeilspitzen mit Rindensaft*

34. *Die vergifteten Pfeilspitzen werden über dem Feuer getrocknet*

35. *Intimer Hautkontakt zwischen Guma und ihrem Söhnchen Babanda*

36. *Mutter und Kind bei der Hausarbeit vor der Wohnhütte (a)
sowie beim gemeinsamen Nachmittagsschläfchen (b)*

37. *Babanda beim Trinken mit rhythmischem Brustkneifen*
(weitere Erläuterungen in Text und Glossar)

a

b

38. *Gemeinsames Rauchen der Bambuspfeife Mò.pólóti von Musanki (a)
und Malaki (b)*

39. *Die Palmwedelpfeife der Efe im Ituri hat ebenfalls soziale Bedeutung*

40. *Wohnlager im Sekundärwald in der Nähe von Bananenpflanzungen der großwüchsigen Hackbauern*

41. *Junger Mò.Aka bei der Entgrasungsarbeit auf einer Kaffeepflanzung eines Muntu bei Loko*

42. *Pygmäen-Hütte direkt an der neuen, breiten Piste zwischen Yamando und Bambio*

43. *Pygmäen als Lumpenproletariat mit ihren verlotterten Behausungen auf einer Baustelle im Waldschutzgebiet des »Forêt de Ngoto«*

44. *Bayaka-Kinder der »dynamischen Elite« von Bélemboké*

45. *Schöne Wohnhütte eines Pygmäen der »dynamischen Elite« von Bélemboké mit symbolisch eingezäuntem Vorgarten und Zierblumen*

Wort, doch schien er sich innerlich zu fragen: »Was hast du denn dagegen?« Die beiden Mädchen waren eng befreundet und erwiesen einander intensiv die Gunst des Lausens. Wir sehen aber auch, daß zwischen ihnen bestimmte Spannungsmomente wie Neid oder Eifersucht wegen des offensichtlich von beiden umworbenen Jungen auftreten, die schon einmal zu gewissen Frustrationen führen können. Mongatschu ließ sich aber von der Reaktion dieses Mädchens nicht beeinflussen. Er legte seinen Kopf erneut an Mombuka, doch wurde er im Moment weder gelaust noch gekrault. Als Isaka wieder etwas gefunden hatte und gemeinsam mit Mombuka die Beute beäugte, hob auch er seinen Kopf, um hinzuschauen.

Mombuka hatte es sich inzwischen bequem gemacht. Sie hatte ihre Beine quer über die des Jungen gelegt. Nun ergriff sie ohne Aufforderung die Initiative und begann Mongatschu intensiv zu lausen, wobei sie aufmerksam hinschaute (Abb. 7.8 f). Von Isaka wurde sie jetzt nicht gestört. Diese schaute nur einmal kurz hin, gab sich ansonsten aber unbeteiligt. Bevor Mombuka wieder von dem Jüngling abließ, drückte sie mit den Handrücken mehrmals rhythmisch dessen Kopf. Dieses Verhalten konnte ich öfter, auch bei anderen Personen, kurz vor dem Aufhören mit dem Lausen beobachten. Nachdem Mombuka von Mongatschu abgelassen hatte, schauten alle gemeinsam auf Mombukas Hand und betrachteten den erneuten Fund. Isaka kratzte sich spontan am eigenen Kopf, und ebenso spontan begann Mombuka damit, sie zu lausen, doch nur für einen kurzen Augenblick. Während der gesamten Zeit, in der die jungen Leute zusammensaßen, war es das erste und einzige Mal, daß Isaka überhaupt gelaust wurde, obwohl sie selbst gegenüber Mombuka eifrig bei der Sache war und viel investiert hatte. Nach diesem kleinen Intermezzo zugunsten Isakas kehrten sich die Rollen wieder um, und letztere lauste erneut Mombuka, die spielerisch an Mongatschus Brustwarze zupfte (Abb. 7.9 a). Er ließ sich das gefallen und verfolgte aufmerksam, was das Mädchen da mit ihm anstellte. Dann machte es sich Mombuka noch bequemer und legte ihren Kopf auf den Arm des Jünglings (Abb. 7.9 b). Beide hatten Beine und Arme übereinander und ineinander verkreuzt und spielten miteinander. Mongatschu lächelte zufrieden, Mombuka lachte einmal herzlich auf. Beide schienen sich in dieser Situation sichtlich wohl zu fühlen. Ein idyllisches Zusammensein.

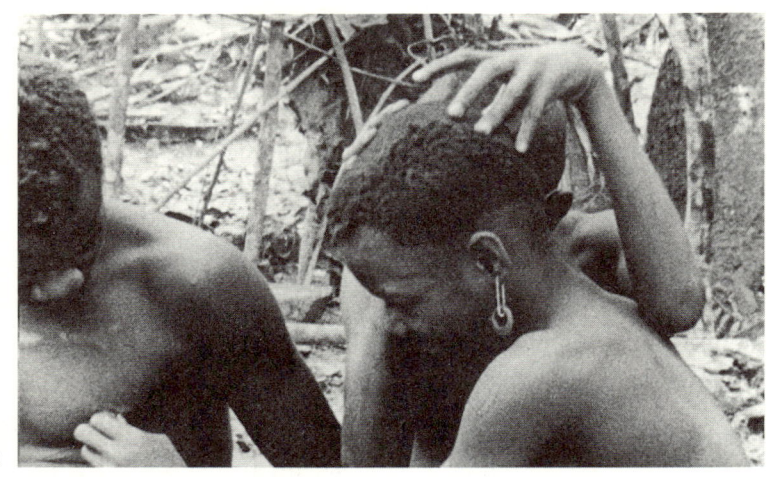

a

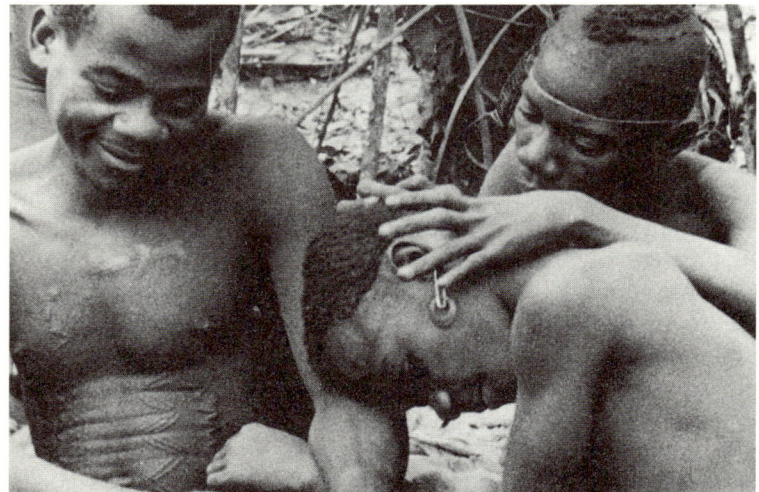

b

7.9 *Zärtlichkeitsverhalten zwischen Mongatschu und Mombuka,
die dabei von Isaka gelaust wird*

Die intraspezifische soziale Körperpflege hatte wohl ursprünglich, in stammesgeschichtlicher Sicht, nur die Aufgabe, jene Körperstellen zu reinigen, die das Individuum selbst nicht erreichen konnte. Ein solches *Fremdputzen*, wie man dieses Verhalten auch bezeichnet, hat im Laufe der Evolution eine wichtige bindende Funktion erhalten. Besondere Bedeutung kommt dabei der *ritualisierten* Form des Lausens, dem Kraulen, zu. Es erfüllt bei heterosexuellen zwischenmenschlichen Beziehungen eine wichtige Funktion. Es steht nicht nur im Dienste der *Paarbindung*, sondern auch der *Paarbildung*, wie wir es am Beispiel von Mombuka und Mongatschu haben sehen können. Dieses Verhalten ist *universell* bei allen Menschen, ganz gleich welcher Ethnie oder Kultur, anzutreffen. Bei Menschen mit glattem Haar finden wir es auch in einer noch weiter abgewandelten Form, nämlich als *Haarestreicheln* vor.

Nicht nur bei Menschen, sondern auch bei wohl allen Primaten dient Lausen und Fremdputzen zur Erhaltung der guten Beziehungen zwischen Paarpartnern, zwischen den Mitgliedern einer Familie oder einer Gruppe [442]. Ritualisierte intraspezifische Körperpflege finden wir im Verlaufe der Evolution erstmals bei Vögeln in Form des gegenseitigen *Gefiederkraulens* mit dem Schnabel. Es kommt freilich nicht bei allen Arten vor. Man kennt es immerhin von mehr als 40 Familien. Es gibt Fälle, in denen manche Arten es zeigen, ihnen ganz nah verwandte aber nicht. In einigen Fällen kraulen die Partner einander abwechselnd, bei anderen tun sie es gleichzeitig. Gekrault werden nur ganz selten die Flanken, etwas häufiger Brust und Rücken, regelmäßig aber verschiedene Kopfpartien, besonders der Hinterkopf, die Kehle und die Umgebung der Augen. Zwar sind das, abgesehen von Flanken und Brust, alles sehr wohl Körperstellen, die der Vogel mit dem eigenen Schnabel nicht erreichen kann, es spricht jedoch nichts dafür, daß jene Arten, die dort nicht gekrault werden oder sich überhaupt nicht kraulen, dadurch irgendeinen Nachteil hätten. Auch Arten, die sich kraulen, tun es in der Regel ja nur während einer kurzen Periode der Paarbildung und Brutzeit. Für die Gefiederpflege *sensu stricto* ist dieses Verhalten somit wohl entbehrlich. Wir sehen also, wie sich in der Evolution schon sehr früh Verhaltensweisen der sozialen Körperpflege ritualisiert haben und in den Dienst der *Paarbildung* und *Partnerbindung* gestellt wurden [175, 496].

Solche Verhaltensweisen kennen wir natürlich auch von vielen Säugern. Im Laufe der Höherentwicklung wurden auch die sozialen Interaktionen, insbesondere die der Körperpflege – ritualisiert oder nicht – immer komplexer. Es gibt aber auch Arten, die in *Dauermonogamie* leben, also eine sehr feste und beständige Paar- bzw. Partnerbindung demonstrieren, denen dennoch ein *Allo-Grooming* völlig fehlt, wie es für den Mara, *Dolichotis patagonum*, einen Neuweltnager, nachgewiesen werden konnte [143].

Bei den Halbaffen oder Prosimiern treten bei der sozialen Körperpflege, die sie, wie auch alle anderen Säuger, noch mit der Zunge oder mit den Zähnen ausführen, zum ersten Mal auch die Hände in Aktion, indem sie diese einfach nur auf den Partner legen oder in dessen Fell verkrallen. Bei allen übrigen Primaten, den Menschen eingeschlossen, wird die vorherrschende Körperpflegehandlung – das Lausen – ausschließlich mit den Händen ausgeführt und erfährt im Laufe der Evolution eine immer größere Bedeutung für die inter-individuellen Beziehungen zwischen Paarpartnern und/oder zwischen Mitgliedern einer Gruppe.

Ich möchte noch einmal darauf hinweisen, wie viele Stunden am Tage – und somit in ihrem Leben – die Bayaka-Pygmäen damit verbringen, sich gegenseitig zu lausen, auch wenn es unter Ehepartnern nicht mehr vorkommt und Männer es untereinander nicht tun. Kaum mehr als zweimal pro Woche gehen alle Pygmäen gemeinsam auf die Jagd. In den Jagdpausen sitzen vor allem die Frauen mit ihren Kindern in Gruppen zusammen. Sie plaudern dann miteinander und lausen sich selbst hier gegenseitig. Wenn Frauen und Mädchen zum Früchtesammeln gemeinsam in kleinen Gruppen ausziehen, brauchen sie häufig auch nicht viel Zeit. Oft kommen sie schon am frühen Nachmittag mit voll beladenen Körben ins Lager zurück. Sie haben dann noch genügend Zeit, sich einander zu widmen, den Kontakt und die sozialen Beziehungen untereinander zu pflegen. Diese sicher noch sehr ursprüngliche Form der Lebensweise kann man durchaus als muße-intensiv bezeichnen, worüber ich im nächsten Kapitel ausführlich berichten möchte.

8

MUTTER-KIND-VERHALTEN

Bei den Bayaka-Pygmäen spielen Säuglinge und Kleinkinder bei den alltäglichen sozialen Interaktionen eine zentrale Rolle. So ein kleines Kind ist praktisch nie allein. Es wird vom ersten Lebenstage an in einem Schulter-Tragegurt aus Bast oder weichgeklopfter Baumrinde getragen und so von seiner Mutter überallhin mitgenommen. Dabei kann es natürlich auch einmal vorkommen, daß der Säugling eng an die Mutter geschmiegt sein kleines Bedürfnis verrichtet, aber das nimmt diese gelassen hin, auch wenn es dann an ihrem Körper herunterrieselt (Farb-Abb. 35). Die Mütter betreuen ihre Kinder mit ganz besonderer Zuneigung und Fürsorge. Sie spielen häufig mit ihnen, beschäftigen und vergnügen sie (Abb. 8.1). Auch bei der Verrichtung der »häuslichen« Arbeiten bleiben die Kleinen in der Nähe ihrer Mutter (Farb-Abb. 36 a). Zur Ruhe und zum Schlaf legen sie ihre Kinder nicht einfach ab, sondern geben ihnen auch dabei Schutz und Geborgenheit; sie halten mit ihnen ständigen liebevollen Körperkontakt (Farb-Abb. 36 b), der in jedem Fall gleichzeitig Hautkontakt bedeutet, da die Pygmäen außer Schambedeckung sonst keine Kleider tragen. Selbst 3jährige und noch ältere Kinder werden häufig hochgenommen und im Bastgurt herumgetragen (Abb. 8.2), vor allem dann, wenn sie von irgend etwas enttäuscht, mal traurig oder gar erkrankt sind. Falls die Mütter selbst behindert sind, greifen bereitwillig andere Personen der Wohngemeinschaft ein, wobei vor allem die »Großmütter« *sensu lato* eine wichtige Rolle als Betreuerinnen erfüllen (Abb. 8.3). Bei jedem Verlangen wird dem Kind die Brust geboten, auch wenn das Kleine gar keinen Hunger hat und gar nicht nach der Brust verlangt, sondern ganz einfach dann, wenn es unruhig oder ängstlich ist. Es handelt sich um ein sogenanntes *Beruhigungssaugen* [190], bei dem die Mutter mit ihrer Brust dem Kind größtmögliche Sicherheit und »Nestwärme« bietet (cf. Kapitel 10). Eine so enge Mutter-Kind-Beziehung, wie sie auch von den Buschleuten [261], den Sammlern und

8.1 *Junge Mutter mit an der Brust spielendem Säugling*

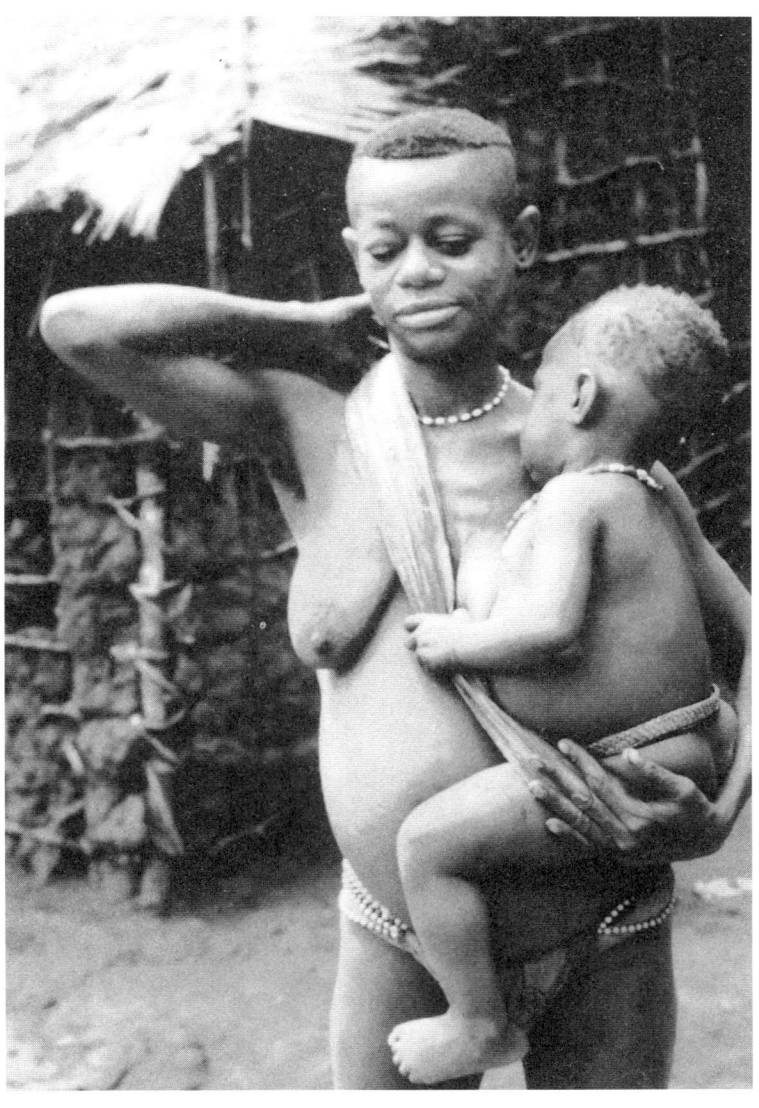

8.2 *Etwa 4jähriges krankes Kind, das von der Mutter sorgenvoll mit
dem Bastgurt im Hüftsitz getragen wird*

8.3 *Die alte Mokanda beim Betreuen von Kleinkindern*

Jägern des südlichen Afrikas und von vielen anderen Naturvölkern aus allen Kontinenten bekannt ist, unterscheidet sich fundamental von jener in unseren Industriegesellschaften, wo der Säugling, von der Mutter weitgehend getrennt, einfach in einem Bett oder einem Kinderwagen abgelegt wird. Wenn er dann, vom Verlassensein überwältigt, laut aufkreischt, gibt man ihm anstatt der warmen Mutterbrust einfach einen beziehungslosen Schnuller aus Gummi oder Plastik, der zu einer Art *Fetisch* werden kann, an den sich das Kind noch jahrelang bindet. Man sieht bei uns nicht selten 5- bis 6jährige, die noch immer mit solch einem Schnuller oder auch mit einer sogenannten Saug- oder Schmusedecke herumlaufen und sich von diesem – im Kleinkindalter aufgrund von Gefühlsarmut gewählten – *Zärtlichkeitsersatz* nicht lösen wollen oder können. Daß es diesen Kindern in ihrer frühen Kindheit an mütterlicher Fürsorge und Zuneigung fehlte, liegt auf der Hand.

Das Menschenkind ist von Haus aus ein *Tragling*. Es wird normalerweise von den ersten Lebenstagen an über lange Zeit von der Mutter stets mit herumgetragen, wie das auch die meisten anderen Primaten tun. Lediglich bei der primitiven Gruppe der *Prosimier* gibt es da Ausnahmen. Bei diesen *Halbaffen* können wir aber bereits die Ansätze zur Entwicklung des späteren, echten Primaten-Traglings erkennen. Bei den Gattungen *Microcebus, Galago, Allocebus, Cheirogalus, Lepilemur* und *Varecia* werden die Jungen – wie auch bei vielen anderen Säugern – bei Bedarf noch im Maul herumgetragen. Von *Daubentonia*, dem berühmten und hoch spezialisierten Fingertier, gibt es bislang überhaupt nur eine einzige Beobachtung über ein Jungtier. Dieses bleibt von der Geburt an im Nest, bis es selbständig laufen kann. Wie es bei einer eventuell notwendigen Rettungsaktion getragen würde, wissen wir leider nicht. Bei *Hapalemur* und *Phaner* kann man bereits die Unterstützung mit Händen und Armen sowie ein »Ins-Fell-Krallen« beobachten, obwohl die Jungen doch vorwiegend im Maul getragen werden. Bei den Gattungen *Indri, Propithecus* und allen Arten der Gattung *Lemur* halten sich die Jungen bereits selbst im Fell der Mutter fest. Das alte Säugererbe der Nesthocker, das Maultragen, wurde bei ihnen aufgegeben.

Der menschliche Säugling ist ursprünglich kein Nesthocker. Trotzdem dauert es nach der Geburt noch gut ein Jahr, bis er selbständig wird und allein auf zwei Beinen laufen kann. Man erkennt bei ihm noch Spuren vom Typus des Primaten-Traglings in Form des *Klammerreflexes* [372, 373]. Berührt man beim Neugeborenen die Handfläche, so schließen sich die Finger in einer geordneten Abfolge fest um den berührenden Gegenstand. Das Neugeborene ist auf diese Weise imstande, für kurze Zeit sein eigenes Körpergewicht zu halten. So kräftig dieser *Handgreifreflex* bei manchen Neugeborenen aber auch sein mag, ermöglicht er ihnen jedoch nicht, sich auch wirklich an der Mutter festzuhalten. Die entscheidenden Gründe dafür sind vor allem das Fehlen eines Haarkleides am menschlichen Körper und der überhaupt nicht mehr zum Greifen fähige Fuß. Es mag im Verlaufe der Stammesgeschichte bei den Vorfahren des modernen Menschen sehr wohl eine Zeit gegeben haben, in der die Säuglinge noch wirklich aktive Traglinge waren. Im Verlauf der Menschwerdung entstand dann aber der aufrechte Gang. Der Greiffuß formte sich um zu einem Lauffuß, ein Vorgang, der sich noch heute während der *Ontogenese* des Fußes beim menschlichen Embryo immer wieder von neuem abspielt. Dann verschwand das Haarkleid bis auf geringe Reste, und der Säugling verlor den Charakter des Traglings, obwohl noch reflexbedingte Verhaltensspuren zu erkennen sind. Der menschliche Säugling ist demnach ein *ehemaliger Tragling*, wie dies überzeugend dargelegt werden konnte [178]. Er ist aber andererseits auch zu einem *sekundären Nesthocker* geworden, da das Neugeborene in der Tat so *altrizial* (hilflos) ist wie ein *echter Nesthocker* vieler anderer Säuger [7, 366]. Übrigens können sich die kleinen Gorillakinder bei ihren Müttern ebenfalls nicht selbständig festhalten, obwohl der dafür notwendige Greiffuß und das üppige Haarkleid vorhanden sind. Sie werden demzufolge wie die Menschenkinder in der Armbeuge der Mutter getragen, während Schimpansenkinder sich bei ihren Müttern sehr wohl allein festhalten können.

Diese evolutionsbedingten Gegebenheiten und die Tatsache, daß der menschliche Säugling bei weitem unbeholfener geboren wird, als es bei den meisten anderen Primaten der Fall ist, führten zwangsläufig zur Erfindung von Hilfsmitteln, die es ermöglichten, die Säuglinge und Kleinkinder dennoch ständig mit sich herumzutragen. Das Kleine wird in einem Tragetuch aus Leder, wie bei den Buschleuten und den Himba, in einem Tragegurt aus Bast oder weichgeklopfter Baumrinde, wie bei den Yanomami Venezuelas, herumgetragen [112]. Auch die Pygmäenfrauen tragen ihre Säuglinge in einem Tragegurt aus Bast oder aus weichgeklopfter Baumrinde. Immer häufiger aber kommen auch bei ihnen durch Tauschhandel erworbene Stofftücher in Mode. Bei fast all diesen Trageweisen hat das Baby mit der Mutter Hautkontakt.

Bei den Eingeborenen Neuguineas – neusteinzeitlichen, seßhaften Pflanzern – befördern die Mütter ihre Kleinkinder in weitmaschigen Tragenetzen [172]. Bei den ebenfalls seßhaften, Kleider tragenden Hackbauern der Regenwälder und Savannen Afrikas und auch bei den modernen Stadtafrikanern tragen die Frauen ihre Kinder fast ausschließlich – fest in ein Tragetuch gewickelt – auf dem Rücken. Diese Methode läßt den Müttern natürlich beide Hände frei. Die so getragenen Kleinkinder sind bei allen möglichen Tätigkeiten dabei. Wenn diese Kinder auch keinen direkten Hautkontakt mehr haben, so sind sie dennoch ständig bei der Mutter und haben somit ein intensives *somatohaptisches* Erlebnis und genießen auf diese Weise praktisch alle Vorteile einer engen, intimen Mutter-Kind-Beziehung.

Bei vielen Naturvölkern wie Yanomami, Himba, Buschleuten und natürlich auch bei den Pygmäen tragen die Frauen ihre Kinder auf der linken Körperseite. Inzwischen konnte herausgefunden werden, daß auch bei vielen anderen Völkern die Mütter ihre Kinder in etwa 80% der Fälle auf der linken Körperseite halten und tragen [389]. Nun streitet man sich aber darüber, warum das so ist. Untersuchungen an menschlichen Kulturprodukten wie Gemälden, Fotografien und anderen Kunstwerken lassen die Vermutung aufkommen, daß es sich bei dieser Trageweise um eine *Universalie* handeln könne [156]. Da die meisten Menschen Rechtshänder sind, sei dies folgerichtig eine Methode, die rechte Hand für die alltägliche Arbeit freizuhalten. Es handelt sich dabei aber doch wohl eher um ein finalistisch-dialektisches Gedankenspiel. Ich glaube an diese These nicht, denn viele der Arbeiten bei den Pygmäen, wie Früchte- und Blättersammeln, die die Frauen mit ihren bei sich geführten Säuglingen verrichten, könnten sie auch mit der linken Hand erledigen. Außerdem konnte herausgefunden werden, daß auch echte Linkshänderinnen ihre Kinder links tragen [389]. Bei weitaus komplizierteren Tätigkeiten der Naturvölker, wie Gemüseschneiden und Essenzubereiten im »häuslichen« Bereich der Wohnhütte, wird das Kind ohnehin abgelegt.

Diese Trageweise dürfte in Wirklichkeit einen viel wichtigeren Grund haben, da nämlich das Herz beim Menschen links liegt. Es wird vermutet, daß der Fötus bereits im Uterus auf den Herzschlag der Mutter »konditioniert« wird [389] und somit der Herzschlagrhythmus auch nach der Geburt auf den menschlichen Säugling eine beruhigende Wirkung hat. Mir erscheint das durchaus einleuchtend, wenn es auch andere Erklärungsversuche gibt [148]. Eine weitere Feststellung, daß sich ein Säugling am besten beruhigt, wenn man ihn einmal pro Sekunde wiegt, und dieser Rhythmus auch der Frequenz des »normalen« Gehens entsprechen soll [115], ist noch kein Argument gegen die beruhigende Wirkung des Herzschlagrhythmus. Außerdem entspricht ein Schritt pro Sekunde gar nicht dem »normalen« Gehen, sondern wäre ein ausgesprochen langsames »Einen-Fuß-vor-den-anderen-Setzen« und könnte noch nicht einmal mit dem erholsamen Spazierengehen verglichen werden. Kein Mensch geht so, es sei denn, er geht irgendwo allein und verträumt oder tief in Gedanken versunken.

Der Herzschlagrhythmus ist individuell außerordentlich variabel. Die absolut niedrigsten Ruhewerte liegen bei einigen wenigen Hochleistungssportlern zwischen 38 und 45 Pulsschlägen pro Minute. Bei über das ganze Leben hinweg regelmäßig Sport treibenden Menschen mit Dauerleistungen, wie etwa aktiven Joggern, können die Ruhewerte zwischen 50 und 60 Pls/min liegen. Aber auch das sind noch ausgesprochen seltene Werte, während die am häufigsten auftretende Herzschlagfrequenz wohl zwischen 75 und 85 Pls/min zu suchen sein wird. Der Vollständigkeit halber sei noch erwähnt, daß bei Säuglingen vom 1. bis zum 3. Lebensjahr sehr hohe Frequenzen von 100 bis 130 Pls/min gemessen werden, die sich dann aber langsam verringern und um das 14. Lebensjahr auf die individuelle Normalität einpendeln. Das »Einmal-pro-Sekunde-Wiegen« wäre denn auch viel eher dem Einschlafen des Säuglings dienlich, wie das ja jeder ausprobieren kann. Der individuelle Herzschlagrhythmus der Mutter hingegen, auf den das Menschenkind als Fötus bereits *intra-uterin* (in der Gebärmutter) »konditioniert« wurde, entspräche somit viel eher einer Beruhigungstherapie zur Vermittlung eines Empfindens der Sicherheit und des Geborgenseins.

Nach von mir selbst bei verschiedenen Ethnien und Kulturen der Regenwälder und Savannen Afrikas durchgeführten Beobachtungen scheint es aber keinen universellen Rhythmus des Gehens oder Schreitens zu geben. In diesem Zusammenhang wäre es sicher interessant, einmal zu untersuchen, ob es bei Menschen überhaupt eine *universell* gültige Taktfrequenz der Beruhigung gibt. Ich möchte aber gleich anfügen, daß zum Beispiel eine bestimmte, auf viele Mitteleuropäer beruhigend wirkende klassische Musik den Afrikanern, ob im Regenwald oder in der Savanne, überhaupt nichts, weder Beruhigung noch Erregung, bedeutet. Allenfalls schütteln sie darüber den Kopf. Es gibt auch nur sehr wenige Mittel- und Westeuropäer, die an den Klängen der türkisch-arabischen Musikweisen Gefallen finden. Auf die offensichtliche »Kulturgeprägtheit« von Musikrhythmen und die durch sie ausgelöste Sensibilität des Schönheitsempfindens wurde übrigens schon hingewiesen, und es konnten hierfür auch recht überzeugende Beispiele angeführt werden [299].

Die Frauen der Bayaka-Pygmäen verbrachten nur wenige Stunden täglich mit dem Sammeln von Früchten, Blättern und Brennholz (cf. Kapitel 6). So hatten sie stets relativ viel Zeit, sich den zwischenmenschlichen Beziehungen zu widmen. Sie verweilten oft viele Stunden vor ihren Hütten beim Zubereiten der Mahlzeiten oder plauderten zusammen in kleinen Gruppen. Natürlich hatten sie stets ihren Nachwuchs dabei. So möchte ich im Folgenden an einigen Beispielen schildern, wie diese Pygmäenmütter mit ihren Kindern umgingen oder wie letztere, wenn sie sich in unmittelbarer Nähe aufhielten, miteinander spielten oder sich untereinander beschäftigten. Da meine eigene Rundhütte im Reigen der anderen Behausungen stand, konnte ich von hier aus ganz unauffällig das Leben im Lager im Auge behalten, ungestört meine Notizen aufzeichnen oder mit der geräuschlos laufenden ARRIFLEX und Winkelobjektiv völlig unbemerkt und ungestellt filmen.
Ganz in der Nähe beobachtete ich auf diese Weise eine Mutter, die gerade ihr kleines, vielleicht noch nicht 6 Monate altes Kind stillte und herzte. Der etwa 3jährige Bruder, die Hand verlegen im Mund, stand zunächst daneben, rannte dann aber schnell weg. Obwohl diese Frau noch stillte, trug sie bereits das Brustband, das normalerweise erst nach dem Abstillen angelegt wird. Sie trug es allerdings ziemlich hoch, so daß die Brüste davon nicht abgeschnürt wurden. Das Kleine wollte plötzlich nicht mehr trinken und war sehr unruhig. Die Mutter zog eine Schüssel heran

und begann die vor ihr liegenden Palmfrüchte zu putzen und in die Schüssel zu werfen. Mit rhythmischen Bein- und Körperbewegungen versuchte sie dabei ihren Säugling zu beruhigen und beugte sich mit dem Kopf weit zu ihm herab. Er ließ ihr aber keine Ruhe und nörgelte weiter. Seine Mutter wollte ihm wieder die Brust geben, doch wehrte er sich dagegen. Schließlich nahm sie den Wurm und drückte ihn ganz fest an ihre Brust. Sie versuchte noch einmal, ihn zu stillen, doch er wollte nicht mehr trinken und schrie ganz wild auf. Während sich der Säugling brüllend reckte und streckte, putzte die Mutter zunächst die Früchte weiter. Dann nahm sie ihn auf und rutschte rückwärts in die schattige Hütte, stellte sich ein kleines Gefäß zurecht und träufelte dem Kleinen nun flüssigen Honig in den Mund. Inzwischen war der größere Bruder wieder zurückgekommen und hatte sich in der Hütte neben seine Mutter gesetzt. Teilnahmsvoll betrachtete er, wie das Baby gefüttert wurde, das sich mittlerweile langsam beruhigte, während seine Mutter es eng an sich schmiegte. Gleich nebenan bekam zur gleichen Zeit ein Bub von seiner Mutter die Hände geputzt. Die dazu benutzten Blätter warf sie achtlos weg. Er schaukelte dann verspielt, indem er sich an Mutters Knie lehnte, sich weit vorbeugte und mit einem Zeigefinger an einer Brustwarze seiner Mutter spielte (Abb. 8.4). Bald knetete er mit seinen Händen die Brust auch fest durch, erfaßte gleich darauf die andere Brust mit beiden Händen und machte Ansätze zum Trinken, doch er trank nicht!

Aus der Entfernung konnte ich erkennen, wie der kleine Babanda auf dem Schoß seiner Mutter Guma, die ein recht betrübtes Gesicht machte, etwas unruhig wurde. Es ging ihm nicht gut, denn er hatte eine schlimme Dysenterie. Als sie bemerkte, daß sich bei ihm ein größeres Bedürfnis anmeldete, stellte sie ihn auf, damit er so – von seiner Mutter festgehalten – sein Geschäftchen verrichten konnte. Als dann alles erledigt war, legte sie Babanda bäuchlings über ihre Oberschenkel, streifte ein paar trockene Blätter ab und säuberte ihn sorgfältig damit (Abb. 8.5). Danach setzte sie ihn vor sich auf den Boden. Mit Hilfe von weiteren Blättern nahm sie nun auch den Kot auf und trug alles einige Meter hinter ihrer Hütte in den Busch. Nach ihrer Rückkehr ließ sie Babanda vor sich auf dem Boden sitzen. In solchen Momenten war der kleine Kerl dann gern zum Kontakt mit anderen Erwachsenen oder Kindern bereit.

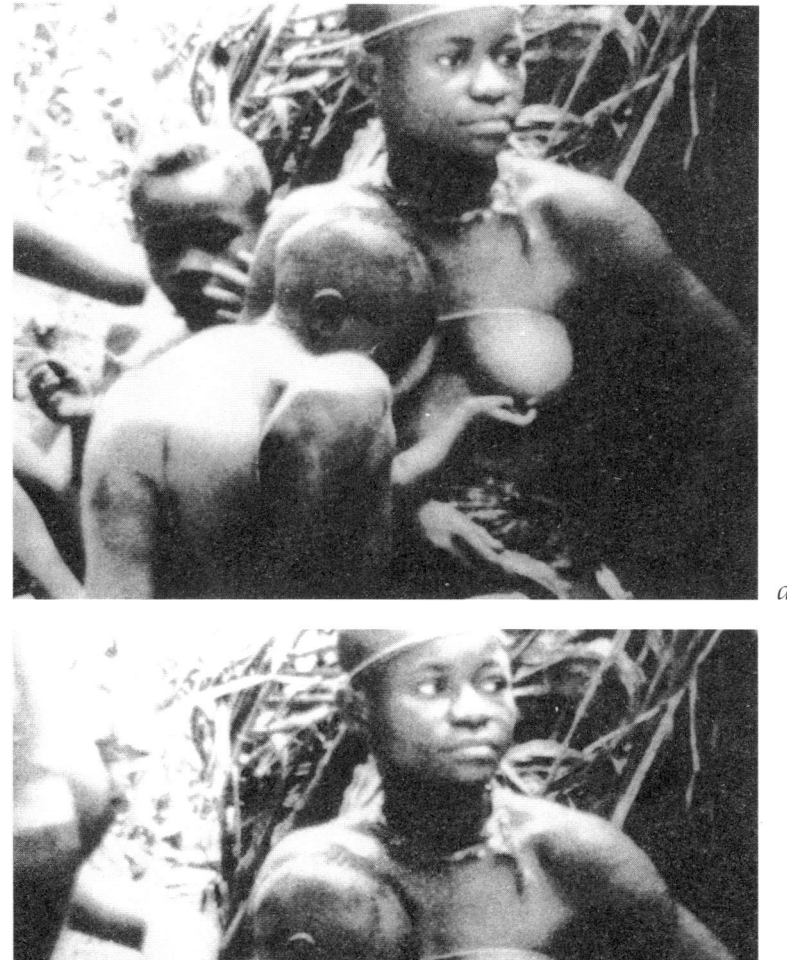

a

b

8.4 *Kleiner Junge beim Spielen an Mutters Brust*

a

b

8.5 *Babanda wird von seiner Mutter Guma gesäubert*

Auch die alte Ambije betreute ein vielleicht noch nicht 8 Monate altes, sehr helles Baby, das mit fremder Hilfe gerade stehen konnte. Neben ihr saß Wali, eine junge Mutter, mit ihrem etwa einjährigen Sohn Monkua. Der aufgeweckt dreinschauende Säugling – Ebungas Tochter Voté – stand zunächst zwischen den angezogenen Beinen von Ambije, die ihn mit beiden Armen schützend umfaßte. Bald streckte sie eines ihrer Beine aus, ergriff das Kleine und setzte es auf ihren Oberschenkel, schützend eine Hand um das Kind gelegt. Nebenan hüpfte der größere Bub auf dem Schoß seiner Mutter herum, schmiegte sich dann eng an sie und legte seine Arme um ihren Hals. Die kleine Voté machte zunächst unkoordinierte Greifbewegungen, griff dann aber gezielt nach Ambijes blauer Perlenkette. Dann reckte sie sich hoch und streckte eine Hand nach der Brust der jungen Mutter aus, die sie auch erreichte. Während Ambije das Baby ergriff und zu sich zurücknahm, wehrte die Frau ihrerseits ab, indem sie einen Arm hochnahm und dazwischenlegte. Voté beschäftigte sich nun kurze Zeit wieder mit der blauen Halskette von Ambije, dann stand sie auf, von Ambije sorgsam festgehalten, breitete stehend ihre Hände aus und drehte sich mit Blickkontakt wieder zur danebensitzenden Frau hin, während Ambije einen mißtrauischen Blick zur Seite, in Richtung einer weiter weg sitzenden Frau warf, dann setzte sie Voté wieder auf ihren Oberschenkel, aber diesmal so, daß sie die beiden nebenan sehen konnte. Bald schaute Ambije ernsthaft und mit leicht vorgeschobenen Lippen zu mir her und machte gleich darauf einen deutlichen Schmollmund mit angehobenem Kopf, wobei die Lippen nur langsam in ihre Ausgangsstellung zurückgingen. Die Kleine drehte sich nun nach zwei vorbeigehenden Mädchen um und machte mit vorgestreckten Armen eine Greifbewegung, vielleicht nach dem nachfolgenden kleinen Hund. Gleich darauf spielte sie wieder mit Ambijes Perlenkette, während Monkua interessiert den kleinen Hund beobachtete, der sich vor den Leuten hingesetzt hatte, sich kratzte und gelegentlich versuchte, nach Fliegen zu schnappen.

Mit ihrem wohl schon 3jährigen Kind saß eine junge Mutter im Schatten eines Hütteneingangs. Das Kleine saugte an ihrer Brust, während sie sich offenbar teilnahmslos mit einem Stöckchen im Mund herumbohrte. Nach einer Weile drehte sich das Kind herum, und an seinem verzerrten Gesicht konnte ich erkennen, daß es ihm offenbar nicht sonderlich gutging. Anscheinend hatte es beträchtliche Schmerzen, denn es verzog krampfhaft den Mund, zeigte dabei die Zähne, rieb sich heftig seinen Bauch und verdrehte Kopf und Augen. Es wälzte sich zurück und begann, mit einer Hand die Brust ergreifend, wieder zu saugen, wobei es wild mit den Beinen strampelte. Dann griff es nach seinen eigenen Beinen und kam etwas zur Ruhe. Die Mutter währenddessen nahezu ungerührt, stocherte sich weiterhin im Mund herum, schaute völlig unbeeindruckt, ja teilnahmslos und verloren in die Gegend. Erstaunlich, wie wenig besorgt sich diese Mutter ihrem kleinen kranken Kind gegenüber verhielt.

An einem anderen Tag konnte ich wieder Wali beobachten, die mit beiden Händen ihren unruhigen kleinen Monkua zwischen den angezogenen Beinen festhielt. Er hatte das Gesicht zur Mutter gerichtet, drehte sich dann herum, ließ sich durch Mutters Arme rutschen und strebte sogleich auf allen vieren davon. Die ganz woanders hinschauende Mutter legte eine Hand schützend auf den Rücken ihres kleinen Sohnes (Abb. 8.6 a). Da er aber vorwärts strebte, zog sie ihre Hand zurück und ließ ihn gewähren. Es sah zunächst so aus, als wollte er sich davonmachen (Abb. 8.6 b). Doch plötzlich hielt er inne und setzte sich auf den Boden, war aber gleich wieder aktiv und krabbelte gerade noch eine Körperlänge nach vorn, drehte augenblicklich um (Abb. 8.6 c), kroch wieder zurück und geradezu »in seine Mutter hinein« (Abb. 8.6 d), das heißt zwischen ihre angezogenen Beine, und richtete sich an ihr auf (Abb. 8.6 e). Dann setzte er sich, das Gesicht zur Mutter gewandt, nieder. Doch verblieb er nicht lange so, drehte sich geschwind herum, um wieder auf allen vieren – kreuzgangkoordiniert – die unmittelbare Nähe seiner Mutter zu verlassen. Diesmal krabbelte der kleine Bub bis hinter die nicht weit entfernt sitzende Ambije, die ein freundliches *Open-Mouth-Display* (Spielgesicht) zeigte (Abb. 8.7 a). Dann krabbelte der Kleine zur Mutter zurück (Abb. 8.7 b). Ambije, die mit angezogenen Beinen dasaß, schlug eine Hand um ihre Schulter und machte einen Schmollmund. Vielleicht war diese Reaktion direkt durch das Wieder-Weggehen des kleinen Monkua ausgelöst. Bald versuchte der Bub erneut, zu Ambije hinzukrabbeln. Seine Mutter hielt ihn diesmal aber gewaltsam fest, um ihm die Nase zu putzen. Das dazu benutzte Blatt warf sie dann achtlos im weiten Bogen fort. Daraufhin blieb der Kleine etwas »verdattert« eine Zeitlang so sitzen. Er drehte sich zur Mutter hin, stellte sich auf alle viere, blieb doch unschlüssig,

a

b

c

d

e

8.6 *Der kleine Monkua bei
der Exploration im Umkreis
seiner Mutter Wali. Bild 1, 45,
129, 300, 364 bei 25 B/s
(Erläuterungen im Text)*

a

b

8.7 *Monkua hat es geschafft, die ein paar Meter entfernt sitzende Ambije zu besuchen*

setzte sich wieder und schaute zu Ambije. Dann begann er mit am Boden liegenden Ästchen zu spielen, krabbelte ein Stück zur Mutter und setzte sich weiterspielend hin. Bald darauf befand er sich erneut zwischen den angewinkelten Beinen seiner Mutter, die ihn zurückzuhalten versuchte, denn er machte schon wieder Anstalten, auf allen vieren davonzukrabbeln. Doch diesmal wollte seine Mutter den kleinen Quälgeist nicht fortlassen. Sie packte ihn unsanft am Arm und zog ihn gewaltsam hoch, nahm ihn an sich und umschloß ihn fest mit beiden Armen. Natürlich wollte Monkua sich das nicht gefallen lassen. Er drehte sich blitzschnell herum und machte im Aufstehen den Versuch, vorwärts zu schreiten. Da das nicht gelang, ließ er sich nach unten durchrutschen und versuchte auf diese Weise zu entkommen. Doch Wali nahm das strampelnde Kerlchen sogleich wieder auf und ziemlich grob an sich, wobei sie ein entschlossenes und ernsthaftes Gesicht zeigte. Der Bub drehte sich erneut herum, versuchte ein Bein der Mutter gewaltsam wegzuschieben und ließ sich dann wieder nach unten durchrutschen. Er setzte sich auf den Boden und wollte nun mit Beugebewegungen des ganzen Körpers nach vorn entkommen. Doch seine Mutter hielt ihn fest und zog ihn mit Gewalt zurück. Sie wollte ihn nun auf ihren Schoß setzen, doch nun rutschte er wieder nach unten durch, kauerte sich hin und begann plötzlich an Mutters Brust zu saugen. Dieses plötzliche Saugen als Zeichen eines Stimmungsumschwungs war in diesem Fall vielleicht eine reine *Übersprungreaktion*. Doch da stand die Mutter unerwartet auf und ging mit ihm weg!

Man kann besonders an den letzten beiden Beispielen deutlich sehen, daß es bei den Pygmäen doch nicht immer so streßfrei zugeht, wie man oft anzunehmen glaubte. So können Mütter durchaus nahezu ungerührt bei ihren an Schmerzen leidenden Säuglingen und Kleinkindern hocken, ohne tröstend oder beruhigend einzugreifen, und diese durch ein solches Verhalten durchaus beträchtlichen Entbehrungserlebnissen aussetzen. Auch der kleine unternehmungslustige Monkua war hier zweifelsohne mit einem echten *Entbehrungserlebnis* konfrontiert. Eine Situation, wie sie in einer »muße-intensiven« Gesellschaft wahrscheinlich häufiger vorkommt, als bislang im allgemeinen vermutet wurde.

Bei den Pygmäen kümmern sich häufig mehrere Frauen oder Mädchen viele Stunden lang um den Nachwuchs. Das geschieht

8.8 *Das kleine Mädchen Kosi sucht zärtlichen Kontakt zu Babanda*

vor allem dann, wenn die Leute zu einem Schwätzchen zusammensitzen. Sehr frühzeitig lernt das Kleinkind auf diese Weise neben der Mutter als Hauptbezugsperson – und natürlich dem Vater – auch noch zahlreiche andere Personen kennen. Wie auch bei uns sind bei den Pygmäen nicht alle Gruppenmitglieder gleich sozial veranlagt. Es gibt durchaus Einzelgänger, wenn auch nur bis zu einem gewissen Grade, da man letzten Endes aufeinander angewiesen ist. Musankis Tochter Guma war sehr aufgeschlossen und pflegte den Kontakt mit allen Leuten. Nicht selten tauschte sie sogar ihren Säugling mit anderen Frauen einfach aus und verhielt sich dann diesen Babys gegenüber nicht anders als zu ihrem eigenen Sohn. Sie zeigte stets größtmögliche Soziabilität.

Diesmal saß Guma gelangweilt auf einem Trog, den Rücken an ein Baumstämmchen gelehnt. Ihren kleinen Sohn, den etwa 6monatigen Babanda, hatte sie der jungen, noch kinderlosen Frau Koiti überlassen. Er befand sich bei ihr auf dem Schoß. Zwischen ihnen saß das kleine Mädchen Kosi. Es schaute zu Babanda hin und versuchte, mit ihm Kontakt aufzunehmen. Dieser sah das

Mädchen aufmerksam an. Nach kurzer Zeit beugte sich Kosi weit nach vorn und versuchte, mit vorgestülpten Lippen Babanda zu küssen. Es blieb jedoch bei einem *Luftkuß*, denn Babanda nahm seinen Kopf leicht zurück. Mit der rechten Hand, die er unbeholfen an Kosis Kopf legte, schien er den Annäherungsversuch abzuwehren. Doch war Kosi sehr daran interessiert, mit Babanda weiterhin Kontakt zu haben. Sie spielte nun eine ganze Weile mit seinen Händchen und sprach im leisen »Babytalk« zu ihm, dann streichelte sie ihm zärtlich übers Gesicht. Bald darauf ergriff sie mit beiden Händen seinen Kopf und drückte fest seine Bäckchen. Sehr erbaut schien er von alledem nicht zu sein. Die Umsitzenden verhielten sich neutral und ließen Kosi bei ihren Kontaktinitiativen gewähren. Ja, sie taten so, als würden sie das Geschehen gar nicht wahrnehmen, nur Beza schaute lächelnd hin und schien sich über die beiden zu amüsieren. Bald wurde Kosi von ihrer Mutter Leoie gerufen und ging weg. Jetzt kümmerte sich Koiti um den kleinen Babanda. Sie nahm ihn hoch, stellte ihn auf ihre Schenkel und herzte ihn. Nach einer Weile machte sie »Hoppe, hoppe, Reiter« mit ihm und lachte herzlich dabei. Bald gab sie Babanda an seine Mutter zurück und ging ebenfalls weg. Das Mädchen Kosi war übrigens immer sehr an dem kleinen Säugling interessiert. Als einige Tage später Guma mit Leoie zu einem Schwätzchen zusammensaß, war es wieder Kosi, die, eng an ihre Mutter geschmiegt, mit Babanda Kontakt suchte und ihn zärtlich streichelte (Abb. 8.8). Diesmal beugte er sich dabei leicht zu dem kleinen Mädchen hin.

Nach Koitis Weggehen hatte sich Guma beeilt, ihren kleinen Sohn an Beza weiterzugeben. Bei ihr lag er jetzt auf dem Schoß und saugte inniglich an der Brust, während sie ihn dabei putzte (Abb. 8.9 a). Im Prinzip dürfte Beza aber gar keine Milch haben, denn ihre etwa 10jährige Tochter Lukundi war ja längst abgestillt und selbständig. Das zeigt auch die von ihr getragene Brustschnur an, mit der die Brüste flach an den Körper gebunden werden. So kommt beim Brustgeben Bezas deutlich die soziale Funktion zum Ausdruck. Es soll aber vorkommen, daß bei Frauen, die schon lange nicht mehr gestillt haben, durch den Saugreiz wieder Milch produziert werden kann. Auf eine solche *Lactatio agravidica* wurde vor einigen Jahren erstmals hingewiesen [132]. Der Bericht beschreibt zwei Notfälle aus Libyen, wo die Mütter der Kindesmütter das Stillen übernommen hatten. Eine der Frauen, etwa 40

Jahre alt, die aber noch regelmäßig menstruierte, hatte ihr letztes Kind vor etwa 7 Jahren geboren, während die zweite Frau sich bereits in der Menopause befand.

Der Saugreiz hat über das vegetative Nervensystem einen Einfluß auf die Bildung von *Prolaktin*. Trotzdem gibt uns das Zustandekommen der *Lactatio agravidica* noch manches Rätsel auf. Es gibt aber auch zahlreiche Berichte, die belegen, daß sogar ohne vorausgegangene Schwangerschaft, allein durch den Saugreiz, eine *Laktation* ausgelöst werden kann [413]. Dabei stimuliert der Saugreiz die *Mechanorezeptoren* der Brustwarze und induziert auf diese Weise Impulse im *Hypothalamus*. Darauf wird vom *Hypophysen-Hinterlappen* das Hormon *Oxytozin* in den Blutkreislauf abgegeben. Dies wiederum erzeugt unter anderem Kontraktionen der *myoepithelialen Korbzellen* um die *Alveolen* der Milchdrüsen. So wird Milch in die terminalen Milchgänge ausgedrückt, wo sie dann abgesaugt werden kann. Der *Oxytozinreflex* ist aber in hohem Maße auch durch psychische Faktoren beeinflußbar.

Ähnliche Phänomene kennen wir auch bei anderen Primaten. Wenn man Rhesusmüttern ihr Junges gleich nach der Geburt wegnimmt, so bildet sich bald keine Milch mehr. Zwei so behandelte Weibchen erhielten 4 bis 9 Monate danach je ein Neugeborenes anderer Mütter. Darauf bildete sich im Laufe weniger Tage erneut genügend Milch, um die Jungen zu ernähren. Damit ist wohl nachgewiesen, daß Sinnesreize wie von Säuglingen ausgehende Saugreize unter Umständen die versiegte Milchbildung wieder in Gang bringen können [170].

Durch das Stillen und durch die damit verbundene mechanische Reizung der Brustwarze ausgelöste Prolaktinausschüttung verhindert bei der Mutter einen Follikelsprung. Dabei kann der Prolaktinspiegel bis auf das Zwanzigfache ansteigen, womit außerdem die zyklische Hormonausschüttung, die die Gonadenfunktion steuert, unterdrückt wird. Ein Säugling entzieht seiner Mutter täglich etwa 4000 Kilojoule (fast 1000 Kalorien), und somit wird die für eine erneute Ovulation notwendige Fettbildung durch das Stillen verzögert [138]. Die Ovulation setzt in der Regel erst dann wieder ein, wenn der Fettanteil im Körper der Frau etwas mehr als 20% beträgt. Dies erklärt, warum die in kurzen Zeitabständen stillenden Frauen während der 2- bis 3jährigen Stillzeit nicht schwanger werden, wie dies bei Buschfrauen herausgefunden werden konnte [437]. Pygmäenkinder, bei denen vorerst keine Geschwister nachfolgen, konnten aber bedeutend länger, teilweise bis zum 6. oder 7. Lebensjahr beim gelegentlichen Saugen an der Mutterbrust beobachtet werden. Selbst wenn die eigenen Kinder nicht mehr saugen, übernehmen die Pygmäenfrauen bei zahlreichen Interaktionen mit stillenden Müttern häufig deren Säuglinge und geben ihnen die Brust, wenn auch mehr aus sozialen Erwägungen. So ist es durchaus denkbar, daß eine solche Stimulation der Brust so etwas wie eine ständige, wenn auch latente Milchproduktion und somit den Milchfluß über sehr lange Zeit aufrechterhält. Leider kann ich nicht sagen, ob der kleine Bub während des Saugens an Bezas Brust dabei tatsächlich auch Milch aufnahm.

Nachdem Babanda mit dem Saugen aufgehört hatte, nahm Beza seine Hand, herzte und schäkerte mit ihm, wobei sie im *Babytalk* leise zu ihm sprach, ganz so, wie wir das mit unseren Säuglingen auch tun. Etwas später hatte sie den Kleinen hoch genommen und spielte »Hoppe, hoppe, Reiter« mit ihm, so wie zuvor die junge Frau Koiti. Er hatte dabei seine Hände in Bezas Gesicht verkrallt (Abb. 8.9 b). Sie drehte ihren Kopf hin und her, sprach wieder zärtlich im Babytalk und warf ihm in schneller Folge eine Anzahl *Augengrüße* zu. Dann lächelte sie freundlich, nahm das Kind in die Arme und drückte es zärtlich an sich. Bald darauf begann Beza, das Gesicht des kleinen Babanda mit vielen herzhaften Küssen zu überschütten (Abb. 8.9 c und d). Sie selbst hatte dabei die Augen geschlossen, schien sich mit dem Kind völlig allein zu fühlen und tief in ihr Tun versunken zu sein.

Babandas Mutter saß recht teilnahmslos dabei, und man hatte den Eindruck, daß sie Beza völlig vertraute. Nach der Kußserie setzte Beza Babanda wieder auf ihren Schoß, doch schaute er jetzt angestrengt zu seiner Mutter. Nach einer Weile stellte Beza den Bub auf, Guma griff nach ihm, nahm ihn zu sich und versuchte, ihm die Brust zu geben. Doch Babanda war arg quengelig, machte ein betrübtes Gesicht, gab seinen Unmut des öfteren mit Weinansätzen kund und war selbst mit der Mutterbrust nicht zufrieden. Jetzt schaute er wieder zu Beza hin, während diese zu ihm sprach und seine kleine Hand ergriff. Als er dann doch eine Weile trank, streichelte Beza währenddessen zart über seine Beinchen und machte ein sorgenvolles Gesicht. Da es offenbar mit der einen Brust nicht recht klappen wollte, drehte Guma ihn herum,

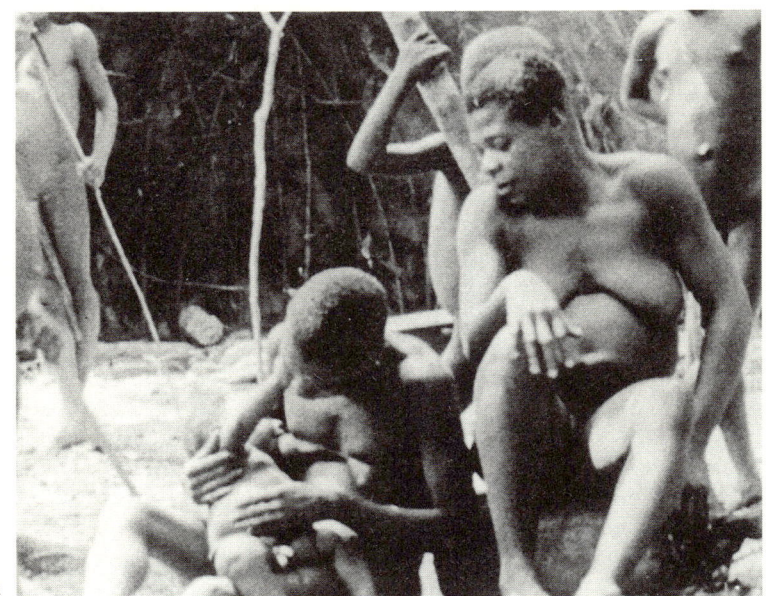

a

b

c

d

8.9 *Babanda wird von einer Freundin der Mutter, der jungen Beza, gestillt, geherzt und geküßt*

wobei der Kleine gar kein glückliches Gesicht machte. Nun trank er eine Zeitlang friedlich, mit seinen Händen aber gestikulierte er in der Luft herum, als wollte er nach Beza greifen. Sie reagierte darauf, schaute zu ihm hin, sprach wieder freundlich mit ihm und lächelte. Bald stieß Babanda die Brust seiner Mutter weg. Da er offenbar etwas Störendes im Mund hatte, waren beide Frauen bemüht, ihm zu helfen. Nachdem der Fremdkörper aus dem Mund entfernt war, begann er wieder mit dem Trinken. Mit seinen Händen griff er erneut zu Beza hinüber, die ihrerseits jetzt stärker als vorhin darauf einging, seine Hand nahm und ihn auf die Stirn küßte. Bald darauf ging Beza weg.

Der kleine Babanda schaute Beza noch lange nach und quengelte auch noch eine Zeitlang. Seine Mutter legte ihn einige Male hin und her, so daß er die Wahl hatte, mal an der einen, mal an der anderen Brust sein Glück zu versuchen. Doch konnte man dabei dem Ausdruck ihres sorgenvollen Gesichtes deutlich genug ansehen, daß der kleine Unruhegeist ihr zu schaffen machte. Eine ganze Weile noch hatte sie so mit ihm zu tun und wurde dabei völlig in Anspruch genommen. Babanda kam nur sehr langsam zur Ruhe, wobei sich auch sein bislang ziemlich betrübtes Gesicht wieder erhellte. Bald machte er Anstalten, die von seiner Mutter erneut dargebotene Brust zu akzeptieren. Er begann inbrünstig zu saugen, wobei er mit der rechten Hand Mutters Brust erfaßte und sie mit rhythmischen Kneifbewegungen fest zusammendrückte (Farb-Abb. 37), als wollte er – wie man es ja auch beim Melken tut – den Milchfluß erhöhen. Diese rhythmischen, recht festen Kneifbewegungen hielten an, solange er intensiv saugte. Dann lockerte er seine Hand, nuckelte nur mehr leicht und begann, Mutters Brust im Mund behaltend, langsam einzuschlafen.

Die Brüste der Mütter sind für alle Säuglinge und Kleinkinder – und auch noch für die Älteren (Abb. 8.1 und 8.4) – eine echte Attraktion. Man beobachtet häufig, wie die Kleinen zärtlich verspielt damit hantieren und auch mal daran nuckeln, ohne wirklich zu trinken. Doch das feste, rhythmische Zukneifen, wie es Babanda praktizierte, sah ich seinerzeit das erste Mal. Später konnte ich es auch bei anderen Pygmäensäuglingen beobachten. Ich komme nicht umhin, dieses Verhalten mit dem *Milchtritt* zahlreicher anderer Säuger zu vergleichen, mit dem es stammesgeschichtlich verwandt zu sein scheint. Wissenschaftlich näher untersucht wurde dieses *Brustkneifen* bislang noch nicht, weder bei Naturvölkern noch in Industriegesellschaften, und auch als einfache Beobachtung sind mir aus der einschlägigen Literatur keine Hinweise bekannt. Beim genaueren Hinschauen wird man es wohl bei den meisten Menschensäuglingen vorfinden, wenn es auch bei Europäern nicht gerade leicht ist, solche Verhaltensweisen zu studieren. Doch meine Salzburger Kollegin Sibylle Kalas, die dieses Verhalten bei ihren eigenen Kindern gründlich hat observieren können, stimmte voll und ganz meiner Vermutung zu, nämlich daß das Brustkneifen des Menschensäuglings mit dem Milchtritt der anderen Säuger ganz offensichtlich als stammesgeschichtlich verwandt und demzufolge als ihm *homolog* zu deuten sei.

Der Kuß ist ein *universales* Verhaltenselement und kommt bei allen Menschen in irgendeiner Weise vor. In seiner ursprünglichsten Form beobachtet man den Kuß vor allem im Mutter-Kind-Verhalten, und es gibt wohl keine Mutter auf dieser Welt, die ihr Baby oder Kleinkind nicht küßt. Neben Küssen und Mund-zu-Mund-Füttern kann man häufig auch seine *ritualisierte Zärtlichkeitsform*, nämlich das *Züngeln*, beobachten. Dabei wird die Zunge blitzschnell vorgestreckt und mit den Lippen des Babys in Berührung gebracht. Dieser Vorgang kann mehrmals wiederholt werden und macht kleinen Kindern sichtlich Freude, wie man am Spielgesicht erkennen kann. Ein solches Züngeln finden wir auch heterosexuell bei Erwachsenen während des Liebesspiels, ähnlich dem ritualisierten Kußfüttern, aber auch auf Distanz mit Leckbewegungen ins Leere. Wahrscheinlich ist es im Flirt- und Werbeverhalten ein ritualisiertes Lecken und als heterosexuelle Aufforderungsgeste zu verstehen.

Beim Schäkern und Herzen kann man häufig beobachten, wie Mütter und andere Bezugspersonen, sogenannte *Tanten*, vor allem die Kleinkinder wirklich herzlich küssen, so, wie von Beza weiter oben geschildert. Allerdings beschränkt sich dieses Verhaltenselement nur auf die Beziehungen zwischen Erwachsenen und kleinen Kindern, denn bei Erwachsenen der Bayaka untereinander kann man den Kuß nicht mehr beobachten. Daraus wurde dann fälschlich geschlossen, daß es bei den Pygmäen den Kuß gar nicht gäbe! Ganz offensichtlich hat man wohl immer darauf gewartet, daß zwei Erwachsene sich küssen. Abgesehen davon, daß auch die Pygmäen ihr durchaus existierendes Intimleben nicht unbedingt öffentlich preisgeben, ist jenem Beobachter dieses zärtliche Verhalten der Erwachsenen ihrem Nachwuchs gegenüber offensichtlich völlig entgangen, denn er schreibt:»... *entre époux comme entre mère et enfant, ils ne s'embrassent pas: ils ignorent cette marque d'affection mutuelle si fréquente en Occident* (zwischen Eheleuten wie zwischen Mutter und Kind küssen sie sich nicht: sie kennen diese im Okzident so häufige gegenseitige Affektionsbezeigung nicht)« [29]. Meine eigenen Beobachtungen und ungestellt aufgenommenen Filmdokumente [200, 211] belegen aber deutlich, wie herzlich diese Leute ihre Babys und Kleinkinder küssen können. Das tun auch die jungen Mädchen, wenn sie bei der Betreuung der Kleinen helfend eingreifen (cf. Kapitel 9). Die Pygmäen verhalten sich diesbezüglich ihrem Nachwuchs gegenüber nicht anders als wir auch.

Entwickelt hat sich der Kuß wahrscheinlich aus der Brutpflegehandlung der *Mund-zu-Mund-Fütterung*, einer bei zahlreichen Völkern und Kulturen üblichen Fütterung des Kleinkindes mit vorgekauter Nahrung. Das Baby ist von Natur aus auf dieses Verhalten eingestellt. Sobald die Mutter oder auch eine andere Bezugsperson sich mit dem Mund dem Kleinkind nähert, stülpt dieses bereits bei der Annäherung zielgerichtet die Lippen vor. Ist dann der Mund-zu-Mund-Kontakt hergestellt, schiebt das Kind seine Zunge nach vorn und macht sich wiederholende Leckbewegungen, um die dargebotene Nahrung aufzunehmen. Man kann das auch bei unseren Kindern nachvollziehen, so wie ich es bei meinem eigenen Sohn spontan und ohne Vorbereitung ausprobiert und auf seine Richtigkeit geprüft habe. Ein solches Vorgehen ist immer dann angebracht, wenn das Kleinkind – aus welchen Gründen auch immer – irgendeine bestimmte Nahrung beim Füttern aus dem Löffel ablehnt, bei der Mund-zu-Mund-Übergabe dann aber akzeptiert. Es handelt sich mit großer Wahrscheinlichkeit um ein angeborenes, das heißt ein *genetisch programmiertes Aktionsschema* des menschlichen Säuglings. Wiederholt konnte ich auch bei verschiedenen Völkern Äquatorialafrikas, vor allem auch bei den Pygmäen, dieses Verhaltenselement mit Säuglingen selbst prüfen und dabei feststellen, daß es jeweils nach dem gleichen, *universalen* Schema abläuft. Ein solches soziales Füttern und die Übergänge von der Mund-zu-Mund-Fütterung zum zärtlichen Kußfüttern und schließlich zum

Küssen von Kleinkindern sind beim Menschen evident und konnten vor allem im Rahmen vergleichend-ethologischer Untersuchungen bei Naturvölkern nachgewiesen werden [111, 115]. Auch in unseren Kulturen ist es vielerorts noch üblich. Wie fest es in die Brutpflege verankert ist, zeigt sich in zahlreichen Fällen, wo auch Tiersäuglinge, vor allem Ferkel, von den Leuten auf gleiche Weise gefüttert werden. Wie alt solche Gepflogenheiten sind, zeigt uns eine über 3000 Jahre alte Tonfigur aus einem Mayagrab in Tlatilco, welche die Mund-zu-Mund-Fütterung eines kleinen Hundes darstellt [496]. Bei freilebenden Menschenaffen, insbesondere beim Schimpansen und beim Orang-Utan, gibt es Mund-zu-Mund-Füttern als Brutpflegehandlung und ritualisiert als Kußbegrüßung unter Erwachsenen [274, 275].

Mund-zu-Mund-Fütterung in Form von *Trophallaxie* und *Trophobiose* gibt es bereits bei sozialen Insekten [190, 499]. Ähnlich wie bei der sozialen Körperpflege erlauben uns auch hier die Vögel einen interessanten entwicklungsgeschichtlichen Vergleich. Bei allen Nesthockern füttern die Eltern ihre Jungen, indem sie ihnen die Nahrung direkt durch den weit aufgesperrten Schnabel in den Rachen stopfen. Daraus entwickelte sich dann im Verlaufe der Evolution bei zahlreichen Arten das *Partnerfüttern*, das im Dienste der Paarbildung stehende Futter-Überreichen zwischen adulten Vögeln. Über die Paarbildung hinaus kann dieses Verhalten auch bei Arten beobachtet werden, wo nur ein Partner die Eier bebrütet, dieser also über die Dauer der Brutzeit weiter gefüttert werden muß. Bei vielen in Dauereinehe lebenden Arten finden wir dieses Brutpflegeverhalten auch ritualisiert als *Begrüßungsfüttern*. Etwas weiter abgewandelt kann es sich aber auch um Übergabe von Nistmaterial oder nur um einen einfachen Schnabelkontakt handeln. Die Schnabelhaltung ist dabei die gleiche wie beim Jungefüttern, doch wird kein Futter mehr übergeben. Der Schnabel des ankommenden Partners wird zur Begrüßung umfaßt wie beim Futterbetteln, dann werden die Schnäbel ineinander verschränkt [190, 496]. Dieses vom Jungefüttern und dann weiter vom Balz- und Paarfüttern abgeleitete und ritualisierte Verhalten bezeichnet man als *Schnäbeln*, das dem Kuß beim Menschen *homolog* und deshalb stammesgeschichtlich vergleichbar ist.

Auch in unserer Kultur gibt es unter Liebespaaren ritualisiertes Mund-zu-Mund-Füttern in Form von Kußfüttern und Zärtlichkeitsfüttern, wie wir es von uns selbst alle kennen. Eine interessante rituelle Fütterungsszene unter Männern im Anschluß an eine erfolgreiche Elefantenjagd kennen wir von den Ituri-Pygmäen. Einer der Jäger sitzt auf dem erlegten Tier und schneidet Fleischstücke ab, die er sich zunächst selbst zwischen die Lippen steckt und dann von Mund zu Mund an einen anderen Pygmäen weitergibt [441, 496]. Es handelt sich hierbei ganz sicherlich um ein Ritual, denn es wäre ja viel einfacher, das Stück Fleisch dem anderen Jäger einfach mit der Hand in den Mund zu stecken oder von Hand zu Hand weiterzureichen. Leider läßt sich darüber nichts weiter aussagen, da im Kommentar zum Film, der dieses Verhalten dokumentiert, zu dieser Szene keine Erklärung gegeben wird [441]. Auch wurde ein solches Ritual bei Pygmäen bis heute nicht wieder beobachtet.

Inzwischen war der kleine Babanda 4 Jahre und Guma wieder stolze Mutter einer kleinen, etwa 6 Monate alten Tochter namens Abuka. Sie war ein wunderschönes Kind, ein ruhiges und herziges Wesen (Abb. 8.10). Gumas große Soziabilität und Abukas Ausstrahlung mögen mit dazu beigetragen haben, daß die beiden zahlreiche Kontakte nicht nur in der eigenen Wohngemeinschaft, sondern auch mit Frauen und Kindern der anderen Gruppen unterhielten. Abuka stand dabei häufig im Mittelpunkt des Interesses und der Aufmerksamkeit, so wie das früher schon beim Söhnchen Babanda der Fall war.

Eines Tages verhielt sich die kleine Abuka besonders unruhig. Guma, die mit ihr etwas abseits von den Hütten an der Peripherie des Lagerplatzes im Schatten saß, nahm sie ständig von einem Schenkel auf den anderen. Abuka griff verspielt und unkoordiniert nach einer aus Rotan geflochtenen Rassel, nahm sie kurz in die Hand, ließ sie jedoch gleich wieder fallen. Bald gesellte sich eine Frau mit zwei kleinen Mädchen hinzu. Sie wandten sich Abuka zu, lächelten freundlich und spielten mit deren Händen. Das kleinere der beiden Mädchen wollte Abuka im Gesicht streicheln, doch sie schloß sogleich die Augenlider als Kontaktabbruch, wich mit dem ganzen Körper zurück und entzog sich so der Streichelintention. Auch griff Abuka, den Kontakt verhindernd, abwehrend mit einer Hand ein. Trotz dieser Abwehr hielt dieses Mädchen weiterhin Körperkontakt mit dem Baby, indem es dessen Bauch streichelte. Abuka wand und streckte sich abwehrend

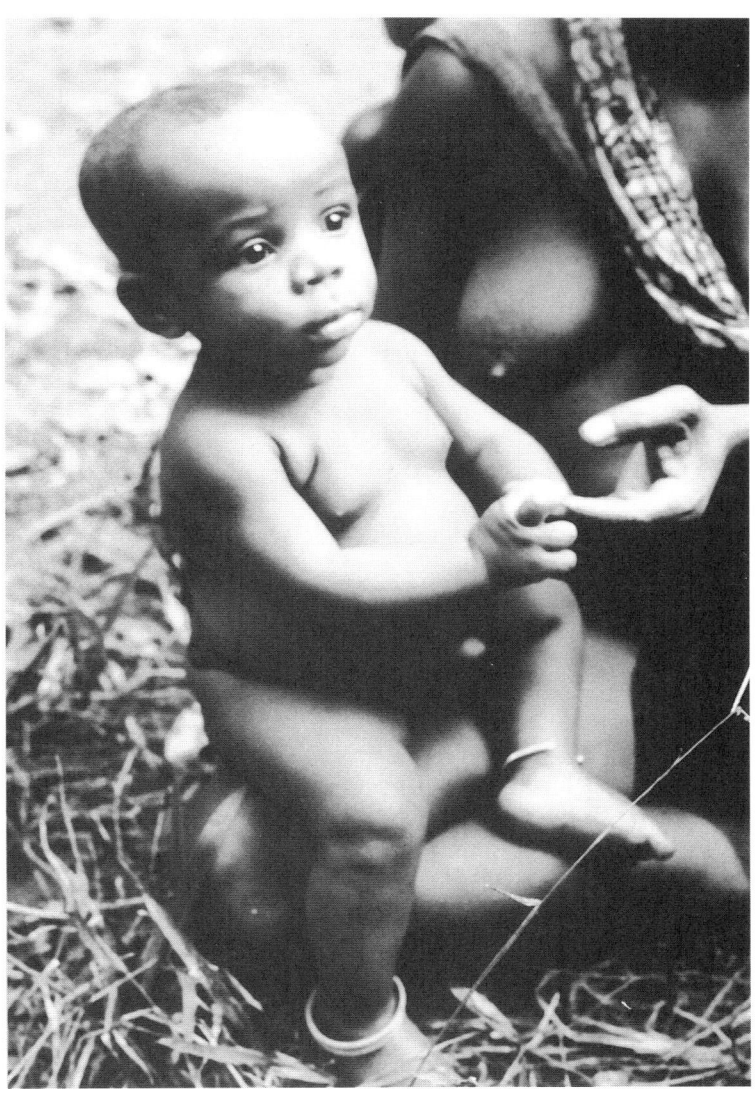

8.10 *Die kleine Abuka in der Obhut ihrer Mutter Guma*

weit nach hinten, während Guma ihrer kleinen Tochter die Brust anbot. Dabei ergriff das Mädchen noch einmal für kurze Zeit eine Hand Abukas. Es ließ dann aber von dem Baby ab, da dieses sich ständig wehrte. Abuka trank nun intensiv an Mutters Brust und benutzte dabei beide Hände. Obwohl das kleine Mädchen ständig abgewiesen wurde, spielte es – während Abuka trank – weiterhin mit einem ihrer Füße. Guma machte einmal einen Versuch abzusetzen, doch beharrte Abuka darauf, noch ein wenig weiterzutrinken, hörte aber bald von selbst auf. Sie wurde dann von ihrer Mutter aufgestellt und mit einer Hand gehalten. Sobald die Kleine stand, strebte sie auf eines der beiden Mädchen zu, während das andere dem Baby helfend unter die Arme griff. Guma verfolgte das alles sehr aufmerksam, ließ die Kinder aber gewähren. Zusammen mit den beiden Mädchen schaukelte Guma nun die stehende Abuka hin und her, und alle Beteiligten lächelten und lachten herzlich, während Abuka ein Spielgesicht zeigte. Bald darauf nahm Guma ihre kleine Tochter wieder auf ihren Schoß zurück und legte schützend beide Hände um sie. Eines der Mädchen versuchte noch einen Kontakt mit der Hand, ließ dann aber von Abuka ab und beschäftigte sich mit sich selbst. Nachdem sich Abuka weit nach vorn gebeugt hatte, strebte sie plötzlich anderen Personen zu, die sich inzwischen ganz in der Nähe niedergelassen hatten.

Bei diesen Leuten spielte sie gleich darauf am Boden mit Blättern. Sie versuchte kurz nach den Ohren eines kleinen vor ihr liegenden Hundes zu greifen, machte aber nur eine schlagende Armbewegung ins Leere. Ein im Vordergrund sitzendes vollbrüstiges Mädchen sowie die dahinter sitzende Frau mit Kind kümmerten sich allerdings nicht um Abuka und nahmen mit ihr keinen Kontakt auf. Nachdem der Hund weggelaufen war und Abuka ihm kurz nachschaute, machte sie eine »Greifintention« zur Mutter hin und wurde dann bald von ihr aufgenommen. Guma bot ihr die Brust, die Abuka bereitwillig annahm, um daran zu saugen (Abb. 8.11 a und b). Nachdem sie getrunken hatte, setzte sie sich hin und schaute mit neugierigen Augen und halb geöffnetem »Spielgesicht-Mund« kurz zu einer daneben sitzenden Frau auf. Abuka wurde von ihrer Mutter aufgestellt, wobei das Baby die Augenlider senkte, den »Spielgesicht-Mund« noch weiter öffnete, die Arme spreizte und nach der »Tante« ausstreckte, die ihrerseits mit offenen Armen und freundlichem Gesicht das kleine

Mädchen aufnahm (Abb. 8.11 c und d). Etwas später versuchte Abuka aufzustehen und wurde zunächst an ihre Mutter zurückgegeben, die sie zu einem allein spielenden Mädchen setzte. Sie griff sogleich nach den Holzstückchen des Mädchens, welches auch sofort bereitwillig einige davon abgab. Dann spielten die beiden gemeinsam. Nach einer Weile griff die Mutter des spielenden Mädchens nach einem solchen Holzstückchen und steckte es sich in den Mund. Sie beugte dann ihren Kopf weit nach vorn und begann gegenüber Abuka rhythmische Körperbewegungen auszuführen. Ihre Tochter kraulte Abuka dabei am Kinn und spielte dann an deren Brustwarzen, doch ihre Mutter versuchte dies mit abwehrenden Handbewegungen zu verhindern. Das kleine Mädchen imitierte dann seine Mutter, indem es sich auch ein Holzstückchen in den Mund steckte. Wie beiläufig legte sie kontaktsuchend eine Zeitlang ihre Hand auf Mutters Schulter.

Ein paar Tage später hielt sich Guma mit ihrer Tochter in einer benachbarten Wohngemeinschaft auf. Neben einer älteren Frau waren noch 5 Kinder anwesend, die zusammen spielten. Dabei kam es zwischen zwei Kindern zu einer aggressiven Interaktion. Ein größeres Mädchen führte gegenüber einem kleineren Kind »Schlagintentionen« aus. Es erreichte mit einer leichten »Tapsgeste« gerade noch den Handrücken des anderen Kindes, schlug also nicht wirklich zu, machte dabei aber ein sehr grimmiges Gesicht. Im Hintergrund setzte sich ein fast erwachsenes Mädchen hinzu und bekam sofort, ohne jeglichen Kommentar, von Guma die kleine Abuka ausgehändigt. Guma lächelte freundlich. Gleich nach der Übergabe bohrte sie sich, wohl im Übersprung (?), in der Nase.

Wir weilten mit Guma und einigen anderen Leuten wieder zu Besuch in einem der Nachbarlager. Einige Frauen saßen in einer Gruppe beisammen, und Abuka stand zwischen ihrer Mutter und einer anderen Frau, die das kleine Mädchen festhielt, doch Abuka schaute dabei zur Mutter. Guma kratzte sich verlegen am Kopf, ergriff einen Arm ihrer Tochter, dann schob die »Tante« Abuka zu Guma hinüber und gab ihr dabei einen Klaps auf den Po. Doch es dauerte nicht lange, bis Abuka sich wieder herumdrehte und einen Arm der »Tante« ergriff. Sie setzte sich kurz, wußte aber wohl nicht so recht, was sie eigentlich wollte, und wandte sich erneut zu ihrer Mutter. Die »Tante« hielt noch eine Weile Kontakt mit Abuka, so daß diese nicht umfallen konnte. Dann aber wur-

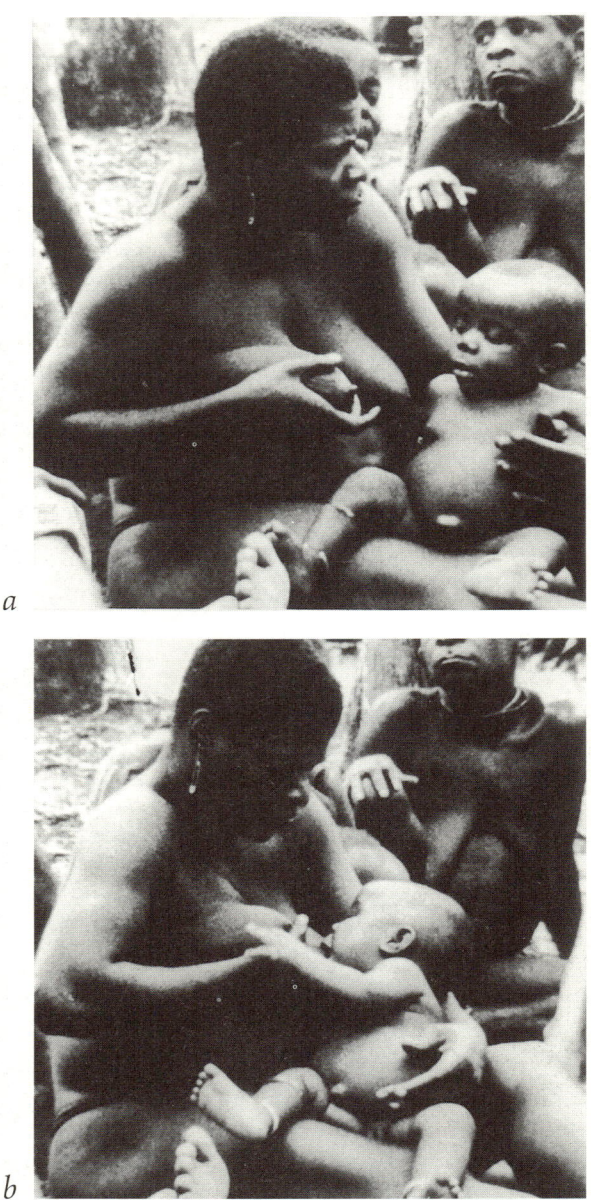

a

b

8.11 *Abuka wird von ihrer Mutter gestillt (a und b) und sucht danach den Kontakt zu einer Tante (c und d) – Erläuterungen im Text*

c

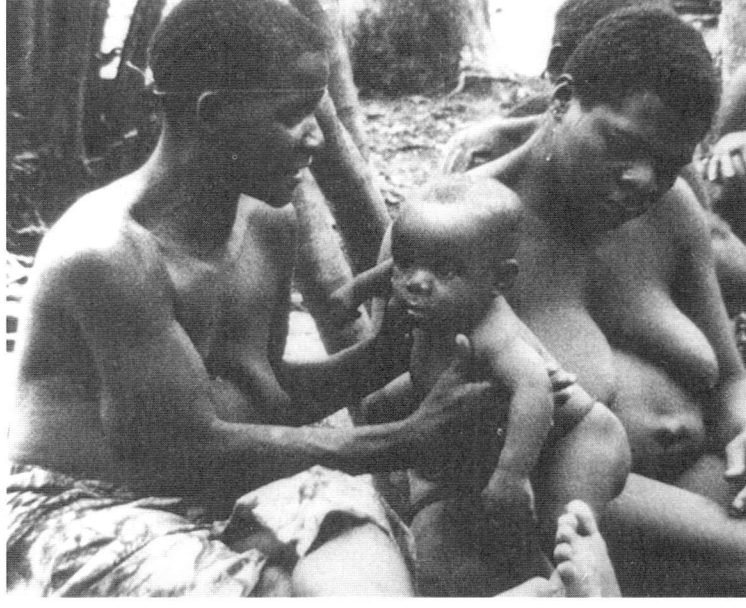

d

de sie von Guma ergriffen, die sie auf ihren Schoß setzte. Kaum saß Abuka so einige Sekunden ruhig, drehte sie sich auch schon nach der anderen Seite. Nun wurde sie von ihrer Mutter neben ein nur wenig älteres kleines Kind gesetzt, doch kam es mit ihm nicht zu Interaktionen. Abuka hatte sich einer der Frauen zugewandt, die die Kleine sofort ergriff und auf ihren Schoß setzte. Jedoch auch damit war sie nicht zufrieden, sie war an diesem Tage arg quengelig und greinte ständig. Eine weitere Betreuerin nahm Abuka nun hoch und setzte sie auf ihren Schoß, wobei die Kleine noch immer ein unzufriedenes Gesicht zeigte. Sie umfaßte das Baby schützend mit einer Hand und gab ihm zur Beruhigung leichte, rhythmische Klapse auf Po und Rücken. Mit einem Bein machte sie noch zusätzliche Auf-und-ab-Bewegungen und versuchte Abuka mit aller Macht zu beruhigen. Da sie aber offensichtlich nicht zu beruhigen war, gab auch diese Betreuerin sie an die Mutter zurück. Bei ihr bekam sie sogleich die Brust, doch saugte sie nur kurz und wandte sich ab. Guma versuchte, ihr erneut die Brust zu geben. Abuka akzeptierte. Beim Stillen klopfte Guma ihr mit der flachen Hand beruhigend und rhythmisch auf den Körper. Es folgte kurzes Absetzen und gleich wieder Trinken. Es war ein ewiges, unschlüssiges Hin und Her, ohne daß Abuka zur Ruhe kam. Guma nahm sie schließlich in den Tragegurt und lief mit ihr im Lager auf und ab.

Wir sehen an diesen Beispielen sehr deutlich die nicht unbedeutende Rolle anderer *Bezugspersonen* neben der Mutter und auch die durchaus aktive Kontaktsuche seitens des Säuglings. Solche Bezugspersonen bezeichnet man häufig als »Tanten« *sensu lato*. In der Literatur zur Ethologie des Menschen wurde bislang dieses Wort rein funktionell, also rollenbezogen benützt, ohne damit eine verwandtschaftliche Beziehung ausdrücken zu wollen. Doch wurden *verbalis et in litteris* hierzu mehrfach Bedenken angemeldet und vorgeschlagen, *Tante* beziehungsweise *Tantenverhalten* nur auf verwandtschaftliche Relationen zu beschränken. Aus diesem Grunde sollen einige Worte dazu gesagt werden.

Für Frauen, Mädchen und Freundinnen der Mutter, die oft helfend eingreifen und sich mit dem Kleinkind beschäftigen, sollte eher der Ausdruck *Betreuerin(nen)* verwendet werden. Dem wäre im Grunde nichts entgegenzusetzen. Das Wort »Tante« aber – ein Wort latino-französischen Ursprungs – hat im deutschen und französischen Sprachgebrauch längst die entsprechende Bedeutungserweiterung erfahren. In beiden Kulturen werden mit der Familie nicht verwandte Frauen, meist Bekannte und Freundinnen der Mutter, dem Kleinkind gegenüber durchaus als Tante Sowieso vorgestellt. Wenn auch diese Bedeutungserweiterung noch keinen Eingang in die entsprechenden Lexika und Enzyklopädien gefunden hat, so verdient sie dennoch Beachtung. Mir scheint, daß neben Betreuerin die Bezeichnungen Tante und Tantenverhalten bei sozialen Interaktionen zwischen weiblichen Personen und Kindern anderer Mütter durchaus weiterhin, und ohne Bedenken, verwendet werden sollten [200]. In Anlehnung an die englische Literatur findet nun auch im Deutschen die Bezeichnung *allomaternales Verhalten* Verwendung [211].

Bei den Pygmäen gehört auch der Vater zu jenen Bezugspersonen, die das Kleinkind früh in seinem Leben kennenlernt. Die Vater-Kind-Kontakte beschränken sich jedoch während der ersten Lebensmonate auf Situationen innerhalb des Wohnlagers. Die im Tragegurt transportierten Säuglinge werden nur ganz selten für wenige Minuten dem Vater übergeben. Dies resultiert aus der Tatsache, daß Männer (Väter) kaum mit den Frauen- und Mädchengruppen zusammensitzen und stets genügend andere weibliche Personen zur Verfügung stehen, die sich dem Kleinkind widmen können. Der Vater ist im Grunde entbehrlich. Väterliche Zuneigung und spielerische Interaktionen zwischen Vater und Säugling finden aber häufig statt, wenn die Leute (Vater, Mutter, Kind) vor der eigenen »familialen« Wohnhütte sitzen und sich das Kleine dabei weiterhin in Mutters Obhut befindet, also im Tragegurt gehalten wird oder auf Mutters Schoß sitzen bleibt. Allein die Tatsache des häufigen Brustgebens während der ersten Lebensmonate verbietet, daß der Säugling für längere Zeit an den Vater abgegeben werden kann. Frauen, die mit der Jagdschar ausziehen, behalten ihre Säuglinge auch dann weiterhin im Tragegurt, wenn sie zusätzlich das erlegte Wild heimzutragen haben (Farb-Abb. 29). Die ausgesprochen enge Mutter-Kind-Bindung in den ersten Lebensmonaten führt denn auch dazu, daß Kleinkinder im Krabbelalter bei »Gefahr« ausschließlich zu ihrer Mutter flüchten und bei ihr Schutz suchen. Sogar die vom Gruppensitzen während vieler Stunden des Tages gut bekannten »Tanten« *sensu lato*, Großmütter, Freundinnen der Mutter und »Teenager«-Mädchen, werden noch vor dem Vater aufgesucht.

Ab dem 2. Lebensjahr, wenn die Kinder gut selbständig laufen können und schon öfter feste Nahrung aufnehmen, tritt der Vater häufiger in Aktion (Abb. 8.12). Väter, die sich dann um ihre Kinder kümmern, können die gleichen notwendigen Aufgaben verrichten wie die Mütter, indem sie ihren Kindern die Nase putzen oder sie nach einem größeren Bedürfnis säubern. In anderen Bayaka-Gruppen ist beobachtet worden, daß betreuende Väter ihren Kindern auch Läuse aus dem Haar zupften und dringend beruhigungsbedürftigen Säuglingen sogar ihre Brustwarze anboten [218]. Doch konnte ich über viele Jahre hinweg weder das eine noch das andere Verhalten beobachten. Mir fiel aber auf, daß jüngere Väter eindeutig öfter zur Betreuung des Nachwuchses bereit waren als ältere (cf. auch Kapitel 10).

Wann immer Mütter mit ihren Kindern beisammensaßen und dem Nichtstun frönten, kam es zu interessanten Interaktionen unter den Kindern. Meist ergriffen dabei die Größeren die Initiative zum Kontakt. So auch, als zwei Frauen, mit ihren Kindern auf dem Schoß, eine Zeitlang miteinander plauderten. Eine der beiden Frauen war Guma mit dem kleinen Babanda. Das Mädchen der anderen Frau dürfte derzeit etwa 3 Jahre alt gewesen sein. Dieses sehr aufgeweckte und freundliche Mädchen ergriff die Kontaktinitiative gegenüber Babanda und streichelte ihn sanft über den Kopf. Darauf rieb und rang sie sich verlegen die Hände, streckte sie aber gleich wieder nach dem kleinen Jungen aus und streichelte ihm zärtlich die Bäckchen. Doch da wandte sich Babanda ab! Daraufhin zog sich das Mädchen weit zurück und zeigte eine den ganzen Körper einnehmende Verlegenheitsreaktion, indem sie ein Bein eng an den Körper zog und es gleichzeitig mit dem Arm umschlang. Sie warf dabei Kopf und Körper weit zurück, die andere Hand legte sie hinter ihren Kopf und zeigte ein verlegenes Gesicht mit *Lippenpressen*. Sie richtete sich bald wieder auf und schaute zu Babanda, der zunächst den Blickkontakt erwiderte, dann aber seinen Kopf wegdrehte. Das kleine Mädchen versuchte daraufhin mit schräggehaltenem Kopf und vorgehaltener Hand in *Supination* erneut eine Kontaktinitiative zu Babanda, der darauf aber wieder mit Kopfwegdrehen reagierte. Das kleine Mädchen zeigte nun eine Ambivalenz zwischen Kontaktabbruch und Kontaktaufnahme, versuchte, die Kontaktintention beizubehalten, unternahm aber sonst nichts weiter, zog ihre vorgehaltene Hand zurück und schaute verloren ins Leere. Die beiden Mütter hatten sich die ganze Zeit über neutral verhalten und nicht in die Handlungen ihrer Kinder eingegriffen.

Besonders interessant waren die Interaktionen zwischen Geschwistern. Da die Pygmäenmütter sehr lange stillen, betragen die Altersunterschiede zwischen den Geschwistern häufig 3 Jahre oder mehr. Beim gemeinsamen Spielen treten oft aggressive Elemente auf, die in der Regel von der sich in der Nähe aufhaltenden Mutter kontrolliert werden. Die älteren Geschwister sind aber meist in der Lage, sich selbst unter Kontrolle zu halten, während die Jüngeren ihren aggressiven Impulsen freien Lauf lassen.

Ein kleiner, etwa 2jähriger Junge namens Mokaja und seine ältere, etwa 5jährige Schwester Namo hielten sich bei ihrer Mutter vor der Wohnhütte auf. Das Mädchen spielte mit einem Päckchen Salz, das es kurz vorher von mir bekommen hatte. Der kleine Bruder, der bislang nur zugeschaut hatte, schlug urplötzlich – in seinem Verhalten nicht voraussehbar – eine Hand des Mädchens von dem Geschenk weg. Doch sie entzog ihrem Bruder blitzschnell die Hand und drehte sich mit dem Körper weg, ihren Bruder mit starrem Blick fixierend. Gleichzeitig holte sie aus, als wollte sie ihm ins Gesicht schlagen, doch sie tat es nicht, sondern machte kurz davor eine Ausweichbewegung und zeigte ein freundliches Gesicht. Es blieb so bei der Intentionsbewegung einer Drohgeste. Dann tat sie so, als wollte sie ihm auf den Kopf schlagen, hielt aber auch diesmal kurz vorher inne; als die Hand den Kopf des Kleinen berührte, kraulte sie ihm nur die Haare, wobei sie ein »freundlich-freches« Spielgesicht zeigte (Abb. 8.13 a). Einmal zog sie ihn leicht an den Haaren. Die Mutter, die den beiden bislang nur schmunzelnd zugeschaut hatte, erhob nun drohend die Hand, ohne etwas zu sagen. Diese Geste genügte bereits, daß ihre Tochter von dem kleinen Bruder abließ und den Blick senkte. Sie spielte sogleich wieder mit ihrem Salzbeutel, rieb und kratzte sich dabei aber mehrfach am Kopf (Abb. 8.13 b), wie man es bei Übersprung oder Verlegenheit häufig beobachten kann. Sie schienˋ schon etwas verlegen zu sein. Dann streichelte sie – als Wiedergutmachung – ihrem Bruder sanft versöhnend übers Haar. Bei dieser Gelegenheit griff der hinterlistige Schlingel erneut schnell zum Salzbeutel, doch das Mädchen schob sogleich Mokajas Hand energisch beiseite und gab ihm mit ihrem Gesichtsaus-

8.12 *Kinder in der Obhut ihrer Väter; (a) das Mädchen Kosi*

(b) Molebos Brüderchen Mongoi

druck zu verstehen, daß sie sein Zugreifen gar nicht mochte. Sie holte symbolisch drohend zu einer Schlagbewegung aus. Wohl um die Streitereien zu beenden, verlangte die Mutter plötzlich den Salzbeutel, doch das lehnte die Tochter recht energisch ab. Sie schüttelte den Kopf und verstärkte diese Verneinung noch mit Augenschließen und Entblößen der Zähne, einer eindeutig aggressiven Komponente. Wie im Übersprung strich sie sich über die Haare, dann spielte sie weiter mit dem Salzbeutel. Als Mokaja noch einmal danach griff, lehnte sie erneut ab. Doch plötzlich schlug er ihr tatsächlich auf den Kopf, was sie jedoch völlig reaktionslos erduldete. Kleine Kinder dürfen sich eben – nicht nur gegenüber den Eltern, sondern auch gegenüber den größeren Geschwistern – eine ganze Menge herausnehmen! Ein solches Verhalten kennen wir ganz universell nicht nur bei Menschen, sondern es ist auch von den meisten Säugern gut belegt. Der Bruder ließ nicht ab und griff erneut nach dem Beutel, doch Namo schob seine Hand stets entschieden beiseite. Mit abweisenden Handbewegungen und einem entschiedenen Gesichtsausdruck gab sie ihrem Bruder deutlich zu verstehen, daß sie nicht bereit war, den Beutel herzugeben. Noch einmal holte sie drohend zum Schlag aus (Abb. 8.13 c), schlug dann aber nur symbolisch auf seine Spieldecke (Abb. 8.13 d), erfaßte diese kurz, um sie ebenso symbolisch »wegzunehmen«, indem sie sie einmal kurz hochriß und dann gleich wieder fallen ließ. Da beugte sich der kleine Bub, seine Decke verteidigend, sofort nach vorn, *biß zweimal hinein, riß diese zweimal mit den Zähnen hoch* und nahm sie schließlich fest in den Arm. Eine interessante Reaktion! Neuerliche Versuche, den Salzbeutel zu ergreifen, wies Namo energisch ab, wobei er sie einmal heftig in die Seite kniff. Das Mädchen ging daraufhin entschlossen in die Hütte, holte sich dort einen Korb und lief weg.

Auf dem Schoß ihrer Mutter sitzend, spielte dieses Mädchen etwas später mit einem Stückchen Holz. Der daneben stehende Bruder griff danach und nahm es der Schwester weg. Sogleich versuchte sie, es wiederzubekommen. Mokaja mochte es aber nicht hergeben. Da griff sie recht energisch danach, wobei das Spielholz auf den Boden fiel. Sie hob es auf und bot es nun beschwichtigend ihrem kleinen Bruder an. Das sollte sicher heißen: »Du kannst das Spielholz bekommen, wenn ich bereit bin, es herzugeben, nur wegnehmen darfst du es mir nicht!« Er nahm das Holzstück entgegen und versteckte es augenblicklich hinter seinem Rücken. Dann aber gab er es seiner Schwester wieder, die damit am Boden zu spielen begann. Sie wollte es sich dabei auf Mutters Schoß gemütlich machen und versuchte sich hinzulegen, wurde aber von ihrer Mutter ziemlich unsanft hochgestoßen. Doch sie legte sich gleich wieder hin und versuchte, es sich noch bequemer zu machen, aalte sich und zeigte ein gelöstes, freundliches Gesicht. Diesmal ließ ihre Mutter sie gewähren. Die Tochter beschäftigte sich eine Zeitlang mit dem Holzstück, nahm es verspielt in den Mund und kaute darauf herum. Dann spielte sie damit »Rauchen«, indem sie kräftig daran zog, es aus dem Mund nahm und imaginär den nicht vorhandenen »Rauch« aus ihrem Mund blies, wobei sie deutlich sichtbar die Lippen vorschob. Sie räkelte sich und wurde daraufhin von ihrer Mutter spielerisch hochgestoßen. Nun stand sie auf und stellte sich neben ihren kleinen Bruder, um erneut mehrmals »Rauchen« mit imaginärem »Rauch-Ausblasen« zu spielen.

An einem anderen Tag konnte ich das Treiben der beiden Geschwister erneut beobachten. Sich auf allen vieren fortbewegend, schob das Mädchen einen kleinen Holzklotz vor sich her, stand plötzlich auf, ging mit rhythmischen Tanzschritten hin und her und hielt sich mit beiden Händen den Bauch. Währenddessen hatte ihr kleiner Bruder das Spielobjekt ergattert. Sogleich ging sie zu ihm und drückte ihn vom Spielzeug weg, sie faßte es nur kurz an, spielte aber nicht damit. Sie wollte damit wohl nur ihren Besitzanspruch demonstrieren. Nach einer Weile schob sie, am Boden rutschend, den Spielklotz in ihre Hütte. Da trat ihr Bruder plötzlich mit beiden Füßen heftig auf einen Holzstock, mit welchem ein anderes Mädchen im Sand spielte und der mit den Interaktionen der beiden gar nichts zu tun hatte; eine eindeutig umorientierte, wohl seine aufgestaute Aggression abreagierende Handlung gegenüber einem Dritten. Ganz sicher schien er sich seiner Sache nicht, denn er rannte daraufhin schleunigst weg zu seiner Schwester und stellte sich in den schützenden Hütteneingang.

Ein wenig später beschäftigte sich dieser Bub mit einem Palmwedel und versuchte, symbolisch den Eingang der Spielhütte zu verschließen. Seine Schwester stand etwas abseits und beobachtete ihn aufmerksam. Ein anderer Junge kam herbei und schaute ebenfalls zu, ging dann in die Hütte und ließ sich »einschließen«. Auch das Mädchen ging noch schnell hinein, bevor ihr Bruder

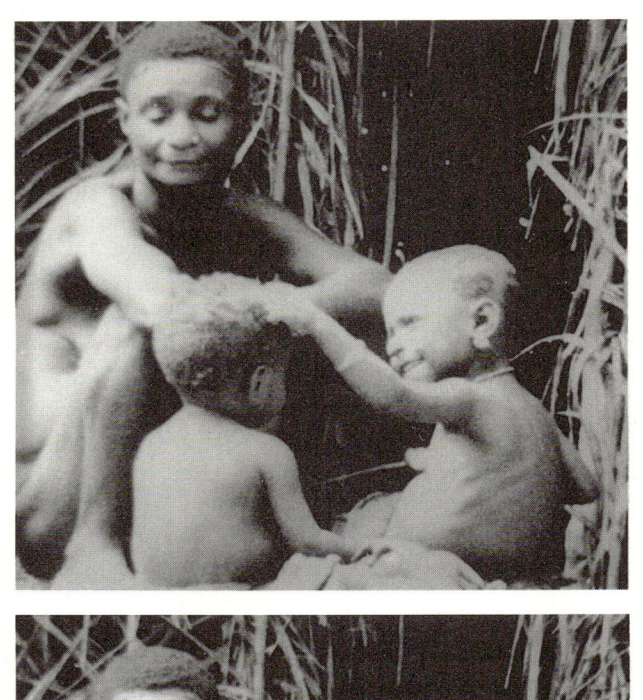

a

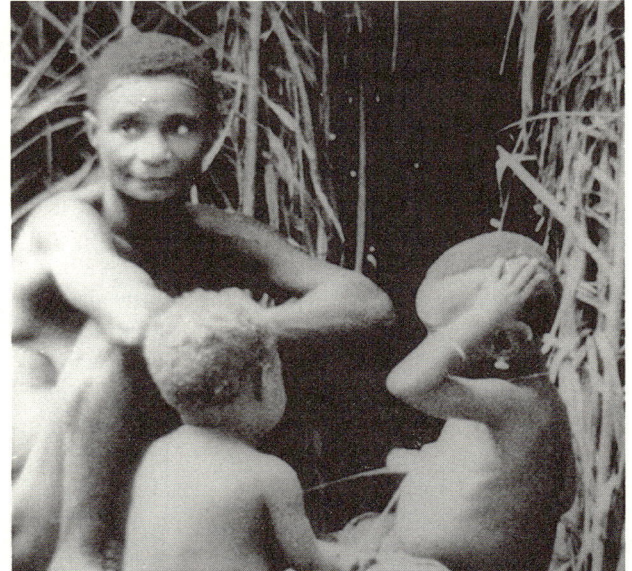

b

8.13 *Interaktionen zwischen Schwester und Bruder*
(Erläuterungen im Text)

318

c

d

mit seinem Palmwedel die Spielhütte symbolisch verschloß. Nun wollte er selbst auch noch hineinkriechen, verschob jedoch dabei den Wedel. Nach einer Weile kamen die beiden Geschwister wieder heraus. Der Bub hantierte umständlich mit dem sperrigen Wedel und verschwand damit hinter den Hütten, wohin ihm die beiden anderen Kinder folgten.

Die beiden Geschwister kamen bald wieder zum Vorschein und spielten kurze Zeit mit einer Decke und einem Tragegurt. Das Mädchen nahm die Decke über den Kopf und ging zur Spielhütte hinüber. Der kleine Bruder legte sich den Tragegurt um den Kopf und folgte seiner Schwester. Er ging ziemlich nah an mir vorbei, machte zunächst einen Schmollmund, grinste dann frech und blieb vor mir stehen. Er schaute mich eine ganze Weile ernsthaft an, verzerrte dann »abfällig« sein Gesicht und schob mit der Zunge seine Unterlippe nach vorn, obwohl es dazu eigentlich gar keinen Grund gab. Bei diesem komischen »Zunge-Herausstrecken« blieb die Zungenspitze aber hinter der Unterlippe versteckt. Ein recht interessantes, wenn auch nicht überraschendes Verhalten! Man bedenke, daß diese Geste auch in unserer Gesellschaft vorkommt. Wiewohl, nach einem Urteil des Verwaltungsgerichtes Karlsruhe »gilt die Zunge auch dann als herausgestreckt, wenn die Zungenspitze hinter der Unterlippe versteckt bleibt«. Also hatte mir der Bengel tatsächlich die Zunge herausgestreckt!

Bei den Pygmäenkindern gibt es, wie wir sehen, durchaus Objekte wie Stoffstücke als Spieldecke oder Holzklötze als Spielzeug, die sie als ihr »Eigentum« betrachten. Sie können im Rahmen sozialer Interaktionen durchaus vehement verteidigt werden, doch erlangen sie nie den Wert eines permanenten, persönlichen Besitzes. Das Interesse daran geht schnell verloren und überdauert momentane Interaktionen kaum. Solche Spielobjekte haben nur temporäres Besitzinteresse. Schon nach kurzer Zeit kann ein anderes Kind ungestört und konkurrenzlos damit spielen. Die Spielinteressen der Pygmäenkinder sind also keineswegs dauerhaft *objekt-bezogen* wie bei Kindern von isoliert lebenden Familien in unseren Kulturen [449]. Dies erklärt sich durch die Situation der sozialen Lebensgemeinschaften der Pygmäen, in denen das Kind in einem *multivalenten Beziehungsfeld* – nicht nur mit den Geschwistern, sondern auch mit den Großeltern, Nachbarn und

Freunden der Familie, Tanten *sensu lato* und den zahlreichen Kindern der Wohngemeinschaft – aufwächst und somit *liebesbezogene Ersatzobjekte* weit weniger oder gar nicht benötigt. Dagegen findet man solche bei Kindern unserer Kulturen, die in – durch getrennte Wohnungen – isolierten Kernfamilien aufwachsen und sich an den relativen Mangel an sozialem Kontakt anpassen müssen, sich so Gegenständen ihrer direkten Umwelt (Merkwelt) zuwenden und eine Stoffpuppe oder eine Wolldecke als tröstlichen Liebesersatz identifizieren.

Ein solches Verhalten konnte auch bei Rhesusaffen, die im Labor experimentell von der Mutter und der Bezugsgruppe getrennt wurden, beobachtet werden. Sie fanden erst Beruhigung, wenn sie im Käfig liegende Wolldecken eng an ihren Körper drücken konnten [171]. Auch Schimpansen- und Gorillakinder, deren Mütter von Eingeborenen getötet worden waren und die in unserer Feldstation im Gabun von Wissenschaftlern aufgezogen wurden, entwickelten – da sie nicht permanent herumgetragen werden konnten – stark »gefühlsbetonte« Beziehungen zu Ersatzobjekten wie Stofftüchern und Decken. Tagsüber schleppten sie diese mit sich herum und drückten sie häufig, vor allem bei Furcht, fest an ihre Brust, während sie sich beim Einschlafen eng daran anschmiegten oder darin einwickelten. Trotzdem, und trotz quantitativ wie qualitativ ausreichender Ernährung, waren die Überlebenschancen dieser Primatenkinder relativ gering. Nur wenige kamen durch und konnten später auf einer Insel im Ivindo in ihre natürliche Umwelt freigelassen werden, wo sie nur mehr gelegentlich mit einer Zusatzlieferung von Bananen versorgt wurden, bis sie gelernt hatten, sich völlig allein von den Früchten des Regenwaldes zu ernähren.

Die beiden oben beschriebenen Geschwister waren lebensfrohe, aufgeweckte Geister. Bei ihnen war immer irgend etwas im Gange. Eines Nachmittags lief das Mädchen mit rhythmischen, wippenden Tanzschritten vor ihrer Hütte umher, streckte dabei einen Arm aus und drohte mit geballter Faust spielerisch ihrem kleinen Bruder. Es drohte ihm allerdings »freundlich«, mit lächelndem Gesicht. Der Bruder ging auf dieses Spielchen ein und zeigte nun seinerseits der Schwester gegenüber eine aggressive, drohende Haltung mit wirklich ernster Gesichtsmimik. Bald zeigten beide gemeinsam eine Demonstration von Droh- und Angriffsgesten,

a

b

8.14 Ins »Leere« gerichtete Aggressionsspiele
zweier Geschwister (Erläuterungen im Text)

322

als wollten sie sich ernsthaft bekämpfen. Kurz darauf drohten sie nicht mehr gegeneinander, sondern zusammen in die gleiche Richtung, offensichtlich gegen eine imaginäre Person, da dort auch gar niemand stand. Es handelte sich einfach um »ins Leere« gerichtete spielerische Drohgesten (Abb. 8.14 a). Der Bub machte dabei sogar einige Schritte nach vorn, als wollte er jemanden angreifen und mit den Füßen treten (Abb. 8.14 b). Als plötzlich ein kleiner Hund vorbeikam, vollführte dieser Bub – mit gesenktem Kopf Drohblick mimend, »von-unten-heraus-schauend« und mit geballter Faust – sogar Drohbewegungen gegen den armen Hund, der wohl kaum verstand, was da vor sich ging, und schleunigst das Weite suchte.

Die beiden Geschwister hörten bald mit den Drohspielereien auf und warfen eine Zeitlang mit Palmkernen um sich, die sie aus einer vor der Wohnhütte stehenden Schüssel nahmen. Das Mädchen war dabei die Initiatorin. Gut, daß die Mutter nicht in der Nähe weilte, sind diese Kerne doch ein wertvolles Nahrungsmittel. Der kleine Bruder machte nur ein paarmal mit. Bald ging er einige Meter zur Seite und vollführte nun allein wieder seine Drohgebärden. Auf der anderen Seite des Lagerplatzes kam im gleichen Augenblick aus dem Wald ein etwas größerer Junge daher, der kurz innehielt und dann spontan auf dieses Drohspielchen auf Distanz einging, obwohl die Gesten des kleinen Buben gar nicht auf ihn gerichtet waren. Als er Anstalten machte, sich dem »herausfordernden« Mokaja zu nähern, drehte dieser plötzlich ab und rannte überstürzt zur Wohnhütte. Er lehnte sich hinter den sicheren Hütteneingang und lugte kurz darauf wieder neugierig hervor, in Richtung des größeren Jungen. Schließlich ließ seine Schwester das Kernewerfen sein, folgte ihrem Bruder, und beide verschwanden in der Tiefe der Hütte, um sich dort in der Dunkelheit zu verstecken.

9

SOZIALE NORMEN

Ebunga saß an der Feuerstelle neben ihrer Wohnhütte und verspeiste seelenruhig geröstete Yamsknollen. Nach einiger Zeit kam ihr Lebensgefährte Timbo aus dem Wald zurück. Er setzte sich wortlos in Reichweite daneben. Ohne einen Blick untereinander zu wechseln, legte sich Ebunga mit phlegmatischen Bewegungen ein *Phrynium*-Blatt zurecht, steckte sich in aller Ruhe selbst noch ein Stück Nahrung in den Mund, legte dann eine größere Knolle auf das Blatt und reichte es wortlos Timbo (Abb. 9.1 a). Mit gesenkten Augenlidern wendete Ebunga ihren Kopf, doch zeigte sie dabei *Stirnrunzeln*, und im Moment der Übergabe waren ihre Lippen fest zusammengepreßt (Abb. 9.1 b). Beide aßen dann ruhig vor sich hin (Abb. 9.1 c). Nur ab und zu warf Ebunga einen Blick in Richtung Timbo und schau-

a

9.1 *Stille Nahrungsübergabe (Teilen) zwischen den Lebenspartnern Ebunga und Timbo (a und b) sowie gemeinsames Essen (c)*

b

c

te auch einmal in die Runde. Das war wohl eine Art *Sichern*, wie das ganz allgemein und universell bei essenden Menschen beobachtet werden kann.

Timbo war in dieser Wohngemeinschaft neben Musanki eine wichtige und angesehene Person, denn er fungierte als *mò.ngàngà* (Therapeut). Diese Tätigkeit übte er auch in den benachbarten Wohngemeinschaften aus. Es mag sein, daß eine solche Verantwortung ihn zum Einzelgänger machte, aber auch seine Persönlichkeit brachte es zwangsläufig mit sich, daß er im Sinne der *attention structure* [67] eine gewisse Attraktion ausstrahlte und häufig von mehreren jungen Männern umgeben war, die ihm Aufmerksamkeit zuteil werden ließen. Auch diesmal war er nicht allein. Drei Jünglinge, die mit ihm aus dem Wald gekommen waren, setzten sich im Hintergrund nieder. Darunter war auch Bumbe mit seiner *Zitarre*, ein tüchtiger Jäger und *mò.mbài* aus einer anderen Wohngemeinschaft. Sein guter Freund, der durch *Onchozerkose* auf einem Auge erblindete Gindschako, war auch dabei. Während Timbo in aller Ruhe genüßlich vor sich hin aß, stupste Gindschako ihn mit dem Rücken der offenen Hand leicht in die Seite. Seine Hand blieb nur kurze Zeit (8 s) so bittend ausgestreckt, dann zog er sie wieder zurück. Timbo, der diese Bitte zunächst überhaupt nicht zu beachten schien, aß seelenruhig weiter. Ohne aufzusehen, legte er dann seine angebissene Nahrung nieder und brach ein noch auf dem *Phrynium*-Blatt liegendes Stück auseinander. Einen Teil davon reichte er dann (9 s später) seinem Freund Gindschako hinüber. Er schaute dabei aufmerksam zu ihm hin, drehte sich gleich wieder herum und aß ruhig weiter. Sein Gesichtsausdruck wirkte gelöst, während Gindschako sich sichtlich über diese Gabe freute.

An einem anderen Tag klopfte Ebunga Palmkerne auf (Abb. 9.2). Die herausgeholten Mandeln verzehrte sie sogleich. Ich befand mich ein paar Meter von ihr entfernt und plauderte mit einigen Leuten, als ein kleiner Junge zu mir sagte, daß Ebunga ja heute eine Menge Kerne hätte, die sehr gut schmecken würden. Er schien geahnt zu haben, daß ich noch keine Palmnüsse gegessen hatte, wußte er doch, daß mich alles interessierte, was die Pygmäen so alltäglich verzehrten.

»Sicher würde sie mir eine davon geben«, sagte er. Das mußte Ebunga gehört haben, denn sie schaute plötzlich mit großen Augen zu uns herüber. Als ich sie daraufhin fragte, ob ich denn eine solche Mandel bekommen könnte, schmunzelte sie nur, sagte aber kein Wort. So versuchte ich es halt und ging langsam zu ihr hin. Sie blickte kurz auf, senkte gleich darauf verlegen den Kopf, schloß dabei die Augenlider, griff dann aber mechanisch nach einem Kern. Freundlich lächelnd auf den Kern zeigend, verhielt ich vor ihr mit vorgehaltener offener Hand in *Supination*. Sie lächelte verschmitzt (oder verlegen?) und klopfte mit gesenktem Blick den Kern auf. Ohne aufzuschauen, immer noch mit gesenkten Au-

9.2 *Ebunga beim Aufklopfen von Palmfruchtkernen*

genlidern, legte sie mir nun die Mandel auf meine Hand (Abb.
9.3 a). Man beachte dabei den Gesichtsausdruck, besonders aber
Ebungas Mund. Noch während ich meine Hand zurücknahm, griff
sie zu einem weiteren Kern, senkte verlegen schmunzelnd den
Kopf (Abb. 9.3 b), schaute mich kurz von unten her an und lächelte erneut verlegen (Abb. 9.3 c). Mit dem Oberkörper machte sie
dann eine Rückwärtsbewegung und zog dabei das rechte Bein an,
dann schaute sie sichernd mit verschmitztem Gesicht in die Runde, als wollte sie fragen, ob denn auch alle Leute gesehen hätten,
daß sie mir eine Mandel gegeben hatte.

Von Anfang an hatte ich gute Beziehungen zur alten Ambije, irgend etwas Unbeschreibbares, aber durchaus Fühlbares, so etwas
wie ein Kommunikationsbedürfnis oder undefinierbare Vibratio-
nen schienen dem förderlich gewesen zu sein! Sie mußte anfangs
zwischen 65 und 70 Jahre alt gewesen sein, später dann aber schon
weit über 70. Das war ihr auch deutlich anzusehen. Sie bewohnte allein eine kleine Hütte, gleich neben ihrem Sohn Bumbe, der
als *mò.mbài* in dieser Wohngemeinschaft fungierte. Sie nahm
schon lange nicht mehr an dem alltäglichen Früchte- und Wur-
zelknollen-Sammeln teil. Die meiste Zeit verbrachte sie im Lager
an ihrer Feuerstelle, bereitete irgendwelche Mahlzeiten zu und
röstete Palmkerne, die sie hinterher bereitwillig verteilte. Ihre eigene Versorgungslage war gesichert, denn keines der Wohnge-
meinschafts-Mitglieder vergaß je, ihr Nahrung mitzubringen. Sie
verbrachte viel Zeit mit Plaudern, mit *Small-* und *Groomingtalks*,
und betätigte sich eifrigst bei der Betreuung kleiner Kinder.
Als »Mitglied« der Wohngemeinschaft unterlag ich zwangsläufig auch den sozialen Normen des alltäglichen Lebens, und es
bestand für mich die Verpflichtung, nicht nur zu bitten und zu
nehmen, sondern auch zu geben und zu teilen oder zu verteilen.
Solche Interaktionen waren vor allem mit Ambije immer besonders interessant. Sie hatte ein markantes, ausdrucksstarkes Gesicht und wußte damit zu spielen! Fast alltäglich versorgte ich sie
mit Zigaretten, die sie stets mit großer Freude und interessiertem
Gesicht entgegennahm. Als ich ihr das erste Mal eine Zigarette
übergab und sie diese nehmen wollte, berührte sie dabei mit ihren
Fingern ganz leicht meine Hand, dann betrachtete sie das bereits
brennende Ding aufmerksam mit zusammengekniffenen Augen
und zog kräftig daran. Nachdem sie den Rauch ausgeblasen hat-

te, lächelte sie, versteckte ihren Kopf hinter dem angewinkelten Arm und senkte verlegen den Blick, doch schaute sie bald wieder auf und war von nun an zum Plaudern mit mir aufgelegt. Selbst als wir uns besser kannten, war die Zigarettenübergabe zu einer Art Ritual geworden. Fast jedesmal lief das Verhalten von Ambije nach demselben Schema ab, indem sie nach dem ersten kräftigen Zug und dem Rauch-wieder-Ausblasen Verlegenheit durch Wegsehen demonstrierte. Es war für Ambije stets ein ganz besonderes Ereignis, »meine« Zigarette oder die »von mir angezündete« Zigarette zu rauchen.

Gemeinsames Rauchen hat bei vielen Naturvölkern eine gewisse Bedeutung als *Bindemechanismus* und dient der Festigung von Freundschaften. Der alte Musanki besaß dafür ein ganz besonderes Rauchgerät. Es war ein von zwei Wachstumsknoten begrenztes Stück Bambusrohr von über 40 cm Länge und 6 cm Dicke. Die Metallbasis einer aufgefundenen Jagdpatronenhülse hatte er so eingebaut, daß in deren zentrale Öffnung eine Zigarette senkrecht hineingesteckt werden konnte. Diese »Pfeife« – *mò.pólóti* – rauchte er nie allein. Wenn er sie ansteckte, gab er sie nach ein paar kräftigen Zügen bald an bei ihm weilende gute Freunde oder auch an Malaki weiter (Farb-Abb. 38 a und b). Durch das gemeinsame Rauchen wurde dieser »Pfeife« ganz eindeutig eine soziale Bedeutung verliehen. Da ich selbst nie rauchte, hätte man meinen können, daß ich sozial im Nachteil gewesen wäre. Doch die Leute begnügten sich damit, wenn ich einmal »aus Höflichkeit« kräftig an dieser Gemeinschaftspfeife zog.

Meine guten Beziehungen zu Ambije waren aber auch von ganz besonderem Wert für meine Integration und öffneten viele »Türen«, die mir erlaubten, einen wirklich intimen Einblick in den alltäglichen Lebensablauf dieser Wohngemeinschaft zu bekommen. So hatte ich immer mehr das Gefühl, nicht bei, sondern tatsächlich *mit* den Pygmäen zu leben. Ich vermied es von Anfang an, allzu neugierig zu sein, obwohl mein Wissensdrang manchmal kaum zu bändigen war. Doch der Lohn einer solchen Zurückhaltung blieb nicht aus. Im Laufe der Zeit erzählte man mir spontan und unaufgefordert die interessantesten Dinge. Ich bin überzeugt, am Ende viel mehr erfahren zu haben, als man je durch Er-(Be)-fragen herausbekommen konnte. Ambije war daran nicht ganz unbeteiligt!

Zu den seltenen, aber begehrten Genußmitteln der Pygmäen

a

b

c

9.3 *Ebunga gibt mir auf Bitten aufgeklopfte Palmfruchtkerne (a),*
danach verlegenes Wegsehen (b) und erneuter Blickkontakt (c)
Bild 1, 52, 69 bei 25 B/s

gehört zweifelsohne das Salz, ein Nahrungsmittelzusatz, der seit
Generationen nur durch Warentausch im sogenannten *stillen*
Handel zu bekommen war. Wenn Ambije wußte, daß ich Salz bei
mir hatte – wie auch immer sie es erfuhr –, dann waren ihre Bet-
telgesten nicht zu überbieten. Sie insistierte dann mit Nachdruck,
um einen Beutel von mir zu erheischen. Sie begann mich meist
mit Blicken zu fixieren, begleitet von einem freundlichen Lächeln.
Gleich darauf streckte sie auf Distanz ihre offene Hand in *Supi-*
nation so weit als möglich vor (Abb. 9.4 a). Diese Geste unter-
mauerte sie, indem sie den Arm im Ellenbogengelenk einknickte,
ihr Lächeln deutlich verstärkte und damit begann, zunächst den
Kopf und schließlich den ganzen Oberkörper weit nach vorn zu
beugen. Ihr Lächeln verwandelte sich dann häufig so stark, daß es
geradezu einem *Unterwürfigkeitslächeln* ähnelte (Abb. 9.4 b).
Wer kann angesichts einer solchen Bittgeste noch widerstehen?

331

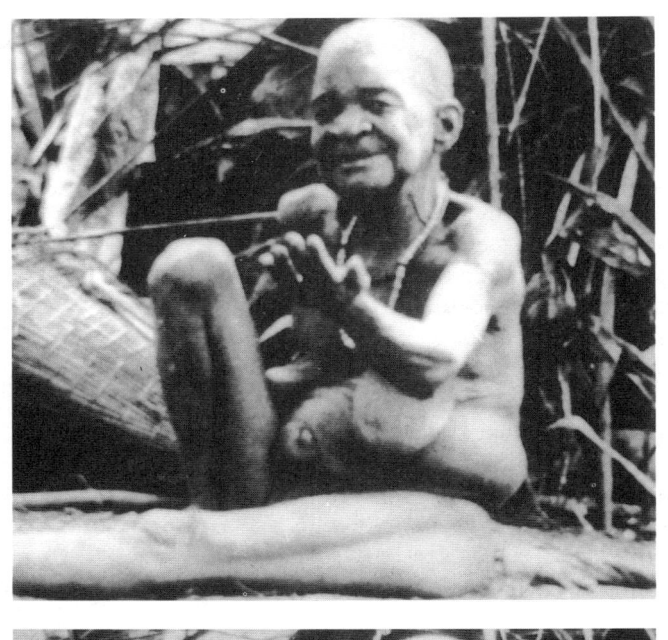

a

b

9.4 *Ambije bittet mich mit vorgehaltener Hand in Supination um ein Päckchen Salz (Erläuterungen im Text)*

Bemerkte sie, daß ich dann in meinen Sachen herumkramte, richtete sie sich auf, zog das bislang ausgestreckte Bein eng an den Körper, während sie mir weiterhin lächelnd und bittend ihre Hand entgegenhielt. Schließlich entschloß ich mich, ihr einen Beutel Salz zu überbringen. Das schien sie zunächst doch zu erstaunen, wie man dem Gesichtsausdruck mit dem halb geöffneten Mund und leicht herabhängendem Unterkiefer (Abb. 9.5 a) entnehmen kann. Mit ihrem schelmischen Blick, verdrehten Augen und der vorgehaltenen Hand verfolgte sie genau all meine Bewegungen. Sie lächelte beständig verhalten und freundlich, wobei sie die Augen immer mehr verdrehte und die Hand weiterhin ausstreckte. Es war ihr anzusehen, daß sie sich tatsächlich freute, nun endlich einen Beutel Salz von mir zu bekommen. Unmittelbar bevor ich ihr das Salz gab, hatte sie die Hand weit in meine Richtung gehalten. Obwohl die Augen nahezu begierig auf die Gabe gerichtet waren, meinte ich in den Zügen um ihren Mund so etwas wie Geniertheit erkannt zu haben (Abb. 9.5 b). Dann preßte sie die Lippen vor. Als sie endlich den Beutel entgegennehmen konnte (Abb. 9.6 a), lösten sich ihre Gesichtszüge. Danach kam es zu einem Blickwechsel mit Augenlidersenken und Blick aufs Salz, Aufblicken zu mir, Blicksenken mit Lidschließen und wieder Aufblicken (Abb. 9.6 b), wobei sie nun auch mit ihrer anderen Hand den Salzbeutel ergriff und sich von Herzen freute. Kaum hatte sie den Beutel in die andere Hand genommen – ihr Gesicht war noch voller Freude –, da griff das unweit von ihr sitzende Mädchen Molebo, so einfach ohne zu fragen, danach. Natürlich ließ sich Ambije nicht beeindrucken und hielt ihren Beutel fest, so daß das Mädchen ihr das Salz nicht entreißen konnte. – Innerhalb einer Wohngemeinschaft nimmt man sich normalerweise untereinander niemals irgend etwas weg. Schließlich kennt nicht nur jeder jeden, sondern man ist im alltäglichen Leben auch aufeinander angewiesen. Doch auf Molebos besondere Probleme werde ich weiter unten noch näher eingehen, da diese Erhebungen über einige Jahre hinweg einen nicht uninteressanten Aussagewert besitzen.

Neben Tabak und Salz sind die Pygmäen besonders auch auf Seife begierig! Schon seit einigen Tagen fragten mich die Leute immer wieder, ob ich denn kein einziges Stück dabeihätte. Natürlich gab ich nicht immer gleich alles her. Es war nicht schwer zu erraten, daß ich in den Augen der Pygmäen als unerschöpfliche

a

b

9.5 *Fortsetzung von 9.4 (Erläuterungen im Text)*

a

b

9.6 *Ambije bekommt von mir ein Päckchen Salz (a) und freut sich sichtlich darüber (b) – Erläuterungen im Text*

335

Quelle angesehen wurde. Eine weitsichtige Dosierung der Gaben war deshalb für mich oberstes Gebot.

Wieder war es Ambije, die mich unentwegt um Seife bat. Kaum hatte Molebo bemerkt, daß ich in meinen Sachen herumkramte, da war sie auch schon zur Stelle und beobachtete aufmerksam, was vor sich ging. Es näherte sich auch eine junge, mir unbekannte Frau, die schon von weitem ziemlich fordernd auftrat. Ambije, die gerade das von mir dargebotene Stück Seife entgegennehmen wollte, warf der nahenden Person einen scharfen Blick zu und musterte sie streng aus den Augenwinkeln heraus, doch dann senkte sie die Augenlider. Sie brach damit den Blickkontakt ab und maulte vor sich hin, daß diese Frau immer nur fordern würde, aber selber nur selten gebe! Dem stimmten andere Frauen im Lager zu. So kam es zu einem lauten und aufgeregten *Palabre*. Inzwischen nahm Ambije freudig die Seife entgegen, ohne die streitenden Frauen weiter zu beachten. Die fordernde Frau, die übrigens gar nicht zu dieser Wohngemeinschaft gehörte, kam noch einmal näher zu Ambije und streckte demonstrativ die Hand vor. Doch Ambije reagierte nur wortlos mit einem grimmigen Blick, wandte sich ab, schnürte konzentriert meine Gaben zu einem Paket zusammen und versteckte es dann in der hintersten Ecke ihrer Hütte.

Die streitenden Weiber hatten sich inzwischen etwas beruhigt, und die zu Besuch weilende Frau verließ langsamen Schrittes und unverrichteter Dinge das Lager. Beim Weggehen murmelte sie – ohne sich umzudrehen – noch eine ganze Weile vor sich hin. Sie wollte sich einfach nicht beruhigen, daß sie leer ausgegangen war. Doch konnte ich immer wieder beobachten, daß aggressiv fordernde Personen in der Regel leer ausgingen, da ein solches Verhalten in der kleinen Gruppe der Pygmäen einfach nicht den sozialen Normen entspricht.

Nahrung ist ein Grundelement der Existenz aller Lebewesen. Bei Naturvölkern aber, insbesondere bei Sammlern und Jägern, die keine Reserven anlegen und nichts produzieren, ist Nahrung auch ein Grundelement zur Regulierung sozialen Verhaltens. So ist vor allem Nahrungsteilen von ganz besonderer Bedeutung im Rahmen *gruppenbindender Mechanismen*. Teilen gehört aber nicht nur zu den sozialen Normen schlechthin, sondern ist besonders bei ranghohen Personen ein wichtiges Element zur Aufrechterhaltung der Aufmerksamkeitsstruktur. Wichtig dabei ist, daß man gern und »gelassen« gibt und sich nicht nötigen läßt. Nahrung spielt aber auch im Rahmen sozialer Normen in unseren »modernen« Industriegesellschaften eine beträchtliche Rolle. Hier bieten Kleinkinder auch ihnen zunächst fremden Personen, wie den Gästen der Eltern, völlig unaufgefordert etwas an, wie das wohl schon manch einer beobachtet hat. Wenn diese Kinder ein Stück Kuchen oder Brot aus der Hand essen, dann bieten sie den sich in ihrer unmittelbaren Umgebung aufhaltenden Personen ganz spontan etwas davon an. Meist wird das Stück Nahrung schon gezielt in Richtung Mund der betreffenden Person gehalten [105]. Kinder versuchen auf diese Weise den Kontakt mit ihnen fremden Personen herzustellen.

Dieses Nahrungsreichen ist ein universelles Verhaltenselement. Es handelt sich ganz offensichtlich um eine genetische *Programmierung* zum freundlichen Kontakt. Meist entwickelt sich daraus unter den Beteiligten ein nichtverbaler Dialog des Gebens und des Nehmens. Das Ablehnen solch eines Angebotes wäre ein grober Verstoß gegen die sozialen Verhaltensnormen, Normen, die nie in irgendeinem Reglement festgelegt worden sind. Dennoch finden wir sie in allen Ethnien und Kulturen der Menschheit.

Hier nur ein kleines Beispiel einer Begebenheit, die mir vor langer Zeit mein Russischlehrer erzählte und die sich in einer ganz besonders heiklen Situation abgespielt hatte. Im Zweiten Weltkrieg stieß ein deutscher Soldat mit schußbereiter, vorgehaltener Waffe im Labyrinth der Schützengräben plötzlich auf einen gerade ein Stück Brot essenden russischen Soldaten. Beide erstarrten zunächst eine unendlich lang anmutende Zeit und waren zu keinerlei Handlung mehr fähig. Dann plötzlich, ohne auch nur ein Wort zu sagen, hielt der Russe dem Deutschen mit beiden Händen die Brotstulle hin. Dieser deutete diese Geste durchaus richtig und aß von dem Brot. Dann lachten beide und gingen friedlich auseinander. Ein Stück *programmiertes* menschliches Verhalten zur friedlichen Interaktion, mitten in einem bösen Krieg!

Bei den Bayaka-Pygmäen gehört Teilen ebenfalls zu den sozialen Normen. Verweigerung des Teilens kommt deshalb auch ausgesprochen selten vor und ist dementsprechend als ein grober Verstoß gegen die Gruppennorm zu werten. Ein solches Verhalten

9.7 *Die einsame Tschamba vor ihrer Wohnhütte*

löst unweigerlich *Frustrationen* aus und führt schließlich zu aggressiven Handlungen. Nur bei wenigen, ganz bestimmten Personen und unter bestimmten Umständen konnte eine solche Verweigerung beobachtet werden. So etwa bei Tschamba, einer Tochter meines Freundes Musanki. Als alleinstehende junge Frau verhielt sie sich wie ein Einzelgänger, sprach wenig, saß stets unbeteiligt vor ihrer Hütte und nahm nur selten am Gemeinschaftsleben teil. Ihr Gesicht wirkte häufig verschlossen und ausdruckslos (Abb. 9.7). An der Lianenschnur um den Oberkörper in Höhe ihrer Brüste erkannte ich, daß sie bereits Mutter war. Leider konnte ich nicht eruieren, wie sie ihren Partner und ihr Kind verloren hatte. Diese Sitte, ein solches Brustband anzulegen, ist von Frauen bekannt, die zumindest ihr erstes Kind bereits abgestillt haben und deren Brüste dann lang und flach werden. Heranwachsende Mädchen mit bereits gut entwickelter Brust tragen es nie, auch junge ledige oder noch kinderlose Frauen nicht. Manchmal aber sah ich diese Brustschnur bereits bei kleinen Mädchen noch im Säuglingsalter! Doch bei ihnen ist es sicher Spiel oder Schmuck wie jene Bikini-Oberteile, die manche kleine Mädchen bei uns am Strand häufig tragen, obwohl sie diese ja überhaupt nicht benötigen.

An ihrer Feuerstelle sitzend, unterhielt sich Tschamba über eine gewisse Distanz mit dem Jüngling Bole, mit dem sie, wie ich bereits bemerkt hatte, recht freundschaftliche Beziehungen unterhielt. Sie lächelte ihm freundlich zu und verkündete, daß sie wunderbare Yamswurzeln im Feuer liegen habe, die man bald essen könne. Sie prüfte diese Wurzelknollen mehrmals, legte sie zwischen den glimmenden Holzscheiten zurecht und holte schließlich ein Stück heraus (Abb. 9.8 a), um davon zu essen. Bole, der das Prahlen von Tschamba vielleicht als verblümte Aufforderung aufgefaßt hatte, ließ das Werkeln an seiner Axt sein, stand auf, überquerte gemessenen Schrittes den Lagerplatz und näherte sich der jungen Frau. Diese holte währenddessen ein weiteres Stück Yams aus dem Feuer, das sie Bole hinlegte. Der junge Bursche bediente sich ohne Zögern (Abb. 9.8 b); Tschamba zeigte dabei Zufriedenheit. Bole, mit seiner Knolle in der Hand, war gerade wieder beim Weggehen, als sein guter Freund Gindschako herbeieilte, sich vor Tschamba aufstellte und auch etwas haben wollte. Ohne Umschweife versuchte er, ihr einfach ein Stück zu entreißen. Doch Tschamba war nicht gewillt, ihm etwas abzugeben, und zog demonstrativ die Hand mit der Nahrung zurück. Mit der anderen Hand wehrte sich die junge Frau, zumal Gindschako versucht hatte, sogleich zuzuschlagen. Man konnte ihr ansehen, daß sie mit des jungen Mannes Methoden gar nicht einverstanden war. In diesem speziellen Falle zu Recht! Nahrungsteilen unterstrich hier ja die besonderen freundschaftlichen, »zwischengeschlechtlichen« Beziehungen zwischen Tschamba und Bole.

Gindschako war natürlich böse und vielleicht frustriert zugleich, nichts bekommen zu haben. So versuchte er nun, mit dem Fuß nach Tschamba zu treten. Er holte zwar kräftig mit dem Bein aus, doch trat er nicht tatsächlich zu. Es blieb bei einer Intention, einer rein symbolischen Drohung. Trotzdem wich Tschamba aus, beugte sich mit dem Oberkörper zurück, drehte den Kopf zur Seite, brach augenschließend den Blickkontakt ab, preßte ihre Lippen fest zusammen und erhob gleichzeitig abwehrend die Hand (Abb. 9.9 a). Daraufhin schaute sie in Richtung des weggehenden Bole und holte sich das in der Hitze der Aktion fallengelassene Stück Yamsknolle wieder aus dem Feuer.

Nun kam es zu einer Provokation! Während Gindschako noch immer vor Tschamba stand, stützte er demonstrativ seine Hände

a

b

9.8 *Anbieten und Teilen von Nahrung durch Tschamba mit dem befreundeten Jüngling Bole (Erläuterungen im Text)*

a

b

9.9 *Nach Verweigerung von Nahrungsteilen gegenüber Gindschako Fußtritt-Intention seitens des jungen Mannes, daraufhin Abwehr und Blickkontakt-Abbruch durch Tschamba (a) sowie beiderseitige Herausforderung (b) – Erläuterungen im Text*

auf die Hüften (Abb. 9.9 b), eine universelle Drohgeste bei Menschen, welche nur dazu beitragen konnte, die junge Frau noch weiter zu reizen. Doch auch Tschamba forderte den Jüngling weiter heraus. Sie tat nun so, als stünde er gar nicht mehr neben ihr, und kümmerte sich überhaupt nicht mehr um ihn. Sie beschäftigte sich mit ihrer Nahrung, schaute einmal kurz zur Seite, wohl um sich zu vergewissern, ob man sie beobachtete, dann zerteilte sie ihr Stück Yams. Als sie sich ein Stück in den Mund stecken wollte, schlug Gindschako ihr mit der flachen Hand nun tatsächlich an den Kopf (Abb. 9.10 a). Tschamba schlug augenblicklich zurück (Abb. 9.10 b). Der junge Mann holte dann noch einmal, nur mehr symbolisch aus. Tschamba schloß dabei die Augen, zu deuten als *Blickkontakt-Abbruch* oder ritualisierte Flucht. Gindschako hatte die aussichtslose Situation inzwischen auch begriffen und ging weg, ohne etwas bekommen zu haben. Im Rücken des Jünglings zeigte Tschamba ein verschmitztes Gesicht (Abb. 9.10 c), schaute lachend in die Runde und aß nun endlich ihre Wurzelknolle. Sie schaute Gindschako noch lange nach. Ich konnte ihren Gesichtsausdruck jedoch nicht mehr länger erkennen, da mir der dichte Rauch der Feuerstelle den Blick verdeckte.

Das nach dieser aggressiven Auseinandersetzung von Tschamba gezeigte Lächeln war Gindschako gegenüber durchaus ein Ausdruck der »Schadenfreude«. Ein solches willkürliches Einsetzen von Lächeln im Dienste nicht freundlicher, zwischenmenschlicher Beziehungen hat denn auch widersprüchliche Diskussionen zur Bedeutung und zur Universalität des Lächelns hervorgerufen. Doch die Unterschiede in den Aussagen der Ethologie und der Kulturanthropologie sind an sich nicht unüberwindbar.

Das Abwehren mit erhobener Hand in Verbindung mit Lippenpressen und Blickkontakt-Abbruch (Abb. 9.9 a) ist eine weit verbreitete, universelle Geste der Ablehnung mit genetischen Determinanten, die man auch bei Blindgeborenen findet [108, 109]. Diese Abwehrhandlung wurde bei den Griechen der Antike μούτζα (moutza) genannt und hatte eine massiv beleidigende Bedeutung. Etymologisch heißt *moutza* soviel wie »Schwärzung, jemanden schwarz schmieren«. Auf Kreta gibt es das geläufige Verbum μουζώνω (mousono) für »schwärzen«; etwa »die Hände durch Asche«. Auch heute hat diese Geste in ihrer symbolischen Form noch immer stark abweisenden Charakter. Sie wurde reell ausgebaut, denn es gibt verschiedene Intensitätsstufen, etwa wenn man beide Hände abwehrend erhebt und bei sitzenden Leuten auch die Füße auf gleiche Weise mit in Aktion treten, die stets ausdrücken: »Scher dich zum Teufel!« Die Ableitung von »Schwärzung« oder »schwärzen« mit dem »Zum-Teufel-Gehen« in Beziehung zu setzen ist insofern interessant, als von den späteren Christen der Teufel stets schwarz dargestellt wurde. Es sei jedoch vermerkt, daß es in den damaligen Religionen mit personifizierten Göttern im antiken Griechenland, wie auch in Alt-Ägypten, gar keinen Teufel gab, denn er wurde erst von den Christen erfunden.

Noch bevor die Ethologie die Erforschung menschlichen Verhaltens auf biologischer Grundlage begann, existierten in der klassischen Völkerkunde Überlegungen zum Thema »Geben, Nehmen, Teilen«. So liegt bereits seit über 40 Jahren eine recht umfassende Untersuchung zur Thematik des Gebens vor [318]. Von dieser soziologisch-ethnologischen Anschauung her betrachtete man das Annehmen einer Gabe und diese mit einer Gegengabe zu erwidern als soziale Pflicht. Geben setzt man somit als grundlegend für das (Zusammen-)Leben in der Gesellschaft voraus, wobei Gabe und Gegengabe zu wesentlichen Zügen des Menschseins zu erheben sind.

Auf meinen Reisen quer durch Afrika wurde mir auf den Märkten sehr häufig eine Zwiebel als Geschenk angeboten, besonders von alten Frauen mit kärglicher Auslage, wobei mir beim Geben eine ganz besondere Herzlichkeit auffiel. Vielleicht sollte dieses spontane Schenken auch den Einkauf bei ihnen induzieren. Die Zwiebel, eine alte Kulturpflanze, die schon in Babylon und im alten Ägypten angebaut wurde, scheint einen hohen Symbolwert zu besitzen. Der durch ein solches Verhalten induzierte Kauf oder *Tausch* vermittelt somit zwischen Individualität und Autonomie und führt damit folgerichtig zur Notwendigkeit des einzelnen, soziale Bindungen zu knüpfen [320]. Somit wäre der Tausch eine Art *mediating agent* [439] zwischen der Freiheit des Individuums und den verpflichtenden, *normensetzenden* Ansprüchen der Gesellschaft, womit der Tausch gleichzeitig zum Motor für Gemeinschaftsbildung und dadurch zur Institution wird. Schon früh wurden drei grundlegende Arten von Gegenseitigkeit beim Geben und Nehmen unterschieden. Die *generalized reciprocity* zwischen Mutter und Kind sowie unter wahren Freunden und den Mitgliedern eines Haushaltes. Bei den Pygmäen, die keinen »Haushalt«

a

b

9.10 *Gindschako schlägt schließlich zu (a), Tschamba schlägt augenblicklich zurück (b), woraufhin Gindschako weggeht und Tschamba verschmitztes Lächeln demonstriert (c) – Erläuterungen im Text*

c

in unserem Sinne führen, wäre das dann innerhalb der erweiterten Kernfamilie der Fall. Die beiden anderen Formen sind die *bal-
anced reciprocity* mit Austausch von Gaben gleichen Wertes sowie die *negative reciprocity*, die den Versuch darstellt, dabei
Gewinn zu erzielen, den (Tausch-)Partner sozusagen »übers Ohr
zu hauen« [338]. Ethologische Untersuchungen ergaben, daß ana-
loge Verhaltensweisen zum Schenkverhalten von Erwachsenen
schon bei Kleinkindern recht häufig zu beobachten sind [449]. Das
spontane Geben der Kleinkinder hört allerdings auf, wenn diese
mehr und mehr zu reden anfangen [448].

Unter Sammlern und Jägern recht gut dokumentiert sind *Teilen* und *Schenken* vor allem bei den Buschleuten der Kalahari
[106, 183, 278, 313, 438]. Dort, in den Spielgruppen der Kinder,
wird unentwegt geteilt. Hat einer ein Stück Fleisch, dann beißt er
kleine Stücke davon ab und reicht sie an seine Spielkameraden
weiter, allerdings oft erst nach Aufforderung. Geben Essende nicht
gleich ab, dann stellen sich die anderen bettelnd um sie herum
und halten die offene Hand hin. Will ein Kind nicht teilen, dann
löst das bisweilen heftige Aggressionen aus, da eben Teilen ein
Verhaltenselement des *gruppenbindenden Mechanismus* ist. Obgleich das Teilen erwartet wird und zu den »guten Sitten« gehört,

wahrt man dabei aber stets das Eigentumsrecht. So wie der Jäger von seiner Jagdbeute sich zunächst ein Stück braten und selbst davon essen darf, bevor er sie weiter verteilt, so hat auch das Kind, in dessen Besitz sich etwa eine Melone befindet, das Recht, zuerst davon zu essen. Dann erst teilt es unter seinen Freunden aus. Erst in den letzten Jahren konnten entsprechende Untersuchungen auf ethologischer Basis auch an anderen Naturvölkern durchgeführt werden [115, 119, 182].

Das Betteln, mit vorgehaltener Hand in *Supination*, ist bei Menschen ein universelles Verhaltenselement. Vor dem 2. Lebensjahr beobachtet man diese Geste nicht sehr häufig. Sicher unterliegt sie einem Reifeprozeß, der zwischen dem 2. und 3. Lebensjahr seinen Höhepunkt erreicht. Man könnte sich vorstellen, daß eine so einfache Handlung durchaus sehr früh schon durch Abschauen leicht erlernt werden könnte. Doch dagegen spricht, daß diese Geste bereits von 5 Monate alten Säuglingen *richtig* verstanden und auch *nonverbal* richtig interpretiert wird [115]. Säuglinge dieses Alters sind durchaus in der Lage, dieser Bittgeste *nicht* nachzukommen, wenn sie nichts hergeben möchten. Sie reagieren dabei mit Ablehnung, die durch Bildung senkrechter Stirnfalten an der Glabella und Ansichziehen ihrer Habe ausgedrückt wird.

Nun kennen wir Bitten oder Betteln mit vorgehaltener Hand in Supination sogar schon von nichtmenschlichen Primaten. Ein erwachsener Mantelpavian, *Papio hamadryas*, im Münchner Tierpark benützte – außer den üblichen Paschamethoden – die in Richtung auf eines seiner Weibchen offen auf den Boden gelegte Hand als Aufforderung, zu ihm zu kommen oder bei ihm zu bleiben [496]. Schimpansen bitten mit dieser Geste um Einverständnis und/oder sozialen Beistand, indem ein rangtieferes Individuum, das an einem ranghöheren vorbeigehen möchte, diesem die Hand hinhält und wartet, bis es zustimmend seine Finger auf die Hand legt [273]. Aber auch um Fleisch wird auf diese Weise gebettelt. Hatte ein Schimpanse Erfolg bei der Jagd, so gehört die Beute ihm. Kein Gruppenmitglied wird versuchen, sie ihm streitig zu machen. Auch ranghöhere Individuen als der erfolgreiche Jäger, ja sogar das ranghöchste Männchen in der Gruppe, bitten dann den Besitzer des Jagdobjektes um ein Stück Fleisch und warten geduldig mit der vorgehaltenen offenen Hand – ohne dabei handgreiflich zu werden –, bis sie ein Stück abbekommen [273].

Darunter befinden sich auch Individuen, die sich nicht an der Jagd beteiligt hatten [458]. In 80% der Fälle waren es adulte Männchen und Weibchen, die vom Jäger Teile der tierischen Beute erhielten. Darüber hinaus kennt man bei Schimpansen auch ein Teilen pflanzlicher Kost zwischen allen Altersklassen und unter Beteiligung beider Geschlechter [322].

Geben, Nehmen, Teilen und Verteilen sind Elemente, die beim Menschen häufig Auskunft über die *Rangordnungsverhältnisse* geben können. Sie bestätigen oftmals auch die bereits festgelegten Kräfteverhältnisse. Das uns bereits aus der *sozialen Körperpflege* her bekannte Mädchen Mombuka stand in der Kindergruppe der Wohngemeinschaft ständig im Zentrum der Aufmerksamkeit. Ihre Ausstrahlung war unbestritten. In Anlehnung an die Kriterien der *attention structure* [67] war Mombuka unter den Kindern als ranghohes Mädchen anzusehen. Hierzu gibt es aus euro-nordamerikanischen Kulturen recht interessante Erhebungen von Vorschulkindern in Kindergärten [224, 225, 229, 321], doch fehlen uns vergleichbare Beobachtungen von natürlich zustande gekommenen Kindergruppen bei Sammler- und Jägervölkern. Das Mädchen Mombuka wurde von den Kindern zweier Wohngemeinschaften allgemein respektiert und ihr Tun von allen akzeptiert oder zumindest ohne Protest geduldet. Insofern ist es von besonderem Interesse, die Interaktionen zwischen diesem Mädchen und den anderen Kindern einmal näher zu betrachten.

An einem frühen Nachmittag waren alt und jung zwanglos versammelt. Einer der Männer hatte einen Behälter Palmwein aus dem Wald mitgebracht und teilte diesen unter einigen Erwachsenen aus. Die Kinder einer aus zwei Wohngemeinschaften gemischten Gruppe schauten aufmerksam dabei zu. Nun ist Palmwein nicht gerade etwas für Kinder. Als natürlicher Saft aus dem Stamm der Ölpalme, *Elaeis guineensis,* ist er aber auch kein sonderlich gefährliches, sondern eher ein erfrischendes Getränk. Alkohol bildet sich erst – und auch dann kaum mehr als 5% –, wenn man diesen Natursaft zur längeren Konservierung mit Bitterholz, *Garcinia kola,* aus der Familie der Clusiaceae, anreichert und eine Zeitlang gären läßt, wie es bevorzugt die Großwüchsigen tun. Die Pygmäen trinken diesen Saft in der Regel gleich nach der Gewinnung und ohne solche Zutaten.

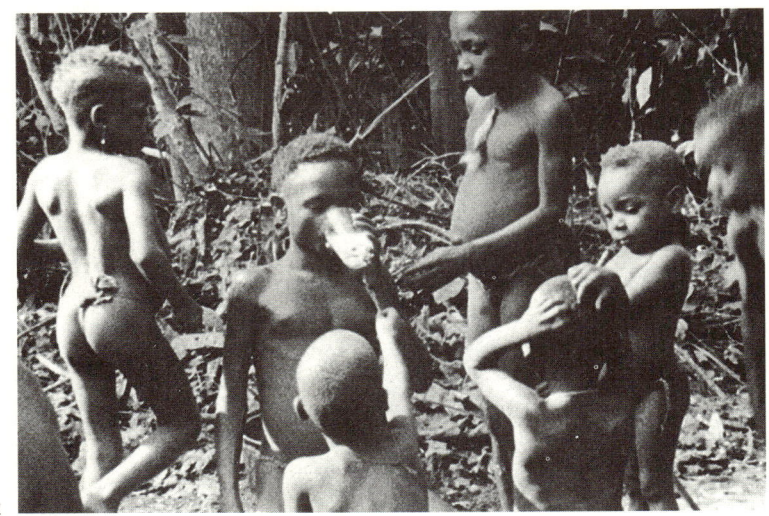

a

b

9.11 *Palmwein-Austeilen durch das ranghohe Mädchen Mombuka und Herbeieilen der rangniedrigen Molebo (a), die dabei sichtlich übergangen wird (b – d) – Erläuterungen im Text*

c

d

Mombuka beugte sich weit in Richtung der trinkenden Leute vor. Obwohl sie nichts sagte, war an ihrem Verhalten doch deutlich zu erkennen, daß sie gern etwas abbekommen hätte. Tatsächlich erbarmte sich einer der Erwachsenen und reichte Mombuka einen Becher voll hinüber. Im gleichen Augenblick kam Molebo herbeigeeilt (Abb. 9.11 a), ein Mädchen, das man ansonsten ziemlich selten in Kindergruppen sehen konnte. Während Mombuka als erste zum Trinken ansetzte und zwei andere Kinder – Lukundi sowie ein kleiner kahlköpfiger Junge – gleichzeitig ihre Hände ausstreckten, umlief Molebo die Gruppe und schaute gespannt, wie Mombuka das Glas zunächst einmal an ihre gute Freundin und ständige Begleiterin Lukundi weitergab (Abb. 9.11 b). Bei der kleinen Tschuka beobachtete ich dabei eine Verlegenheitsgeste in Form von Armanwinkeln. Während Lukundi trank, wechselte Molebo erneut den Platz und stellte sich zwischen Lukundi und Mombuka. Sie legte dabei ihre Hand auf Mombukas Schulter (Abb. 9.11 c). Eine Bittgeste?

Lukundi gab, nachdem sie getrunken hatte, das Glas zunächst wieder an Mombuka zurück, welche es nunmehr der kleinen Tschuka – dem jüngsten Mädchen in der Gruppe – reichte und ihr beim Trinken sogar behilflich war. Molebo hatte wiederum den Platz gewechselt. Sie stand nun schräg hinter Tschuka, biß sich verlegen in die Finger und schielte begierig auf das Getränk (Abb. 9.11 d). Nachdem Tschuka getrunken hatte, gab Mombuka das Glas endlich dem schon lange wartenden, vor ihr sitzenden Mukanga, während fast gleichzeitig Molebo – noch immer beide Hände im Mund – mit enttäuschter und verbissener Miene davonrannte. Ihr kurzer Aufenthalt in der Gruppe wurde kaum beachtet, und sie hatte wohl endlich begriffen, daß sie nichts abbekommen würde. Wurde Molebo absichtlich übergangen?

Man kann es sich wohl kaum anders vorstellen!

Nachdem Mukanga getrunken hatte, überging er seinen Nachbarn und reichte, unterstützt von Mombuka, das Glas an ihm vorüber zu einem anderen Jungen namens Bama. Noch während dieser trank, stand Mombuka auf, streckte sich und verließ die Kindergruppe. Lukundi folgte ihr. Der kleine Tschata – ganz rechts in der Gruppe – hatte schon seit langer Zeit die Hand auf Bamas Schulter liegen und aufmerksam den umherwandernden Becher verfolgt, doch bislang nichts bekommen. Ganz zum Schluß bekam er nun endlich ein bißchen von dem Palmwein ab. Er trank den verbliebenen kümmerlichen Rest, schaute in das nunmehr wirklich leere Glas und versuchte, noch die allerletzten Tropfen zu bekommen. Dann gab er das Glas an Bama zurück. Bald darauf löste sich die Gruppe auf, und die Kinder zerstreuten sich im Lager.

In einer Spielhütte waren einige Kinder versammelt, von denen ich nur die kleine Tschuka und Molebo erkennen konnte, da beide in der Nähe des Eingangs saßen. Ein dürres, vom ständigen Saugen seiner Welpen ausgemergeltes Hundeweibchen schnüffelte in der Hütte nach etwaigen freßbaren Resten. Die kleine Tschuka stocherte, mit einem Stück Holz spielend, im Boden. Die neben ihr sitzende Molebo knabberte an einem Stück Yams. Es dauerte nicht lange, da kam Mombuka mit ihrer Freundin Lukundi des Wegs. Die beiden Mädchen verweilten an der Hütte und warfen einen Blick auf die spielenden Kinder. Lukundi, auf einen Stock gestützt, sich mit der anderen Hand am Hüttengerüst festhaltend, schien mich ernsthaften Blickes zu mustern. Währenddessen war Mombuka in die Hütte gegangen (Abb. 9.12 a), ließ achtlos am Eingang ihr mitgebrachtes Jagdmesser auf den Boden fallen, warf einen Blick auf Molebo, um ihr – ohne Vorwarnung – gewaltsam die Nahrung zu entreißen (Abb. 9.12 b). Molebo protestierte kaum, zumindest nicht verbal, doch konnte man ihr die erlittene Unbill deutlich ansehen (Abb. 9.12 c). Daraufhin ging Mombuka in der Hütte nach hinten. Lukundi war inzwischen ein paar Schritte in die Hütte gegangen und verweilte, mit einem angewinkelten Bein und auf ihren Stock gestützt, an der Innenseite des Eingangs. Schon kurze Zeit später (6 s) warf Mombuka die Nahrung achtlos wieder vor Molebo auf den Boden (Abb. 9.12 d), ohne davon gegessen zu haben.

Mombuka hatte sich kurze Zeit zu den Kindern gesetzt, doch konnte ich nicht recht erkennen, was im hinteren Teil der Hütte vorging. Die vorn sitzende Tschuka warf kurz einen Blick auf das Geschehen, doch stocherte sie dann wieder mit ihrem Stock im Boden herum. Molebo angelte sich ein herumliegendes Messer, um ihr auf den Boden geworfenes Stück Yams von Sand und Staub zu reinigen. Bald begann sie davon zu essen. Lukundi wollte sich gerade auch niedersetzen, als Mombuka sich plötzlich erhob und die Hütte verließ. Natürlich folgte Lukundi sogleich ihrer »tonangebenden« Freundin. Auch Tschuka und ein weiteres kleines

a

b

9.12 *Nahrungswegnehmen als Rangordnungsdemonstration seitens Mombuka gegenüber der kleinen Molebo (Erläuterungen im Text)*

c

d

Bild 1, 22, 61, 199 bei 25 B/s

353

Mädchen folgten diesem immer wieder »Selbstsicherheit« ausstrahlenden und »Aufmerksamkeit« erweckenden ranghohen Mädchen, ohne aufgefordert worden zu sein. Als letzter verließ Mukanga die Hütte.

Molebo war sitzen geblieben. Kaum war der Bub ein paar Schritte gegangen, als sie ihm nachrief, ob er nicht ein Stück Yams haben möchte, und dabei die Hand mit der Nahrung leicht anhob (Abb. 9.13 a). Mukanga drehte sich ruckartig um (Abb. 9.13 b), während Molebo das Stück in zwei Teile zerbrach. Dann hielt sie ihm auf Distanz die Nahrung entgegen (Abb. 9.13 c), die sie ihm mit auf den Weg geben wollte. Mukanga machte kehrt und nahm das Geschenk an (Abb. 9.13 d), dann folgte er Mombuka. Als er so davonging, konnte man ihm ansehen, wie er sich freute (Abb. 9.13 e), während Molebo ihm aus der Hütte heraus nachschaute und allein zurückgeblieben war. Sicher wollte sie, nach all dem, was bereits vorgefallen war, nicht mit Mombuka weggehen.

Welche Folgerungen ergeben sich nun aus den Verhaltensweisen von Mombuka und ihren Interaktionen mit den anderen Kindern der Gruppe? Das kleine Mädchen Molebo war eindeutig niederen Ranges. Es diente Mombuka als eine Art »Prügelknabe« *sensu lato*, obwohl sie derartige Rangordnungsdemonstrationen gar nicht nötig hatte. Ihre Präsenz im Sinne der *attention structure* [67] schien ihrer Rolle vollauf zu genügen. Sie schien sich mit ihrer Stellung im Zentrum der Aufmerksamkeit allein nicht abzufinden. Immer wieder demonstrierte sie, wenn auch gelegentlich wie beiläufig, was sie sich alles erlauben konnte. Besonders aufschlußreich waren dabei ihre Interaktionen mit dem kleinen Mädchen Molebo. Sicher war Molebo nicht glücklich über solch böswilliges Tun, doch zeigte sie, eher verbittert, nur Resignation. Doch Molebo gab keinesfalls auf!

Ganz im Gegenteil, sie suchte Verbündete. Als der kleine Mukanga die Hütte als letzter verließ, rief Molebo ihn zurück und bot ihm ein Stück Yams an, worauf Mukanga sich umdrehte und die Nahrung entgegennahm. Obwohl Mukanga im sozialen Rang dem Mädchen Molebo recht nahe stand, war es gerade er, der beim Palmweinverteilen recht bald, nach Freundin Lukundi und der kleinen Tschuka mit »Sonderrang«, das Getränk bekam und danach von sich aus weitergeben durfte, also schon eine gewisse Rolle in dieser Kindergruppe innehatte.

a

b

c

d

e

9.13 *Freundewerben durch Nahrungsteilen von Molebo gegenüber dem kleinen, ebenfalls rangniedrigen Jungen Mukanga (Erläuterungen im Text). Bild 1, 36, 99, 138, 181 bei 25 B/s*

Aus der Bereitschaft, zu teilen und zu geben, kann man ersehen, daß Molebo durchaus bereit war, sozialen Kontakt zu haben, saß sie doch vor Mombukas Ankunft friedlich mit den anderen Kindern in der Spielhütte zusammen. Sie gab auch nicht auf, nach dem, was Mombuka wieder einmal mit ihr angestellt hatte. Mit Hilfe kleiner Geschenke suchte sie Freunde zu gewinnen. Zwar blieb sie in diesem speziellen Falle vorerst allein in der Hütte zurück, und Mombuka hatte wieder einmal erreicht, ihr alle Spielkameraden wegzulotsen. Man konnte Mukanga aber ansehen, wie er sich freute, daß Molebo ihm ein Stück Nahrung mit auf den Weg gegeben hatte. Damit war die Verbindung für Molebo nicht abgebrochen und rein potentiell die Möglichkeit für spätere freundliche Kontakte zwischen diesen beiden Kindern erhalten geblieben. – Vielleicht lag gerade in der ständigen Bereitschaft des Gebens der Schlüssel zur sozialen Integration von Molebo?

Einige Jahre später lebte Molebo mit ihrer Familie noch in einer der Wohngemeinschaften. Sie hatte sich inzwischen zu einem kecken Teenager entwickelt, doch sollte sich bald herausstellen, daß ihre *soziale Integration* bei weitem keine geregelte Sache war. Für mich ein Grund, meine besondere Aufmerksamkeit auf Molebo zu richten. Ich behielt das Mädchen, soweit das möglich war, ständig im Auge, um herauszubekommen, welche Wege Molebo denn nun beschritt, um den sozialen Normen in der Gruppe gerecht zu werden.

Molebo befand sich oft in der Gesellschaft etwas älterer Mädchen. Meist saß man ruhig diskutierend und mit Körperkontakt eng beisammen, hatte Arme und Körper ineinander geschlungen und die Beine untereinander verkreuzt, während sich ihre Blicke ziellos und verträumt im Raum verloren. Wie beiläufig spielte dann das eine oder andere Mädchen mit einem Stück Liane oder stocherte mit einem Stück Holz im Boden herum. So konnten oft Stunden vergehen. Auch gesprochen wurde dann nur wenig. Diese Mädchen ließen mit viel Muße die Zeit verstreichen. Doch konnte ich bemerken, daß sie das Geschehen im Lager aufmerksam im Auge behielten. Für mich war dabei bedeutsam, daß Molebo nun durchaus feste Freundschaften unterhielt und nicht mehr – wie noch vor einigen Jahren – das isolierte »Prügelkind« und Opfer unablässiger Rangordnungsdemonstrationen war. Eines Tages wurde ich Zeuge, wie sich Molebo mit einem Kleinkind beschäftigte, das gerade stehen konnte und sich mit den Händen an einem dünnen Stamm festhielt. Sie hielt das Kind unter die Arme gefaßt und versuchte, es an sich zu ziehen, wobei das Kind gelegentlich das Stämmchen losließ. Aber es streckte sich mit vorgehaltenen Ärmchen gleich wieder danach aus und versuchte, vorwärts zu laufen, um den Stamm erreichen zu können, doch Molebo zog den kleinen Bub augenblicklich wieder an sich, ließ ihn einige Male auf und nieder hüpfen und nahm ihn dann zwischen ihre Beine. Doch der Kleine wollte erneut in Richtung Stämmchen entweichen. Daraus ergab sich eine Zeitlang ein Hin-und-her-Wiegen des Knaben. Alsbald versuchte Molebo ein Ablenkmanöver, indem sie ihn auf und nieder hob und dabei mit den Beinen auf den Boden aufstoßen ließ und somit ihrerseits erneut den Rhythmus übernahm. Der Junge hatte dabei beide Augen geschlossen. Bald setzte Molebo den Bub auf den Boden. Wie beiläufig ergriff die daneben sitzende Freundin eine Hand des Kleinen und spielte zärtlich damit. Beide Mädchen lachten herzhaft. Bald nahm Molebo den Bub wieder auf. Kaum hatte sie ihn auf die Beine gestellt, da wandte sich der Bengel von neuem dem Baumstämmchen zu, richtete den Blick darauf und streckte seine Arme danach aus. Doch Molebo hielt den Kleinen mit Gewalt zurück und versuchte ein Ablenkmanöver, indem sie ihm unter die Arme griff und wieder Auf-und-nieder-Hüpfen mit ihm spielte.

Nachdem sich der Bub ein wenig beruhigt hatte, saß er zwischen Molebos Beinen, steckte seine kleinen Finger in den Mund und bearbeitete sie mit dem Gaumen. Alsbald nahm das daneben sitzende Mädchen den Kleinen in die Arme und stellte ihn vor sich auf. Es wollte den Bub auf ihren rechten Oberschenkel setzen, den Rücken zu Molebo gewandt, doch er war arg unruhig und wollte um keinen Preis sitzen bleiben. Darauf nahm das Mädchen ihn auf und versuchte nun ihrerseits, den kleinen Wicht mit dem Auf-und-nieder-Hüpfspiel zu beruhigen. Bei diesen Übungen hatte das Kind stets die Augen geschlossen.

An einem anderen Tag saßen Molebo und zwei ihrer Freundinnen wieder mit dem kleinen Bub zusammen. Eines der Mädchen hatte ein Stück Stoff dabei und begann, es dem Bübchen spielend als Gesäßschurz umzubinden. Auch Molebo beteiligte sich. Sie klopfte im Rhythmus mit einer Hand leicht auf den Rücken des Kleinen, nahm seine Händchen und übte mit ihm spielend Händeklatschen. Dann werkelte Molebo an seinem Gesäßschurz und

a

b

9.14 *Kleinkindbetreuung durch Molebo in Gesellschaft einer Freundin (Erläuterungen im Text)*

c

d

rückte ihn zurecht, während eines der anderen Mädchen den Kleinen weiterhin unter den Armen festhielt. Sobald das Kleinkind etwas unruhig wurde, versuchte Molebo, mit Händeklatschen und Singen das kleine Wesen zu beruhigen, während eine ihrer Freundinnen es im Rhythmus dazu wiegte. Dann summte Molebo leise vor sich hin und schlug mit der flachen Hand auf ihrem Oberschenkel einen leisen Takt. Bald zeigte das Bübchen Ermüdungserscheinungen. Es rieb sich die Augen und legte seinen Kopf eng an den Körper von Molebos Freundin. Gelegentlich steckte es den Zeigefinger in den Mund.

Eines Nachmittags beobachtete ich aus angemessener Entfernung unauffällig eine Frauengruppe mit Kleinkindern, als Molebo im Lager erschien und zielgerichtet auf ein junges Mädchen mit spitzen Brüsten und Punk-Frisur zustrebte, das ein Baby in den Armen hielt. Ohne Zögern setzte sich Molebo daneben, übernahm das Kleine und stellte es zwischen ihre gespreizten Beine. Unter die Arme greifend, ließ sie es einige Male auf und nieder hüpfen und hin und her schaukeln (Abb. 9.14 a und b). Das kleine Kind machte dabei ein Spielgesicht mit Blickkontakt und Greifintention zum anderen Mädchen hin, das darauf einging und ebenfalls ein Spielgesicht zeigte. Es hob beide Arme angewinkelt und berührte das Kind an Hals und Schulter, wich mit ihrem Oberkörper etwas zurück und berührte dann das Baby erneut (Abb. 9.14 c und d).

Etwas später kniete das Kleine auf dem Boden und versuchte, mit gespreizten Armen mit beiden Mädchen gleichzeitig Kontakt zu halten. Während Molebo es unter den Armen festhielt, stemmte es sich mit dem Kopf gegen die Brust des anderen Mädchens. Nach einer Weile stellte Molebo das Baby wieder auf, doch es neigte sich erneut nach vorn und klemmte jetzt seinen Kopf zwischen die Körper der eng beisammen sitzenden Mädchen. Es reckte und streckte dabei sein Hinterteil in die Höhe. Molebo strich mit der Hand ein paarmal darüber, dann massierte sie regelrecht und intensiv mit ihrem Mittelfinger die Gesäßspalte des Babys (Abb. 9.15). Das Kleine ließ sich dabei bäuchlings auf den Boden gleiten. Recht interessant ist Molebos Gesichtsausdruck, die zunächst wegschaut, dann die Augen schließt und sich mit halboffenem Mund verträumt dem Baby widmet, während sich ihre Freundin sichtlich über das Geschehen amüsiert. Molebo nahm das Kleinkind gleich wieder auf und hob es, ihm unter die Arme greifend, in die Höhe über ihren Kopf, stellte es auf ihre Knie und begann das Baby inniglich zu küssen (Abb. 9.16 a). Nun intensivierten sich die Interaktionen zwischen Molebo und dem Baby, das Molebo ins Gesicht kniff. Bald darauf putzte Molebo mit den Fingern den Mund des Kleinen, begann erneut mit ihm zu schmusen und es inniglich zu küssen, wobei sie mit beiden Händen den Kopf des Kindes umfaßte und es erneut fest und herzhaft küßte (Abb. 9.16 b). Ihre Freundin interessierte sich anfangs für die Interaktionen und schien sichtlich erfreut, doch dann starrte sie abwesend in die Ferne.

Nach einiger Zeit wollte Molebo das Kind wieder ihrer Freundin übergeben. Es zeigte auch willig Kontaktinitiative und griff nach ihr, doch sie ging nicht darauf ein und verhielt sich jetzt ablehnend. Ohne dabei auch nur einmal aufzusehen, legte sie den Arm abwehrend ans Gesäß des Babys und stieß mit der anderen Hand den Arm des Kleinen zurück. Mit gesenktem Kopf und ausdruckslosem Blick legte das Mädchen die Hände zwischen ihre Schenkel und schien völlig abwesend vor sich hin zu träumen. Molebo nahm das Kleinkind sogleich wieder auf und küßte es erneut, als wollte sie damit die ablehnende Haltung ihrer Freundin kompensieren. Sie hielt dabei die Augen geschlossen, während das Baby, wie beim Spielgesicht, den Mund weit geöffnet hatte. Bald darauf stand Molebo auf und verließ mit dem Baby eiligen Schrittes den Lagerplatz.

Molebos Aktionsschema für ihre soziale Integration ins Gruppenleben beschränkte sich nicht allein auf die Kontaktpflege mit etwa gleichaltrigen Mädchen und die Betreuung von kleinen Kindern. Sie befand sich auch häufig bei ihren Eltern und half bei den alltäglich anfallenden Arbeiten, wie der Zubereitung der Mahlzeiten. So erlebte ich eines Tages eine nicht uninteressante Interaktion, die sich vor der elterlichen Wohnhütte abspielte. Molebo saß halb versteckt im Hütteneingang und betreute das Feuer. Sie kümmerte sich um die darin schmorenden Yamswurzeln, die sie beständig wendete. Zwischen Molebo und ihrer Mutter Dobi saß der kleine, vielleicht 8 Monate alte Bruder Mongoi. Er spielte mit einem Stock und stocherte damit im Boden herum. Plötzlich reckte und streckte sich ihr Vater Mukanga ausgiebig, lehnte sich etwas zurück, blickte zu Molebo hinüber, streckte seine Hand nach ihr aus und bat um ein Stück Yamswurzel. Molebo zog ein Stück

a

b

9.15 *Rhythmisches »Gesäßspalte-Reiben« des zu betreuenden Kleinkindes durch Molebo (Erläuterungen im Text)*

a

b

9.16 *Molebo herzt und küßt das Kleinkind*

aus dem Feuer und reichte, ebenfalls mit ausgestrecktem Arm, ihrem Vater das Stück hinüber. In diesem Moment nahm er seinen bis dahin ausgestreckt gehaltenen Arm zurück, schaute aber weiterhin auf Molebo. Doch machte er keinerlei Anstalten, sich nach vorn zu beugen, um die Nahrung entgegenzunehmen. Breit lächelnd und schließlich lachend streckte er nun seine Hand wieder vor, ohne aber seine Körperposition zu ändern. Er kam also Molebo in keiner Weise entgegen. Da nun auch Molebo in ihrer Position verharrte, entschloß sich schließlich die Mutter zur Vermittlung, ergriff die von Molebo noch immer dargebotene Nahrung und überreichte sie ihrem Mann, den Blick dabei auf Tochter Molebo gerichtet.

Nun begann der Vater genüßlich seine Wurzel zu verspeisen. Gelegentlich putzte er das Stück ein wenig mit seiner Machete und schielte hin und wieder sichernd in die Runde, wie man das beim Essen allgemein tut. Auch Molebo nahm sich ein Stück aus dem Feuer und aß davon, während die Mutter mehr oder weniger unbeteiligt daneben saß. Etwas später saß Molebo ganz nahe mit Körperkontakt neben ihrem kleinen Bruder Mongoi, der mit einem welken Blatt spielte. Molebo brach sich ein Stück Yams auseinander und aß davon, doch das ließ den Kleinen völlig ungerührt. Seine Interessenwelt war im Moment das Spielen, ansonsten interessierte er sich nur für Mutters Brust, schließlich ernährte er sich noch ausschließlich von Muttermilch.

Molebos Mutter hatte ihre Tochter inzwischen gebeten, etwas Trinkwasser zu besorgen. Zunächst blieb diese noch einige Zeit sitzen, so als hätte sie die Bitte ihrer Mutter gar nicht vernommen. Doch dann stand sie ganz unvermittelt auf und ging schnellen Schrittes davon. Der kleine Mongoi verfolgte mit aufmerksamem Blick die Bewegungen und den Weg Molebos und steckte augenblicklich eine Hand in den Mund. Vielleicht wollte er sich so irgendwie versichern, vielleicht war es auch Verlegenheit? Je weiter sich seine Schwester entfernte, um so mehr verfinsterte sich der Blick des kleinen Mongoi. Es sah gar so aus, als wollte er weinen, zumindest war er nicht weit davon entfernt. Mongoi schaute noch über längere Zeit angestrengt, ernsthaft und traurig in jene Richtung, in der Molebo im Gebüsch verschwunden war. Die linke Hand behielt er weiterhin im Mund, manchmal hatte nur ein Finger Kontakt mit seinen Lippen.

Eine Wohngemeinschaft ist vor allem eine erweiterte Familiengruppe, in der natürlich jeder jeden bestens kennt und in der soziale Interaktionen in Form zwischenmenschlicher Beziehungen zum Abbild des alltäglichen Lebens gehören. Besonders die älteren Personen befinden sich dabei im Zentrum der Aufmerksamkeit. Ambije, die wir schon kennengelernt haben, war so eine ältere Person. Ein altes Weib. Sie saß vor ihrer Hütte und rauchte wieder einmal eine von mir gestiftete Zigarette, die bald zu Ende ging. Molebo saß auch nicht weit entfernt. Sie schaute neugierig zu Ambije, die sie gebeten hatte, ihr eine auf dem Boden liegende Zigarettenspitze zu reinigen. Molebo klopfte das Ding zunächst aus und nahm einen Halm, um es auch von innen zu reinigen. Die alte Ambije verfolgte das Geschehen aufmerksam, denn ohne diese Hilfe hätte sie ihren Zigarettenstummel ja nicht zu Ende rauchen können. Molebo blies noch einmal kurz und kräftig durch, nahm dann den Zigarettenstummel von Ambije und steckte ihn sorgfältig in die Spitze. Nun hätte sie, in Anbetracht ihres jungen Alters, Zigarette samt Spitze unverzüglich an Ambije zurückgeben müssen. Doch sie dachte überhaupt nicht daran! Zunächst zog sie einmal kräftig, um dann langsam und genüßlich den Rauch auszublasen. Ich hatte Molebo vorher noch nie rauchen sehen, obwohl ihr schon seit längerer Zeit meine ganze Aufmerksamkeit galt. Doch wie alle Pygmäenkinder hatte sie es sicher schon einige Male probiert! Ambije hatte währenddessen ihre Arme über die an den Körper angezogenen Knie verschränkt und schaute zu, ohne etwas zu sagen. Ihr Gesichtsausdruck blieb vorerst neutral. Molebo dachte noch immer nicht daran, die Zigarette zurückzugeben, machte es sich gemütlich und tat erneut einen kräftigen Zug. Ambije, obwohl in eine andere Richtung schauend, streckte nun fordernd ihre vorgehaltene offene Hand nach der Zigarette aus. Mit einer lockeren Handbewegung zeigte sie an, daß sie nicht mehr länger warten wollte. Da zog Molebo schnell noch einmal hastig und kräftig daran, gab dann endlich die Zigarette, von der nicht mehr viel übriggeblieben war, an Ambije zurück, die nun ihrerseits, als hätte sie es nicht mehr länger aushalten können, kräftig an der Zigarette zog und sich in dichten Rauch hüllte. Sie schien voller Genuß und sichtlich davon erfüllt zu sein.

10

FREMDENKONTAKT BEI KLEINKINDERN

Bei meiner ersten Begegnung mit einer kleinen Gruppe Baka-Pygmäen, damals im Gabun, interessierte mich ganz besonders das jüngste aller Kinder, Yéyés etwa 10 Monate alter Sohn Mongua. Dieser kleine Wicht konnte gerade auf allen vieren krabbeln und begann, die unmittelbare Umgebung seiner Mutter zu erkunden. Er war aber schon ein recht flinker Bub. Seine Zähne waren bereits gut entwickelt und die ersten Laktealmolaren (Milch-backenzähne) deutlich durchgebrochen; Zahneruptionen unterliegen aber einer weitgefächerten Streuung [420]. Vor mir hatte er zunächst eine fürchterliche Angst. Ein Blick von mir genügte, schon strebte er in großer Eile seiner Mutter zu und suchte Schutz zwischen ihren Beinen. Ich mußte für ihn so etwas wie ein großes, weißes Ungeheuer gewesen sein. Seine 3jährige Schwester Hasova war mir gegenüber zwar zunächst mißtrauisch, doch wurde sie von Tag zu Tag zugänglicher. Eines Tages brachte ich aus Makokou ein paar Lutscher mit. So etwas hatten die Pygmäenkinder noch nie gesehen. Ich zeigte ihnen, was man damit anfangen kann. Vorsichtig schleckten sie zunächst mit der Zunge daran, doch bald steckten sie die süßen Sachen in den Mund und lutschten genüßlich. Als ich Hasova auch so ein Wunderding gab, akzeptierte sie es verschämt mit gesenktem Kopf. Sie griff mit der Hand nach dem Geschenk, steckte es – noch ehe ich meine Hand lösen konnte – in den Mund, schaute dabei aber mit verdrehten Augen ganz eindeutig von mir, dem Fremden, weg. Ein solches Verhalten kann man als ritualisierte Flucht interpretieren. Das Mädchen wollte zwar gern weiter weg von mir sein, aber die Situation erlaubte es ihr nicht. Vielleicht erlebte sie auch eine Art Ambivalenz zwischen Bleiben und Weiter-weg-sein-Wollen, Ambivalenz, die sich durch Wegsehen mit verdrehten Augen ausdrückte.

Welche »Charme-Strategie« ich bei Mongua auch anwendete, keine einzige verfing. Alle Mühen waren vergeblich. Er fürchtete mich und war nach wie vor voller Schrecken. Jeder Versuch, ihn auch nur anzufassen, führte zu wildem Strampeln und lautem Gekreische. Er schloß die Augen, um den Kontakt zu mir abzubrechen, und schrie wild auf (Abb. 10.1 a). Da alle wußten, daß ich ihm nichts Böses wollte, griff auch niemand ein. Mongua wurde, am Boden sitzend, allein gelassen. So weinte er jämmerlich vor sich hin (Abb. 10.1 b). Kurze Zeit später, obwohl immer noch heulend, konnte er es sich nicht verkneifen, mich aus den Augenwinkeln heraus zu mustern (Abb. 10.1 c). Zwischen den Augenbrauen bildeten sich dabei auf der Höhe der Glabella kleine senkrechte Stirnfalten, Ausdruck größten Unbehagens und des Mißtrauens. Als seine Mutter Yéyé ihn schließlich aufnahm, griff er sofort nach der Brust. Kaum hatte er sie in seinem Mund, beruhigte er sich sogleich, ohne dabei zu trinken. Nun fixierte er mich erneut mißtrauisch (Abb. 10.1 d). Die senkrechten Stirnfalten der Glabella waren verschwunden, obwohl man von den Augenbrauen noch eine leichte Spannung ablesen konnte. Er prüfte mich strengen Blickes. Doch in dieser Situation war das Anknüpfen freundlichen Kontaktes bereits wieder möglich und am ehesten erfolgreich, da sich das Kleinkind an der Mutterbrust in absoluter Sicherheit befand. Etliche Wochen später, nach zahlreichen Besuchen bei der kleinen Baka-Gruppe, als wir – mein Begleiter Ekwaka und ich – für ihn keine Fremden mehr waren, empfing uns der kleine Säugling Mongua sogar mit dem Augengruß (Abb. 10.1 e), eine Geste freundlichen Kontaktes. Von nun an gehörten auch wir in seinen Bekanntenkreis.

Später, in Zentralafrika, auf einer Wanderung durch den Regenwald, begegnete ich bei den Bayaka-Pygmäen der Lobaye einem noch recht kleinen männlichen Säugling, der höchstens 5 Monate alt war, denn bei ihm war noch nicht das geringste Zeichen eines Zahndurchbruchs festzustellen. Obwohl er wohlgeborgen von seiner Mutter getragen wurde, schien sich bei ihm – plötzlich meiner ansichtig – ein gewaltiger Schock ereignet zu haben. Lautlos, mit weit geöffneten, großen, runden Augen und einer Komponente des Erstaunens, glotzte er mich völlig erstarrt an (Abb. 10.2 a). Er stülpte zunächst mit leicht geöffnetem Mund die Lippen vor. Doch bald verformte sich sein Mund zur berühmten Kommodenkastenöffnung, was den *Sulcus nasolabialis* beidseitig deutlich in Erscheinung treten ließ und Unheil ankündigte (Abb. 10.2 b). Dann dauerte es nur mehr Sekunden, bis er seine

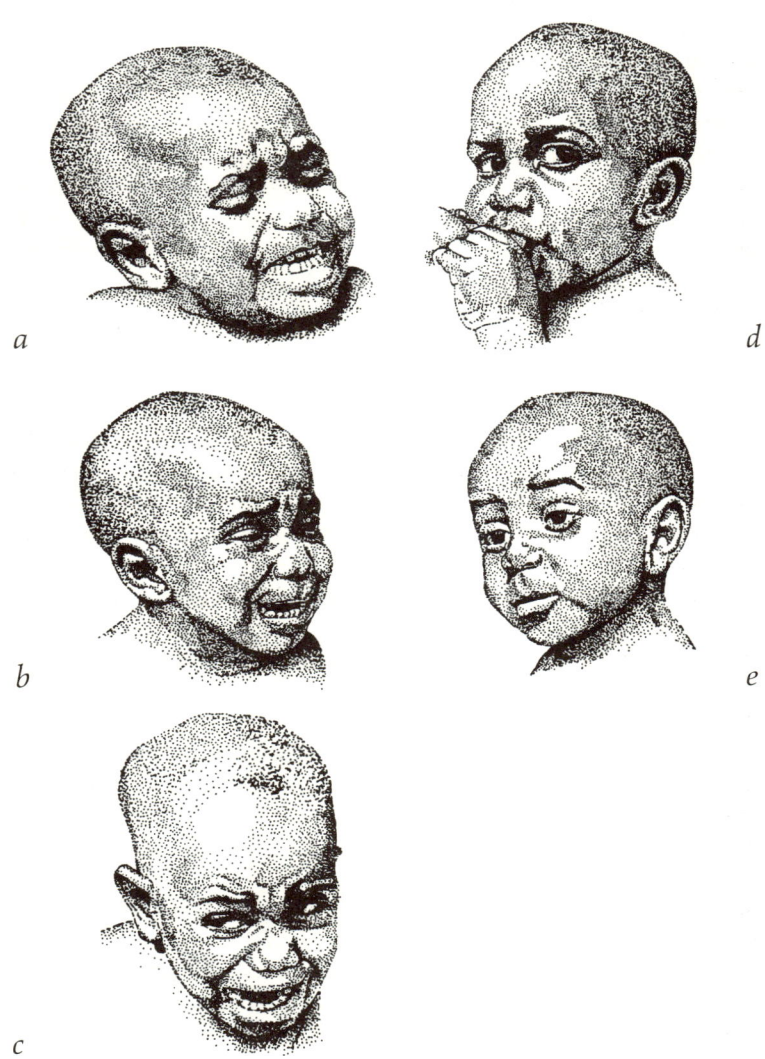

a

b

c

d

e

10.1 *Fremdenfurcht und Unterbrechung des Blickkontaktes durch
Lidschließen (a), anhaltendes Protestgeschrei (b), kurzes Sichern (c),
Beruhigungssaugen und visuelle Exploration des »Fremden« (d) des
kleinen Baka-Säuglings Mongua aus dem Gabun. Einige Wochen
später (e) freundliche Kontaktaufnahme mit Brauenheben (Augengruß) mit dem nun nicht mehr fremden Besucher.
Nach einer Fotoserie*

Augen fest verschloß, damit den Blickkontakt abbrach, mit weit aufgerissenem Mund und erstarrter Zunge in ein lautes Geschrei ausbrach. Die Nasen-Lippen-Furchen bildeten dabei tief eingeschnittene Rillen bis hinunter zur Unterlippe (Abb. 10.2 c). Alle Beteiligten, einschließlich seiner Mutter, mußten beim Anblick eines solchen Protestgebarens herzlich lachen. Doch sie beeilte sich, ihm die Brust zu bieten (Abb. 10.2 d), was er vor lauter wildem Geschrei zunächst gar nicht bemerkte. Nur langsam öffneten sich seine mit Tränenflüssigkeit unterschwollenen Augen. Dann aber stürzte er sich auf Mutters Brust und steckte sie tief in seinen Mund. Mit einer Hand verkrallte er sich fest darin, um sie ja nicht mehr zu verlieren. Ob er trank, vermag ich nicht zu sagen. Auf jeden Fall nuckelte er heftig. Es mag schon sein, daß er dabei auch ein paar Schlucke Milch zu sich nahm. Nun öffnete er auch wieder seine großen Kulleraugen und musterte mich erneut (Abb. 10.2 e). Sein Blick wirkte jetzt weniger erstarrt. Er schien mich voller Neugier zu erforschen, während ihm weiterhin große Tränen übers Gesicht rollten.

Es ist evident, daß das Kleinkind in einer solchen Situation nicht saugt, um seinen Hunger zu stillen, sondern vor allem, um sich bei Gefahr oder Angst zu trösten und zu beruhigen. Wie wir an den geschilderten Beispielen gesehen haben, bot die Mutter dem weinenden Säugling sogleich die Brust. Er beruhigte sich dann auch sehr schnell. Die Sicherheit, die ihm die warme Mutterbrust gewährte, ermöglichte ihm nunmehr, die scheinbare Gefahr zu erkunden, sich zu vergewissern, daß ihm in Wirklichkeit niemand etwas Böses wollte. Die mit der Mutterbrust im Munde bekundete Kontaktbereitschaft erlaubte ihm, den Bezugskreis der ihm bekannten Personen zu erweitern. Sollte die eigene Mutter zufällig nicht in der Nähe sein, dann kann in der Not auch eine andere Frau tröstend eingreifen, zumal bei den Bayaka-Pygmäen der Austausch von Säuglingen zu den alltäglichen Gepflogenheiten gehört (cf. Kapitel 8). Ein solches *Beruhigungssaugen* [106, 190] wurde auch bei zahlreichen anderen Naturvölkern beobachtet [115].

Es war zu erwarten, daß Beruhigungssaugen nicht allein auf den Menschen beschränkt ist. So wissen wir von Menschenaffen und von einer ganzen Anzahl Simiern, daß auch bei ihnen die Jungen nicht nur aus Hunger saugen. Wenn etwas ältere Jungtiere damit beginnen, sich von der Mutter ein wenig zu entfer-

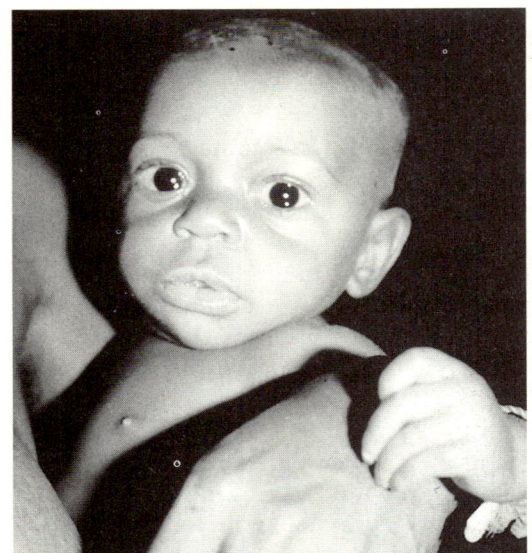

a

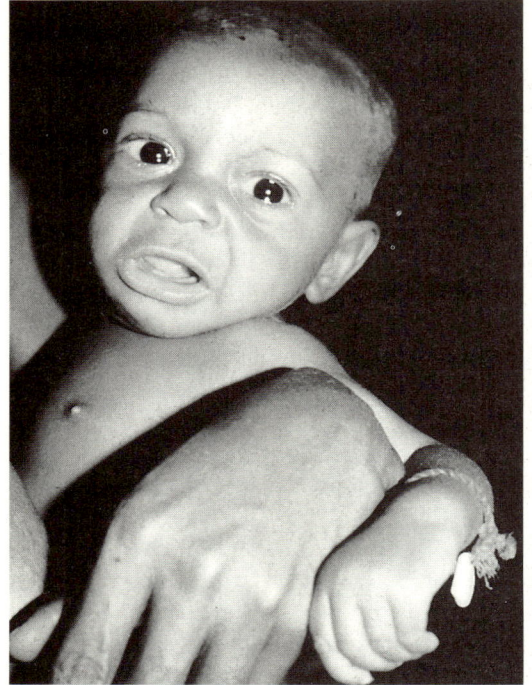

b

10.2 *Starrer Blick (a und b), Kontaktabbruch durch Lidschließen und wildes Protestgeschrei (c), Brustanbieten durch die Mutter (d), schließlich Beruhigungssaugen und visuelle Exploration des »Fremden« (e) bei einem Säugling aus der Lobaye*

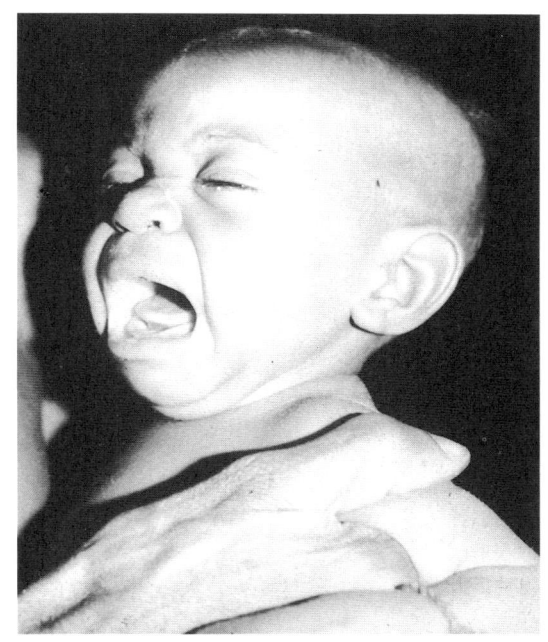

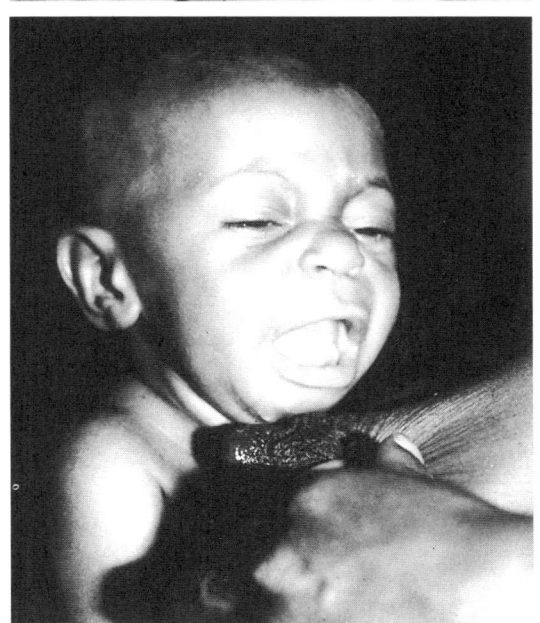

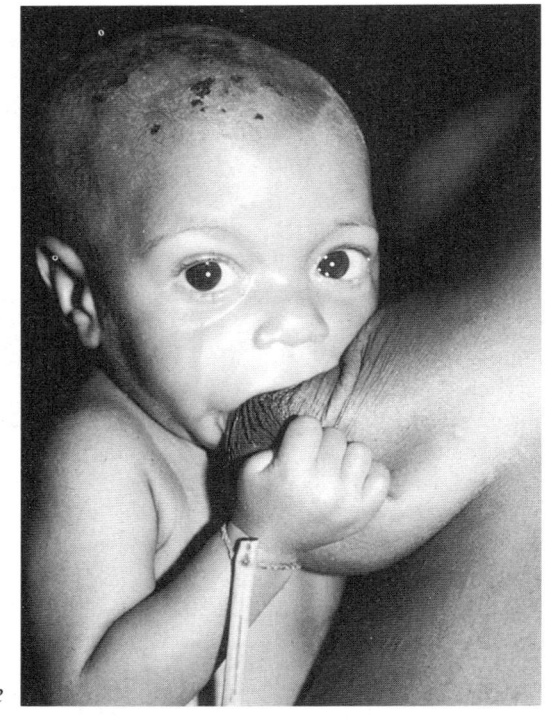

e

nen, um die nähere Umgebung zu explorieren, dabei plötzlich vor irgend etwas erschrecken, eilen sie schleunigst zur Mutter zurück, nehmen die Brustwarze zwischen die Lippen und »trinken« ein paar Schlucke. Das Erfassen der Mamilla mit den Lippen scheint aber auch ohne Trinken beruhigend zu wirken, denn man sieht häufig, wie größere Affenjunge die Brustwarze ununterbrochen im Mundwinkel behalten [496], während sie neugierig herumgucken und eigentlich schon längst nicht mehr gestillt werden. Die mit den Lippen gefühlte Mamilla ist hier möglicherweise für das Junge zu einem körperlichen Anwesenheitszeichen der Mutter geworden.

Die Mutterbrust, auf deren Attraktivität ich bereits hingewiesen habe (cf. Kapitel 8), ist für das Kleinkind nicht nur als Nahrungsquelle von Bedeutung, sondern spielt auch als Objekt der Beruhigung und Geborgenheit eine beachtliche Rolle, wobei der

Kontakt mit ihr Angst beschwichtigt und das Bedürfnis nach Sicherheit befriedigt. Dieses Beruhigungselement scheint etymologisch in dem Wort Stillen bereits enthalten zu sein, das ja nicht nur besagt, daß das Kind Milch trinkt, sondern dabei auch »gestillt« (beruhigt) wird. Somit haben das Erfassen der Brustwarzen mit den Lippen und auch das Saugen – neben dem Ziel der Ernährung – zweifelsohne noch eine wichtige soziale Funktion. Es dient der Beschwichtigung (Beruhigung) und der Festigung der Bindung zwischen Mutter und Kind. Doch die Mutterbrust ist auch gelegentlich ein Spielobjekt für die Kinder (Abb. 8.1 und 8.4), wobei die Pygmäenmütter außerordentlich große Toleranz zeigen und willig akzeptieren, wenn die Kleinen mit den Brüsten nicht nur zärtlich spielen, sondern diese oftmals auch recht energisch traktieren.

Darüber hinaus besitzt die Frauenbrust, wohl insbesondere in den vom europäischen Kulturkreis beeinflußten modernen Industriegesellschaften, einen nicht zu unterschätzenden *Signalwert* im zwischengeschlechtlichen Interaktionsbereich der Erwachsenen und ist obendrein auch im Dienste der *Frau-Mann-Bindung* von Bedeutung, denn die Liebkosung der Brustwarze der Geliebten, ein *infantiles* (verkindlichtes) Verhalten des erwachsenen (europäischen) Menschenmannes beim Liebesspiel, hat »partnerbindende« Konnotationen, und dieses um so mehr, als eine solche Brustwarzenliebkosung bei manchen Frauen durchaus einen Orgasmus auszulösen vermag. Es handelt sich dabei um ein uraltes kulturelles Erbe, denn Hinweise darauf sind uns bereits aus der Literatur des alten Ägyptens und der antiken Griechen überliefert. Außerhalb des europäischen Kulturkreises gibt es aber auch Beobachtungen, die erkennen lassen, daß die weibliche Brust in das Ritual der Begrüßung einbezogen wurde. So mußten in West-Irian Besucher aus einem anderen Dorf zunächst einmal an der ihnen angebotenen Brust der Häuptlingsfrau kurz *Willkomm-Saugen*. Diese Art von Begrüßungsverhalten findet sich auch in einem ethnologischen Dokumentarfilm bestätigt, wo beim Besuch eines Dorfes in Neuguinea sogar die Europäer vorm Eingang der Häuptlingshütte kurz symbolisch an der Brust seiner Frau saugen mußten [140].

Die weiblichen Brüste als permanente, ausgeprägte sekundäre Geschlechtsmerkmale sind in der Primatenevolution eine ganz besondere Erscheinung. Eine solche ständige Brustausformung ist bedingt durch die starke Entwicklung des *Stromas* in Verbindung mit erheblichen Fettgewebe-Einlagerungen. Warum eine solche Entwicklung stattgefunden hat, können wir heute nicht wirklich sagen, wenn es auch eine Theorie gibt, nach welcher die weiblichen Brüste eine »Gesäßimitation« sein sollen, da bekanntlich Männer besonders auf attraktive Gesäße ansprechen. Doch halte ich diese »Brust-Gesäß-Theorie« für recht gewagt und wohl ein bißchen weit hergeholt.

Die durch Fett- und Bindegewebe-Einlagerungen optisch besonders hervorgehobene Frauenbrust, in Verbindung mit dadurch entstandenen sexuellen Signalwerten, hat dazu geführt, der weiblichen Brust eine sogenannte Doppelfunktion zuzuerkennen, indem sie einen Bezug zwischen Mutter-Kind-Bindung und Frau-Mann-Band herstellt [482], doch stört mich dabei die als universell gültig angenommene Betrachtungsweise [348]. Abgesehen von der Einbeziehung der Frauenbrust ins Begrüßungsritual bei einigen Ethnien Neuguineas, wissen wir über ihre Bedeutung außerhalb des Mutter-Kind-Funktionskreises noch herzlich wenig. Die meisten Überlegungen hierzu gehen viel zu »ethnozentrisch« vom europäischen Kulturkreis aus, denn bei den bislang einigermaßen gut untersuchten Naturvölkern wie den Yanomami Venezuelas, den Eipo Neuguineas, den Buschleuten und Pygmäen sowie den meisten anderen Völkern Schwarzafrikas hat die im alltäglichen Leben nicht bedeckt getragene Frauenbrust keinerlei erotische Funktion; sie ist kein sexueller Auslöser und entzieht sich somit der Frau-Mann-Familiarisierung. Wohl aber ist die weibliche Brust bei vielen Völkern als *Brustweisen* in den *apotropäischen* Funktionskreis einbezogen [120, 121]. Das Brüste-Erfassen und -Drücken beobachtete man auch bei den Eipo-Frauen in Neuguinea bei Überraschung und Erschrecken [115], offensichtlich als Beschwichtigungsgebärde. Bei Frauen der australischen Eingeborenen wurde, als diese vor dem plötzlichen Erscheinen eines Weißen erschraken, auch Milch gespritzt, um zu zeigen, wie eine der Frauen im nachhinein erklärte, »daß sie Mutter sei und man ihr daher nichts tun möge« [32].

Bei den Bayaka-Pygmäen konnte ich in verschiedenen Situationen demonstratives Brustweisen beobachten. Meist wird dabei mit einer Hand unter die Brust gegriffen, ähnlich wie sie auch dem zu stillenden Säugling angeboten wird (Abb. 8.11). Die Brust ist dann horizontal gegen eine andere Person gerichtet. Das wirkt bei den Pygmäen mit mehrheitlich vorkommenden Kegelbrüsten besonders eindrucksvoll. Ausgeführt wird Brustweisen vorwiegend gegenüber Männern im Verlauf von Streitereien mit gesteigerten und hochkarätigen Verbalinjurien, besonders in der Endphase, sozusagen als letzte Handlung vor dem Abbruch der agonistischen Auseinandersetzungen. Nicht selten wird zur »Verstärkung« in Richtung der betreffenden Person ein durch kräftigen Handdruck erzeugter Strahl Milch gespritzt. Eine eher symbolische Handlung, da der – obwohl gerichtet abgegebene – Milchstrahl eben auf die Entfernung doch nicht trifft. Wenn sich die Antagonisten sehr nah sind, kann schon einmal ins Gesicht getroffen werden. Ein solches aggressives Verhalten konnte ich auch einmal bei einer vollbrüstigen Bretonin, einer jungen Mutter, beobachten, die im wilden Streit mit einem Mann plötzlich ihre Bluse öffnete und aus ihrer prall gefüllten Brust einen kräftigen Milchstrahl in seine Richtung spritzte und beinahe getroffen hätte, daraufhin demonstrativ kehrtmachte und davonlief, wobei sie sich noch zweimal »hämisch grinsend« umdrehte. Der betroffene Mann war augenblicklich wortlos, schien wie »versteinert« und keiner weiteren Handlung mehr fähig. Pygmäenmänner rennen in ähnlichen Situationen laut lachend davon, während sich die sonst anwesenden männlichen Personen still verhalten, die meisten weiblichen Augenzeugen aber schrille Schreie von sich geben, die bald in ein helles Kichern übergehen.

Die viel zu wenigen, aber weit gestreuten Belege dieser apotropäischen Verhaltensweise und die damit verbundenen figürlichen und ikonographischen Darstellungen scheinen anzuzeigen, daß sie wohl doch viel weiter verbreitet ist und noch akribischer Bearbeitung harrt, insbesondere in der Bedeutung ihrer Funktion. Ihr Vorkommen kann auch archäologisch belegt werden durch Frauenfiguren aus dem assyrischen Tell Kashkashuk, die bis ins 8. Jahrtausend zurückverfolgt werden können und damit die tief verwurzelte Symbolik bezeugen (Museum Aleppo). In Afrika finden wir kunsthistorische Belege vom Brustweisen vor allem markant bei den Baluba, Barega und Tschokwe (Zaire) bei Ahnenfiguren aus Holz [5 und eigene Sammlung] sowie bei Kultstatuetten und als Verzierung an Autoritätszeptern [344]. Die verblüffende bildnerische Ähnlichkeit bei den vorhandenen Belegen läßt eine genetisch programmierte Prädisposition vermuten und spricht eigentlich gegen die postulierte Annahme [115], daß sich dieses Brustzeigen als abweisende und schützende Gebärde in den verschiedenen Kulturen unabhängig voneinander entwickelt habe. Das hieße nämlich, daß wir es mit einer Konvergenzerscheinung zu tun hätten, was ohnehin innerhalb einer biologischen Art nicht möglich ist. Die starke sexuelle Attraktivität der weiblichen Brust dagegen, wie sie seit dem alten Ägypten vorwiegend in Kulturen mit europiden Menschen anzutreffen ist, scheint zu einem »Luxusprodukt« hochstilisiert worden zu sein, denn dafür gibt es Anzeichen genug. Eine solche Entwicklung schließt natürlich nicht aus, daß in der Matrix der Evolution angeborene Dispositionen vorhanden waren, die aber bei vielen anderen Völkern durch vorerst unbestimmbare Faktoren nicht zum Durchbruch gekommen sind.

Im 2. Lebenshalbjahr, insbesondere zwischen dem 6. und 8. Monat, hat das Kleinkind seine Bezugsperson(en) kennengelernt. In der Regel handelt es sich dabei um die Mutter als Hauptbezugsperson und um Personen des engeren Familienkreises. Der Säugling ist nunmehr in der Lage, ihm unbekannte, fremde Gesichter als solche zu erkennen, die er abzulehnen beginnt. Das Kind *fremdelt* jetzt. Man nennt diese Reaktion *Fremdenfurcht* oder *Xenophobie*. Eine Entwicklung, die etwa im 8. Lebensmonat ihren Höhepunkt erreichen kann, weshalb oft auch von der sogenannten *Achtmonatsangst* gesprochen wird. Meist äußert sich dieses Verhalten durch Kopfabwenden, Vermeiden des Blickkontaktes und Hinwenden zur Mutter. Werden Kinder in diesem Alter dann gar vom Fremden angefaßt, kommt es zu Protestreaktionen und wildem Geschrei, wie es der kleine Mongua mir gegenüber demonstriert hatte.

Ein solches Fremdeln ist nun nicht etwa eine Unart oder gar Dummheit. Es weist vielmehr auf einen gewaltigen, erfolgreichen Entwicklungsschritt hin. Neben seiner Mutter als evidenter Hauptbezugsperson gibt es oft noch Tanten, Großmütter und Freundinnen, die die Mutter häufig besuchen oder, wie bei den Pygmäen, ohnehin in der gleichen Wohngemeinschaft leben und sich häufig um den Nachwuchs kümmern. Sie schäkern mit den Kleinen und herzen sie. Bisweilen übernehmen sie eine Zeitlang ein Kind, liebkosen und küssen es herzhaft und geben ihm auch die Brust (cf. Kapitel 8). Der Säugling kann also zugleich mehrere Gesichter kennenlernen. Diese Personen sind natürlich keine Fremden, sondern gehören zum engeren Bezugskreis, in dem sich das tägliche Leben des Säuglings abspielt, doch bleibt in der Regel eine einzige Person, nämlich die Mutter, die Hauptbezugsperson, da sich das Kind auf jeden Fall die meiste Zeit bei ihr befindet.

Man könnte sich nun rein theoretisch die Frage stellen, wie ein Säugling reagieren, wie er sich verhalten würde, wenn zwei Personen ihm mit genau der gleichen Zugewandtheit gegenübertreten. Ein solches Experiment ist aber praktisch unmöglich, denn – und das versteht sich von selbst – die beiden Frauen müßten genau gleich häufig mit dem Säugling umgehen, ihn mit gleicher Intensität herzen und liebkosen! Sie müßten dem Säugling auch gleich häufig die Brust geben, denn dabei sind die zwischenmenschlichen Interaktionen wohl besonders eng. Doch das ist wohl schwierig, denn über die Stilldauer entscheidet letztlich der Säugling selbst. Jeglicher künstliche Abbruch muß folgerichtig als Privation empfunden werden, ein Entbehrungserlebnis hervorrufen und schließlich zu Frustrationen führen. Ganz sicher haben die beiden Frauen auch einen unterschiedlichen Körpergeruch und nicht die gleiche Stimme, vielleicht ist auch der Milchgeschmack verschieden. Die Frage, ob sich das Kind dabei möglicherweise eine »Hauptbezugsperson« selbst wählt, ganz gleich nach welchen vorerst nicht zu erhellenden, subjektiven Kriterien dies geschehen mag, ist bis heute noch nicht geklärt. Es ergibt sich außerdem die Frage, ob das Kennenlernen des Gesichtes der Mutter, wodurch sich das Kind zugleich an sie anschließt, den Charakter einer Prägung hat, wie es bei vielen Tierjungen der Fall ist und wie es auch für den Menschen gelegentlich vermutet wurde [234]. Es ist bislang auch nicht bekannt, ob es für das Kind eine betreffende *sensible Phase* gibt [155]. Wenn ja, wäre dann eine solche Prägung unwiderruflich? Sicher gibt es eine sensible Phase, in der die Einschaltung eines *Lernprozesses*, das personenbezogene (Kennen-)Lernen einer Gesichtskonfiguration, eine besondere endogene Förderung erfährt. Doch stehen noch ungezählte Fragen offen, denn die humane Ethik verbietet von selbst Versuche solcher Art – insbesondere im Interesse der Zukunft des Kindes –, durch welche es einem unverantwortbaren Konflikt mit verheerenden Folgen ausgesetzt sein würde. Man denke dabei nur an die durch *Hospitalismus autistisch* gewordenen Kinder [463].

Viele in diesem Bezugskreis anstehende Probleme wurden in der einschlägigen Literatur bereits eingehend diskutiert. Man hatte sich schon vor über 20 Jahren tiefgreifend mit der Materie auseinandergesetzt und ausführlich über den damaligen Wissensstand auf diesem Gebiet berichtet [178].

Anfangs wurde Fremdenfurcht als eine Art *Trennungsangst* gedeutet [444], doch sei betont, daß diese Interpretation nichts wirklich erklärt, denn man hat bislang nicht nachweisen können, daß die Kleinkinder auch tatsächlich die Trennung fürchten [51]. Trennungsangst dürfte wohl nicht der einzige auslösende Faktor sein, da Kleinkinder auch Fremdenscheu zeigen, wenn sie sich geschützt in der Obhut der Mutter befinden. Wäre die Spitzsche Hypothese richtig, müßte sie implizieren, daß das Kind im Schutze der Mutter zur Abstraktion eines bevorstehenden Weggenommenwerdens in der Lage wäre, doch das dürfte wohl in diesem Alter noch nicht der Fall sein. Vor dem Fremdenfurchtalter allerdings gibt es Situationen, in denen das Kind weint, wenn ihm bekannte Personen – wie unter anderem die Mutter – weggehen. In diesen Fällen könnte man sehr wohl von Trennungsangst sprechen. Fremde Personen brauchen hierbei nicht in Aktion zu treten.

Bei der Fremdenfurcht dürfte es sich um eine elementare, wohl genetisch programmierte und damit angeborene Verhaltensweise handeln, da sie bei allen Menschenkindern – ganz gleich welcher Ethnie oder Kultur – gleichermaßen in Erscheinung tritt, wie dies aus vergleichenden Untersuchungen ersichtlich geworden ist. Diese Annahme wurde auch durch Beobachtungen an *taubblind* geborenen Kindern erhärtet [109], bei denen sich Fremdenfurcht und Fremdenablehnung auf die gleiche Weise entwickeln wie bei gesunden Kindern. Der Fremde wird hier an der *Stimme* und am *Geruch* erkannt. Es handelt sich dabei um zwei wichtige Erkennungselemente bei praktisch allen inter-individuellen Interaktionen zwischen Kleinkindern und Erwachsenen [115], aber auch bei Erwachsenen untereinander [226].

Bei Säuglingen im 1. Lebensjahr unterliegt die Reaktion auf ihnen fremde Personen einer gewissen Plastizität, abhängig von der individuellen *zerebralen* und *somatischen* Entwicklung. So können die Interaktionen auch anders verlaufen als in den bereits geschilderten Beispielen. Es gibt übrigens zur Bestimmung von Alterskategorien bei Säuglingen nach Sensomotorik und Sozialverhalten vom 1. Lebensmonat bis zum 6. Lebensjahr eine recht übersichtliche Aufstellung [255], die jedem Interessierten empfohlen sei. Doch sollten wir uns das natürliche Verhalten der Pygmäensäuglinge gegenüber ihnen fremden Personen näher anschauen.

Der kleine Bub Gumbe, etwa ebenso alt wie die bereits erwähnten Säuglinge, schaute, als er meiner ansichtig wurde, neugierig zu mir her. So versuchte ich, mit ihm Kontakt aufzunehmen. Er machte eine leichte Bewegung mit dem rechten Arm, ähnlich einem unbeholfenen, ungezielten Winken. Seine Mutter mußte darüber lachen. Gumbe spielte dann eine Zeitlang zunächst mit dem Daumen, dann mit dem Zeigefinger von Mutters Hand und machte dabei leere Kau- und Zungenbewegungen, wobei reichlich Speichel aus seinem Mund floß. Auf einen Blickkontakt von mir antwortete er mit leichtem Lächeln und Blickerwiderung. Seine Mutter Jambi schaute dabei aufmerksam auf ihren kleinen Sohn. Nach einer Weile starren Richtungsschauens zeigte der Bub ein leichtes Lächeln (Abb. 10.3 a), das bald in Lachen überging, wobei der kleine Kopf deutlich angehoben wurde (Abb. 10.3 b). Darauf folgte angedeutetes Kontaktstreben mit leichtem Anheben des vorgestreckten rechten Armes. Der Kopf wurde dabei ein wenig nach vorn gereckt. Gleich darauf beugte Gumbe seinen rechten Arm zu sich hin, hielt den Zeigefinger ausgestreckt und deutlich abgespreizt. Er zeigte auch ein für den Kontakt »offenes« Gesicht (Abb. 10.3 c). Sein Lachen ging nun langsam in ein Spielgesicht über, wobei vor allem der Unterkiefer nach unten gezogen wurde. Bei diesem *Open-Mouth-Display* (Mund-offen-Gesicht) wurde der Kopf deutlich nach vorn geneigt und der rechte Arm wie bei einer Greifintention wieder nach vorn gestreckt. Der Mund war weit geöffnet, vor allem der Unterkiefer nach unten gezogen und die Zunge maximal nach vorn unten herausgestreckt. Die Augen waren weit geöffnet, und die Brauen wurden lange maximal angehoben gehalten (Abb. 10.3 d). Beim Kopf-nach-vorn-Strecken machte auch der Oberkörper einen kleinen Vorwärtsruck, was als eine Geste des Kontaktstrebens gedeutet werden kann. Beim Nachlassen der Intensität dieses *Mund-offen-Gesichts* begann Gumbe spielerisch zu lallen. Kurze Zeit später bemerkte ich noch einmal starres Richtungsschauen, ganz leichtes Lächeln, unmittelbar gefolgt von einem erneuten ausgeprägten Mund-offen-Gesicht mit weit aufgerissenen Augen und

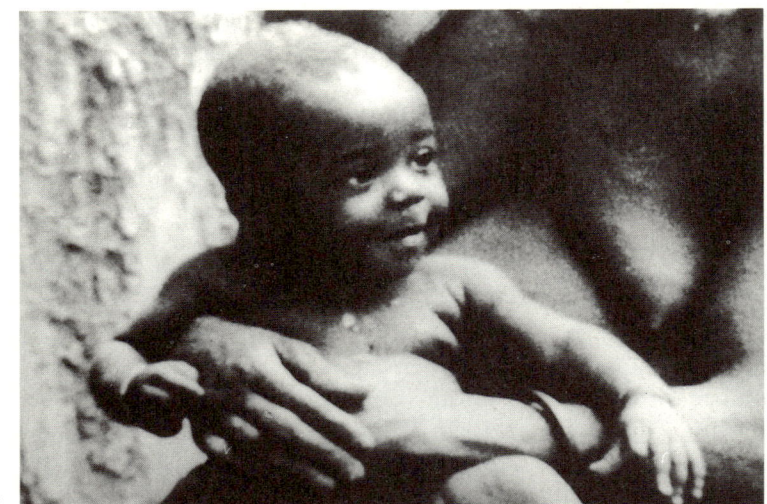

a

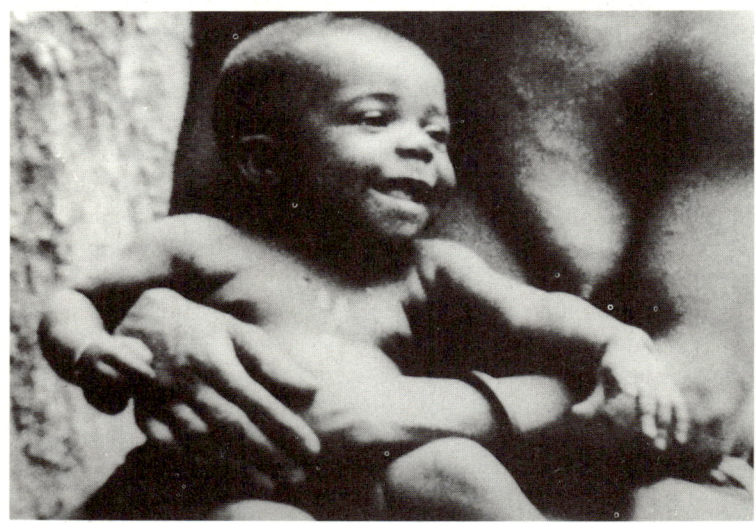

b

10.3 *Neugieriges Richtungssehen mit leichtem Lächeln (a), freund-licher Kontakt mit verstärktem Lächeln (b), Übergang zum aus-geprägten Mund-offen-Gesicht (c und d) des kleinen Säuglings Gumbe. Bild 1, 62, 79, 116 bei 25 B/s*

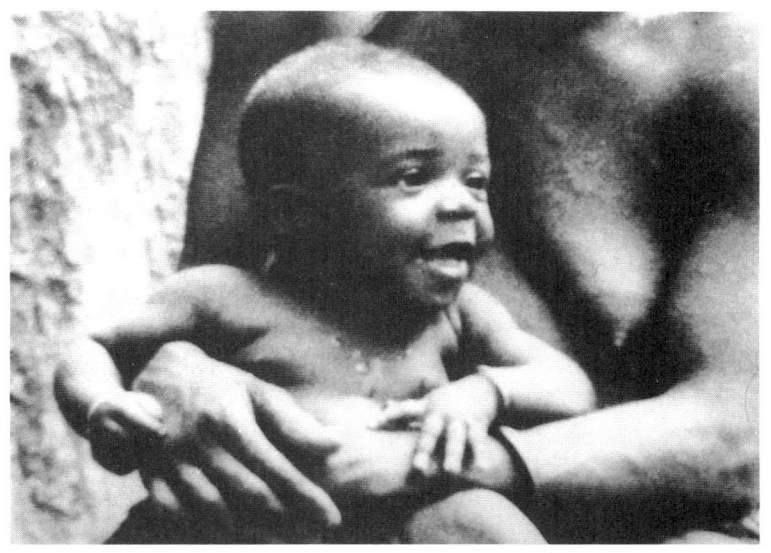

c

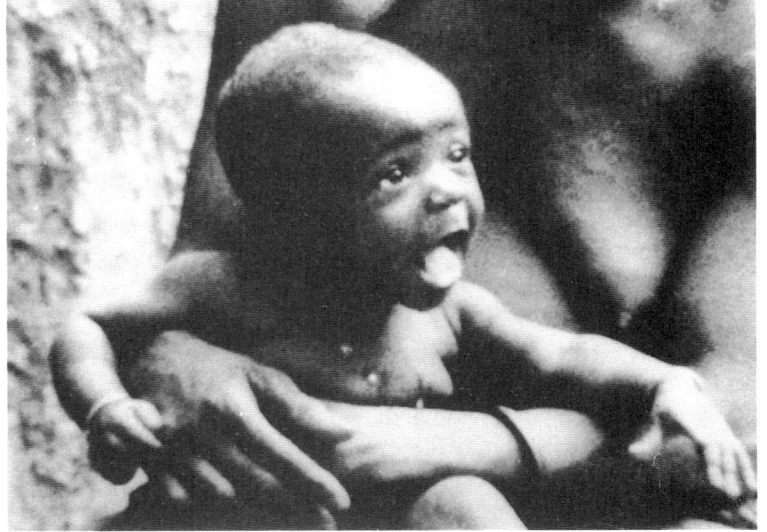

d

deutlich hochgezogenen Brauen. Ein sanftes, freundliches Lächeln folgte darauf. Seine Mutter, ebenfalls mit dem Anflug eines Lächelns um den Mund, schaute aufmerksam und »verwundert« auf das Gesicht ihres kleinen Gumbe.

Die schönsten und interessantesten zwischenmenschlichen Interaktionen aber hatte ich mit dem Säugling Babanda, Gumas Sohn. Er war wohl schon um die 6 Monate alt oder auch nur in der Entwicklung voraus, denn er konnte bereits recht gut frei sitzen, allerdings ohne sich selbst aufsetzen zu können. Im Gegensatz zu Säuglingen gleichen Alters war auch sein Kraushaar bereits recht gut entwickelt. Mit seiner kleinen Hand konnte er, wenn auch unbeholfen, einen attraktiven Gegenstand, wie meine glitzernde Uhr, bereits ergreifen. Babanda hatte mir gegenüber keinerlei Scheu, noch lehnte er mich ab, sondern suchte sichtlich den Kontakt. Dies ist recht interessant, da mich dieser Säugling nicht öfter sah als irgendein anderes Kind dieser Wohngemeinschaft, von denen viele ganz normal und logischerweise Fremdenfurcht zeigten. Meistens befand sich Babanda bei seiner Mutter Guma. Er wurde von ihr herumgetragen oder saß bei ihr auf dem Schoß. Interessante Verhaltenssituationen ergaben sich stets, wenn Babanda von seiner Mutter auf den Boden gesetzt wurde. So versuchte ich, mit dem Säugling Kontakt aufzunehmen, um seine Reaktionen auf mich, den Fremden, den weißen Mann, zu prüfen.

Während ich die geräuschlos laufende – in eine ganz andere Richtung zeigende – Filmkamera vorher in Betrieb gesetzt hatte, ging ich langsam auf Guma und ihren Sohn zu. In geringer Entfernung hob Babanda leicht den Kopf und blickte nach mir. Bald darauf kniete ich vor ihm nieder. Er hob seine kleinen Ärmchen, um sie mir entgegenzuhalten. Ich ergriff sanft eine seiner Hände. Guma schaute aufmerksam auf ihren Sohn und lächelte. Jetzt nahm ich auch Babandas andere Hand. Guma ließ mich gewähren. Ja, sie hob sogar mit einer Hand leicht Babandas Kopf an, damit er mich besser sehen konnte. Ich schäkerte ein wenig mit ihm. Mit einem Finger streichelte ich dem Baby leicht über die Wange, wobei er seine Augenbrauen deutlich sichtbar anhob. Seine Augen waren ebenfalls weit geöffnet. Mit seinen kleinen Händchen griff er gelegentlich etwas ungeschickt und mehr oder weniger gezielt nach mir.

Da Babanda sichtlich Freude hatte, mit mir zu spielen und zu schäkern, erfaßte ich den kleinen Bub jetzt an seinen Ärmchen, nahm ihn leicht hoch und setzte ihn auf. Seine Mutter schien nichts dagegen zu haben, denn sie war mir dabei sogar behilflich. Ich streichelte Babanda zärtlich sein Näschen und seine dicken Pausbäckchen. Ich zeige ihm auch das Glitzern und Spiegeln meiner Armbanduhr, worauf er sehr aufmerksam reagierte und mit einer Hand, wenn auch unbeholfen, danach griff. Als ich ihn wieder streichelte und einen meiner Finger an seine Lippen hielt, öffnete er zunächst den Mund, wehrte aber bald darauf ab, indem er meinen Finger mit der Zunge zurückstieß. Er griff dann wieder nach meinen Händen. Wir schäkerten noch ein Weilchen miteinander. Ich versuchte, mich mit meinem Kopf dem Gesicht Babandas zu nähern, doch er drehte seinen Kopf leicht zur Seite. Da ich ihm jetzt doch zu nahe gekommen war, wohl eine sanfte Art der Abwehr? Gleich darauf ging ich mit meinem Kopf noch näher an Babanda heran, bis ich seine Stirn berührte. Guma lächelte darüber. Ich nahm meinen Kopf leicht zurück, um eine erneute Annäherung zu versuchen, doch diesmal hob Babanda abwehrend seine Hände. Mit der linken Hand drückte er leicht gegen meine Stirn und Nase. Das war diesmal wohl als eindeutige Abwehr zu verstehen. Dann faßte er mich fest an den Lippen (Abb. 10.4 a). Auf Gumas Gesicht ließ sich ein leichter Ausdruck des Erstaunens lesen. Nach meinem Zurückweichen löste sich die Spannung, und alle lächelten herzlich (Abb. 10.4 b). Auch ein kleiner, im Hintergrund sitzender Junge, der uns schon einige Zeit beobachtete, lächelte herzlich mit. Ganz spontan lächelten Guma und ich völlig synchron und auf gleiche Weise. Man erkennt hier eindeutig die Universalität des Lächelns, ein Verhaltenselement, das, wie wir deutlich sehen können, über Kulturen und ethnische Barrieren hinweg völlig identisch ist.

Ein paar Tage später, nachdem ich meine geblimpte ARRIFLEX in respektvoller Entfernung aufgebaut hatte und eine Zeitlang so tat, als würde ich mich für die hinter den Hütten durchs Gebüsch hüpfenden kleinen Nektarvögel und Fliegenschnäpper interessierten, näherte ich mich langsamen Schrittes Guma. Sogleich stellte sie Babanda auf die Beine, um ihn mir zu übergeben, während sie freundlich dabei lächelte. Eine vertrauensvolle Geste!

Babanda, den ich mit beiden Händen erfaßte, schaute mich mit großen und weit geöffneten Augen an. Um seinen Mund erkannte ich den Anflug eines Lächelns. Ich herzte ihn und übte mit ihm

Nase-an-Nase-Stubsen, worauf er spielend meine Finger ergriff. Mein freundliches Zunicken erwiderte er mit ganz leichtem Lächeln. Seine Augen waren dabei geschlossen. Von mir an der Wange gestreichelt zu werden hatte er sichtlich gern. Bald ergriff er erneut meine Hände und steckte sich meinen rechten Zeigefinger in den Mund, stieß ihn aber mit der Zunge gleich wieder weg und machte mit halb geöffnetem Mund einige leere Kaubewegungen, wobei man deutlich die Zungenbewegungen erkennen konnte, so als wollte er etwas abstoßen. Mein Hautgeschmack war ihm offensichtlich unangenehm. Nach kurzer Zeit ging ich weg. Er schaute zu mir herüber. Als ich daraufhin Blickkontakt mit ihm aufnahm, lächelte er mir freundlich zu und hob leicht seine Ärmchen in meine Richtung, als wollte er nach mir greifen. Ich erwiderte sein Lächeln und nickte zustimmend mit dem Kopf. Daraufhin hob er Arme und Kopf an. Der ganze Oberkörper streckte sich dabei, als »erstrebe« er Kontakt zu mir. Gleichzeitig zeigte Babanda ein wunderschönes schnelles Brauenheben, gefolgt von einem Lächeln.

Als Babanda in seine Ausgangsstellung zurückging und seine Händchen wieder geschlossen waren, schaute er noch immer gespannt zu mir herüber. Bei jeder meiner Bewegungen verfolgte er mich aufmerksam mit seinem wachen Blick. Ich erwiderte seinen Blickkontakt. Genau im gleichen Moment zeigte Babanda ein erneutes Kontaktstreben. Er hob beide Ärmchen an, zog die Augenbrauen hoch, hob dann letztlich den ganzen Körper an, wobei er den Hals streckte und den Kopf etwas zurückwarf. Gleich darauf ging er wieder in die Ausgangsstellung zurück, aber mit weniger weit geöffneten Augen. Es mag von besonderem Interesse sein, daß bei diesem schnellen Brauenheben die Augen nicht weiter geöffnet, sondern im Gegenteil die Lider leicht gesenkt wurden und nur ein schmaler Sehschlitz offenblieb. Der Akzent lag also ganz eindeutig auf dem Element Brauenheben!

Durch Babandas bereitwillige Kontaktinitiative angeregt, lag mir sehr daran, zur besseren Analyse sein Verhalten aus einem anderen Blickwinkel zu dokumentieren. Deshalb ging ich ein wenig zur Seite. Er folgte mir mit seinem Blick, verdrehte dabei Kopf und Oberkörper und zeigte, nun schon zum dritten Male innerhalb ganz kurzer Zeit, stark ausgeprägtes Kontaktstreben und schaute mit gespanntem Blick zu mir her (Abb. 10.5 a). Ganz plötzlich wurden dann die Augenbrauen deutlich sichtbar ange-

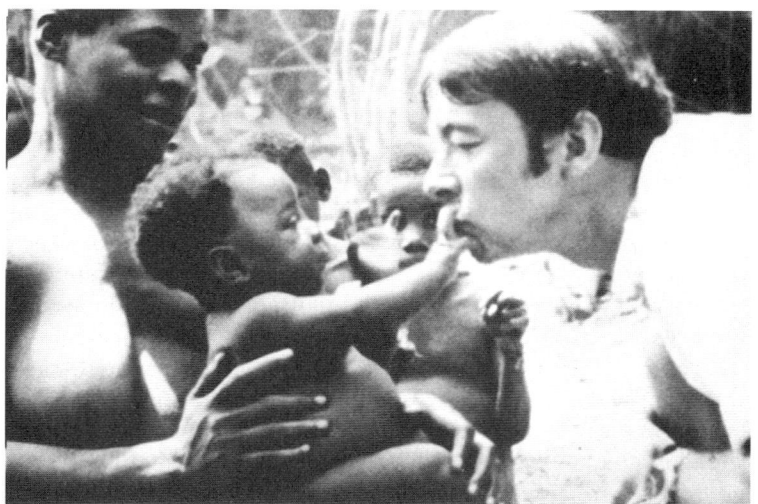

10.4 *Kontaktaufnahme mit dem Säugling Babanda und leichte
Abwehr seitens des Säuglings (a), schließlich herzliches Lächeln aller
Beteiligten (b). Ein Dokument zur Identität und Universalität des
Lächelns über Ethnien und Kulturen hinweg*

hoben (Abb. 10.5 b), der Körper aufgerichtet sowie Arme und Kopf noch weiter angehoben. In diesem Moment waren die Brauen maximal angehoben (Abb. 10.5 c und d). Gleich darauf ging Babanda wieder in die Ausgangsstellung zurück, hielt aber den Blickkontakt zu mir aufrecht (Abb. 10.5 f). Wohin ich mich im Lager auch bewegte, immer schaute er mir nach.

Der neugeborene Säugling kann zwar sehen, aber sein Vermögen zur differenzierten Wahrnehmung entwickelt sich nur langsam. Mit etwa 4 Wochen lernt er seine Augenmuskeln zu beherrschen und erwirbt damit die Voraussetzung zum gezielten Sehen, das heißt zum *Fixieren*. Diese Entwicklung ermöglicht ihm das sogenannte *erste Lächeln*, das sich im 2. Lebensmonat einstellt. Es ist dies der Beginn des *Zuwendungsalters*. Zwar lächelt der Säugling gelegentlich auch schon vorher, doch ist zu dieser Zeit ein direkter Bezug zur Umwelt meist noch nicht nachweisbar. Ab dem 2. Monat aber lächelt er als Antwort auf eine menschliche Physiognomie in Frontalansicht, während er aufs Profil noch nicht anspricht. Auch eine einfache, entsprechende Papiermaske erfüllte den gleichen Zweck. Es ist aus zahlreichen Versuchen bekannt, daß in dieser Zeit noch jedes menschliche Gesicht ein Lächeln auslösen kann, wenn es im Blickfeld des Säuglings erscheint. So wissen wir von einer Begebenheit aus der Antike, wonach Kypselos, der spätere Herrscher von Korinth, der Sage zufolge als Säugling der Tötung entging, weil er genau in diesem Moment die Schergen anlächelte [113]. Inzwischen konnte aber herausgefunden werden, daß bereits 12 bis 21 Tage alte Säuglinge in der Lage waren, Gesichtsbewegungen wie Mund-Öffnen, Zunge-Herausstrecken und Lippen-Vorschieben einer erwachsenen Person gegenüber nachzuahmen [125, 324]. Ja sogar ein nur 19 Stunden altes Mädchen konnte bereits das Mund-Öffnen und Zunge-Zeigen des Versuchsleiters recht überzeugend nachahmen [323].

Lächeln, das wissen wir heute aus zahlreichen Untersuchungen an Menschen der verschiedensten Ethnien und Kulturen, hat in erster Linie eine *beschwichtigende Funktion*. Lächeln ist weiter ein wichtiges soziales Signal, und dies nicht nur beim Säugling. Es ist ein angeborenes Verhaltenselement, eine sogenannte *Erbkoordination* [257], die man bei allen Menschen vorfindet und die somit zu den Universalien gehört. Bei der Mutter und auch

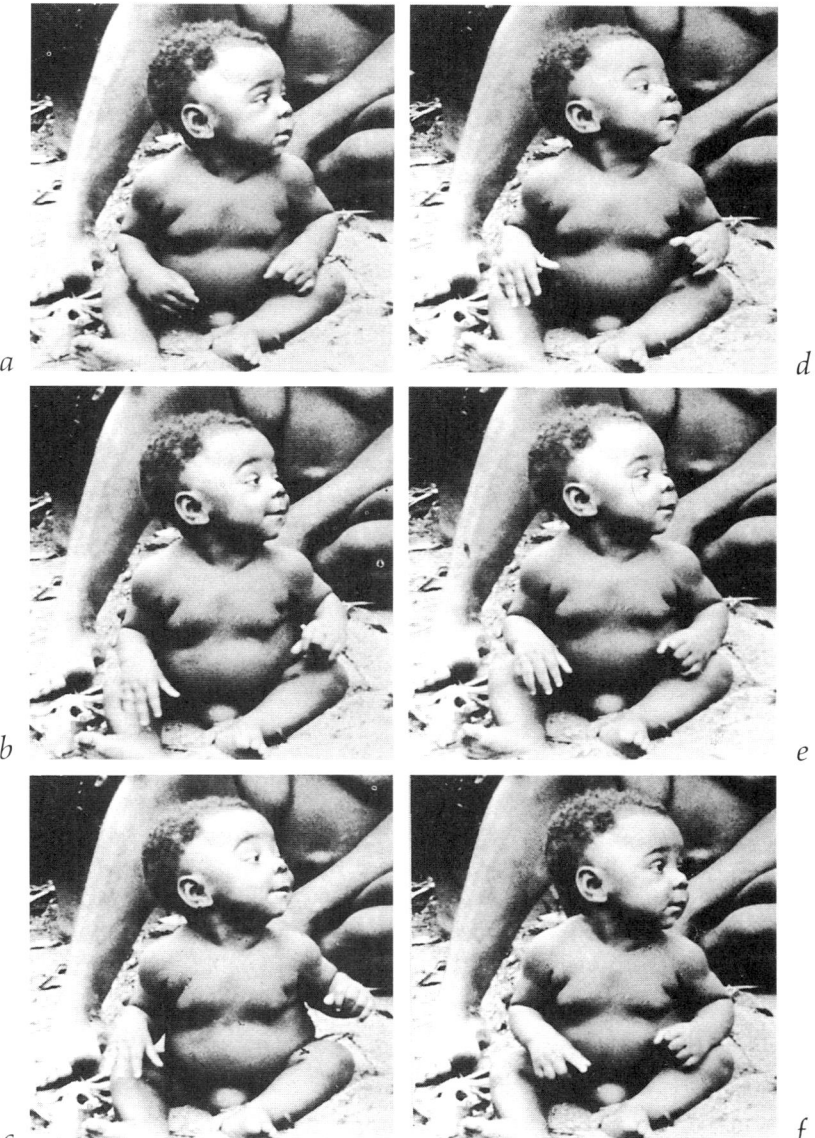

10.5 *Schnelles Brauenheben als »Ja« zum sozialen Kontakt des Säuglings Babanda mit Blickkontakt (a), Lächeln (b), dabei Kopf und Ärmchen maximal angehoben als Kontaktstreben (c) und mit maximal angehobenen Augenbrauen (c und d)*
Bild 1, 22, 27, 41, 54, 84 bei 25B/s

anderen primär nicht beteiligten Personen löst das Lächeln eines Babys Entzücken und Pflegeverhalten aus. Auch seitens des Säuglings ist es ein Ausdruck *lustvoller Zustände* [445]. Im Verlaufe der weiteren ontogenetischen Entwicklung wird Lächeln in ein breites Spektrum von Funktionskreisen eingebettet mit vorwiegend *Freude* und *Heiterkeit* widerspiegelnden Verhaltensabläufen. Auch blind und taubblind geborene Kinder, die ein »Lächeln« nie haben sehen können, es also nie haben nachahmen können – leben sie doch in ewiger Finsternis –, lächeln in ausgeprägter Weise [107, 108, 136], so wie jedes andere gesunde Kind auf dieser Welt! Bei 3 Monate alten gesunden Kindern konnte man sogar mit Vogelscheuchen und verzerrten Fratzen ein Lächeln ebenso auslösen wie mit einem richtigen menschlichen Gesicht. Dabei ist zunächst überhaupt nur das Vorhandensein irgendwelcher bewegter Helligkeitskontraste wichtig. Auch ganz einfache Punktmuster wie etwa das sogenannte »Augen-Nase-Stirn-Schema« in Form einer Attrappe werden als »erste soziale Reaktion« [59] angelächelt [445].

Verfolgt man die Entwicklung des Mimik-Erkennens etwas genauer, so wird man feststellen, daß bis zum Beginn des 2. Monats etwa augengroße, gut abgegrenzte Punkte auf einer eckigen oder runden, zweidimensionalen kopfartigen Pappattrappe das Lächeln sogar besser auslösen als ein gut gemaltes Gesicht [6, 12]. Es war auch gleichgültig, ob ein Punktpaar in waagerechter oder senkrechter Stellung geboten wurde. Bei diesen Versuchen kam es offenbar allein auf den Kontrast an. Ein einzelner Punkt dagegen war unwirksam. Nach Beginn des 2. Monats werden dann Punkte in waagerechter Anordnung wirksamer als in senkrechter. Bald beginnt das Kind, die gesamte Augenpartie zu betrachten, jedoch noch nicht die untere Gesichtshälfte. Von Monat zu Monat wird die Wahrnehmung des Kindes differenzierter. Bald bekommt auch der Mund des angeblickten Gesichtes Bedeutung. In dieser Periode, und auch später, spielt die Hautfarbe noch keine Rolle. Die Pygmäensäuglinge lächelten einem Weißen ebenso freundlich zu, wie sie es mit ihresgleichen tun, während sie später gegenüber einem unbekannten Pygmäen mitunter mehr fremdelten als gegenüber einem bekannten Europäer. Ich erwähne das, da vor allem in Afrika den Kindern gegenüber der Weiße schlechthin eine bestimmte »böse« Rolle als »Fremder« zugewiesen bekommt, die Kinder somit auf ein »Feindbild« konditioniert werden, was immer dann eingesetzt wird, wenn sie beileibe nicht folgen wollen. Diese Funktion erfüllt bei uns der »schwarze« Mann. Das Feindbild wird also durch das »Anderssein« impliziert.

Mit etwa 4 Monaten beginnt beim Säugling die Unterscheidungsfähigkeit von Vertrautem und Fremdem, was auf ein beginnendes Erinnerungsvermögen schließen läßt. In den folgenden Monaten reagiert der Säugling auf Fremde zunächst mit Erstaunen und schließlich mit Furcht, während er die Anwesenheit der nunmehr individuell erkannten Bezugspersonen als angenehm empfindet. Im Normalfall ist die Bezugsperson, zu der das Kind bei Gefahr flieht, die Mutter. Bei Naturvölkern ist das weitgehend auch heute noch so, während wir in unseren Industriegesellschaften oft auf *Tagesmütter* [179, 180] angewiesen sind, die sehr leicht zu echten Bezugspersonen *sensu stricto* werden können, und das natürlich auf Kosten der inter-individuellen Beziehungen zur leiblichen Mutter. Diese Entwicklung vollzog sich zwangsläufig aufgrund immer stärker werdender Tendenzen zu einer (falschen!) Emanzipation der Frau, die zwar, und dies oft mit allen verfügbaren Mitteln, ein Kind auf die Welt bringen will, um damit ihre Fortpflanzungspotenz unter Beweis zu stellen, jedoch nicht bereit ist (sein will!), ihre, ihr von der Natur auferlegte, *Mutterrolle* und *Mutterverpflichtung* zu erfüllen, sondern auch weiterhin auf »Werktätigkeit«, somit auf eigenen Verdienst und die zusätzlichen, teilweise fragwürdigen und diskutierbaren Freiheiten einer immer *permissiver* werdenden Gesellschaft besonderen Wert legt (nicht verzichten will)! Solche Mütter verweigern meist auch das Stillen, ohne sich dabei bewußt zu sein, welchen enormen *psycho-somatischen* Schaden sie dabei ihrem Kind zufügen. Die weiche, warme Brust bietet dem Kind sozialen Kontakt und wohlige Geborgenheit. Außerdem enthält nur Muttermilch die der Kuhmilch völlig fehlende Aminosäure *Taurin*, die der Säugling unbedingt für die Ausbildung seines Gehirns benötigt. Schließlich enthält Muttermilch eine Fülle von Abwehrstoffen, die entsprechend vor Krankheiten schützen. Es ist längst bekannt, daß Flaschenkinder dreimal häufiger erkranken und später auch in ihren geistigen Leistungen deutlich schlechter abschneiden als Brustkinder [234]. Die sogenannten »emanzipierten« Mütter sollten über die Folgen ihres Tuns reiflich nachdenken, bevor sie sich zu Ungunsten ihres Kindes entscheiden.

Wir wissen bereits seit einiger Zeit von der Ausdrucksbewegung des *Augengrußes* [104], einer optischen Kontaktaufnahme mit ruckartigem Anheben der Augenbrauen im menschlichen Grußverhalten. Bei dieser Ausdrucksbewegung werden die Augenbrauen schnell hochgezogen und etwa $^1/_6$ Sekunde gehoben gehalten (Abb. 10.6). Ein Lächeln geht dem Zeichen stets voraus, verstärktes Lächeln und oft auch Kopfnicken schließen sich an. In den letzten Jahren hat sich im Rahmen vergleichender Untersuchungen bei verschiedenen Völkern und Kulturen herausgestellt, daß die Ausdrucksbewegung des Brauenhebens nicht etwa – wie ursprünglich vermutet – allein aufs Grüßen beschränkt ist, sondern auch in vielen anderen Verhaltensabläufen zu beobachten ist. Es wurde inzwischen beim Danken, Flirten, Schäkern mit Kleinkindern, beim Betonen eines bestimmten Wortes, bei einer Feststellung, beim Bejahen, bei Neugier, bei Überraschung, Erstaunen und noch zahlreichen anderen Interaktionen festgestellt. Auf das »Ja« zum sozialen Kontakt, wie Flirt, Gruß, Dank und Schäkern, entfällt fast die Hälfte aller bisher genannten Fälle. All die vielen anderen Bedeutungen ließen es angebracht erscheinen, für dieses Verhaltenselement den weniger restriktiven Begriff *schnelles Brauenheben* einzuführen [106, 113, 190].

Dieses Verhaltenselement war bisher überhaupt nur bei Erwachsenen nachgewiesen. Auch glaubte man, zumal Filmdokumente darüber fehlten, daß dieses Ausdrucksverhalten vor allem vor dem Eintreten der Fremdenfurchtphase bei Kleinkindern ohnehin nicht vorkäme. Es wurde vielmehr vermutet, daß es zusammen mit der differenzierten Wahrnehmung langsam heranreife. Nun, dem ist nicht so. Den Augengruß *sensu stricto* bei einem Kleinkind, bereits im Fremdenfurchtalter, konnte ich schon früher bei einem Baka-Säugling [201] aus dem Gabun nachweisen (Abb. 10.1 e). Von besonderem Interesse aber war der tatsächliche Nachweis des schnellen Brauenhebens als »Ja« zum sozialen Kontakt bei einem Kleinkind *vor dem* Fremdenfurchtalter. Es fehlten jedoch für Säuglinge und Kleinkinder noch vergleichbare Daten aus anderen Kulturen. Stellten doch die vorliegenden Filmdokumente aus dem Jahre 1975 überhaupt den allerersten Nachweis dieses Verhaltens bei Kleinkindern dar [192, 201, 209].

Angeregt durch meine damalige Veröffentlichung [192] über das schnelle Brauenheben als »Ja« zum Sozialkontakt bei einem Kleinkind, begann Bärbel Schoenleber in Deutschland mit Ver-

a

b

c

d

e

10.6 *Zum Vergleich zu Abb. 10.5 schnelles Brauenheben im Kontext der Bestätigung bei einem jungen Mann, wobei die Augenbrauen etwa nur $^1/_6$ s maximal angehoben bleiben. Bild 1, 17, 25, 33, 45 bei 50 B/s*

suchen an einem männlichen europäischen Säugling [415]. Die Mutter als Bezugs- und Kontaktperson spielte bei den Versuchen eine wichtige Rolle, sie zeigte dem Säugling aber auch die Attrappen. Es handelte sich um kopfgroße, dunkle Scheiben mit zwei hellen Augenpunkten und einem Mundbogen, als schematische Nachbildungen menschlicher Gesichter. Bis zum Alter von einem Monat verhielt sich der Säugling eher passiv und zeigte kein Interesse. Doch begann er von diesem Zeitpunkt an, seine Umwelt zu beobachten. Er lächelte nur sehr selten. Im 3. Lebensmonat begann er häufiger zu lächeln und zeigte zum ersten Mal schnelles Brauenheben, das sowohl durch Ansprechen, als auch auf Vorhalten der Attrappe ausgelöst werden konnte. Seine momentane Laune beeinflußte die Versuche allerdings stark. War er »zufrieden«, konnte man leicht Brauenheben auslösen, nicht jedoch, wenn er müde oder hungrig war. Auch bei diesem Säugling dauerte das maximale Anheben der Augenbrauen wesentlich länger als bei Erwachsenen, wenn auch bei weitem nicht so lange wie beim Pygmäensäugling. Aber Schoenleber vermutete bereits selbst, daß ihre helle Filmleuchte das Verhalten des Säuglings irritiert haben könnte.

Daß dieses Verhaltenselement lange Zeit unentdeckt blieb, mag zum Teil daran liegen, daß die Kleinkinder vor dem Eintreten der Fremdenfurcht im Raum von Industriegesellschaften und traditionellen Kulturnationen in diesem Alter durch den Familienbereich abgeschirmt sind und sich so dem Forscherauge weitgehend entziehen, insbesondere der Beobachtung sozialer Interaktionen. Hinzukommen mag, daß vor allem im mitteleuropäischen Raum mit vorwiegend blonden Wesen die Augenbrauen bei Säuglingen kaum sichtbar sind. So mußte auch Schoenleber bei ihren Versuchen zum besseren Erkennen der Augenbrauen dem Säugling diese mit einem braunen Augenbrauenstift nachziehen. Bei Pygmäensäuglingen mit schwarzem Haar sind die Augenbrauen viel deutlicher zu erkennen.

Naturvölker mit ausgeprägtem Gruppenleben, bei denen sich die meisten Aktivitäten und Interaktionen völlig ungezwungen im Freien abspielen, eignen sich besonders gut für die ungestellte ethologische Dokumentation sozialer Interaktionen. So ist es nicht verwunderlich, daß bei ihnen auch die interessantesten Entdeckungen gemacht wurden.

Meine Aufmerksamkeit lenkte ich heute auf eine kleine Gruppe von Müttern mit ihren Kindern. Eine mir gut bekannte Frau hatte ihren Säugling noch im Tragetuch. Er kreischte ständig und war ewig unzufrieden. Seine Mutter hatte die Lippen fest zusammengepreßt und war um ihr Baby sichtlich besorgt. Sie versuchte es zu beruhigen, indem sie ihm mit der flachen Hand rhythmisch auf den Rücken klopfte. Hörte sie damit auf, begann das Baby sofort wieder wild zu kreischen. Schließlich gab sie ihm die Brust und hielt ihm beim Stillen den Kopf.

Bei dieser Gruppe saßen auch noch ein junges Mädchen und die zur Wohngemeinschaft gehörende alte Ambije, die oft beim Betreuen von kleinen Kindern half. Besonderes Augenmerk aber hatte ich auf eine andere Frau gerichtet, die den Tragegurt aus Bast noch um die Schulter hängen hatte und deren kleiner Sohn von vielleicht einem Jahr die nähere Umgebung um die Mutter explorierte. Er entfernte sich einige Meter von ihr und stieß mit seinen Krabbelausflügen recht unternehmungslustig bis zu Ambije vor, die er offenbar schon recht gut kannte. Da er gelegentlich zu mir herüberäugte, ja sogar einmal auf mich zeigte, interessierte mich dieser Junge, und ich ging langsam zu ihm hin. Der Kleine saß unweit von seiner Mutter auf dem Boden. Mich nicht aus den Augen lassend, hielt er sich verdutzt plötzlich die Hand vor den Mund. Mit der anderen Hand stützte er sich auf den Boden, und ohne sich von mir abzuwenden, streckte er dann eine Hand hilfesuchend nach seiner Mutter aus. Diese, mich ebenfalls im Auge behaltend, griff ihm wie beiläufig unter die Arme, um ihn aufzunehmen. Dabei stand er selbst in großer Eile auf und schmiegte sich bäuchlings an seine Mutter, die eine Hand schützend um ihn legte. Während ich meine Hände nach ihm ausstreckte, hielt er mit einer Hand Kontakt zu Mutters Hals und wandte seinen Kopf sichernd nach mir um. Er verdrehte dabei die Augen und ließ seine Zunge im Mundwinkel etwas heraushängen. Sein etwas verkrampftes Lächeln ließ deutlich Ambivalenz zwischen Neugier und Furcht erkennen, doch gleich darauf – er fixierte mich noch immer – »lockerte« sich sein Gesicht etwas auf. Alle Umsitzenden schauten jetzt auf das Kind. Seine Mutter machte ein eher verschmitztes Gesicht mit zusammengepreßten Lippen. Auf meine wiederholten Bittbewegungen, aus etwa einem Meter Entfernung, fixierte er mich mit erstarrtem Gesichtsausdruck. Er wandte sich jetzt ab, drehte sich bäuchlings zur Mutter hin, und während alle Umsitzenden lächelten, bog er in einer eindeutigen Protestaktion seinen Rücken extrem durch. Dann schaute er mich erstarrt an, worauf seine Mutter schützend ihre Hände um den kleinen Jungen hielt. Meine Annäherungsversuche quittierte er mit Kopfwenden, erneutem Fixieren und letztendlich mit Weinansätzen. Als ich den Wicht dann auch noch anfaßte, begann er lauthals zu schreien. Wiederum lächelten die Leute in der Gruppe über sein wildes Gebaren, wußten sie doch sehr wohl, daß ich ihm wirklich nichts Böses wollte. Die Mutter griff dem Knirps nun unter die Arme und hielt ihn mir entgegen. Sie bewies damit, daß sie meinen Kontaktversuch zu ihrem Sohn durchaus positiv bewertete. Sobald ich ihn jedoch aufgenommen hatte, machte er sich steif. Im gleichen Moment brach er durch Schließen der Augen den Blickkontakt zu mir ab. Ich stellte ihn schnell wieder auf den Boden. Mit weit geöffnetem Mund verfiel er in lautes, wildes Protestgeschrei. Mit den Beinen machte er auf der Stelle Fluchtbewegungen nach seitwärts zu seiner Mutter hin. Alle Beteiligten lachten amüsiert. Nun gab ich den Knirps wieder an seine Mutter zurück, die ihn schützend in die Arme nahm. Der Junge wollte die Augen trotzdem nicht öffnen und schrie wild weiter. Während ich mich rückwärts gehend entfernte, beruhigte er sich jedoch langsam. Seine Mutter bot ihm die Brust. Bevor er sie annahm, schaute er mich noch mehrmals aus den Augenwinkeln heraus an, dann beruhigte er sich endgültig. Er saugte kurz, schaute noch einmal sichernd zu mir her, doch beschäftigte er sich bald intensiv mit der Brust seiner Mutter. Das kleine Baby im Tragetuch der anderen Frau, vom Tumult dieses Vorganges unbeeindruckt, hatte sich inzwischen beruhigt. Alle Umsitzenden, einschließlich der Mutter des Kleinen, lachten herzlich. Auch Ambije schaute mich verschmitzt an und nahm dann etwas verlegen ihre Hand vors Gesicht.

Das Mädchen Dabusa zerstampfte in einem Mörser gekochte Yamsknollen, während vier kleinere Kinder um sie herum saßen, ihr bei der Arbeit zuschauten oder sich spielend beschäftigten. Ich näherte mich dem jüngsten Mädchen, der kleinen Tschuka, die schon beim Näherkommen ihren Kopf leicht zur Seite wendete, mich also nicht anschauen wollte und damit ritualisierte Flucht demonstrierte. Als ich sie dann doch an den Armen faßte, wehrte sie sich tüchtig, stemmte ihre Füße gegen mich und begann jämmerlich zu schreien. Ich probierte es noch einmal, aber sie wehrte sich mit Händen und Füßen und mit all ihren Kräften, so daß ich schließlich von ihr abließ. Vorm Weggehen aber wollte ich sie etwas trösten, doch auch das half nichts. Sie weinte ganz bitterlich und drehte sich hilfesuchend nach Dabusa um, da ihre Mutter im Moment nicht im Lager anwesend war. Dabusa jedoch stampfte ihre Knollen weiter, als wäre nichts geschehen. Sie lächelte noch verschmitzter als vorhin, ohne jedoch der kleinen Tschuka behilflich zu sein oder sie auch nur zu trösten. Auch die anderen Kinder lachten nur, und es sah fast ein wenig schadenfroh aus. Nach einiger Zeit hatte sich Tschuka beruhigt und wischte sich die Tränen aus den Augen. Für sie war ich eben noch immer ein Fremder.

Dieses Beispiel illustriert besonders die Unbesorgtheit der Betreuerinnen gegenüber meinen Kontaktversuchen zu kleinen Kindern. Wußten sie doch sehr genau, daß sie nichts zu befürchten hatten, da ich nur den freundlichen Kontakt suchte. Sie griffen auch nicht ein, wenn ein Kind einmal wild herumkreischte, sondern warteten einfach ab, bis es sich von selbst wieder beruhigt hatte. Meist reagierten sie amüsiert, lächelten oder lachten erheitert. Sie zeigten damit an, daß eigentlich keine Gefahr herrschte, kein Grund zur Aufregung bestand, und unterstrichen so die völlige Harmlosigkeit des Geschehens.

Mit älteren Kindern ergaben sich natürlich ganz andere Situationen. Die Reaktionen gegenüber fremden Leuten waren deutlich nuancierter. Vielleicht erlaubte ihnen ihre fortgeschrittene Reife ein schnelleres Abschätzen des Vorhabens der fremden Personen und somit auch der vermeintlichen Gefahren. Leoie und ihre kleine etwa 4jährige Tochter Kosi, die mit einer Liane spielte, saßen vor einer Hütte. Leoie diskutierte dabei mit Ebunga, die im Hintergrund damit beschäftigt war, das Gerüst für eine neue Rundhütte zu errichten. Langsam ging ich zu dieser kleinen Gruppe, schaute dem Werkeln Ebungas zu und versuchte bei dieser Gelegenheit mit der kleinen Kosi Kontakt aufzunehmen. Sie reagierte sofort mit leichter Ablehnung. Zunächst hörte sie auf zu spielen und legte eine Hand, sich sozusagen (rück-)versichernd, auf ein Bein ihrer dahinter sitzenden Mutter, doch gleich darauf wandte sich Kosi völlig von mir ab. Sie ergriff nun den Arm ihrer Mutter und lehnte sich eng an diese an. Weiter wollte ich meinen Annäherungsversuch nicht treiben. Ich ließ deshalb von ihr ab und ging weg. Und siehe da, das Mädchen schaute mir nunmehr mit großen Augen nach, um mein Tun zu überprüfen. Gleich darauf tat sie es noch einmal, dabei aber immer noch schutzsuchend an die Mutter geschmiegt. Ich kümmerte mich nun überhaupt nicht mehr um das Mädchen, behielt es aber, so unauffällig wie möglich, im Auge. Nach kurzer Zeit setzte sich Kosi wieder auf, schaute mich erneut an, hob dann ihre Liane wieder auf, um ruhig damit zu spielen. Sie drehte sich noch ein viertes Mal sichernd nach mir um, ließ sich dann aber nicht weiter stören. Zwischen dem ersten und dem zweiten Sichern lagen nur 5 Sekunden, jedes weitere Sichern folgte in Abständen von jeweils 12 Sekunden. Die Abstände verlängerten sich also mit der Entfernung der »Gefahr«.

Während ich in respektvoller Entfernung an meiner Filmkamera hantierte, um ein 200-mm-Teleobjektiv mit Zoom-Einstellung zu montieren, bemerkte ich, wie ein kleiner Bub, der etwa 3jährige Wojo, mein Tun interessiert beäugte. Er saß zwischen den Beinen seines Vaters. Vor noch nicht allzu langer Zeit war ihm der Kopf geschoren worden. Man konnte nun deutlich die Pfefferkorn-Haarinseln des nachwachsenden Haares erkennen. Wojo kannte mich noch nicht so gut, denn ich wohnte in einem anderen Lager. Er interessierte mich aber besonders, da er bei seinem Vater saß. Wollte ich doch wissen, wie ein Pygmäenvater mit seinem kleinen Sohn interagierte, während die Mutter mit anderen Frauen beim Früchtesammeln unterwegs war. Im großen und ganzen kümmerten sich die Väter nur selten um ihren Nachwuchs. Das ist auch durchaus verständlich, schließlich können sie im Notfall nicht die Brust zum Beruhigungssaugen bieten! Sind die Männer jedoch im Lager, dann helfen sie schon einmal aus und übernehmen die Kinder für kurze Zeit.

Eines Tages begegnete ich einem Pygmäen, der mit seiner kleinen, etwa 4jährigen Tochter auf den Schultern des Weges kam. Dieses Mädchen kannte mich schon recht gut und zeigte vor mir keine Furcht. Erst, als ich die beiden fotografieren wollte, verdeckte sie ihr Gesicht spielerisch mit der Hand. Sie schien sich vor mir »verstecken« zu wollen, ließ aber zwischen Daumen und Zeigefinger gerade so viel Platz, daß sie mich mit einem Auge weiter beobachten konnte (Abb. 10.7). Ein solches Verhalten beobachtet man bei Kindern oft, wenn sie zum Necken und Scherzen aufgelegt sind. Es handelt sich hierbei durchaus um eine universelle Verhaltensreaktion.

10.7 *Spielerisches, symbolisches Verstecken bei einem kleinen*
Mädchen in der Obhut ihres Vaters mit Aufrechterhalten des Blick-
kontaktes durch die gespreizten Finger der vors Auge gehaltenen
Hand

Doch zurück zum kleinen Wojo! Mit verschiedenen herumsitzenden Leuten scherzend und plaudernd begab ich mich, so unauffällig wie möglich, langsam von Hütte zu Hütte und näherte mich auf diese Weise Vater und Sohn. Mein alter Freund Musanki, der mit mir hierhergekommen war, hockte nicht weit von ihnen entfernt. So konnte ich mit ihm noch ein kleines Schwätzchen halten, ehe ich mich Wojo noch weiter näherte. Immerhin hatte ich bereits bemerkt, daß er alle meine Bewegungen verfolgte und mich nicht aus den Augen ließ. Je näher ich ihm kam, um so finsterer wurde sein Gesicht. Er blähte die Nasenflügel, zog grimmig seine Augenbrauen zusammen, senkte den Kopf und wich bei der Annäherung meiner Hand mit vorgestrecktem Zeigefinger immer weiter zurück. Ich war ihm jetzt offenbar wirklich zu nahe gerückt, denn wehrte kurz mit der Hand ab, schloß die Augen und begann unverzüglich laut zu schreien. Er stützte seine Stirn auf den Oberschenkel des Vaters. Sein Gesicht versteckte er hinter seinen kleinen Armen, die er eng um den Kopf legte. Der Vater schloß schützend beide Arme um das Kind. Beim Kreischen drehte der Bub seinen Kopf leicht herum, hielt jedoch die Augen fest geschlossen. Als er sich etwas beruhigt hatte, schaute er mich mit halb geöffneten Augen aus den Augenwinkeln heraus an. Er schaute mehrmals abwechselnd weg und wieder zu mir her, hatte nun den Mund geschlossen und beruhigte sich langsam, doch war sein Blick immer noch recht argwöhnisch. Er hielt den Kopf eng an den Vater geschmiegt, und ihm lief eine große Träne übers Gesicht.

Eigentlich war der Bub alt genug, um Vertrauen zu mir zu entwickeln. Ich versuchte es deshalb noch einmal und wollte ihm ein Stück gekochte Yamsknolle anbieten. Beim Näherkommen zog er erneut die Augenbrauen fest zusammen, schaute mich ziemlich finster an, wich mit dem Kopf ein Stück zurück, während der Vater mir durchaus die Möglichkeit einräumte, seinem Sohn etwas anzubieten, indem er die das Kind umschließenden Arme etwas öffnete. Auf das ganz nahe Vorhalten der Nahrung reagierte Wojo zunächst überhaupt nicht. Er schaute nur mißtrauisch, senkte ein wenig den Kopf, musterte mich sozusagen von unten her, legte dann aber seinen Arm als Kontaktbarriere zwischen sich und meine Hand. Ich führte nun die Nahrung ganz nah heran und stupste mit dem Zeigefinger an seine Nase. Er schaute weiterhin sehr mißtrauisch drein, verzog sonst aber keine Miene und verhielt sich ziemlich stur. Die Nahrung, die ich ihm geben wollte, ließ er auf den Boden fallen. Er vergrub erneut sein Gesicht hinter seinem Arm, begann dann plötzlich mit fest geschlossenen Augen und weit aufgerissenem Mund lauthals zu brüllen, wobei er den Kopf ruckartig weit nach hinten warf. Der Vater, der die Nahrung gleich wieder aufgehoben hatte, hielt sie Wojo nun vor, doch wollte der Bub beileibe nichts davon wissen. Immerhin nahm er das Stück Yams in die Hand, obwohl er weiterhin tüchtig schluchzte (Abb. 10.8 a), wobei ihm wieder dicke Tränen über die Wangen kullerten. Langsam begann er sich zu beruhigen und hörte endlich mit dem Kreischen auf (Abb. 10.8 b). Aus den Augenwinkeln warf er mir einen bösen Blick zu (Abb. 10.9 a). Mit leicht vorgestülpten Lippen machte er so etwas wie einen kleinen Schmollmund und senkte dabei die Augenlider, um auf diese Weise den Blickkontakt mit mir zu unterbrechen (Abb. 10.9 b), dann schrie er noch einmal auf (Abb. 10.9 c). Während ihm noch immer Tränen übers Gesicht rollten, begann er, mich mit großen, weit geöffneten Augen zu mustern. Dann wandte er seinen Kopf zum Vater hin, sicherte erneut, zwinkerte mit den Augen und betrachtete endlich die Nahrung in der Hand seines Vaters. Starr vor sich hin schauend, ohne eine Miene zu verziehen, führte er nun ein anderes Stück Yams, das er schon längere Zeit in der Hand hielt, endlich in den Mund (Abb. 10.9 d), ohne jedoch davon abzubeißen. Daraufhin ergriff er nun auch das Stück in der Hand seines Vaters und hielt es mit der linken Hand verkrampft fest. Ohne zu essen, musterte er mich sehr gründlich, untersuchte eingehend seine Yamsstücke, führte dann eines davon erneut zu Munde, und zwar diesmal das von mir überreichte Stück. Er ließ mich dabei nicht aus den Augen, blickte abwechselnd zu seinem Vater auf und musterte mich erneut. Mit beiden Händen voller Nahrung blieb er weiterhin sehr mißtrauisch. Allerdings begann er nach einiger Zeit langsam und bedächtig mit dem Essen, während ich ihn nur mehr unauffällig im Auge behielt.

Im Verlaufe der Zeit lernte mich der kleine Wojo besser kennen. Er gewöhnte sich langsam an mich und hatte nun keine Angst mehr vor mir. Eines Tages saß er mit seiner Mutter Badima vor der elterlichen Hütte. So versuchte ich auf Distanz mit ihm Kontakt aufzunehmen. Mit seiner Mutter wechselte ich ein paar nette Worte, die dabei freundlich lächelte. Wojo saß auf ihrem Schoß. Badima hielt schützend die Arme um ihn. Er musterte mich auf-

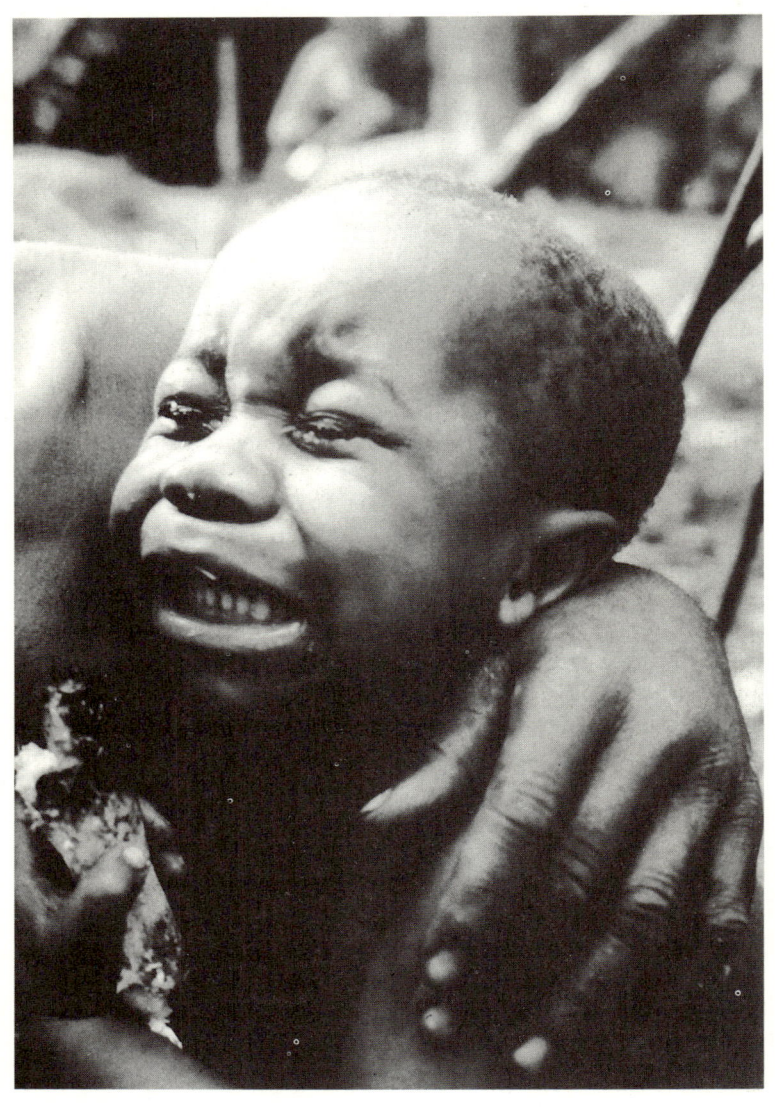

a

10.8 *Fremdenfurcht mit Protestgeschrei und Blickkontakt-Abbruch*
des kleinen Wojo in der Obhut seines Vaters (Erläuterungen im Text)

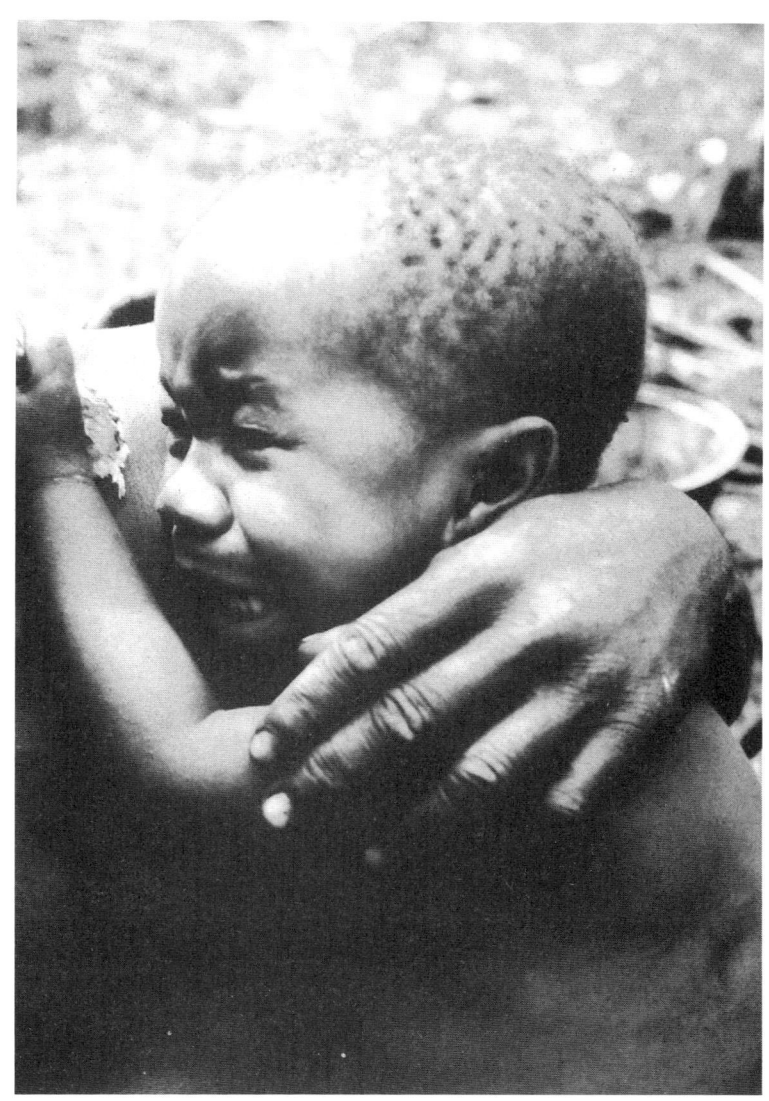

b

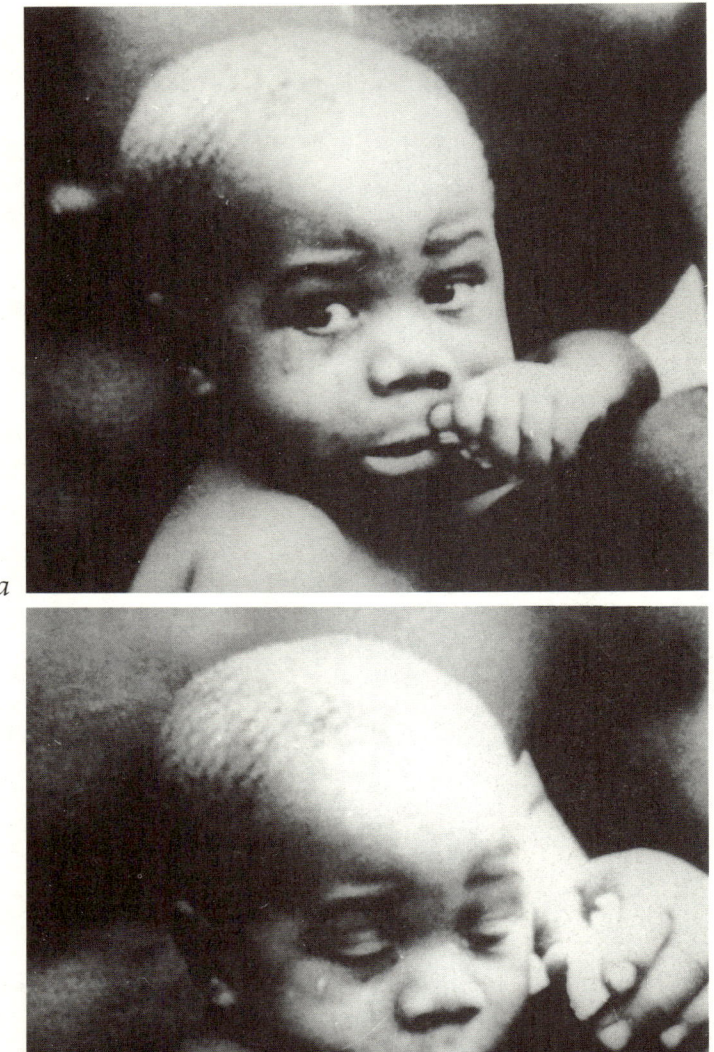

a

b

10.9 *Fremdenfurcht des kleinen Wojo in der Obhut seines Vaters; grimmiger Blick mit zusammengezogenen Augenbrauen (a), Kontaktab-*

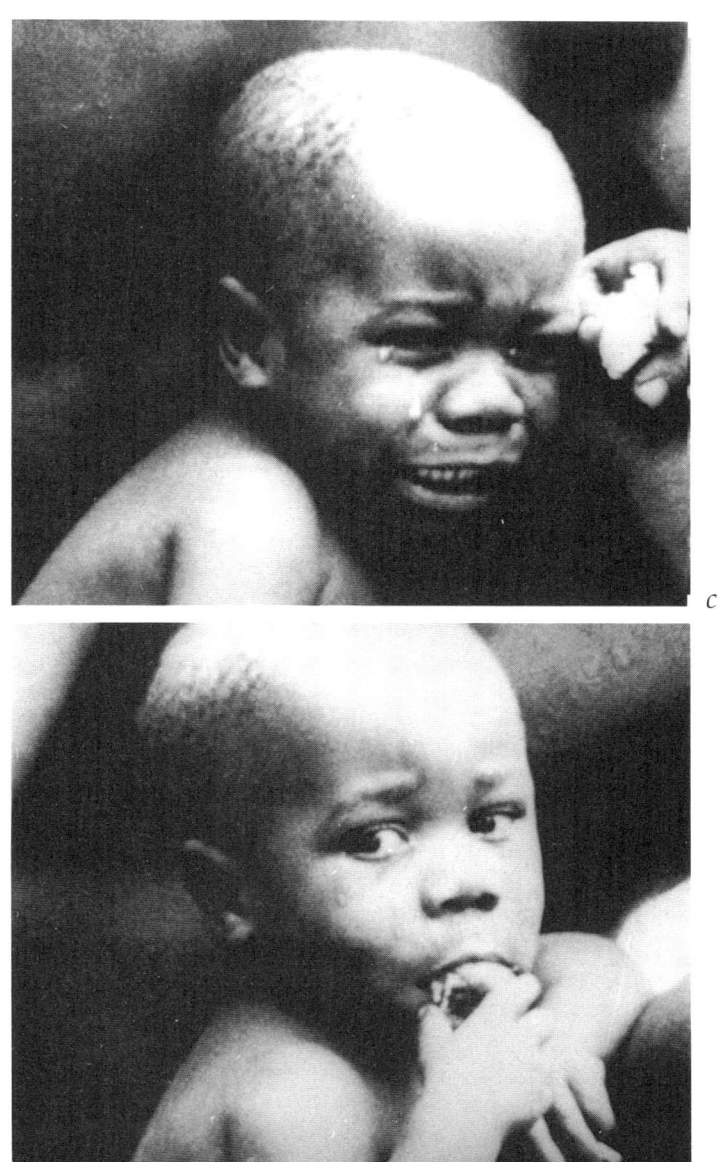

c

d

bruch durch Lidschließen und leicht vorgezogene Lippen (b), erneutes
Aufschreien (c) sowie erneuter Blickkontakt und langanhaltende
Exploration der Gefahr (d). Bild 1, 147, 464, 526 bei 25 B/s

merksam und streng. Zwischen seinen Augenbrauen bildeten sich an der Glabella zwei leichte senkrechte Falten, die Auskunft darüber gaben, daß ihm die Situation wohl doch nicht ganz geheuer war. Zur »Selbstversicherung« hielt er seinen Zeigefinger zwischen den Lippen, wie man es auch bei Verlegenheit gelegentlich beobachten kann. Ich versuchte, mit ihm Kontakt zu bekommen, warf ihm ein paar Augengrüße zu und nickte dabei freundlich. Mich scharf beäugend, ließ er sich durch Mutters Arme rutschen, als wollte er fliehen, blieb jedoch sitzen, lächelte zunächst etwas verkrampft, doch bald lachte er herzlich, als sei er zu einem Scherz aufgelegt. Daraufhin stand er sofort wieder auf, blieb aber mit seiner Mutter in Körperkontakt, die ihrerseits ihre Hände schützend bei ihm ließ. Völlig aufgerichtet und herzhaft kichernd (Abb. 10.10 a), schloß er die Augen (Kontaktabbruch!) und drehte sich für einen ganz kleinen Moment völlig weg (Abb. 10.10 b). Seine Mutter Badima schloß bei dieser Aktion ebenfalls die Augen und hielt ihre Hände schützend um seinen Körper. Diese von Wojo gezeigte Reaktion könnte man durchaus als Ambivalenz zwischen Scherzen und ritualisierter Flucht interpretieren. Der kleine Bub drehte sich gleich wieder herum, zeigte ein ambivalentes Spielgesicht mit verkrampftem Lächeln und zusamengekniffenen Augen (Abb. 10.10 c), schmiegte sich eng an seine Mutter, nahm seine Hand verschämt (verlegen?) halb vor, halb in den Mund und lugte mich aus den Augenwinkeln heraus an (Abb. 10.10 d). Seine Mutter lächelte freundlich und hatte inzwischen ihre Arme fürsorglich um Wojos Körper geschlungen.

Bei solchen Kleinkindern in der Obhut der Mutter, wenn sie den »Fremden« gut genug kennengelernt haben und mit ihm zum Schäkern aufgelegt sind, beobachtet man häufig ein Alternieren zwischen Zuwenden mit Spielaufforderung und plötzlichem Wegwenden als ritualisierte Flucht oder Sich-verstecken-Wollen, wobei die Kinder gelegentlich eine verspielte Beißintention in die Mutterbrust ausführen. Richtig zugebissen wird dabei natürlich nicht. Es handelt sich vielmehr um ein *Scheinbeißen* [190] als Spielkomponente ohne jeden Ernstbezug, wie es auch bei zahlreichen anderen Säugern im Spiel beobachtet werden kann. Im menschlichen Flirtverhalten und als Neckerei beim Liebesspiel kommt in abgeleiteter Form der Beißkuß vor, als rhythmisch wiederholtes Beknabbern oder als gehemmtes Zubeißen, worauf oftmals von einem der Partner plötzliches, bisweilen recht festes Zubeißen als Herausforderung oder als Abwehr folgen kann [105]. Es handelt sich dabei ganz offensichtlich um verkindlichte Verhaltenselemente, die auf das spielerische Scheinbeißen zurückzuführen sind, wie ja beim Flirt ganz allgemein zahlreiche infantile Elemente in Aktion treten.

Etwas später legte Wojos Mutter eine Hand schützend auf den Kopf des Jungen, der nun, immer noch die Finger zwischen den Lippen, mit einem wieder offeneren Gesicht in der Gegend umherschaute (Abb. 10.11). Diese schützende Geste hat außerdem eine beruhigende Wirkung und wurde in ähnlicher Form auch bei Schimpansen zwischen Müttern und Kindern sowie zwischen Männchen und Weibchen beobachtet [105]. Das Hand-um-die-Schulter-Legen beim Menschen zwischen Befreundeten oder Verliebten im europäischen Kulturkreis ist wohl als eine abgewandelte Form der gleichen Geste zu verstehen. Wojo ging später wieder lächelnd auf erneute Kontaktversuche ein. Die Finger seiner rechten Hand hatte er diesmal tief im Mund vergraben. Es war aber wohl keine Verlegenheit mehr. Er schien eher Schwierigkeiten mit den Zähnen zu haben. Doch er hörte bald auf, sein Gebiß zu bearbeiten, und schmiegte sich ganz innig an seine Mutter, die ihm dies willig gewährte.

Im Laufe der Zeit lernte mich der kleine Wojo noch viel besser kennen, und er wurde mir gegenüber sehr aufgeschlossen. Wir spielten und scherzten dann häufig miteinander und wurden wirklich gute Freunde. Er kam oft in meine Nähe und beäugte sehr aufmerksam mein Tun, gelegentlich gingen wir auch gemeinsam durch den Wald und zeigten uns gegenseitig interessante Dinge, wobei er stets ein erstaunlich scharfes Beobachterauge bewies. Als ich eines Tages meine Sachen packte, stand er dabei und schaute aufmerksam zu. Beim Verabschieden machte er dann wirklich ein ganz trauriges Gesicht.

10.10 *Ambivalenz zwischen Scherzen und ritualisierter Flucht durch Wegwenden und erneuter Scherzkontakt des kleinen Wojo in der Obhut seiner Mutter. Bild 1, 29, 66, 93 bei 25 B/s*

c

d

10.11 *Der kleine Wojo in der Obhut seiner Mutter mit beschützendem Handauflegen*

11

DER FLUCH DER ZIVILISATION

Als *mobile* Sammler und Jäger waren die Bayaka-Pygmäen Zentralafrikas ein fester und voll integrierter Bestandteil des Ökosystems des äquatorialen Regenwaldes. Die Nahrungsentnahme entsprach dabei stets den jeweiligen, täglichen Bedürfnissen. Niemals wurde der Natur mehr entnommen als tatsächlich benötigt. In diesem Sinne waren diese Pygmäen ein gesundes, vitales und von Natur aus sauberes Volk, ohne auch nur die geringste Begriffsvorstellung von Hygiene im Sinne moderner Industriegesellschaften zu haben. Das ständig feuchtwarme Klima in den Wäldern der Lobaye mit einem Jahresmittel um 24°C und einer Luftfeuchtigkeit zwischen 70 und 96% erlaubte den Leuten eine naturnahe Lebensweise, und sie konnten als ein wirkliches Naturvolk angesehen werden. So war und ist es nicht verwunderlich, daß sie mit einem Minimum an Kleidung auskamen, welche auf die Bedeckung der Intimsphären beschränkt war. Dies entsprach durchaus dem Aktionsschema ihrer Mobilität als optimale Lösung einer muße-intensiven Existenz. Eine solche Lebensweise setzt allerdings voraus, daß das Ökosystem sein Gleichgewicht erhält und von »unnatürlichen«, unüberlegten Eingriffen weitmöglichst verschont bleibt. Ungezügelte Interventionen unter Mißachtung der herrschenden ökologischen Gesetze haben bislang immer und überall nichts als Zerstörung bewirkt.

Es war noch nie ein Geheimnis, daß seit mehr als 100 Jahren besonders der äquatoriale Regenwald und seine Schätze den mit wildem Erkundungsdrang agierenden Europäer magisch angezogen haben. Lange Zeit begnügte er sich damit, von Handelsniederlassungen an der Küste jene Schätze zu erwerben, die die Eingeborenen brachten und anboten. Doch die wissenschaftliche Erschließung durch die von Natur aus neugierige Forschung eröffnete dem mit Profitdenken ausgestatteten Händler neue Möglichkeiten. Die industrielle Revolution Europas streckte bald ihre gierigen Hände bis zum Äquator aus, dessen Reichtümer in den Augen der Weißen nahezu unerschöpflich schienen und demzufolge skrupellos abgebaut wurden. So handelten die Europäer als ein gedankenloses Erntevolk und brachten unweigerlich das seit Jahrtausenden etablierte ökologische Gleichgewicht ins Schwanken. Besonders dramatische Geschehnisse waren in den letzten 50 Jahren zu beobachten, deren Konsequenzen weltweite Klima- und Strukturveränderungen zur Folge hatten. Man denke nur an den unaufhaltsamen Vormarsch der Sahara nach Süden auf der Gesamtbreite des afrikanischen Kontinents [144, 145]! Im äquatorialen Amerika und auch in den asiatischen Gebieten kannte dabei die Profitsucht und Zerstörungswut der Industrienationen keine Grenzen [146]. Zu den Europäern gesellten sich dann noch die nicht weniger profitsüchtigen Japaner, deren Vorgehen sich ebenso kurzsichtig und noch weit skrupelloser gestaltet.

Wie aber sieht das nun im einzelnen in der Hyläa des Pygmäenlandes aus? Der schmale Streifen Regenwald auf dem Gebiet der Zentralafrikanischen Republik war ursprünglich durch die von West nach Ost fließende Lobaye geschützt, die man lange Zeit nur mit einer uralten, handgetriebenen Eisenfähre überqueren konnte. Vom Süden her, im Kongo, ist auch heute noch durch einen ausgedehnten Sumpfwald (*Forêt inondée*) mit regelmäßigen Überschwemmungen dem Vordringen der Europäer mit den von ihnen erfundenen Maschinen eine unüberwindbare Hürde gesetzt. So blieb hier, zwischen Ubangui und Sangha, ein Stück ursprüngliche, ans Karbon erinnernde Natur erhalten, deren Ökologie auch den Pygmäen ein Lebensareal stellte, dessen Nutzung sich im Konzert der Ganzheit einer bestens eingepaßten Lebensgemeinschaft vollzog. Die entlang der Lobaye ansässigen Hackbauern schufen mit ihren Pflanzungen einen nur wenige Kilometer breiten Kontaktstreifen, auf welchem die zwischenethnischen Beziehungen auch für die dort umherstreifenden Bayaka-Pygmäen durchaus positive Aspekte einer Symbiose aufzeigten.

Die Konstruktion einer Brücke für schwere Lastwagen über die Lobaye durch ein auf der Nordseite etabliertes europäisches Sperrholzunternehmen, sollte gewaltige Veränderungen auf den Plan rufen. Von nun an streckte die industrielle »Zivilisation« auf der Suche nach wertvollen Edelhölzern, vor allem aber nach Gebrauchshölzern zur Herstellung von Sperrholz, ihre Tentakel nach allen Seiten in bislang relativ unberührte Gebiete aus. Auf diese Weise unterliegt der äquatoriale Regenwald einer intensiven ökonomischen Bewirtschaftung mit wahrscheinlich irreversiblen Konsequenzen. Die Holzfäller-Firmen verteidigen sich und liefern bereitwillig die Abschlagzahlen, die jedoch noch zu überprüfen wären. So erfährt man z. B., daß Edelhölzer wie Paduk-Rotholz, *Pterocarpus soyauxi*, und Ebenholz, *Diospyros crassifolia*, auf ökonomischer Basis überhaupt nicht geschlagen werden. Ihr Einschlag sei zufallsabhängig, ausschließlich bedingt durch einen sogenannten persönlichen Bedarf der direkt Beteiligten und ihrer näheren Verwandten und guten Bekannten. Man will schließlich das äquatoriale Afrika nicht ohne ein schönes Erinnerungsstück, einer direkt oval aus dem Stamm geschnittenen Rotholz-Tischplatte oder einer Ebenholz-Schüssel, verlassen. Daß dafür ein Baum, ein besonders schönes Exemplar versteht sich, gefällt werden muß, ist wohl jedem klar! Daß ein solcher Baum nicht gerade vor der Haustür steht, dürfte wohl auch kein Geheimnis sein. Der Baum muß also meist von weit her aus dem Wald geholt werden. Wie man dabei vorgeht, darauf möchte ich gleich zurückkommen.

Wirklich planmäßig abgeschlagen, zur Herstellung von Sperrholzplatten vor Ort, werden vor allem zu $1/10$ der Sipo, *Entandrophragma utile*, und zu $9/10$ der Sapelli, *Entandrophragma cylindricum*. Nur Bäume mit einem Durchmesser von über 80 cm werden geschlagen, und dies auch nur im Verhältnis von einem Baum pro 2 ha. Auf den ersten Blick scheint dies eine vernünftige Bewirtschaftung des Waldes zu sein. Für ein bestimmtes Sägewerk an der Lobaye beträgt das Abschlagresultat, je nach den klimatischen Arbeitsbedingungen im Wechsel von Trocken- und Regenzeit, etwa 30 000 m^3 bis 50 000 m^3 in sehr guten Jahren und ergibt immerhin einen Jahresmittelwert von 40 000 m^3.

Nun ist der äquatoriale Regenwald keine Monokultur wie etwa die europäischen Kiefern- oder Fichtenwälder. Es handelt sich vielmehr um einen über Jahrtausende entstandenen Naturwald mit seinen eigenen Gesetzmäßigkeiten der Formenvielfalt und Artenstreuung. Jede Baumart hat ihr eigenes Verbreitungs- und Dichteschema im Konzert der Gesamtstruktur. Diese Gesetzmäßigkeit macht es notwendig, zur Nutzung jedes einzelnen, oft über 40 m hohen Baumes, dessen Fällen allein schon ein beträchtliches Loch in die Waldstruktur reißt, tiefe, oft kilometerlange Schneisen durch den Wald zu schlagen. Damit die Schneise freigelegt werden kann, müssen eine beträchtliche Anzahl für die Sägewerke an sich völlig nutzlose Bäume geschlagen werden, wobei auch oft mächtige Lianenstrukturen der Zerstörung zum Opfer fallen. Solche Schneisen kann man zunächst nur mit mächtigen Raupenfahrzeugen befahren, mit deren Hilfe man die gefällten Stämme aus dem Wald herauszieht. Doch bald ergibt sich die Notwendigkeit, diese Schneisen zu regenfesten Lateritpisten umzubauen, so daß auch andere Fahrzeuge sie benutzen können. So werden die ursprünglich als »Sackgassen« angelegten Schneisen, zunächst nur Zufahrtswege für einen oder mehrere Bäume, schließlich zu Ausgangspisten für neue Schneisen, die sich wie die Tentakel eines Kraken in den Regenwald vorschieben. Ein Teufelswerk der Zerstörung!

Die großwüchsigen Hackbauern, seßhafte Völker der Regenwaldgebiete, siedeln mit ihren rechteckigen Hütten entlang der bereits seit langer Zeit bestehenden Verkehrswege in einfachen Reihendörfern. In der unmittelbaren Umgebung solcher Siedlungen betreiben sie auf Brandrodungen intensiven Wanderfeldbau. Sie fällen auf einer größeren Fläche hauptsächlich die mächtigen Bäume, bei deren Sturz kleinere Bäume und Sträucher einfach mitgerissen werden. Einzelnen Bäumchen gelingt es sogar, stehenzubleiben. Auf diese Weise entsteht ein wildes Durcheinander herumliegender Stämme und Äste, Abbild eines unentwirrbaren Chaos. Diese Arbeiten werden in der Trockenzeit durchgeführt, und nach einer gewissen Dürreperiode wird das getrocknete Holz einfach angezündet. Über mehrere Tage und Nächte frißt sich das Feuer durch das herumliegende Baum- und Lianengewirr und greift nicht selten auch auf den noch intakten Waldteil über. Übrig bleibt ein wüstes Aschefeld mit halbverkohlten Baumstämmen, ein trostloses, gespensterhaftes Bild. Auf dieser so gewonnenen Brandrodungsfläche wird nunmehr ein intensiver Anbau von Kochbananen, Maniok und geringen Mengen Taro betrieben. Zunächst gedeihen diese Pflanzungen ohne jegliches weitere Zutun prächtig und verleihen der gerodeten Fläche ein Bild üppigen tropischen Wachstums.

Der Brandrodungsboden mit seiner nur dünnen Humusschicht verträgt aber eine solche intensive Nutzung auf die Dauer nicht und wird schnell ausgelaugt, so daß sich schon nach wenigen Anbauperioden die Erträge so stark verringern, daß die Ernährung der Hackbauern-Siedlung nicht mehr gewährleistet ist. Also werden die Pflanzungen aufgegeben. Ein paar hundert Meter weiter entlang der Piste wird dann eine neue Brandrodung begonnen. Ein solcher Prozeß kann sich mehrmals wiederholen, bis die Pflanzungen zu weit von der Wohnsiedlung entfernt liegen. Dann wird auch das Reihendorf aufgegeben. Die Bewohner ziehen mit ihrem wenigen Hab und Gut der Piste entlang weiter und errichten nun in unmittelbarer Nähe ihrer letzten Pflanzung eine neue Siedlung. In ein paar Jahren wiederholt sich dann dieser Prozeß. Die verlassenen Siedlungen verfallen schnell und werden bald von typischer Sekundärwald-Vegetation überwuchert. Einer dieser Sekundärwald-Pioniere ist der schnell wachsende, *heliophile* (sonnenliebende) Parasolier oder Sonnenschirmbaum, *Musanga cecropioides*, der sich in Form kleiner Monokulturinseln die Lichtplätze solch aufgegebener Wohnstätten erobert.

Auf diese Weise greift der – obschon selektive – Holzeinschlag immer tiefer in das ökologische Gleichgewicht des äquatorialen Regenwaldes ein. Das Anlegen von dafür notwendigen, immer neuen Urwaldpisten leistet dann sekundär dem Vordringen der Hackbauern Vorschub und verringert auf die Dauer beträchtlich den Aktionsraum der Pygmäen, der von Natur aus mobilen Sammler und Jäger. Eine solche Entwicklung, die ich über viele Jahre hinweg im Gebiet der Lobaye verfolgen konnte, hatte weiter zur Folge, daß ein großer Teil der dortigen Pygmäenpopulationen – aus welchen Gründen auch immer – seßhaft geworden ist. Insbesondere während der Trockenzeit errichteten sie für relativ lange Zeit ihre Lager in Lichtungen des Sekundärwaldes, ganz in der Nähe der permanenten Siedlungen der Hackbauern (Farb-Abb. 40). Trotz einer solchen Quasi-Sedentarisierung gingen die Pygmäen zu Anfang auch weiterhin ihrer traditionellen täglichen Sammeltätigkeit und auch der gemeinschaftlich organisierten Netzjagd nach. Doch war es nicht selten, daß die Großwüchsigen selbst an solchen Jagdausflügen teilnahmen, um die Kontrolle über den Fangerfolg zu erlangen. Auf diese Weise ging ein Großteil der erbeuteten Fleischmenge häufig an die Großwüchsigen. Die direkte Folge der längeren Seßhaftigkeit war natürlich ein *Über-Sammeln*, vor allem aber ein *Über-Jagen* der näheren und weiteren Umgebung der Lagerplätze während der Trockenzeit. Das bedeutete einen nicht unbeträchtlichen Eingriff in das Gleichgewicht des Ökosystems. Als Gegenleistung für das an die Großwüchsigen abgetretene Fleisch erhielten die Pygmäen geringe Mengen von Kochbananen, Maniok und Taro aus deren Pflanzungen. Zunächst ein Trost, der den immer geringer werdenden Sammelerfolg wettmachte. Doch ergab sich im Laufe der Zeit daraus indirekt, daß sie ihre natürliche Hauptbeschäftigung, nämlich das Sammeln – Induktion ihrer Mobilität –, immer mehr einstellten. War es doch »bequemer«, sich die Vegetabilien einfach bringen zu lassen oder den Pflanzungen selbst zu entnehmen, auch wenn dies nicht immer auf legalem Wege geschah.

Im weiteren Verlauf der Entwicklung, bedingt durch das Seßhaftwerden, waren einige Pygmäengruppen sogar dazu übergegangen, eigene Waldpflanzungen anzulegen. Bei diesen Leuten konnte dann der Fleischbedarf kaum mehr durch Jagdausflüge in einem genügend großen Areal gedeckt werden, sondern mußte durch Schlingenlegen und Fallenstellen in unmittelbarer Umgebung der permanenten Lager ergänzt werden, eine eines echten Pygmäen völlig unwürdige Tätigkeit und ein weiterer, recht bedeutsamer Eingriff in das ökologische Gleichgewicht des Regenwaldes. Besonders das Anlegen von Waldpflanzungen nach dem Brandrodungssystem der Hackbauern trägt zum unaufhaltsamen Fortschreiten der Sekundarisierung des Regenwaldes bei. Aus Primärwald wird Sekundärwald, aus Sammlern und Jägern werden Hackbauern und Fallensteller!

Das Seßhaftwerden hat aber nicht nur Auswirkungen auf die Ökologie des Regenwaldes, sondern brachte auch tiefgreifende Veränderungen für die Pygmäen selbst. So geriet das Sozialgefüge der Bayaka beträchtlich aus dem Gleichgewicht, denn eine immer größer werdende Anzahl trat in Vasallendienste bei den Großwüchsigen. Die Frauen wurden Hausgehilfinnen, die Männer billige Arbeitskräfte jener Hackbauern in unmittelbarer Nähe der Lobaye, die dort kleinere Kaffeepflanzungen unterhielten, auf denen sie vor allem beim Entgrasen (Farb-Abb. 41) sowie später bei der Ernte der Kaffeebeeren eingesetzt wurden. Aber auch zu Hilfsarbeiten für den Pirogenbau – für Pygmäen eine völlig untypische Arbeit – wurden die geschickt mit ihren Äxten umgehenden Männer verpflichtet. Das Sozialgefüge der Pygmäen kam auch insofern aus dem Gleichgewicht, als für die jeweiligen Arbeiten, sei es in einem Muntu-Haushalt oder auch auf der Plantage, jeweils nur Einzelpersonen gebraucht wurden, während die

Pygmäen ihre ursprünglichen Aktivitäten für den täglichen Lebensunterhalt, sei dies das Sammeln oder die Jagd, sei es bei verschiedenen Tätigkeiten im Lager, stets in der Gruppe oder im Sozialverband ausführten.

Als Gegenleistung für ihre Tagelöhnerarbeit erhielten und erhalten die Pygmäen neben den oben schon erwähnten Vegetabilien aus den Plantagen der Hackbauern das Zerlumpteste an Kleidungsstücken europäischer Herkunft, alles, was sonst kein Muntu mehr tragen mag. So begannen sie damit, sich diese Lumpen überzustreifen. Zunächst wohl nur aus einem reinen Kultur-Mimikry-Effekt heraus. Vielleicht empfanden sie es als vornehm, sich den Großwüchsigen vestimentär anzugleichen und diese nachzuahmen? Dies geschah jedoch mit all seinen negativen, unheilvollen Konsequenzen für ein an ganz andere Parameter angepaßtes Naturvolk. Neben dem Seßhaftwerden unterlagen die Pygmäen noch zusätzlich einem Akkulturationsprozeß, der ihre Lebensweise grundlegend verändern sollte.

Welches sind nun die negativen und unheilvollen Konsequenzen von Sedentarisierung und Akkulturation für ein ehemals mobiles Naturvolk? Vor diesen tiefgreifenden Umwälzungen verblieb eine Wohngemeinschaft kaum länger als 4 bis 6 Wochen am gleichen, durch schattigen Hochwald gut geschützten Ort. Sie zogen dann stets ein paar Tagesmärsche weiter und errichteten dort ein neues Hüttenlager. Hatte sich doch am alten Wohnplatz während des Aufenthaltes eine nicht unbeträchtliche Menge alles mögliche Ungeziefer anziehenden Unrats und Abfalls angehäuft. Das nunmehr ständige Verbleiben an ein und demselben Ort, möglichst nahe an Siedlungen der Hackbauern und in unmittelbarer Nähe von Verkehrswegen, den vor allem während der Trockenzeit staubigen Lateritpisten, ist beileibe nicht dazu angetan, ihre Situation zu verbessern. Sie leben dort inmitten einer sekundären Vegetationsstruktur, wo es den schutzspendenden Regenwald nicht mehr gibt. So sind sie den heftigen, oft gewaltigen tropischen Regengüssen wie auch der starken Sonneneinstrahlung gleichermaßen und unerbittlich ausgesetzt. Zudem leben sie seither inmitten ihres eigenen Unrats und der Anhäufung ihrer Exkremente in unmittelbarer Umgebung ihrer Wohnstätten. Weiter tragen sie tagein, tagaus, Tag und Nacht über Monate hinweg, die von den Hackbauern erhaltenen Kleidungsstücke.

415

Nun ist Kleidung aber in den Regenwaldgebieten am Äquator eigentlich völlig nutzlos. Bekleidung war wohl ursprünglich und im Laufe der menschlichen Kulturevolution in erster Linie, neben Schamschutz, doch wohl Kälteschutz und erst in zweiter Linie eine Kultur- bzw. Zivilisationsmarke. Da die Pygmäen diese europäische Kleidung nie wechseln und sie sich so zu den unmöglichsten Dreckfetzen entwickelt, entstehen völlig neue Parameter im Leben dieser Leute. Sie sind nicht damit vertraut, wie man mit solchen Kleidungsstücken umzugehen hat. Die Folge ist natürlich, daß sich jede Art von Ungeziefer festsetzen kann, welches sonst von einem nackten Körper leicht hätte abgestreift werden können. Nur ein kleines Beispiel: Wer einmal im Regenwald, mit langen Hosen bekleidet, in eine Kolonne von Treiberameisen, den Dorylinen, geraten ist, wird einen solchen Überfall nie mehr vergessen! Das Tragen der von tropischen Regengüssen durchnäßten Kleidung kann außerdem durch Verdunstungskälte selbst am Äquator schlimme Krankheiten hervorrufen, die im Extremfall bei Afrikanern sogar zum Tode führen können. Ein nackter Körper aber kann sich nach einem noch so heftigen Regenguß sehr schnell wieder aufwärmen.

Durch die Anhäufung von Abfall und Exkrementen nahe den permanenten Wohnbereichen verzeichnet man nunmehr eine starke Konzentration von Ungeziefer und Parasiten. Zuvor waren Nahrungsüberreste und Exkremente, ähnlich wie andere organische Elemente des Ökosystems, zufallsbedingt über ein weites Gebiet verteilt und wurden durch das feuchtheiße Klima, mit einem Jahresmittel von 24 °C und einer Luftfeuchtigkeit von etwa 70 % am Tage und bis 96 % in der Nacht, entsprechend absorbiert. Die Folgen der vorgenannten Entwicklung bedürfen eigentlich keiner weiteren Ausmalung.

Übrigens, die Problematik der negativen Akkulturation wurde in Afrika auch in anderen Regionen schon sehr früh von einfühlsamen Menschen erkannt, denn bereits zu Anfang dieses Jahrhunderts sträubte sich der durchaus vernünftige Gouverneur von Malakal im Südsudan gegen die Anweisungen des Bischofs von Khartum und der englischen Kolonialbehörde, die *Schilluk* durch Verordnung zu zwingen, ihre malerische Lau (Lederumhang) aufzugeben und dafür Hemd und Hose zu tragen. Zum Glück für die Schilluk war der Gouverneur ein alter Afrikaner, der ein Herz für seine ihm anvertrauten Schützlinge hatte, denn er rebellierte: »Soll ich sie zwingen, Kleider zu tragen, damit sie – die jetzt ungezieferfrei und dank ihrer Schlafweise in Holzasche gesund sind – Läuse und Wanzen kennenlernen wie die Sudanesen? Und die vielen Krankheiten, die durch dieses Ungeziefer übertragen werden und bis jetzt höchst selten die Schilluk befallen haben? Und das alles der angeblichen Sittlichkeit halber, von der sich die Häupter des Christentums hier einzubilden scheinen, daß sie im Verhältnis zur Anzahl der Kleidungsstücke wächst« [38].

Eine häufige Erscheinung in permanenten menschlichen Ansiedlungen sind die *hämatophagen* (blutsaugenden) Tabaniden oder Blindbremsen, *Chrysops dimidiatus* und *silaceus*, die als Zwischenwirte und Überträger von Mikrofilarien bekannt und gefürchtet sind. Diese Bremsen nehmen beim Saugen die im Blutkreislauf des Hauptwirtes zirkulierenden, lebend geborenen Filarienlarven auf. Nach weiteren Entwicklungsstadien im Insekt gelangen die Mikrolarven in die Nähe des Stechrüssels, von wo aus sie bei erneuter Nahrungsaufnahme der blutsaugenden Bremse auf einen anderen warmblütigen Hauptwirt, vor allem Menschen, übertragen werden.

Besonders gefährlich sind für den Menschen die die *Elephantiasis* hervorrufenden Filarien der Art *Wucheria bancrofti*, die es aber im Regenwald glücklicherweise nicht gibt. In den Waldgebieten der Pygmäen weit verbreitet ist die Wanderfilarie *Loa loa*. Dieser 3 bis 7 cm lang werdende, zu den Nematoden gehörende Fadenwurm lebt bevorzugt im Unterhautbindegewebe, wo er gutartige Schwellungen wie die *Kalabarbeule* hervorruft. Er erscheint gelegentlich auch unter der Augenbindehaut, von wo er allerdings leicht entfernt werden kann. Die Filarien können sich oft auch im Ellenbogen, im Knie oder in den Fingergelenken der Hand festsetzen, wo sie sehr störend sind. Besonders gefährlich werden Schwellungen am Kehlkopfeingang, die gelegentlich zu Erstickungen führen. Nicht minder gefährlich für den Menschen ist noch eine andere Filarie, nämlich der Knotenwurm, *Onchocerca volules,* der von Kriebelmücken aus der Familie der Simuliidae übertragen wird, deren Larven sich nur in strömendem, sauerstoffreichem Wasser entwickeln. Beim Menschen liegen die geschlechtsreifen Würmer in subkutanen Bindegewebsknoten, die erbsen- bis taubeneigroß werden können. Die schweren Erkrankungen, vor allem die Erblindung, durch den Knotenwurm, rühren allerdings nicht von adulten Würmern her, sondern von winzigen Mikrofilarien, die aus Knoten am Kopf leicht in die Bindehaut, Hornhaut (Kornea) oder Iris der Augen eindringen und sogar den Sehnerv selbst beschädigen. Diese Erkrankung, auch *River-Blindness* genannt, findet man sehr häufig in der Savanne und im Sahel, viel weniger im Regenwald mit seinen häufig nur sehr langsam fließenden Gewässern. Bei den Bayaka an der Lobaye waren etwa 3 bis 5% der Leute befallen, meist aber nur auf einem Auge erblindet.

Eosinophilie, die Vermehrung der eosinophilen Leukozyten im Blut über den Normalwert von 1–3%, ist allemal ein Zeichen von Parasitose schlechthin, also auch für Filarienbefall. Überstarke Parasitierung kann mit dem Medikament *Notézine* (Diéthylcarbamazine Specia) behandelt werden, was aber unbedingt unter medizinischer, besser noch klinischer Aufsicht zu geschehen hat, da falsche Dosierung zum Tode führen kann. Notézine als Prophylaxe vor Antritt einer Reise ist auf jeden Fall zu empfehlen und nach eigener Erfahrung auch effizient, vorausgesetzt, daß die betreffende Person zuvor nie von Filarien befallen wurde. Filariose war bei den nicht seßhaften Bayaka bislang eine sehr seltene Erscheinung. Die Sedentarisierung und die damit verbundene Konzentration von infizierten Blindbremsen in und unmittelbar um permanente menschliche Siedlungen zeigen nun aber auch bei den Pygmäen ihre negative Auswirkung.

Ein weiterer Vertreter der Humanparasiten in der Tropenzone ist der Sandfloh, *Sarcopsylla penetrans*, dessen Weibchen sich bevorzugt zwischen den Zehen und unter den Zehennägeln einnisten und sich dort tief in die Haut einbohren, um ihre Brut aufzuziehen. Während bei meinem ersten Besuch höchstens 10% der frei umherstreifenden Pygmäen befallen waren, konnten 5 Jahre später Sandflöhe bei nahezu 80% der Population festgestellt werden. Diese Ektoparasiten sind an sich nicht sonderlich gefährlich, aber die Bayaka entfernen sie sich gegenseitig mit verrosteten Metallgegenständen wie alten Messern, Speerspitzen und aufgefundenen Nägeln. Sie verursachen dabei große und tiefe Wunden, die der Verschmutzung und Infektion preisgegeben sind und sich dann nicht selten zu recht bösen Eiterherden entwickeln. In gewissen Fällen mußten die Zehennägel, die durch die starken Vereiterungen teilweise senkrecht abstanden, zur besseren Behandlung sogar gezogen werden. Vor allem die Kinder im Alter von 2 bis 5 Jahren, bei denen sich die Zehennägel durch das Herumstreifen im Wald noch nicht genügend abgenützt hatten, waren von diesen Symptomen besonders stark betroffen.

Diese durch Sandflöhe und deren Entfernen verursachten offenen Wunden sowie Kratzverletzungen, die beim täglichen Umherstreifen im Walde entstehen, sind nun aber einer weiteren, weit gefährlicheren Infektion preisgegeben. Es handelt sich dabei um die bei Völkern im tropischen Afrika weit verbreitete Frambösie, *Framboesia tropica*, die auch als Erdbeerpocken oder Himbeerseuche bekannt ist. Der Name ist aus dem französischen *Framboise* (Himbeere) abgeleitet, da die kutanen Eruptionen oft wie Himbeeren aussehen. Es handelt sich um eine syphilisähnliche pan-tropische Krankheit, die auch bei Eingeborenen Neuguineas gefunden wurde.

Frambösie wird in der Regel durch Schmierinfektion übertragen und nur ausnahmsweise durch Geschlechtsverkehr. Sie zeigt sich häufig an durch die Präsenz von juxta-artikulären Knoten, die auf beiden Seiten des Hüftgelenks liegen. Der Erreger ist *Treponema pertenue*, ein Bakterium aus der Ordnung der Spirochaetales. Es handelt sich dabei um schraubig gewundene, flexible Zellen von 6 bis 8 μm Länge, bestehend aus einem Protoplasmazylinder, einem aus Fibrillen aufgebauten Axialfilament und einer Außenhülle. Viele Spirochaetales sind pathogen (krankheitserregend), wie auch der Syphiliserreger *Treponema pallidum*.

Bei der Übertragung und Infizierung von Frambösie spielt offensichtlich auch die Fliege *Hippellates pallipes* eine Rolle, deren geographische Verbreitung mit der der Frambösie koinzidiert. In ihrem Verdauungstrakt wurde der Frambösie-Erreger nachgewiesen. Das läßt vermuten, daß diese an sich hämatophage Fliege sich nicht nur vom Blut offener Kratzwunden ernährt, sondern auch an eiternden Pianomen saugt.

Die Frambösie verläuft wesentlich gutartiger als die mit ähnlichen Symptomen auftretende Syphilis. Die Syphilisreaktionen sind nur im Blut positiv, nicht aber in der Spinalflüssigkeit (Liquor). Diese Erkrankung beginnt mit einer primären Lokalisierung am Inokulationspunkt, gefolgt von sekundären Eruptionen in Form von Bläschen, Blattern und Papeln an den verschieden-

419

sten und unmöglichsten Stellen des Körpers, die sich dann zu Eiterbläschen entwickeln.

Der exklusive Dermatropismus der Frambösie und das Fehlen
viszeraler oder nervöser Läsionen unterscheidet diese Krankheit
erheblich von der Syphilis, mit der sie aber Merkmale, wie den
histologischen Aspekt, die serologischen Reaktionen und die Sensibilität der Therapeutik teilt. Die hohe Infektiosität der Frambösie verursacht wahrhaftige Epidemien und hat schon früh die Aufmerksamkeit der Forschung ausgelöst. Schon vor mehr als 100
Jahren konnte nachgewiesen werden, daß Frambösie-Ansteckung
beim Menschen leicht durch direkten Hautkontakt mit dem *suc
des sérosités pianiques*, der pianomen Eiterflüssigkeit, hervorgerufen werden kann [99]. Die Rezeptivität des nicht infizierten
Menschen ist konstant, und die Inkubationszeit liegt bei 20 Tagen. Daß Frambösie nicht erblich ist, gilt als »nicht bewiesene«
Tatsache, und demzufolge sind Läsionen bei Neugeborenen als
obstetricale Ansteckungen anzusehen.

In den frühen siebziger Jahren war Frambösie bei den mobilen, frei umherziehenden Pygmäen-Populationen Zentralafrikas
in den Wäldern südlich der Lobaye völlig unbekannt. Nur nördlich dieses Flusses, bei damals bereits semi-sedentarisierten und
schon lange akkulturierten Pygmäen, sowie bei der Hackbauern-
Bevölkerung trat sie sporadisch und nur lokal häufig auf. Durch
den Bau einer Brücke bei Zomia über die Lobaye und das Anlegen von neuen Urwaldpisten für den Holzeinschlag bis in den
Kongo hinein intensivierte sich natürlich auch das Vordringen
der Hackbauern, und es folgte eine allgemeine Populationsfluk-
tuation, die nicht zuletzt zur Sedentarisierung der Bakaya dieser
Gebiete führte. In dieser Region wurden dann auch recht bald bei
486 untersuchten Pygmäen die ersten 37 Frambösie-Infektionen
(= 7,6%) festgestellt [54].

Nur 10 Jahre später hatte diese Krankheit unter den Bayaka,
selektiv bei Kindern, bereits ein katastrophales Ausmaß erreicht
und über 80% der Population erfaßt, so daß es nötig geworden
war, intensiv medikamentös einzugreifen. Die eingewanderten
Hackbauern, vorwiegend *Bagandu*, waren weit weniger betroffen. Zum Glück finden wir bei dem Bakterium *Treponema pertenue* eine große Sensibilität auf Penicillin. Alle Personen jeglichen Alters mit einzelnen, wenigen kleinen oder mittelgroßen
Läsionen wurden von mir zunächst lokal behandelt. Nach Reini-

gung der Wunden von Eiter und vom *suc pianique* (Wundausscheidung) wurden sie mit Mercurochrome desinfiziert, mit Bi-Penicillin-Puder (1 000 000 U.I. Sarbach) bestreut und möglichst mit staubdichtem Leukoplast und zusätzlich noch mit einem *Phrynium*-Blätter-Verband versehen und dieser alle 4 bis 5 Tage erneuert. Schon nach der zweiten Kontrolle konnten die ersten Heilerfolge festgestellt werden. Bei Kleinkindern bis zu 6 Jahren in einem frühen Stadium mit unzähligen Eiterbläschen und Blattern am ganzen Körper, die eine Direktbehandlung nur bedingt ermöglichten, wurden je nach Notwendigkeit 4 bis 8 ml Bi-Penicillin (1 000 000 U.I. Sarbach) einmalig intramuskulär injiziert. Bei Jugendlichen und Erwachsenen mit den gleichen Symptomen fand Extencillin (2 400 000 U.I. Benzathin-Benzyl-Penicillin Specia) Verwendung. Auch hier wurden je nach bedingter Notwendigkeit 4 bis 8 ml einmalig intramuskulär injiziert. Außerdem führte ich auch Lokalbehandlungen durch und kontrollierte die Heilung wiederum alle 4 bis 5 Tage.

Nach einem Monat intensiver Betreuungsarbeit konnten allein im Raum von Loko–Zomia–Lotemo über 250 Personen von ihrem Leiden befreit werden. Doch so etwas spricht sich herum, und jeden Tag tauchten in den umliegenden Wohngemeinschaften mir bislang unbekannte Gesichter auf, um beim »weißen« *mò.ngàngà* Hilfe zu suchen, denn die Bayaka-Medizinmänner, die in der Phytomedizin des Waldes erstaunliche Fähigkeiten besitzen und deshalb häufig auch von den Hackbauern aufgesucht werden – welche deshalb nicht selten mehrere Tagesmärsche zurücklegen –, haben für Frambösie offenbar kein dauerhaft effizientes Heilmittel und greifen auch kaum in das Geschehen ein. Selbst im Campement des einzigen Pygmäen-Therapeuten bei Zomia gab es zahlreiche Fälle, die ausschließlich von mir behandelt wurden.

Dennoch gibt es bei diesen Leuten einige interessante Behandlungsmethoden bei Frambösie, die ich hier schildern möchte. Verspürt ein Pygmäe die Gelenk- oder rheumatischen Schmerzen, die das Ausbrechen der Frambösie ankündigen, so bittet er darum, daß man ihn am Körper mit einem Blätterbündel schlägt, das aus der Pflanze *mò.gbànàkà, Acanthus montanus*, einer Angiosperme, hergestellt wird. Die Schläge mit den stacheligen Blättern verursachen ein starkes Schmerzgefühl, das die durch Frambösie hervorgerufenen Leiden verlagert. Zur weiteren Behandlung benutzt man auch noch eine Lianenpflanze, *mò.késà*, aus der Familie der Apocynaceae. Die Pygmäen schaben die Rinde dieser Liane, um einen Staub zu gewinnen, den sie mit dem aus der Rindenwunde ausdringenden Saft vermischen. Mit diesem so gewonnenen, ziemlich klebrigen Latex-Rindenstaub-Gemisch werden die Frambösiewunden dick beschmiert. Die gleiche Medizin wird auch zur Ausheilung anderer eiternder Wunden verwendet. Nach im Institut Pasteur in Bangui durchgeführten Antibiogrammen soll auch die in dieser Gegend wachsende *Euphorbia hirta*, in der M'Baka-Sprache *N'Zangani Banga* genannt, antipianische Eigenschaften haben.

Bei den Kivu-Pygmäen ist die wichtigste Heilpflanze für Frambösie das *U.Mùbazi, Senecio maranguensis*, aus der Familie der Asteraceae. Zur Herstellung der Medizin zerreibt man die vorher gepreßten Blätter dieses Zwergstrauches zu Puder, welches man dann auf die Wunden aufträgt. Schon innerhalb von drei Tagen soll dabei ein Heilerfolg eintreten [424]. Überdies soll diese Arznei auch als Heilmittel gegen Syphilis angezeigt sein. Ganz allgemein werden alle Wunden mit dem Saft dieser Blätter ausgewaschen, um sie zu desinfizieren [75]. Gegen Syphilis wird auch noch der Extrakt von Blättern des Kaffeestrauches verwendet, und dies übereinstimmend in Afrika wie bei den Eingeborenen Neuguineas [248]. Schmerzverlagerung, wie oben beschrieben, konnte auch bei den Dani in Neuguinea beobachtet werden. Bei besonders starken, lokalisierten Schmerzen werden Nesselpflanzen auf verschiedene schmerzfreie Stellen gelegt, um so das Schmerzgefühl zu verlagern [248].

Die Frambösie ist auch bei den Ituri-Pygmäen, vielleicht aufgrund ihrer schon seit langem stattfindenden Akkulturation, ein weit verbreitetes Übel. Bei ihnen wird diese Krankheit im allgemeinen mit dem Kingwana-Wort *Búba* benannt. Ähnlich wie bei den Bayaka werden auch die Kinder der Ituri-Pygmäen vorwiegend von dieser Krankheit befallen. Angeblich sollen diese ihre Kinder sogar absichtlich mit Frambösie anstecken, damit sie dagegen immun werden [396]. Auch nach den Ansichten der Großwüchsigen im Kivu-Gebiet muß der Mensch im Kindesalter eine Frambösie durchgemacht haben, um in seinem weiteren Leben heil davonzukommen [424].

Bei den Efe-Pygmäen heißt die Frambösie *Livá*. Die zur Behandlung verwendete Medizin wird aus einer von den Efe *Autú* genannten Liane gewonnen. Nachdem die obere Rinde dieser Liane abgeschält wurde, werden in die darunter liegende Schicht Einschnitte vorgenommen, so daß Saft hervorquillt, der aufgefangen und mit feingeschabter Rinde zu einem Brei vermischt wird. Mit einem Stück scharfer *Oda*-Liane wird der Schorf der Frambösiewunden abgeschabt, bis diese bluten. Dann werden sie mit heißem Wasser ausgewaschen und der vorher gewonnene Brei aufgetragen. Die *Oda*-Liane kann auch zu Asche gebrannt werden, die mit Wasser vermischt einen schwarzen Brei ergibt, der ebenfalls auf die Wunden aufgetragen wird [399]. Aus den grünen Stengeln der *Autú*-Liane kann der Saft auch direkt herausgepreßt und auf die bloßgelegten Wunden geträufelt werden. Dieser Saft wirkt stark adstringierend, verursacht aber gleichzeitig ziemliche Schmerzen [158].

Bei den Bayaka-Pygmäen stieß ich eines Tages im Walde auf eine mir bis dahin unbekannte Frau mit einer etwa 4jährigen Tochter und einem 6jährigen Jungen. Beide Kinder waren von Frambösie befallen, besonders der Sohn hatte das Gesicht über und über mit Bläschen und Blattern übersät. Alle Stellen des Ausschlages waren mit einem schwarzen Brei beschmiert (Abb. 11.1a). Den Berichten der Mutter zufolge wurde dieses Medikament tief im Walde von einer alten Medizinfrau, die nie selbst aus dem Wald herauskommt, hergestellt. Ich konnte von ihr gerade noch erfahren, daß Blätter und Früchte zum Herstellen dieses Breies Verwendung fanden. Mehr wollte mir die Frau nicht sagen, vielleicht aber wußte sie selbst wirklich nicht mehr, denn Geheimnisse, vor allem in der Phytomedizin, spielen bei den Pygmäen eine sehr große Rolle. Man versprach mir aber, mich irgendwann einmal zu dieser Alten hinzuführen. Doch würde es mehrere Tagesmärsche in Anspruch nehmen. Demzufolge mußte es weit drinnen im Kongo sein. Doch das sollte mir nichts ausmachen.

Das Naturmedikament hatte sich für die äußeren Erscheinungen der Frambösie längst als effizient erwiesen, und die Wunden im Gesicht des Jungen waren inzwischen gut abgeheilt (Abb. 11.1 b). Natürlich läßt sich Frambösie mit rein äußerlicher Therapie nicht ausheilen. Auch kam es nie zu einem Besuch bei der Alten. Immer neue Gründe wurden angeführt, die den Moment nicht angebracht erscheinen ließen. Dann, kurz vor meinem eigenen Abschied von den Pygmäen – ich sprach schon längst nicht

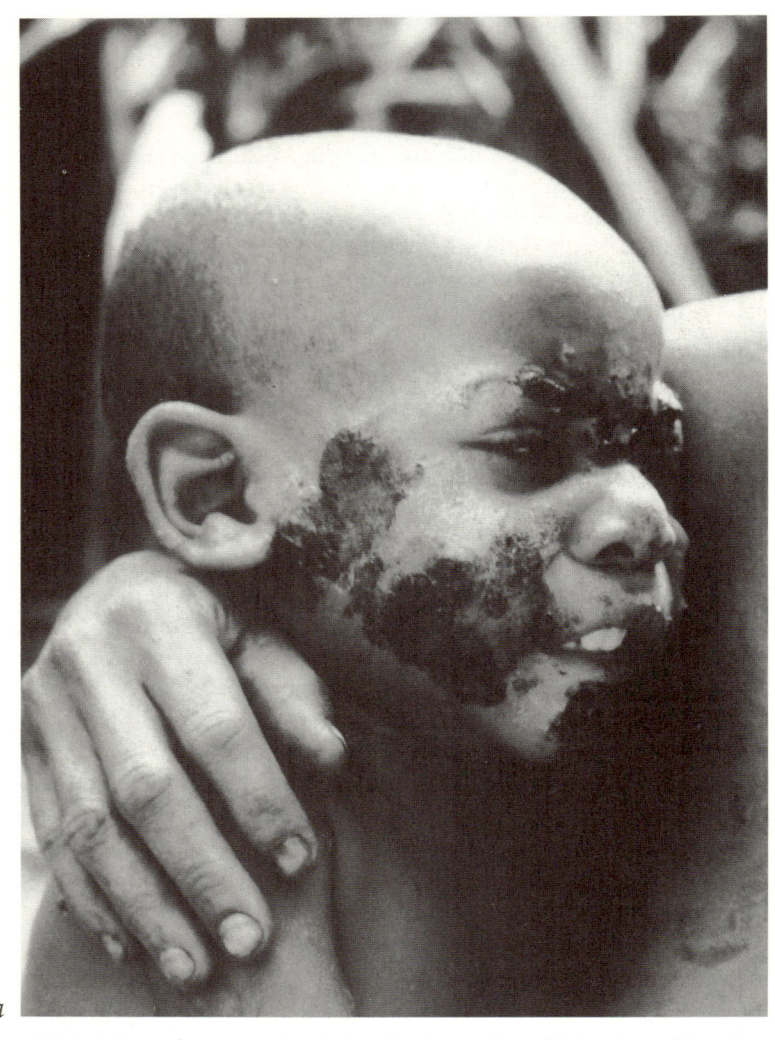

a

11.1 *Mit »schwarzem Brei« beschmierter Frambösie-Ausschlag im Gesicht eines kleinen Jungen*

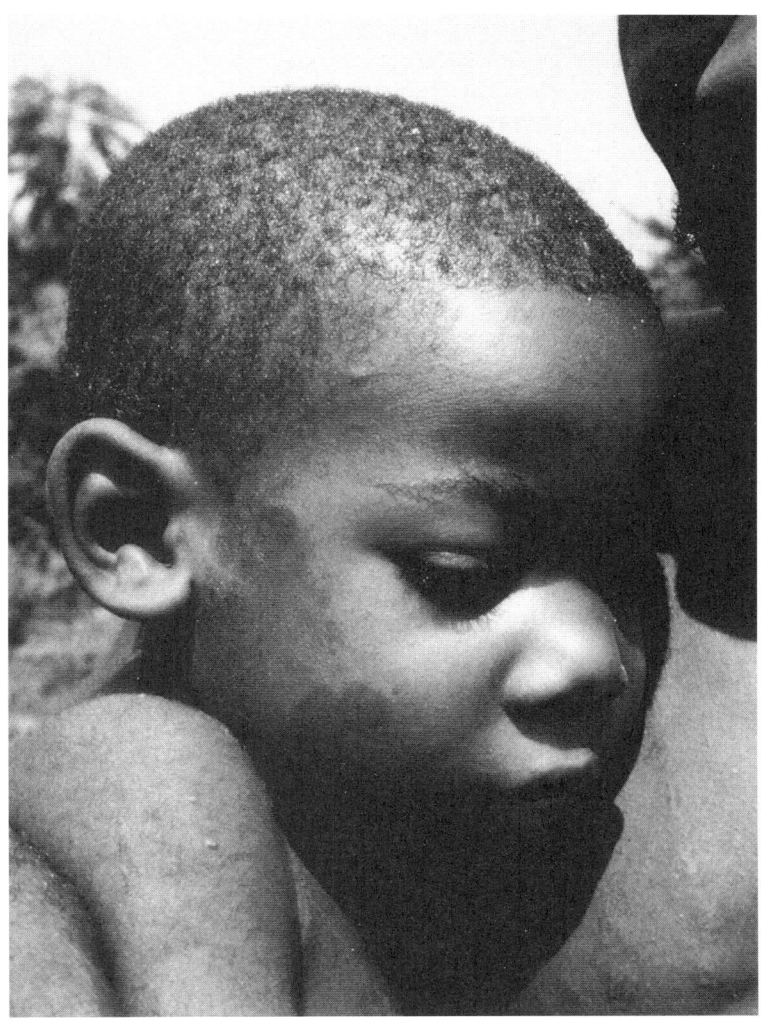

b

und die Ausheilung der Wunden 3 Wochen später

mehr über dieses Problem und tat so, als interessiere es mich nicht mehr –, kamen zwei andere, mir bislang ebenfalls unbekannte Frauen ins Lager und berichteten, die Alte wäre gestorben! Wer glaubt's? War diese Information wirklich zuverlässig, oder sollte sie das Geheimnis der Heilkundigen vor dem weißen Wissenschaftler wahren?

Ich erfuhr also nie, wer diese Alte war. Mir schien es aber, als sei Frambösie-Heilung bei den Bayaka eher die Angelegenheit speziell kundiger alter Weiber und nicht Sache des männlichen Therapeuten. Warum aber zogen die befallenen, leidenden Leute nicht zu der obengenannten Alten hin? Schließlich ist die rationale Krankenbehandlung bei den Pygmäen beachtenswert, und sie sind dabei durchaus nüchterne Empiriker! Sie besitzen in der Tat wirkliche und recht überzeugende phytomedizinische Kenntnisse, die sie als »Realisten« des Regenwaldes auszeichnen. Es ist kaum anzunehmen, daß der Prozeß der Sedentarisierung, der Akkulturation und verschieden starker Bindungen an die Hackbauern ein Hindernis darstellte, preisen doch letztere geradezu die Heilkunst bestimmter Bayaka-Therapeuten und gehen selbst meilenweit, um bei ihnen Linderung zu erfahren. Außerdem tun die Pygmäen, trotz der zeitweisen Bindung an die Hackbauern, letzten Endes doch, was sie wollen. Würden sie in den Wald verschwinden, kein Hackbauer würde ihnen je folgen.

Neben der Frambösie ist auch das *Ulcus tropicum* bei den afrikanischen Pygmäen ein weit verbreitetes Unheil. Dieser auch von einem Spirochaetalen, infolge einer *Fusospillose* an Kratzwunden ausgelöste Gewebezerfall findet sich vorwiegend am Unterschenkel. Der Infektionsherd entwickelt sich zu einem *phagedänischen* Geschwür, das sich weit in die Tiefe, nicht selten bis auf den Knochen einfrißt. Im fortgeschrittenen Stadium entwickeln sich diese Infektionen zu handtellergroßen Eitergeschwüren mit schauderhaft nekrotischen Vorgängen, verbunden mit außerordentlich starken Schmerzen. In ihrer Not der Krankheit versuchen einzelne Personen, sich mit einer Auflage von einem aus gekochten, zerstampften Ölpalmenfrüchten gewonnenen Faserbrei Linderung zu verschaffen. Doch das dämmt die Infektionsgefahr anderer Personen nicht ein, denn die Fliegen, *Hippellates pallipes*, finden trotzdem noch genügend Eiterflüssigkeit zur Weiterverbreitung der Infektion. Auch stark blutende Wunden werden mit heißem Palmöl behandelt, wodurch schnelle Blutstillung und bal-

11.2 *Schattenloses, frambösieverseuchtes Wohnlager in unmittel-barer Nähe einer staubigen Lateritpiste*

diges Verheilen erreicht wird. Die Bayaka verwenden aber auch Rinde und Blätter von *zángò-dà-bóánzé, Anthocleista vogeli,* einer Loganiaceae, für Auflagen auf die Wunden, in der Hoffnung, etwas Linderung zu erreichen [97, 332]. Bei den Ituri-Pygmäen wurde beobachtet, daß sie die an Ameisensäure reiche Erde von den Nestern der *Tii-Ameisen,* in Wasser aufgelöst, trinken [158, 399].

Nun bedeutet für die Kranken ein nur mehrere Monate dauern-der Aufenthalt eines mit Medizin ausgestatteten Weißen, selbst bei intensiver Betreuung, nicht mehr als eine vorübergehende Linderung, aber niemals eine endgültige Heilung. Bei Zomia ist es mir gelungen, eine an einer staubigen Piste unter starker Son-neneinstrahlung lagernde Gruppe (Abb. 11.2), deren Mitglieder alle von Frambösie befallen waren, nach guten Heilerfolgen zur Umsiedlung zu bewegen. Das gab natürlich hitzige Palaver mit den Hackbauern, die mit diesen Leuten sehr enge Bindungen un-terhielten. Doch über deren Einwände setzte ich mich hinweg.
Nachdem die Pygmäen einige hundert Meter abseits der Piste

im schützenden Regenwald neue Hütten errichtet hatten und mir nun gar erzählten, wie wohl sie sich hier fühlten und wie schön sauber diese neue Wohnstätte sei, brannten wir gemeinsam das alte verrottete Lager mit seinen Infektionsherden nieder, um ein eventuelles, wenn vielleicht auch nur sporadisches Zurückkehren an diesen Ort zu verhindern.

Aber werden die Pygmäen im schützenden Regenwald bleiben können?

Wann wird der nächste unkontrollierte Holzeinschlag für eine neue Brandrodung weitere Gebiete zerstören?

Wann wird der nächste Ngandu-Hackbauer die Pygmäen – mit welchen Lockmitteln auch immer – in seine Kaffeeplantagen holen?

Wann wird man ihnen wieder zerlumpte Kleider aufschwatzen? Kleider, die doch kein Pygmäe in den Jahrtausenden seiner Existenz je gebraucht hat!

Wann wird man die Pygmäen erneut – kleine Kinder wie Erwachsene – mit Palmwein betrunken machen, damit sie dann, völlig entgegen ihren ureigensten Lebensgewohnheiten, am hellichten Tag und unter starker Sonneneinstrahlung zur Belustigung der Hackbauern auf einem staubigen Dorfplatz die verstümmelten Versionen ihrer Tänze aufführen?

Ein bißchen sind die Pygmäen an dieser Situation schon selbst schuld, denn sie haben durchaus *noch* die Möglichkeit, in den Regenwald zu entweichen, ohne daß ihnen die Hackbauern folgen würden. Diese haben dazu viel zu große Furcht vor dem Wald.

Sind die Pygmäen schon so weit, daß ein nur gelegentlich auftauchender europäischer *mò.ngàngà* ihnen ihre einst über Jahrtausende bewahrte Lebensweise und Sozialstruktur wieder ins Bewußtsein bringen muß?

Das aber ist eine Illusion, denn er kann es auf die Dauer doch nicht!

Die geschilderten Tatbestände zum Gesundheitszustand der besuchten Pygmäen lassen deutlich erkennen, daß Sedentarisierung und Akkulturation der Sammler- und Jägergemeinschaften der Bayaka, die bislang voll integrierter Bestandteil eines ausgewogenen Ökosystems des tropischen, *ombrophilen* (regenliebenden) Primärwaldes waren, keinerlei Verbesserungen ihrer Lebensbedingungen, ihrer Hygiene und ihrer körperlichen Gesundheit mit sich bringen. Es ist ganz im Gegenteil zu befürchten, daß die Aufgabe ihrer alten Traditionen und Lebensgewohnheiten des Sammelns, Jagens, Wanderns und der Freiheit ihre moralische Gesundheit und ihre sagenhafte Lebensfreude völlig zerstört.

Den Genotypus »Pygmäe« wird es sicherlich noch einige Zeit geben, die traditionelle sozio-kulturelle Einheit aber wird kaum fortbestehen können. Auch den Genotypus »Targi« gibt es noch, als Koch in Niamey oder Nachtwächter in Agadez und Tamanrasset, sofern er Glück hatte und nicht zum Aussätzigen oder Bettler geworden ist!

L'Homme périra par excès
de ce qu'il appelle la civilisation.
Henri Fabre (1823 – 1915)

12

DIE AGONIE DES ALTEN SIPO

Die bereits im vorigen Kapitel ausgesprochenen Vermutungen über irreversible, unheilvolle Folgen nach der Konstruktion einer Brücke über die Lobaye bei Zomia sollten sich im Laufe der Jahre bedauerlicherweise bestätigen. In den frühen achtziger Jahren ließen sich bald Schwestern des Ordens vom Heiligen Geist aus dem Elsaß in der Gegend nieder. Sie errichteten unweit der Piste – nur einen Kilometer südlich der Brücke –, in einer nicht mehr rentablen Kaffeepflanzung, eine katholische Mission mit Krankenstation und einer kleinen Schule. Diese Initiative galt keineswegs den dort bereits seit langer Zeit, weit verstreut, ansässigen Hackbauern von Zomia oder jenen entlang der Piste von Lotémo, sondern richtete sich gezielt an die in diesem Gebiet zeitweise angesiedelten, zur Sedentarisierung neigenden Pygmäen.

Es muß den Ordensschwestern ein Dorn im Auge gewesen sein, daß unter »Gottes Himmel der Christenwelt« die Pygmäen noch immer nur wenig bekleidet umherwandelten. So war es denn auch der Schwestern erste Handlung, diesen Kindern der Natur, im Namen einer mehr als fragwürdigen christlich-puritanischen Ethik, europäische Kleidung aufzuzwingen. Diese Kleidungsstücke werden von den Pygmäen als verdreckte, zerrissene Lumpen auf groteske Weise getragen. So liefen denn Männer in den ulkigsten Frauenkleidern herum und gaben ein erschreckendes Abbild von Verkommenheit und kultureller Entwurzelung! Was bei einer solchen Entwicklung herauskommt, besonders *in puncto* Hygiene und Gesundheit, darauf habe ich bereits hingewiesen. Der nahezu ständige Genuß von schlecht destilliertem Maisalkohol tut ein übriges. Neben dem ebenfalls bereits erwähnten Prozeß der Akkulturation, bedingt durch das Seßhaftwerden im Einzugsbereich der Hackbauern, entstand durch die Ansiedlung der Ordensschwestern ein völlig neues soziologisches Phänomen.

Durch die fanatische Missionierung und Evangelisation, verbunden mit dem kaum verborgenen Zwang zur Teilnahme an den allsonntäglichen religiösen Kultzeremonien, griffen die Ordensschwestern schwerwiegend in die traditionelle Lebensweise der Pygmäen ein. Für diese Menschen, die weder eine temporelle Wochengliederung noch den »Sonntag« kannten, sondern ihr Leben im Rhythmus der Naturphänomene organisierten und allenthalben in Mondperioden zählten, muß es als ein tiefgreifender Schock empfunden worden sein, sich nunmehr – in einer für sie völlig abstrakten und unverständlichen Periodizität – »Moralpredigten« europäischer »Zauberinnen« anhören zu müssen. Um die Pygmäen besser in den Griff bekommen zu können, mögen die Schwestern wohl deren Ansiedlung in unmittelbarer Nähe der Missionsstation erwirkt haben.

Dieses Unterfangen hat seither beängstigende Ausmaße angenommen, denn inzwischen wohnen hier mehr als 200 Pygmäen, die ihre Hütten direkt neben der staubigen Lateritpiste errichtet haben. Ein junger, geschäftstüchtiger Muntu, ausgerüstet mit einem kleinen, mobilen Budenladen, verkaufte auf dem Vorplatz der Mission den Pygmäen Zigaretten, Ölsardinen und Maisalkohol, wogegen die Ordensschwestern merkwürdigerweise nichts unternahmen. Es ist hinreichend bekannt – und dies nicht nur aus Afrika –, daß der Kulturzerfall im Umkreis von Missionsstationen und Verwaltungsposten naturgemäß ungleich weiter fortgeschritten ist als in entlegenen, schwer zugänglichen Wohngebieten [34]. Die schon halbverkümmerten Kaffeesträucher waren von den Pygmäen auch abgeschlagen worden, so daß ihre armseligen Hütten nunmehr auf einer völlig kahlen, schattenlosen Fläche standen, dicht neben der von den schweren SCAD-*Grumiers* (Holztransportern) tagein, tagaus in einem beachtlichen Rhythmus befahrenen Lateritpiste. Der dabei, vor allem in der Trockenzeit, aufgewirbelte und überall eindringende Staub färbte die Hütten des Pygmäenlagers tiefrot ein. Daß die sich jeweils im Lager aufhaltenden Pygmäen den feinen Lateritstaub auch einatmeten, steht außer Zweifel. Erstaunlich ist, daß die durchaus medizinisch gut geschulten Ordensschwestern gerade an einer solch exponierten Stelle ihre Mission und vor allem die Krankenstation – eine für die Gesamtbevölkerung dieser Gegend durchaus gerechtfertigte Einrichtung – errichten mußten. Entsprechend überwältigend war meine Enttäuschung bei meiner Rückkehr in dieses Gebiet. Nur ein paar hundert Meter weiter im Wald hätte die gesamte Anlage zu einer friedlichen Idylle werden können! Mit Nachdruck möchte ich außerdem darauf hinweisen, daß eine gesundheitliche Betreuung der Pygmäen, deren Notwendigkeit in der heutigen Situation nicht zu leugnen ist, auf keinen Fall aber eine Zwangsansiedlung in einer überdimensionalen Agglomeration rechtfertigt. Man bedenke nur, daß eine traditionelle Pygmäen-Wohngemeinschaft unter »natürlichen« Verhältnissen nie mehr als 30 Personen umfaßt.

Bei meinem neuerlichen Besuch im Sägewerk der SCAD fand ich wie immer freundliche Aufnahme, obwohl inzwischen keiner meiner guten alten Bekannten mehr hier arbeitete. Es waren alles neue Leute. Auch der bewirtschaftende Besitzer hatte gewechselt. Das Sägewerk war inzwischen von einem geschäftstüchtigen Syrer übernommen worden. Ich empfand ein wonniges Gefühl, wieder in den Wäldern der Lobaye zu weilen, all die wundersamen Düfte des tropischen Afrikas und des äquatorialen Regenwaldes einzuatmen. Doch bald zogen düstere Wolken auf. Am Abend, bei einem Glas Whisky, erkundigte ich mich vorsichtig beim Werksleiter nach der derzeitigen Abschlagquote und erwähnte dabei, daß vor 10 Jahren jeweils nur ein Sipo oder Sapelli mit über 80 cm Durchmesser pro 2 ha geschlagen wurde. Die Antwort war ohne Umschweife. »Ja, wir entnehmen auch weiterhin nur Bäume mit einem Durchmesser von über 80 cm, doch nicht nur einen Sipo oder Sapelli pro 2 ha, sondern wir schlagen alle Bäume über 80 cm Durchmesser, auch die anderen vorhandenen Holzarten. Auf diese Weise konnten wir die Produktion verzehnfachen!« Da verschlug es mir doch die Sprache, und der Schluck Whisky wäre mir beinahe im Hals steckengeblieben. Die Verzehnfachung der Produktion nur einer einzigen Holzfirma, das entspräche der gesamten Jahresproduktion der Zentralafrikanischen Republik aus dem Jahre 1980, die mit $479\,634\,m^3$ angegeben ist [13]. Dies ist eine bedauerliche, jedoch durchaus folgerichtige Entwicklung, wenn man bedenkt, daß die Jahresproduktion im Jahre 1946 nur $12\,000\,m^3$ betrug und seither eine ständige Steigerung erfahren hat, ohne Bedacht auf die Langzeitfolgen für das äquatoriale Ökosystem Regenwald!

Manchmal, so schien es, hatten die ansonsten nicht gerade zimperlich vorgehenden Holzfäller doch so etwas wie eine »moralische« Hemmung, einen ganz besonders majestätischen Baum zu fällen, selbst wenn es ein Sipo war, der dann im Laufe der Zeit zum Wahrzeichen der einstigen Mächtigkeit des Regenwaldes wurde. So wenigstens schien es dem über 250 Jahre alten Sipo bei Zomia ergangen zu sein, dessen imposante Erscheinung nunmehr zum Denkmal an einer Wegkreuzung wurde. Bei meiner Unterhaltung mit den Holzfällern der SCAD mußte ich unwillkürlich an diesen Baum denken, der für mich über viele Jahre hinweg zu einem Mahnmal der Natur geworden war. Um so größer mußte meine Enttäuschung sein, als ich am nächsten Morgen an der Sipo-Kreuzung ankam und feststellte, daß einige der gewaltigen, ausladenden Äste im Absterben begriffen waren. Schemenhaft, wie Totenfinger, streckten sie sich in den blauen Tropenhimmel (Abb. 12.1). Es war mehr als ein gespenstischer Anblick und fast so etwas wie eine düstere Vorahnung dessen, was sonst noch auf mich zukommen sollte.

Nachdem ich am Vorabend von der Intensivierung der Holzwirtschaft erfahren hatte, wollte ich mich selbst vor Ort von den Ausmaßen überzeugen. Etwa 2 km weiter südlich der Sipo-Kreuzung teilte sich die Piste. Ich bog rechts ab, wie es mir die Holzfäller empfohlen hatten, und fuhr zunächst einige Kilometer in südwestliche Richtung. Schon bald war ich an der Grenze des Kongo, wenigstens nach meiner detaillierten Karte mit den genauen Angaben der *Forestiers* (Holzleute), denn Grenzposten gab es hier natürlich nicht. Vor ein paar Jahren, als die Konstruktion dieser Piste begann, stand hier einmal ein Schild mit der Aufschrift »République Populaire du Congo (Volksrepublik Kongo)«, doch die in der weiteren Umgebung lebenden Hackbauern-Völker hatten es schnell wieder beseitigt, da niemand die Grenze anerkennt und sich alle Leute völlig frei bewegen wollen, und die »République Populaire« gibt es inzwischen auch nicht mehr. Die Piste führte einige Kilometer nach Südwesten, dann bog sie in südöstliche Richtung ab. Insgesamt 26 km waren schon seit längerer Zeit fertiggestellt. Da diese Piste jedoch kaum, und zu gewissen Zeiten gar nicht befahren wurde, konnten die Sonnenschirm-Bäumchen als Pioniere photophiler Biotope diese von Menschenhand geschaffene ökologische Nische nutzen und sich zu beiden Seiten recht zahlreich ansiedeln (Abb. 12.2). Bei ausbleibender Befahrung kann eine solche Schneise bald wieder völlig zuwachsen, wenn zunächst auch nur von Vertretern der Sekundärvegetation. Obwohl die Arbeiten Anfang Juni wegen der beginnenden Regenzeit unterbrochen wurden, sollte doch während der nächsten Trockenzeit tüchtig weitergearbeitet wer-

12.1 *Der einsame, über 250 Jahre alte Sipo mit seinen absterbenden Ästen*

12.2 *Die wieder zuwachsende Piste im Kongo Richtung Enyélé*

den, denn die Piste soll bald die Lokalität von Enyélé erreichen, während eine andere Firma von Dongou aus eine Piste in Richtung Enyélé vortreibt. Diese aufwendigen Arbeiten dienen letztlich der Erschließung neuer Konzessionen für den Holzeinschlag und dem rentableren Abtransport zum Ubangui-Hafen Dongou. Diese Rationalisierung der Holzwirtschaft wird im Endeffekt lediglich die »Aussicht« auf eine weitere Zerstörung des ökologischen Gleichgewichtes des in dieser Gegend wirklich noch unberührten Regenwaldes bringen, denn bislang führte nur ein Trampelpfad von Zomia nach Enyélé, den Pygmäen wie Großwüchsige fast ausschließlich in der Raupensammelzeit benützten.

Entlang der fertiggestellten Trasse siedelten, direkt an der Piste, bereits vereinzelt Pygmäen. Es handelte sich dabei nicht etwa um traditionelle Gruppen, sondern nur um einzelne Familien, die auf freien Plätzen typische Hackbauern-Rechteckhäuser errichtet hatten und nun ständig hier wohnten. Nur wenige Rundhütten, teilweise zerfallen und verkommen, waren gelegentlich noch vorhanden. Nicht selten wohnte eine Hackbauernfamilie, zumindest zeitweise, gleich nebenan. Die meisten dieser Wohnplätze waren von kleinen Pflanzungen mit Maniok, Kochbananen und Taro umgeben – ein untrügliches Zeichen für Seßhaftigkeit. Die Zerstörung des Sozialgefüges und ihre Gefahren, welche sich schon früher deutlich gezeigt hatten, sind nun zum alltäglichen Bild geworden. Die soziale Einheit gab es nicht mehr, und die Pygmäen waren unwiderruflich zu Leibeigenen herabgesunken. Bald wurde mir auch die Anwesenheit der Großwüchsigen klar. An verschiedenen Wohnstätten kamen Pygmäenfrauen mit schwer beladenen Tragekörben aus dem Wald und schütteten den Inhalt neben den Hütten auf einen freien Platz. Es handelte sich um kurze Zweigspitzen mit 5 bis 8 dunkelgrünen, zähen und festen Blättern der *kòkò*-Liane, *Gnetum africanum* und/oder *Gnetum buchholzianum*, die die Pygmäenfrauen in großen Mengen herbeischafften. Von den Großwüchsigen, vor allem deren Frauen, wurden diese Zweigspitzen zu kleinen straußartigen Bündeln geschnürt und in Leinensäcke verpackt, die sie von den Pygmäen bis zur Pistenabzweigung tragen ließen. Dann wurde das kostbare Gut auf die dort vorbeikommenden Holztransporter verladen und bis nach Loko zur SCAD gebracht. Von dort übernahmen dann die Buschtaxis den Transport bis ins 130 km entfernte Bangui, wo die *kòkò*-Bündel für 150 CFA (etwa 0,81 DM) auf den Markt gebracht wurden. Trotz ihrer Festigkeit waren die feingeschnittenen *kòkò*-Blätter ein begehrtes Gemüse als Beilage für Fleisch- und Fischgerichte. Bezahlt wurden die Pygmäen als Vasallen für ihre Sammeldienste nicht, sie bekamen höchstens ein paar zerlumpte Kleider, so wie das schon seit einiger Zeit ungestraft gehandhabt wurde.

Unterwegs, weit drinnen im Kongo, traf ich auf einzelne Bantu mit Flinte. Ihnen folgte jeweils ein mit geschossenem Wild schwer beladener Pygmäe, der die erlegten Meerkatzen, Schuppentiere und Stachelschweine mehrere Tagesmärsche weit bis ins Dorf der Großwüchsigen zu schleppen hatte. Die durch diese neu angelegte Piste weit in den Kongo hinein groß angelegte Sammeltätigkeit von *kòkò*-Blättern und die Erweiterung der Jagdgründe genügten den Großwüchsigen aber keineswegs. Auf halbem Wege, etwa 15 km von der Abzweigung dieser Piste, war bereits eine etwa einen Hektar große Plantage mit Kochbananen und Maniok angelegt, auf der ausschließlich Pygmäen als Arbeitskräfte eingesetzt wurden. Sie hatten die geernteten Früchte und Knollen in die Dörfer zu schleppen. Durch den intensiven Einsatz der Pygmäen im Dienste der Hackbauern vollzog sich zwangsläufig eine geistige Verarmung in ihrem Verhältnis zur natürlichen Umwelt als mobile Sammler. So war ich nicht wenig überrascht, als ich feststellen mußte, daß viele Pygmäen eine stattliche Anzahl von Pflanzenarten, die noch vor 10 Jahren zu ihrem täglichen Gebrauch gehörten, nun plötzlich nicht mehr kannten. Nur mit Mühe und langwierigen Beschreibungen brachte ich sie dazu, mir diese oder jene Frucht zu beschaffen. Auch ihre Kenntnisse im phytomedizinischen Anwendungsbereich waren auf beängstigende Weise geschrumpft. Ein großer Teil der natürlichen Produkte des Regenwaldes gehörte einfach nicht mehr zu ihrer Welt!

In den frühen achtziger Jahren ergriff der französische Arzt Georges Jaeger eine begrüßenswerte Initiative. Aufgebracht wetterte er gegen das rücksichtslose Vorgehen der Holzleute. Er genierte sich nicht, diese zu beschuldigen, einen *Ethnozid* an den Pygmäen zu begehen. Immerhin erreichte er vom damaligen Präsidenten David Dacko, daß ein recht beachtliches Gebiet westlich der Piste Lotémo–Bokoma zur »Biosphère Pygmée« (Lebensareal der Pygmäen) erklärt wurde. Die Forestiers mußten ihre bereits begonnenen Inkursionen stoppen und sich aus diesem Gebiet zurückziehen. Die Verbindung Lotémo–Bokoma kam dadurch ebenfalls zum Erliegen, die Brücke über den Lotémo stürzte ein, und der Regenwald kam wieder zu seinen Rechten. Doch diese Initiative hatte keinen Einfluß auf die bereits schlechter werdenden Beziehungen zwischen den zahlreichen Hackbauern der Riesenagglomeration von Bagandou und den Pygmäen dieses Raumes. Dem Akkulturationsprozeß wurde dadurch kaum Einhalt geboten. Wie sich später zeigen sollte, hatten sich die Forestiers nur umorientiert. Dem wohlwollenden David Dacko folgten bald andere Herren, die im Holzgeschäft wieder willkommenen Profit sahen und entsprechend handelten.

Was die SCAD im Westen nicht erobern konnte, holte sie im Osten nach. So gibt es jetzt eine Piste, die 85 km weit nach Osten bis in die »Réserve Forestière de la Basse Lobaye« vorgetrieben wurde und der intensiven Holzabfuhr aus diesem Gebiet diente. Ab 5 Uhr in der Frühe sind alltäglich schwer beladene Holztransporter unterwegs, die die ganze Breite der Fahrbahn einnehmen, so daß die Forestiers der SCAD mich anwiesen, für meine Forschungszwecke diese so stark befahrene Piste aus Sicherheitsgründen nur sonntags zu benutzen, zumal die mit mehreren Tonnen beladenen Grumiers im Höllentempo rücksichtslos daherbrausen und keinerlei Ausweichmöglichkeit besteht.

Am folgenden Sonntag machte ich mich bei Tagesanbruch auf den Weg, dieses Gebiet »gefahrlos« zu erkunden. An der Lobaye-Brücke wartete bereits mein alter Freund Gumbe. Seine kurzen Kraushaare zeigten inzwischen einen gräulichen Anflug, sonst aber war er nach wie vor ein flinker und kräftiger Bursche. Während wir losfuhren, fragte ich ihn gleich, ob denn meine guten alten Freunde bei den Pygmäen, vor allem Malaki und Musanki, noch in der Gegend weilten. Kaum waren wir einige Kilometer auf der schmalen Lateritpiste gefahren, als vor uns ein altes, dürres Weiblein am Waldrand entlangwatschelte. Gumbe zeigte in Richtung dieser Frau und sagte: »*Voilà, c'est Malaki!* (Sieh, da ist Malaki!)« Ich erinnerte mich noch lebhaft an unsere letzte Begegnung und die Begrüßungsszene vor vielen Jahren, als Malaki mit offenen Armen auf mich zukam und laut meinen Namen rief, obwohl fast 5 Jahre seit meinem ersten Besuch vergangen waren. Doch diesmal erkannte sie mich nicht mehr! Ein paar Meter von der Piste entfernt standen im Gestrüpp des Unterholzes einige verkommene Bienenkorbhütten, doch ein richtiges Pygmäenlager war das nicht. Von einigen Frauen wurden diese Hütten gerade notdürftig ausgebessert. Einen dunklen Trampelpfad entlang schleppte ein wackeliger, weißhaariger Greis mühselig einige Holzstangen auf der Schulter herbei. Da mußte ich doch staunen. Es war Musanki. Auch er erkannte mich nicht wieder. Er hielt den Kopf gesenkt. Seine Sehkraft hatte merklich nachgelassen. Er bettelte um *m.bangà* (Tabak oder Zigaretten), was er früher nie getan hatte. Ich war etwas traurig und fühlte mich unbeholfen und verlegen zugleich. Also auch Musanki hat seine Lagergemeinschaft nicht erhalten können! Wie Aussätzige hausten sie kümmerlich im Gestrüpp, bereit, auf jedes Motorengeräusch hin mit *m.bangà-m.bangà*-Rufen an den Pistenrand zu hetzen. Noch nicht einmal Salz verlangten sie mehr von mir. Sie schienen ihre vor einigen Jahren – trotz damals schon wahrnehmbarer Akkulturationsansätze – noch intakte Dignität inzwischen völlig verloren zu haben.

Auf der von West nach Ost führenden Piste stießen wir in 2 bis 4 km Abstand immer wieder auf Pygmäensiedlungen. Meist waren es einzelne Rundhütten, die, kaum versteckt, unweit der Piste errichtet waren. Einmal fanden wir sogar zwei nur 100 m voneinander entfernte Ansiedlungen aus festen Rechteckhütten. Dazwischen standen verstreut Bananenstauden und Manioksträucher, doch diese Hütten schienen schon seit längerer Zeit verlassen zu sein. In einem dieser Rechteckbauten entdeckte ich ein offenbar ursprünglich für eine Bienenkorbhütte errichtetes Gerüst, um das dann einfach nachträglich – aus welchen Gründen auch immer – die Muntu-Hütte erbaut worden war. Nach etwa 18 km Fahrt stießen wir auf ein richtiges kleines Dorf mit insgesamt 16 Rechteckhütten, das sich locker über einhundert Meter entlang der Piste erstreckte. Wie vor ein paar Tagen im Kongo kamen auch hier mehrere Pygmäenfrauen schwer beladen aus dem Wald und schütteten ihr Sammelgut auf einem freien Platz auf einen großen Haufen. Die daneben sitzende Mò.Ngandu-Frau war hocherfreut über diese Emsigkeit und spornte die Pygmäenfrauen zu weiteren Sammeltouren an. Währenddessen schnürte sie aus den *kòkò*-Blättern leichthändig die üblichen Bündel und warf diese ihrer kleinen Tochter zu, die sie in ei-

12.3 *Mein langjähriger Freund Musanki Anfang 1995*

nem Leinensack verstaute. Am nächsten Tag, einem Montag, würden ja wieder die Grumiers vorbeikommen und für den Abtransport sorgen.

Auf der Weiterfahrt nach Osten – wir waren inzwischen längst in die »Réserve Forestière de la Basse Lobaye« eingedrungen – bemerkten wir hier und dort einige isoliert stehende Rechteckhütten sowie typische Bienenkorbhütten, doch waren es selten mehr als drei. Ab und zu stand auch ein für Junggesellen typischer Windschirm dabei. Keine einzige dieser Ansiedlungen entsprach jedoch einem traditionellen Pygmäenlager. Diese aufgesplitterte Siedlungsweise entsprach vielmehr den derzeitigen, durch die Großwüchsigen induzierten Sammel- und Jagdaktivitäten, zu welchen sie die Pygmäen heranzogen. Die einzelnen Mitglieder der verschiedenen Pygmäenfamilien verdingten sich eher individuell für die geforderten Vasallendienste. Dementsprechend konnte von Gruppenkohäsion keine Rede mehr sein.

Wir waren bereits mehr als 30 km gefahren, als ich auf eine aus dem Gebüsch hervorspringende, gestikulierende Pygmäenfrau aufmerksam wurde. Wir hielten an. Sie bot uns sogleich niedliche Frankolinküken an. Mein Chauffeur wollte die kleinen Dinger unbedingt kaufen. Doch riet ich ihm ab und brachte zur Geltung, daß sich die Küken in seinem Bangui-Vorort eh nicht wohl fühlen würden, da sie doch Kinder des Regenwaldes seien wie die Pygmäen auch. Das sah er zwar nicht ein, denn ihn interessierte ja nur, diese Hühnervögel irgendwann einmal zu verspeisen. Doch da er kein Geld dabeihatte, konnte er ohne mein Einverständnis sowieso nichts kaufen. Das kleine Lager dieser Frau lag etwa 20 m abseits der Piste, doch noch immer viel zu nah. Es bestand aus 5 Rundhütten, die im Kreise um einen kleinen freien Platz angeordnet standen. In einer der Hütten saß einsam und verschüchtert ein altes Weib mit Lepraspuren an den Händen. Es war auf der ganzen Strecke die einzige Ansiedlung, die einigermaßen einer Pygmäen-Wohngemeinschaft entsprach, so wie ich sie aus früheren Zeiten in Erinnerung hatte. Auf der Weiterfahrt über weitere 20 km konnten wir an der Piste keine Ansiedlungen mehr feststellen. Meine diesjährige Aufgabe erlaubte mir leider nicht, die Waldgebiete weiter im Inneren zu durchstreifen, da ich mich einem »Ökoprojekt des 4. Breitengrades« zu widmen hatte, worauf ich gleich zu sprechen komme, zumal es die Zukunft der Pygmäen direkt betrifft.

Auf der Rückfahrt bemerkte ich plötzlich einen ungewöhnlich starken Verkehr von zahlreichen Geländewagen aller Art aus Bangui. Es waren alles freundliche junge Leute. Inzwischen hatte es sich bis zu den Entwicklungshelfern in der Hauptstadt herumgesprochen, daß man die Pisten der SCAD nur sonntags gefahrlos befahren konnte. Meist fuhren die Leute zu einem Picknickausflug an die Lobaye und gingen dann, wie sie mir erzählten, die Pygmäen besichtigen. Teilweise hatten sie Familienbesuch aus Frankreich dabei, und für den war es natürlich eine nicht alltägliche Attraktion. Als wir wieder am Lager mit den Frankolinküken vorbeikamen, mußte ich mit Bedauern feststellen, daß diese inzwischen auch verkauft waren. Die armen Küken! Nun waren sie die Opfer ihrer Niedlichkeit geworden. Der *Kindchenschema-Auslöser* hatte zweifelsohne den Kauf verursacht. Nun werden diese Küken, solange sie »niedlich« und »possierlich« sind, in irgendeiner Wohnung einem mangelhaft befriedigenden *Pflegetrieb* Genüge zu tun haben. Was aber wird geschehen, wenn sie nicht mehr niedlich sind? Wenn sie in der gepflegten, sauberen Wohnung umherkoten? Wenn sie beim anfänglichen Flughüpfen geliebte Wertgegenstände beschädigen oder gar zertrümmern?

Dieser Sonntag war in der Tat reich an Negativerlebnissen. Kaum hatte ich meine Gedanken wieder geordnet, erkannte ich in der Ferne eine Art Menschenauflauf. An einer der Pygmäenansiedlungen mit 3 Rundhütten hielt ein Kleinbus aus Bangui, der seinen »Inhalt« auf die Piste und den Hüttenvorplatz ergoß, ein gutes Dutzend piekfein gekleideter Japaner in Sonntagsanzügen mit Krawatte und gewichstem Schuhwerk! Und das mitten im tiefsten Regenwald bei großer Feuchtigkeit und Hitze! Da verschlug es mir doch die Sprache. Natürlich waren sie alle mit Fotoapparaten bewaffnet. So war ich Zeuge eines wahrhaftigen Klickkonzertes. Sie umringten, bedrängten und bestaunten die verschüchtert dastehenden Pygmäen von allen Seiten. Eine der Pygmäenfrauen war mit einem nicht gerade schönen, viel zu großen und zerschlissenen Fetzen von Pullover bekleidet, also zwang sie der Chauffeur der Japaner auf unwirsche Weise, diesen auszuziehen. Vielleicht, damit der wilde Sex-Appeal verewigt werden konnte?! Der Chauffeur, ein langer, tiefschwarzer Kerl aus der Savanne des Nordens, strahlte demonstrativ zu mir herüber und zeigte prahlend sein imposantes Gebiß. Er war sichtlich stolz, seiner japanischen Klientel die Reichtümer seines Landes vorführen zu können. Gescheittuerisch klärte er mich auf: »*Patron! Ce sont des Pygmées, qui vivent encore à l'état sauvage!* (Chef! Das sind Pygmäen, die noch in einem wilden Zustand leben!)« Ich war so schockiert, daß ich nicht die geringste Lust verspürte, etwas dazu zu sagen. Wortlos gab ich Zeichen zur Weiterfahrt, um den Ort des Spektakels so schnell wie möglich zu verlassen. Beim Abendessen in der SCAD brachte ich das Erlebnis zur Sprache und stieß dabei sogar auf Verständnis. Auch den SCAD-Leuten war dieser Rummel nicht genehm. So beschlossen wir, die Brücke über die Lobaye sonntags wieder zu schließen, zumal ein eiserner Schlagbaum bereits vorhanden war. Die Wälder im Süden sollten nicht länger als Pygmäen-Panoptikum mißbraucht werden.

Im Sommer 1988 hörte ich durch eine Gesellschaft für »Öko-Bewirtschaftung« von einem enormen Straßenbauprojekt in der Zentralafrikanischen Republik im Einzugsbereich des 4. Breitengrades. Es ging dabei um den Ausbau der Strecke Yamando–Bambio–Boda zur Verkürzung der Entfernung Bangui–Douala mit den jeweiligen Anschlüssen Berberati und Mbaiki. Die Weltbank, als internationaler Finanzträger, verlangte aber von der zentralafrikanischen Regierung, eine »*Etude de faisabilité d'impact écologique et social*«, eine Machbarkeitsstudie des ökologischen und sozialen Impaktes, zu erstellen, da diese Strecke, vor allem von Yamando bis an die Lobaye, ausschließlich durch den primären Regenwald und damit auch durch die Lebensräume der Pygmäen führt. Es ging darum, »*d'évaluer les effets de la route sur l'environnement physique et humain pour sauvegarder les valeurs écologiques et économiques de la grande forêt* (die Auswirkungen dieser Straße auf die physische und menschliche Umwelt einzuschätzen, um die ökologischen und ökonomischen Werte des Regenwaldes zu erhalten)«. Es galt auch zu untersuchen, inwieweit dieses Unterfangen die Lebensqualität, das Gewohnheitsrecht und die Lebensweise der Pygmäen dieser Gebiete beeinträchtigt oder verletzt.

Es war also an und für sich recht positiv und begrüßenswert, daß man nunmehr gewillt war, ein Gutachten aus kompetenten Kreisen der Wissenschaft einzuholen, bevor man blindlings losbaute, ohne Rücksicht auf die meist irreversiblen Konsequenzen der dann angerichteten Zerstörungen. Der Untersuchungsbeginn, ursprünglich für September 1988 vorgesehen, verzögerte sich jedoch immer wieder. Ich konnte mich des Gefühls nicht erwehren, daß da irgendwelche Instanzen Zeit gewinnen wollten. Bald erfuhr ich auch, daß es gar nicht um den Ausbau der bereits vorhandenen Verkehrswege ging, denn wie ich aus mir inzwischen zugänglich gewordenen Dokumenten entnehmen konnte, hatte eine Untersuchung für den eventuellen Verlauf einer völlig neuen Piste schon im Jahre 1983 stattgefunden. Zwei Jahre später wurde dann bereits »une analyse technico-économique« (eine technisch-ökonomische Analyse) vorgenommen, um Prognosen über Wirtschaftlichkeit und Rentabilität für die nationale Ökonomie zu erstellen.

Während eines Aufenthaltes im Max-Planck-Institut für Humanethologie in Andechs erhielt ich von Freunden eine VHS-Kassette vom Deutschen Fernsehen in Hamburg mit einem Film über das Leben im Regenwald einst und heute [452]. Der Film stammte von Hans Steinfurth, der schon seit vielen Jahren Pygmäen filmte und sich im äußersten Südwesten der ZAR gut auskannte. Dort, in der näheren und weiteren Umgebung von Bayanga, wurde auch der Film gedreht. Er zeigt Elefanten und herrliche Bongo-Antilopen an der Wasserstelle. Er zeigt auch das idyllische Leben der Pygmäen im Regenwald, auf der Jagd, bei ihren alltäglichen Beschäftigungen und gibt einen Einblick in deren mußeintensive Lebensweise von vor etwa 20 Jahren. Beim Anschauen dieses wunderschönen Films glaubt man sich verträumt in den Regenwald versetzt, und man vergißt dabei völlig, daß es draußen schneit. Doch urplötzlich schreckt man hoch! Es ertönt zunächst ein undefinierbares, aber eindeutig aggressives Geräusch aus der Ferne, während auf dem Bildschirm ein genauso undefinierbarer Wirrwarr von Blättern und Sträuchern erscheint. Das Geräusch wird schnell lauter, immer durchdringender, und im Bild erkennt man nun ein sich vorwärts wälzendes, ständig größer werdendes gelbes Ungeheuer. Ein Raupenfahrzeug bahnt sich seinen zerstörerischen Weg durch das Unterholz. Gewaltige, über 100 Jahre alte, majestätische Baumriesen werden gefällt! Bald wird der Blick frei auf einen öden, verschlammten Bauplatz mit riesigen Lastwagen und Baumaschinen aller Art, während der Filmkommentar darüber Auskunft gibt, daß in der Zentralafrikanischen Republik eine über 50 m breite Fernstraße mitten durch den primären Regenwald entstehen wird. Der europäische Baustellen-Boß gab Steinfurth zu verstehen, daß er hier nicht zu filmen hätte. Er wurde auf unwirsche Weise des Platzes verwiesen. Leider gibt der Film keine genaue geographische Auskunft, um welches Projekt es sich dabei handeln könnte. Meine Freunde vom Max-Planck-Institut erlaubten sich gar den unschönen Spaß, mich zu warnen: »Paß auf, daß es nicht deine Straße ist!« Doch ich wollte mir das nicht einreden lassen. Wozu wäre denn dann *»une étude de faisabilité«* (eine Machbarkeitsstudie) noch nütze? Es wäre doch schlichter Betrug, mich noch dorthin zu schicken!

Lange Zeit später, Ende Mai 1989, war es dann soweit. Auf dem Pariser Flughafen Roissy traf ich mich mit einem »Regenwaldfachmann«, der mit mir nach Bangui flog. Nachdem wir uns ein bißchen beschnuppert hatten, doch ich beileibe nicht in Erfahrung bringen konnte, welche Art Gutachten er zu erstellen hatte, brachte ich das Gespräch vorsichtig auf den Straßenbau und die Existenz des Films, zumal ich die Kassette dabeihatte. Doch schien ihn das nicht sonderlich zu interessieren, und er ließ sich im Gespräch nicht darauf ein. Immerhin konnte ich den ehrenwerten Kollegen während des Fluges bis Bangui so weit bringen, daß er die Kassette annahm und mir versprach, sich diese am Abend bei Freunden anzuschauen. Am nächsten Morgen, gelegentlich einer Lagebesprechung, gab er mir den Film mit einem kurzen »*merci bien*« zurück. Noch während der gleichen Besprechung gab er plötzlich von sich, daß er bereits genau wisse, was er in sein Gutachten zu schreiben hätte. Eine erstaunliche Leistung für jemanden, der den gepflegten Hotelgarten in Bangui noch nicht verlassen hatte. Spätestens in diesem Augenblick wurde mir klar, daß am besagten Projekt etwas faul sein mußte. Bereits zwei Tage später sollte ich nunmehr auf ministerieller Ebene erfahren, daß die ersten 81 km der Fernstraße von Yamando bis Bambio bereits fertiggestellt, dem Verkehr jedoch noch nicht übergeben seien. Dieser Teil des Projektes sollte von einer französischen Entwicklungshilfe-Organisation namens FAC (*Fonds d'Action et de Coopération*) finanziert worden sein. Also doch nicht von der Weltbank! Mehr noch, die ersten 20 km von Yamando ostwärts wären bereits seit 4 Jahren fertig. Es sei deshalb von besonderem Interesse – so wenigstens gab mir der Forstminister persönlich zu verstehen –, die ökologischen Veränderungen zu untersuchen, die seither, bedingt durch die unkontrollierten und seiner Meinung nach unkontrollierbaren Ansiedlungen der Hackbauern, entstanden sind. Wozu da noch die Machbarkeitsstudie? Da war ich ja voll in eine Falle gelaufen!

Nachdem ich alle meine notwendigen Vorbereitungen für die Expedition in den Regenwald getroffen hatte, machte ich mich mit dem mir zur Verfügung gestellten hochbeinigen Toyota auf den nicht gerade sicheren Weg. Hatte ich doch kurz vor meiner Abfahrt von einem Überfall bei Berberati auf eine junge Amerikanerin erfahren, die mit einem Streifschuß am Arm davongekommen war, während ihr afrikanischer Chauffeur kurzerhand erschossen wurde. Fast an der gleichen Stelle platzte mir bei schon hereinbrechender Abenddämmerung ein Reifen! Zuversichtlich war ich nur deshalb, weil ich einem »ungeschriebenen Gesetz« zufolge annehmen durfte, daß kaum zweimal hintereinander an ein und derselben Stelle überfallen wird.

Auf der Fahrt von Berberati nach Süden kam ich auf einer breiten, gut befahrbaren Piste bald an die sich in einem weiten Urstromtal bleiern dahinwälzende Mambéré. Spätestens hier ging mir auf, welche gewaltigen Umwälzungen in dieser Gegend im Gange waren. Eine mächtige und imposante, leuchtend gelb gestrichene Stahlträgerbrücke – von der deutschen Entwicklungshilfe finanziert – war über diesen Fluß geschlagen worden (Abb. 12.4). Ein nicht zu übersehendes Schild gab Auskunft über das vor noch nicht langer Zeit, am 8. August 1988, vom Präsidenten der Republik eingeweihte Bauwerk. Nun erst wurde mir der Zusammenhang mit dem Straßenbauprojekt des 4. Breitengrades unmißverständlich klar. In Bangui konnte ich später noch erfahren, daß auch der deutsche Botschafter bei der Einweihung zugegen war.

Einige Kilometer von Yamando stieß ich auf die ersten Pygmäen, welche sich inmitten einer Maispflanzung zwischen einigen verstreut stehenden Stauden von Kochbananen niedergelassen hatten. Die Rundhütten standen nicht etwa, wie üblich, im Kreis um einen freien Platz, sondern in einer Reihe entlang der nahen, stark befahrenen Piste (Abb. 12.5). Auch die Hütteneingänge zeigten zur Piste hin. Auf einem kleinen freien Hügel stand ein rechteckiges, überdachtes Holzgerüst. Einige Kinder, die zu mir herüberwinkten, spielten in der Nähe. So hielt ich an und ging zu den Leuten hinüber. Unter dem Dach des Holzgerüstes befand sich eine Feuerstelle, an der zwei Frauen einen großen Topf mit Fleisch kochten. Es war eine Gemeinschaftsküche, die es bei den

Pygmäen sonst gar nicht gibt. Ein sehr hellhäutiger, kräftiger Mann kam aus seiner Rundhütte herausgekrochen und zeigte mir spontan sein eitriges *Ulcus tropicum*. Als ich ihm andeutete, daß da wohl eine intramuskuläre Injektion notwendig sei, willigte er sogleich völlig protestlos ein. Als er mich dann aber mit der Spritze hantieren sah, verdrehte er seine Augen und klammerte sich verkrampft an einen der Eckpfähle des Holzgerüstes, wobei er mächtig zitterte und spontan einen starken Schweißausbruch erlitt. Die Frauen und Kinder zeigten Verlegenheit und kicherten vor sich hin. Im Nu war seine Stirn mit Schweißperlen überzogen, und aus den Achselhöhlen ergossen sich wahre Rinnsale über seine Haut. Nur mit Geduld brachte ich den »tapferen« Mann dazu, seine Gesäßmuskeln zu entkrampfen, was schließlich gelang. Er hatte ein auffallend schönes Gesicht mit einer ebenso auffallenden, konvex geschwungenen Nase mit breiten, gewölbten Nasenflügeln [216].

Von Yamando bis hinunter nach Nola befanden sich überall Pygmäensiedlungen in unregelmäßigen Abständen zu beiden Seiten der Piste. Die Hütten standen teilweise direkt neben der Fahrbahn und befanden sich zum größten Teil in einem mehr als verkommenen Zustand. Der an sich schon trostlose Eindruck wurde noch verstärkt, als ein plötzlich aufziehendes Gewitter den Himmel verdunkelte und sich ein gewaltiger Tropenregen über uns ergoß.

Auf der durch den Regen in ein Pfützen- und Schlammfeld verwandelten Piste arbeitete sich der hochbeinige Toyota langsam und mühselig durch die weitläufig angelegte Agglomeration von Yamando. An einer großen Kreuzung mit noch deutlichen Spuren ehemaliger Bauaktivitäten bog die besagte neue Fernstraße nach Osten ab. Ein riesiges, nicht zu übersehendes Schild gab bereitwillig Auskunft, daß die schon fertiggestellten 81 km bis Bambio – wie bereits in Bangui erfahren – tatsächlich vom *Fonds d'Action et de Coopération* finanziert worden waren. Ein Schlagbaum versperrte den Weg. Diese Verbindungsroute war für den alltäglichen Verkehr noch nicht freigegeben. Doch mit meinem »Ordre de Mission« (dem Auftragspapier vom Transportminister) ließ mich der Wärter natürlich passieren. Es ging 100 m einen kleinen Hügel hinauf. Die Ortschaft von Yamando zog sich noch etwa einen Kilometer hin. Auf beiden Seiten des breiten Fahrweges stan-

12.4 *Die große Brücke von Bania über die Mambéré*

den Behausungen in aufgelockerter Anordnung. Von Regenwald gab es hier keine Spur mehr, nur ein paar einzelne Bäume standen wie verlassen auf weiter Flur. Was sich aber nun vor mir auftat, übertraf die schlimmsten Erwartungen, trotz Vorwarnung durch Steinfurths Film [452]. Inzwischen war mir auch völlig klar, daß es sich bei dem im Film gezeigten und angeprangerten Projekt um die gleiche Straße handelte. Hinter den letzten Hütten von Yamando, von einer kleinen Anhöhe aus, sah ich, so weit das Auge reichte, einen über 50 m breiten, glatt planierten, rötlichockerfarbenen Lateritstreifen, der einen tiefen Einschnitt in den äquatorialen Regenwald grub. Eine *afrikanische Transamazonica*! Der Anblick glich einer tiefen, weit auseinanderklaffenden, blutenden Schnittwunde. In der Ferne stieg der auf die heiße Straße gefallene Tropenregen als Verdunstungsdampf gespenstisch empor.

Langsam ließ ich den Toyota rollen. Trotz der fest planierten Fahrbahn gruben sich die stark profilierten Reifen in die vom Regen aufgeweichte oberste Schicht der Piste und hinterließen deutliche Spuren. Dabei hatte die Regenzeit gerade erst begonnen. Das noch vorhandene perfekte Antlitz dieser Urwaldpiste war nur dadurch zu erklären, daß sie vorerst noch für den Fernverkehr der

12.5 *Pygmäenhütten im offenen Gelände*
direkt an der Piste bei Yamando

schweren LKW- und Container-Transporte gesperrt war. Wer
etwas Afrikaerfahrung hat, weiß, wie schnell sich solche Verkehrswege während der Regenzeit in unpassierbare Schlamm-
pisten verwandeln, auf denen die Riesentransporter so tiefe
Furchen graben, daß es binnen kürzester Zeit zu einem katastro-
phalen Verkehrschaos kommt. Abgesehen davon, daß trans-
kontinentale Verkehrsstraßen in äquatorialen Regenwaldgebieten ohnehin *ökologisch bedenklich* sind, erweisen sie sich – wie es
am Beispiel der Transamazonica in Brasilien zur Genüge deutlich
wurde – vor allem als *ökonomisch geradezu unsinnig.*

Nach etwa 6 km Fahrt in Richtung Osten stieß ich auf der Nordseite der Piste auf eine erste kleine Ansiedlung mit etwa einem
Dutzend Hütten. Die meisten davon standen weiter von der Piste
entfernt, verstreut zwischen prächtig gedeihenden, üppigen Bananenstauden. Zu beiden Seiten der breiten Fernpiste befanden
sich ansehnliche, durch Brandrodungen angelegte Waldpflanzungen mit Maniok, Kochbananen und Mais. Gerade diese Brandrodungen waren dem Forstminister in Bangui ein Dorn im Auge,
wenn er auch, wie er mir sagte, keinerlei Kontroll- noch Interven-
tionsmöglichkeiten habe. Schließlich bleiben diese Brandrodungen doch nur ein paar Jahre fertil, dann müssen neue

449

Waldflächen dafür herhalten. Von den wenigen anwesenden Leuten, die mir entgegenkamen, konnte ich in Erfahrung bringen, daß in dieser Ansiedlung etwa 60 Personen wohnten. Sie erzählten mir, daß sie schon seit drei Jahren hier lebten, woraus sich entnehmen ließ, daß die Inbesitznahme dieses Gebietes erst nach der Fertigstellung dieses Bauabschnittes stattgefunden hatte.

In ihrer phänotypischen Erscheinung wollten diese Leute so gar nicht zum Typus der afrikanischen Regenwaldbevölkerung passen. Es waren schlanke Gestalten mit satt dunkelbrauner, leicht glänzender Haut. Das tiefschwarze Kopfhaar war fein und eng gekräuselt. Die vorspringende Nase zeigte, vor allem bei den Männern, eine starke konvexe Schwingung, mit deutlich abgesetzten Nasenflügeln. Ganz subjektiv betrachtet, machten sie einen verwegenen Eindruck. Wie sie mir bereitwillig berichteten, gehören sie zur ethnischen Gruppe der *Banda-Yanguéré*, einer ursprünglich aus dem nördlichen Sahelgebiet stammenden Bevölkerung.

Die Banda gehören noch immer zu den am wenigsten bekannten Völkern Innerafrikas [46]. Durch groß angelegte Unternehmungen der Sklavenjäger des 19. Jahrhunderts, besonders die Razzien Senoussis von Ndélé und Zubeirs aus dem Bahr-el-Ghazal, kam es bereits zu jener Zeit zu regelrechten Völkerwanderungen, welche eine weitgehende Entvölkerung des nördlichen und östlichen Ubangui-Chari-Gebietes, der Heimat der Banda, zur Folge hatten. Um dem immer stärker werdenden Araberdruck auszuweichen, entzog sich die große Masse der Banda-Bevölkerung nach Südwesten. Dadurch kam es am Ubangui-Winkel zu einem Ballungsraum mit einem kaum noch gliederbaren ethnischen Konglomerat. Dies erklärt auch die Präsenz der Banda-Yanguéré in den Regenwaldgebieten des 4. Breitengrades, wo sie auch heute noch, vielleicht durch den Druck der schon früher eingewanderten Bantu-Bevölkerung, ständig zu weiteren Umsiedlungsmanövern gezwungen sind. Der Bau neuer Verkehrswege führt natürlich auch zu neuen Völkerwanderungen oder Populationsverschiebungen, da sich die auf Brandrodungen Wander-Feldbau betreibenden Hackbauern bevorzugt in Reihendörfern entlang solcher Verkehrswege niederlassen. Das Vordringen in geschlossene Regenwaldgebiete ohne direkten Kontakt zu bereits bestehenden Kommunikationsachsen wird im allgemeinen gemieden.

Obwohl diese Banda-Yanguéré behaupteten, keinen Kontakt

zu Pygmäen zu haben, stieß ich bereits 2 km weiter auf 6 zu beiden Seiten der Piste errichtete Rundhütten, die sich in einem jämmerlichen Zustand befanden. Nur drei Pygmäen waren anwesend. Eine sehr hellhäutige Frau unter ihnen hatte einen ihren gesamten Hals einnehmenden Kropf, jedoch keine Exophthalmie. In unmittelbarer Nähe der Hütten waren kleine Pflanzungen mit Bananenstauden und Manioksträuchern angelegt. Schon anderthalb Kilometer weiter befand sich noch eine Banda-Yanguéré-Ansiedlung aus insgesamt 10 Hütten mit etwa 60 Einwohnern, die sich, nach eigenen Angaben, bereits vor 2 Jahren hier niedergelassen hatten. Sehr auffällig waren an diesem Ort die verhältnismäßig großen Brandrodungsflächen mit Maniok und Kochbananen in unterschiedlichen Wachstumsstadien. Schon 300 m weiter, auf einer kleinen Anhöhe, standen weitere 6 Hütten. Direkt nebenan prangte eine große, grüne, nicht zu übersehende Tafel mit der Aufschrift: »*Préfecture Sangha Economique – Pas de Villages*« (keine Dörfer)! Hier schien der verlängerte Arm der Verantwortlichen in Bangui, die präfektorale Regionalverwaltung, ihre Pflicht getan zu haben. Irgendwann einmal war das Schild halt aufgestellt worden, doch die Leute versicherten mir, daß niemand unter ihnen wisse, was darauf stehe. Natürlich konnte kein Mensch in diesem Weiler lesen. Sollte das Aufstellen solcher Tafeln die einzige Maßnahme sein, die Ansiedlung der Brandrodungen betreibenden Hackbauern zu verhindern, so ist zu erwarten, daß in absehbarer Zeit ein nicht mehr aufzuhaltender Siedlungsstrom einsetzen wird. Kaum einen Kilometer weiter, auf der Südseite der Piste, standen wiederum 6 Hütten am Rande einer groß angelegten, diesmal ausschließlich mit Mais bestandenen Pflanzung. Schon daraus ging hervor, daß hier eine regelrechte Siedlungskette angelegt worden war und daß die Bewohner untereinander, nach dem Prinzip der Arbeitsteilung mit einer Tendenz zu Anbauspezialisten in wirtschaftlichen Beziehungen zueinander standen.

Die Inbesitznahme des Einzugsbereiches der ersten 10 km dieser neuen Piste entsprach durchaus den üblichen Gepflogenheiten und Infiltrationsprozessen der Hackbauern, wenn sie in neue Siedlungsgebiete vordringen. So erschien es nur folgerichtig, wenn die Siedler bei km 6 von Yamando aus bereits seit drei Jahren, jene bei km 10 erst seit zwei Jahren ansässig waren. Doch kaum hatte ich diese kleine Ansiedlung mit ihrer großen Waldpflanzung verlassen, machte ich noch eine ganz andere Entdeckung. Der bislang jeweils zu beiden Seiten bis an die Piste reichende Regenwald wich plötzlich weit zurück, und eine immense Brandrodungsfläche tat sich vor mir auf. So weit das Auge reichte, ragten stehengebliebene, verstümmelte und verkohlte Stämme gespenstisch gen Himmel. Die gefällten Bäume lagen halb verbrannt in einem wilden Durcheinander am Boden. Dazwischen standen Bananenstauden, Manioksträucher und Maispflanzen. Die durch Brandrodungen verursachten Zerstörungen des Regenwaldes erreichten an diesem Ort ungeahnte Dimensionen. Entlang der Piste, die hier noch breiter erschien, standen zu beiden Seiten auf etwa einem Kilometer über 120 Banda-Hütten. Sie bildeten eine Riesensiedlung, wie sie mir bisher noch nirgendwo im afrikanischen Regenwald begegnet war. Natürlich standen auch hier überall die bereits erwähnten Tafeln »*Pas de Villages!*« Es schien wie ein Hohn. Es sollte aber noch schlimmer kommen. Gleich im Anschluß an die gigantische Banda-Siedlung standen über einen weiteren Kilometer, ebenfalls beidseitig, über 150 Bienenkorbhütten. Einige der Pygmäen hatten ihre Rundhütten teilweise direkt an der Piste errichtet (Farb-Abb. 42) und befanden sich in der Mehrzahl in einem geradezu erbärmlichen Zustand. Das Ganze machte, mit einer traditionellen Wohngemeinschaft verglichen, einen mehr als trostlosen Eindruck. Unübersehbar war auch eine starke Konzentration der blutsaugenden, die gefährliche Filariose übertragenden Blindbremsen. Schlimmer noch! Nur 2 km weiter sollte sich – wie in einem Ebenbild – das ganze Trauerspiel noch einmal wiederholen!

Eine solche Konzentration von Menschen, diese beiden überdimensionalen Doppelsiedlungen von Hackbauern und Pygmäen unter derartigen Lebensbedingungen, ist die Folge einer Zerstörung des sozialen Gleichgewichtes und führt unweigerlich zum Untergang des gesamten Sozialsystems, nicht nur der Pygmäen, sondern auch der Hackbauern-Bevölkerung. Die durch Brandrodungen verursachten Zerstörungen reichten bereits bis weit über km 20 hinaus. Die Pygmäen arbeiteten als Vasallen oder Sklaven auf den Plantagen der Hackbauern, womit ihre ursprüngliche Lebensweise und ihr Gewohnheitsrecht auf die übelste Weise verhöhnt und mißbraucht wurden. Ging es nicht gerade darum, beide, *mode de vie et droit coutumier* (Lebensweise und Gewohnheitsrecht), nicht zu verletzen? So wenigstens stand es in meinen Auftragspapieren für die Machbarkeitsstudie. Man muß sich letztlich fragen, ob die regionalen wie nationalen Verantwortlichen eine derartige Menschenballung gewünscht haben. Formal sicher nicht, aber genügt es dann, einige Tafeln aufzustellen mit der lakonischen Aufschrift »*Pas de Villages*«?

Die breite Piste des 4. Breitengrades zog sich unter gleichbleibenden Dimensionen wie ein Todesstreifen bis Bambio hin. Zu beiden Seiten lagen noch die einfach zur Seite gerollten Baumstämme und ausgerissene Wurzelstöcke kreuz und quer durcheinander. Es folgten vorerst keine weiteren Ansiedlungen, da diese Strecke erst vor kurzer Zeit fertiggestellt worden war. Lediglich nahe der Ortschaft Manbélé, bei km 40, wo die neue Piste die alte kreuzte, standen 20 zum Teil verlassene Hütten, welche – nach Auskunft der wenigen noch Anwesenden – den inzwischen weitergezogenen Bauarbeitern des Projektes gehörten. Im großen und ganzen aber eröffnete sich hier einem Ökologen ein immenses Spektakel der Trostlosigkeit, weiß er doch zu genau, daß der oben geschilderte Prozeß der Besiedlung und die damit einhergehende Regenwaldzerstörung der ersten 20 km sich in ähnlichen Dimensionen fortsetzen werden.

Vorerst haben die Arbeiten für die Weiterführung des Projektes von Bambio über Grima nach Boda nicht begonnen, denn für diesen Teil soll tatsächlich die Weltbank zuständig sein. Ohne eine Kapazität im Straßenbauwesen zu sein, genügt ein Blick auf die Karte, um die geographische und ökologische Situation zu erfassen. Eine Verkürzung der Strecke Bangui–Douala über Berberati durch Verbesserungen und Ausbau der bereits vorhandenen Verkehrswege Boda–Sallélé–Boudoua–Berberati würde ein weit besseres Ergebnis zur Folge gehabt haben. Eine solche Wegführung hätte den Regenwald weitgehend verschont, da diese Achse fast ausschließlich Savannengebiete durchquert. Obendrein wäre dies eine eindeutigere Verkürzung der Wegstrecke, was ja auch das vorgegebene Ziel des Projektes war. Den offensichtlich wirklichen Grund für den Bau dieser äquatorialen »Transafricana« quer durch den Regenwald auf der Höhe des 4. Breitengrades sollte ich ein paar Tage später vor Augen haben.

Nachdem ich auch von einem Straßenbauprojekt längs durch das »Waldschutzgebiet« Forêt de Ngoto im Einzugsbereich der Lobaye und der Mbaéré gehört hatte, sprach ich den Forstminister selbstverständlich darauf an. Doch der wußte natürlich von nichts, weder vom Straßenbau noch von wirtschaftlicher Nutzung dieses in seiner Tier- und Pflanzenwelt einzigartigen Waldes. Schon befürchtete ich, bei meiner geplanten Pygmäen-Inspektionstour durch das Gebiet der Westlobaye mit den direkt beteiligten Holzleuten in Schwierigkeiten zu kommen. Um so mehr war ich über den freundlichen Empfang überrascht. Man gab mir auf alle meine Fragen bereitwillig Auskunft, auch über die Aktivitäten im Forêt de Ngoto. Außerdem gewährte man mir absolute Bewegungsfreiheit. Sollte der Forstminister wirklich von nichts wissen?

Vom Hauptquartier aus, die weitläufige Agglomeration von Bagandou in weitem Bogen nördlich umgehend, führte eine völlig neu angelegte, breite, gut befahrbare Lateritpiste, die der Trans-kontinental-Verbindung Yamando–Bambio in nichts nachstand, quer durch ausgedehnte Regenwälder in südwestliche Richtung, bis sie etwa 25 km westlich von Bagandou wieder die Lobaye erreichte. Dort, zwischen den Ortschaften Bokona und Kélémanbé hatte die Firma eine für Schwerlastwagen zum Transport der mächtigen Baumstämme taugliche Brücke über die Lobaye geschlagen. Die alte, in westliche Richtung führende, früher kaum passierbare Piste bis Mandoukou war ebenfalls vorzüglich ausgebaut worden, so daß zwei sich begegnende Holztransporter einander bequem ausweichen konnten. Auf der gesamten Länge dieser immensen Piste, von Zomia bis nach Mandoukou, lebten überall einzelne, ihrem Sozialgefüge völlig entwurzelte Pygmäenfamilien. Meist wohnten sie in den für die Hackbauern typischen Rechteckhütten, ein untrügliches Zeichen ihrer Seßhaftigkeit und engen Vasallenbindung an die Großwüchsigen.

Nördlich von Mandoukou stellte eine über die Mbaéré geschlagene Pontonbrücke die Verbindung zum Forêt de Ngoto her. Eine breite, fast geradlinige Piste führte von dort über 18 km in nordwestlicher Richtung längs durch den ehemals geschützten und nahezu unzugänglichen Ngotowald. Lediglich entlang seiner Nordostgrenze bestand seit jeher ein Trampelpfad, der einige winzige Weiler entlang der Lobaye miteinander verband. Zahlreiche zu beiden Seiten der Hauptpiste, im rechten Winkel dazu angelegte Schneisen erlaubten den Zugang in weite Waldgebiete und somit einen rationellen Abtransport der selektiv gefällten Bäume. Am Ende der 18 km teilte sich der Hauptfahrweg. Eine etwas schmalere Piste war bereits 5 km nach Norden in Richtung Poutem-Ngoto vorgetrieben, die andere wurde weiter in Richtung Grima ausgebaut. An dieser Weggabelung herrschte eine rege Baustellenbetriebsamkeit. Zwischen allen möglichen herumstehenden Maschinen und Ölfässern hausten in provisorischen, jämmerlichen Hütten einige Pygmäenfamilien (Farb-Abb. 43). Die Männer waren als Bauarbeiter, vielleicht auch als Edelholzprospektoren, bei den Forestiers beschäftigt. Der europäische Bauleiter erklärte mir freimütig und ohne Umschweife, daß die Konstruktion der beiden Pisten selbstverständlich weitergeführt würde. Er erläuterte mir auch die strategische Bedeutung für die Holzabfuhr aus diesem entlegenen Gebiet. Ein Blick auf die Karte gab die eindeutige Antwort auf die Frage nach der zukünftigen Bestimmung der bereits fertiggestellten Verkehrsachse Yamando–Bambio und warum diese unbedingt durch den Regenwald gelegt werden mußte. Es ist anzunehmen, daß der Ferntransport gar nicht über Boda führen wird, sondern über den für die Holzwirtschaft viel lukrativeren Weg von Bambio über Grima–Forêt de Ngoto–Mandoukou, um dann den Anschluß an die schon seit langem existierende asphaltierte Ausfallstraße Mbaiki-Bangui herzustellen.

Es braucht nicht besonders hervorgehoben zu werden – oder vielleicht doch –, daß hier enorme finanzielle Interessen im Spiel sind, die sich vor allem auf eine Intensivierung der lukrativen Holzwirtschaft richten und auf den Regenwald keine Rücksicht nehmen. Derartige Relationen vor Augen, war es mir *dans mon âme et conscience* (nach bestem Wissen und Gewissen) und im Namen meiner stets praktizierten professionellen Ethik natürlich nicht möglich, für die Fortführung des Straßenbauprojektes ein *avis favorable* (positives Gutachten) zu erstellen. Meine Konsultation war sowieso nichts anders, als eine großangelegte Maskerade, wohl gedacht als Alibi für eine längst abgekartete Sache, zumal man mich nach der Erstellung meines für das Projekt negativen Gutachtens eindringlich darauf hinwies, daß die Straße unter allen Umständen gebaut werden müsse. Es hieß unter anderem, daß, wenn wir Europäer (Franzosen) diese Straße nicht bauen, es die Araber auf jeden Fall tun würden. Dadurch kamen endlich die finanziellen Interessen deutlich ans Tageslicht.

Nur 6% der nationalen Gesamtoberfläche der Zentralafrikanischen Republik sind noch tropischer Regenwald, und die politisch Verantwortlichen sind offensichtlich völlig ohne Skrupel dabei, diese außergewöhnlichen Schätze zu vergeuden. Es sei jedoch mit Nachdruck darauf hingewiesen, daß der tropische Regenwald auf der Erde heute als Besitztum der gesamten Menschheit zu betrachten ist. Seine blindwütige Zerstörung im Namen irgendwelchen kurzsichtigen Profitstrebens verursacht gewaltige klimatische Veränderungen auf der gesamten Erde, deren sich zahlreiche »Verantwortliche des öffentlichen Lebens« noch immer nicht bewußt zu sein scheinen. In diesem Sinne ist das Patrimonium »tropischer Regenwald« nicht mehr allein die Angelegenheit dieser oder jener Nation, sondern Gemeingut der gesamten Menschheit und sollte auch als solches behandelt werden. In diesem Zusammenhang möchte ich mit Nachdruck darauf hinweisen, daß sich allein in den letzten 30 Jahren die tropischen Regenwälder auf der ganzen Erde um die Hälfte verringert haben. Noch sieht es nicht so aus, als wäre die Menschheit einsichtiger geworden, denn noch immer verläuft der Abschlagrhythmus mit einer Geschwindigkeit von 10 bis 12 Hektar pro Minute [14]. Nach Angaben anderer Quellen [264] sollen es sogar 30 ha pro Minute sein, womit die letzten Reste dieses einzigartigen Ökosystems in den nächsten 30 Jahren restlos vernichtet sein werden. Man halte sich vor Augen, daß sich nach relativ einfachen demographischen Hochrechnungen die Weltbevölkerung bis zum Jahre 2050 verdoppeln und dann höchstwahrscheinlich etwa 10 Milliarden Menschen betragen wird. Die damit verbundene, ja notwendig gewordene Erhöhung menschlicher Bedürfnisse, insbesondere auf dem Sektor landwirtschaftlicher Nutzungsflächen, läßt es nahezu unvermeidbar erscheinen, daß diesem Unterfangen auch der größte Teil der Regenwälder zum Opfer fallen wird. Das wäre mehr als eine Katastrophe, denn allein 40% aller Tier- und Pflanzenarten der Erde leben in den tropischen Regenwäldern. Vor allem aber würde es zu einer Klimaveränderung sondergleichen kommen. Regionen, weit größer als europäische Staaten, werden dann versteppen. Damit wird auch das Risiko von gewaltigen Naturkatastrophen ständig zunehmen, es wird tiefgreifende Modifikationen des Weltklimas wie den Treibhauseffekt geben, und gewaltige, weltweite Stürme sind zu befürchten. Derart negative Konsequenzen für das Leben auf der gesamten Erde wollen manchen politisch Verantwortlichen – weitgehend auf Kurzzeiterfolge erpicht – offensichtlich noch immer nicht so recht einleuchten.

Vor nicht allzu langer Zeit, im Januar 1995, konnte ich mich

davon überzeugen, daß gemäß meinem im Jahre 1989 ausgesprochenen Veto die Strecke Bambio–Grima–Poutem–Ngoto
nicht gebaut wurde und der Regenwald wieder zu seinem vollen
Recht kommt, wobei auch die damalige breite Piste Kinga–Mandoukou–Ngoto nur mehr einen weitgehend wieder zugewachse-
nen Verkehrsweg darstellt. So hat meine damalige energische In-
tervention gegen die Fortführung der »Transafricana« durch den
primären Regenwald doch einiges bewirkt! Auch die seinerzeit
bereits ausgebaute Strecke Yamando–Bambio wird für die Holzabfuhr nur auf den ersten 20 km befahren, und von den großen
Agglomerationen der Banda-Yanguéré, einschließlich der riesigen Pygmäensiedlungen, ist nur mehr eine kleinere Niederlas-
sung übriggeblieben. Die meisten Leute sind wieder weggezogen.
Der mutige Einsatz von Experten aus der Wissenschaft – trotz
starken Pressionen –, bemüht, die Umwelt zu schützen, kann also doch erfolgreich sein!

Um die gewaltigen Auswirkungen der Regenwaldzerstörung
deutlich vor Augen zu haben, sollte es vielleicht erlaubt sein, als
präzises Beispiel die Elfenbeinküste anzuführen. Der in diesem
Land südlich des 8. Breitengrades gelegene Regenwald umfaßte
zu Beginn des 20. Jahrhunderts noch etwa 15,7 Millionen ha. Bereits 1958 waren es nur noch 11,8 Millionen, aber schon
20 Jahre später, 1978, war die Fläche auf ganze 3,5 Millionen ha
zusammengeschrumpft. Etwa 400 000 ha verschwanden jedes
Jahr, und dies weniger durch den Einschlag von zur Sperrholz-
verarbeitung bestimmten Baumarten oder von devisenträchtigen
Edelhölzern für den Außenhandel als vielmehr durch Brandrodungen für die landwirtschaftliche Nutzung. In der ersten Hälfte der achtziger Jahre verloren die Länder am Golf von Guinea
jährlich etwa 7200 km^2 Regenwald (etwa 4 bis 5% der verbliebenen Flächen), und schon 1985 waren diese westafrikanischen Regenwälder zu 72% in Waldbrache umgewandelt und weitere 9%
bereits holzwirtschaftlich erschlossen [34].

Die Zerstörung der biologischen Diversität der Erde erscheint
mir als die prinzipiellste Bedrohung der nächsten 20 Jahre. So ist
es unser aller Pflicht, wie es sich auch der WWF in seinem Re-
genwaldprogramm zum Ziel gesetzt hat [264], unverzüglich den
Kampf aufzunehmen, eine solche Katastrophe, aus der es kein
Zurück mehr gibt, zu verhindern.

13

UNGEWISSE ZUKUNFT –
AUF DER SUCHE NACH IDENTITÄT

Bayanga, ein verträumtes Nest am Sangha, im äußersten Südwesten, im letzten Zipfel der Zentralafrikanischen Republik,
gehörte bereits vor einem Jahrhundert zu den Explorationsberei-
chen französischer und deutscher Afrikaforscher (cf. Kapitel 3).
Besonders aber in den letzten Dezennien gewann Bayanga wegen
seiner exzentrischen Lage in einem weitgehend siedlungsfreien
Gebiet, eingeklemmt zwischen Kamerun und Kongo, besonders
für finanzkräftige europäische Großwildjäger ein gewisses Interesse. Aber auch die Holzfäller blieben mit der Zeit nicht aus. So
installierte sich in Bayanga bereits vor etlichen Jahren die Slovenia-Bois, deren Bedarf an eingeborenen Arbeitskräften allein aus
dem Kontingent der damals nur wenigen Großwüchsigen nicht
zu decken war. Die Slowenen begannen bald damit, von den in
diesen Waldgebieten umherstreifenden Pygmäen die arbeitsfähi-
gen Männer anzuwerben. In Anbetracht ihrer hervorragenden
Kenntnisse des Regenwaldes und dessen Artenkomposition geschah dies zunächst wohl nur zur Prospektion für ganz bestimmte
Baumarten, die die Holzleute gezielt suchten. Im Laufe der Zeit
kam es dann zwangsläufig zu größeren und längerwährenden Ar-
beitseinsätzen wie zum Anlegen von Schneisen, zum Abtransport
der Hölzer sowie zur Beschäftigung der Pygmäen im Sägewerk
selbst. Damit war der Teufelskreis geschlossen. Während sie als
gelegentliche Prospektoren für die Forestiers nicht immer zur
Verfügung stehen mußten und somit ihre traditionellen Lebensgewohnheiten beibehalten konnten, war mit dem Beginn der
Arbeit im Sägewerk zwangsläufig eine gewisse Regularität
notwendig geworden, der erste Schritt zur Seßhaftwerdung. So
entstand denn auch im Süden von Bayanga, auf einem freien Platz
ohne Bäume und somit ohne Schatten, dafür aber in der Nähe des
Sägewerkes, eine recht ansehnliche, völlig unnatürliche Ansiedlung von zahlreichen Pygmäen.
   Während die Frauen zunächst noch ihrer traditionellen Sam-

meltätigkeit nachgingen, war die Jagd für die werktätig gewordenen Männer nunmehr endgültig vorbei. Entsprechend defizitär
wurde daraufhin die tierische Proteinversorgung. Die Pygmäen
gerieten so in eine für ihr bisheriges Dasein neue und völlig un-
gewohnte ökonomische Abhängigkeit. Anstatt auf die Jagd zu gehen, arbeiteten sie für einen Tageslohn von 220 CFA (1,30 DM),
während eine Dose Ölsardinen 200 CFA (1,18 DM) kostete. Zum
Zahltag postierten sich gewöhnlich eine Horde großwüchsiger
Geschäftemacher vor der Lohnzahlbaracke und versuchten den
naiven Pygmäen allen möglichen Schund, vom bereits durch-
löcherten Kochtopf bis zum Kofferradio, anzudrehen. Wenn's
nicht anders ging, auch auf Pump. Das führte natürlich zu einer
zusätzlichen Abhängigkeit. So kam es unweigerlich zur Verarmung alten Brauchtums. Honigbehälter aus Antilopenleder und
traditionelle Holzreibe- oder Steinfeuerzeuge verschwanden
ebenso wie Bekleidung aus Pflanzenfasern. Selbst die auf dem
Tauschwege von den Großwüchsigen erworbenen Kochkessel aus
gebrannter Erde sind verschwunden und durch Blechtöpfe ersetzt
worden. Auch der Blättertabak verschwand zunehmend und wurde durch Zigaretten verdrängt. Die allerschlimmste Konsequenz
aber war, daß nunmehr auch ein existentielles Besitztum – das
Jagdnetz – durch »Segnungen« der Zivilisation wie das Transi-
storradio abgelöst wurde. Daß dadurch eine Kultur unweigerlich
abgetötet wird, liegt auf der Hand. Die durch Lohnarbeit in Abhängigkeit geratene Pygmäengesellschaft schlitterte so unaufhaltsam in den Zustand einer Proletarisierung und versperrte sich
gleichzeitig den Weg zurück zu traditionellen Werten, wie man
das ja auch in anderen Gesellschaften und Kulturen beobachten
kann.

Inzwischen mußte die Slovenia-Bois, offensichtlich aus Ren-
tabilitätsgründen, ihr Sägewerk in Bayanga schließen. Dies muß
ziemlich überstürzt vor sich gegangen sein, denn bereits in
Sägeblöcke eingespannte Stämme blieben einfach halb ange-
schnitten liegen (Abb. 13.1). Bei der Besichtigung der Werksan-
lagen hatte ich den Eindruck eines abrupten Stillstandes, als sei
plötzlich der Strom ausgefallen und die Belegschaft Hals über
Kopf davongelaufen. Von den Unmengen gefällter und gelager-
ter Baumstämme waren vor etlicher Zeit über 4000 m^3 den Flam-
men zum Opfer gefallen, verursacht durch einen in der Nähe angelegten Rodungsbrand. Dies wurde mir später sogar vom

13.1 *Zum Anschneiden bereitliegender, aber nie verarbeiteter Stamm im verlassenen Sägewerk von Bayanga*

Forstministerium bestätigt. Weitere Tausende von Kubikmetern lagern noch immer auf einem riesigen Freiplatz in der Nähe des Sägewerkes und erliegen langsam einem unaufhaltsamen Verwitterungs- und Fäulnisprozeß (Abb. 13.2). Kein einziger Stamm ist mehr wirtschaftlich nutzbar. Die Bäume jedoch sind gefällt worden, und der Regenwald ist nun weitgehend zerstört. Für nichts! Hier in Bayanga wurde mir die ganze Unsinnigkeit einer rücksichtslosen Naturzerstörung deutlich vor Augen geführt.

Obwohl die Slowenen nun schon lange verschwunden waren, bestand die Pygmäenansiedlung noch immer. Die über 200 Leute, teilweise in verdreckte und verklebte Kleiderlumpen gehüllt, hausten auf die erbärmlichste Weise in heruntergekommenen Lehmhütten mit undicht gewordenen Dächern. Viele unter ihnen, vor allem die Frauen, litten an gräßlichen Tropengeschwüren, für deren Beschreibung es einfach an Worten fehlt! Die Leute waren völlig ihrem Schicksal ausgeliefert. Kein Mensch kümmerte sich mehr um sie. Sie bildeten das allerletzte Glied im Sozialgefälle eines ohnehin schon zum Lumpenproletariat verkommenen Volkes. Bei meinem Besuch herrschte großer Aufruhr. Die Uniformierten von Bayanga hatten sich gerade herausgenommen,

460

13.2 *Auf dem ehemaligen Gelände der Slovenia-Bois
verrottendes Tropenholz*

einige Pygmäenmänner auf dem Dorfplatz öffentlich zusam-
menzuschlagen, da sie sich geweigert hatten, unentgeltlich Fron-
arbeit für die Großwüchsigen zu verrichten. Unter dem Motto *bà
lángò nà ndimá* (unser Schlafplatz befindet sich im Wald) und
mit Unterstützung des damals unter ihnen weilenden amerikanischen Musikforschers [391] wiegelte ich die Pygmäen auf, doch
endlich diesen verfluchten Ort zu verlassen und sich in den Regenwald, ihren angestammten Lebensraum, zurückzuziehen, um
ihre traditionelle und friedliche Lebensweise wiederaufzuneh-
men und um ihr ihnen angestammtes Sozialsystem neu zu organisieren, welches ihnen schließlich gestattet, eine eigene »Identität« zu haben. Die Pygmäen gerieten daraufhin in Bewegung,
und unter ihnen kam eine gewaltige Stimmung auf. Das erinnerte
mich an die von mir vor Jahren eingeleitete Umsiedlungsaktion
»zurück in den Regenwald« an der Lobaye (cf. Kapitel 11). Doch
sind sie wirklich von dort verschwunden?

Auf halbem Weg zwischen Yamando und Bayanga befindet sich
mitten im Regenwald eine etwa 300 km² große Feuchtsavanne. Es
handelt sich um eine nur wenig hügelige Graslandschaft mit

locker eingestreuten, etwas über mannshohen Büschen und Sträuchern (Abb. 13.3). Deren wichtigste Repräsentanten sind *Annona senegalensis*, aus der Familie der Annonaceae, und zwei Euphorbien, nämlich *Hymenocardia acida* und *Bridelia ndelensis*, Sträucher, die auch für die nördlicheren Savannen typisch sind [49]. Gerade hier überkam es im Jahre 1973 den französischen Missionar Michel Lambert, ein paar Kilometer abseits der Piste nach Salo eine Missionsstation zu errichten, mit dem Ziel, die zahlreichen in der engeren und weiteren Umgebung, größtenteils in Abhängigkeit von Großwüchsigen lebenden Pygmäen um sich zu scharen. Der auslösende Faktor war ein angeblich bei den Pygmäen nicht ausgesprochenes – da nicht aussprechbares [78] –, aber latent vorhandenes Bewußtsein für die Notwendigkeit eines Gesellschaftsprojektes, nicht zuletzt, um den Hackbauern ähnlich gestellt zu sein und um nicht mehr als *inférieur* (minderwertig) zu gelten. Sicher hat bei dieser Überlegung der christliche Missionsdrang eine erhebliche Rolle gespielt, denn trotz aller – von mir stets angeprangerten – Abhängigkeit von den Hackbauern waren die Pygmäen dennoch so frei, jederzeit mit ihren wenigen tragbaren, fürs Überleben notwendigen Habseligkeiten aufzubrechen, um im Regenwald zu verschwinden, was sie zu bestimmten Jahreszeiten auch tatsächlich taten und wobei sie nie von den Hackbauern verfolgt worden sind.

Durch den Einfluß der Missionare schlechthin bildet das Phänomen der Unabhängigkeit gegenüber den Hackbauern ein komplexes System und assoziiert mehrere Verhaltensaspekte, die *a priori* zueinander in Widerspruch stehen. Autonomiebegehren, Übergang zu Feldbau mit Seßhaftwerden und beginnender Dorfgründung, Phänomene, die überall aufzutreten beginnen, sind sicherlich Mimikry-Erscheinungen, führen aber unweigerlich zu einer profunden Modifizierung der zwischen-ethnischen Beziehungen, wenn auch versucht wird, Sammeln und Jagen beizubehalten. Die Gründung der Siedlungsgemeinschaft von Bélemboké um Michel Lambert ging aber bereits einen Schritt weiter und geschah offensichtlich nicht ganz freiwillig. Wie ich in Erfahrung bringen konnte, wurden neben der Krankenstation zweifelsohne auch unfaire Lockmittel wie eine Kooperative für Nahrungsmitteleinkäufe, Zigaretten und Transistorradios eingesetzt. Lamberts Drang zur Missionierung und Evangelisation der Pygmäen mag dabei keine unbedeutende Rolle gespielt haben. Aus einem Rechenschaftsbericht der Mission ist zu entnehmen, daß bei den Pygmäen eine recht beträchtliche und lebendige Nachfrage nach Gottes Wort und zur Evangelisierung bestehe. »*Nous aimerons pouvoir admettre au baptème les hommes et les femmes qui ont découvert la personne de Jésu-Christ* (Wir haben den Wunsch, all jene Männer und Frauen zur Taufe zuzulassen, die die Person Jesus Christus erkannt haben)«. Welch ein Ton! Von allein sind die Pygmäen auf so etwas sicher nicht gekommen. Daß eine solche Entwicklung für die Kultur eines Naturvolkes der direkte Weg in einen apokalyptischen Prozeß ist, ging den christlichen Kulturverwesern offensichtlich nicht auf. Das war nicht das erste Mal. Wie oft schon haben christliche Missionare – nicht nur in Afrika – wertvolle Masken und andere Kultgegenstände vor den Augen der Eingeborenen verbrannt, nur um zu beweisen, daß »ihr Gott« der stärkere sei!

Sicher versprachen sich die Pygmäen von den Missionaren eine bessere Zukunft, denn sie wollten zunächst in der Tat nicht mehr für die Großwüchsigen arbeiten, von denen sie schlecht behandelt, schlecht bezahlt, teilweise sogar als Hausvieh betrachtet und bezeichnet wurden. Das Verlangen, sich aus diesem Abhängigkeitsverhältnis zu lösen, wurde durch die Gründung von Bélemboké zur Wirklichkeit. Daraufhin fanden die Pygmäen ihre Beziehungen zu den Hackbauern unerträglicher denn je. Die Sache von Michel Lambert in Bélemboké aber sprach sich schnell herum, und die Zahl der Pygmäen, die nun zusammenströmten und sich um den Missionar scharten, stieg ins Unermeßliche. Schon einen Monat nach der Gründung wurden 250 Pygmäen gezählt, und nach einem Jahr waren es bereits 650 Leute. Lambert seinerseits verstärkte diesen Trend, wenn er durch die Siedlung schritt und wissen ließ: »*Si les Babinga voulaient, ils s'uniraient à moi pour constituer un village à Bélemboké. Ainsi, ils pourront agir comme de vrais gens*« [78] (Wenn die Pygmäen wollten, dann schlössen sie sich mir an, um in Bélemboké ein Dorf zu gründen. Auf diese Weise könnten sie dann handeln wie wirkliche Menschen). Da kommt wieder unzweideutig der christliche Kodex zum Durchbruch, indem eben nur seßhafte und *rechtschaffene*, in großer Zahl vereinigte Leute »wirkliche Menschen« sind. Nicht selten wurden dabei Stimmen laut, die vom *parasitären* Sammler und Jäger sprachen, im Vergleich zum *werteschaffenden*, seßhaften Ackerbauern. Doch solche Töne berück-

463

13.3 *Gras-Busch-Feuchtsavanne bei Bélemboké*

sichtigen nicht, daß die Pygmäen höchstwahrscheinlich schon vor mehr als 25 000 Jahren auf der gleichen Kulturstufe standen und diese bis heute als *altes Erbe* erhalten haben, ohne je parasitisch gelebt zu haben, denn parasitieren heißt auf Kosten anderer leben und dabei Schaden zufügen. Doch das tut ein mobiler Sammler und Jäger nicht, denn seine Eingriffe in das Ökosystem waren stets *reversibler* Natur.

Unter Berufung auf den »werteschaffenden«, seßhaften Ackerbauern unterscheiden sich die Beurteilungskriterien des französischen Missionars in nichts von jenen der afrikanischen Hackbauern. Wer Mensch ist, bestimme ich! Nur wer ein Feld bestellt und fleißig darauf arbeitet, ist ein »wirklicher Mensch«. Es soll an anderen Orten in Afrika Pygmäen gegeben haben, die unbedingt Steuern zahlen wollten, damit sie das Gefühl hatten, »wirkliche Menschen« zu sein! Auch darauf sind sie selbst nicht gekommen, denn, was Steuern waren und sind, konnten sie nicht wissen. So wurde ihnen offensichtlich aufgeschwatzt, daß Menschen überall Steuern zahlen müssen, und somit war für sie eine solche Handlung eben ein Mittel, Mensch zu werden. Das erinnert mich an einen Propagandaspruch aus dem Mittelalter, den durch die Gassen ziehende, heilversprechende Kirchenfänger und Geldeintreiber ausschrien.

> *Und wenn das Geld im Kasten klingt,*
> *die Seele in den Himmel springt.*

Dieser Spruch wird dem Dominikaner Johannes Tetzel (1465–1519) bei seinen Ablaßpredigten zugeschrieben. Es soll aber auch heute noch Menschen geben, die wahllos alle möglichen, vom Fernsehen frei Haus gesendeten Almosenadressen mit Schecks und Überweisungen beliefern, weniger um zu helfen, da es eh fraglich ist, ob die Spenden bei den Bedürftigen je ankommen, als um sich von ihren Erdensünden freizukaufen. Sie möchten vor Gott im sauberen Gewand erscheinen und nicht im Fegefeuer der Hölle verschmoren!

Bélemboké ist inzwischen kein Dorf mehr, sondern hat sich zu einem weitläufigen Siedlungskomplex entwickelt. Aus dem ursprünglichen Siedlungskern wurden Bélemboké I und II mit inzwischen über 1000 Pygmäen. Im Norden, auf der anderen Seite des Bélemboké-Bach-Tales, entstanden Bélemboké III und IV mit weit über 750 Pygmäen, und noch etwas weiter nördlich die Siedlungen Mangolo mit etwa 500 und Mangoko mit vorerst etwa 80 angesiedelten Pygmäen. Die heute in Bélemboké lebenden Pygmäen stammen in ihrer großen Mehrheit aus mehr als 20 Hackbauernorten aus der näheren und weiteren Umgebung zwischen Berberati und Bayanga. Doch sind es unstete Wandergesellen, und vor allem von älteren Leuten konnte ich in Erfahrung bringen, daß sie auch aus dem nahen Kamerun und Kongo herbeigekommen waren. Andere berichteten, daß sie von sehr weit her stammten wie Mbaiki, Bagandou oder gar Mongoumba, alles Agglomerationen aus der Region der Lobaye und des Ubangui.

Im Süden des Einzugsbereiches dieser Savanne, an der Piste nach Bayanga, 25 km von Bélemboké entfernt, befindet sich noch die katholische Mission von Mónàsáó des Père René Ripoche, der über 1300 Pygmäen um sich konzentriert hat. Dieser Pater, schon weit über siebzig, ist ein noch rüstiger, bewunderungswürdiger Geselle, der in Begleitung eines den Rucksack tragenden Pygmäen zu Fuß durch Wälder und entlang der Pisten zieht (Abb. 13.4), um das Wort Jesu Christi und das Evangelium zu predigen, den

Pygmäen Jesus Christus – als Befreier von allem Übel – zu verkünden. »*Evidemment, nous sommes Missionnaires et nous leur annonçons le Christ, le Libérateur par excellence* (Gewiß, wir sind Missionare, und wir verkünden ihnen [den Pygmäen] Jesus Christus, den Befreier im wahrsten Sinne des Wortes)« (Ripoche *in litt.*).

Die Aktionsbasis der Missionare war und ist der landwirtschaftliche Anbausektor, und nach ihrer Ansicht ist der Übergang zum Hackbauerntum der einzige Weg für die Pygmäen, langfristig aus ihrer verfahrenen Situation einer degenerierten Symbiose und eines degradierenden Abhängigkeitsverhältnisses zu den Großwüchsigen herauszukommen. »*Nous essayons de libérer les Pygmées de la ›tutelle‹ villageoise et de les aider dans leur évolution inéluctable vers une vie sédentaire* (Wir versuchen, die Pygmäen von der Bevormundung durch die Dorfbewohner zu befreien und ihnen in ihrer unvermeidlichen Entwicklung in Richtung einer seßhaften Lebensweise zu helfen)« (Ripoche *in litt.*).

Wie aber sieht es nach 16 Jahren Existenz von Bélemboké wirklich aus? Die Maniok- und Bananenpflanzungen sollten eine ausreichende Versorgung garantieren, damit die Familiengruppen das ganze Jahr über in der Ansiedlung verbleiben können. Doch trennt man sich nicht so leicht von überlieferten Traditionen. Als Jäger praktizierten die Pygmäen vor allem zur Trockenzeit die Netzjagd, das heißt in der gleichen Periode, in der auch die Felder für die Pflanzungen umgebrochen und urbar gemacht werden müssen. Bei den meisten Pygmäen war somit eine Harmonisierung im Zuge einer Jahresplanung ihrer unterschiedlichen Aktivitäten keineswegs evident. Sie kennen eben nicht den Hackbauern-Kalender, und außerdem fehlt es ihnen am Zeitverständnis. Bei ihren Jagdstreifzügen orientieren sie sich am Floralrhythmus der Bäume, so am Blühen des Kapokbaumes. Dieser zeigt aber bereits den Beginn der Regenzeit an. Kommen die Pygmäen dann nach Bélemboké zurück, ist es für die erforderlichen Arbeiten auf ihren Pflanzungen schon zu spät. Fazit: Sie werden auf den Pflanzungen der anderen ihre notwendige Nahrung stehlen, was wiederum unweigerlich zu aufregenden Palavern in der Ansiedlung führt.

Großspurig erklärte Maboboko – einer der Pygmäen aus Bélemboké –, die Arbeit auf dem Feld finde er überhaupt nicht

13.4 *Pater René Ripoche in Begleitung eines Pygmäen auf Missionierungstour*

schwer, und das, obwohl er eine recht große Pflanzung besitze. In Wirklichkeit waren es gerade 15 Ar (1500 m²), die obendrein ausschließlich von seiner Frau bearbeitet wurden. So erklärte er auch, daß er sich ein für allemal zur Kultivierung seiner Felder entschlossen habe und nun nie mehr Elefanten jagen würde. Schon acht Tage nach dieser feierlichen Erklärung war er wieder auf der Jagd im Wald verschwunden und kam, falls er seiner Frau wirklich dabei helfen wollte, für die notwendigen Feldarbeiten zu spät zurück.

Im Laufe der 16jährigen Existenz von Bélemboké haben es gewisse Pygmäengruppen durchaus geschafft, ihrer vegetarischen Ernährung Genüge zu tun. Eine gewisse »dynamische Elite«, die mir Joseph André präsentierte, hatte die Umorientierung geschafft. Sie war nicht nur zur Selbstversorgung mit Kochbananen, Maniok und Mais in der Lage, sondern erreichte sogar eine gewisse Diversifikation in der Erweiterung ihrer Kulturen auf Erdnüsse und Soja. Dies erlaubte ihnen dann den Verkauf eines Teiles ihrer Ernte. Doch handelte es sich hier um eine verschwindend kleine Minderheit. Bei der Mehrzahl der Pygmäen von Bélemboké findet man zwar einerseits die Bereitschaft zur

467

13.5 *Pygmäin der »dynamischen Elite« von Bélemboké in ihrer Wohnhütte*

Seßhaftigkeit, während sie andererseits noch längst nicht zur Einsicht gelangt sind, daß die deshalb folgerichtige Handlung in der Arbeit auf den Pflanzungen zu bestehen hat. Die Evolution zur »dynamischen Elite« bei einem Teil dieser Leute hatte immerhin zur Folge, daß sich gewisse Verbesserungen in den sozialen Beziehungen zur traditionellen Hackbauernbevölkerung ergeben hatten, und die Pygmäen von ihnen nun etwas mehr respektiert wurden. Man kann eben einen in einer Rechteckhütte aus Lehm lebenden Pygmäen mit einer eigenen Pflanzung, der obendrein gar noch Lesen und Schreiben kann, nicht mehr einen Wilden nennen oder als Hausvieh apostrophieren. Dennoch, kein einziger Pygmäe aus Bélemboké besitzt bislang eine *carte d'identité*, einen Personalausweis. Den können die Missionare nicht ausstellen, denn die Zuständigkeit dafür liegt bei der einheimischen Verwaltung. Diese jedoch wird sich Zeit lassen!

Den Pygmäen einen Personalausweis auszustellen aber hieße, ihnen Rechtswege zu öffnen und sie auch rechtlich gleichzustellen. Im Rahmen einer Schadenersatzklage wegen eines durch Fahrlässigkeit tödlich verunglückten Baka-Pygmäen gegen eine Holzfirma in Südkamerun mußten Mutter und Frau des Verstorbenen vor dem Gericht in Yokadouma erscheinen. Allein ihre Präsenz löste im Audienzsaal größtes Gelächter aus. Als der Justizbeamte nach den Personalpapieren fragte, kam erneut tobendes Gelächter auf. Aus dem Saal war gar zu vernehmen, daß Pygmäen eben keinen Personalausweis und auch sonst keine Papiere hätten, weder Geburts- noch Sterbeurkunde. Doch die Pygmäenfrauen konnten ihre *cartes d'identité* vorweisen, wofür der sie betreuende Pater rechtzeitig gesorgt hatte. Die Schaulustigen im Saal verstummten bald, und die beiden Pygmäinnen kamen zu ihrem Recht. Etwas weiter im Süden, in der Gegend von Moloundou, im Einzugsbereich der Fang, fehlte es nicht an Bemühungen, diese Baka-Pygmäen in großen permanenten Siedlungen zusammenzuziehen. Doch auch hier stand es mit dem Zivilrecht nicht besser. Obwohl die Pygmäen 70% der Bevölkerung stellten, gab es in den siebziger Jahren nur einen einzigen Baka als Dorfrat unter 20 Vertretern der Fang. Nach dessen Tod wurde dann kein Pygmäe mehr ernannt [95].

Eine Prüfung der aktuellen Situation in Bélemboké zeigt, daß kaum ein Drittel der angesiedelten Pygmäen das Objektiv einer

Ernährungsautonomie erlangt hat. Damit kann man das gesetzte Ziel als nicht erreicht betrachten, insbesondere, wenn man davon ausgeht, daß das Projekt seit 1973 läuft. Doch was waren und sind wohl die prinzipiellen Hindernisse? Als mobile Sammler und Jäger lebten die Pygmäen über Jahrzehntausende mit dem Bewußtsein des Augenblicks, während von einem Pflanzer eine ganz andere Beziehung zur Natur gefordert wird. Die Sammler und Jäger konnten und können noch am gleichen Abend kochen und essen, was sie im Laufe des Tages an Wurzelknollen gesammelt und an Tieren gejagt hatten, während der Hackbauer meist erst mehr als 8 Monate später die Früchte seiner Arbeit ernten und verzehren kann. Bei den Efe-Pygmäen im Ituri-Wald wurden vor langer Zeit schon zahlreiche mühselige Versuche unternommen, ihnen das Anlegen von Pflanzungen schmackhaft zu machen [168]. Doch wanderten die als Saatgut verteilten Bohnen bald in den Kochtopf, obwohl die Pygmäen kurz vorher feierlich erklärt hatten, daß sie bereit wären, diese Bohnen in den dafür vorgesehenen Landstücken in die Erde zu stecken [467]. Solange Wildbeuter noch im traditionellen Gedankenschema leben, scheint eine rationale euro-zentrische Nutzung des Bodens eine im Prinzip unverständliche Größenordnung zu sein. Es handelt sich ganz offensichtlich um einen ihnen nicht zugänglichen Eingriff in ein prästabiliertes Umweltgeschehen, wie es auch anderenorts beobachtet werden konnte. Wenn zum Beispiel die australischen Aborigines – Sammler und Jäger – als Gärtner beschäftigt wurden, so konnte schnell die Erkenntnis gewonnen werden, »daß unter solchen Umständen die Nutzpflanzen verkümmerten und das Unkraut prächtig gedieh« [360].

Sobald die gestrenge Aufsicht der Missionare nachläßt, werden die Arbeiten aufgegeben und die Pflanzungen verlassen. Das zeigt, daß ihnen der Drang zur Mobilität und das Jagdfieber noch tief in den Knochen steckt und sie die für sie durchaus auch rentable Elefantenjagd immer wieder in den Wald treibt und ihre Gemüter erhitzt. Doch ist dies nicht der einzige Grund, ihre Pflanzungen zu vernachlässigen oder zu verlassen. Eine ganz neue »Modekrankheit« ist im äußersten Südwesten der Zentralafrikanischen Republik ausgebrochen. Das Diamantenfieber! Wohl ganz zufällig fand Monzebé, ein Pygmäe aus Bélemboké, eines Tages einen Diamanten von 32 Karat [78]. Kaum war diese Neuigkeit bekannt geworden, zogen ein halbes Hundert Leute los, um ebenfalls ihr Glück zu versuchen. Wie die Großwüchsigen, die auch ihre traditionelle Lebensweise immer mehr aufgeben, identifizieren die Pygmäen nun den Diamanten mit der Hoffnung nach Reichtum und Glück. Vor allem die jüngere Generation ist der Diamantensuche bedingungslos verfallen. Doch fehlt es den Pygmäen an finanziellen Mitteln zur Beschaffung des dafür notwendigen Werkzeugs. Also arbeiten sie wieder im Dienste der Großwüchsigen. Finden sie dann tatsächlich einen Diamanten, werden sie von jenen auf die schäbigste und brutalste Weise erpreßt, zumal sie den reellen Wert von Diamanten gar nicht beurteilen können. So erhielt Monzebé für seinen 32-Karat-Diamanten noch nicht einmal ein Viertel des wirklichen Preises, wie ein Aufkäufer sich ohne Zurückhaltung brüstete.

Die vom Diamantenfieber befallenen Pygmäen geraten in eine neue materielle Abhängigkeit. Es entsteht eine permanente Verschuldung gegenüber den Großwüchsigen, den »ehemaligen« Hackbauern und auch gegenüber den gewieften, undurchschaubaren islamischen Haussa, die als ambulante Aufkäufer das Monopol des Diamantentrafiks fest in ihren Händen haben. Die Promiskuität mit dem aus weiten Teilen des Landes zusammengeströmten Milieu, der multi-ethnischen Konzentration von Diamantensuchern, durchtriebenen Vermittlern, Zwischenhändlern und listigen Aufkäufern bewirkte einen neuen Teufelskreis mit irreversiblen Folgen. Alkoholgenuß im Übermaß, Vandalismus, Prostitution, Diebstahl und andere zahlreiche Übel breiten sich in Bélemboké aus. Aber ähnliche Phänomene der Menschenkonzentration beschäftigten offensichtlich schon den alten Mirabeau (1715–1789), denn seinerzeit erkannte er bereits nicht gerade optimistisch:

> »L'entassement des Hommes
> comme celui des pommes
> produit de la pourriture!«

Ich mußte es selbst erfahren. Eines Vormittags, nach nur kurzer Abwesenheit, bemerkte ich den Einbruch in die planenüberspannte Ladefläche meines Toyota. Die unweit vor dem Dispensaire auf Konsultation wartende Menge aus den umliegenden Dörfern hatte natürlich nichts gesehen, obwohl nach meiner Errechnung der Einbruch vor deren aller Augen stattgefunden haben mußte! Zum Glück wurde nichts entwendet. Treibstoffkanister, Säge, Axt, Gaskocher, Marmeladengläser, Toilettenpapier und Knorr-Suppentüten waren zwar durcheinandergewühlt, doch fehlte nichts. Als ich Joseph André die Spuren der Missetat zeigte, meinte er gelassen: »Die haben nach Geld gesucht, um sich sinnlos besaufen zu können, sonst interessiert sie nichts mehr!« Ein solches, wenig schmeichelhaftes, Urteil seinerseits ist sehr erstaunlich. Ist er sich nicht bewußt, wieviel Schuld daran dieser von den Missionaren induzierten Menschenkonzentration und damit seiner eigenen Handlungsweise zukommt? Waren seine Erwartungen den Pygmäen gegenüber zu hoch gesteckt, oder fehlte es ihm an Einfühlungsvermögen in die Lebensphilosophie einer Jahrtausende alten Wildbeuterkultur?

Diese Entwicklung brachte auch bei den Pygmäen einen bislang nie gekannten Generationenkonflikt mit sich. Zu Zeiten der traditionellen Lebensweise als mobile Sammler und Jäger im Regenwald wuchsen die jungen Leute ganz allmählich, teilweise gar halb im Spiel, in ihre spätere Erwachsenenrolle hinein. Die älteren Gruppenmitglieder waren Vorbild und nachahmungswürdige Lehrmeister. Sie wurden respektiert. Die Familien und Gruppen lebten in Harmonie, wenn auch ein gelegentlicher Zwist nicht immer ausgeschlossen war. In Bélemboké beschweren sich nun die älteren Leute über die Jugend, daß diese schlechtes Benehmen an den Tag lege und daß sie dem Gelde nachrenne. Hatten doch früher weder Alkohol noch Ölsardinen, noch Transistorradios irgendwelche Bedeutung. Insofern ist das in Bélemboké eingerichtete Ökonomat – ein kleines Geschäft –, wo man solche Dinge kaufen kann, eher eine Mausefalle und ein Element zur weiteren kulturellen Verarmung. Hinter diesen zaghaften Reaktionen seitens der Älteren verbirgt sich der gesamte Komplex eines Kulturzerfalls.

Es gibt in Bélemboké aber auch einen Fußballplatz. Ich habe dort mit den Pygmäen gespielt und war nicht nur von ihrem Können überrascht, sondern ganz besonders erfreut über ihren ausgeprägten Sinn – aller Beteiligten – fürs Mannschaftsspiel, in welches sie mich unverzüglich eingliederten, ohne jeden individuellen Egoismus. Hier sehe ich eine Parallele zur gemeinsamen Netzjagd, bei welcher ein Individualist keine Chance hätte. Immerhin, wie man mir versicherte, waren unter den täglich Fußball spielenden jungen Leuten weder Säufer noch Diebe!

472

Da es in der Pygmäengesellschaft nie einen »Chef« gab, konnte sich durch die soziale Mutation der überdimensionalen Ansiedlung auch keiner herauskristallisieren. Ein *primus inter pares* oder irgendeine andere Respektsperson im Sinne der *attention structure* ergab sich in der traditionellen Wohngemeinschaft von selbst, da der eine in der Lage war, ohne Gewalt einen Streit zu schlichten, jener ein guter und erfolgreicher Jäger war, der andere ein besonders tüchtiger Heilkundiger mit profunden phytomedizinischen Kenntnissen. Jeder an seinem Platz wurde von der Gesellschaft gebraucht und entsprechend respektiert. Das Zusammenleben aber von Leuten ohne Beziehung zueinander, dazu in einer ganz neuen Umwelt, gibt auch keine Möglichkeit mehr zur Profilierung von Persönlichkeiten aufgrund ihrer spezifischen Fähigkeiten. Hackbauer war unter den Pygmäen noch keiner, wer sollte also Vorbild sein? Daß es eine »dynamische Elite« geschafft hatte, sich zu versorgen und sogar Überschuß zu produzieren, genügte noch nicht, ein Vorbild zu schaffen. Auch die Krankenstation der Mission nahm dem eventuellen Therapeuten die medizinische Schlüsselstellung als unabkömmliche Person. Der europäische *mò.ngàngà* übernahm hier die Wunderrolle. In diesem Sinne ist der Gesundheitszustand der Pygmäen durchaus zufriedenstellend, doch blieb er ohne regelnden Einfluß auf die sozialen Aspekte der Siedlungsgemeinschaft. – Die im Walde traditionell in kleinen Gruppen lebenden Pygmäen waren aber ebenfalls bei bester Gesundheit.

Die Pygmäen von Bélemboké sind heute die Gefangenen ihres eigenen, wenn auch von außen induzierten, aber doch von ihnen selbst akzeptierten Zustandes. Trotz der Größe der Ansiedlung leben sie über die Savanne verstreut in kleinen Familienverbänden, wie einst im Wald. Das könnte man durchaus als positiv betrachten, wenn es zur Erhaltung der traditionellen Organisation beitragen würde. Für die Harmonisierung dieser großen Ansiedlung erscheint es aber nicht adaptiert. Auch der von außen ernannte »Chef« für Gesamt-Bélemboké konnte niemals jene Anerkennung erlangen, wie es sich für einen *primus inter pares* einer traditionellen Wohngemeinschaft eigentlich von selbst ergab. Gerade in diesem Punkt hat sich die ehemalige Abhängigkeit gegenüber den Hackbauern auf die europäischen Missionare verschoben. »*Kumu ti mbi à yeké bunju!* (Mein Herr ist jetzt der Weiße!)« Indem die Europäer zum Beschützer und Vormund der

Pygmäen geworden sind, wirft sich die Frage auf, ob nicht das Gegenteil des gesetzten Zieles erreicht wurde. Während noch vor mehr als 15 Jahren Michel Lambert der auslösende Faktor für die sozialen Mutationen war, scheint es heute, als sei die europäische Betreuung zu einer Art »blockierendem Faktor« geworden.

Auch der Versuch der Skolarisation (Farb-Abb. 44) hat keinen durchschlagenden sozialen Wandel eingeleitet. Zwar hört man Argumente, welchen zufolge bei den Pygmäen durchaus ein guter Wille bestehen soll, und daß sie die Erkenntnis erlangt hätten, durch Schulbildung zur Übernahme des Lebensmodells der Hackbauern gelangen zu können. Doch muß gefragt werden, inwieweit dies denn *pygmäeneigene* Erkenntnis ist. Wenn man hört, daß die Hackbauern nur durch Schulbildung zu Präfekten und Gendarmen geworden sind und andere deshalb verknüppeln können, weil sie gebildet sind, und sie (die Pygmäen) dies nicht erreicht haben, weil sie tagelang mit dem Fangnetz im Wald unterwegs waren, so klingt das allzusehr nach Moraltheologie abendländischer Kultur- und Lebensnormen und keineswegs nach Eigenerkenntnis, ausgelöst etwa durch einen Gedankenblitz oder eine einleuchtende Pygmäen-Heureka! In anderen Äußerungen wiederum entdeckt man manchmal so etwas wie latente Traumvorstellungen. »Wären unsere Kinder genauso gebildet wie gewisse Hackbauern, so könnten sie ebenso Gbaya-Mädchen zur Frau nehmen, so wie die jungen Gbaya-Männer junge Pygmäenfrauen nehmen.« Doch selbst mit einem gebildeten Pygmäen würde sich ein Gbaya-Mädchen nie auf ein Verhältnis einlassen, geschweige denn eine Ehe eingehen. Daß allein das Bildungsniveau noch keine Angleichung oder gar Gleichberechtigung bringt, haben zahlreiche Gesellschaftsordnungen bewiesen, wo ethnische Minderheiten schlechthin als *minderwertig* betrachtet wurden und werden. Dort aber, wo »minderwertig« nicht ausgesprochen werden darf, weil es gar nicht stimmt, beruft man sich dann aufs Anderssein. Für die Hackbauern sind die Pygmäen Relikte aus grauer Vorzeit, was genetisch wie kulturgeschichtlich ja noch nicht einmal falsch ist.

Abgesehen vom Mimikrybestreben gegenüber als »besser« angesehenen Existenz-Normen und latenten Traumvorstellungen zu zwischen-ethnischen menschlichen Beziehungen hat sich der Einschulungsversuch von Bélemboké als ein geplatzter Luftballon erwiesen. Von etwa 400 seit 1973 eingeschulten Kindern haben gerade 10 ein *Certificat d'Etudes* (ein Grundschul-Abschlußzeugnis) erlangt. Der von Großwüchsigen erstellte Unterrichtsrhythmus ist für die Pygmäen völlig ungeeignet und wurde nicht an den *noch* vorhandenen Trend zur Mobilität der Sammel- und Jagdaktivitäten angepaßt, auf welche die Pygmäen trotz ihres Seßhaftwerdens noch immer Wert legen. Entsprechend hoch ist die Zahl der teilweise oder ständig die Schule schwänzenden Kinder, welche zu gewissen Zeiten bis zu 80% beträgt. Vielleicht fehlte es den an einem eklatanten Überheblichkeitskomplex leidenden großwüchsigen Schulmeistern – wovon ich mich selbst überzeugen konnte – auch oder gerade am entsprechenden Einfühlungsvermögen.

Die Analyse der Bilanz nach mehr als 15 Jahren Beobachtung einer sozialen Mutation dieser über 2300 Pygmäen, einer ethnischen Minderheit – von der gesellschaftlichen Umwelt immer noch als minderwertig betrachtet – ohne soziale Anerkennung und ohne administratives Recht, offenbart uns, daß sich durch Sedentarisierung und überdimensionale Vergrößerung der Wohngemeinschaft keine neue Sozialorganisation herausgebildet hat und sich auch nicht herausbilden läßt. Schließlich geht es uns (Europäern) durch die Konstruktion von überdimensionalen Wohntürmen – als technologischer Fortschritt deklarierte versteckte Phallusideologie [287] – und die damit verbundene Konzentration von Menschen ohne entsprechendes Raum-Zeit-Erlebnis, bei Licht betrachtet, nicht anders. Auch zeichnet sich faktisch ein Identitätsverlust ab, wenn die Gemeinschaft keine neue Sozialorganisation mit dem bitter notwendigen Gleichgewicht hervorzubringen in der Lage ist. Es sei hier vermerkt, daß der menschliche Raum kein technologisch definierbarer, euklidischer Raum ist, sondern als ein Raum-Zeit-Erlebnis verstanden werden muß, welches Kategorien transzendiert und topologisch in Funktion zur Lebensweise des Individuums an die Sozialorganisation angepaßt ist.

Die Wohnhütte, als Symbol der Mutation, spiegelt das am besten wider. Über 60% der Wohnstätten in Bélemboké sind noch immer traditionelle Bienenkorbhütten, die zwar im Regenwald für einen Aufenthalt von 6 – 8 Wochen durchaus ihren Zweck erfüllen und in diesem Kontext sogar als bestens angepaßt betrachtet werden können, in der ungeschützten Savanne aber als Dauerwohnstätte völlig ungeeignet sind. Von den etwa 40%

Rechteckhütten befindet sich ein Großteil in einem sehr schlechten bis miserablen Zustand. Einige dieser Hütten stehen gar kurz vor dem Zusammenbruch. Sich lösende Holzelemente werden denn auch sogleich als Feuerholz benutzt. Das hindert die Benutzer allerdings nicht daran, in der Ruine weiter wohnen zu bleiben. Immerhin aber befindet sich der verbleibende kleinere Teil in einem relativ guten Zustand und gilt nach den Aussagen der Missionare als Abbild der »dynamischen Elite« (Abb. 13.5). Einer der Pygmäen hatte um sein schönes, weiß getünchtes, kleines Wohnhüttchen mit Hängeschloß an der Tür sogar eine symbolische Einzäunung errichtet und einen schmucken Garten mit eingepflanzten Blumen angelegt (Farb-Abb. 45). Man denke an die Worte von Jean-Jacques Rousseau! Reiner Luxus, schließlich kann man Blumen nicht verspeisen und in Bélemboké auch nicht verkaufen! Sicher war das Entstehen dieser Anlage teilweise vom Wunsch induziert, die Missionshütten mit ihren Blumengärten nachzuahmen. Doch die ständige Pflege und der Erhalt des kleinen schmucken Anwesens mag ein gewisses ästhetisches Empfinden für »praktisch Unnützes« widerspiegeln, was für einen als Sammler und Jäger Aufgewachsenen zunächst wohl nicht unbedingt als vorrangig erscheinen mag.

Die diversen Versuche zur »Umorientierung« der Pygmäen haben aber auch gezeigt, daß man sich nicht auf deren Ausdauer verlassen kann. Solange man sie betreut, ihnen bei der Erhaltung ihrer neuen Wohnstätten hilft, läuft alles wunderbar, und sie selbst scheinen glücklich und zufrieden dabei. Auf sich selbst gestellt, lassen sie die Dinge geschehen, und die teilweise mit viel Mühe und Aufopferung für sie errichteten Siedlungen erliegen dann schnell dem Zerfall, wie dies zahlreiche Beispiele auch aus dem Kongo und aus Kamerun gezeigt haben [95].

Ohne die Initiative und ohne das Eingreifen der Missionare wäre die Ansiedlung in der Savanne von Bélemboké niemals entstanden. Mit Aussprüchen wie »Wir müssen sehr viel leiden, wir müssen sehr hart arbeiten, und wir werden von den Hackbauern schlecht oder gar nicht bezahlt, wir wollen nicht mehr leiden und wollen es so gut haben wie die anderen« [186] mögen die Pygmäen Wunschträumen zum Opfer gefallen sein, in der Meinung, der Weiße würde ihnen nun das Paradies eröffnen. Seit der Siedlungsgründung hat es jedoch kein *Mò.Aka* fertiggebracht, neue handwerkliche Fertigkeiten wie Eisenbearbeitung oder Töpferarbeit zu erlernen. Daneben hat er seine traditionellen Fähigkeiten, wie das Herstellen einer Armbrust, das Verfertigen von Jagdnetzen, von Behältern aus Tierfell oder von Bekleidung aus Bast, völlig verloren. Neben dem schon immer gehaltenen kleinen Basenji-Jagdhund, dem man in der Siedlung im verwahrlosten Zustand noch begegnet, haben einige Hühner Einzug ins Leben der Pygmäen gehalten. *Summa summarum* haben sie sich in ihrer neuen Situation nicht anders verhalten, als »Ja« zu sagen, zu allem, was der Europäer ihnen vorgab. Sie taten so, als seien sie einverstanden, sonst aber war ihre Devise, nichts zu tun, es sei denn, bei der erstbesten Gelegenheit wieder in den Wald zu flüchten. Das hätte im Endeffekt durchaus die beste Lösung sein können, wenn sie nicht dabei in obstinater Weise auch an der Seßhaftigkeit in Bélemboké festgehalten hätten.

Doch die Entwicklung führte noch einen Schritt weiter. Die Kinder erlernen heute das Sammeln und Jagen nicht mehr. Damit geht natürlich irreversibel ihre kulturelle Identität verloren, noch bevor eine neue gefunden wurde. Aber mit dem zuversichtlich gemeinten Ausspruch eines europäischen Betreuers wie *»Rien ne sera plus comme avant* (nichts wird mehr so wie früher sein)« ist die Sache noch nicht abgetan. Es genügt nicht, sich mit der Tatsache abzufinden, daß ein Identitätsverlust stattgefunden hat, was dieser Ausspruch wohl besagen sollte. Ein bißchen Zynismus mag wohl auch dabeigewesen sein, vielleicht auch eine gehörige Portion Naivität, wie sie bei einem Entwicklungshelfer-Greenhorn nicht anders zu erwarten war. Das von zahlreichen Verantwortlichen in Politik und Religion immer wieder weithin hörbar gepredigte Wort vom *»respect du droit des peuples de disposer d'eux-mêmes* (von der Achtung des Rechtes der Völker, über sich selbst zu entscheiden)« scheint, wenn's um Pygmäen geht, plötzlich keine Gültigkeit mehr zu haben.

Es liegt auf der Hand, daß die Pygmäen sich heute an einem Wendepunkt der Identitätssuche befinden, wie es seinerzeit jenen ethnischen und kulturellen Minderheiten erging, als sich die frühen Hochkulturen und militärischen Großreiche auszubreiten begannen. Integrationsversuche als letzte Alternative vorm Untergang waren auch damals wegen des »Andersseins« für viele mehr als ein Hemmschuh. Das Überleben des einzelnen wurde in der Regel zu einer Existenz als Sklave, Diener oder Legionär. Ein noch so gebildeter oder hochbegabter Pygmäe wird in der derzeitigen afrikanischen Umwelt noch lange Zeit in seiner sozialen Integration nur deshalb scheitern, weil er durch sein »Anderssein« überall sofort erkannt wird. Wir erleben heute mit den Pygmäen das gleiche Phänomen, wie es sich seit mehr als 6000 Jahren unzählige Male auch bei anderen Völkern schon abgespielt haben mag. Es hat damals niemand um den Untergang eines Volkes oder einer Kultur geweint! Ein solcher Untergang ereilte aber nicht nur die Minderheiten, sondern im Wechsel der Zeiten auch Großreiche und Hochkulturen. Nur – damals hat sich niemand der ethnischen und kulturellen Minderheiten angenommen, da sich der Mensch für die soziologisch-ökologischen Aspekte seiner Art gerade erst seit 100 Jahren interessiert und zaghaft versucht, verhaltensbiologische Mechanismen in Verbindung mit der Evolution zu erklären. Nur eine verschwindend kleine Minderheit ist sich dessen wirklich bewußt.

Vielleicht weinen wir heute ja nur, weil uns mit den Sammler- und Jägervölkern eine Art romantische Idylle der Natur – so wie es einmal war – verlorengeht. Wir weinen aber auch erst, seitdem wir so etwas wie ein humanistisches und etho-ökologisches Bewußtsein haben!

EPILEGOMENA

Meine Feldforschung in Afrika zur Öko-Ethologie der Pygmäen begann in den siebziger Jahren. Das dadurch lang währende *Bei-* und vor allem *Mit-ihnen*-Leben hat mir diese Leute sehr nahegebracht. Die erstaunlichste Leistung der Pygmäen – trotz der sich immer massiver abzeichnenden noziceptiven Parameter ihrer Umwelt – ist zweifelsohne die Erhaltung ihrer noch relativ freien, mobilen, *altsteinzeitlichen* Lebensweise als Sammler und Jäger des äquatorialen Regenwaldes. Allein diese Gegebenheit hatte mich veranlaßt, ohne jegliche *Apriori*, ohne vorgefaßte Meinung, und so objektiv wie nur möglich bei ihnen als Beschauer in Erscheinung zu treten. Insofern ist dieses Buch ein Versuch, einen Erlebnisbericht der Feldforschung mit den Grundlagen der vergleichenden Ethologie des Menschen zu verbinden. Dabei habe ich versucht, Ökologie und Verhalten in ihren stammesgeschichtlichen und soziologischen Funktionskreis zu stellen. Doch kann ich trotz der durchgeführten Longitudinalstudien keinen Anspruch auf Exhaustivität erheben. Es stellt sich auch die Frage, ob dies in der wissenschaftlichen Forschung überhaupt möglich ist. Meine spezielle Sorge war jedoch stets, den Menschen als *biologische Art*, als ein *Ergebnis der Evolution organisierten Lebens* zu betrachten und nicht als *extravagante Konstruktion* eines angenommenen »großen Baumeisters«. Einige Schuld daran, daß sich eine solche Ansicht hat so lange Zeit erhalten können, trägt wohl auch Darwin, indem er den Menschen überschwenglich als »*the wonder and glory of the universe*« würdigte.

Die Ursachen einer solchen – vielerorts falsch interpretierten – Sonderstellung des Menschen sind wohl vor allem in der Moraltheologie zu suchen, die den Menschen als des großen Baumeisters »Prachtstück« ständig den anderen Vertretern organisierten Lebens gegenüberzustellen versucht. Die einige Millionen Jahre alte, *evolutionsbiologische Last* läßt sich jedoch nicht so einfach abstreifen, und kein noch so konservativer Moraltheologe wird bestreiten wollen, daß der Mensch ebenfalls ein organisiertes Lebewesen ist. In diesem Sinne nimmt der Mensch im natürlichen, phylogenetischen System keine Sonderstellung ein, sondern ist – evolutionsbiologisch gesehen – ein Produkt der *adaptiven Radiation* der Primaten [348], dessen Ökologie wohl primär durch das Leben als Sammler und Jäger charakterisiert war. Doch es wird auch vermutet, daß er in seinen allerersten Anfängen des Menschseins eher Aasfresser war und sich zusätzlich noch Frischfleisch beschaffte, indem er als *Kleptoparasit* vor allem Carnivoren die Beute abjagte [500], ein Verhalten, aus dem sich die spätere Jagd durchaus entwickelt haben könnte.

Die Tatsache, daß der Mensch sich von allen anderen Lebewesen dadurch unterscheidet, daß er sprechen, über sich selbst und seine Umwelt nachdenken kann, genügt noch nicht, ihn als abstrakten Sonderling der Evolution zu definieren. Angesichts der raschen und gewaltigen Gehirnentwicklung, die ein solches konkretes und abstraktes Nachdenken erst ermöglicht, wird evident, daß die Evolution mit der Konstruktion des Menschen ein enormes Risiko eingegangen ist [116]. Dies scheint der *Zerfall der artspezifischen, sozialen Normen* weltweit zu bestätigen. Das mag darauf zurückzuführen sein, daß der Mensch eben aufgrund seiner immensen zerebralen Fähigkeiten innerhalb von nur ein paar tausend Jahren in der Lage war, seine stammesgeschichtlichen Fesseln zu sprengen, um seine ihm von der Evolution angewiesene ökologische Nische zu verlassen, und auf diese Weise zum *Ubiquisten* geworden ist. So gelang ihm nicht nur die Besiedlung der verschiedensten Lebensräume mit zum Teil recht unterschiedlichen Umweltbedingungen, einschließlich einer somatophysiologischen Anpassung, sondern es gelang ihm auch eine »absolute Dominanz« [348] gegenüber allen anderen Konkurrenten organisierten Lebens. Damit kam aber wohl das Unheil über die lebende Welt, denn durch derart neue Parameter ist der Mensch, mehr als irgendein anderes soziales Wesen im weitesten Sinne, von den »schädlichen Wirkungen der intraspezifischen Selektion bedroht« [300]. Damit bedroht er letzten Endes alles Leben auf der Erde schlechthin und nicht zuletzt sich selbst. Es wäre töricht, hierzu eine baldige Besserung zu erwarten. Von dieser Warte aus betrachtet, sind denn auch die Pygmäen unter Wahrung ihrer ökologischen Nische nicht etwa Zerstörende und schon gar nicht »Parasitierende«, sondern als Menschen selbst Opfer der Menschheit.

Meine Betrachtung der Pygmäen in ihrem ethologischen Kernteil ist nur ein bescheidener Baustein zur Erstellung eines Gebäudes interkultureller Konstanzen in Relation zu den weiter zurückreichenden stammesgeschichtlichen Wurzeln menschlichen Verhaltens. Dabei liegt es mir fern, Vergleiche mit anderen »organisierten Organismen« anstellen zu wollen, wie das der Ethologie am Menschen insbesondere von der Soziologie und der Kulturanthropologie – also von den klassischen Humanwissenschaften – immer wieder vorgeworfen wird. Weder Soziologen noch Kulturanthropologen haben das Monopol zur Menschenforschung.

Die ungeheuer breit angelegte Palette verhaltensbiologischer Erforschung allen organisierten Lebens und die tiefe Wirkung, die Konrad Lorenz als Wegweiser und Wegbereiter für die Ethologie des Menschen ausübte [301], mußten unweigerlich dazu führen, daß die den passionierten Forscher auszeichnende Tugend der *Neugier* geradenwegs hin zum Menschen führte. So war es nur folgerichtig, daß der Grundstein für ein »Projekt einer ethologisch orientierten Untersuchung menschlichen Verhaltens« im engsten Kreis von Konrad Lorenz gelegt wurde [118], von welchem auch ich meine ersten richtungweisenden Impulse empfing.

Im Gefolge der Lorenzschen Wegweisung gab es auch anderenorts durchaus weitblickende Köpfe, die, ganz im Sinne einer biologischen Erforschung menschlichen Verhaltens, die Methoden hierfür klar zum Ausdruck brachten. *»Il faut donc étudier l'Homme comme un naturaliste étudie un animal quelconque, et cela en laissant de côté tous les préjugés, toutes les idées à priori, qui prétendent séparer l'Homme du reste de l'univers pour en faire un être totalement à part. Ce qui n'empêche d'ailleurs nullement de reconnaître, de définir, d'expliquer ses particularités exceptionnellement éminentes* (So ist es für den Naturwissenschaftler erforderlich, den Menschen ebenso wie jedes andere Lebewesen zu untersuchen, , ohne jegliche Vorurteile, ohne vorgefaßte Ideen, welche den Menschen vom übrigen Universum zu trennen versuchen, um ihn als ein völlig einzigartiges Wesen hinzustellen. Dies hindert uns aber keineswegs daran, seine durchaus hervorragenden Besonderheiten anzuerkennen, sie zu definieren und zu erklären)« [177]. All das sollte nicht verschwiegen werden. Doch als *Ikonoklasten* verschrien, paßten solche, ihresgleichen weit vorausdenkenden Pioniere der wissenschaftlichen

Feldforschung zum Menschen als biologische Art nicht ins Klischee einer allzu konformistischen Denkweise und wurden nach Kräften totgeschwiegen.

Im Vergleich zu unseren starren akademischen Ordnungen, in welchen ein noch so originell denkender und handelnder Kopf von vornherein als zu scheltender Außenseiter gilt, sind die Pygmäen mit ihrer egalitären Gesellschaft – in der keiner versucht, dem anderen vorzuschreiben, was er gerade zu tun hat – die weitaus besseren Demokraten. Wir hätten eine ganze Menge von ihnen zu lernen! Wohl gerade deshalb sind mir diese Leute zu so liebenswerten Menschen geworden.

Trotz der zahlreichen unterschiedlichen Disziplinen, die sich seit einem guten Jahrhundert um die Pygmäenforschung bemüht haben, stehen – wie wohl auch in anderen Wissenschaftszweigen – noch ungezählte Fragen offen, deren Beantwortung zum Verstehen des Menschen in Beziehung zu seiner (noch) *nicht manipulierten Umwelt* von Bedeutung wären. Doch der von gewissen Wissenschaftsorganismen praktizierte Ausschließlichkeitsanspruch gegenüber der Menschenforschung wird – in Anbetracht einer unglaublich konservativ anmutenden intellektuellen Trägheit und des entsprechenden Mangels an Flexibilität – so schnell nicht zu überwinden sein. Auch scheinen die sonstigen, wenig optimistisch stimmenden Entwicklungen in Afrika nicht gerade dazu angetan, den Pygmäen weiterhin ein unbekümmertes Dasein zu gewährleisten. Doch (noch) habe ich die Hoffnung nicht aufgegeben, auch fürderhin im Banne des Regenwaldes als bescheidener Beschauer in der Gesellung verständnisvoller und liebenswerter Menschen dem Menschsein zu frönen.

$$\pi\acute{\alpha}\nu\tau\alpha\ \dot{\rho}\epsilon\hat{\imath}$$

DANKSAGUNG

Bei meinen ersten zaghaften Schritten im äquatorialen Regenwald führte mich, damals im Gabun, der Fang Ekwaka mit Umsicht in die Geheimnisse Afrikas ein und wurde so mein unentbehrlicher Begleiter. Später, an der Lobaye, half mir über viele Jahre hinweg der Mò.Ngando Gumbe. Beide bleiben mir in freundlicher Erinnerung, und es gilt ihnen mein aufrichtiger Dank. Besonderes Entgegenkommen für mein Unterfangen erfuhr ich durch die Zentralafrikanische Regierung, vor allem vom damaligen Forstminister und heutigen Staatspräsidenten Ange Patassé, der für die öko-ethologischen Arbeiten im Regenwald viel Verständnis zeigte und mich in seinem Land jederzeit herzlich willkommen sein ließ, so daß ich ihm viel zu danken habe. Besonders freundschaftlich verbunden fühle ich mich auch »Tante Ruth« Rolland, der damaligen Präsidentin des Zentralafrikanischen Roten Kreuzes und späteren Gesundheitsministerin. Tief in der ombrophilen Hyläa standen mir der Forstingenieur Edouard Talice und die Société CentrAfricaine de Déroulage (SCAD) sowie die Clinique Dr. Chouaib in Bangui stets mit unentbehrlicher Hilfe zur Seite.

Die Deutsche Botschaft in Bangui war ständig hilfsbereit und entgegenkommend, besonders aber, damals zu Bokassas Zeiten, der jüngste Botschafter der Bundesrepublik Deutschland, Dr. Hans Christian Ueberschaer, der meinen Forschungsarbeiten beachtliche Anteilnahme entgegenbrachte. Herzlicher Dank gebührt auch dem Botschaftssekretär Bernd Stadtmüller, der sich sehr für die Pygmäen interessierte. Die für meine Untersuchungen im Freiland notwendigen Mittel verdanke ich der großzügigen Unterstützung durch die Deutsche Forschungsgemeinschaft, Bad Godesberg, und die Max-Planck-Gesellschaft, München.

Ständig wohlwollende Anregung erfuhr ich von meinem Freund »Renki«, Prof. Dr. Irenäus Eibl-Eibesfeldt, der mir auch an seiner Forschungsstelle für Humanethologie am Max-Planck-Institut für Verhaltensphysiologie immer weit die Türen öffnete, mir über die Jahre großzügigerweise einen Arbeitsplatz zur Verfügung stellte und damit die Auswertung meiner Daten und Filmdokumente auf optimale Weise ermöglichte. Es sei ihm herzlichst dafür gedankt. Meine wiederholten Aufenthalte im idyllischen oberbayerischen Seewiesen und in Andechs waren für mich seit Konrad Lorenz' Zeiten stets eine unerschöpfliche Quelle geistiger Stimulation. Hilfsbereit und entgegenkommend mit vielen wertvollen Ratschlägen in foto- und filmtechnischen Dingen waren Renate Krell und Dieter Heunemann, wofür ich auch ihnen herzlichst danken möchte. Für durchaus konstruktive Kritik während des Schreibens danke ich vor allem Prof. Dr. Gunter Senft und Beate Minow, die auch mit großer Aufopferung die verschiedenen Versionen des Manuskriptes erstellte.

Nicht zuletzt gebührt mein aufrichtiger Dank den Bayaka-Pygmäen in den Regenwäldern Zentralafrikas für ihre so überaus herzliche Gastfreundschaft, die mir mein Leben lang unvergeßlich bleiben wird. Oft gedenke ich der herausragenden Persönlichkeiten unter ihnen, vor allem der alten charismatischen Ambije, die am Gelingen meiner Arbeiten nicht unbeteiligt war, aber auch Malakis, Musankis, Gumas, Tschumbis, Mombukas, Molebos, Isakas, Mongatschus, des kleinen Babanda, der reizenden Abuka und vieler anderer Leute mehr. Mögen sie mir mein Eindringen in die Intimität ihrer Wohngemeinschaften verzeihen.

Andechs in Oberbayern,
Frühlingsanfang 1995

BIBLIOGRAPHIE

1. ADE, B. (1954a): »Le Nanisme racial – Essai d'interprétation des facteurs constitutifs de la morphologie du Pygmée africain.« *Arch. Suisses d'Anthrop. Génet. 19*, 1–18.

2. ADE, B. (1954b): »Somato-Biologie du Pygmée africain.« *Bull. Schweiz. Ges. Anthrop. Ethnologie 30*, 67–74.

3. ADLER, C. (1979): *Polareskimo-Verhalten.* Ethno-Verlag, München.

4. ADOLF FRIEDRICH HERZOG ZU MECKLENBURG (1909): *Ins Innerste Afrika.* Klinkhardt & Biermann, Leipzig.

5. AGHTE, J. (1983): *Luba Hemba, Werke unbekannter Meister.* Museum für Völkerkunde, Frankfurt am Main.

6. AHRENDS, R. (1953): »Beitrag zur Entwicklung des Physiognomie-Mimikerkennens.« *Z. exp. angew. Psychol. 2*, 412–454 und 599–633.

7. ALEXANDER, R.D. (1988): »Über die Interessen der Menschen und die Evolution von Lebensabläufen.« In: MEIER, H.: *Die Herausforderung der Evolutionsbiologie* (129–171). Serie Piper, München.

8. ALLDRIDGE, T.J. (1901): *The Sherbro and its Hinterland.* MacMillan, London.

9. ALT, K.W. (1990): »Gebißdeformationen als ›Körperschmuck‹ – Verbreitung, Motive und Hintergründe dieses Brauchtums.« *Zahnärztl. Mitt. 80*, 2448–2456.

10. ALTENMÜLLER, H. (1985): »Die Apotropaia und die Götter Mittelägyptens.« (Dissertation Universität München).

11. ALTUM, B. (1868): *Der Vogel und sein Leben.* Riemann, Münster.

12. AMBROSE, J.A. (1956): »The Development of the Smiling Response in Early Infancy.« In: FOSS, B.M.: *Determinants of Infant Behaviour* (179–196). Methuen, London.

13. ANONYMUS (1982): »La forêt centrafricaine.« *Le Monde rural 6*, 4–19, Bangui.

14. ANONYMUS (1988): *Commission Mondiale sur l'Environnement.* Editions du Fleuve, Montreal.

15. ARISTOTELES (1812): *Historia Animalium VIII*, 12., Leipzig.

16. BAHUCHET, S. (1972): »Etude écologique d'un campement de Pygmées Babinga.« *J. Agric. Trop. Bot. Appl. 19*, 509–599.

17. BAHUCHET, S. (1979): »Utilisation de l'espace forestier par les Pygmées Aka [= Bayaka], Chasseurs-Cueilleurs de l'Afrique Centrale.« *Inf. Sciences Sociales 18*, 999–1019.

18. BAHUCHET, S. (1985): *Les Pygmées Aka [= Bayaka] de la forêt centrafricaine.* SELAF, Paris.
19. BAHUCHET, S. (1987): »Les Pygmées d'Afrique, un maillon de l'Histoire?« *Le Courrier du CNRS 69/70*, 56–60.
20. BAHUCHET, S. (1989): »Les Noms d'arbres des Pygmées de l'Ouest du bassin congolais.« *Adansonia 4*, 355–365.
21. BAILEY, R. C. (1985): »The Socioecology of Efe Pygmy Men in the Ituri Forest, Zaire.« (Ph. D. Thesis, Harvard University).
22. BAILEY, R. C. (1989): »The Efe Archers of the African Rain Forest.« *National Geographic 176*, 664–686.
23. BAILEY, R. C. (1991): »The Comparative Growth of Efe Pygmies and African Farmers from Birth to Age 5 Years.« *Ann. Human Biology 18*, 113–120.
24. BAILEY, R. C., und AUNGER, R. (1989a): »Net Hunters vs. Archers: Variation in Women's Subsistence Strategies in the Ituri Forest.« *Human Ecology 17*, 273–297.
25. BAILEY, R. C., und AUNGER, R. (1989b): »Significance of the Social Relationships of Efe Pygmy Men in the Ituri Forest, Zaire.« *Am. J. Phys. Anthropology 78*, 495–507.
26. BAILEY, R. C., und AUNGER, R. (1990): »Human as Primates: The Social Relationships of Efe Pygmy Men in the Ituri Forest, Zaire.« *Int. J. Primatology 11*, 127–146.
27. BAINES, J., und MALEK, J. (1981): *Atlas of Ancient Egypt.* Equinox, Oxford.
28. BAKER, J. R. (1974): *Race.* Oxford University Press. (Deutsch: [1976] – *Die Rassen der Menschheit.* DVA, Stuttgart. Neudruck: [1989] – Pawlak, Herrsching.)
29. BALLIF, N. (1976): »Observations effectuées chez les Pygmées Babinga.« *Mémoire E. H. E. S. S.*, Paris.
30. BALLIF, N. (1992): *Les Pygmées de la grande forêt.* L'Harmattan, Paris.
31. BARGATZKY, T. (1986): *Einführung in die Kultur-Ökologie.* Dietrich Reimer, Berlin.
32. BASEDOW, H. (1906): »Anthropological Notes on the Western Coastal Tribes of the Northern Territory of South Australia.« *Trans. Royal Soc. South Australia 31*, 1–62.
33. BATTEL, A. (1625): *On the Regions and Customs of the Peoples of Angola, Congo and Loango.* London.
34. BAUMANN, B. (1985): *Neuguinea – Vorstoß in die Vergangenheit.* ORAC, Wien.
35. BAUMANN, H. (1959): »Hielt Albertus Magnus die Pygmäen für Affen?« *Südhoffs Arch. Gesch. Med. Natwiss. 43*, 225–232.
36. BEHRENDS, H. (1976): »Die Lokalgruppe – die sozialökonomische Grundeinheit in der Steinzeit.« *Festschrift für Richard Pittioni* (47–55). Franz Deuticke, Wien.

37. BELLWOOD, P.S. (1980): »The Peopling of the Pacific.« *Sc. American* *243*, 138–147.

38. BERNATZIK, H. (1929): *Zwischen Weißem Nil und Belgisch Kongo.* Seidel, Wien.

39. BEYER, H.O. (1921): »The Non-Christian People of the Philippines.« *Census of the Phil. Islands 2*, 907–957.

40. BICCHIERI, M.G. (1969): »The Differential Use of Identical Features of Physical Habitat in Connection with Exploitative Settlement and Community Patterns: The Bambuti.« *Contributions to Anthropology: Ecological Essays. Proc. Conf. on Cultural Ecology, Ottawa Nat. Mus. Bull. 230, Anthropol. Series 86*, 65–72.

41. BISCHOF, N. (1985): *Das Rätsel Ödipus.* Piper, München.

42. BLAKE, N.M., und OMOTO, K. (1975): »Phosphoglucomutase Types in the Asian-Pacific Area. A Critical Review Including New Phenotypes.« *Ann. Hum. Genet. 38*, 251–273.

43. BODENHEIMER, F.S. (1951): *Insects as Human Food. A Chapter of the Ecology of Man.* W. Junk Publishers, Den Haag.

44. BONNEAU, D. (1964): *La Crue du Nil.* Klincksieck, Paris.

45. BONNEAU, D. (1972): *Le Fisc et le Nil.* Cujas, Paris.

46. BORN, K. (1979): »Die Zentralafrikanische Provinz.« In: BAUMANN, H.: *Die Völker Afrikas* (229–305). Steiner, Wiesbaden.

47. BOSSHARD, H. (1938): »Les Abrasions dentaires.« *Rev. Mens. Suisse d'Odontology 48*, 977–1043.

48. BOTELER, T. (1835): *Narrative of a Voyage to Africa and Arabia.* London.

49. BOULVERT, Y. (1986): *Carte phytogéographique de la République Centrafricaine.* ORSTOM, Paris.

50. BOUQUET, A., und DEBRAY, M. (1974): *Plantes médicinales de la Côte d'Ivoire.* ORSTOM, Paris.

51. BOWLBY, J. (1969): *Mütterliche Zuwendung und geistige Gesundheit.* Kindler, München.

52. BRADBURY, J. (1977): »Lek Mating Behavior in the Hammer-headed Bat.« *Z. Tierpsychol. 45*, 225–255.

53. BRÄUER, G. (1984): »Präsapiens-Hypothese oder Afro-Europäische Sapiens-Hypothese.« *Z. Morph. Anthrop. 75*, 1–25.

54. BRE, M., et. al. (1978): »Les Bayaka de la Basse Lobaye, approche médico-biologique.« *Fonctionnement naturel d'un écosystème pluvisylve à partir des données humaines. D.G.R.S.T. 18*, 11–18.

55. BROSSET, A., und DARCHEN, R. (1967): »Une curieuse succession d'hôtes parasites des nids de *Nasutitermes.*« *Biol. Gabonica 3*, 153–168.

56. BRUEL, G. (1910): »Les Babinga.« *Rev. Ethnogr. Sociologie 1*, 111–125.

57. BRUNNER-TRAUT, E. (1938): »Der Tanz im Alten Ägypten.« *Ägypt. Forschungen,* Heft 6.

58. BÜCHI, E.C. (1981): »Physische Anthropologie der Eipo im zentralen

Bergland von Irian Jaya (West-Neuguinea), Indonesien.« *Mensch, Kultur und Umwelt im zentralen Bergland von West-Neuguinea N° 8.* Dietrich Reimer, Berlin.

59. BÜHLER, C. (1928): »Zur Psychologie des Kleinkindes.« Z. *Psychologie* 107, 1–189.

60. CARPANETO, G. M., und GERMI, F. P. (1989): »The Mammals in the Zoological Culture of the Mbuti Pygmies in North-Eastern Zaire.« *Hystrix* 1, 1–83.

61. CASATI, G. (1891): *Zehn Jahre in Äquatoria und die Rückkehr mit Emin Pascha.* Bamberg.

62. CAVALLI-SFORZA, L. (1968): »Recherches génétiques sur les Pygmées Babinga de la République Centrafricaine.« *Cahiers de la Maboké 6,* 19–25.

63. CAVALLI-SFORZA, L. (1969): »Studies of African Pygmies. I. A Pilot Investigation of Babinga Pygmies in the Central African Republic, with Analysis of Genetic Distances.« *Am. J. Hum. Genet. 21,* 252–274.

64. CAVALLI-SFORZA, L. (1986): *African Pygmies.* Academic Press, New York.

65. CHAGNION, N. (1968): *Yanomamö, The Fierce People.* Holt, Rinehart & Winston, New York.

66. CHAILLU, P. DU (1868): *L'Afrique sauvage.* Paris.

67. CHANCE, M. R. A. (1967): »Attention Structure as the Basis of Primate Rank Orders.« *Man 2,* 503–518.

68. CHANCE, M. R. A., und JOLLY, C. J. (1970): *Social Groups of Monkeys, Apes and Men.* Dutton, New York.

69. CHENEVIERE, A. (1986): *Le Dernier Matin du monde.* Hologramme, Neuilly.

70. CHERPION, N. (1984): »De quand date la tombe de Seneb?« *Bull. Inst. Franç. Archéol. Orient. 84,* 35–54.

71. CIPRIANI, L. (1955): »Excavations in Adamanese Kitchen-Middens. Acts IV.« *Congr. Int. Sc. Anthrop. Ethn.,* Wien (250–253).

72. CIPRIANI, L. (1961): »Hygiene and Medical Practices among the Onge.« *Anthropos 56,* 481–500.

73. CLOAREC-HEISS, F. (1987): »La Comparaison lexicale: un problème linguistique.« *Le Courrier du CNRS 69/70,* 58.

74. CLOAREC-HEISS, F., und THOMAS, J. M. C. (1978): *L'Aka (= Di.aka), langue bantoue des Pygmées de Mongoumba.* SELAF, Paris.

75. COLLE, P. (1937): *Essai de Monographie Bashi.* Brüssel.

76. COLYER, F. (1936): »Variations and Diseases of the Teeth of Animals.« In: *Caries of Teeth,* Chapter XIX (597–629). Bale & Danielson, London.

77. CONSTANS, H. (1988): »Bilan de recherches médicales effectuées sur une ethnie Pygmées Bayaka.« *Rapport CHU,* Toulouse (unveröffentlicht).

78. COUDRIN, H. (1988): »Les Pygmées Mbenzélé en quête de la maîtrise de leur devenir.« (D. H. E., Université de Strasbourg).

79. CRAMPEL, P. (1890): »Les Bayagas, petits Hommes de la grande forêt équatoriale.« *CR. Soc. Géographie Paris 16/17*, 548–554.

80. CROOK, J.H. (1967): »Open Groups in Hominid Evolution.« *Man 2*, 131–132.

81. CUBE, F.V., und ALSHUTH, D. (1968): *Fordern statt Verwöhnen.* Piper, München.

82. CUVIER, G. (1817): »Extrait d'observations faites sur le cadavre d'une Femme connue à Paris et à Londres sous le nom de Vénus Hottentotte.« *Mém. Mus. Nat. Hist. Nat. Paris 3*, 259–274.

83. CZEKANOWSKI, J. (1909–1924): cf. GUSINDE, M. (1942).

84. DAPPER, O. (1670): *Umständliche und eigentliche Beschreibung von Afrika.* Amsterdam.

85. DARESSY, G. (1903): »Statuette grotesque égyptienne.« *Ann. Serv. Antiqu. de l'Egypte 4*, 124–126.

86. DAVID, J. (1904): »Über Pygmäen am oberen Ituri.« *Globus 85*, 117–119.

87. DAVID, J. (1905): »Notizen über die Pygmäen des Ituri-Waldes.« *Globus 86*, 193–198.

88. DAVIES, T., und PEDERSEN, P. (1955): »The Degree of Attrition of the Deciduous Teeth and First Permanent Molars of Primitive and Urbanised Greenland Natives.« *Brit. Bent. Journ. 99*, 35–43.

89. DAWSON, W.R. (1927): »Pygmies, Dwarfs and Hunchbacks in Ancient Egypt.« *Ann. Medical History 11*, 315–326.

90. DAWSON, W.R. (1938): »Pygmies and Dwarfs in Ancient Egypt.« *J. Egypt. Arch. 24*, 185–189.

91. DEMESSE, L. (1969): »Techniques et économies des Pygmées Babinga.« *Mémoires E.P.H.E.*, Paris.

92. DEMESSE, L. (1978): *Changements technico-économiques et sociaux chez les Pygmées Babinga.* SELAF, Paris.

93. DEUTSCH, W. (1974): »Der Jodler in Österreich.« In: *Handbuch des Volksliedes*, München.

94. DE VORE, I. (1974): »Die Evolution der menschlichen Gesellschaft.« In: SCHMIDBAUER, W.: *Evolutionstheorie und Verhaltensforschung* (193–206). Hoffmann & Campe, Hamburg.

95. DHELLEMMES, R.P. (1985): *Le Père des Pygmées.* Flammarion, Paris.

96. DOUGLAS, M. (1963): *The Lele of the Kasai.* London.

97. DROBEC, E. (1953): »Die Krankenbehandlung bei den Pygmäen und Buschmännern.« *Z. Ethnologie 78*, 124–137.

98. DUBOST, G. (1980): »L'Ecologie et la vie sociale du Céphalophe bleu *(Cephalophus monticola)*, petit Ruminant forestier africain.« *Z. Tierpsychol. 54*, 205–266.

99. DUMAS, J. (1967): *Bactériologie médicale; Genre* Treponema (834–836). Flammarion, Paris.

100. DUPRE, W. (1962): »Die Babinga-Pygmäen.« *Ann. Lateranensi 26*, 1–321.

101. EATON, R. L. (1969): »Cooperation Hunting by Cheetahs and Jackals and the Theory of Domestication of the Dog.« *Mammalia 33*, 87–92.

102. EDEL, E. (1960): »Inschriften des Alten Reiches. V. Die Reiseberichte des Hrw-hwjt.« *Z. Ä. S. 85*, 51–75.

103. EIBL-EIBESFELDT, I. (1967): »Concepts of Ethology and their Significance for the Study of Human Behavior.« In: STEVENSON, H.: *Early Behavior, Comparative and Developmental Approaches* (127–146). Wiley, New York.

104. EIBL-EIBESFELDT, I. (1968): »Zur Ethologie des menschlichen Grußverhaltens.« *Z. Tierpsychol. 25*, 727–744.

105. EIBL-EIBESFELDT, I. (1970): *Liebe und Haß.* Piper, München.

106. EIBL-EIBESFELDT, I. (1972): *Die !ko-Buschmann-Gesellschaft.* Piper, München.

107. EIBL-EIBESFELDT, I. (1973 a): *Der vorprogrammierte Mensch.* Wien.

108. EIBL-EIBESFELDT, I. (1973 b): »The Expressive Behaviour of the Deaf-and-Blind Born.« In: CRANACH, M. VON, und VINE, I.: *Social Communication and Movement* (163–194). Academic Press, London.

109. EIBL-EIBESFELDT, I. (1973 c): »Ausdrucksverhalten eines taubblind geborenen Mädchens.« *Film HF 49 & E 2724*, IWF, Göttingen.

110. EIBL-EIBESFELDT, I. (1975 a): »Stammesgeschichtliche und kulturelle Anpassungen im menschlichen Verhalten.« In: KURTH, G., und EIBL-EIBESFELDT, I.: *Hominisation und Verhalten* (372–397). Gustav Fischer, Stuttgart.

111. EIBL-EIBESFELDT, I. (1975 b): *Krieg und Frieden aus der Sicht der Verhaltensforschung.* Piper, München.

112. EIBL-EIBESFELDT, I. (1976): *Menschenforschung auf neuen Wegen.* Molden, Wien.

113. EIBL-EIBESFELDT, I. (1978 a): *Grundriß der vergleichenden Verhaltensforschung.* (5. Auflage) Piper, München.

114. EIBL-EIBESFELDT, I. (1978 b): »Territorialität und Aggressivität der Jäger- und Sammlervölker.« In: *Die Psychologie des 20. Jahrhunderts* (VI., Lorenz und die Folgen [477–494]). Kindler, München.

115. EIBL-EIBESFELDT, I. (1984): *Die Biologie des menschlichen Verhaltens.* Piper, München.

116. EIBL-EIBESFELDT, I. (1988): *Der Mensch – das riskierte Wesen.* Piper, München.

117. EIBL-EIBESFELDT, I., und HASS, H. (1966): »Zum Projekt einer ethologisch orientierten Untersuchung menschlichen Verhaltens.« *Mitt. Max Planck Ges. 6*, 383–396.

118. EIBL-EIBESFELDT, I., und HASS, H. (1967): »Neue Wege der Humanethologie.« *Homo 18*, 13–23.

119. EIBL-EIBESFELDT, I., et al. (1989): »Kommunikation bei den Eipo.« *Mensch, Kultur und Umwelt im zentralen Bergland von West-Neuguinea N° 19*. Dietrich Reimer, Berlin.

120. EIBL-EIBESFELDT, I., und SÜTTERLIN, C. (1985): »Das Bartweisen als apotropäischer Gestus.« *Homo 36,* 241–250.

121. EIBL-EIBESFELDT, I., und SÜTTERLIN, C. (1992): *Im Banne der Angst. Zur Natur- und Kunstgeschichte menschlicher Abwehrsymbolik.* Piper, München.

122. EICKSTEDT, E. VON (1927): »Die Negritos und das Negrito-Problem.« *Anthrop. Anz. 4,* 275–293.

123. EICKSTEDT, E. VON (1928): »Die Negritos der Andamanen.« *Anthrop. Anz. 5,* 259–268.

124. EICKSTEDT, E. VON (1929): »Ethnographische Studien unter andamenesischen Negritos.« *Ethn. Anz. 2,* 77–90.

125. FIELD, T. M., et al. (1982): »Discrimination and Imitation of Facial Expressions by Neonates.« *Science 218,* 179–181.

126. FISCHER, E. (1911): »Anthropologische Aufgaben in unseren deutschen Kolonien.« *Kor. Blatt Dt. Ges. Anthrop. Ethn. Vorgeschichte 42,* 109–110.

127. FISCHER, E. (1951): »Über die Entstehung der Pygmäen.« *Z. Morph. Anthropologie 42,* 149–167.

128. FISCHER, E. (1954): »Die genetische Seite des Pygmäenproblems.« *Mitt. Anthrop. Ges. Wien 83,* 107–118.

129. FISCHER, E. (1955): »Insektenkost beim Menschen. Ein Beitrag zur Urgeschichte der menschlichen Ernährung und der Bambutiden.« *Z. Ethnologie 80,* 1–37.

130. FISCHER, H. (1965): »Das Triumphgeschrei der Graugans *Anser anser.*« *Z. Tierpsychol. 22,* 247–304.

131. FLEURIOT, A. (1942): »Les Babinga de Mékambo (Gabon) – Etude anthropologique.« *Bull. Soc. d'Anthropologie 3,* 101–116.

132. FÖLLMER, W. (1966): »*Lactatio agravidica.*« *Arch. Gynäk. 204.*

133. FORSTER, G. (1871): *Über die Pygmäen* (zit. nach SCHEBESTA, P. [1938]).

134. FRANÇOIS, C. VON (1888): *Die Erforschung des Tschuapa und Lulongo.* Leipzig.

135. FRANZEN, J. (1973): »Als die Affen von den Bäumen stiegen.« *Kosmos 73,* 141–146.

136. FREEDMAN, D. G. (1965): »Hereditary Control of Early Social Behaviour.« In: FOSS, B. M.: *Determinants of Infant Behaviour.* Methuen, London.

137. FRIEDLAENDER, J. S. (1980): »The People of Pacific.« In: HIERNAUX, J.: *La diversité biologique humaine* (275–309). Masson, Paris.

138. FRISCH, R., und MCARTHUR, J. (1974): »Menstrual Cycles: Fatness as a Determinant of Minimum Weight for Height Necessary for their Maintenance of Onset.« *Science 185,* 949–951.

139. FÜRNISS, S. (1992): *Die Jodeltechnik der Aka-Pygmäen in Zentralafrika.* Dietrich Reimer, Berlin.

140. GAISSEAU, P. D. (1966): *Le Ciel et la Boue* (Film documentaire, Paris).

491

141. GATES, R.R. (1958): »The African Pygmies.« *Acta Gen. Med. Gemell.* 7, 159–209.
142. GEIPEL, G. (1951): »Ergebnisse der Untersuchungen des Hautleistensystems zentral-afrikanischer Pygmäen und der Lese-Neger wie auch deren Mischlingen.« *Z. Morph. Anthropologie 42*, 185–195.
143. GENEST, H., und DUBOST, G. (1974): »Pair-Living in the Mara, *Dolichotis patagonum.*« *Mammalia 38*, 155–162.
144. GEORGE, U. (1976): *In den Wüsten dieser Erde.* Hoffmann & Campe, Hamburg.
145. GEORGE, U. (1986): *Die Wüste.* GEO-Buch, Hamburg.
146. GEORGE, U. (1987): *Der Regenwald.* GEO-Buch, Hamburg.
147. GIJZEN, A. (1959): *Das Okapi.* Die Neue Brehm-Bücherei 231, Ziemsen, Wittenberg-Lutherstadt.
148. GINSBURG, H.J., et al. (1980): »Maternal Holding Preferences – A Consequence of Newborn Head-Turning Response.« *Child Development 50*, 280–281.
149. GODELIER, M. (1973): *Horizon, trajets marxistes en Anthropologie.* Maspero, Paris.
150. GODELIER, M. (1974): »Une Anthropologie économique est-elle possible?« In: MORIN, E., und PIATTELLI PALMARINI, M.: *L'Unité de l'Homme* (643–678). Seuil, Paris.
151. GOEDECKE, H. (1981): »Herkhuf's Travels.« *J. of Near Eastern Studies 40*, 1–20.
152. GOETSCH, W. (1952): »Die Wirkung von Vitamin T bei Vertebraten.« *Österr. Zool. Zeitschrift,* Band 1.
153. GOMILA, J. (1980): »L'Afrique Sub-Saharienne.« In: HIERNAUX, J.: *La Diversité biologique humaine* (107–195). Masson, Paris.
154. GREGORY, J.W. (1896): *The great Rift Valley.* John Murray, London.
155. GROSSMANN, K. (1977): »Frühe Einflüsse auf die soziale und intellektuelle Entwicklung des Kleinkinds.« *Z. Pädagogik 23*, 847–880.
156. GRÜSSER, O.J. (1983): »Mother-Child-Holding Patterns in Western Art: A Developmental Study.« *Ethology & Sociobiology 4*, 89–94.
157. GUSINDE, M. (1942): »Die Kongo-Pygmäen in Geschichte und Gegenwart.« *Nova Acta Leopoldina 11*, 149–415.
158. GUSINDE, M. (1948): *Urwaldmenschen am Ituri.* Springer, Wien.
159. GUSINDE, M. (1949): *Die Twa-Pygmäen aus Ruanda.* Mödling, Wien.
160. GUSINDE, M. (1950): »Die menschlichen Zwergformen.« *Experimentia 6*, 168–181.
161. GUSINDE, M. (1957): »Les peuples primitifs en voie de disparition.« *Bull. Int. Sc. Sociales 9*, 307–313.
162. GUSINDE, M. (1958): »Die Ayom-Pygmäen auf Neuguinea.« *Anthropos 53*, 497–574 und 817–863.

163. GUSINDE, M. (1959): »Die heutigen Menschenrassen niedrigster Körperhöhe in biogenetischer Sicht.« *Homo-Tagungsband 6,* 16–26.

164. GUSINDE, M. (1962a): »Die Kleinwuchsvölker in heutiger Beurteilung.« *Saeculum 13,* 211–277.

165. GUSINDE, M. (1962b): »Kenntnisse und Urteile über Pygmäen in Antike und Mittelalter.« *Nova Acta Leopoldina 25,* 4–26.

166. GUTHRIE, R. D. (1978): *Das gewisse Etwas.* Kindler, München.

167. HABERLAND, E. (1970): »Bemerkungen zur Herkunft der Negerrasse und zum Problem der ›staatenbildenden Viehzüchtervölker‹ in Afrika.« *Homo 21,* 1–10.

168. HALLET, J. P. (1973): *Pygmy Kitabu.* Random House, New York.

169. HAMILTON, A. (1976): »The Significance of Patterns of Distribution Shown by Forest Plants and Animals in Tropical Africa for the Reconstruction of Upper Pleistocene Palaeoenvironments: A Review.« In: ZINDEREN, E. M. VAN: *Palaeoecology of Africa 9* (63–97). Balkema, Amsterdam.

170. HANSEN, E. W. (1966): »The Development of Maternal and Infant Behaviour in the Rhesus Monkey.« *Behaviour 27,* 107–149.

171. HARLOW, H. (1962): »Social Deprivation in Monkeys.« *Sc. American 207,* 137–146.

172. HARRER, H. (1976): *Ich komme aus der Steinzeit.* Umschau, Frankfurt am Main.

173. HARRER, H. (1977): *Die letzten Fünfhundert. Expedition zu den Zwergvölkern auf den Andamanen.* Ullstein, Berlin.

174. HARRIS, W. C. (1844): »Particulars Concerning the Great River Gochol and the Countries Adjacent thereto, from Native Information Collected in the Kingdom of Shoa.« *Trans. Bombay Geog. Soc. 6,* 63–64.

175. HARRISON, C. J. O. (1965): »Allopreening as Agonistic Behaviour.« *Behaviour 24,* 161–209.

176. HARTENSTEIN, L. (1990): »Internationale Partnerschaft zur Erhaltung der tropischen Regenwälder.« In: NIEMITZ, C.: *Das Regenwaldbuch* (185–196). Paul Parey, Berlin.

177. HARTWEG, R. (1961): *La Vie secrète des Pygmées.* Editions du Temps, Paris.

178. HASSENSTEIN, B. (1973): *Verhaltensbiologie des Kindes.* Piper, München.

179. HASSENSTEIN, B. (1974a): »Das Projekt Tagesmütter.« *Z. Pädagogik 20,* 415–426.

180. HASSENSTEIN, B. (1974b): »Kritik an der wissenschaftlichen Begründung des Tagesmütter-Projektes.« *Z. Pädagogik 20,* 929–945.

181. HAUSER, A. (1953): »Les Babinga.« *Zaire 11,* 147–177.

182. HEESCHEN, V., et al. (1980): »Requesting, Giving and Taking – The Relationship Between Verbal and Nonverbal Behaviour in the Speech Community of the Eipo, Irian Jaya (West New Guinea).« In: KAY, M. R.:

The Relationship of Verbal and Nonverbal Behaviour (139–166). Mouton, Paris und New York.

183. HEINZ, H. J. (1966): »The Social Organization of the !ko Bushmen« (Master Thesis in Anthropology, Johannesburg).

184. HEINZ, H. J., und LEE, M. (1984): *Namkwa – Ein Leben unter Buschmännern*. List, München.

185. HEMMER, H. (1982): »Die Rassenvielfalt der Menschheit.« In: *Der Mensch 2* (315–358). Kindler, München.

186. HERMANNS, J. (1988): »Warum die Kinder des Regenwaldes Französisch lernen.« *FAZ* (28. März).

187. HERNEGGER, R. (1978): *Der Mensch auf der Suche nach Identität*. Rudolf Hablet, Bonn.

188. HERRE, W., und RÖHRS, M. (1990): *Haustiere zoologisch gesehen*. Gustav Fischer, Stuttgart.

189. HEYMER, A. (1974): »Das Jäger- und Sammlervolk der Pygmäen.« *Roche Image 62*, 17–26.

190. HEYMER, A. (1977): *Ethologisches Wörterbuch*. Paul Parey, Berlin. – *Vocabulaire Ethologique*. PUF, Paris. – *Ethological Dictionary*. Garland, New York und London. (1982) *Diccionario Etologico*. Omega, Barcelona. (1987) *Dizionario di Etologia*. Armando, Rom.

191. HEYMER, A. (1979a): »Die Zwerge aus dem Regenwald.« *Kosmos 79*, 495–503.

192. HEYMER, A. (1979b): »Schnelles Brauenheben als ›Ja‹ zum sozialen Kontakt bei einem Kleinkind.« *Umschau 79*, 454–455.

193. HEYMER, A. (1979c): »Einführung zu den human-ethologischen Filmen über Bayaka-Pygmäen in Zentralafrika.« *Homo 30*, 193–195.

194. HEYMER, A. (1979d): »Bayaka-Pygmäen (Zentralafrika). Gleichgeschlechtliches Lausen unter weiblichen Personen und Lausrivalität.« *Homo 30*, 196–202, HF 83.

195. HEYMER, A. (1979e): »Bayaka-Pygmäen (Zentralafrika). Zwischengeschlechtliches soziales Lausen bei Jugendlichen.« *Homo 30*, 202–211, HF 84.

196. HEYMER, A. (1980a): »The Bayaka Pygmies of Central Africa in the Light of Human Ethological Research Work.« *The Mankind Quarterly 20*, 173–204.

197. HEYMER, A. (1980b): »Bayaka-Pygmäen (Zentralafrika). Freundlicher Fremdenkontakt und Fremdenablehnung (Fremdenfurcht) bei Kleinkindern.« *Homo 31*, 241–251, HF 85.

198. HEYMER, A. (1980c): »Bayaka-Pygmäen (Zentralafrika). Geben, Nehmen, Teilen und Rangordnungsdemonstration im Kontext dieser Verhaltensweisen.« *Homo 31*, 252–265, HF 86.

199. HEYMER, A. (1981a): »Der Fluch der Zivilisation. Infektionskrankheiten bedrohen die Pygmäen Zentralafrikas.« *Umschau 81*, 589–591.

200. HEYMER, A. (1981b): »Bayaka-Pygmäen (Zentralafrika). Mutter-Kind-

Beziehung und soziale Interaktionen zwischen Kleinkindern und verschiedenen Betreuerinnen.« *Homo 32*, 130–139, HF 87.

201. HEYMER, A. (1981c): »Bayaka-Pygmäen (Zentralafrika). Schnelles Brauenheben im Kontext verschiedener sozialer Interaktionen.« *Homo 32*, 252–260, HF 88.

202. HEYMER, A. (1981d): »Eco-Ethologie des Pygmées Bayaka.« *Objets et Monde 21*, 53–72.

203. HEYMER, A. (1984): »Plaidoyer pour une étude éthologique de l'Homme.« *Bull. Ethol. Humaine 3*, 50–82.

204. HEYMER, A. (1985): »Sédentarisation, acculturation et maladies infectieuses, un problème socio-écologique chez les Pygmées Bayaka.« *Bull. Soc. Path. Exotique 78*, 226–238.

205. HEYMER, A. (1986a): »Öko-physiologische Zahnabrasion bei den Bayaka-Pygmäen in Zentralafrika.« *Curare 9*, 51–58.

206. HEYMER, A. (1986b): »L'Abrasion dentaire chez les Pygmées Bayaka en fonction des conditions écologiques, alimentaires et d'une mastication accrue.« *Homo 37*, 160–188.

207. HEYMER, A. (1987a): »Bayaka-Pygmäen (Zentralafrika). Soziales Lausen bei Frauen und Mädchen.« *Encyclopaedia Cinematographica*, Film E 2989 IWF, 16 mm Farbe, 104 m (Publ. Wiss. Film, Sekt. Biol. Ser. 19, N° 13, 3–11).

208. HEYMER, A. (1987b): »Bayaka-Pygmäen (Zentralafrika). Soziales Lausen zwischen Mädchen und einem jungen Mann.« *Encyclopaedia Cinematographica*, Film E 2990 IWF, 16 mm Schwarzweiß, 80 m. (Publ. Wiss. Film, Sekt. Biol. Ser. 19, N° 14, 3–10).

209. HEYMER, A. (1987c): »Bayaka-Pygmäen (Zentralafrika). Reaktionen von Kleinkindern auf einen Fremden.« *Encyclopaedia, Cinematographica*, Film E 2991 IWF, 16 mm Farbe, 172 m (Publ. Wiss. Film, Sekt. Biol. Ser. 19, N° 15, 3–20).

210. HEYMER, A. (1987d): »Bayaka-Pygmäen (Zentralafrika). Geben, Nehmen und Teilen.« *Encyclopaedia Cinematographica* Film E 2992 IWF, 16 mm Schwarzweiß, 75 m. (Publ. Wiss. Film, Sekt. Biol. Ser. 19, N° 16, 3–16).

211. HEYMER, A. (1987e): »Bayaka-Pygmäen (Zentralafrika). Allomaternales Verhalten.« *Enc. Cinematographica*, Film E 2993 IWF, 16 mm Schwarzweiß, 69 m (Publ. Wiss. Film, Sekt. Biol. Ser. 19, N° 17, 3–9).

212. HEYMER, A. (1988): »Les derniers des Pygmées.« *GEO France 112*, 174–194.

213. HEYMER, A. (1989): »Etude d'impact écologique et social de la route du 4° parallèle Boda-Bambio-Yamando (RCA), en tenant compte du droit coutumier et du mode de vie des Pygmées, habitants de la forêt.« *S. E. C. A., Centrafrique*, 15 pp.

214. HEYMER, A. (1993a): »Die Wirtschaftsweise der Kivu-Völker und deren Auswirkungen auf den Regenwald.« *Gorilla-Journal 1*, 5–7.

215. HEYMER, A. (1993b): »Der etho-kulturelle Werdegang apotropäischer Verflechtungen von Pygmäen, Chondrodystrophen und Zwergenfiguren.« *Saeculum 44*, 116–178.

216. HEYMER, A. (1992): »Die physische Erscheinungsform der afrikanischen Pygmäen und Gedanken zur Evolution.« *Mitt. Anthrop. Ges.*, Wien, 122, 155–190 (erschienen 1994).

217. HEYMER, A., und KASISI, R. (1993): »Die Barhwa-Pygmäen im Kivu und ihre Beziehung zum Nationalpark Kahuzi-Biega.« *Gorilla-Journal 2*, 6–8.

218. HEWLETT, B. S. (1987): »Intimate Fathers: Pattern of Paternal Holding Among Aka (= Bayaka) Pygmies.« In: LAMB, M. E.: *The Father's Role: Cross Cultural Perspective* (295–330). Hillsdale, New Jersey, Erlbaum Associates.

219. HIERNAUX, J. (1977): »Long-term Biological Effects of Human Migration from the African Savanna to the Equatorial Forest: A Case Study of Human Adaptation to a Hot and Wet Climate.« In: HARRISON, G. A.: *Population Structure and Human Variation* (187–217), Cambridge University Press.

220. HIERNAUX, J., et al. (1975): »Climate and the Weight/Height Relationship in Sub-Saharan Africa: Revised Estimates.« *Ann. Hum. Biol.* 2, 3–12.

221. HIERSCHBERG, W. (1959): »Zur Frage der sogenannten Primitivität der afrikanischen Wildbeuterkulturen.« *Homo-Tagungsband 6*, 50–53.

222. HOHENEGGER, M. (1952): »Der Zwergwuchs der Ituri-Pygmäen.« *Anz. Öst. Akad. Wiss. Nat. Kl. 11*, 147–156.

223. HOHENEGGER, M. (1954): »Der Zwergwuchs bei Ituri-Pygmäen und Negrito.« *Mitt. Anthrop. Ges. Wien 83*, 123–128.

224. HOLD, B. (1974): »Rangordnungsverhalten bei Vorschulkindern.« *Homo 25*, 252–267.

225. HOLD, B. (1976): »Attention Structure and Rank Specific Behaviour in Preschool Children.« In: CHANCE, M. R. A., und LARSEN, R. R.: *Social Structure of Attention* (177–201). Wiley, London.

226. HOLD, B., und SCHLEIDT, M. (1977): »The Importance of Human Odour in Non-Verbal Communication.« *Z. Tierpsychol. 43*, 225–239.

227. HRDY, D. (1973): »Quantitative Hair Form Variation in Seven Populations.« *Am. J. Phys. Anthrop. 39*, 7–18.

228. HUBLIN, J. J., und TILLIER, A. M. (1991): *Aux origines d'Homo sapiens.* PUF, Paris.

229. HUDSON, P. M. T., et al. (1972): »Attention Structure in a Group of Preschool Infants.« *Proc. Cie. Arch. Psych. Conf.* Kingston on Thames.

230. HUXLEY, T. H. (1970): *Zeugnisse für die Stellung des Menschen in der Natur.* Gustav Fischer, Stuttgart.

231. ICHIKAWA, M. (1978): »The Residential Groups of the Mbuti Pygmies.« *Senri Ethological Studies 1*, 133–188.

232. ICHIKAWA, M. (1981): »Ecological and Sociological Importance of the Honey to the Mbuti Net Hunters, Eastern Zaire.« *African Study Monographs 1*, 55–68.

233. ICHIKAWA, M. (1991): »Diversity and Selectivity in the Food of Mbuti Hunter-Gatherers in Zaire.« (Int. Symp. Food and Nutrition in Tropical Africa, UNESCO, Paris).

234. ILLIES, J. (1981): *Kulturbiologie des Menschen*. Piper, München (2. Auflage).

235. IMMENROTH, W. (1933): »Kultur und Umwelt der Kleinwüchsigen in Afrika.« (Diss. phil. Univ. Göttingen [Leipzig]).

236. ISAAC, G. (1978): »The Foodsharing Behavior of Protohuman Hominids.« *Sc. American 238*, 90–108.

237. JEAN-NESMY, C. (1982): *Vézelay*. Zodiaque St. Léger, Vauban.

238. JEIER, T. (1977): *Die Eskimos. Geschichte und Schicksal der Jäger im Hohen Norden*. Econ, Düsseldorf.

239. JOHANSON, D., und SHREEVE, J. (1989): *Lucys Kind*. Piper, München.

240. JOHNSTON, C. W. (1962): »Steatopygia of the Human Female in the Kalahari.« *Professional Geographer 14*, 7–9.

241. JOHNSTON, H. (1902): *The Uganda Protectorate*. (Vol. 2) Hutchinson, London.

242. JUNKER, H. (1941): »Die Mastaba des Snb (Seneb) und die umliegenden Gräber. Grabungen auf dem Friedhof des Alten Reiches, Giza V.« (Akademie der Wissenschaften, Wien), *Phil. Hist. Kl. Denkschriften 71*, 2. Abhandlung. Hölder-Pichler-Tempsky, Wien und Leipzig.

243. JUNKER, W. (1889): »Wissenschaftliche Ergebnisse von Dr. W. Junkers Reisen in Zentral-Afrika 1880–1885.« *Petermanns Geogr. Mitt. Ergänzungsheft 92*, 139–156.

244. KANT, I. (1785): »Bestimmung des Begriffs einer Menschenrace« (Königsberg, Nachdruck) In: *Kants gesammelte Schriften 8* (89–106), Berlin, 1912.

245. KASISI, R., und HEYMER, A. (im Druck): *Les ressources animales des Barhwa du Sud-Kivu (Zaïre)*.

246. KENNTNER, G. (1975): *Rassen aus Erbe und Umwelt*. Safari, Berlin.

247. KENNTNER, G. (1986): »Wechselbeziehungen zwischen Raum, Mensch und Kultur. Studien bei der Jäger- und Sammlerpopulation der Buschleute im südlichen Afrika.« *Fridericiana 39*, 3–48.

248. KENNTNER, G., und KREMNITZ, W. A. (1984): *Neuguinea, Expedition in die Steinzeit*. Ambro Lucas, Frieding-Andechs.

249. KENNTNER, G., und LUDWIG, E. (1982): »Das Pygmäenproblem aus anthropologischer und ökologischer Sicht.« *Ann. Naturhist. Mus. Wien 84/A*, 85–95.

250. KERJEAN, A. (1988): *Un sauvage exil*. Seghers, Paris.

251. KIEN, J., et al. (1991): »Temporal Segmentation in Hand Movements of

Chimpanzees *(Pan trogolodytes)* and Comparisons with Humans.«
Ethology 89, 297–304.

252. KIRK, R.L., et al. (1973): »The Distribution of Red Cell Enzyme and Serum Proteins Groups in a Population of Dani (West Irian).« *Humangenetik 17,* 345–350.

253. KLEBS, L. (1915): »Die Reliefs des alten Reiches.« *AHAW, Phil. Hist. Klasse,* 3. Abhdlg. Carl Winters, Heidelberg.

254. KLEINSCHMIDT, O. (1900): »Arten- oder Formenkreis?« *J. Ornith. 48,* 134–159.

255. KNUSSMANN, R. (1980): *Vergleichende Biologie des Menschen.* Gustav Fischer, Stuttgart.

256. KOCH, J. (1931): »Sind die Pygmäen Menschen?« *Arch. Gesch. Philos. 40,* 194–214.

257. KOEHLER, O. (1954): »Vorbedingungen und Vorstufen unserer Sprache bei Tieren.« *Zool. Anz. 18,* 327–341.

258. KOELLE, S.W. (1854): *Polyglotta Africana.* London.

259. KOHL-LARSEN, L. (1958): *Wildbeuter in Ostafrika.* Dietrich Reimer, Berlin.

260. KOLLMANN, J. (1903): »Die Pygmäen und ihre Stellung innerhalb des Menschen-Geschlechtes.« *Verh. Natf. Ges. Basel 16,* 85–117.

261. KONNER, M. (1983): *Die unvollkommene Gattung.* Birkhäuser, Basel.

262. KRAPF, J.L. (1858): *Reisen in Ostafrika. Ausgeführt in den Jahren 1837–1855.* Kornthal.

263. KREBS, W. (1977): »Die neolithischen Rinderhirten der Sahara und die Massai.« *Ägypten und Kusch, Schriften zur Geschichte und Kultur des Alten Orients 13,* 265–279.

264. KUHLMANN, G., und BARTEL, G. (1990): »Der tropische Regenwald stirbt.« *Information 103,* WWF-Deutschland.

265. KUHN, P. (1914): »Über die Pygmäen am Sangha.« *Z. Ethnologie 46,* 116–136.

266. KUND, H. (1889): »Die Batanga-Expedition des Hauptmanns Kund.« *Mitt. Dt. Schutzgebieten,* Vol. 2.

267. KUNHENN, P. (1952): *Pygmäen und andere Primitiv-Völker.* Stuttgart.

268. KURTH, G. (1958): »Die vor-negride Sapiens-Altschicht in Afrika.« *Kosmos 58,* 173–179.

269. KURTH, G. (1960): »War Afrika immer ein überwiegend schwarzer Erdteil?« *Umschau 60,* 711–715.

270. LALOUEL, J. (1950): »Les Babinga du Bas-Oubangui. Contribution à l'étude anthropologique des Négrilles Baka et Bayaka.« *Bull. Mém. Soc. Anthrop.,* Paris, Série 10. 60–98 und 175–211.

271. LANGANEY, A. (1988): *Les Hommes.* Armand Colin, Paris.

272. LAUTURE, E. DE (1855): »Mémoires sur le Soudan.« *Bull. Soc. Géogr.,* Paris, 10, 108–135.

273. LAWICK-GOODALL, J. VAN (1968): »The Behaviour of Free-living Chim-

panzees in the Gombe Stream Reserve.« *Anim. Behav. Monographs 1*, 161–311.

274. LAWICK-GOODALL, J. VAN (1971): *In the Shadow of Man*. Collins, London. – *Wilde Schimpansen*. Rowohlt, Hamburg.

275. LAWICK-GOODALL, J. VAN (1975): »The Behaviour of the Chimpanzee.« In: KURTH, G., und EIBL-EIBESFELDT, I.: *Hominisation und Verhalten* (74–136), Gustav Fischer, Stuttgart.

276. LAY, R. (1981): *Die Ketzer*. Langen-Müller, München.

277. LEAKEY, R. E. (1981): *Die Suche nach dem Menschen*. Umschau, Frankfurt am Main.

278. LEBZELTER, V. (1934): *Eingeborenenkulturen von Süd- und Südwestafrika*. Leipzig.

279. LEE, R. B. (1968): »What Hunters Do for a Living, or, How to Make Out on Scarce Resources.« In: LEE, R. B., und DE VORE, I.: *Man the Hunter* (30–43). Aldine, New York.

280. LEE, R. B., und DE VORE, I. (1968): *Man the Hunter*. Aldine, New York.

281. LEEUVE, J. DE (1962): »On Former Gynecocracy among African Pygmies.« *Acta Ethnographica 11*, 85–118.

282. LEEUVE, J. DE (1966): »Entwicklungen in der Bambuti-Gesellschaft.« *Anthropos 61*, 737–763.

283. LEGOUX, P. (1968): »Anatomie dentaire comparée; les Hominides.« *Stomatologie 10*, 1–6.

284. LEHMANN, W. (1951): »›Negride‹ Merkmalsbildungen in der Bevölkerung der kleinen Sunda-Insel Sumbawa.« *Z. Morph. Anthropologie 42*, 196–201.

285. LENZ, O. (1978): *Skizzen aus Westafrika*. Leipzig.

286. LE ROY, A. (1928): *Les Pygmées, Négrilles d'Afrique et Négritos d'Asie*. Beauchesne, Paris.

287. LEROY, C. (1977): »Etude critique de la réponse humaine aux constructions en tours.« *Actualités Psychiatriques 1*, 43–45.

288. LETOUZEY, R. (1964): »Dénominations pygmées de quelques arbres et arbustes forestiers camerounais.« *J. Agr. Trop. Bot. Appl. 11*, 347–383.

289. LETOUZEY, R. (1966): »Recherches sur la nomenclature botanique des Pygmées.« Ebenda, *13*, 479–543.

290. LETOUZEY, R. (1967): »Note sur les Pygmées de la région Tikar au Cameroun.« Ebenda, *14*, 277–280.

291. LETOUZEY, R. (1975): »Noms d'arbres des Pygmées Bagielli dans le Sud-Ouest du Cameroun.« Ebenda, *22*, 23–45.

292. LETOUZEY, R. (1976): *Contribution de la Botanique au problème d'une éventuelle langue pygmée*. SELAF, Paris.

293. LEWIN, L. (1923): *Die Pfeilgifte*. Ambrosius Barth, Leipzig.

294. LINDIG, W. (1981): »Art. Pygmäen.« In: *Völker der vierten Welt* (313–314), Fink & Schöningh, München.

295. LINSENMAIR, K. E., und LINSENMAIR, C. (1971): »Paarbildung und Paar-

zusammenhalt bei der monogamen Wüstenassel, *Hemilepistus reaumuri.*« *Z. Tierpsychol. 29,* 134–155.

296. LIVINGSTONE, J. (1962): »On the Non-Existence of Human Race.« *Current Anthropology 3,* 279.

297. LIZOT, J. (1984): »Les Yanomami Centraux.« *Cahiers de l'Homme, N. S. XXII,* E. H. S. S., Paris.

298. LORENZ, K. (1979): *Das Jahr mit der Graugans.* Piper, München.

299. LORENZ, K. (1983): *Der Abbau des Menschlichen.* Piper, München.

300. LORENZ, K. (1988): *Ethologie der Graugans.* Piper, München.

301. LORENZ, K. (1992): *Die Naturwissenschaften vom Menschen – »Das Russische Manuskript«.* Piper, München.

302. LUCOTTE, G. (1990): *Introduction à l'Anthropologie moléculaire – »Eve était Noire«.* Lavoisier, Paris.

303. LUDWIG, E. (1976): »Das Pygmäenproblem, dargestellt am Beispiel von Neuguinea.« (Schriftl. Hausarbeit, Univ. Saarbrücken).

304. LUNDMAN, B. (1967): *Geographische Anthropologie.* Gustav Fischer, Stuttgart.

305. LUSCHAN, F. VON (1883): zit. nach PANCKOW, H. (1892).

306. LUSCHAN, F. VON (1906): »Sechs Pygmäen vom Ituri.« *Z. Ethnologie 38,* 716–731.

307. LUSCHAN, F. VON (1914): »Pygmäen und Buschmänner.« *Z. Ethnologie 46,* 154–176.

308. MACHUNSKY, J. (1990): *Krieg der Gartenzwerge.* WiRe, Göttingen.

309. MALMBERG, T. (1980): *Human Territoriality.* Mouton, Paris und New York.

310. MARNO, E. (1875a): »Ein Akka-Mädchen.« *Mitt. Anthrop. Ges. Wien 5,* 157–160.

311. MARNO, E. (1875b): »Ein Akka-Weib.« Ebenda, *5,* 366–368.

312. MARQUER, P. (1972): »Nouvelle contribution à l'étude du squelette des Pygmées Occidentaux du Centrafricain comparé à celui des Pygmées Orientaux.« *Mém. Mus. Nat. Hist. Nat. Paris 72,* 1–122.

313. MARSHALL, L. (1961): »Sharing, Taking and Giving – Relief of Social Tensions among !kung Bushmen.« *Afrika 31,* 231–249.

314. MARTIN, C. (1989): *Die Regenwälder Westafrikas.* Birkhäuser, Basel und Berlin.

315. MARTIN, R. (1914): *Lehrbuch der Anthropologie in systematischer Darstellung.* Gustav Fischer, Jena.

316. MATIEGKA, J. (1938): »Das Skelett der Ituri-Bambuti.« In: SCHEBESTA, P.: *Die Bambuti-Pygmäen vom Ituri. I* (321–353), I. R. C. B., Brüssel.

317. MATIEGKA, J., und MALY, J. (1938): »Etude de quatre squelettes de Pygmées centrafricains du bassin de l'Ituri.« *L'Anthropologie 48,* 237–248 und 521–638.

318. MAUSS, M. (1950): *Essai sur le don.* PUF, Paris.

319. MAYR, E. (1967): *Artbegriff und Evolution.* Paul Parey, Hamburg.

320. Mc Dowell, N. (1980): »It's Not Who You Are But How You Give That Counts: The Role of Exchange in a Melanesian Society.« *American Ethologist 7*, 50–70.

321. Mc Grew, W. C. (1972): *An Ethological Study of Children's Behaviour.* Academic Press, New York und London.

322. Mc Grew, W. C. (1979): »Evolutionary Implications of Sex Differences in Chimpanzee Predation and Tool Use.« In: Hamburg, D. A., und Mc Cown, E. R.: *The Great Apes.* Benjamin & Commings, Menlo Park.

323. Meltzoff, A. N. (1981): »Initiation, Intermodal Cooperation and Representation in Early Infancy.« In: Butterworth, G.: *Infancy and Epistomology* (88–114). Harvester Press, Brighton.

324. Meltzoff, A. N., und Moore, K. M. (1977): »Initiation of Facial Expression and Manual Gestures by Human Neonates.« *Science 198*, 75–78.

325. Menzel, R. (1960): *Pariahunde.* Die Neue Brehm-Bücherei 267, Ziemsen, Wittenberg-Lutherstadt.

326. Merimee, T. J., et al. (1977): »Insulin-Like Growth Factors in Pygmies.« *New Engl. J. Medicine 316*, 906–911.

327. Merimee, T. J., und Rimoin, D. L. (1986): »Growth Hormone and Insulin-Like Growth Factors in Western Pygmies.« In: Cavalli-Sforza, L.: *African Pygmies* (167–171). Academic Press, London.

328. Meyer, J. (1979): »Art. Zwerge.« *Enzyklopäd. Lexikon 25*, 833.

329. Meyer, J. (1979): »Art. Zwergwuchs.« Ebenda, 838.

330. Monceaux, P. (1891): »La légende des Pygmées et les nains de l'Afrique équatoriale.« *Rev. Hist. 47*, 1–64.

331. Mortier, R. (1937): »De Bambenga Pygmoiden in Ubangi.« *Kongo-Overzee 3*, 245–251.

332. Motte, E. (1980): *Les plantes chez les Pygmées Aka (= Bayaka) et les Monzombo de la Lobaye.* SELAF, Paris.

333. Müller, F. K. W. (1906): »Diskussionsbeitrag zur ›Vorführung der Pygmäen‹.« *Z. Ethnologie 38*, 750.

334. Müller, J. O. (1988): »Probleme der Akzeptanz des Kahuzi-Biega-National-Parks, Hoch-Kivu, durch die ländliche Bevölkerung an sei-ner Peripherie. Untersuchungen zur Lösung des Konflikts zwischen sozialen Bedürfnissen, Schutz und Nutzung natürlicher Ressourcen.« GTZ-Vorhaben »Integrierter Naturschutz Ost-Zaire«, 173 pp.

335. Müller, K. E. (1983): »Grundzüge des menschlichen Gruppenverhaltens.« In: *Biologie von Sozialstrukturen bei Mensch und Tier* (93–112). Veröff. Joachim Jungius Ges. Wiss., Hamburg, N° 50.

336. Münster, S. (1544): *Cosmographia.* Basel.

337. Murdock, G. P. (1967): *Ethnographic Atlas.* University of Pittsburgh Press.

338. Nachtigal, G. (1879): *Tibesti. Die Entdeckung der Riesenkrater und*

die Erstdurchquerung des Sudan. Hans Reimer und Paul Parey, Berlin (Neuauflage 1978, Horst Erdmann, Tübingen).

339. NACHTIGALL, H. (1976): »Völkerkundliche Aspekte der Verhaltensforschung.« *Saeculum 27*, 281–288.

340. NARR, K. J. (1978): »Grundlagen menschlicher Gesellung.« In: *Aspekte der Hominisation* (Veröff. Inst. Görres. Ges. Interdiszipl. Forsch. 7 [43–78]), Karl Alber, Freiburg und München.

341. NASTER, P. (1972): »Die Zwerge als Arbeiterklasse in bestimmten Berufen im Alten Ägypten.« In: *XVII° Rencontre Assyrilogique Int.*, München (139–143).

342. NEUWINGER, H. D. (1974): »Afrikanische Pfeilgifte.« *Wissenschaftl. Rundschau 27*, 340–359 und 385–402.

343. NEUWINGER, H. D. (1994): *Afrikanische Arzneipflanzen und Jagdgifte.* Wiss. Verlagsgesellschaft, Stuttgart.

344. NEYT, F. (1993): *Luba, aux sources du Zaïre.* Musée Dapper, Paris.

345. O'CONNOR, D. (1953): »The Location of Yam and Kush and Their Historical Implication.« *J. American Res. Center Egypt 25*, 27–50.

346. OLIVER, R. (1966): »The Problem of Bantu Expansion.« *J. African History 9*, 1–11.

347. ORRACA-TETTEH, R. (1963): »The Giant African Snail as a Source of Food.« In: OVINGTON, J. D.: *The Better Use of the World's Fauna for Food* (53–61), Institute of Biology, London.

348. OSCHE, G. (1983): »Die Sonderstellung des Menschen in evolutions-biologischer Sicht.« *Nova Acta Leopoldina NF 55*, N° 253, 57–72.

349. OTT, I. (1991): »Zeitliche Organisation von Bewegungen bei Pavianen.« (Biologie-Diplomarbeit, Universität München).

350. OTTERBEIN, K. F. (1970): *The Evolution of War.* HRAF Press, New Haven.

351. OTTERBEIN, K. F. (1974): »The Anthropology of War.« In: HONIGMANN, J. J.: *Handbook of Social and Cultural Anthropology* (923–985), University Press, Chicago.

352. OUZILLEAU, D. (1911): »Notes sur la langue des Pygmées de la Sangha.« *Rev. Ethnogr. Sociol. 2*, 75–92.

353. OVERSCHELDE, G. VAN (1947): *Bij de reuzen en de dwergen van Ruanda.* Tielt.

354. PAGES, A. (1933): »Au Rwanda sur les bords du Lac Kivu. Un Royaume hamite au centre de l'Afrique.« *Mém. N° 8*, I. R. C. B., Brüssel.

355. PANCKOW, H. (1892): »Über Zwergvölker in Afrika und Südasien.« *Z. Ges. Erdkunde 27*, 75–120.

356. PEDERSEN, P. (1949): *The East Greenland Eskimo Dentition.* Meddelser on Grönland, Reitzel, Kopenhagen.

357. PENEL, J. D. (1982): *Homo caudatus, les Hommes à queue d'Afrique Centrale.* SELAF, Paris.

358. PERLES, C. (1977): *Préhistoire du feu.* Masson, Paris.

359. PETHERICK, J. (1861): *Egypt, the Soudan and Central-Africa.* London.

360. PETRI, H. (1983): »Landrechte der australischen Aborigines.« In: *Biologie von Sozialstrukturen bei Mensch und Tier* (69–79). Veröff. Joachim Jungius Ges. Wiss., Hamburg, N° 50.

361. PISKATY, K. (1957): »Ist das Pygmäen-Werk von Henri Trilles eine zuverlässige Quelle?« *Anthropos 52*, 33–48.

362. PLISCHKE, H. (1926): *Von den Barbaren zu den Primitiven.* Brockhaus, Leipzig.

363. PLISCHKE, H. (1929): »Die Pygmäen des Stillen Ozeans.« *Beitr. Völkerkunde, Memoriam Karl Weule* (241–279).

364. PÖPPEL, E. (1982): *Lust und Schmerz. Grundlagen menschlichen Erlebens und Verhaltens.* Severin & Siedler, Berlin.

365. PÖPPEL, E. (1985): *Grenzen des Bewußtseins.* DVA, Stuttgart.

366. PORTMANN, A. (1967): »Zerebralisation und Ontogenese.« *Zoologie aus 4 Jahrzehnten.* Piper, München.

367. POSENER, G. (1973): »Philosophie et archéologie égyptienne.« *Ann. C. d. F. 73*, 367–374.

368. POSENER, G. (1977): »L'or de Punt.« *Ägypten und Kusch, Schriften zur Geschichte und Kultur des Alten Orients 13* (337–342). Akademie Verlag, Berlin.

369. POUTRIN, M. (1910–12): »Contribution à l'étude des Pygmées d'Afrique.« *L'Anthropologie 21*, 435–504 (1910), *22*, 421–549 (1911), *23*, 349–404 (1912).

370. PRADELLES, G. (1973): »Aspects morphologiques de l'abrasion dentaire.« (Thèse en Chirurgie Dentaire, Université de Toulouse).

371. PREAUX, C. (1957): »Les Grecs à la découverte de l'Afrique par l'Egypte.« *Chronique d'Egypte 32*, 284–312.

372. PRECHTL, H.F.R. (1953): »Stammesgeschichtliche Reste im Verhalten des Säuglings.« *Umschau 21*, 656–658.

373. PRECHTL, H.F.R. (1955): *Die Entwicklung der frühkindlichen Motorik.* (Wiss. Filme C 651, C 652, C 653, IWF, Göttingen.)

374. PROBST, E. (1991): *Deutschland in der Steinzeit.* Bertelsmann, München.

375. PUTNAM, P. (1948): »The Pygmies of the Ituri Forest.« In: COON, E.S.: *Reader in General Anthropology* (322–342), New York.

376. QUATREFAGES, A. DE (1887): *Les Pygmées.* Paris.

377. RATZEL, F. (1887): »Die Zwergvölker Afrikas.« *Völkerkunde 1 – Die Naturvölker Afrikas* (117–127). Bibliogr. Institut, Leipzig.

378. RECHE, O. (1943): »Herkunft und Entstehung der Negerrassen.« *Beitr. Kolonialforsch., Tagungsband 1*, 152–157.

379. REDFIELD, R. (1968): *The Primitive World and its Transformation.* London.

380. REGNAULT, M. (1911): »Les Babenga, Négrilles de la Sangha.« *L'Anthropologie 22*, 261–288.

381. REMANE, A. (1952): *Die Grundlagen des natürlichen Systems der vergleichenden Anatomie und Phylogenetik.* Akadem. Verlagsges., Leipzig.

382. RENSCH, B. (1929): *Das Prinzip geographischer Rassenkreise und das Problem der Artbildung.* Borntraeger, Berlin.

383. REYNOLDS, V. (1968): »Kinship and Family in Monkeys, Apes and Man.« *Man 3*, 209–223.

384. ROBERTS, R.G., JONES, R., und SMITH, M.A. (1990): »Thermoluminescence Dating of a 50000 Year Old Human Occupation Site in Northern Australia.« *Nature 345*, 153–156.

385. ROSEN, GRAF E. VON (1924): *Vom Cap nach Cairo.* Stuttgart.

386. ROTHSCHILD, R. (1939): »Zur Chemie und Pharmakologie der Pfeilgifte.« *Ciba-Zeitschrift 7*, 2518–2522.

387. RUPP, A. (1965): »Der Zwerg in der ägyptischen Gemeinschaft.« *Chronique d'Egypte 40*, 260–305.

388. SAHLINS, M.D. (1965): »On the Sociology of Primitive Exchange.« In: BANTON, M.: *The Relevance of Models for Social Anthropology* (139–236). Praeger, New York.

389. SALK, L. (1973): »The Role of the Heartbeat in Relations between Mother and Infant.« *Scientific American 228*, 24–29.

390. SALLEE, P. (1981): »Jodel et procédés contrapuntiques des Pygmées.« *Le Courrier du CNRS 42*, 45.

391. SARNO, L. (1993): *Song from the Forest.* Houghton Mifflin, New York. – *Der Gesang des Waldes.* Carl Hanser, München.

392. SAUTER, M., und GREPIN, H. (1956): »L'omoplate des Pygmées de l'Ituri (Congo belge): quelques observations.« *Bull. Soc. Suisse d'Anthrop. Ethnol. 33*, 11–13.

393. SCHEBESTA, P. (1928): »Gesellschaft und Familie bei den Semang auf Malakka.« *Anthropos 23*, 235–258.

394. SCHEBESTA, P. (1931): »Die Einheit aller afrikanischen Pygmäen und Buschmänner aus ihren Stammesnamen erwiesen.« *Anthropos 26*, 891–894.

395. SCHEBESTA, P. (1932): *Bambuti, die Zwerge vom Kongo.* Leipzig.

396. SCHEBESTA, P. (1933): »Krankheit und Krankheitsbekämpfung bei den Pygmäen.« *Ciba-Zeitschrift 1*, 17–21.

397. SCHEBESTA, P. (1938): *Die Bambuti-Pygmäen vom Ituri. I – Geschichte, Geographie, Umwelt, Demographie, Anthropologie.* I.R.C.B., Brüssel.

398. SCHEBESTA, P. (1939): »Die Pfeilgifte der Bambuti-Pygmäen.« *Ciba-Zeitschrift 7*, 2495–2502.

399. SCHEBESTA, P. (1941): *Die Bambuti-Pygmäen vom Ituri. II – Die Wirtschaft.* I.R.C.B., Brüssel.

400. SCHEBESTA, P. (1948): *Die Bambuti-Pygmäen vom Ituri. III – Das soziale Leben.* I.R.C.B., Brüssel.

401. SCHEBESTA, P. (1950a): *Die Bambuti-Pygmäen vom Ituri. IV – Die Religion.* I.R.C.B., Brüssel.

402. SCHEBESTA, P. (1950b): »Das Pygmäen-Problem.« *Mitt. Geogr. Ges. Wien 93,* 261–267.

403. SCHEBESTA, P. (1952): »Das Problem der Pygmäensprache.« *Wiener Beitr. Kulturgesch. & Linguistik 9,* 426–451.

404. SCHEBESTA, P. (1955): »Somato-Biologie der Afrikanischen Pygmäen.« *Mitt. Anthrop. Ges. Wien 84,* 81–82.

405. SCHEBESTA, P. (1963): »Colin M. Turnbull und die Erforschung der Bambuti-Pygmäen.« *Anthropos 58,* 209–223.

406. SCHEBESTA, P. (1965): »Ursprüngliche Gynäkokratie bei afrikanischen Pygmäen?« *Anthropos 60,* 220–236.

407. SCHEBESTA, P. (1966): »Doch ursprüngliche Gynäkokratie bei den Bambuti-Pygmäen.« *Anthropos 61,* 764–766.

408. SCHIAPARELLI, E. (1892): »Una tomba egiziana inedite della VI° dinastia con iscrizioni storiche e geographiche.« *Atti delle Roy. Acad. di Liecencei 10,* 13–26.

409. SCHLEIDT, M. (1988): »A Universal Time Constant Operating in Human Short-Term Behaviour Repetitions.« *Ethology 77,* 67–75.

410. SCHLEIDT, M. (1991): »Vom taktvollen Handeln des Menschen.« *MPG-Spiegel 6/91,* 14–16.

411. SCHMIDBAUER, W. (1973): »Territorialität und Aggression bei Jägern und Sammlern.« *Anthropos 68,* 548–558.

412. SCHMIDT, E. (1905): »Die Größe der Zwerge und der sogenannten Zwergvölker.« *Globus 87,* 121–125.

413. SCHMIDT, E. (1979): »Neue Aspekte der Ernährung mit Muttermilch.« *Deutsches Ärzte-Blatt,* 639–643.

414. SCHMIDT, W. (1910): *Die Stellung der Pygmäenvölker in der Entwicklungsgeschichte des Menschen. Studien und Forschungen zur Menschen- und Völkerkunde.* Stuttgart.

415. SCHOENLEBER, B. (1980): »Nachweis des schnellen Brauenhebens bei Säuglingen unserer Zivilisation.« (Forschungsbericht, unveröffentlicht, 13 pp.).

416. SCHREIBER, H. (1980): *Auf den Spuren des frühen Menschen.* List, München.

417. SCHRÖTER, P. (1982): »Präsapiens- und Sapiens-Menschen in der Späteiszeit.« In: *Der Mensch 2* (95–146). Kindler, München.

418. SCHULTZ, H. (1962): *Hombu, Urwaldleben der brasilianischen Indianer.* Belser, Stuttgart.

419. SCHULTZ, W. (1969): »Zur Kenntnis des Hallström-Hundes, *Canis hallströmi* Troughton, 1957.« *Zool. Anzeiger 183,* 47–72.

420. SCHUMACHER, G.H., und SCHMIDT, H. (1976): *Anatomie und Biochemie der Zähne.* Volk und Gesundheit, Berlin.

421. SCHUMACHER, P. (1912): »Die Ehe in Ruanda.« *Anthropos 7,* 1–32.

422. SCHUMACHER, P. (1940): »Das Sachenrecht in Ruanda.« *Kolon. Rundschau 31*, 268–295.
423. SCHUMACHER, P. (1949): *Expedition zu den zentralafrikanischen Kivu-Pygmäen. I – Die physische und soziale Umwelt.* I. R. C. B., Brüssel.
424. SCHUMACHER, P. (1950): *Expedition zu den zentralafrikanischen Kivu-Pygmäen. II – Die Kivu-Pygmäen.* I. R. C. B., Brüssel.
425. SCHWALBE, G. (1905): »Zur Frage der Abstammung des Menschen.« *Globus 88*, 159–161.
426. SCHWEINFURTH, G. (1874): *Im Herzen von Afrika.* Brockhaus, Leipzig. (Neudrucke [1984], Erdman, Stuttgart, [1986], Brockhaus, Leipzig.)
427. SCHWERZ, F. (1916): »Morphologische Untersuchungen an Zähnen von Alemannen aus dem V. bis X. Jahrhundert.« *Arch. Anthrop. N. F. 15*, 1–43.
428. SCHWIDETZKY, I. (1971): *Bevölkerungsbiologie und Evolution des Menschen.* Rombach, Freiburg.
429. SCHWIDETZKY, I. (1974): *Grundlagen der Rassensystematik.* Bibliogr. Institut, Mannheim.
430. SCHWIDETZKY, I. (1982): »Rassengeschichte und Rassenevolution.« In: *Der Mensch 2* (339–380). Kindler, München.
431. SCLATER, P. L. (1901): »On an Apparently New Species of Zebra from the Semliki Forest.« *Proc. Zool. Soc. London 1*, 50–52.
432. SCOTT, J. P. (1968): »Evolution and Domestication of Dog.« *Evol. Biol. 2*, 234–275.
433. SEITZ, S. (1970): »Die Töpfer-Batwa in Ruanda.« (Dissertation, Universität Freiburg.)
434. SEITZ, S. (1977): *Die zentralafrikanischen Wildbeuterkulturen.* Steiner, Wiesbaden.
435. SEIWERT, J. (1926): »Die Bagielli, ein Pygmäen-Stamm des Kameruner Urwaldes.« *Anthropos 21*, 127–147.
436. SHEPHER, J. (1983): *Incest. A Biological View.* Academic Press, London.
437. SHORT, R. V. (1984): »Breast Feeding.« *Sc. American 250*, 23–29.
438. SILBERBAUER, C. B. (1964): »Report of the Government of Betchuana-Land on the Bushmen Survey.« Betch. Gov. Publ. Mateking Betch. Press.
439. SILLITOE, P. (1979): *Give and Take, Exchange in Wola Society.* Austr. Nat. Univ. Press, Canberra.
440. SOURDIVE, C. (1984): *La main dans l'Egypte pharaonique.* Thèse 3° Cycle, Peter Lang, Frankfurt und New York.
441. SPANNAUS, G. (1949): *Urwaldzwerge in Zentralafrika* (Film C 567, IWF, Göttingen).
442. SPARKS, J. (1967): »Allogrooming in Primates: A Review.« In: MORRIS, D.: *Primate Ethology* (148–175). Weidenfeld & Nicolson, London.
443. SPEISER, F. (1946): »Die Pygmäenfrage.« *Experimentia 2.*
444. SPITZ, R. (1965): *The First Year of Life.* Int. Univ. Press, New York.

445. SPITZ, R. A., und WOLF, K. M. (1946): »The Smiling Response. A Contribution of the Ontogenesis of Social Relation.« *Gen. Psychol. Monogr. 34*, 57–125.

446. STADLER, H. (1916): *Albertus Magnus de animalibus libri XXIV.* Münster (2 Bände).

447. STAFFE, A. (1947): »Zur Frage der Rassenzwerge bei Haustier und Mensch.« *Schw. Arch. Tierheilkunde 89*, 443–459.

448. STANJEK, K. (1978): »Das Überreichen von Gaben: Funktion und Entwicklung in den ersten Lebensjahren.« *Z. Entwicklungspsychol. 10*, 103–113.

449. STANJEK, K. (1980): *Die Entwicklung des menschlichen Besitzverhaltens.* Max-Planck-Institut für Bildungsforschung 16, Berlin.

450. STANLEY, H. M. (1890): *In Darkest Africa.* London.

451. STEINFURTH, H. (1973): »Meine Freunde, die Pygmäen.« *Bunte Illustrierte* (8 Folgen).

452. STEINFURTH, H. (1988): *Wildnis Westafrika – Elefanten und Pygmäen* (VHS-Kassette des NDR Hamburg, 45 min).

453. STUHLMANN, F. (1893): »Die Zwergvölker von Afrika, besonders des oberen Ituri.« *Z. Ethnologie 25*, 185–186.

454. STUHLMANN, F. (1894): *Mit Emin Pascha im Herz von Afrika.* Berlin.

455. SÜTTERLIN, C. (1987): »Mittelalterliche Kirchen-Skulptur als Beispiel universaler Abwehrsymbolik.« In: *Vom Kritzeln zur Kunst* (82–100). Julius Klinkhardt, Bad Heilbronn.

456. TALENTINUS, J. (1605): *Vivarium et reconditarum rerum thesaurus. Lib. III.* Frankfurt am Main.

457. TANNO, T. (1976): »The Mbuti Net Hunters in the Ituri Forest, Eastern Zaire. Their Hunting Activities and Band Composition.« *Kyoto University African Studies 10*, 101–132.

458. TELEKI, G. (1973): *The Predatory Behavior of Wild Chimpanzees.* Bucknell University Press, Lewisburg.

459. THILMANS, G. (1968): »Recherches craniométriques sur l'origine des Pygmées d'Afrique.« *Bull. I. F. A. N. 30*, 401–428.

460. THORBECKE, F. (1913): »Eine neue Zwergrasse.« *Dt. Kolonial-Zeitung 11*, 176–178.

461. THORBECKE, F. (1914): *Im Hochland von Mittelkamerun.* Hamburg.

462. TIGER, L. (1969): *Men in Groups.* Random House, New York (deutsch [1972]: *Warum die Männer wirklich herrschen.* BLV, München).

463. TINBERGEN, E. A., und TINBERGEN, N. (1972): »Early Childhood Autism: An Ethological Approach.« *Advances in Ethology 10,* Paul Parey, Hamburg und Berlin.

464. TOBIAS, V. P. (1957): »Bushman of Kalahari.« *Man 36*, 33–40.

465. TRILLES, H. (1932): *Les Pygmées de la forêt équatoriale.* Anthropos-Bibliothek, Münster.

466. Turnbull, C. M. (1960): »The Molimo: A Men's Religious Association among the Ituri BaMbuti.« *Zaire 14*, 307–340.
467. Turnbull, C. M. (1961): *The Forest People.* Simon & Schuster, New York.
468. Turnbull, C. M. (1965a): »The Mbuti-Pygmies.« *Am. Mus. Nat. Hist. 50*, 139–282.
469. Turnbull, C. M. (1965b): *Wayward Servants: The Two Worlds of the African Pygmies.* Nat. Hist. Press, New York.
470. Turnbull, C. M. (1968): »The Importance of Flux in two Hunting Societies.« In: Lee, R. B., und De Vore, I.: *Man the Hunter* (132–137). Aldine, New York.
471. Tyson, E. (1699): *Orang utan sive Homo silvestris.* London.
472. Uher, J. (1991): »Die Ästhetik von Zick-Zack und Welle, ethologische Aspekte der Wirkung linearer Muster.« (Dissertation, Universität München.)
473. Vallois, H. V. (1927): »L'omoplate des Négrilles et des Négritos.« *Bull. Mus. Nat. Hist. Nat. Paris 33*, 333–335.
474. Vallois, H. V. (1932): »L'omoplate humaine. Etude anatomique et anthropologique.« *Bull. Mém. Soc. Anthrop. Paris 3*, 3–153.
475. Vallois, H. V. (1939): *Les Races de l'Empire français.* La Presse Médicale.
476. Vallois, H. V. (1947): »Mission anthropologique en Afrique française.« *L'Anthropologie 51*, 368–372.
477. Vallois, H. V., und Marquer, P. (1976): »Les Pygmées Baka du Cameroun.« *Mém. Mus. Nat. Hist. Nat. Paris,* Tome C, 1–195.
478. Van de Walle, B., und Vergote, J. (1943): »Traduction des Hieroglyphica d'Horapollon.« *Chronique d'Egypte 35*, 839–892.
479. Vanoverbergh, M. (1925): »Negritos of Northern Luzon.« *Anthropos 20*, 148–199 und 399–443.
480. Vercoutter, J. (1979): »L'image du Noir dans l'Egypte Ancienne des origines à la XXV° Dynastie.« *Meroitica 5*, 19–22.
481. Vergnes, H., et al. (1979): »Population Genetic Studies of the Aka (= Bayaka) Pygmies.« *Hum. Genet. 48*, 343–355.
482. Vogel, C. (1974): »Biologische Erwägungen zur evolutiven Entstehung der menschlichen Kernfamilie.« In: Bernhard, W., und Kandler, A.: *Bevölkerungsbiologie* (645–659). Gustav Fischer, Stuttgart.
483. Völger, G. (1972): *Die Tasmanier.* Steiner, Wiesbaden.
484. Vorbichler, A. (1973): Briefe an den Autor (unveröff.).
485. Vorbichler, A. (1974): »Das interdialektale Sprachverhalten zwischen seßhaften Balese-Hackbauern und nomadisierenden Efe-Pygmäen (Ituri-Region, Ost-Zaire).« *Anthropos 69*, 1–16.
486. Waitkuwait, W. E. (1987): »Nutzungsmöglichkeiten der westafrikanischen Riesenschnecken (Achatinidae).« (GTZ-Eigenmaßnahme, N° 85-9125.7-91.100.)

487. WASTL, J. (1957): »Beitrag zur Anthropologie der Negritos von Ost-Luzon.« *Anthropos 52*, 769–812.

488. WATERMAN, R. (1958): *Bilder aus dem Lande des Ptah und Imhotep.* Balduin Pick, Köln.

489. WAWRA, M. (1989): »Das Aufschauverhalten beim Menschen.« (Dissertation, Universität Freiburg.)

490. WEIDKUHN, P. (1973): »Die Rechtfertigung des Mannes aus der Frau bei den Ituri-Pygmäen.« *Anthropos 68*, 442–455.

491. WENDT, H. (1980): *Die Entdeckung der Tiere.* Christian, München.

492. WENDT, H. (1982): »Sammler, Wildbeuter, Feldbeuter.« In: *Der Mensch 2* (381–403). Kindler, München.

493. WENINGER, M. (1954): »Gedanken zum Problem des Zwergwuches.« *Mitt. Anthrop. Ges. Wien 83*, 97–130.

494. WENINGER, M. (1959): »Zur Frage der sogenannten Primitivität der afrikanischen Zwergwüchsigen.« *Homo-Tagungsband 6*, 47–50.

495. WERTH, E. (1944): »Die primitiven Hunde und die Abstammungsfrage des Haushundes.« *Z. Tierzücht. und Züchtungsbiol. 56*, 213–260.

496. WICKLER, W. (1969): *Sind wir Sünder?* Droemer Knaur, München.

497. WICKLER, W., und SEIBT, U. (1970): »Das Verhalten von *Hymenocera picta*, einer Seesterne fressenden Garnele.« *Z. Tierpsychol. 27*, 352–368.

498. WILLE, L., und LUDWIG, H. (1973): *Die Harzer Jodlerkunst.* Wolfenbüttel und Zürich.

499. WILSON, E.O. (1971): *The Insect Societies.* Belknap Press, Cambridge.

500. WILSON, E.O. (1975): *Sociobiology, A New Synthesis.* Harvard University Press, Cambridge.

501. WILSON, E.O. (1980): *Biologie als Schicksal.* Ullstein, Frankfurt am Main.

502. WINDLE, B.C.A. (1894): *A Philological Essay Concerning Pygmies of the Ancients.* London.

503. WISSMANN, H. (1883): »Die in Innerafrika stattgehabten Völkerverschiebungen und des Tanganyka.« *Z. Ethnologie 15*, 453–460.

504. WISSMANN, H. (1888): *Im Inneren Afrikas.* Leipzig.

505. WOLF, L. (1886): »Volksstämme Zentral-Afrikas.« *Z. Ethnologie 18*, 725–745.

506. WOLFF, H.F. (1938): »Die kultische Rolle des Zwerges im Alten Ägypten.« *Anthropos 33*, 445–514.

507. WOODBURN, J. (1968a): »An Introduction to Hadza Ecology.« In: LEE, R.B., und DE VORE, I.: *Man the Hunter* (49–55). Aldine, New York.

508. WOODBURN, J. (1968b): »Stability and Flexibility in Hadza Residential Grouping.« In: LEE, R.B., und DE VORE, I.: *Man the Hunter* (103–110). Aldine, New York.

509. WOODBURN, J., und HUDSON, S. (1966): *The Hadza, the Food Quest of*

a Hunting and Gathering Tribe of Tanzania. (16-mm-Film, London School of Economics.)

510. WÜST, E. (1959): »Art. Pygmaioi.« In: *Reallexikon Altertumsk. 46,* 2064–2074.

511. YOYOTTE, J. (1953): »Pour une localisation du pays de Iam.« *BIFAO 52,* 173–178.

512. ZIMEN, E. (1988): *Der Hund, Abstammung und Verhalten.* Bertelsmann, München.

GLOSSAR

Abendland: in der Lutherzeit gebildete Bezeichnung für Westen (Okzident). Eine mystisch-religiös-politische Konzeption für das Land der untergehenden Sonne. Im Dritten Reich wurde dieser Ausdruck mit einer Aura der Kulturdominanz belegt, weshalb dieser Begriff heute nicht mehr verwendet werden sollte.

achondroplastisch: cf. *Chondrodystrophie.*

Achtmonatsangst: cf. *Fremdenfurcht.*

adstringierend: zusammenziehende Wirkung (hier: auf die Geschmackspapillen bezogen).

Aeta: kleinwüchsige Negride auf den Philippinen, früher Sammler und Jäger, heute seßhafte Hackbauern und weitgehend mit mongoliden Elementen genetisch vermischt.

Akkah: Volksgruppe der Ost-Pygmäen im Ituri-Wald. Sie sind Sammler und jagen mit Pfeil und Bogen. Als tapfere Krieger standen sie in Diensten der *Mangbetu.* Dort traf 1870 der deutsche Afrikaforscher Georg Schweinfurth erstmals mit ihnen zusammen.

Akkulturation: Übernahme von Elementen und Gegenständen einer fremden Kultur. Im Falle der Pygmäen handelt es sich um die unilateral übernommenen Elemente der Hackbauern mit gleichzeitigem Verfall der genuinen Kulturelemente und Lebensweise.

Aktionsraum: Lebensareal oder Schweifgebiet, das ein Individuum oder eine Gruppe während der Zeit seines Lebens oder ihres Bestehens durchstreift.

Alkaloide: vorwiegend giftige, stickstoffhaltige Verbindungen in Pflanzenteilen wie Blättern, Früchten, Rinden und Wurzeln.

Allo-Grooming: cf. *Fremdputzen.*

allomaternal: Kontakt von Säuglingen und Kleinkindern mit anderen Frauen als der Mutter – mit Betreuerinnen und sogenannten Tanten; cf. *Tantenverhalten* (Kapitel 8).

Allopatrie (allopatrisch): das Vorkommen nächstverwandter Organismen und Populationen – *allopatrisch*(e) Arten und Unterarten – in geographisch getrennten Gebieten. – Im Gegensatz hierzu: cf. *Sympatrie (sympatrisch).*

Alteration: (durch die Zeit bedingte, verschlechternde) Veränderung.

analog (Analogie): morphologische Strukturen, Körpermerkmale und Verhaltensweisen, die einander ähnlich sind und auf konvergenter bzw.

paralleler Evolution beruhen, nicht aber auf gemeinsame Abstammung schließen lassen; cf. auch *Konvergenz*. – Im Gegensatz hierzu: cf. *homolog (Homologie)*.

androgyn: männlich-weiblich, zwittrig.

andromorph: mannähnlich; Frauen mit männlichen Körpermerkmalen (bestimmte Körpermuskulatur, manche Gesichtszüge), wie sie bei zahlreichen afrikanischen Völkern üblich sind, aber keineswegs zu verwechseln mit *androgyn*.

Androstenol: cf. *Pheromone*.

angeboren: cf. *programmiert*.

angepaßt (Angepaßtheit, Anpassung): in der Biologie die Entwicklung von Eigenschaften, die eine Art bzw. ein Lebewesen für seine jeweilige Umwelt geeigneter werden ließen. Insbesondere in der Ökologie und Evolutionslehre versteht man darunter die natürliche Auslese (Selektion) im Verlaufe der stammesgeschichtlichen Entwicklung (phylogenetische Anpassung) im Bereich der Morphologie, Physiologie und bei Verhaltensweisen. Bei besonders speziellen öko-ethologischen Anpassungen an eine eng limitierte Nische spricht man auch von *ein-gepaßt (Ein-gepaßtheit, Einpassung)*.

Anthropoide: Menschenaffen; Familie der Pongidae. Dazu gehören Gorilla, Schimpanse und Bonobo in Afrika sowie Orang-Utan und die Gibbons in Asien. Zusammen mit den Menschen bilden sie die Überfamilie der Hominoidea.

anthropozentrisch: auf den Menschen bezogen; den Menschen in den Mittelpunkt (des Universums) stellend.

Antibiogramm: das Ergebnis einer Resistenzprüfung pathogener Erreger, das aufzeigt, welches Antibiotikum gegen sie wirksam ist.

anzestral: von Vorfahren herstammend, weit in die Vergangenheit zurückreichend; cf. auch *plesiomorph*.

apokrin: die Sekretion nach außen betreffend.

Apotropaion (apotropäisch): magische(s) Figur, Darstellung, Objekt oder Symbol zur Abwehr von Unheil, Dieben, bösen Geistern oder des bösen Blicks.

Appetenz: spezifisches, gerichtetes (Such-)Verhalten nach einer auslösenden Endhandlung oder auf eine Bedürfnisbefriedigung zielende Handlung.

archaisch: altertümlich; cf. *plesiomorph*.

Archanthropine: Frühmenschen; älteste Gruppe der *fossilen* Euhominiden (= Echtmenschen) wie *Pithecanthropus* und *Sinanthropus*, die heute alle zum Formenkreis *Homo erectus* gestellt werden.

Ashango: Bantu-Hackbauern in den Bergwäldern des südlichen Gabun. Unterhielten Kontakte zu den Obongo-Pygmäen, die es heute aber als Volksgruppe nicht mehr gibt.

Asmat: hochgewachsene Negride in den Niederungen und Sümpfen in Pfahlbau-Dörfern im Süden West-Irians, die etwa vor 10000 Jahren in Neu-

guinea eingewandert sind. Sie sind heute noch Kopfjäger und haben –
als untereinander fast ständig verfeindete Gruppen – ethologisch hochinteressante Allianzrituale und Bindungszeremonien entwickelt.

Atavismus: Rückfall; das individuelle Wiederauftreten stammesgeschichtlich alter, ursprünglicher Merkmale, wie etwa ein stark abgespreizter
großer Zeh oder 4 bis 6 Brustwarzen beim Menschen.

attention structure: Aufmerksamkeitsstruktur, nach welcher in einer Gruppe, in einem Verband bzw. in einer Wohngemeinschaft ranghohe, respektierte und geachtete Individuen erkannt werden, meist ausgedrückt
durch die Häufigkeit des »Ansehens«, der Zuwendung und des Re-
spektes seitens der anderen Gruppen-, Verbands- oder Wohngemein-
schafts-Mitglieder; cf. auch *charismatisch.*

Augengruß: cf. *Brauenheben.*

Autismus (autistisch): Selbst- oder Ichbezogenheit; weitgehende Kontakt-
verweigerung und Absonderung von der sozialen Umwelt, Flucht in
Wahnvorstellungen unter Selbstabsperrung (Abkapselung); vielfach
ausgelöst durch Deprivation und/oder *Hospitalismus.*

Ayom: kleinwüchsige Negride im Bergland von Neuguinea, die vor etwa
30000 Jahren bereits dort lebten und von den später eingewanderten
Großwüchsigen ins Landesinnere abgedrängt wurden.

Azande: Kriegervolk westafrikanischen Ursprungs im Nilquellengebiet und
nördlich des Ituri-Waldes (Nordost-Zaire). Sie bildeten einst einen
mächtigen Staat, führten Machtkämpfe vor allem mit den *Mangbetu*
und verzehrten ihre getöteten Feinde. Sie wurden fälschlich auch als
Niamniam bezeichnet.

Babira: Bantu-Hackbauern der offenen Ebenen und Regenwälder des Kongobeckens (Zaire). Beziehungen zu versprengten BatwaGruppen.

Bagandu: Bantu-Hackbauern in den Regenwäldern im Süden der Zentralafrikanischen Republik und im Norden des Kongo. Sie unterhalten enge symbiotische Beziehungen zu den Bayaka-Pygmäen, die vielerorts
zur Vasallisierung letzterer geführt haben.

Bagielli: kleine, stark akkulturierte, weitgehend seßhaft lebende Pygmäengruppen im Südwesten Kameruns, landeinwärts von Kribi.

Bagumba: Bantu in Südkamerun, vorwiegend Hackbauern und Fallensteller
mit Kontakten zu den *Bagielli.*

Bahutu: Bantu-Hackbauern der Gebirgssavannen von Ruanda und Burundi,
die lange Zeit unter der Herrschaft der *Watussi* (= *Batutsi*) als Vasallen und Leibeigene lebten.

Bakola: Bezeichnung für bereits seßhafte und stark akkulturierte Pygmäen
im Einzugsbereich der *Mahongwé* und im Abhängigkeitsverhältnis zu
den *Bong gom.*

Bakota: große Bantu-Gruppe im Ost-Gabun und im Nord-Kongo, vorwiegend Hackbauern und Fallensteller.

513

Bakuba: Bantu-Waldpflanzer im Kasai-Sankuru-Gebiet (Südwest-Zaire). Ehemalige Adels- und Herrscherschicht mit Kontakten zu den *Batwa.*

Bakumu: Bantu-Waldpflanzer, Jäger und Fallensteller im Raum Kisangani bis Lubutu (Ost-Zaire).

Bakwelle: Bantu im Ost-Gabun und im Nord-Kongo vorwiegend entlang der großen Flußläufe. Sie betreiben neben Waldpflanzungen bevorzugt Fischfang.

Balese: Bantu-Hackbauern im Regenwaldgebiet des Ituri (Nordost-Zaire), enge Symbiose mit den Efe-Pygmäen.

Baluba: Bantu-Hackbauern der Savannen und Regenwaldgebiete des zentralen Kongobeckens (Zaire).

Balzfüttern: cf. *Begrüßungsfüttern.*

BaMbuti: fälschliche und abwertende – ursprünglich von den *Wangwana* kolportierte und auch von den Bantu benutzte –, in der anthropologischen Literatur weit verbreitete Bezeichnung für die Ituri-Pygmäen. Meist sind dabei aber nur die *Efe* gemeint.

Banda-Yanguéré: zu den noch wenig bekannten Banda-Völkern gehörende Gruppe, die im 19. Jahrhundert, dem Sklavenjäger- und Araberdruck ausweichend, aus dem nordöstlichen Ubangui-Chari-Gebiet nach Süden in die Regenwälder Zentralafrikas vorgedrungen sind und sich dort als Waldpflanzer niedergelassen haben.

Bantu: große Sprachgruppe von Völkern in Afrika südlich einer Linie von Douala über den Nordrand des Victoriasees bis zum Indischen Ozean.

Barega: Bantu-Hackbauern im Raum Hombo bis zum Kivu-See (Ost-Zaire). Betreiben Feldbau bevorzugt auf totalen Rodungsinseln, die den dortigen Bergregenwald immer weiter schrumpfen lassen.

Batùa: Synonym für *Batwa.*

Batutsi: cf. *Watussi.*

Batwa: über Zaire, Ruanda und Burundi verstreute, stark akkulturierte, teilweise mit den Bantu genetisch vermischte Pygmäengruppen, z.T. handwerklich spezialisiert als *Töpfer-Batwa.* In der anthropologischen Literatur auch als Batùa, Bacwa, Basua, Watwa oder Barhwa bezeichnet.

Begrüßungsfüttern: eine *epigame* Verhaltensweise bei Vögeln, die sich historisch aus dem Jungefüttern ableitet und zur Beschwichtigung des umworbenen Partners dient. Futterübergabe zur Kopulationseinleitung, auch *Balzfüttern* genannt. Bei vielen Arten wird gar nicht mehr gefüttert, und die Begrüßung beschränkt sich auf die Übergabe von Nistmaterial oder nur aufs Schnäbeln.

Benin: im 12. Jahrhundert gegründetes kleines Königreich im Gebiet des heutigen Benin-City in Süd-Nigeria. Zwischen 1260 und 1300 wurde der Bronzeguß – offensichtlich von den Yoruba – ins Land gebracht. Ab 1485 kamen als erste Europäer die Portugiesen ins Land, 1897 wurde Benin von den Engländern erobert und zerstört. Nicht zu verwechseln mit der geographisch weiter westlichen, heutigen Republik Benin (Ex-Dahomey).

Beruhigungssaugen: das In-den-Mund-Nehmen der Brustwarze und das Nuckeln daran, ohne wirklich zu trinken. Das Kind saugt an der Brust, nicht weil es hungrig ist, sondern um sich zu beruhigen und um sich in Sicherheit zu fühlen. Dieses Verhalten ist auch von zahlreichen nicht-menschlichen Primaten bekannt. In unseren Industriegesellschaften gibt man häufig in der gleichen Situation den bezugslosen Schnuller.

Bezugskreis: neben der Mutter als Hauptbezugsperson mehrere vertraute Personen im engeren Bekanntenkreis eines Kleinkindes (cf. Kapitel 8).

Bezugsperson: eine Person, die vom Kind – trotz dessen zahlreicher Kontakte mit anderen Leuten in der Gruppe – immer wieder bevorzugt aufgesucht wird. Im Normalfall handelt es sich dabei um die Mutter (cf. Kapitel 8).

Bindemechanismus: die Existenz bandstiftender und aggressionsbeschwichtigender Verhaltensweisen im Dienste der Gruppenbindung und/oder zwischen Partnern eines Paares, wie *Groomingtalk,* Nahrungstausch, Nahrungsteilen, gemeinsames Rauchen, soziales Lausen und die Bindung über das Kind. Die Bindung zwischen Paarpartnern wird u. a. besonders häufig durch Verhaltensweisen aus dem sexuellen Bereich aufrechterhalten, wie etwa die nicht der Fortpflanzung dienende (Bindungs-)Kopulation mit dem Orgasmus als Endhandlung.

Biosphäre: Gesamtheit des von Organismen (Lebewesen) besiedelten Teils der Erde. Nach dieser Definition dürfte man in bezug auf ein »Lebensareal für Pygmäen« diesen Begriff nicht verwenden, obwohl er im Französischen so gebraucht wird.

Blindbremsen: blutsaugende Fliegen der Gattung *Chrysops* aus der Familie der Tabanidae (Bremsen). Sie fungieren im tropischen Afrika vorwiegend als Überträger der humanpathogenen *Filarien.*

Bong gom: Bezeichnung für seßhafte, stark akkulturierte, mit den *Mahongwé* genetisch vermischte Pygmäen im Nordost-Gabun, die ihrerseits die *Bakola* in ein Abhängigkeitsverhältnis genommen haben.

Bongo: in Ostafrika im vorigen Jahrhundert weitverzweigte, im Einzugsgebiet der *Azande* und *Mangbetu* lebende, Hunderttausende zählende Volksgruppe, die heute auf einige Hundertschaften zusammengeschmolzen ist.

Brachymorphie: Minderwuchs mit kurzen Gliedmaßen, gedrungenem Thorax und eingeschränkter Beweglichkeit.

Bradykardie: verlangsamte Herztätigkeit.

Brauenheben: das schnelle Anheben der Augenbrauen (= Augengruß), die bei Erwachsenen $1/6$ Sekunde maximal angehoben bleiben (cf. Kapitel 10).

Brustkneifen: feste, rhythmische Kneifbewegungen des menschlichen Säuglings an der Mutterbrust während des intensiven Saugens, als sollte da-

515

bei der Milchfluß erhöht werden. Dieses Verhaltenselement scheint dem bei anderen Säugern vorkommenden *Milchtritt* stammesgeschichtlich verwandt.

Buttersäure: Acidum butyricum (= CH_3-CH_2-CH_2-COOH), eine ranzig riechende Monokarbonsäure. Als Triglyceride in tierischen und menschlichen Sekreten und Fetten nachweisbar, auch in Hautausdünstungen, auf welche zahlreiche *pathogene Ektoparasiten* ansprechen und dadurch angezogen werden.

charismatisch: besondere Eigenschaft der »Außeralltäglichkeit« aus der Gruppe herausragender, Aufmerksamkeit, Achtung und Respekt auslösender (Führungs-)Personen, (von *Charisma* = Gnadengabe). Man spricht in der Ethologie des Menschen auch von *attention structure*.

chiropterophil: fledermausliebend; Blüten, die durch Fledermäuse und Flughunde bestäubt werden.

Chondrodystrophie: erbbedingte, *achondroplastische* Knorpelbildungsstörung, die schon während der Embryonalzeit (-entwicklung) einsetzt und zu einer vorzeitigen Beendigung der Knochenbildung führt. Die Folge ist eine Verkürzung der Röhrenknochen und damit unproportionierter Zwergwuchs mit stark verkürzten Armen und Beinen (*Mikromelie, Brachymelie, Brachyskelie*).

Dani: alteingesessene Kleinwüchsige aus dem Baliemtal im zentralen Bergland von West-Irian. Sie gehören zu den vor etwa 30 000 Jahren in Neuguinea eingewanderten Völkern des negriden Formenkreises mit dunkelbrauner Hautfarbe, schwärzlichem Kraushaar und etwa 1,50 m Körperhöhe. Der Dani-Typus ist durch langen Rumpf und relativ kurze Beine gekennzeichnet. Sie leben als neolithische Pflanzer in Höhen zwischen 1600 bis 2500 m NN in permanenten Weilern, die untereinander fast ständig in kriegerische Auseinandersetzungen verwickelt sind.

Dauermonogamie: Dauereinehe; cf. *Partnerbindung.*

Degenerationstheorie: Denkrichtung, die versucht, mit dem durch Stoffwechselstörungen hervorgerufenen Minderwuchs wie *Chondrodystrophie* das Erscheinungsbild der Pygmäen und der negriden Kleinwüchsigen generell zu erklären; sie hat sich jedoch als irrig erwiesen.

Diastema: angeborene Zahnlücke; freier Raum zwischen zwei Zähnen, meist den oberen mittleren Schneidezähnen.

Dinka: nilotische Rindernomaden (auch Rinderraub betreibend) im Südsudan und Nordkenia mit Hirsefeldbau, doch Kuhmilch als Hauptnahrung; cf. *Nomaden.*

Dioscorea: Gattung der Yamswurzelgewächse (Dioscoreaceae), die mit mehr als 400 Arten in den Tropen und Subtropen als kletternde und schlingende Lianenpflanzen mit knolligen, stärkereichen Rhizomen (= Wur-

516

zelknollen) vorkommen und wie unsere Kartoffeln verwendet werden. Sie sind jedoch wegen des Alkaloids *Dioscorin* ungekocht oft giftig. Dieses Dioscorin hat bei der Entwicklung von Antikonzeptionsmitteln eine Rolle gespielt.

Dorsolumbalmuskeln: Rücken-Kreuz-Muskeln, die bei Naturvölkern beiderlei Geschlechts allgemein gut entwickelt sind.

Duffy-System: Blutfaktoren-System, das durch die Antikörper Fy^a + Fy^b charakterisiert ist und bei Transfusions-Zwischenfällen eine Rolle spielt. Das Duffy-System hat sich bei der Klärung evolutionsbiologischer Fragen als verwendbar erwiesen.

Dysenterie: durch Shigella-Bakterien hervorgerufene Infektionskrankheit des Dickdarms mit wäßrig-dünnen Durchfällen.

Efe: als Sammler und Netzjäger eine Volksgruppe der Ost-Pygmäen im Ituri-Wald. Sie sind die kleinsten Pygmäen überhaupt; cf. Kapitel 5.

eingepaßt: cf. *angepaßt.*

Eipo: alteingesessene Kleinwüchsige im zentralen Bergland von West-Irian. Sie gehören zu den vor etwa 30000 Jahren in Neuguinea eingewanderten Völkern des negriden Formenkreises mit hell- bis dunkelbrauner Hautfarbe, schwärzlichem Kraushaar und weniger als 1,50 m Körpergröße. Sie sind neolithische Pflanzer und siedeln in Haufendörfern auf Kuppen, Bergnasen und Felsvorsprüngen.

Ektoparasit(en): Schmarotzer, die sich zeitweise oder dauernd auf der Körperoberfläche aufhalten (Außenschmarotzer).

Elefantiasis: unförmige bis groteske Verdickung von Körperteilen, meist der Haut und des Unterhautgewebes als Folge von Lymphgefäßverlagerung und Lymphstauung, ausgelöst durch die Filarie *Wucheria bancrofti.*

Elternhocker: cf. *Nesthocker.*

Endokarp: die innere Schicht der Fruchtwand.

endokrin: die innere Sekretion betreffend.

Entbehrungserlebnis: Erlebnisenttäuschung durch Ausbleiben eines erwarteten und/oder geplanten Handlungserfolges, von dem die Befriedigung primärer oder sekundärer Bedürfnisse abhängt. Nach Erhebungen in der Psychologie tritt unter bestimmten Umständen als Reaktion auf *Frustration* regelmäßig aggressives Verhalten auf, dessen Stärke direkt proportional zu jener des Frustrationserlebnisses sein soll. Statt Aggression kann umgekehrt aber auch Depression die Folge von Frustration sein.

epigam: die Fortpflanzung betreffend.

Erbkoordination: im Verhaltensrepertoire eines organisierten Lebewesens wiedererkennbare, mithin »formkonstante« Bewegungen und deren Abläufe, die vom Lebewesen nicht gelernt werden müssen und die – wie somatische Merkmale – Kennzeichen der Art sind. Es handelt sich dabei gewissermaßen um ein genetisch fixiertes, *angeborenes Können,* das aber einem *Reifeprozeß* unterliegen kann.

Ersatzobjekt: Bezeichnung für ein »falsches« oder Ausweichobjekt, das bei langem Ausbleiben adäquat auslösender Situationen – und auf diese Weise mit Schwellenerniedrigung – eine Endhandlung auslösen kann, ohne daß sich dabei deren biologischer Sinn erfüllt.

Ethnozid: Völkermord; Delikt wider das Völkerrecht. Vollständige oder partielle, direkte oder indirekte physische Dezimierung (Ausrottung) von Völkern oder Volksgruppen (Völkertod). Im weiteren Sinne auch Maßnahmen, die nicht direkt Mord umfassen, sondern die Eigenständigkeit und Existenz von Völkern oder Volksgruppen in Frage stellen oder gefährden.

Exogamie: Vorschrift (Verbindlichkeit) zur Bildung einer Lebens- bzw. Ehegemeinschaft (= *Konubium*) mit einem Partner außerhalb der eigenen Familie, Gruppe oder des eigenen Verbandes; cf. *Inzesttabu.*

Exophthalmie (exophthalmisch): Hervortreten der Augäpfel mit entsprechender Einschränkung ihrer Bewegungsfähigkeit, auch Glotzaugen genannt. Häufig in Verbindung mit durch Jodmangel hervorgerufener Kropfbildung.

Exosphäre: in der Menschenforschung der soziologische Raum außerhalb der eigenen Ethnie, des eigenen Volksgebietes. Bezeichnung für das *fremdethnisch*(e) Gebiet.

Extrusion: in der Völkerkunde das Ausweisen der Kinder aus der elterlichen Wohnhütte ab einem gewissen Alter, das abhängig von der Kinderzahl erheblichen Variationen unterliegen kann.

Fadenwürmer: weltweit verbreitete Klasse fadenartig dünner, kleiner, zum Teil winziger Schlauchwürmer mit etwa 1500 Arten. Viele davon sind bei Tieren und Menschen pathogen wie die *Filarien* als Erreger von *Elefantiasis, Kalabarbeule, Onchozerkose* und anderen *Filariosen.*

Familiengruppe: die Kernfamilie einschließlich der *konsanguinen* Vorfahren. Von einer *erweiterten Familiengruppe* spricht man, wenn die von den Nachfahren angeheirateten Personen dazukommen.

Fang: Bantu-Volk im Nord-Gabun und in Süd-Kamerun, auch Pangwe genannt. Ehemals sehr kriegerisch mit Unterjochung zahlreicher Volksgruppen, die heute alle unter kulturellem Einfluß der Fang stehen und nicht selten ihrem Eigennamen das Wort Fang voransetzen wie z. B. Fang-Makina.

Fetisch: Bezeichnung für ein Objekt, das durch einen – in ihn gelegten – Zauber als *Apotropaion* schützend und helfend wirkt. Bei Kindern mit Zärtlichkeitsdefizit und mangelnder elterlicher Zuneigung kann z. B. die Schmusedecke beim Einschlafen langjährig durchaus zum Fetisch werden.

Filarien: cf. *Fadenwürmer.*

Filariose: in den Tropen und Subtropen durch *Filarien* hervorgerufene Bindegewebs- oder Lymphgefäß-System-Erkrankung des Menschen wie *Elefantiasis, Onchozerkose* und *Kalabarbeule.*

Forestiers: cf. *Holzleute.*

Formenkreis: taxonomischer Begriff für miteinander verwandte Arten und/oder Unterarten, die sich geographisch, ökologisch oder zeitlich vertreten.

Fötus: bei Säugern die 2. intra-uterine Entwicklungsphase des Embryos, welche insbesondere die Differenzierung der verschiedenen Organe umfaßt. Beim Menschen ist es die Zeit vom 5. Schwangerschaftsmonat bis zur Geburt.

Frankolin(e): Gattung rebhuhnartiger afrikanischer Feld- und Waldhühner (= Galliformes).

Fremdeln, Fremdenfurcht: eine Reaktion des Kleinkindes, mit der durch »Sich-Abwenden« ihm unbekannte Personen (Menschen) abgelehnt werden. Das Kind fremdelt. Diese Entwicklung kann etwa im 8. Lebensmonat ihren Höhepunkt erreichen, weshalb man auch von der *Achtmonatsangst* spricht (cf. Kapitel 10). Der gelegentlich verwendete Ausdruck *Xenophobie,* der eigentlich nichts anderes bedeutet als eben *Fremdenfurcht* oder Fremdenscheu, sollte aber in der Ethologie nicht gebraucht werden, da er im alltäglichen Sprachgebrauch eine negativierende Bedeutungswandlung erfahren hat und insbesondere von den Medien völlig irrig im Sinne von »Fremdenhaß« und »Fremdenablehnung« gebraucht wird.

fremd-ethnisch: cf. *Exosphäre.*

Fremdputzen: intraspezifische soziale Körperpflege-Handlungen oder *allogrooming* mit der wohl ursprünglichen Aufgabe, jene Körperstellen zu reinigen, die der Partner selbst nicht erreichen kann. In *ritualisierter* Form hat das »Einander-Putzen« eine wichtige bindende Funktion zwischen Paarpartnern und/oder Mitgliedern einer Gruppe. Bei Vögeln spricht man allgemein von *Gefiederkraulen.*

Frustration: cf. *Entbehrungserlebnis.*

Fusospillose (Fusospirillose): das massenhafte, gemeinsame, zu Gewebsnekrosen wie *Ulcus tropicum* führende Vorkommen von Fusobakterien und Spirochaeten.

Gefiederkraulen: cf. *Fremdputzen.*

Grazilisation: evolutionsgeschichtlicher Prozeß hin zur Feingliedrigkeit und Schlankheit der Gestalt.

Groomingtalk: Wechselgespräch als bandstiftendes Ritual mit kaum sachlichem Informationsaustausch (= *Smalltalk*). Wohl aber enthält ein solches »Putzgespräch« die soziale Information, daß man am Partner interessiert ist. Es hat auch die Funktion der freundlichen Kontaktherstellung.

Grumiers: französisches Wort für schwere LKW als Langholztransporter für die mächtigen Stämme (= grumes) gefällter Baumriesen des tropischen Regenwaldes.

gruppenbindender Mechanismus: aggressionshemmende Einrichtungen in der Gruppe und/oder einer Wohngemeinschaft wie *Groomingtalk,* gemeinsame Jagd, Nahrungsaustausch, Nahrungsteilen, gemeinsames Rauchen, soziale Körperpflege und die Bindung über das Kind (cf. auch *Bindemechanismus*).

Hadza: kleinwüchsige Sammler und Jäger im Gebiet des Lake Eyasi (Tansania), als Restvolk mit offensichtlich verwandtschaftlichen Beziehungen zu den Buschleuten. Heute weitgehend genetisch vermischt mit den *Isanzu.*

Händepatschen: bei Kleinkindern (den Allerkleinsten) ursprünglich wohl ein *angeborenes* Verhaltenselement des Greifens mit beiden Händen nach der Mutter oder Bezugsperson, das durch Ineinander-Klatschen der Hände zu einer Bittbewegung geführt hat, die man wiederholt, da schnell in Erfahrung gebracht wurde, daß man etwas dafür bekommt, und die auch dann noch ausgeführt wird, wenn man etwas bekommen hat, also verstärkt wurde. Daraus könnte sich durchaus das heute in ritualisierter Form praktizierte (Beifall-) Klatschen entwickelt haben. Damit hätte das ursprüngliche Händepatschen eine Bedeutungswandlung erfahren, die später kulturell tradiert wurde.

Handgreifreflex: eine charakteristische Reaktion des neugeborenen menschlichen Säuglings. Bei taktiler Berührung der Handfläche schließen sich die Finger in einer geordneten Abfolge fest um den berührenden Gegenstand. Dieser *Klammerreflex* ist ganz offensichtlich ein Verhaltensrudiment aus der Frühgeschichte der menschlichen Evolution, als sich der Säugling als echter *Tragling* noch im Haarkleid der Mutter festhielt.

Haplotyp: »nur einmal« (gr. *haplo*) vorhandener Alleltyp.

haptisch: greifbar, berührbar, den Tastsinn betreffend.

Haussa: Handels- und Handwerkervölker in West- und Zentralafrika. Sie sind wirtschaftlich führend, weit verbreitet und weitgehend islamisiert. Schon im 15. Jahrhundert bedeutende Staaten zwischen Songhai und Burnu. *Haussa* ist auch eine wichtige Verkehrssprache in Westafrika.

Hautleisten: auf der Hautoberfläche, vor allem an Händen, Fingern und Zehen entwickelte Unebenheiten und Furchen, die ein bestimmtes Hautleisten-System bilden. Diese Muster haben individuellen und populationellen (Erkennungs-)Charakter, wie etwa die hohe Frequenz der Vierfingerfurche bei den Pygmäen.

Hirsutismus: übermäßig starker Haarwuchs am Körper, vor allem bei Frauen (hier auch Bartwuchs).

Holozän: die früher Alluvium genannte, ans Pleistozän anschließende, geologische Gegenwart seit dem Ende der letzten Eiszeit von vor etwa 10000 Jahren.

Holzleute: die von Holzfällergesellschaften in den Tropen Beschäftigten (= *Forestiers*), deren Aktivität im Spektrum der destruktiven Holzwirtschaft (= Ausbeutung) des Regenwaldes liegt. Es handelt sich keineswegs um Förster!

Holzpech: cf. *Laubholzteer.*

Hominide: Menschenformen seit den ständig biped und aufrecht gehenden Australopithecinen von vor etwa 3,5 Millionen Jahren. Gleichzeitig vollzog sich die Rückbildung der caninen Reißzähne zu – aus dem Gesamtgebiß – nicht mehr überstehenden Eckzähnen. Nur eine rezente biologische Art *Homo sapiens* mit ursprünglich 3 geographisch und vielleicht auch zeitlich getrennt entstandenen *Unterart*en.

Homo erectus: Frühmenschengruppe, im Anschluß (?) an die Australopithecinen und *Homo habilis*, die von etwa vor 2 Millionen Jahren bis vor 200000 Jahren lebte und über Afrika, Europa und Asien verbreitet war.

homolog (Homologie): die Gleichartigkeit von Organismen, Organen, morphologischen Strukturen, Körpermerkmalen und Verhaltensweisen aufgrund gemeinsamer stammesgeschichtlicher Herkunft. Der Nachweis von Homologien ist ein wichtiges Element zur Ermittlung der Phylogenetik und zur Aufstellung eines natürlichen Systems der organisierten Lebewesen.

Horde: Bezeichnung für eine umherstreifende Völkerschaft oder eine wilde Schar. Horde entstammt dem türkischen *ordu* (= Heer), das wiederum auf das tatarische *urdu* (= Lager) zurückgeht. In der Völkerkunde meint man damit eine Menschengruppe von untereinander verwandten Familien mit gemeinsamem Lagerplatz und ohne feste Sozialordnung. In der älteren Literatur über Naturvölker, insbesondere für Sammler und Jäger gebrauchter Ausdruck. Nach der obigen Definition aber sollte diese Bezeichnung für rezente *Wildbeuter* nicht mehr gebraucht werden, da *Wohngemeinschaft* und/oder *Lokalgruppe* den tatsächlichen Gegebenheiten besser entspricht, in denen die Mitglieder nicht alle miteinander verwandt sind (cf. Kapitel 4).

Hospitalismus: Sammelbezeichnung für somatische und seelische Schäden, bedingt durch einen längeren Krankenhausaufenthalt, vor allem bei Kleinkindern, als Ursache der dadurch bedingten Trennung von der Mutter.

Hyläa: von Alexander von Humboldt geprägter Begriff für den tropischen, *sempervirenten* (= immergrünen) und *ombrophilen* Wald (gr. *hylä*). In einigen Enzyklopädien fälschlich nur auf den Amazonas-Regenwald bezogen.

Hypophyse: Gehirnanhangsdrüse, »übergeordnete«, haselkerngroße, endokrine Hormondrüse, die an einem trichterförmigen, mit dem *Hypo-*

thalamus zusammenhängenden Stiel liegt. Sie steht in funktioneller Wechselbeziehung mit verschiedenen inkretorischen Organen wie Schilddrüse, Keimdrüsen, Nebenniere etc. Die Hormone des *Hypophysen-Vorderlappens* steuern die wichtigsten Organe und vor allem das Wachstum.

Hypothalamus: basaler Wandteil des Zwischenhirns bei Wirbeltieren, der als übergeordnetes Zentrum die Erhaltung der normalen Körpertemperatur, die Kreislauf- und Atmungsanpassung reguliert. Er ist Sitz des Appetit- bzw. Sattheitszentrums und mehrerer Kerngebiete mit Neurosekretion wie etwa *Oxytozin.*

Immunglobulin(e): Gammaglobuline als Antikörper der spezifischen, körpereigenen Abwehr gegen pathogene Elemente dienende Plasmaproteine.

Integument: die Gesamtheit der Hautschichten eines Organismus.

Inzesttabu: das Verbot sexueller Beziehungen zwischen blutsverwandten Menschen. Bei Naturvölkern unterliegen diesem Gebot auch die nicht *konsanguinen* Mitglieder einer Wohngemeinschaft, wodurch das Inzesttabu zu einem generellen *Exogamie*-Gebot geworden ist, sozusagen in ritualisierter Form auftritt; cf. auch *Kibbuz-Effekt.*

Iris: Regenbogenhaut des Auges.

Isanzu: seßhafte Hackbauern im Gebiet des Lake Eyasi (Tansania), stehen in Kontakt mit den *Hadza*, mit denen sie sich weitgehend vermischt haben.

Jarawa: negride, kleinwüchsige Menschengruppe auf der Westseite von Mittel- und Südandaman. Sie sind dunkelhäutig mit ursprünglichen Merkmalen wie ausgeprägtem Pfefferkorn-Haupthaar, Frauen mit achselständigen Brüsten, starker *Lendenlordose* und ausgeprägter *Steatopygie*. Relativ kriegerische und fremdenscheue Sammler, Jäger und Fischer.

Kalabarbeule: nach der nigerianischen Hafenstadt Calabar genanntes, durch *Loa loa*-Filarien-Infektion hervorgerufenes Hautödem.

Karbon: vorletzte Formation des Paläozoikums (= Erdaltertums), die Zeit von vor 350 bis 270 Mill. Jahren umfassend.

karbon-muskulär: Menschentypus mit großem, runden Kopf, gewölbter Stirn, gut entwickelter Unterkieferpartie und breiten, kräftigen Zähnen.

kauliflor: Pflanzen, vor allem Sträucher und Bäume, mit direkt am Stamm ansetzenden Blüten und Früchten.

Kibbuz-Effekt: praktizierte Gruppen-*Exogamie* der im Kibbuz gemeinsam – wie Geschwister – aufgewachsenen, nicht blutsverwandten Kinder, die nach Erlangen der Geschlechtsreife ihre Partner außerhalb der eigenen Gesellschaft (hebräisch Kibbuz) suchen, obwohl ein entsprechendes *Exogamie*-Gebot nicht besteht.

Kindchenschema: Kombination von Schlüsselreizen (Körpermerkmalen), die in summativer Wirkung beim Menschen – und offensichtlich auch bei anderen Primaten – bei Vorhandensein gewisser Proportionstypen, wie im Verhältnis zum Körper relativ großer, dicker Kopf mit deutlicher Stirnwölbung und großen, runden Augen, *Pflegeverhalten* auslösen.

Kingwana: Kisuaheli sprechende Untertanen der Zanzibar-Araber, die sich meist aus Manyema und Kusu rekrutieren und später ins Gebiet der *Mangbetu* eindrangen. Richtiger wäre *Wangwana,* da das Präfix »Ki« in diesem Fall Sprache bedeutet.

Kirdi: seßhaftes, palänegrides Volk in den schwer zugänglichen Mandara-Bergen Nordwest-Kameruns und Nordost-Nigerias. Sie bilden keine Dorfgemeinschaften, sondern leben in Großfamilien-Weilern, sog. *Saré,* gebildet aus mehreren kleinen, eng beieinander stehenden Rundhütten mit sehr hohem, spitzem Kegelstrohdach. Die Kirdi haben eine rötlich-braune Hautfarbe und als ursprüngliches Merkmal Pfefferkorn-Haupthaar.

Klammerreflex: cf. *Handgreifreflex.*

Kleptoparasit(en): Beuteschmarotzer, Sozialparasiten; Organismen, die anderen Arten die Beute abjagen oder streitig machen.

Kontaktstreben: bei Kleinkindern die aktive Suche nach Kontakt durch verschiedene (Initiativ-)Gebärden und Bewegungen, z.B. Betteln durch *Händepatschen* und Greifen ins Leere in Richtung der (Kontakt-)Person.

Konubium: Lebensgemeinschaft zwischen Mann und Frau, Ehegemeinschaft.

Konvergenz: Formenähnlichkeit ursprünglich ganz verschieden gestalteter Organe nicht-verwandter Organismen, der Organismen selbst und deren Verhaltensweisen als Ergebnis stammesgeschichtlicher Anpassung an gleichartige oder ähnliche Umweltbedingungen. Eine Konvergenz ist nie vollkommen, sondern betrifft vor allem die zum Überleben notwendigen Bereiche.

Kopuline: cf. *Pheromone.*

Korbzellen: myoepitheliale Zellen an den Endstück-Epithelien ektodermaler Drüsen.

Kortikosteroide: die ca. 50 in der Nebennierenrinde unter ACTH-(Adeno-Cortico-Trope Hormon-)Steuerung aus Progesteron gebildeten Steroidhormone. Unter ihnen auch die geschlechtsspezifischen Hormone wie Androgene und Östrogene. Sie sind im Blut und Harn unverändert oder metabolisiert nachweisbar.

Krabbelalter: Entwicklungsphase des menschlichen Kleinkindes, während welcher es sich ausschließlich bis vorwiegend – kreuzgangkoordiniert – »auf allen vieren« fortbewegt.

Kriebelmücken: kleine, blutsaugende, schwarze Fliegen der Familie Simuliidae. Sie sind weltweit verbreitet, vor allem in der Nähe von Fließgewässern, und fungieren im tropischen Afrika als Überträger der *On-chozerkose*.

Kumpan: Partner in einem bestimmten »Funktionskreis« [190].

Kuspiden: Zahnhöcker der Prämolaren und Molaren.

Kyphose: rückwärts gerichtete, dorsalkonvexe Krümmung der Wirbelsäule wie beim Buckel oder Sitzbuckel.

Lactatio agravidica: allein durch den Saugreiz ausgelöste Milchabsonderung (-abgabe) ohne vorausgegangene Schwangerschaft bei einer Ersatz-mutter.

Laktation: Milchabsonderung aus der Brustdrüse.

Lanugo: feines, wolliges Haarkleid oder Flaumbehaarung, die den mensch-lichen Fötus in der 2. Schwangerschaftshälfte umgibt und normaler-weise vor der Geburt abfällt. Bei den Pygmäen ist Lanugo auch nach der Geburt noch vorhanden und bleibt im Erwachsenenalter erhalten. Somit kann es als phylogenetisch ursprüngliches Merkmal gewertet werden.

Laubholzteer: bei der Verbrennung von Laubholz im aufsteigenden Rauch enthaltenes Produkt, das sich als dunkelbraune bis schwarze, klebrige Substanz mit imprägnierenden Eigenschaften an der Innenseite des Hüttendaches festsetzt. Enthält 65% Holzpech, 18% Wasserdampf, 9% Schweröle, 5% Leichtöle, 2% Essigsäure und 1% Holzgeist.

Lek: Männerbalzplatz, auch Arenabalzplatz; bekannte Plätze, auf denen die Männchen verschiedener Amphibien (Frösche), Vögel und Säuger zur gemeinsamen Balz zusammenkommen, gemeinsam singen oder rufen, Tänze und/oder untereinander wilde Kämpfe aufführen. Die Weibchen kommen meist zur Begattung heran und wählen den Partner. Arten, denen ein solches Verhalten eigen ist, zeigen meist einen auffälligen Geschlechtsdimorphismus und kennen keine Partnerbindung. In ge-wisser Weise gibt es auch bei einigen Völkern wie den Massai und den Bororo Veranstaltungen an dafür festgelegten Plätzen – also Leks – mit Männertänzen, bei denen die Mädchen sich als Zuschauerinnen heran-begeben und als ausschließliche Partnerwählerinnen auftreten. Für diese Tanzveranstaltungen haben sich die Männer eigens herausge-putzt.

Lendenlordose: nach vorn gewölbte (= konvexe) Krümmung der Lenden-wirbelsäule, meist verbunden mit einem Nach-hinten-Abknicken der Steißwirbel und Ansätzen zu *Steatopygie*.

Leptosporangiaten: Unterklasse der Farngewächse, vor allem tropische Kraut- und Baumformen.

Lernprozeß: Vorgang des Lernens, wie Aufnahme und Speicherung (= Ge-dächtnis) von Informationen, welche für eine adäquate Handlung ab-rufbar sind.

Levirat: Ehelichen des Schwagers nach dem Tod des Ehemannes.

Lobaye: in der Zentralafrikanischen Republik ab Mandoukou von West nach Ost führender Fluß, der bei Zinga »à la Pointe Germanique« (= am Deutschen Eck), wo tatsächlich noch ein deutscher Grenzstein steht, in den Ubangui mündet. Lobaye ist gleichzeitig die Bezeichnung der Regenwaldregion im Einzugsbereich dieses Flusses und Haupt-Lebensareal der Bayaka-Pygmäen.

Lokalgruppe: die kleinste sozial-ökonomische Grundeinheit menschlicher Gesellung, bestehend aus einigen Männern, Frauen und deren Kindern. Die Gesamtzahl einer solchen Gruppierung überschreitet meist nicht 30 Personen, die zusammen an einem Ort leben, der aber jahreszeitlich geographisch veränderlich sein kann. Die Mitglieder einer solchen Lokalgruppe können, aber müssen nicht alle miteinander verwandt sein; cf. Kapitel 4.

Machete: etwa 50 cm langes, kräftiges (Hau-)Buschmesser.

Mahongwé: Untergruppe der *Bakota*-Familie in Ost-Gabun und im Nord-Kongo.

Maka: kleines Bantu-Volk im Südosten Kameruns unter starkem kulturellen Einfluß der *Fang*.

Manen: Totengeister (Geister der Verstorbenen).

Mangbetu: ursprünglich ein Herrschergeschlecht zentralafrikanischer Herkunft mit Königstum-Gründungen in den Feuchtsavannen und Regenwäldern am Rande des Kongobeckens (Nordost-Zaire). Ende des 19. Jahrhunderts auf dem Höhepunkt der Macht, hatten die Mangbetu ein beinahe vereinigtes Großreich geschaffen. Sklavenhaltung und »Mangbetuisierung« zahlreicher Völker. Beziehungen zu den Ituri-Pygmäen, insbesondere den *Akkah*, die sie als Kriegerscharen in ihre Dienste stellten und vor allem gegen die *Azande* einsetzten.

Männerbund: Zusammenschluß erwachsener Männer einer Volksgruppe, Wohngemeinschaft oder eines Verbandes, der unter Verwendung sakraler Gegenstände der Pflege von überlieferten Sitten und Gebräuchen dient.

Marigot: in den frankophonen Gebieten Afrikas die Bezeichnung für einen Urwaldbach unterschiedlicher Breite.

Medlpa: kampflustiges und kriegerisches Volk im Hochland von Papua-Neuguinea. Die Medlpa sind hochgewachsene, im Mittel 1,80 m große Negride, die etwa vor 10000 Jahren in Neuguinea eingewandert sind.

Megachiropteren: Großfledermäuse der Tropen, auch Flughunde genannt. Sie ernähren sich vorwiegend von Früchten, Pollen und Nektar. Sie sind auch als Bestäuber *chiropterophil*er Blüten von Bedeutung.

melanoderm: eigentlich schwarzhäutig, beim Menschen im weitesten Sinne für dunkelhäutig.

Mende: westafrikanische Waldpflanzer in Liberia und Sierra Leone. Die etwa 1 Million Leute umfassende Bevölkerung teilt sich auf in 70 autonom funktionierende Häuptlingstümer.

Merkwelt: die zur Lebensbewältigung aus der Umwelt *sensu* von Uexküll unter Zuordnung bestimmter Organe und Verhaltensweisen herausgefilterten Eigenschaften eines organisierten Lebewesens.

Mesokarp: die Mittelschicht der Fruchtwand.

Mesokephalie: mittelbreite Kopfform.

Mesozoikum: Erdmittelalter; umfaßt Trias, Jura und Kreidezeit von vor 220 bis 70 Millionen Jahren.

Metazoen: Vielzeller; in allen Lebensräumen weltweit verbreitet und aus zahlreichen Zellen zusammengesetzt. Im Erwachsenenstadium sind diese in Körperzellen (= Somazellen) und Keimzellen (= Geschlechtszellen) gesondert.

Milchtritt: bei einigen Säugern wie Hasen, Nagern, Katzen und Hunden rhythmische, an Massage erinnernde Tretbewegungen des liegend saugenden Jungen mit der Vorderpfote gegen den Bauch oder die Milchorgane der Mutter zur sichtlichen Stimulierung des Milchflusses. Bei stehend saugenden Jungen wie Rindern, Hirschen und Pferden werden an Stelle dessen Stoßbewegungen mit Schnauze oder Kopf gegen das Euter oder die Zitze ausgeführt. Ferkel massieren intensiv mit der Schnauze und treten gleichzeitig noch mit den Vorderläufen. Es handelt sich ganz offensichtlich um ein *genetisch fixiertes*, also *angeborenes* Bewegungsmuster, das bei einigen Karnivoren bei nicht mehr saugenden Jungen als Bettelgeste mit der Vorderpfote gegen das Maul der Mutter ausgeführt wird. Beim Menschen unterschiedlicher Ethnien und Kulturen existiert es in abgewandelter Form als *Brustkneifen.*

Mobilität: Beweglichkeit; bei den Pygmäen und anderen Sammlern und Jägern die Potentialität des ständigen Wohnort-Wechsels.

Mogielli: Singular von *Bagielli.*

Mokola: Singular von *Bakola.*

Momfu: eines der zahlreichen, nicht sehr kopfstarken, völlig »mangbetuisierten« Völker im Nordosten des Zaire.

Mò.Ngandu: Singular von *Bagandu.*

Monogamie: Einehe; cf. *Partnerbindung.*

Moschus-Substanzen: aus dem zwischen Nabel und Penisfutteral gelegenen Drüsenbeutel des Moschus-Hirsches gewonnenes braunrotes, schmieriges Riechstoffgemisch, aus dem vor allem *Muscon* und *Muscopyridin* als sekundäre »Sexual-Lockstoffe« in der Herstellung von Parfümen Verwendung finden. Moschusstoffe gibt es auch bei zahlreichen anderen Säugern. Bei Menschenmännern konnte im Achselhöhlenschweiß das nach Moschus riechende *Androstenol* nachgewiesen werden (cf. *Pheromone*).

Muhongwé: Singular von *Mahongwé.*

Mukwelle: Singular von *Bakwelle.*

multivalent: mehr- oder vielseitig, mehrere Lösungen zulassend.

Mund-zu-Mund-Füttern: bei zahlreichen Völkern und Kulturen übliche Fütterung des Kleinkindes, wobei es den Mund leicht öffnet und die Mutter oder eine andere Bezugsperson vorgekaute Nahrung mit der Zunge in dessen Mund schiebt. Bei Erwachsenen tritt es unter Sich-Liebenden in ritualisierter Form als Kußfüttern und Zärtlichkeitsfüttern auf.

Muntu: Singular von *Bantu.*

Murhwa: Singular von Barhwa; cf. *Batwa.*

muße-intensiv: Lebensformen des ausgeprägten »tätigen« Nichtstuns. Unter Naturvölkern vor allem bei Sammlern und Jägern heißt das neben den für die Existenz notwendigen Aktivitäten, die nur einen Bruchteil der zur Verfügung stehenden Tageszeit beanspruchen, »viel Zeit füreinander haben«.

Mutwa: Singular von *Batwa.*

Mwami: König der *Watussi* (auch *Umwami*); heute auch Titel der Regionalfürsten und Klanchefs, hauptsächlich im Zwischenseengebiet.

Naturvölker: ethnische Einheiten mit geringer technischer Ausstattung und starker Abhängigkeit von der sie umgebenden natürlichen Umwelt. Aufgrund der meist kleinen Kopfzahl im allgemeinen nur geringe soziale und funktionale Gliederung; cf. auch *Wildbeuter.*

Négrilles: französisch für »kleine Neger« oder noch schlimmer »Negerlein« [185]. Dieser Begriff war lange Zeit in der französischen Literatur auch als »petits Nègres« eine geläufige Bezeichnung für Pygmäen. Das spanische »Negritos« wurde fälschlich für die asiatischen, kleinwüchsigen Negriden auch in der deutschsprachigen Literatur benutzt. All diese Bezeichnungen haben auf jeden Fall einen pejorativen Beigeschmack und sollten deshalb tunlichst vermieden werden.

Nematoden: cf. *Fadenwürmer.*

Neolithikum: Jungsteinzeit; die Zeit der »polierten Steine« zwischen *Paläolithikum* und Bronzezeit mit mehrjährig seßhaft gewordenen Gemeinschaften, einer produktiven Wirtschaftsform wie Anbau von Kulturpflanzen und Haustierhaltung. Der Beginn dieser Epoche wird archäologisch faßbar auf vor 12 000–10 000 Jahren angesetzt.

neolokal: das von beiden elterlichen Verwandtschaftsgruppen getrennte Wohnen eines Paares; meist aber doch nah genug, um den Kontakt aufrechtzuerhalten.

neonatal (Neonaten): neugeboren (Neugeborene).

Nestflüchter: Nachkommenschaft, die – in fortgeschrittenem Entwicklungsstand geboren (Säuger) bzw. geschlüpft (Vögel) – sehr bald imstande ist, ihren Eltern aktiv zu folgen, und auch imstande sein kann, sich gleich selbständig zu ernähren (Hühner- und Watvögel). – Im Gegensatz hierzu: cf. *Nesthocker.*

Nesthocker: Nachkommenschaft, die – auf früher Entwicklungsstufe, meist nackt und blind (manche auch taub) geboren (Säuger) bzw. geschlüpft (Vögel) – noch längere Zeit der intensiven Betreuung durch die Eltern bedarf. In diesem Sinne wird der menschliche Säugling als *Elternhocker* bezeichnet.

Ngbaka: adamaua-sudanesisches Volk in der Zentralafrikanischen Republik, auch *M'Baka* und *Gbaya* genannt. Sie haben, soweit sie die Regenwaldregionen bewohnen, Kontakt mit den Bayaka-Pygmäen.

Niamniam: von den *Dinka* für die *Azande* benutzter Scheltname, womit sie diese als Kannibalen oder Vielfresser bezeichnen.

Niloskop: Wasserstandsmaß im alten Ägypten zur präzisen Überwachung der Fluktuationen der Nilwasserführung.

Nomaden: zahlreiche Beduinen-Hirtenvölker sowie in Schwarzafrika vor allem Dinka, Himba, Karamojong und Massai. Die in der Literatur zur Menschenkunde und in Enzyklopädien für sie benutzte Bezeichnung *Hirtennomaden* ist ein Pleonasmus, denn der Begriff *Nomaden,* abgeleitet vom Griechischen νομή (= *nomä*), Weiden, impliziert bereits Hirtentum sowie das Halten von und das Umherziehen mit Weidetieren. Man kann die Nomaden aber nach ihrer Viehhaltung differenzieren, wie Rindernomaden oder Kamelnomaden. Die mobilen, umherschweifenden Pygmäen als Nomaden oder auch Jägernomaden zu bezeichnen ist in diesem Sinne ein Fehler.

Nomen: Bezeichnung für die altägyptischen Verwaltungsprovinzen, nach dem griechischen Nomos. Das entsprechende ägyptische Wort war *Spt,* sprich *Sépat.*

Nuer: Niloten im südlichen Sudan mit vorwiegend halbnomadischer Rinderhaltung und etwas Feldbau, aber mit Kuhmilch und deren Derivaten als Hauptnahrung.

obstetrikal: die Geburtshilfe betreffend.

okzipital: das Hinterhaupt (Okziput) betreffend.

Onchozerkose: durch Fadenwürmer (= Nematoden) der Gattung *Onchocerca* verursachte Erkrankung. Die zu den Filarien gehörenden Parasiten erzeugen im Unterhautbindegewebe in der Nähe der Lymphbahnen taubeneigroße Wurmknoten. Die wandernden Wurmlarven können in die Augen eindringen und durch Beschädigung des Sehnervs zur Erblindung führen. Die Übertragung erfolgt durch *Kriebelmücken* (Simuliidae).

Onge: etwa nur noch 500 Seelen zählende, negride, kleinwüchsige Menschengruppe auf der südlichsten Andamanan-Insel Klein-Andaman (460 km²). Sie sind ausgesprochen dunkelhäutig mit ursprünglichen Merkmalen wie Pfefferkorn-Haupthaar, sonst aber körperhaarlos, Frauen mit achselständigen Brüsten, starker *Lendenlordose* und ausgeprägter *Steatopygie.* Kontaktoffene, *monogame* Sammler, Bogenjäger und Fischer mit eigenen Pflanzungen. Bilden ganz sicher mit den *Jarawa* eine genetische Verwandtschaftsgruppe, können sich aber sprachlich nicht (mehr) mit ihnen verständigen.

Ontogenese (ontogenetisch): Individualentwicklung eines Lebewesens von der befruchteten Eizelle bis zu seinem Tod. Die Entwicklung und Reifung von angeborenen Verhaltensweisen im Laufe der postembryonalen bzw. Jugendentwicklung wird dementsprechend als *Ethogenese* bezeichnet.

open community: ein lockerer Verband mit wechselndem Individuenbestand und weitgehender Promiskuität bei geringer sozialer Hierarchie und fast oder ganz fehlender sexueller »Eifersucht«. Junge Männchen wie auch Mütter und Babys können zeitweilig selbständige Gruppierungen bilden. Auch einzelne Individuen oder Paare können sich zeitweilig aus der Gruppe lösen. Es herrscht häufiger Individuentausch beiderlei Geschlechts zwischen benachbarten Gruppen. Das Sozialverhalten des Schimpansen wäre hierfür ein Beispiel.

Oxytozin: durch Neurosekretion im *Hypothalamus* gebildetes und bis zu seiner Ausschüttung im Hypophysen-Hinterlappen gespeichertes Hormon, das u.a. auf die Ausführungsgänge der Milchdrüsen kontraktionsauslösend wirkt und somit die Milchejektion fördert.

Paarbildung: Verhaltensweisen und Vorgänge zwischen zwei (künftigen) Partnern unterschiedlichen Geschlechts, die zur Bildung eines Paares führen. Dabei treten – meist in *ritualisierter* Form – Elemente des Drohens auf (cf. auch *Werbeverhalten*).

Paarbindung: cf. *Partnerbindung.*

pädomorph: mit kindlichen Körpermerkmalen (gr. *paidos* = Kind, *morphä* = Gestalt).

Palabre: im frankophonen Afrika der Ausdruck für ein aufgeregtes Streitgespräch. Im Deutschen sagt man auch »Palaver«.

Paläolithikum: Altsteinzeit; mit 2–3 Millionen Jahren die bei weitem längste Periode der Menschheitsgeschichte, während welcher die dominante Wirtschaftsform durch mobile Sammler- und Jägergesellschaften repräsentiert wurde.

Panniculus adiposus: die durch bindegewebige Septierung und Maschenbildung unterteilte Fettgewebsschicht der Unterhaut.

Pariahunde: genannt nach dem tamul-anglo-indischen Wort *paria* (= ausgestoßen).

Partnerbindung: das Leben von Mann (Männchen) und Frau (Weibchen) in fester Dauer-Einehe. Im Tierreich tritt *Dauermonogamie* vereinzelt in den verschiedensten Klassen und Ordnungen auf, ohne daß ihr ein Evolutionswert beigemessen werden kann.

Partnerfüttern: cf. *Begrüßungsfüttern.*

Patäken: populäre Verkörperungen des alt-ägyptischen Gottes Ptah aus

Memphis. Als Pygmäen evoquierende, monströse, *apotropäische*, zwergenhafte Dämonenfiguren dienten sie der Abschreckung böser Geister und zur Abwehr schädlicher Machenschaften.

pathologisch: krankhaft; die Lehre von den Krankheiten betreffend.

Patristik: Begriff der lutherischen Theologie der Kirchenväter des 17. Jahrhunderts.

permissiv (Permissivität): Manifestation besonders großer Toleranz (nachsichtig, Nachsicht) gegenüber non-konformistischen Haltungen und Handlungen auf individueller wie gesellschaftlicher Ebene.

Pflegetrieb, Pflegeverhalten: Verhaltensweisen und Handlungen der Betreuung und Überwachung des Nachwuchses bei Tieren und Menschen, ausgelöst von exogenen, morphologischen Kindchenmerkmalen und Verhaltensinfantilismen. Es ist bislang nicht bewiesen, ob es einen endogenen, autonomen (An-)Trieb mit entsprechender Appetenz für Jungen- oder Kinderpflege gibt.

PGM (Phospho-Gluko-Mutase): zu den Isomerasen gehörende Enzyme, die Phosphatreste scheinbar intramolekular verschieben, tatsächlich aber die Isomerisierung durch Übertragung eines Phosphatrestes von einem Kohlenhydratmolekül auf ein zweites bewirken und dadurch zu den Transferasen gehören. Haben sich als blutgenetische Marker bei der Klärung evolutionsbiologischer Fragen als verwendbar erwiesen.

phagedänisch: im Zustand fortschreitender Ulzeration (ein sich fortfressendes Geschwür eines mikrobiellen Herdes; cf. *Fusospillose*).

Phallizismus: maßlos übertriebene, zur Ideologie erhobene Demonstration ithyphallischer Darstellungen, vorwiegend in stark stilisierter Form.

Phänotypus: Erscheinungsbild eines Organismus; geprägt durch Erbanlagen und Umwelteinflüsse.

Pheromone: hormonartige Stoffe (Substanzen), die in bestimmten (apokrinen) Drüsen gebildet und nach außen abgegeben werden, aber nicht den Erzeuger, sondern als *Ektohormone* andere Individuen der gleichen Art beeinflussen und der sozialen Verständigung dienen, wie in Insektenstaaten, bei Schwarmfischen oder bei Säugern als Markierungs- und Sexual(lock)stoffe. Beim Menschen konnten das männliche, im Achselhöhlenschweiß enthaltene *Androstenol* und die weiblichen, in der Vagina sekretierten *Kopuline* nachgewiesen werden, die der zwischengeschlechtlichen Verständigung dienen.

Phrynium: Gattung der Marantengewächse, deren lange, breite, gestielte Blätter bei den Pygmäen vielseitige Verwendung finden.

Phylogenese (phylogenetisch): im Unterschied zur Individualentwicklung (*Ontogenese*), die stammesgeschichtliche (phylogenetische) Entwicklung der Lebewesen und die Entstehung der Arten im Verlaufe der Erdgeschichte.

Phytomedizin: Pflanzenheilkunde.

Pili-Pili: aus den Fruchtschoten des Paprikastrauches *Capsicum frutescens* (Solaceae) gewonnenes, scharfes Gewürz.

Pithecanthropus: Affenmensch; ursprünglich Java-Mensch, da dort erstmals fossil entdeckt, heute aber zum Formenkreis *Homo erectus* gestellt.

Plasmodien: Erreger der Malaria, auch Sumpffieber (= Paludismus) oder Wechselfieber genannt. Es sind einzellige, humanpathogene Blutparasiten aus der Gruppe der Sporentierchen oder *Haemosporidia,* die von den hämatophagen Sumpfmücken der Gattung *Anopheles* beim Blutsaugen übertragen werden. Prophylaktisch und therapeutisch kommen *Quinine* in Anwendung, jedoch entwickeln die *Plasmodien* ständig neue, resistente Stämme, und Malaria ist in den Tropen wieder zu einer sich ausbreitenden Krankheit geworden.

Pleistozän: die ältere Periode des Quartärs – dem Holozän vorausgehend – mit einer Dauer von 1,5 bis 2 Millionen Jahren und mit 4 bis 6 großen Klimaschwankungen und zeitweilig maximaler Ausdehnung der Eisbedeckung. In dieser Periode erfuhr die Spezies Mensch eine rasche Evolution.

plesiomorph: ursprünglich (= *anzestral, archaisch*) in Form und Merkmalen, nahe dem Ursprung.

Polyandrie: Vielmännerehe; seltene Form der *Polygamie,* bei der eine Frau gleichzeitig mit mehreren Männern (meist Brüdern) verbunden ist und auch sexuell verkehrt (beim Menschen weniger als 1%).

Polygamie: Vielehe; Eheform, bei der einer der Partner gleichzeitig mit mehreren Partnern des anderen Geschlechts verbunden ist und auch sexuell verkehrt (cf. *Polyandrie, Polygynie*).

Polygynie: Vielweiberei; Form der *Polygamie,* bei der der Mann gleichzeitig mit mehreren Frauen verbunden ist. Bei zahlreichen Waldpflanzern und Hackbauern in Afrika findet man häufig die sexuelle *Sukzessiv-Polygynie,* in der jeweils nur die jüngste Frau als Geschlechtspartnerin und Kinderproduzentin dient, während die schon älteren Frauen nacheinander im Feldbau und Küchendienst als Arbeitskräfte eingesetzt werden.

polytypisch: eine Art mit mehreren Unterarten.

Population: die Gesamtheit der Individuen einer Art in einem bestimmten Lebensraum, innerhalb deren es zur ständigen Vermischung des Erbgutes (= Genfluß) ihrer Mitglieder kommt.

Postglenoidhöcker: Höcker hinter der Unterkiefergelenkgrube.

Potpot: im frankophonen Afrika Bezeichnung für Schlamm und Morast, offensichtlich abgeleitet vom meeresbiologischen Poto-poto für Schlick zwischen den Mangrovenwurzeln der tropischen Küsten.

primary group: eine Gruppe (Menschen), deren Mitglieder sich im Verlauf ihres alltäglichen Routinelebens jeden Tag persönlich begegnen und einander vertraute Sozialpartner sind. Dieser Gruppentyp entspricht weitgehend den natürlichen heterosexuellen Gruppenbildungen auch bei nicht-menschlichen Primaten. Doch kann man nach dieser Definition das Zusammenleben der Mitglieder von traditionellen Sammler- und Jägergesellschaften, darunter auch die Pygmäen-Wohngemeinschaft, durchaus als eine »*primary group*« bezeichnen.

primus inter pares: erster unter Ranggleichen; *alpha*(α)-Mann einer Wohngemeinschaft oder Lokalgruppe bei Sammlern und Jägern.

programmiert: bezieht sich auf Verhaltensweisen, die nicht erlernt, nicht erworben, zum Zeitpunkt der Geburt potentiell vorhanden, somit angeboren, aber nicht unbedingt auch aktionsfähig sind, sondern erst im Laufe der postnatalen Entwicklung (Reife, Reifung) in Erscheinung treten. Vieles weist darauf hin, daß Verhaltensweisen wie Rangstreben, Bereitschaft zur Unterordnung, Intoleranz gegen Außenseiter, altruistisches Verhalten und der Drang, ein freundliches Band zu stiften, im umfassenden Sinne durch stammesgeschichtliche Anpassungen vorgezeichnet, also *programmiert* sind. Die Pleonasmen vorprogrammiert und Vorprogrammierung sollten tunlichst vermieden werden.

Prolaktin: Hormon aus der Hirnanhangsdrüse, welches die Milchabsonderung während der Stillzeit anregt.

Pronation: Nach-innen-Drehen einer Extremität; z.B. der Handfläche nach unten oder hinten; im Gegensatz zur *Supination*.

Prosimier: Halbaffen; mit Koboldmakis in Asien, Lemuren in Madagaskar, Galagos in Afrika und Loris in Asien und Afrika.

Pseudoart, Pseudospeziation: die rasche, kulturell gesteuerte Evolution des Menschen, die – trotz Monospezifität – dazu führte, daß sich verschiedene Volksgruppen, Kulturen, Ethnien und Nationen insbesondere durch sprachliche Abkapselung so zueinander verhalten, wie es sonst nur bei unterschiedlichen biologischen Arten der Fall ist.

Pteridophyten: Abteilung der Farnpflanzen, einschließlich der Bärlappe und Schachtelhalmgewächse.

Pubertas praecox: vor dem 6. bis 8. Lebensjahr einsetzende Pubertät, ausgelöst durch hypothalamische Ursachen und zu Minderwuchs führend.

Pygmoide: eigentlich Bezeichnung für Mischlinge zwischen Pygmäen und großwüchsigen Negriden, aber nicht angebracht. Dieser Begriff wurde fälschlich auf die West-Pygmäen angewendet, die lange Zeit für Mischlinge gehalten wurden, vor allem von Anthropologen, die sie nie selbst zu Gesicht bekommen hatten.

Rachitis: durch Vitamin-D-Mangel und infolge unzureichender Sonnenbestrahlung bedingte Störung des Calcium- und Phosphatstoffwechsels mit typischen Skelettveränderungen, besonders beim Säugling und Kleinkind.

Rangordnung: die »geregelte« Verteilung von »Rechten und Pflichten«, vorwiegend innerhalb von individualisierten Verbänden, hauptsächlich bei Wirbeltieren einschließlich des Menschen, obwohl sie auch von einigen Insekten beschrieben wurde. Die Rangordnung entwickelt sich innerhalb einer Gruppe aufgrund gelegentlicher (Komment-)Kämpfe. Jedes Gruppenmitglied merkt sich im Laufe der Auseinandersetzungen, wer ihm über- und wer ihm unterlegen ist, und richtet sein Verhalten danach. In einer Gruppe mit einmal festgelegter Rangordnung wird im allgemeinen selten gekämpft. Die Hierarchie wird durch kurzes Drohen, Rangordnungsdemonstration(en) und Imponiergehabe aufrechterhalten.

Rassenzwerge: von Ethnologen und Anthropologen des deutschen Sprachraums vom Ende des letzten bis Mitte dieses Jahrhunderts häufig gebrauchter – aber unglücklicher und auch gar nicht zutreffender – Ausdruck für Pygmäen, insbesondere für jene aus dem Ituri.

Regionalverband: theoretisch der beständige und organisierte Zusammenschluß mehrerer benachbarter Wohngemeinschaften. Praktisch gibt es aber eine solche Organisation bei den Pygmäen nicht, da ein Zusammenschluß für die gemeinsame Netzjagd nur *ad hoc* und temporell begrenzt vollzogen wird.

Rhesus-System: das durch die Rhesus-Faktoren gesteuerte System der Blutkörperchen-Eigenschaften, insbesondere deren erblicher Neigung zur Agglutination (= Verklumpung) wie beim Blut der Rhesus-Affen, wie sie bei 85% der europiden Menschheit anzutreffen ist.

ritualisierte Flucht: nicht wirkliches Flüchten, sondern nur Augen-(Lid-)Schließen und/oder Kopfwegdrehen, somit vorwiegend Vermeiden des Blickkontaktes. Bei Kleinkindern im *Fremdenfurcht*-Alter auch völliges Abwenden des Körpers (zur *Bezugsperson* hin).

Ritualisierung (Ritualisation, ritualisiert): eine durch natürliche Auslese hervorgebrachte, adaptive Ausrichtung von Ausdrucksverhalten. Sie impliziert die Änderung einer Verhaltensweise in Richtung auf Signalwirkung und im Dienst einer Signalbildung zur besseren Verständigung mit großer Deutlichkeit und Unzweideutigkeit des Signals (der Signalfunktion) für den Empfänger.

Sangha: rechter Nebenfluß des Kongo, entsteht durch den Zusammenfluß von Kadéi und Mambéré bei Nola im äußersten Südwesten der Zentralafrikanischen Republik.

saure Phosphatase: genetisch gesteuerte Phosphatase mit bis zu 6 Isoenzymen im Plasma sowie weiteren Varianten. Sie hat sich bei der Klärung evolutionsbiologischer Fragen als verwendbar erwiesen.

Scherzpartnerbeziehung: meist spielerisch aggressionsableitende, harmlose Handlungen zwischen Freunden und Partnern wie Necken, Spotten, Herausfordern, wobei die Anlässe meist fingiert sind und keinerlei Verstöße gegen die (Gruppen-)Norm vorliegen. Miteinander gut befreundete Scherzpartner dürfen sich eine ganze Reihe von »Freiheiten« herausnehmen.

Schilluk: großwüchsige Niloten (Männer 1,80 bis 2,10 m) westlich des Weißen Nil zwischen Malut und Malakal im Südsudan. Sakrales Königstum und Siedlungsweise in patrilokalen Gruppen. Vorwiegend Rinderhaltung mit Kuhmilch als Hauptnahrung, daneben aber auch Schaf- und Ziegenhaltung sowie Fischerei und Hirseanbau.

Schnäbeln: Schnabelkontakt bei in Dauerehe lebenden Vogelarten. Die Schnäbel sind dabei ineinander verschränkt, oder der Schnabel des ankommenden Partners wird zur Begrüßung umfaßt. Oft wird bei einer solchen Begrüßung Futter übergeben (cf. *Begrüßungsfüttern.*)

Schulterreaktion: eine Schreckreaktion und der Versuch des Sich-schützen-Wollens als Antwort auf ein plötzliches, unerwartetes Geräusch. Dabei ist es gleich, ob das Signal von einer sichtbaren oder unsichtbaren Reizquelle ausgeht. Es werden die Schultern ruckartig hoch-, der Kopf eingezogen und der Oberkörper etwas nach vorn unten geneigt. Der Kopf wird dabei zwischen den Händen verborgen, oder die Hände werden schützend über den Kopf gehalten. Menschenaffen zeigen in der gleichen Situation eine ebensolche Reaktion. Von anderen Säugern kennen wir das Sich-Ducken bei plötzlichem Lärm und dem daraus resultierenden Erschrecken. Wahrscheinlich handelt es sich in beiden Fällen um ein abgeleitetes Versteckverhalten.

sedativ: schmerzstillend, beruhigend.

Semang: kleinwüchsige Negride in den Regenwäldern der Halbinsel Malakka, fälschlich als Negritos (= kleine Neger) bezeichnet. Sie waren mobile Sammler und Jäger, sind heute mehr seßhaft und stark genetisch vermischt mit mongoliden Elementen.

sensible Phase: Zeitabschnitt der frühen Jugend, in dem ein Lebewesen für bestimmte, nachhaltige (oder irreversible) Lernerfahrungen und Prägungsvorgänge empfänglich ist.

Seribah: Handelsumschlagplatz mit »Statthalter« der im letzten Jahrhundert Sklaven- und Elfenbeinhandel treibenden Araber in Ostafrika (Plural: Seriben).

Sex-Ratio: das Geschlechterverhältnis einer Art oder einer Population. Beim Menschen werden generell 10% mehr Knaben geboren. Der Ausgleich ergibt sich durch eine höhere männliche postnatale Sterberate.

Sexualethik: Lehre der katholischen Moraltheologie zur Orientierung der menschlichen Geschlechtlichkeit nach der biblischen Ethik und deren normativen Ausformung.

ś̱hm̱ẖ-ib, sprich *sechemech-ib:* altägyptisch Herzensfreude, aber auch Vergnügen, Erheiterung und Unterhaltung im sozialen und gesellschaftlichen Sinne.

Sichern: ein mit wachsamen Augen mehr oder weniger regelmäßiges Auf-und-in-die-Runde-Schauen zur (Ver-)Sicherung als vorbeugende Handlung (= Schutzanpassung) gegen eventuelle (Freß-)Feinde.

Simier: echte Affen mit den *platyrrhinen* Neuweltaffen (3 PM) und den *catarrhynen* Altweltaffen (2 PM).

Sippe: Menschengruppe mit der Voraussetzung gemeinsamer Verwandtschaft, doch müssen die Mitglieder einer Sippe nicht am gleichen Ort wohnen.

Sklera: Lederhaut des Auges.

Skoliose: seitliche Verkrümmung der Wirbelsäule und damit häufig auch eine Verdrehung der Körperachse.

Smalltalk: cf. *Groomingtalk.*

Somatotropin: Wachstumshormon; ein in den eosinophilen Alpha-Zellen des Hypophysen-Vorderlappens gebildetes Peptid, dessen Ausschüttung durch den Somatotropin-Releasing-Faktor gesteuert wird und für das Längenwachstum unentbehrlich ist. Aus der Minderproduktion resultiert hypophysärer Zwergwuchs oder Nanosomie, bei Überproduktion Gigantismus.

Sororat: Ehelichen der Schwägerin nach dem Tod der Ehefrau.

Sozialisation: Hineinwachsen des Individuums in eine Gruppe, des Kindes in die sozialen Normen der seinen Lebensraum bestimmenden Erwachsenengesellschaft.

Spermakonkurrenz: Verhaltensweisen von Männchen (Männern) gegenüber Weibchen (Frauen) mit dem Ziel der Exklusivität der Befruchtung und Vaterschaft. Die biologische Bedeutung einer solchen »Weibchenbewachung« dient vor allem der Abwehr anderer (fremder) paarungswilliger Männchen (Männer) zur Verhinderung von Fremdbefruchtung und Spermakonkurrenz, die potentiell auch als biologische Grundlage der menschlichen (männlichen) Eifersucht angesehen werden kann.

Spielgesicht: ein entspanntes Mund-offen-Gesicht (Open-Mouth-Display), das freundliche »Beißintention« signalisiert, wobei bei weit geöffnetem Mund die Zähne zu erkennen sind und oftmals die Zunge deutlich entspannt nach vorn unten hängt. Es ist häufig zu beobachten bei Interaktionen von sich spielerisch balgenden Kleinkindern und bei Kontaktinitiative zeigenden Säuglingen. Es handelt sich ganz eindeutig um ein kulturenübergreifendes, offensichtlich *homologes* Verhaltenselement, das auch beim Schimpansen ähnlich entwickelt nachgewiesen werden konnte und gegenseitig (zwischenartlich) richtig verstanden wird.

Steatopygie: Fettsteiß; verstärkte Fettablagerung im Bereich des Steißbeins, meist einhergehend mit ausgeprägter *Lendenlordose,* deren Ansätze bereits ab dem 3. Lebensjahr zu beobachten sind. Ein ursprüngliches Merkmal bei Menschenfrauen (Venus von Willendorf, Lespugue etc.),

das ausgeprägt heute nur noch bei Andamanerinnen *(Onge)*, Hotten-
tottinnen und Buschfrauen zu finden ist.

stiller Handel: der nichtverbale Austausch von Gütern und Waren wie etwa
Eisenklingen und Salz gegen gejagtes Wild oder dessen Fleisch an dafür
vorgesehenen, neutralen »festen« Plätzen, ohne daß sich die Tausch-
partner dabei persönlich begegnen.

Stirnrunzeln: einmal das Bilden von senkrechten (= vertikalen) Stirnfalten
im Bereich der Glabella, das man häufig bei Ablehnung, Kummer und
Mißtrauen beobachtet. Ein andermal das Stirnrunzeln mit waagerech-
ten (= horizontalen) Falten, das man u.a. beim Grübeln und ange-
strengten Nachdenken sehen kann. Die verschiedenen motivationellen
Ursachen (Auslöser) des Stirnrunzelns sind bislang ethologisch nicht
untersucht.

Stroma: interstitielles Bindegewebsgerüst der weiblichen Brust, in welches
die Milchstränge hineinwachsen.

subkutan: unter der Haut.

Sublimation: in der Verhaltenswissenschaft das Umorientieren eines trieb-
gerichteten Verhaltens (bei Tieren) und das Umsetzen eines endogenen (An-)Triebs in kulturelle, intellektuelle Leistung (beim Menschen).

Sukzessiv-Polygamie: cf. *Polygamie.*

Supination: Nach-außen-Drehen einer Extremität; z.B. die Handfläche(n)
nach oben oder nach vorn; im Gegensatz zur *Pronation.*

Symbiose: Zusammenleben von Organismen (= Symbionten) oder Völkern
zum gegenseitigen Nutzen mit ausgeprägter gegenseitiger Abhängigkeit.

Tabaniden: cf. *Blindbremsen.*

Tachykardie: stark beschleunigte Herztätigkeit.

Tagesmütter: nicht berufstätige Frauen, denen berufstätige oder studierende
Mütter tagsüber ihre Kinder anvertrauen. Das Alter der Kinder, die ei-
ner Tagesmutter anvertraut werden können, beginnt mit dem Ende der
Mutterschutzfrist von 6 Wochen und endet mit dem 3. Lebensjahr. Die
Anzahl der zu betreuenden Säuglinge und Kleinkinder ist auf 3 begrenzt.
Die Tagesmutter kann, muß aber nicht unbedingt selbst Mutter sein.

Tannin: in Holz, Rinde und Blättern zahlreicher Pflanzen enthaltene Substanz, die stark mit Eiweiß reagiert und daher gerbend und *adstringierend* wirkt. Tannine ergeben dunkelgefärbte Niederschläge, sog. Tan-
nate, Ursache der hell- bis dunkelbraunen Färbung vieler Tropenge-
wässer.

Tapiro: alteingesessene Kleinwüchsige in den Idenburgbergen im Quellge-
biet der Flüsse Kapare und Mimika, im westlichen Bergland von West-
Irian, weit westlich der *Dani.* Sie gehören zu den vor 30000 Jahren in
Neuguinea eingewanderten Völkern des negriden Formenkreises mit
brauner Hautfarbe, schwärzlichem Kraushaar und weniger als 150 cm

Körperhöhe. Sie leben als neolithische Pflanzer in Höhen von 1500 bis weit über 2500 m NN in permanenten Weilern.

Targi: männliche Form des Singulars von Tuareg (weiblich Targia).

Tassili: eigentlich »Tassili Wan Adschar«, Felswüste aus weichem Sandstein, Teil der zentralen Sahara, nordöstlich des Ahoggar, mit den schönsten und ausdrucksvollsten Felsgravierungen und Darstellungen der neolithischen »Rinderperiode« aus dem 4. bis 3. Jahrtausend vor unserer Zeit und der »Streitwagenperiode« ab etwa 1200 Jahren v. u. Z.

Thermolyse: Zerstörung unstabiler (= labiler) organischer Moleküle unter Einwirkung von Wärme.

Thyretropin: Schilddrüsenhormon; ein in den basophilen Zellen des Hypophysen-Vorderlappens gebildetes Proteohormon, das die Funktion der Schilddrüse steuert und ihr Wachstum stimuliert.

Tibesti: Gebirge in der östlichen Sahara (Tschad) mit zahlreichen frühgeschichtlichen Felszeichnungen. Wurde erstmals von dem deutschen Forscher Gustav Nachtigal 1869 bereist.

Tragling: Säuger- bzw. Primatenjunge, die sich in den ersten Lebenstagen und -wochen an der Mutter festklammern und so von ihr herumgetragen werden. Der menschliche Säugling, bei dem der dafür notwendige *Klammerreflex* (*Handgreifreflex*) noch existiert, ist im evolutionsbiologischen Sinne ein *ehemaliger Tragling*.

Treiberameisen: Unterfamilie (Dorylinae) der Wanderameisen des tropischen Afrika. Die Nahrungsbeschaffung erfolgt durch Massenangriffe auf Gliedertiere und kleine Vertebraten. Menschen sind solchen sehr schmerzhaften Massenangriffen ausgesetzt, wenn man im Regenwald versehentlich in einen Wanderzug tritt, wobei sich die großen Soldaten mit ihren kräftigen Mandibeln blitzschnell und schmerzhaft am Körper verbeißen. Bei einigen afrikanischen Völkern werden adultäre Frauen zur Strafe den Treiberameisen ausgesetzt.

Trophallaxie: Mund-zu-Mund-Austausch von Nahrungsflüssigkeit bei sozialen Insekten. Dieses Phänomen – früher auch *Ökotrophobiose* genannt – gilt als ein grundlegender verbindender Faktor für die Angehörigen eines Insektenstaates.

Trophobiose: eine symbiotische Beziehung zwischen Ameisen und anderen Insekten – insbesondere Blattläusen, einigen Hymenopteren und manchen Schmetterlingslarven (-raupen), sogenannten *Trophobionten* –, von welchen die Ameisen Honigtau und sonstige Futterstoffe mittels taktiler Reize erhalten. Als Gegenleistung bieten die Ameisen ihren Futterlieferanten Schutz und Pflege.

Turgeszenz: Anschwellung des Unterhautgewebes.

Ubangui: größter Nebenfluß des Kongo (Zaire); entsteht durch den Zusammenfluß von Uelle und Bomu, Grenzfluß zwischen Zaire und Zentralafrikanischer Republik.

Übersprunghandlung (Übersprungreaktion): in Konfliktsituationen auftretende, nicht in den »normalen« Verhaltensablauf passende Handlung oder Bewegung, die in einen anderen Funktionskreis »überspringt«, wie etwa Kopfkratzen oder sich über die Haare streichen – speziell bei Männern auch Bartstreichen – im Verlaufe schwieriger Diskussionen und bei Verlegenheit.

Ubiquist: ein nicht an einen bestimmten Ökotop oder eine ökologische Nische gebundenes Lebewesen.

Umwami: cf. *Mwami.*

umweltlabil: genetisch nicht fixierte, erworbene Merkmale, die unter unterschiedlichen (ökologischen) Umweltbedingungen besonders veränderlich sind.

umweltstabil: anatomisch-morphologische, genetisch fixierte Merkmale (auch Verhaltensweisen), die unter sehr unterschiedlichen (ökologischen) Umweltbedingungen weitgehend dominant und erhalten (= *stabil*) bleiben.

Universalien: bei allen Menschen, ganz gleich welcher Kultur oder ethnischen Zugehörigkeit, im gleichen Kontext vorkommende Verhaltensweisen, welche auch die gleiche(n) Reaktion(en) auslösen, die gleiche Bedeutung haben und gleich verstanden werden. Das Weinen, Lachen, Lächeln, der Ausdruck des Mißtrauens, der Trauer, der Verlegenheit, Schmerzgrimasse und Drohgesicht sind Beispiele für mit Sicherheit angeborene – nicht kulturbedingte – *universelle* Verhaltenselemente.

Unterart: eine Population, die sich in ihrem Genbestand und somit auch in ihren phänotypischen Merkmalen von anderen Populationen innerhalb einer Art unterscheidet.

uxorilokal (Uxorilokalität): das Wohnen eines jungen Paares in der Wohngemeinschaft der Eltern der Frau.

virilokal (Virilokalität): das Wohnen eines jungen Paares in der Wohngemeinschaft der Eltern des Mannes. Eine eventuell obligatorische virilokale Lebensweise kann zeitlich begrenzt sein.

Wambutti: veraltete Bezeichnung für *BaMbuti.*

Wangwana: cf. *Kingwana.*

Watussi (Batutsi): hochgewachsene Niloten, die im Mittelalter aus dem Nilgebiet nach Ruanda und Burundi eingewandert sind und die dort lebenden Bantu (= Bahutu) unterwarfen. Sakrales Königstum, sie hielten an ihren Höfen Krüppelzwerge und *Batwa*-Pygmäen als Spaßmacher, Aufpasser und Scharfrichter.

Werbeverhalten: Verhaltensweisen und Signale zur Anlockung des Geschlechtspartners und Abbau von Kontaktscheu sowie Abstimmung der Partner aufeinander zur Ermöglichung der *Paarbildung.*

Wildbeuter: in kleinen Gruppen zusammenlebende Menschen, die sich ihre Nahrung ausschließlich durch Einsammeln wildwachsender Pflanzen, Wurzeln und Früchte sowie durch Aufspüren und Jagen von freilebenden Tieren beschaffen und demzufolge keine oder nur eine gering entwickelte Vorratswirtschaft kennen. Der Begriff Wildbeuter kann als Synonym für Sammler und Jäger betrachtet werden.

Xenophobie: cf. *Fremdenfurcht.*

Yale: kleinwüchsige Negride von nur etwa 1,45 m Körperhöhe in den Hochtälern von Zentral-West-Irian, die etwa vor 30 000 Jahren in Neuguinea eingewandert sind. Die verschiedenen Weiler sind untereinander zur Lösung jeglicher Probleme fast ständig in kriegerische Auseinandersetzungen verwickelt, ausgelöst durch den permanent unterschwelligen Drang nach Rache und Vergeltung.

Yamswurzel: cf. *Dioscorea.*

Yanomami: kleinwüchsige Neuwelt-Mongolide (Männer 1,50 m, Frauen 1,40 m) in den Regenwäldern am oberen Orinoko im Süden Venezuelas und im benachbarten Brasilien. Die verschiedenen Schabunu-Siedlungen führen ständig kriegerische Auseinandersetzungen gegeneinander. Sie praktizieren Frauenraub, offensichtlich, um der sonst bestehenden Gefahr einer *Konsanguinität* entgegenzuwirken. Zahlreiche ethnologische und ethologische Studien.

Zitarre: zu den Chordophonen gehörendes, zentralafrikanisches, handliches Zupfinstrument mit geschnitztem, hölzernem Schallkörper, meist in stilisierter Tierform. Der nach oben auslaufende Haltegriff ist häufig mit einem Gazellenkopf verziert. Von einem abstehenden Spannbogen führen eine bis acht Saiten zum mit Fell überspannten Resonanzkasten. Der Name Zitarre ist aus dem griechischen *kithára* abgeleitet.

Bernd Heinrich

Ein Forscher und seine Eule

304 Seiten, mit Abbildungen, gebunden mit Schutzumschlag

»Aus detaillierten Tagebuchnotizen ist ein Buch
entstanden, das neben viel Wissenswertem über Uhus
auch großes Lesevergnügen bereitet – so lebendig
schildert Bernd Heinrich seine Erlebnisse mit Bubo.«

Frankfurter Allgemeine Zeitung

Bernd Heinrich

Der Hummelstaat

382 Seiten, mit Abbildungen, gebunden mit Schutzumschlag

»*Der Hummelstaat* ist eine spannende ›zoologische
Detektivgeschichte‹, geschrieben von einem Meister der
Tierbeobachtung.«

Grünstift

»Wer gern das bunte Leben in Wiesen und Wäldern
beobachtet, kann an dieser Lektüre seine Freude haben.«

Die Zeit

Bernd Heinrich

Die Seele der Raben

410 Seiten, mit Abbildungen, gebunden mit Schutzumschlag

»Vier Jahre lang beobachtete ein eigensinniger Forscher das
Verhalten von Kolkraben (…) ein Dokument minutiösen
Forschens in Form eines Tagebuchs, das gleichzeitig einen
Einblick gibt in die Wesensstruktur eines Menschen, in dem
sich alles vereint, was dazu geeignet ist, einen ordentlichen
Spleen zu unterhalten.«

Der Spiegel

Antonio R. Damasio

Descartes' Irrtum

*Fühlen, Denken
und das menschliche Gehirn*

384 Seiten, gebunden mit
Schutzumschlag

»Antonio R. Damasio stellt den Dualismus
in Frage, der bis heute das menschliche
Denken beherrscht: Geist versus Körper,
Verstand versus Gefühl, Biologie versus
Kultur. Durch sein Buch erkennen wir –
möglicherweise zum erstenmal – die enge
Verbindung zwischen unserem neuralen
Gewebe und den Höhen und Tiefen
menschlichen Erfahrens und Erlebens.«

Howard Gardner

Steven Jones

Die Sprache der Gene

Evolution als Erblast und Chance

352 Seiten, gebunden
mit Schutzumschlag

»Steven Jones hat ein Thema von
größter Wichtigkeit, aber auch
Komplexität für ein großes Publikum
allgemeinverständlich gestaltet, ohne der
Gefahr des Verflachens erlegen zu sein.
Sein Buch ist im besten Sinn des Wortes
unterhaltsam und informativ.«

Dr. Christopher Stringer